U0373415

公共部门人力资源开发与管理

Human Resource Development and Management in Public Sector

萧鸣政 主编

北京大学出版社
PEKING UNIVERSITY PRESS

图书在版编目(CIP)数据

公共部门人力资源开发与管理/萧鸣政主编. —北京:北京大学出版社,2016.8
(21世纪公共管理学规划教材·行政管理系列)
ISBN 978-7-301-27371-5

Ⅰ.①公… Ⅱ.①萧… Ⅲ.①人力资源管理—高等学校—教材 Ⅳ.①D035.2

中国版本图书馆CIP数据核字(2016)第179900号

书　　名	公共部门人力资源开发与管理 GONGGONG BUMEN RENLI ZIYUAN KAIFA YU GUANLI
著作责任者	萧鸣政　主编
责任编辑	徐少燕(shaoyan_xu@163.com)
标准书号	ISBN 978-7-301-27371-5
出版发行	北京大学出版社
地　　址	北京市海淀区成府路205号　100871
网　　址	http://www.pup.cn　　新浪微博:@北京大学出版社
电子信箱	ss@pup.pku.edu.cn
电　　话	邮购部62752015　发行部62750672　编辑部62765016/62753121
印 刷 者	北京虎彩文化传播有限公司
经 销 者	新华书店
	730毫米×980毫米　16开本　33印张　575千字 2016年8月第1版　2021年8月第5次印刷
定　　价	66.00元

未经许可,不得以任何方式复制或抄袭本书之部分或全部内容。

版权所有,侵权必究

举报电话:010-62752024　电子信箱:fd@pup.pku.edu.cn

图书如有印装质量问题,请与出版部联系,电话:010-62756370

前　言

人的生活与发展是一切社会经济活动的源泉与归宿。任何社会的存在与发展,都离不开人口;任何组织的存在与发展,都离不开人员;任何经济的存在与发展,都离不开人力资源;任何技术的创造与发明,都离不开人才;任何社会组织的进步与改革,都离不开人物。人口、人员、人力、人才与人物,是人力资源形成与发展过程中的不同形态,是人力资源学科领域中研究的基本对象。人力资源是组织发展的第一资源,美国钢铁大王卡耐基曾说:"炸毁我工厂所有的财物不要紧,只要给我留下人力资源,我可以制造出比原来更好的企业。"

组织管理,人事为本;创造财富,人才为先。然而,人力资源对于一个组织的贡献与作用,不是自发产生的,需要通过科学的管理;同样的人才,在不同的组织中与管理方式下,其实际的价值与绩效大不一样,需要科学地开发。当今的时代,是知识经济的时代。人力资源在社会经济发展中的作用大幅度提高,而物力资源与财力资源的作用相对缩小。土地、矿产等自然资源以及物质资金等在经济中的首要性正逐渐让位于人力资源,因此,物资流的管理与资金流的管理逐渐让位于人力资源的管理。当今的时代,是后工业时代与人本时代。自然资源在它大量被开采转化为财金资源后已日益短缺,而人力资源随着人口大幅度的增长与教育水平的提高却日益丰富。自然资源的开发必然被人力资源的优先开发所取代。当今的时代,是发展创新与组织变革的时代,特别需要的是员工的先进知识、创造能力与创新意识,而不是他们的体力与一般的劳务,特别需要的是前瞻性、全局性、系统性与开放性的管理,而不是机械性、短视性与封闭性的管理。因此,传统的人事管理必然为现代的人力资源开发与管理所取代。

一、内容说明

人力资源作为现代社会的第一资源,如何有效管理与开发是一个关键性问题。在人力资源开发与管理问题上,存在科学与经验之差、合理与不合理之分、优化与习惯之别。本书主要论述组织人力资源的开发与管理问题,从心理学、教育学、经济学与管理学等多学科角度,研究人力资源开发与管理的基本理论、基本方法及其在公共组织中的应用。学科交叉,综合发力。全书共十二章,分为理论基础、方法技术与研究发展三部分。

理论基础部分主要阐述人力资源开发与管理的理论基础,侧重回答什么是人力资源,什么是人力资源管理,什么是人力资源开发,以及人力资源开发与管理有哪些原理与思想等问题。

第一章说明了什么是人力资源,什么是人力资源管理,人力资源与人力资本有什么异同,人力资源有什么特点,人力资源管理具有什么功能,人力资源管理的目标与任务是什么,传统人事管理、职能人力资源管理与战略人力资源管理相互之间有什么联系与区别,战略人力资源管理的思想方法是什么,以及公共组织的人力资源管理的特点、问题与发展趋势等。

当我们对人力资源及其管理有了一个大致的了解之后,很重要的一点就是应该正确把握人力资源开发的相关理论与方法。第二章的具体内容包括:人力资源开发的概念、类型与特点是什么,人力资源开发战略及其价值是什么,人力资源开发的原理有哪些,人力资源开发的方法有哪些,以及当前我国政府人力资源开发面临的问题与对策是什么等。

方法技术部分包括第三章至第十一章的内容,全面地阐述了人力资源开发与管理过程中的关键环节与操作实践,包括:工作分析、评价与分类,人力资源规划,人员招聘与测评,人员培训,绩效考评与管理,薪酬管理,人员激励,合同管理,以及社会保障等。每一章都侧重于具体操作方法与技术的介绍,说明相关方法技术在公共组织中的应用。

第三章主要阐述了什么是工作分析、工作评价和工作分类;工作分析、评价与分类有哪些方法,以及这些方法如何操作,如何在公共部门中应用。

第四章主要阐述了什么是人力资源规划,它与人力资源战略关系如何;人力资源规划有哪些方法,这些方法如何操作;公共部门人力资源规划的现状与特点是什么。

第五章主要阐述了什么是人员招聘和人员测评;人员招聘与测评的操作程序如何;人员招聘与测评有哪些方法与技术;在公共部门的领导干部选拔中如何应用相关的方法与技术。

第六章主要阐述了什么是培训,目前存在哪些培训形式和培训内容;培训应按什么程序操作;培训包括哪些基本方法;如何改进人员培训中的低效问题;我国公共部门培训存在的问题及发展方向是什么。

第七章主要阐述了绩效考评的类型、功能、作用与方法;绩效考评及绩效管理的含义以及两者的区别;组织绩效考评与管理的方法、个人绩效考评与管理的方法、绩效考评在现实中面临的挑战及易出现的问题，以及公共部门的绩效考评与管理等内容。

第八章主要阐述了薪酬的含义、形式与功能以及薪酬的基本构成；薪酬管理的含义、理念、目标、内容与原则以及影响薪酬管理的相关因素；薪酬设计的目的与依据以及职位评价的主要方法，如何确定薪酬结构；公共部门薪酬的特点、设计原则、内容、确定程序以及改革与成绩；我国公共部门薪酬制度中存在的问题和发展方向。

第九章主要阐述了激励的理论与方法；公共部门人员激励的定义、激励机制的设计与内容、现状与存在的问题，以及公共部门人员激励的对策等内容。

第十章主要阐述了什么是雇佣合同，雇佣合同具有什么特点；什么是雇佣合同管理，雇佣合同管理的作用与特点是什么；国外公共部门改革的实践及对我国的借鉴，以及我国公共部门引入合同管理的做法利弊是什么等。

第十一章主要阐述了我国目前社会保障的基本体系及其管理；介绍了养老保险、医疗保险、失业保险、工伤保险与补充保险等基本内容；介绍了现行公共组织社会保障制度的主要内容及目前存在的主要问题，以及改革的必要性、可行性；介绍了公共组织社会保障管理的内容与方法。本章时代性与政策性较强，具有较直接的参考意义。

研究发展部分包括第十二章，主要阐述了我国公共部门人力资源管理研究的主要内容、存在的问题，西方公共部门人力资源管理研究经历了怎样的变革，公共部门人力资源管理的理论与实践前沿如何，以及我国公共部门人力资源管理的研究将走向何方。

二、应用建议

本书编写的基本思想是，立足于当前各类组织管理的现实需要，总结各种组织人力资源开发与管理的方法，汲取国内外优秀教材与相关专著的精华，面向未来人力资源学科的发展趋向，按照理论基础、方法技术与研究发展三个部分，把人力资源开发与管理的核心内容与我国公共组织管理的实践紧密结合，在突出一般原理与方法的基础上，最大限度地满足我国公共管理与一般管理专业人力资源课程的教学需要，满足广大人力资源管理实践工作者的操作需要。本书适于用作公共管理专业人力资源课程的教材与经济管理专业人力资源培训的教材，对于广大企业管理专业的师生与人力资源研究的专业人士，也具有积极的参考价值。

对于本书的教学内容选择、课时分配与方法选择，我们提出如下建议：

第一，整个教学内容划分为以下四个单元：第一单元是人力资源开发与管理概述，包括人力资源管理、战略人力资源管理与人力资源开发的相关理论；第二单元是人力资源开发与管理的基础方法，包括工作分析、工作评价、职位分类与人力资源规划；第三单元是人力资源开发与管理的主干方法，包括人员招聘与测评、人员培训、绩效考评与管理、薪酬设计与管理；第四单元是人力资源开发与保障的相关方法，包括人员激励、合同管理与社会保障。公共部门人力资源管理研究与发展可以作为补充阅读内容。全部教学内容需40—60课时，其中第一单元6—9课时，第二单元6—9课时，第三单元22—32课时，第四单元6—10课时。

第二，如果是研究生教学，可以在上述内容的基础上，增加人力资源开发与管理问题研究的内容，整个教学内容划分为以下五个单元：第一单元是人力资源开发和管理的理论与战略；第二单元是人力资源开发与管理的基础方法；第三单元是人力资源开发与管理的主干方法；第四单元是人力资源开发与保障的相关方法；第五单元是公共组织人力资源问题的案例分析或调查研究。全部教学内容需60—80课时，其中第一单元9—12课时，第二单元12—15课时，第三单元21—26课时，第四单元9—15课时，第五单元9—12课时。

第三，教学方法的相关建议。人力资源开发与管理是一门以应用性为主、理论性与应用性兼而有之的管理学课程，因此，建议采取课堂讲授、案例分析、专题讨论、课中练习与课后实习相结合的形式。研究生与MPA/MBA学生，应该适当多进行一些专题讨论或专题研究，本科生应该多一些课堂练习、案例分析与课后考察和实习的活动，提高自身理论分析和实践应用的能力。

三、修订说明

《人力资源开发与管理——在公共组织中的应用》一书2005年出版，2009年再版，其系统性、前沿性的特征为读者进行“人力资源”相关领域的学习和工作注入强大能量，得到全国很多兄弟院校的选用，在此我们表示衷心的感谢！本书在《人力资源开发与管理——在公共组织中的应用(第二版)》的基础上进行了修订，这次修订主要是根据我们在北京大学政府管理学院本科、MPA与研究生教学的经验、科研体会以及相关兄弟院校的教学要求进行的。具体来说，修订的地方主要体现在四个方面：一是“增”：在最新法律政策和社会现状的基础上，大多数章节增加了一些新内容；课后练习中增加了选择题，以巩固基础知识；结合多位学者的研究成果，新增一章“公共部门人力资源管理研究与发展”。二是“更”：更新各章案例；更新每章后面列出的建议阅读文献，删除了时间陈旧或是内容不太合适的文献,增加了比较新近的外文和中文文献。三是“改”:对以往错误进行了修改;对部分语句的表述进行了规范。四是“删”:删除了过时的概念;删除了原教材中第六章的内容。

参加这次修订的人员主要是北京大学、中国人民大学、中央民族大学等高校的教授与博士。参加本书修订工作的人员主要是:萧鸣政、仇雨临、白智立、句华、刘李豫、张满、林雅嫱、郭晟豪、王安琪、王晨舟、吴思寒等。李自可、左冰白、柯杰、钟京、周一昕、范文琦、徐曼、叶霄麒、车静屏、王明晓、蔡静雯、曾键、温倩倩等进行了分章的通读与校对,全书由郭晟豪协助审定,最后由萧鸣政负责统稿。本书的编写和校对工作离不开以上各位的辛勤劳动,北京大学出版社对本书的出版也给予了大力支持。谨此致谢!

由于水平与时间有限,本书还存在不足之处,恳请专家与读者继续关心、批评指正,以便我们进一步修订。您可以通过电子邮箱 xmingzh@pku.edu.cn 与我联系,衷心感谢您的帮助。

萧鸣政

2015 年 10 月 20 日于北京大学

目录

第一部分　理论基础

第一章　人力资源管理及其价值　3

【教学目标与方法建议】　3

第一节　人力资源的概念及其特征　3

第二节　人力资源在不同经济形态中的地位与作用　14

第三节　人力资源管理　18

第四节　战略人力资源管理　31

第五节　公共部门人力资源管理　43

【本章小结】　48

【复习思考题】　49

【案例与讨论】　51

【建议阅读文献】　54

第二章　人力资源开发及其战略　57

【教学目标与方法建议】　57

第一节　人力资源开发概述　57

第二节　人力资源开发战略及其价值　61

第三节　人力资源开发原理　69

第四节　人力资源开发方法　81

第五节　当前我国政府人力资源开发的问题与对策　96

【本章小结】　103

【复习思考题】　104

【案例与讨论】 106
【建议阅读文献】 109

第二部分　方法技术

第三章　工作分析、评价与分类 113
【教学目标与方法建议】 113
第一节　工作分析概述 113
第二节　工作分析的方法 120
第三节　工作评价 130
第四节　工作分类及其在公共部门的应用 136
【本章小结】 147
【复习思考题】 148
【案例与讨论】 152
【建议阅读文献】 154
第四章　人力资源规划 156
【教学目标与方法建议】 156
第一节　人力资源规划概述 156
第二节　人力资源规划过程与方法 160
第三节　公共部门的人力资源规划 171
【本章小结】 176
【复习思考题】 176
【案例与讨论】 181
【建议阅读文献】 186
第五章　招聘与测评 188
【教学目标与方法建议】 188
第一节　人员招聘与测评概述 188
第二节　人员招聘与测评程序 192
第三节　人员招聘与测评的方法 197
第四节　公共部门的人员招聘与选拔 208
【本章小结】 216
【复习思考题】 217

【案例与讨论】 220
【建议阅读文献】 222
第六章　人员培训 224
【教学目标与方法建议】 224
第一节　培训及其需求分析 224
第二节　培训的类型、内容与方法 233
第三节　培训效果的评估 238
第四节　培训低效原因与改进 241
第五节　公共部门培训的问题与趋向 247
【本章小结】 253
【复习思考题】 254
【案例与讨论】 258
【建议阅读文献】 265
第七章　绩效考评与管理 267
【教学目标与方法建议】 267
第一节　绩效考评与管理概述 267
第二节　组织绩效考评与管理方法 271
第三节　个人绩效考评与管理方法 279
第四节　公务员的绩效考评与管理 286
【本章小结】 295
【复习思考题】 296
【案例与讨论】 300
【建议阅读文献】 302
第八章　薪酬管理 305
【教学目标与方法建议】 305
第一节　薪酬概述 305
第二节　薪酬管理 309
第三节　薪酬设计 315
第四节　公共部门的薪酬管理 323
第五节　我国公共部门薪酬制度改革 333
【本章小结】 335

【复习思考题】 336
【案例与讨论】 341
【建议阅读文献】 343
第九章　人员激励 345
【教学目标与方法建议】 345
第一节　激励理论概述 345
第二节　激励机制的设计与内容 358
第三节　公共部门人员激励的客观需要分析 363
第四节　公共部门人员激励对策 370
【本章小结】 380
【复习思考题】 381
【案例与讨论】 385
【建议阅读文献】 391
第十章　合同管理 393
【教学目标与方法建议】 393
第一节　合同管理概述 393
第二节　国外公共部门的合同管理 397
第三节　我国公共部门的合同管理 403
【本章小结】 414
【复习思考题】 415
【案例与讨论】 418
【建议阅读文献】 420
第十一章　社会保障 422
【教学目标与方法建议】 422
第一节　社会保障概述 422
第二节　我国公共部门社会保障的主要内容 428
第三节　公共部门社会保障的管理 451
【本章小结】 458
【复习思考题】 459
【案例与讨论】 462
【建议阅读文献】 465

第三部分　研究发展

第十二章　公共部门人力资源管理研究与发展　471

【教学目标与方法建议】　471

第一节　公共部门人力资源管理研究概况　471

第二节　公共部门人力资源管理研究发展　493

【本章小结】　501

【复习思考题】　502

【案例与讨论】　506

【建议阅读文献】　507

部分习题参考答案　510

第一部分　理论基础

第一章　人力资源管理及其价值

【教学目标与方法建议】

通过本章教学，应该掌握以下内容：

1. 人力资源和人力资源管理的概念、特点以及任务目标
2. 人力资源管理思想方法与发展趋势
3. 战略人力资源管理与职能人力资源管理的异同
4. 战略人力资源管理的思想与方法
5. 公共部门人力资源管理的特点与发展趋势

教学方法建议：鉴于本章的内容比较多，建议在课堂讲授过程中进行适当的选择，并采用适当的案例分析教学方法。

在任何时期的政治活动、经济活动和其他社会活动中，人力资源的作用都是至关重要的。没有人力资源驱动，物力资源、财力资源、信息资源等因素便毫无价值可言。在所有资源作用活动中，人力资源具有必要性、关键性与主导性。人力资源的这种特点决定了人力资源管理在工商管理与公共管理中的地位与作用。然而，人力资源管理的作用也并非无限的，为了正确认识与运用人力资源管理，本章主要就人力资源，人力资源、人力资本与人才资源的关系是怎样的，人力资源管理，尤其是日渐重要的战略性人力资源管理理论，以及人力资源管理在公共部门的价值与作用等内容进行探讨。

第一节　人力资源的概念及其特征

人力资源是人力资源管理的对象。因此，本书首先必须回答人力资源是什么。在这一节，我们将阐述什么是人力资源、目前学术界对人力资源大致有哪些不同观点、人力资源具有什么特点以及人力资源与人力资本的关系等问题。

一、人力资源概念的形成

在我国，人力资源概念的提出并被人们接受，大约是在 20 世纪 90 年代，而

国外有关人力资源思想出现的时间却早得多。

人力资源主要是对人的劳动能力及其劳动价值在财富或者产品中做出贡献的一种经济学观点,后来也成为一种资源管理学观点。英国古典经济学创始人之一威廉·配第(1623—1687)在其代表作《政治算术》中提出了“土地是财富之母,劳动是财富之父”的著名命题,由此充分地肯定了人的劳动及其能力的经济作用。

第二次世界大战之后,人力资源的观念日渐形成,并逐渐深入人心,主要原因有以下几点。

首先,二战后,以苏联为首的东方国家经济蓬勃发展,特别是苏联的经济增长速度大大超过美国,引起了美国经济学家的高度重视。他们开始向美国政府呼吁,美国应该大幅度增加教育和科学研究的投入,培养高素质的人才,以增加经济实力与军事实力。

其次,是因为马歇尔计划的成功实施与西欧的迅速复兴。二战后,美国为了组建和加强以本国为首的西方阵营,于 1947 年采纳了时任国务卿乔治·马歇尔的建议,制定了一项帮助欧洲重建与复兴的经济援助计划,即著名的“马歇尔计划”。马歇尔计划实施后,西欧各国在短短的几年中就从战争的废墟中重新站立起来,连战败的德国也不例外。其成功的关键因素在于,这些国家都拥有一大批具有技术知识和基本技能以及学习新技术能力的工人。

再次,“经济之谜”的解决导致了人们对人力资源的真正认识。“经济之谜”主要包括最为重要的“现代经济增长之谜”和“库兹涅茨之谜”。

“现代经济增长之谜”表现为,美国的产出增长率远远超出了生产要素的投入增长率,但是根据传统的增长理论,两者应该相等。换句话说,产出的增长数量应该等于资本与劳动投入数量的增加值。那么,是什么要素导致了产出增长率远远高于投入增长率呢?在经济增长之源的分析中究竟漏掉了什么呢?面对这种疑问,传统的经济学理论走入了困境。

“库兹涅茨之谜”表现为,随着美国总资本的不断增加,物质资本的投入却不断减少。这是美国的著名经济学家库兹涅茨在 1961 年对美国的资本形成的研究中发现的。例如,美国的资本与产出比在 1869—1888 年为 3∶2,1909—1928 年为 3∶6,但到了 1946—1955 年却下降为 2∶5。这一现象与传统经济学理论(认为美国的经济增长是得益于高度密集的国家储蓄与资本的作用)相矛盾,从而传统的物质资本理论再次受到挑战。

1962 年舒尔茨研究认为,经济学家们一直面临着的一个谜主要是由我们自己造成的,因为我们所使用的衡量资本和劳动的方法太狭窄了,没有把这些资本质量提高的因素考虑进去。如果我们把战后西欧特别是德国以及日本经济复苏与增长的幅度看作是直角三角形的斜边,那么,它的“长边”条件是人力因素,“短边”条件是物质因素。在这种条件下,人力因素一旦注入物质因素的作用,就会获得很高的收益率。

虽然舒尔茨、库兹涅茨与E.丹尼森当时提出的是人力资本的理论,但从历史的过程与全面的观点来看,与其说他们当时是为了探求人力资本理论,还不如说是为了探求人力资源理论,因为他们主要是针对来源不明的增长因素进行研究。他们要弄清楚为什么社会最后形成的实有资产量总是要大大超过原始投入的实物资本与货币资本总量,其增值部分来自何处。他们还想弄清楚为什么社会物质与货币形态资源投入日趋下降,而社会最终的实际资产财富却不断增长,其中介资源来自何处。

最后,这些经济学家找到的答案就是来自人力的作用,即来自人力因素。人力因素在这里成为社会财富中超额增长部分的唯一来源和唯一解释。显然,人力资源的概念至此不言而喻。

然而,为什么当时舒尔茨等经济学家没有提出“人力资源”(Human Resource)的概念而是提出“人力资本”(Human Capital)的概念呢?一方面,可能是因为经济学家当时为了解释投入与产出守恒以及受数学思想影响的结果。“投入”一词与“资本”是相宜的,而与“资源”是不相宜的。“产出”与“数量”是相对应的,“资本”本身具有“数量”的含义,而“资源”本身没有“数量”的含义。另一方面,可能因为“资本”中的“本”与“资源”中的“源”在这里基本同义。“本”,即“根本”,即“源”。我们常说“你将来发达了可不要忘‘本’”,这里的“本”即“源”。由于“资本”与“资源”相比更符合经济学的学科称谓习惯,运用更方便些,因此在经济学中“人力资本”比“人力资源”的称谓更可取、更科学。

虽然有的研究资料表明“人力资源”这一概念1919年与1921年曾在约翰·科蒙斯(John R. Commons)的两本著作《产业信誉》与《产业政府》中使用过①,因此认为科蒙斯是第一个使用“人力资源”概念的人,但是笔者认为,人力资源概念的真正形成与深入人心,应该是人力资本理论诞生之后。在这之前,无论人们有意识还是无意识地应用人力资源(HR)这个词汇,它充其量是一种表面性的名词或称谓,而不是我们今天所指的“人力资源”概念。此外,“人力资源”与“人员”“雇员”“员工”等概念是不能等同的。这一点我们将在后面相关

---

① 参见〔美〕布鲁斯·E.考夫曼:《美国人力资源专业教育的发展历史及其现状》,《公共行政与人力资源》2000年第5期。

部分加以具体阐述。

二、人力资源概念在中国

如果说人力资源的概念是20世纪60年代初随着舒尔茨和贝克等人的人力资本理论的创建而形成,那么人力资源概念在中国的形成是什么时间呢? 从有关资料及笔者的分析来看,大约是在20世纪90年代。

人力资本理论自在美国提出后,持续发展了十多年,20世纪70年代末以后,影响开始减弱,直到80年代后期又再度涌起,并在90年代得到空前发展,1990年前后传入我国。这与国外的发展基本上是一致的。据有关资料研究表明,美国人力资源管理及其专业教育(HRM)起源于第一次世界大战前,首次以明确的形式出现,是1912年在波士顿召开的"雇佣经理联合会"的成立大会上。1915年在达特茅斯学院开设了"雇员管理"的课程,但真正意义上的人力资源管理是在20世纪90年代才形成的。这一时期人们才把企业员工看成是企业资产或"人力资源",从而使大量人事管理转变为"人力资源管理"。① 人力资源概念被社会人士所普遍接受的时间,大约是在MBA与MPA专业出现之后,并随着MBA与MPA教育的普及而影响力逐渐扩大。从1995年起,我国先后在北京大学、清华大学等高校的MBA教育中开设了人力资源核心课程;从2001年年起,在北京大学等部分高校MPA教育中也开设了人力资源相关课程。由于人力资源管理是MBA和MPA的核心课程,有的学校规定为必修课程,因此人力资源管理方面的数材、杂志、文章不断出现。截至2021年7月,以《人力资源管理》或《人力资源开发与管理》为书名出现的中文著作,笔者见到过的大约有300多种。知名度较大的专业性杂志和报纸,有中国人力资源开发研究会主办的《中国人力资源开发》、人力资源和社会保障部主办的《中国人才》和《中国组织人事报》、中国人民大学书报资料中心主办的《劳动经济与人力资源管理》(后改名为《人力资源管理》)、上海公共行政与人力资源研究所主办的《公共行政与人力资源》,还有河南的《人才资源开发》、上海的《组织与人事》、深圳的《人力资本》等,许多省市都有自己的专业报刊。开设人力资源本科方向的学校与院系,从20世纪90年代的一两所发展到2021年7月的400多所。许多与管理、心理、教育与经济等有关的机构专业、硕士点与博士点,都纷纷开始招收人力资源方向的学生,开始人力资源方向的研究与咨询服务。

---

① 参见〔美〕布鲁斯·E.考夫曼:《美国人力资源专业教育的发展历史及其现状》,《公共行政与人力资源》2000年第5期。

人力资源的概念提出之初，仅限于企业，2000 年以后随着 MBA 与 MPA 教育的出现，人们已把人力资源概念扩大到公共行政、政府机构，即所谓公共人力资源。换句话说，人力资源目前已扩大到“全民皆是”。可以说，人力资源在我国的形成大约经历了四个阶段：1987—1991 年，传播阶段；1992—1995 年，专业化阶段；1996—1999 年，扩展阶段；2000 年至今，全员化或公共化阶段。

在上述四个发展阶段中，最值得一提的是，在 1988—1998 年的专业目录调整中，国务院学位办把人事管理（人力资源管理）从政治学领域调整到行政管理学领域，随后又调整到现在的企业管理学领域，实现了人力资源概念的实质性变革与发展。可以预见，随着高新技术经济或者知识经济的发展，人力资源的概念还将在我国深入地发展与普及，为中国经济的发展与中华民族的复兴做出应有的贡献。

三、关于人力资源概念的三大观点

人力资源与人力资本虽然在经济学中大同小异，而且人力资本的称谓更为可取，但是在管理学中，人力资源与人力资本却有一定的区别，而且人力资源的称谓更为科学可取。同样是企业经营行为，在经济学家看来，它主要是投入与产出的关系模式，即人、财、物三种生产要素的投入与企业经营效益的产出。因此，人力因素在这里被看作是一种资本，与货币、股份、债券以及厂房、机器设备、原材料一样，是一种相对产出的资本投入。所以，员工在这里不是一般意义上的人，而是企业经营中三大经济要素之一。然而，企业经营行为（包括公共行政行为）在管理学家看来，是一种规划、组织、控制与实现目标的过程。在这里，人力因素被看作是相对结果的一种原因，是相对企业效益（或者公共产品）的一种来源因素，即一种企业效益或者公共产品的资源。

人力资源是什么？有些著作对此并不专门解释，认为是不言而喻的事，其实不然。实践中，人们仁者见仁，智者见智。关于人力资源的解释，虽然众说纷纭，但概括起来似乎有三种比较有代表性的观点：第一种观点把人力看作劳动力，劳动力等同劳动者，认为人力资源即具有劳动能力的全部人口，确切地说，是 16 岁以上的具有劳动能力的全部人口。① 第二种观点认为人力资源是目前正在从事社会劳动的全部人员。第三种观点把人力看作是人员素质综合发挥的生产力，认为人力资源是劳动生产过程中可以直接投入的体力、脑力和心力

① 参见张晋、赵履宽主编：《劳动人事管理辞典》，四川科学技术出版社 1987 年版，第 215 页。

的总和。①

在上述关于人力资源的三种解释中,第一种解释是持“成年人口观”。按照这种理解,国家与地区性的人力资源开发与管理的重点是扩大人口基数,加强卫生保健,提高人口质量;就企事业组织内部来说,人力资源管理与开发的重点是扩大人员队伍,增加人才储备。从中华人民共和国成立到1985年前后,基本上是在这种观点的支配下进行人力资源管理实践的。企事业组织与政府机关因此养着许多不该养的闲人。第二种解释是持“在岗人员观”。这种观点比第一种具有更为积极的意义,它已经认识到人口同时具有经济性与消费性的双面性。一个健康的成人如果不与生产资料相结合,就只具有消费性的一面而不能产生任何经济效益。健康的成人只具有人口学意义而不具有经济学意义。因此,一般人员不是人力。按照这种观点,人力资源管理的重点是扩大生产规模与开辟新的产业,增加就业机会,让每个健康的成年人都有事做。从20世纪60年代知识分子下放农村从事生产劳动开始,直至90年代初期,我国劳动人事部门一直受着这种在岗人员观的影响,肩负着就业安排的巨大压力。在这种观点影响下的企业生产与经营,必然是劳动密集型的,是一种工作效率低下的大锅饭运营模式。第三种解释是持“人员素质观”。这种观点把人力资源管理的基本单位,由个体观转变为素质观,由人员观转变为人力观。因为一个直接与生产资料相结合的在岗人员,很可能出工不出力,出力不出全力,出全力不出效益。因此按照这种观点,人力资源的管理是一个系统工程,是对员工的培养、促进、改进与作用发挥的过程。

四、人力资源概念及其与人力资本的关系

人力资源与人力资本是不同的。在上述三种人力资源的解释中,成年人口观和在岗人员观中的人力资源与人力资本具有明显的区别,不会产生什么混淆。然而,人员素质观中的人力资源与人力资本如果不加区别就有可能混为一谈。因此,有必要对两个概念做一番具体分析。

“资本”一词语义上有三种解释:一为掌握在资本家手里的生产资料和用来雇佣工人的货币;二为经营工商业的本钱;三比喻为牟取利益的凭借。而“资源”一词的语义为生产资料或生活资料的天然来源。由此不难看出,“人力资本”更多地强调人力的经济性、依据性、功用性与利益性,而“人力资源”更多地强调人力的基础性、物理性与来源性等特点。

---

① 参见肖鸣政:《对人力资源开发问题的系统思考》,《中国人力资源开发》1994年第6期。

对于什么是人力资本，舒尔茨认为，人力资本是劳动者身上所具备的两种能力：一种能力是通过先天遗传获得的，是由个人与生俱来的基因所决定的；另一种是后天获得的，是由个人努力经过学习而形成的，读写能力是任何民族人口的人力资本质量的关键成分。①

由此可见，就内容与形式看，人力资源与人力资本在能力这一点上具有相似之处，但就其内涵与本质看，两者却具有明显的区别。人力资本是针对经济增值、经济贡献与收益分配来说的，而人力资源是针对经济管理、经济运营来说的。前者是由因索果，后者是由果溯因。人力资本是劳动者作为自己拥有的无形资产投入企业经营活动，并以此索取一定的劳动报酬与经济利益，而人力资源是劳动者作为自己拥有的能力基础而投入劳动生产过程中，并以此产生出一定的工作能力，创造出一定的工作成果。也就是说，虽然同是劳动者身上具备的能力，但作为人力资本，它是一种经济效益分配的依据，是一种经济投资中的股份，而作为人力资源，它是一种经济运营中的力量基础，是一种工具，能够创造经济效益。

我们说人力资本和人力资源并非同一概念，还表现在以下三个方面：

(1) 人力资本和人力资源有着不同的研究视角，且二者关注的焦点也不相同。人力资本是所投入的物质资本在人身上的价值凝结，是从投入与产出的角度来研究人力在效益和经济增长中的作用，它所关注的焦点是收益问题(即投资是否划算以及收益率的高低)。人力资源是将人力作为财富(包括体力的和智力的)的源泉来看待，是从人的潜能(包括体力的和智力的)与财富之间的关系角度来研究人力问题，是从更广泛意义上对人力问题的研究。

(2) 人力资源与人力资本有着不同的计量形式。众所周知，资源是存量概念，而资本则兼有存量和流量概念的特点，人力资源和人力资本也有着与资源和资本分别一致的特征。也就是说，我们通常所讲的狭义人力资源(劳动力资源)概念，往往指一定时间、一定空间内劳动力人口所具有的现实的和潜在的体力、智力、技能和品性素质的总和，是劳动力人口质和量的统一，其存量表现为质和量两个因素的乘积。就人力资本而言，若从生产活动的角度看，人力资本往往是与流量核算相联系，表现为产出量的变化(增加或减少)和劳动者体能的损耗，表现为经验的不断累积(即知识增进)及技能(主要表现为技术熟练程度)的不断增进。若从投资活动结果看，人力资本又与存量核算相关联，表现为投资活动的沉淀或积累，亦即知识健康状况的改善等。人力资本量的规定性，

---

① 参见陆红军主编：《人力资源发展跨文化学通论》，上海百家出版社 1991 年版，第 8、219 页。

则表现为投入到教育、培训和健康等活动中的资本在人身上凝结的多少;或者说,是指被投资者知识的多少、技能的高低、健康状况的优劣,等等。

(3)如前所述,人力资源或劳动力资源概念的外延要宽于人力资本。一般来说,人力资源既包括自然人力资源(指未进行教育、培训、健康和迁移等投资而自然形成的体力、智力和技能等),又包括开发后的人力资源,是一个概括性的范畴;而人力资本则是一个反映价值量的概念,是指能够投入到经济活动中并带来新价值的资本。人力资源问题可以从开发、配置(或利用)、管理和收益等角度来研究,人力资本则可以从投资和收益的角度去分析。

实际上,人员素质观的人力资源,除能力外,还包括品性、态度、经验、知识、技能等可以产生岗位工作所需能力的基本成分与素质。因此,对组织管理者来说,关心的重点应该是人力资源而不是人力资本。人力资本主要是经济学家做研究所关心的对象。

综上所述,我们认为,人力资源是在一定区域范围内,可以被管理者运用以产生经济效益和实现管理目标的体力、智能与心力等人力因素的总和及其形成基础,包括知识、技能、能力与品性素质等。

在这里,"一定区域范围"是一个时间与空间的概念。大可以指一个地区、一个国家或全球,小可以指一个区域、学校、机关、医院或更小的班组与团体组织。

"可以被管理者运用"是强调人力资源相对管理者的有效性。一个有能力的员工,相对经理所管辖的范围来说,是他所在区域的一种资源,但一旦离开这个区域,就不再是资源了,因为其他区域无法使用这个员工。

"产生经济效益"与"实现管理目标",强调的是人力资源的价值。人力资源必须能产生管理者所需要的东西,或者是经济效益,或者是完成某种任务与实现某个目标的中介效用。

"体力、智能与心力等人力因素的总和",在这里既指个体的,又指群体的或区域的,包括知识、技能、经验、智能、体力、品德、性格、精神等形成人力的因素。

五、人力资源的特点

人力资源与其他资源相比,具有生活性、控制性、个体独立性、群体组织性、社会性、内涵性、无形性、变化性与不稳定性、能动性、作用的不确定性、系统协调性、主导性、资本性、时效性、再生性与开发的持续性、增值性、稀缺性与难以模仿性等不同特点。

(1)生活性。人力资源以人身为天然载体,蕴藏在一个个活生生的生命个体之中,是一种“活”的资源,并与人的自然生理特征相联系,具有生活性。因此,要维持发展现有的人力资源,必须保证人力资源拥有者的生活条件与费用,人力资源将随着拥有者个体生活的结束而消失,随着拥有者的转移而转移。而自然资源却不同,它是相对固定的,也不需要更多的维持条件与费用。

(2) 控制性。自然资源的生成相对来说缺乏可控性,而人力资源的生成是可控的。美国著名教育家、心理学家华生(John Watson)说:“请给我一打强健而没有缺陷的婴儿,放在我自己的特殊的环境中教养,那么,我可以担保,在这十几个婴儿中,我随便拿一个来,都可以训练其成为任何专家——无论他的能力、嗜好、趋向、才能、职业及种族是怎样的,我都能任意训练他成为一位医生,或一位律师,或一位艺术家,或一位商界精英,或可以训练他成为一个乞丐或窃贼。”人力资源的生成不是自然而然的过程,需要人们有组织有计划地去培养与开发。

(3) 个体独立性。自然资源的存在形式一般是成块成群地联结在一起,散在形式较少;而人力资源则不然,它是以个体为单位,独立存在于每个活着的个体身上,而且受着各自不同的生理状况、思想与价值观念的影响。这种存在的个体独立性与散在性,使人力资源的管理工作显得相当复杂与艰难,管理得好则能够形成系统优势,否则会出现内耗。

(4) 群体组织性。人力资源存在于个体之中,表现在行为之中,但是不同的个体组成的组织群体,由于其组织结构与个体特点互补的差异性,将会形成不同的人力资源存量与能量。

(5) 社会性。与物质资源相比,人力资源最为本质的属性就是它的社会性。人力资源的形成、发展与变化,既受人类生产和生存条件的限制,更受社会经济条件和特定的生产方式的制约,并与一定的社会环境相联系。在人力资源发挥作用的劳动过程中,不同的劳动者一般处于各自的劳动集体之中,具有群体性,这种群体性构成了人力资源社会性的基础。人力资源不仅影响经济增长的过程,而且对社会精神文明建设等产生作用,具有明显的社会性。

(6) 内涵性。无论是群体性的人力资源,还是个体性的人力资源,其实质都是相对完成一定工作任务所需要的知识、技能、态度、品性、思想与素质,显然这种东西都是隐含于人的行为之中,具有隐蔽性与抽象性。

(7) 无形性。虽然人力资源是一种人体上的客观实在,但却是看不见摸不着的东西,具有无形性,可以感觉它却难以再现它。

(8) 变化性与不稳定性。金融资源与自然资源是相对稳定的,但人力资源却会因个人、环境的变化而变化。某人在甲单位是人才,到乙单位可能就不是人才了。这种变化性还表现在不同的时间上,60 年代的劳模到 80 年代就不一定是劳模了。人的劳动能力会随着时间而变化,在青年、壮年、老年各个年龄阶段,其人力资源的实际效用是不同的。

(9) 能动性。人力资源的开发与利用,是通过拥有者自身的活动来完成的,它具有主体发挥性。它的形成与利用是通过载体自身来完成的,可以创造出超过自身价值数倍的经济效益;而自然资源、物力资源与财力资源则不同,它们是被动的和有限的。因此,衡量人力资源开发程度如何,要看开发者对人力资源能动性发挥得如何。能动性的另一个表现是它的创造性。人力资源开发得好,就能创造出超出它自身价值多得多的效益。

(10) 作用的不确定性。人力资源的作用发挥,不仅受制约于个体的生理心理状态,而且受制于不同组织的管理水平、文化水平与物质基础,受制于它所存在的社会环境。

(11) 系统协调性。由于人力资源存在的个体独立性,相互间必然会存在一定的矛盾,因此需要按照一定的结构形式进行系统组织与组合,需要按照效益共享、风险分担、职权利一体化的原则进行内调。缺乏系统协调的个体人力资源将会相互抵消,总和为零,甚至出现负面效应。

(12) 主导性。人力资源不同于其他资源之处在于,人在一切经济活动中总是处于主导地位。一方面,个人通过自己的努力,大脑得到进一步开发,智力不断提高,认识世界与改造世界的能力不断增强;另一方面,个人可以通过其劳动能力的提高,更加有效地利用机器设备与物质资本,在技术指数、物质指数与资本投入不变的情况下,增加有效劳动的投入和物质资本的利用。此外,人力资源还可以通过载体——人的努力,物化为新工具、新设备与新技术,提高对物质资源与财力资源的开发利用率。①

(13) 资本性。人是一种原生性资源,只有通过开发才能为社会劳动生产所使用,才能为企事业组织所利用。要进行人力资源开发,就需要物质、资金与时间的投入;开发后的人力资源维护,同样需要一定的物资、资金与时间投入。因此,人力资源既是经济资源投入的结果,又是投资者进一步获取其他经济资源的基础。

(14) 时效性。人力资源不但具有生活性,而且还有时效性。就个体人力资源来说,因为一个人的生命周期是有限的,人力使用的有效期限大约在 16—60 岁之间,最佳期为 30—50 岁。在这段时间内,如果人力资源得不到及时与适

① 参见徐颂陶等主编:《中国人才资源开发全书》,中国人事出版社 1998 年版,第 38 页。

当的利用，个体所拥有的人力资源就会随着时间的流逝而降低，甚至丧失作用。这与金融资源和自然资源有所不同。金融资源长期储蓄，其价值变化不大；矿产资源不开发，其流失不大。然而，人力资源长期闲置或学非所用，就会造成极大的人力资源浪费。因此，人力资源的开发、配置与使用要适时、及时。

（15）再生性与开发的持续性。一般来说，煤、石油等自然资源会在利用过程中消耗掉，而人力资源不但不会在开发与利用中消耗掉，而且能在利用中再生，在利用中增值。人力资源的消耗可以通过个体或总体的不断替换、更新与恢复得到及时的补充与再生，是一种可充分开发的资源。人力资源的使用过程也是开发的过程，因此人力资源具有终身开发的持续性。人力资源由于它的再生性，具有无限开发的潜能与价值。而自然资源与物质资源一般只有一次开发与二次开发，形成产品使用后就不能再继续开发了。

（16）增值性。无论是由于产品质量的上乘抑或是由于生产成本降低所带来的低成本优势所具有的增值性，归根结底都是由人力资源所创造的。事实表明，人力资源管理实践也可以带来组织价值的增值。人力资源管理实践可以通过以下途径来为组织创造较高的价值：人力资源管理实践→以个人为中心的结果→以组织为中心的结果→实现成本领先和产品分化，进而创造价值。具体而言，可以采用以下 12 种途径：就业安全感、招聘时的挑选、高工资、诱人薪金、工作职权、信息分享、参与和授权、团队和工作再设计、培训和技术开发、交叉使用和交叉培训、平等主义、工资浓缩。例如，对员工进行诸如组织价值观、行业规范、组织标准、期望等方面的培训能够培养员工的忠诚感，使其知识基础、态度和技能产生持久的变化；通过与员工建立良好的合作关系可以提高员工的士气、增强员工的努力程度，从而使组织提高效率和产生更多的创新等。

（17）稀缺性。人力资源的能力是有差异的，根据层次的不同，可以分为两类：初级能力（健康、人的体力、经验、生产知识和技能）和高级能力（人的天赋、才能和不断被挖掘出来，潜能的集中体现——智慧）。在物质经济时代，物力资源是相对短缺的，人力资源仅仅具备简单的初级能力，作用不明显，因而人力资源显得相对过剩。而在知识经济时代，面对（非连贯的）竞争环境，组织传统上的任何有形竞争优势，例如资金优势、规模经济都只能是一时的、短缺的，只有拥有知识、技能、信息的具备高级能力的人力资源才是现代组织获得竞争优势并实现可持续发展的重要保证。人力资源的稀缺性从性质上可区分为两种：一种是人力资源的显性稀缺，即一定时期内劳动力市场上具有某一特定的才能的人才供给数量绝对不足，这种状况往往导致组织间为猎取稀缺人才互挖“墙角”，竞相争夺；另一种是人力资源的隐性稀缺，即由于人力资源某种特性行为表现往往呈非均质分布状态,其稀缺价值又难以用市场化标准来判断,且在很大程度上依赖于组织后天的培训与开发,由此导致不同组织在开发与管理人力资源方面的相对差异,并造成了人力资源的稀缺性。①

(18) 难以模仿性。组织要获得可持续发展,人力资源除具有增值性、稀缺性的特点,更重要的是它难以模仿。首先,组织外的竞争者很难像把一套机器拆开来通过研究其机械构成来了解产品的高性能一样,洞悉组织内的各种人力资源具备何种能力,这些能力对组织的绩效做出了什么样的贡献。其次,组织中人力资源的形成依托于组织独特的发展历史、独一无二的组织价值标准和文化氛围,倘若竞争者要全盘复制组织的人力资源及文化等,势必会导致竞争者的组织与原有公司文化和人际关系的冲突,因而这一点也是竞争者模仿组织的障碍之一。

迈克尔·波特(Michael E. Porter)所提出的组织获得竞争优势的三种战略——成本领先优势、差异性战略及集聚化战略确实会从一定程度上为顾客带来一定的价值,为组织带来一定的利润,然而,这种优势毕竟是短暂的,会随时随着产业内竞争力量的改变及竞争对手的模仿而丧失。在竞争环境瞬息万变的知识经济条件下,采取波特的三种战略措施无疑无法争夺市场的主动权。

人力资源的增值性、稀缺性及难以模仿性决定了人力资源不应该是组织的成本,而是能够为组织带来价值增值及持久竞争优势的战略性资产。

第二节　人力资源在不同经济形态中的地位与作用

人类社会经历了不同的发展阶段,出现了不同的经济形态。从人力资源的角度来说,这也是人力资源的地位逐渐得到承认并不断提升,人力资源的作用逐渐被认识并得到更多重视的过程。

人类社会发展至今,经历了不同的经济形态。根据各阶段经济发展的核心生产要素或经济中占主导地位的生产部门,可以简单划分为农业经济时代、工业经济时代和知识经济时代。

一、人力资源在传统经济形态中的地位和作用

人类社会发展中,不同的经济形态具有不同的时代特征,并且不同的经济形态的更替也是一个逐渐的过程。人力资源在不同的经济形态中的地位和作

① 参见高艳、赵守同:《组织人力资源管理的战略选择》,《中国软科学》2001 年第 6 期。

用是不同的，这取决于各个经济形态特殊的时代背景和经济发展的特点。

（一）土地资源主导的农业经济时代

在农业经济时代，土地和土地所有权具有至高无上的地位，是经济发展中的核心要素，人力资源尚没有被认识。人始终依附于土地，甚至被“物化”为“生产工具”，主动性、创造性长期受到压抑。人力资源在农业经济时代的地位和作用在古希腊、古罗马和中世纪西欧的经济思想中可以得到体现。古希腊的色诺芬认为，在一切技艺中，农业是最重要的，“农业是其他技艺的母亲和保姆”，农业的兴衰影响着其他技艺。手工业是一种“粗俗的技艺”。在柏拉图的理想国中，人被等级化，农民、手工业者和商人是专门从事经济活动的、没有思考和参与政治的能力的第三等级，而奴隶处在三个等级之外，只是“会说话的工具”。可以说，在农业经济时代，对人的主观能动性的蔑视达到了极致。并且，由于土地的非流动性，劳动力对土地的过度依附，阻碍了劳动力的流动。对人力资源的漠视以及严格的等级制度，使普及教育成为奢望。因此，人力资源的开发仅限于体力的补充，脑力劳动和教育成为部分人的特权。

（二）金融资源主导的工业经济时代

工业经济时代，人的发展最大的特点就是人身自由的实现。尽管劳动力由对土地的依附转为对资本的依附，但随着现代工业的发展，以及科学技术应用于生产，人的因素越来越得到重视。但在工业经济时代，社会经济的发展主要依托的是资本与能源的利用。资本是社会生产的核心要素，资本所有权决定社会财富的分配。这一点通过经济增长理论中对资本的强调可以得到论证。(1)以斯密理论为代表的古典经济增长理论认为，资本积累是财富增长的主要源泉，资本积累量的大小是经济增长率高低的关键。(2)哈罗德-多马模型中储蓄率成为决定经济增长的唯一因素。在这个模型中，因为资本可以全部转化为投资，所以，储蓄率就是投资率或资本积累率。(3)罗斯托“起飞”理论中将资本积累作为不发达国家实现经济“起飞”的三个先决条件中的首要条件（即要将净投资率提高到10%以上）。(4)诺克斯“贫困的恶性循环论”强调资本积累是克服“瓶颈”约束、打破恶性循环、摆脱贫困的唯一途径。(5)早期发展经济学中资本积累的突出作用。西方早期发展经济学说的三大特点——唯资本论、唯工业化论和唯计划化论，本质上都是围绕资本形成而展开分析的，特别是唯资本论以资本稀缺作为分析经济发展的核心，以如何促进资本形成作为经济发展的途径。刘易斯这样归纳：“经济发展的中心问题，就是要理解一个社会由原先储蓄和投资还不足国民收入的4%—5%转变为自愿储蓄达到国民收入的12%—

15%以上这个过程。它之所以成为中心问题,是因为经济发展的中心事实是迅速的资本积累(包括运用资本的知识和技术)。如果不能说明储蓄相对于国民收入增长的原因,也就不能说明任何‘工业’革命。”①

但不可否认,工业经济时代的几次工业革命是现代大工业形成的根本动力。也正是因此,人力资源逐渐得到重视。许多经济学家开始用人力资本的概念来解释传统经济学越来越无法解释的经济发展之谜,由此产生了人力资本理论。可以说,尽管工业经济时代是由资本驱动和发展的时代,但不可否认,人力资源,主要是科技应用于生产,推动了工业社会文明的进步,特别是战后科技革命兴起,发动和创立了知识和信息产业,并在微电子技术的带动下,形成了经济信息化的浪潮后的产物。

(三)人力资源主导的知识经济时代

知识经济时代的萌芽在20世纪中后叶,90年代开始表现出了迅猛的发展势头。可以说,知识经济的真正开始和未来在21世纪。知识经济时代是以人力资源为核心生产要素的时代,信息产业成为社会经济的主导产业。在这个时代,人力资源作为第一资源得到了充分的认识和承认。这也是知识经济时代的特征之一。

二、人力资源在21世纪的地位和作用

21世纪是知识经济的世纪,21世纪的经济是人的经济。在21世纪,对信息和知识的占有能力正在成为衡量一个国家、一个组织经济实力的重要标志。创新和创新能力成为一个国家和组织发展的根本动力和基本保障。

(一)人力资源的独特性成为组织重要的核心能力,人才质量成为衡量组织整体竞争力的标志

21世纪是以信息产业为主导产业的时代,这是一个飞速变化的时代。创新与创新产品成为组织的生命源泉,而人力资源正是创新的基础。因此,组织无不将人力资源战略作为组织发展的核心战略。组织的发展根系于人的发展,人才质量成为衡量组织整体竞争力的标志。那些拥有丰富人力资源并不断发掘人力资源潜力的组织拥有最坚实的发展基础和发展空间。世界经济的一体化使人才竞争和人才流动国际化,而由于全球对人力资源的共同注视,人才竞争特别是对企业家人才和特殊科技人员的竞争白热化。同时,人才自我选择的空

① W. A. Lewis, "Economic Development with Unlimited Supplies of Labour", *Manchester School*, Vol. 22, No. 2, 1954, pp. 139-191.

间拓展、选择权加大,只有那些能够吸纳、留住、开发、激励一流人才的组织才能成为市场竞争的真正赢家。这已经为无数企业的发展之路所验证。

(二) 人力资源的贡献改变了资本所有者与知识所有者之间的博弈关系

由于人力资源对社会经济的特殊贡献,知识经济时代成为人才主权时代。所谓人才主权时代,就是人才具有更多的就业选择权与工作的自主权,而不是被动地适应组织或工作的要求。组织要尊重人才的选择权和工作自主权,并站在人才内在需求的角度,去为人才提供人力资源的产品和服务,去赢得人才的满意与忠诚。

例如,企业经营管理人才不是简单地通过劳动获得工资性收入,而是要与资本所有者共享价值创造成果。具体表现在:

(1) 知识创新者与职业企业家成为企业价值创造的主导因素,企业必须承认知识创新者和职业企业家的贡献和价值,资本单方面参与利润分享的历史已经结束,知识创新者和职业企业家具有对剩余价值的索取权。这改变了资本所有者和知识所有者之间的博弈关系。

(2) 21 世纪,社会对知识和智力资本的需求比以往任何一个时代都更为强烈,这导致知识创新者和企业家等人才短缺现象加剧。人才的稀缺性、巨大的增值空间和人力资本的高回报性,使得:第一,资本疯狂追逐人才,正如美国思科(CISCO)公司总裁钱伯斯所言:“与其说我们是在并购企业,不如说我们是在并购人才。”第二,人才选择资本,人才拥有能力选票就拥有了众多的工作选择权。第三,知识与人才雇佣资本。在知识创新型企业,人才引入风险资本,就是用知识雇佣资本,通过知识转化为资本的方式,来实现知识的资本化。

(三) 人力资源的开发和使用将彻底改变人类社会的生产、生活方式

伴随人力资源的开发和利用,信息与知识不断积累,并应用于生产,将使人类社会的生产和生活方式具有明显的知识化特征。具体表现在:

(1) 产业结构“软化”,使服务业(包括第四产业,即知识产业)在国民经济中的比重不断上升,并且占主导地位。服务活动在现代企业生产、生活中所发挥的作用越来越大,会计、管理、计划、咨询、决策、研究和开发、职工培训等活动已成为企业活动的中心。同时,由于高新科技不断涌现,电脑、通信、航空、航天、医药等新型产业群的迅速崛起带动了一大批与其相关的服务性产业的蓬勃发展,包括数字经济的崛起。经济合作与发展组织(OECD)在其报告中指出,其成员国的经济比以往任何时候都更加依赖于知识的生产、扩散和应用。

(2) 现代科技革命向社会经济各个领域全方位渗透,生产方法的知识密集

程度越来越高。在这样的前提下,传统农业和传统工业部门向自动化、智能化和知识化的方向发展,计算机控制的自动化生产系统使人们日益从繁重的、重复性的体力劳动中解脱出来,由此对高度熟练技能的工作人员的需求越来越大。此外,许多在工业经济社会以资源和劳动的消耗为主要特征的生产过程也朝着以智能化、知识化和集约化为特征的方向转变,生产过程和整个经济活动由主要依靠资源和劳动的投入转变为主要依靠知识和技术,实现对现有资源开发与利用的节约。

(3) 科学技术的发展使人类不断发现或创造出地球上可以利用的各种资源。以信息科技为主导的高新技术使人类不断扩展其活动范围,人工智能的领域向宇宙空间、海洋空间、南北极地以及地球表层以下的巨大资源宝库扩展。太阳能、风能、生物能、海洋能等各种可再生新能源的开发和利用将从根本上扭转人类生态环境不断恶化的局面,各种新功能、高素质的材料的合成以及基因再造工程创造出新的动植物品种,将解决人类所面临的资源枯竭问题。正是人类社会的生产和生活方式越来越明显的知识化特征,使人力资源成为社会生产的核心资源,人力资源的开发和利用成为社会生产的核心要求,并最终为社会生产的发展提供创造性的动力。

21 世纪是充分体现人本精神的世纪,人力资源及体现人力资源价值的科学技术知识驱动着社会经济的发展。毫无疑问,这是一个充满机遇的时代,而机遇属于那些人力资源充裕并不断重视、开发管理人力资源的国家和政府。

人力资源,通过管理,对其他资源具有弥补作用、放大作用、驱动作用、活化作用与整合作用,对组织目标的实现具有关键作用,在组织因素结构中具有统领作用。

第三节 人力资源管理

什么是人力资源管理,目前主要有哪些观点,有哪些类型?人力资源具有什么价值?人力资源管理的思想与方法有哪些?主要目标与任务是什么?这些问题即为本节所论述的主题。

一、人力资源管理的不同观点与比较

一谈到管理,也许人们自然就会想起计划、组织、协调、领导、决策与控制六大环节。的确,人力资源管理的内容也表现为这几个方面。然而,人力资源的特点决定了人力资源的管理具有不同于一般管理的地方,决定了人力资源的管

理不能过硬而要软化，不能过于紧密而要弹性化，不能机械而要人性化。

什么是人力资源管理，目前人们已有众多的解释，笔者翻阅了十多本相关著作，找到以下几种不同的解释：

(1) 人力资源管理即现代人事管理，它是在传统人事管理的基础上发展起来的一种新型人事管理。①

(2) 人力资源管理，主要指对人力这一资源进行有效的开发、合理利用和科学管理。②

(3) 人力资源开发与管理，即指运用现代化的科学方法，对与一定物力相结合的人力进行合理的培训、组织与调配，使人力、物力经常保持最佳比例，同时对人的思想、心理和行为进行恰当的诱导、控制和协调，充分发挥人的主观能动性，使人尽其才、事得其人、人事相宜，以实现组织目标。③

(4) 人力资源管理，即指那些专门的人力资源管理职能部门中的专职的人力资源管理专门人员所做的工作。④

(5) 人力资源管理，即包括一切对组织中的员工构成直接影响的管理决策及其实践活动。⑤

(6) 人力资源管理，指对全社会或一个组织的各阶层、各类型的从业人员招工、录取、培训、使用、升迁、调动，直至退休的全过程的管理。⑥

(7) 人力资源管理，是通过各种技术与方法，有效地运用人力资源来达成组织目标的活动。⑦

(8) 人力资源管理，即负责组织人员的招聘、甄选、训练及报酬等功能的活动，以达成个人与组织的目标。⑧

(9) 人力资源管理，即通过各种管理功能，促使人力资源的有效运用，以达成组织的目标。⑨

---

① 参见陆国泰主编：《人力资源管理》，高等教育出版社 2000 年版，第 7 页。

② 参见赵曙明：《人力资源管理研究》，中国人民大学出版社 2001 年版，第 15 页。

③ 参见张德编著：《人力资源开发与管理》，清华大学出版社 1996 年版，第 5 页。

④ 参见余凯成主编：《人力资源开发与管理》，企业管理出版社 1997 年版，第 15—16 页。

⑤ 参见张一驰编著：《人力资源管理教程》，北京大学出版社 1999 年版，第 1 页。

⑥ 参见陈远敦等主编：《人力资源开发与管理》，中国统计出版社 1995 年版，第 14 页。

⑦ 参见 Arthur Sherman, George Bohlander, and Scott Snell, *Managing Human Resource*, 11th ed., South-Western College Pub., Cincinnati, Ohio, 2001, p.4。

⑧ 参见 R. Wayne Mondy, Robert M. Noe, and Shane R. Premeaux, *Human Resource Management*, 5th ed., Aliyn and Bacon; Singapore, 1993, p.4。

⑨ 参见 Randall S. Schuler, *Personnel and Human Resource Management*, N. Y. West Publishing Co., 1987, p.5。

(10) 人力资源管理,是组织对于其内部人力资源未来和现状进行预测、规划、投资、培训、配置、使用、研究与开发等一系列组织、决策的行为。①

上述十种对人力资源的解释与定义,仅仅是笔者所见到的众多学者意见中的一小部分代表,表现了众多学者对人力资源管理学科研究的探索与不懈努力。他们对人力资源管理这一概念,已做出了较为全面的解释,其中有过程揭示论、目的揭示论、现象揭示论与综合揭示论。例如,(3)、(6)、(8)这三种解释属于过程揭示论,主要通过对人力资源管理过程及其内容的揭示来解释什么是人力资源管理;(7)、(9)这两种解释属于目的揭示论,主要通过对人力资源管理的目的与作用的揭示来解释什么是人力资源管理;(4)、(5)、(10)这三种解释属于现象揭示论,主要通过直接说明人力资源管理本身是什么来解释人力资源管理;(1)、(2)这两种解释属于综合揭示论,主要通过对人力资源管理的过程、目的与现象多方面的说明,来解释人力资源管理是什么。

当前,人们在对人力资源管理是什么的理解过程中,似乎陷入了一个两难的境界。一方面,我们想把今天谈论的人力资源管理与过去所说的人事管理相区别,否则不足以让人接受;但另一方面,却又看不出人力资源管理的学科体系与过去的人事管理学科体系有多大区别,以至于有人说今天的人力资源管理就是昨天的人事管理,换汤不换药,是一回事。实际上,我们也很难从现有的国内外人力资源管理的著作中找出一套与过去人事管理完全不同的理论体系与内容。甚至有不少学者在著作中一会儿说人事管理,一会儿又改口说人力资源管理,使读者感到混淆不清。

我们认为,今天的人力资源管理是超越昨天人事管理的一种新思想与新观点。人力资源管理是从经济学的角度来指导和进行的人事管理活动,即人力资源管理是在经济学与人本思想的指导下,通过招聘、甄选、培训、绩效考评、合同管理与薪酬管理等形式对组织内外相关人力资源进行有效运用,满足组织当前及未来发展的需要,保证组织目标实现与成员发展的最大化。

人力资源管理根据对象范围可以划分为个体、群体、组织、国家与国际等不同的类型。

二、人力资源管理的价值

所谓价值,从哲学的角度看,是现实的人与满足其某种需要的客体属性之

① 公共部门人力资源管理编写组:《公共部门人力资源管理》,中国国际广播出版社 2002 年版,第 5 页。

间的一种关系。价值与人的需要有关,但它不是由人的需要决定的。价值有其客观基础,这种客观基础就是各种物质的、精神的现象所固有的属性,但价值不仅是这种属性的反映,而且标志着这种属性对个人、组织和社会的一种积极意义,即满足人们对某种属性的需要,成为人们的兴趣、目的所追求的对象。

那么,什么是人力资源管理的价值呢?人力资源管理的价值就是它对组织、国家、政府与社会的功能与作用。

管理功能在这里是指人力资源管理相对组织管理与发展的基本作用。人力资源管理的功能是多方面、多层次的,主要表现在以下几个方面。

(1)政治功能。政治功能有广义与狭义两种。广义的政治相对于国家社会而言;狭义的政治则相对于比较具体的组织而言,指组织中的方针政策、政令、行政活动等等。人力资源管理包括对组织的高层、中层、基层所有人才人力资源的管理。方针政策的制定大权往往掌握在组织高层人员手中;政令的维护和传递往往取决于中层的作用;行政活动是否有效既取决于中层管理人员,也取决于基层管理人员。因此,人力资源管理对于一个组织的政治具有决定性的影响,对中高层管理人员的选拔、配置与管理的好坏直接决定了该组织的政治前途与命运。我们的人力资源管理部门,包括公共组织的组织部、人事部、劳工部与教育培训部门,要自觉主动地担负起对组织政治的维护与促进职责,把那些自觉自愿与组织目标要求保持一致、能力强、群众拥护的人选拔到组织的关键岗位上,对那些有能力但思想认识上与组织目标要求有差距的人进行教育和培训,保证组织目标的最终实现。

(2)经济功能。人力资源管理的经济功能主要体现在两个方面:一是通过选拔、培训、考评与薪酬等人力资源管理形式,满足最终经济增长对人力资源的需要;二是人力资源管理过程本身对组织可以做出一定的经济贡献。

例如,目前某国有中小企业从人才市场招聘一位现成的人力资源部经理年薪大约需要 40 万—45 万元左右,并且还有流失的风险。如果改为招聘一名人力资源管理专业刚毕业的素质较高的研究生,估计年薪只需要 20 万元左右,再另请一位顾问指导或略加培训就可以满足工作要求。这就可以直接为组织节省人工成本。此类的事情国外早已有之。

美国海军部估计,培训一个合格的预备军官大约需要 30000 美元。假设总部下达 1000 名新军官的招聘指标,如果进入海军部后的培训合格率为 80%,那么最后将有 $20\% \times 1000 = 200$ 名不合格,损失的培训费为 $200 \times 30000 = 600$ 万(美元)。如果培训方案设计与实施都比较科学,培训合格率由 80% 提高到 85%,那么不合格的人数就由 200 人下降为 150 人,海军部最后就节省了(200 -

150）×30000＝150 万（美元）。

（3）稳定功能。人力资源管理对稳定组织内员工的功能，主要表现在薪酬福利管理与劳资关系的协调两方面。

薪酬管理的稳定功能的发挥，要求人力资源管理人员薪酬设计时要客观公正。岗位与岗位之间、类别与类别之间、个人与个人之间、现在与过去之间或与将来之间的薪酬要公平合理。福利管理及人员保障的稳定功能发挥，要求人力资源管理人员对福利与保障种类的设计要有针对性，满足员工日常生活与工作的基本需要，福利水平与保障水平要高于行业或社会的平均水平，使员工有良好的安全感与满足感。

劳资关系调解的稳定功能的发挥，要求人力资源管理人员熟练掌握劳动法律与法规，掌握人际关系处理的科学方法与方式，热心为员工服务，为组织服务，站在公正的立场，正确处理组织内外的各种劳动争议与纠纷。

除上述三种功能外，人力资源管理还有资源配置与效能促进功能。组织需要有一定的目标任务，需要有一定的资金财产和机器设备，然而光有目标、物力与财产还不足以构成组织，还需要人力资源的支撑与导向。当人力资源、物力资源与财力资源三者处于分离状态时，组织实际还没有正式成立，此时的组织形有实无，不具有任何组织功用。只有通过人力资源管理，把不同特点与能力的人员配置到合适的岗位上，让他们拥有一定的权力与财力，此时的组织才具有灵魂与活力，才具有现实目标的功用。因此从某种程度上来说，人力资源的配置功能，对于组织的建构与生产要素的整合，具有画龙点睛的作用。

人力资源管理对组织的促进功能，在一定的程度上，是通过人力资源的管理机制与工作对人力资源的激励与开发来实现的。

三、人力资源管理的思想与方法

人力资源管理的思想建立在人性假设的基础之上，自 19 世纪晚期 20 世纪早期以来，随着管理科学的形成与发展，先后产生了四种“人性假设”，同时也相应地产生了不同的人力资源管理思想与方法。

（一）人性假设

人力资源管理是对人的管理，必然要研究人性。近一个世纪以来，组织管理者看待员工的方式不断地发生变化，先后形成了经济人假设、社会人假设、自我实现人假设和复杂人假设等四种人性假设。

1. 经济人假设

经济人（rational-economic man）假设是管理界对于人性的最早认识，持这种观点的典型代表是“科学管理之父”泰勒,此后麦格雷戈以 X 理论对经济人的假设进行了总结。这种观点认为人是以一种合乎理性的、精打细算的方式行事,人的行为是由经济因素推动和激发的,个人在组织中处于被动的、受控制的地位。这是对人性的一种早期的、传统的认识。

该观点认为:人的本性是不喜欢工作的,只要有可能,人就会逃避工作;由于人天性不喜欢工作,对于绝大多数人必须加以强迫、控制、指挥,才能迫使他们为组织目标而去工作;一般人宁愿受人指挥,希望逃避责任,较少野心,对安全的需要高于一切;人是非理性的,本质上不能自律,易受他人影响;一般人都是为了满足自己的生理需要和安全需要才来参加工作的,只有金钱和其他物质利益才能激励他们去努力工作。①

2. 社会人假设

梅奥在著名的霍桑实验的基础上提出了社会人(social man)的假设。这种观点假设人是一种高级的社会动物,得到物质利益固然可喜,但除了物质利益,良好的人际关系对其工作积极性的提高也有很大的帮助。其核心思想是:驱使人们工作的最大动机不是来源于物质需要,而是来自社会的、心理的各方面的需求。

社会人假设的主要内容:组织中的员工不是单纯追求经济利益的经济动物,也不是为了获取最大的经济利益便可按照管理者的命令行事,如同机器或机器的附属物为管理者服务;管理人员应当将目标由任务的完成转移到员工的需要上;主张集体奖励,不主张个人奖励;组织中员工之间良好的人际关系有利于员工心理的满足,有利于员工归属感的形成,从而提高生产效率,也即管理者通过社会的、心理的手段使员工的需要得到满足,而员工则通过提高工作绩效的方式给予组织回报;管理人员应在员工与管理当局之间发挥沟通与协调作用。

3. 自我实现人假设

管理理论发展到后期,开始把追求自我实现看成是人们工作的最根本目的。这种观点认为,人是自我激励、自我指导和自我控制的,人们要求提高和发展自己,期望获取个人的成功。从这一观点出发,组织就应该把人作为宝贵的资源来看待,通过提供富有挑战性的工作,使人的个性不断成熟并体验到工作的内在激励。而一旦工作被设计得富有意义、具有吸引力,足以引起人们的成就感,那么按照自我实现人(self-actualizing man)的假设,人就可以在高强度的

---

① 参见萧鸣政主编:《人力资源管理》,中央广播电视大学出版社 2001 年版,第 19 页。

自我激励之下，不需要借助其他外来的激励，就能自动、自愿地将自己的才能发挥出来，为组织做出贡献。

这一人性假设与麦格雷戈的Y理论及马斯洛需求层次论中的最高级需要——自我实现的需要相对应。自我实现人假设的主要观点是：一般的人运用体力和脑力进行工作，如同游戏的休息一样，是很自然的一件事；逃避责任、缺乏雄心不是人的天性，实际上大多数人在恰当的条件下不但能接受，而且会追求责任；管理者的主要任务是寻找什么工作对什么人最具有挑战性，最能满足人自我实现的需求；管理者应该放下权力，建立决策参与制度、提案制度等，让员工充分施展才能，发挥员工的积极性与创造性。

4. 复杂人假设

复杂人（complex man）即权变人，假设人的需要不是一成不变的，而是随着人的发展、生活条件及所在组织的变化，会因人、因时、因地的变化而发生变化。多种需要互相结合，动机行为具有多样性，形成善与恶互相掺杂的人性观。

这种观点是20世纪60年代末70年代初以后由薛恩提出的一种体现权变思想的人性观。这一观点认为，一方面由于人与人之间存在着较大的个体差异，另一方面由于同一个人在不同的时间、地点和环境中会有不同的动机、表现和需要，因而现实组织中存在各种各样的人，人既不一定是只追求经济利益的“经济人”，也不一定是只追求心理和社会需求的“社会人”，同时也不一定只是追求事业发展的“自我实现人”，不能把所有的人都简单化和一般化地归类为前述的某一种假设之下。

复杂人假设的主要观点是：人的需要多种多样，需要的层次也因人而异；人们在同一时期会有多种需要和动机，这些需要会相互作用，并成为一个整体，导致人们复杂的动机模式；人们是抱着各种各样的愿望和需要加入组织的，有的人不愿意参与决策和承担责任，而有的人却希望拥有更多的自治权，愿意有充分发挥个人创造性的机会；人们会随着工作和生活条件的变化而不断产生新的需要和动机；由于人的需要不同，能力各异，因此并没有一套适合任何组织和个人的普遍的行之有效的方法，管理者对人的管理方法也就应该力图灵活多样，做到因人、因问题和因环境等的不同而采取相应的管理方法。

（二）人力资源管理方法

由于人性假设的不同，与之相适应的人力资源管理方法也就有所差别。我们认为人力资源管理方法大体可以分为以任务为中心的管理方法、以人为中心的管理方法、以开发为中心的管理方法和以优化为中心的管理方法。

1. 以任务为中心的管理方法

以任务为中心的管理方法即任务管理。任务管理是建立在经济人的假设基础之上的，该管理方式在泰勒的思想体系中相当丰满，它是科学管理原理的核心，任务管理的理论贯穿于泰勒思想发展的全过程。

任务管理方式的主要特点如下：

(1) 管理工作的重点在于提高劳动生产率和完成任务，而不注重满足员工的心理需要和感情。

(2) 使用"胡萝卜加大棒"的政策，运用工资、奖金来提高员工的士气，同时对消极怠工者予以严惩。

(3) 管理是少数人的事，与一般的员工没有关系。员工的任务就是听从指挥、努力工作、提高绩效。员工没有决策权与参与权。

(4) 组织通过等级森严的控制体系和严格的工作规范、纪律来控制员工、引导员工。

2. 以人为中心的管理方法

以人为中心的管理方法，主要建立在社会人与自我实现人的假设基础之上，是人力资源管理发展到新的阶段的产物，体现了人力资源管理以人为本的思想。以人为中心的人力资源管理方法是根据人的心理需要，通过尊重人、关心人、激励人、改善人际关系等方法，充分发挥人的积极性和创造性，从而提高组织工作效率和效益的方法。其主要特征有以下几个方面。

(1) 视人力资源为组织第一资源。

农业经济时代，土地成为主导要素；工业经济时代前期，矿产资源成为主导要素，工业经济时代后期，财金资源成为主导资源；知识经济时代，资源的主要形态是知识技能、思想谋略、发明专利、技术等，它蕴藏在人体之中，人力资源成为主导资源，谁拥有优秀的人才资源，谁就有了财富。[①] 组织正是将人看作组织的第一资源，通过人本管理，调动员工的积极性、主动性和创造性，进行物质资源的配置，达到组织的目的。

(2) 以激励为主要方式。

激励是人力资源管理的关键环节，如何管理人力资源，归根结底，是如何调动人的积极性的问题。激励就是利用某种外部诱因调动人的积极性和创造性，使人有一股内在的动力，提高工作绩效，朝向所期望的目标前进的心理过程。[②]

---

① 参见萧鸣政：《人力资源开发学》，高等教育出版社 2002 年版，第 2 页。

② 参见萧鸣政主编：《人力资源管理》，中央广播电视大学出版社 2001 年版，第 27 页。

人的需要有很多种，马斯洛认为：人的需要有五种，分别是生理需要、安全需要、归属需要、尊重需要、自我实现的需要，人们实现了低层次的需要，便会产生更高层次的需要。奥尔德弗提出了存在、关系和成长的 ERG 理论，他认为生存、人际关系和自我成长可以同时具有激励因素，当较高层次的需要得不到满足时，低层次的需要就更加强烈。赫茨伯格认为，员工的薪水、与组织上下级的关系、地位、安全这些“保健因素”如果得到改善，只能消除员工的不满，但不能使员工非常满意，也不能激发其工作积极性；而成就、认可、工作本身等“激励因素”的改善能够调动员工的积极性，如果处理不好，影响也不大。麦克利兰则将人的高级需要分为权力需要、交往需要和成就需要。公平理论的观点是，人们总是习惯于将组织赋予员工的薪水、福利、晋升等进行纵向比较和横向比较，如若觉得不公平，就会挫伤他们的积极性。强化理论则认为，行为的结果对行为本身有强化作用，当人做出某种行为后，若出现了所希望的结果，这种结果就会成为促进行为的强化物，强化刚才的行为。

众多的激励理论使组织得以利用不同的诱因刺激人们的需要，使得组织目标与个人目标一致，让员工自觉地朝组织既定的管理目标而努力工作。

(3) 建立和谐的人际关系。

作为社会人，人们在组织中必然会同其他人发生一定的关系，人际关系能够直接影响到组织的凝聚力、工作效率以及个人的身心健康和行为。每个人都需要拥有幸福美满的家庭，得到一定社会与团体的认同、接受并与同事建立良好和谐的人际关系。实行以人为中心的人力资源管理，就是将组织内的矛盾与冲突最小化，增加人与人之间的信任感，达成组织成员之间的目标一致性，以实现组织成员之间的目标相容性，进而建立和维持和谐的人际关系。

3. *以开发为中心的管理方法*

以开发为中心的管理方法是建立在自我实现人与社会人的假设基础之上的，是以人为中心的管理方法的一种发展形式，主张以人为中心，不但要关心人、爱护人与尊重人，更要促进人的发展，开发人的潜能，真正把人的能力与价值做大，体现了人力资源开发的思想。以开发为中心的人力资源管理方法是根据人的心理需要与能力发展规律，通过心理激励、环境改善、工作设计与再设计，通过引导机制、竞争机制与晋升发展机制等方法，充分发挥人的积极性和创造性，促进人的发展与人力资本的提升，从而提高组织核心竞争力与保持组织持续发展。其主要特征有以下几个方面。

(1) 强调员工的积极参与。

组织吸引每一个成员为组织决策提供某一方面的可靠信息和判断，甚至制定决策,而这些决策传统上是管理者制定的,员工不再一味地服从命令,将与管理者共同工作以提高工作效益。

以开发为中心的管理将员工视为自我实现人,管理者强调尊重员工,通过参与管理的方式培养员工对组织的忠诚感、归属感,尽可能发挥员工的潜能,满足员工希望成为组织"主人翁"的愿望。如果说过去组织对员工素质的要求是体能、经验和服从,现在随着组织外部环境中竞争的日趋激烈,组织领导者意识到管理者在知识、才能和精力方面的能力是有限的,不可能掌握所有的信息资源和各种实际具体的情况,那么组织日益需要也必须为员工提供各种施展才华的舞台,让员工运用他们的创造性、责任感为组织做出贡献。

如日本的目标管理小组都是自治的,美国的质量管理小组都是由员工直接参与管理的基层组织,对组织效益的提高与促进员工发展都起着重要的作用。

(2) 重视对员工的开发。

与单纯"使用人"与"关心人"的人力资源管理方法相比,以开发为中心的人力资源管理方法不但善于利用人,更善于激发员工的学习动机,开发员工的潜能,增加员工的能力,满足员工自我发展的高层次的需要。

人力资源开发,是指开发者通过学习、教育、培训、管理等有效方式,为实现一定的经济目标与发展战略,对既定的人力资源进行利用、塑造、改造与发展的活动。① 它是一个系统工程,贯穿于人力资源管理过程的始终,预测规划、教育培训、配置使用、考核评价、激励和维护,都是人力资源开发系统中不可缺少的环节。

(3) 重视环境建设。

环境建设包括心理环境、工作环境与社会环境的建设。以开发为中心的管理,还强调将培训、职业生涯管理的设计与实施更加人性化、趣味化、科学化,把开发活动发展为让员工感到身心愉悦的享受。因此,开发活动不仅要注重教室、教学设备等硬件条件的先进性,还要关注团队氛围的营造、集体主义的培养、凝聚力的增加等软件条件的科学性。

4. 以优化为中心的管理方法

从某种意义上可以说,从经济人、社会人、自我实现人到复杂人这四种假设体现了管理学史的发展,也就是对人的认识以及相应的管理模式发展的一种历史演变。从今天的角度看,泰勒采用"胡萝卜加大棒"的方法管理工人,虽然我们难以完全认同,但是,毕竟它使管理成为一种科学,推动了当时资本主义工业

① 参见萧鸣政编著:《人力资源开发的理论与方法》,高等教育出版社 2004 年版,第 9 页。

的发展。随后,社会人、自我实现人、复杂人等人性假设的产生,促进了人们对于人性的全面认识,丰富了管理学科的理论,使得人力资源管理以人为本,更加关怀人、尊重人,人力资源管理也由此进入了一个全新的领域。

按照权变的观点,没有一种适合于任何时代、任何人的管理方式。作为管理者,就得适时、适地、适人地提出相应的管理措施。一种人力资源管理方式是否科学,是否进步,关键看其是否与当时特定历史时期的"现实人性背景"一致,是否与特定的组织、特定的岗位和特定的人一致。只要它们是一致、适宜的,便是最优的人力资源管理方法。

因此,合适的也就是最优的。以优化为中心的人力资源管理,就是要在充分了解组织需求与员工素质的基础上,按照科学方法与程序,不断优化我们的管理工作,保证员工的作用与价值得到最大限度的发挥。

四、人力资源管理的目标与任务

人力资源管理的目标与任务,包括全体管理人员在人力资源管理方面的目标任务与专门的人力资源部门的目标与任务。显然两者有所不同,属于专业的人力资源部门的目标与任务不一定是全体管理人员的人力资源管理目标与任务,而属于全体管理人员承担的人力资源管理目标与任务,一般都是专业的人力资源部门应该完成的目标与任务。

美国学者特里·利普和米歇尔·克里诺提出人力资源管理的四大目标是:第一,建立员工招聘和选择系统,以便能够雇用到最符合组织需要的员工;第二,使每个员工的潜质得到最大化的发挥,既服务于组织目标,也确保员工的事业发展和个人尊严;第三,保留那些通过自己的工作绩效帮助组织实现目标的员工,同时排除那些无法对组织提供帮助的员工;第四,确保组织遵守政府关于人力资源管理方面的法令和政策。①

显然,美国学者的四大目标主要是针对专门的人力资源管理部门提出的,除第二个目标外,其余三个目标都是人力资源管理的中介目标而非终极目标。

组织中的人力资源管理,无论采取什么形式,最终都必须看达到的效果是否保证了组织对人力资源管理的需求。如果人力资源管理保证不了组织对这一领域的基本要求,那么我们的工作即使发挥了每个人的积极性,也是无效的。因此,保证组织对人力资源需求的满足,是人力资源管理的最基本的目标。

---

① 参见 Terry L. Leap and Michael D. Crino, *Personal*, *Human Resource Management*, Macmillan Publishers Ltd., 1989, p.5。

但是,我们的人力资源管理并不能停留在保证组织对人力资源的需求上,还要更进一步朝两个方向努力:一是要通过我们的人力资源管理改善与主导其他物力与财力资源的管理,从而促进组织整体资源的持续发展;二是我们的人力资源管理要在开发员工潜能、促进组织发展的同时,促进个人的人力资本得到应有的提升与扩充,对人才不能光用不补,而要用养并重,使组织与个人最终得到双赢发展。

因此,无论是专门的人力资源管理部门还是其他非人力资源管理部门,人力资源管理的目标与任务主要包括以下三个方面:

(1) 保证组织对人力资源的需求得到最大限度的满足;

(2) 最大限度地开发与管理组织内外的人力资源,促进组织的持续发展;

(3) 维护与激励组织内部人力资源,使其潜能得到最大限度的发挥,使其人力资本得到应有的提升与扩充。

然而,就人力资源管理的专业部门来说,其任务主要有以下几项:

(1) 规划。人力资源部门要认真分析与研究组织的战略与发展规划,主动向有关领导提出相应的人力资源发展规划与建议,并积极制定落实。应积极配合有关部门做好组织设计工作,指导协同基层单位做好岗位设置与设计工作,而不是被动等待。

(2) 分析。人力资源部门要对组织的工作进行分析,包括对组织目标与特点的分析和对组织内每个岗位工作的分析,以及对现有工作人员的素质的测评分析。要全面把握组织内每个岗位要求与人员素质匹配的情况,并及时向有关部门与人员提供信息。

(3) 配置。人力资源部门在全面了解组织内工作要求与员工素质状况的前提下,应该及时对那些不相适应的岗位与人员进行适当的调配,达到人适其岗,能尽其用,用显其效。

(4) 招聘。招聘包括吸引与录用,对于那些一时找不到合适人选的空缺岗位,人力资源部门要认真分析岗位工作说明书,选择合适的广告媒体,积极宣传,尽量吸引那些符合岗位要求的人前来应聘,尽量给每个应聘人提供均等的雇用机会。录用时,除考虑人员的应聘条件外,还应考虑组织的承受能力与特点。确定合适人选的工作是一个双向比较权衡的过程,绝非单方面对应聘人条件的衡量。

(5) 维护。在组织全部岗位人员到位、形成优化配置后,如何维护与维持配置初始的优化状态,是人力资源管理的核心任务。这里的维护包括积极性的维护、能力的维护、健康的维护、工作条件与安全的维护。这些任务主要通过激励机制、制约机制与保障机制的建立与实施来完成，包括进行薪酬、福利、奖惩、绩效考评与辅导等管理工作。

(6) 开发。人力资源的潜能巨大，有关研究表明，当员工经过一定的努力并适合目前的岗位工作要求后，只要发挥40%左右的能量，就足以保证日常任务的完成。换句话说，组织的人力资源在维护状态下一般只发挥了40%的作用，还有60%的潜力空间有待我们去开发。我们利用的只是员工身上被我们发现了的人力资源，实际上每个员工还有许多隐蔽的与未知的人力资源；我们利用的只是员工现有的人力资源，实际上员工在现有的人力资源基础上还可以再生出许多新的人力资源。因此，维护现有的人力资源不是我们的目的，开发未知的与新生的人力资源才是我们追求的目的。维护是有限的，开发是无限的；维护是保证组织对人力资源需求的基础，开发是促进组织持续发展的根本。因此，开发人力资源是人力资源管理永恒的任务。

五、人力资源管理与传统人事管理的对比

传统人事管理是指对人与事的管理，一般是指人事部门作为组织内的职能部门所从事的日常事务性工作。它是在一定管理思想和原则的指导下，以从事社会劳动的人和相关的事为对象，运用组织、协调、控制、监督等手段，形成人与人之间、人与事之间相互关系的某种状态，实现一定目标的一系列管理行为的总和。广义的人事管理，是一切组织机构(即单位、部门、团体等)对组织内人群的管理，体现以“事”为中心的一种管理模式。它把人设为一种成本，将人当作一种工具，只注重投入、使用和控制。传统人事管理强调单方面静态的制度控制和管理，人才结构处于相对固定、静止和封闭状态，管理的形式和目的是控制人，员工只能被动接受工作安排，无选择余地，不能实现有序流动。此外，传统人事管理的工作基本上是照章办事，按计划办事，缺乏科学性和创新性，只重视数量而忽视质量，故不能满足现代企业管理的需要。

现代人力资源管理是各组织机构为了实现既定目标，运用现代管理措施和手段，对具有智力劳动和体力劳动能力的人们在取得、开发、保持和运用等方面进行管理的一系列活动的总和，是以“人”为中心的一种管理模式。现代人力资源管理是将人作为一种资源，注重其产出与开发，强调“以人为本”，把人看作是一种宝贵的资源，其管理的出发点是“人”，管理的归宿点也是实现人与事的优化配置，使企业或组织达到最佳的经济效益和社会效益。它表现为不断探求“人”与“岗位”的相互匹配，把人的发展与组织的发展有机联系起来。从现代管理的角度来看，现代人力资源管理是一种较为人性化的管理，不再把人当作

被动接受管理的对象,更不会把人当作工具,而是把人看作具有能动和潜质的资源,在实践管理中,注重对人的能力的开发和利用。

第四节 战略人力资源管理

继传统的人事管理转变为人力资源管理之后,美国的巴克(E. Wight Bakke)又提出了人力资源管理职能的概念,他认为对于组织的成功而言,人力资源管理职能与其他管理职能——会计、生产、营销等一样重要。因此,我们提出了职能性人力资源管理的概念。目前,替代职能人力资源管理的是战略人力资源管理。进入 21 世纪以来,战略人力资源管理(Strategic Human Resource Management, SHRM)成为被理论界和社会广泛接受的概念。组织在不断变化的环境中要获得竞争优势必须将组织战略与人力资源管理实践结合起来,战略人力资源管理定位于支持在组织的战略中重视人力资源的职能和角色,帮助组织实现其战略目标。因此,在这一节,我们将分别论述战略人力资源管理的概念、特征及目标等内容。

一、战略人力资源管理的概念与特征

20 世纪 80 年代初期,出现了战略人力资源管理术语应用。有学者认为,组织需要一种战略人力资源管理过程,去帮助它们适应对柔性和创新的需求。①战略人力资源管理公认的定义有两个:一个是舒勒(Schuler)所下的定义,即人力资源管理哲学、实践与组织战略需要的系统结合(systematically linking)②;另一个是莱特(Wright)和麦克马汉(Mcmahan)的定义,这也是被广泛采用的定义,即确保实现组织战略目标所进行的一系列有计划的人力资源部署和管理行为③。这个定义突出了四个主要含义:一是人力资源的重要性,组织的人力资源是组织获得竞争优势的主要资源;二是系统性,为了获得竞争优势而部署的人力资源的政策、实践以及手段等管理行为是系统的;三是战略性,也即契合性,包括纵向的契合即人力资源管理要与组织的战略相契合,以及横向的契合即整

---

① 参见 M. K. Rosabeth, *The Change Masters*, New York: Simon & Schuster, 1983; L. Baird and I. Meshoulam, "Managing Two Fits of Strategic Human Resource Management", *Academy of Management Review*, Vol. 13, No. 1, 1988, pp. 116-128。

② 参见 P. J. Dowling and D. E. Welch, "The Strategic Adaptation Process in International Human Resource Management: A Case Study", *Human Resource Planning*, 1992, pp. 137-145。

③ 参见〔美〕杰弗里·梅洛:《战略人力资源管理》,吴雯芳译,中国劳动社会保障出版社 2004 年版,第 51 页。

个人力资源管理系统之间的契合；四是目标性，人力资源管理是目标指向的，即组织绩效最大化。SHRM 的基本任务就是通过有效的人力资源管理和开发，帮助组织迎接全球经济的挑战，创造价值，并确保获取持续竞争优势。

在发达国家，从 20 世纪 50 年代至今，人力资源管理经历了三个发展阶段。第一阶段：人事管理。人事管理的主要内容是进行人事档案的日常管理，员工在组织中不被看作资源。第二阶段：人力资源管理。组织中开始出现人力资源部，负责组织的人事政策制定，根据上级要求进行人员招聘及管理，并参与组织战略规划的实施。但在组织战略目标的形成过程中，往往把对人力资源问题的考虑排除在外。组织虽然意识到人力也是一种资源，但并不认为它是重要的战略性资源，而人力资源部门的工作也往往处于一种被动状态。第三阶段：人力资源战略与战略人力资源管理。组织战略目标的实现越来越依赖于其快速应变能力和团队合作精神，人力资源成为竞争力的关键，人力资源部门以前是组织战略的被动接受者，现在已成为组织战略的制定者和推行者。组织开始制定人力资源战略并实施战略人力资源管理，即组织为实现其目标而制定具体的人力资源行动，同时还将人力资源管理与组织战略目标联系起来，以改进员工绩效与组织绩效。

综上所述，战略人力资源管理是指组织为能够实现目标所采取的一系列有计划、具有战略性意义的人力资源部署和管理行为。①

战略人力资源管理具有以下六个基本特征：

（1）人本性：管理的目的方面——战略人力资源管理的目的包括经济目的和社会目的两个方面，是二者的有机统一。它一方面通过人力资源管理提升企业绩效，获得持续的竞争优势，另一方面将人力资源的开发与发展本身作为其人力资源管理的重要的甚至是终极的目的。对待“人”的态度方面——管理者在人力资源管理过程中不再将员工看作工具，而是把员工当作客户。组织在管理中不再单纯依靠劳动契约来约束员工的行为，而是更加重视与员工的沟通，注重通过向员工持续提供客户化的人力资源产品与服务来建立组织与员工之间的心理契约，并以此促进组织与员工的共同发展。

（2）战略性：主要体现在人力资源战略与组织总体战略的匹配。人力资源管理不再局限于人力资源管理系统本身，而是自觉地将人力资源管理与组织的发展战略结合起来，让人力资源管理为组织总体战略目标的实现服务。在这种

① 参见〔美〕杰弗里·梅洛：《战略人力资源管理》，吴雯芳译，中国劳动社会保障出版社 2004 年版，第 75 页。

观念下,人力资源管理者更加着眼未来,对组织内外环境的变化保持着高度的敏感,时刻关注着环境变化对组织发展的影响,并能主动地分析组织的人力资源管理工作应该如何应对这些变化以保证组织战略目标的实现。同时,人力资源管理的目标不仅包括满足组织近期的发展需要,而且注重让组织从人力资源的角度构建核心竞争力,保证其持续、稳健的发展。

(3) 系统性:主要体现在以系统论的观点看待人力资源管理。战略人力资源管理特别强调纵向和横向的匹配。纵向的匹配主要是指人力资源管理战略与组织战略的匹配以及人力资源子系统战略与人力资源管理战略的匹配;横向匹配则主要是指人力资源管理职能与组织其他管理职能间的匹配以及人力资源管理系统内部各职能间的相互匹配。战略人力资源管理的系统性既要求人力资源管理决策的系统性,更强调人力资源管理者的整体思想和协作意识。

(4) 动态性:主要是指人力资源管理的柔性和灵活性,亦即人力资源管理对组织内外部环境的适应性。在人力资源管理过程中,组织追求的不是某种最佳的人力资源管理实践,而是人力资源管理实践与组织内外部环境的不断适应。人力资源管理的动态性对组织和管理者都提出了全新的要求,它要求组织的系统保持柔性、人员保持柔性。更重要的是,组织的文化必须具备创新求变的活力,组织学习能力的获取成为人力资源管理的一个重要目标。

(5) 导向性:是指人力资源管理紧紧围绕组织的战略目标展开工作,更加突出人力资源管理对组织战略目标实现的贡献。对于那些对组织战略目标实现必不可少、至关重要的环节将予以强化,而对于那些对组织战略目标实现贡献不大的工作则实行外包或以计算机代替甚至取消。贡献度分析成为人力资源战略制定不可或缺的环节,人力资源管理成为组织战略目标实现的重要途径。

(6) 知识性:是指知识成为人力资源管理最重要的一个影响因素,知识型员工成为人力资源管理的重要对象,知识管理成为人力资源管理重要的工作内容。知识型员工具有独立性、自主性、高创造性和高流动性等特征,这给人力资源管理带来了新的问题。组织必须加强授权赋能与人才风险管理,必须关注员工的成长与成就需求。人力资源管理模式也必须随之改变,要根据员工个性化的需求实行柔性化的管理。

二、战略人力资源管理的目标

(一) 获取组织竞争优势

目前,SHRM 领域正经历着快速发展的时期,从根本上讲,SHRM 着眼于提升组织竞争力,并主要是要回答三个方面的问题:一是人力资源管理能否给组织带来竞争优势,即竞争优势的来源问题,并且要回答能否使组织获取持久竞争优势;二是人力资源管理(HRM)与组织绩效的关系,HRM 对于组织绩效的影响,侧重 HRM 对于绩效的影响有多大,通过什么样的中间机制发生作用,这方面的研究在近几年非常热门,有大量的理论模型和实证研究涌现;三是人力资源管理系统内部以及人力资源管理系统与组织战略的契合,这种契合的协同作用是否存在,以及对于组织的经营业绩是否有影响等。

获取竞争优势是战略研究的核心。如果组织能利用独特的资源、能力及核心竞争力为组织带来价值,就创造了持久性竞争优势。今天,人的因素以及组织管理员工的方式正变得越来越重要。人们必须看到,竞争优势的基础已经改变并且还在发生变化。战略管理大师迈克尔·波特提出:人力资源管理可以通过降低成本、增加产品和服务的差别为组织获得竞争优势,因此通过人力资源管理获得竞争优势必须以战略的眼光进行。事实上,组织竞争力的外部表现形式是具有竞争力的产品或服务,而组织竞争力的创造源是组织内部的员工。美国学者杰弗里·菲佛(Jeffrey Pfeffer)认为,随着时间的推移,竞争优势源泉已经变化。成功组织的共同之处,主要不是依靠技术、专利或战略地位,相比之下,只剩下与人有关的部分,例如组织管理中的组织文化和组织能力正变得日益重要,组织正是通过独特的员工管理方式来获取持久的竞争优势。他还发现,共有就业保障、挑选录用、具竞争力的薪酬政策、员工所有权、信息分享、参与和授权、工作团队、培训和技能开发、内部提升、长期规划、及时评价、系统哲学等 16 种人力资源管理实践可以提升组织竞争优势。①

战略人力资源管理正是通过“人力资源管理实践——以员工为中心的结果——以组织为中心的结果——竞争优势”的方式直接或间接地为组织获取竞争优势。很多学者从竞争优势和核心竞争力出发,阐明激发人的潜力是形成组织核心竞争力、较长时间保持竞争优势的源泉之一。有学者对美国的医药行业做了实证研究,验证了组织资源、组织能力、组织可持续竞争优势三者之间的关系。② 还有学者通过追踪考察英国工程咨询业发现:人力资源战略管理作为组

① 参见 Jeffrey Pfeffer, *Competitive Advantage Through People*, Harvard Business School Press, 1994, p. 113。

② 参见 P. L. Yeoh and K. Roth, “An Empirical Analysis of Sustained Competitive Advantage in the U. S. PharmaceuticalIndustry: Impact of Firm Resources and Capabilities”, *Strategic Management Journal*, Vol. 20, 1999: 637-653。

织资源,是组织可持续竞争优势的来源,因为它是其他组织不可模仿的。① 1994年英国人事标准领导体(Personnel Standards Lead Body)对案例研究组的431位人力资源工作者和1076位组织高级管理者、中层直线经理的调查显示,人力资源对组织的长期成功非常重要,这些被调查者对人力资源对组织总体战略的贡献持积极的肯定态度。他们还对诸如"形成有效的组织机构和工作流程""促进组织价值和文化发展以支持组织战略"等方面给予高度评价,而这些都是与有效的人力资源管理密不可分的。②

(二)提升组织绩效

人力资源管理绩效作为人力资源管理与组织绩效关系的中介因素,一直被学者们所忽视。美国学者曾发现,人力资源管理能力与人力资源管理绩效之间存在正相关关系,人力资源管理绩效对组织绩效又有着积极的影响作用。如良好的人力资源管理实践和组织财务业绩有很强的联系。人力资源管理方式通过对员工的生产率和流动率产生作用,进而对组织利润率和经济价值产生积极作用。③

在最新的战略人力资源的研究中,一些研究试图超越HRM与组织价值的简单、直接联系,深入挖掘二者之间的中间机制。一些中间变量被引入,标志着SHRM领域的研究向前迈进了一大步。这主要体现在两个方面:一个是智力资本的引入,另一个是员工认知态度以及组织气候的分析研究。尤特将智力资本(intellectual capital)作为中间变量研究了人力资源管理实践对于组织绩效的影响,发现特定的人力资源管理实践与特定的智力资本的维度之间有很强的关系,而且人力资源管理、智力资本与组织绩效之间均有很强的直接关系,显示了智力资本作为中间变量确实影响着人力资源管理与组织绩效之间的关系。④ 莱特学者基于员工的认知和态度是其行为的关键前因,将集体的态度(用工作满意度和承诺度来表示)作为中间变量,研究结果证实了态度确实部分地扮演着

---

① 参见 P. Boxall and M. Steeneveld, "Human Resource Strategy and Competitive Advantage: A Longitudinal Study of Engineering Consultancies", *Journal of Management Studies*, Vol. 36, No. 3, 1999, pp. 443-463。

② 参见〔英〕乔纳森·斯迈兰斯基:《新人力资源管理》,孙晓梅译,东北财经大学出版社2003年版,第38—39页。

③ 参见 E. Gubman, "The Talent Solution: Aligning Strategy and People to Achieve Extraordinary Results", *Human Resources Magazine*, No. 8, 1998, p. 136。

④ 参见 M. A. Youndt, et al., "Human Resource Management: Manufacturing Strategy, and Firm Performance", *Academy of Management Journal*, Vol. 39, No. 4, 1996, pp. 836-866。

人力资源管理与组织绩效之间的中介角色。① 史蒂文(Steven)的研究假设在服务型组织中雇员的态度、行为会极大地影响服务的质量,人力资源管理可以通过影响雇员的组织承诺度对顾客满意度发生影响,结果验证了人力资源管理、组织承诺度和顾客满意度之间的关系,证实了组织承诺度确实是人力资源管理与组织绩效之间的中间变量。②

人力资源管理状况已经成为识别组织实力高低和质量优劣的重要指标。在美国,有些机构对组织做出各种各样的排名,如《财富》杂志每年评选出美国适合人们工作的组织等。评选这些组织的主要根据往往就是这些组织的人力资源活动,所选参数通常为:工作场所、员工待遇、组织所有权等。德瓦纳(Devanna)把战略人力资源管理当作解决工人生产力下降和产业创新力下降问题的方法之一,并相信"更有效地管理人力资源的系统……将导致提高组织的效率"③。2002年国际人力资源管理顾问组织华信惠悦集团公布的一项涉及亚太地区内的12个国家500多家上市组织的研究报告清楚地显示:"如果人力资源管理适当,组织的股东收益将会增加。"研究结果显示,有效的人力资源管理和创造股东价值两者间是密不可分的。部分案例更显示那些重视人力资源管理的组织的股东收益较其忽略人力资源管理的对手们的股东收益高出2倍以上。

(三)服务组织战略

从战略高度看,组织如能有效地利用人力资源,就能提高组织的竞争优势,这一点也是人力资源日益受到组织重视的原因所在。这些年来,越来越多的组织已经认识到,组织战略成功与否在很大程度上取决于人力资源职能的参与程度。在任何一个组织中,组织成功的先决条件是有一个清晰支持组织使命和战略的人员管理系统。④ 舒勒和杰克逊提出人力资源管理必须配合组织的三个策略——低成本、高品质和创新,每一个战略所应配合的人力资源管理行为和制度是不同的。⑤ 还有学者认为,人力资源管理与战略配合应达到四个目标:整

① 参见 P. M. Wright, et al., "Comparing Line and HR Executives' Perceptions of HR Effectiveness: Services, Roles, and Contributions", *Human Resource Management*, Vol. 40, No. 2, 2001, pp. 111-123。

② 参见颜士梅:《国外战略性人力资源管理研究综述》,《外国经济与管理》2003年第9期。

③ 谢奇志等:《简述战略人力资源管理》,《科学学研究》2000年第4期。

④ 参见〔美〕杰弗里·梅洛:《战略人力资源管理》,吴雯芳译,中国劳动社会保障出版社2004年版,第44页。

⑤ 参见 R. S. Schuler and S. E. Jackson, "Linking Competitive Strategies with Human Resource Management Practices", *Academy of Management Executive*, Vol. 1, No. 3, 1987, pp. 207-219。

合、员工承诺、弹性与适应、品质①;人力资源管理与战略必须是内外配合的,内部指的是人力资源管理的组成和支援,外部指的是人力资源管理和组织生命周期的配合,人力资源管理必须内外配合才能发挥效用②。对于人力资源来说,发挥在战略管理上的作用就必须把目标确定在人力资源对组织战略的长期影响上,人力资源管理将从组织战略的反应者转变为战略制定者和执行者,并进而成为组织战略贡献者。

在组织不同的战略前提下,HRM 所做出的相应反应(如在组织成长的不同阶段采用不同的战略)、所对应的人力资源管理战略也是不同的。一般认为目前有三种基本假设:第一种为一般性或普遍性的观点,其基本假设是不管组织的战略如何,都存在着一种最好的 HRM 系统,这种 HRM 系统总是优于其他的系统,采纳这种系统的组织会提高绩效。尽管这种方法得到了很多研究者的认同,也得到了实证的支持,但是,关于何种人力资源管理实践应该包括在这个最好的 HRM 系统之中,还没有一致的结论。第二种为权变观点,即组织采取何种 HRM 系统应该根据组织的战略而定,如果不与战略相契合,不但不会对绩效做出贡献,反而会对组织的绩效造成损害。这种 HRM 系统相互之间以及与组织战略的配合是否是有效果的和必要的,还没有得到证实。第三种为结构性观点,基本观点是假设将所有员工看成同质的且为一种人力资源系统所管理。这种观点过于简单化了,在现实组织中,针对不同特征的员工,管理有很大的差异。不同特征的员工通过不同的方式对组织做出贡献,因此,也应该用不同的方式进行管理。

基于人力资源必须落实组织战略这一观点,尤里奇指出,战略必须与人力资源一致。战略与人力资源联合有三个优点:一是能使组织执行的能力增强;二是能使组织适应变化的能力增强;三是能产生战略的一致性,从而使组织更能符合顾客的要求。战略的一致性通常存在三种状况:垂直的一致性(从高层到基层的全体人员都能有共识)、水平的一致性(不同部门之间员工的共识)和外部的一致性(组织外部顾客与组织员工有共识)。当这三种一致性存在时,组织就更容易产生竞争优势。他还提出了战略与人力资源管理制度的关系模型,认为只有人力资源管理制度与战略相联结,才能达到顾客与员工的一致,才能有效地将顾客的期望通过战略的能力转换成组织的能力,使顾客与员工能了解

① 参见 D. E. Guest, "Human Resource Management and Industrial Relations", *Journal of Management Studies*, Vol. 24, No. 5, 1987, pp. 503-521。

② 参见 L. Baird and I. Meshoulam, "Managing Two Fits of Strategic Human Resource Management", *Academy of Management Review*, Vol. 13, No. 1, 1988, pp. 116-128。

组织的运作过程而达到战略的一致性，进而创造组织的竞争优势。[①] 有学者探讨了组织战略和人力资源的配合。防御者（defenders）精于狭窄但较为稳定的专一产品市场，因此强调建立自己的人力资源；勘探者（prospectors）不断寻找新的商机，因此强调取得人力资源；分析者（analyzers）则重视人力资源的配置，其措施介于防御者和勘探者之间。[②] 从研究文献和实证研究分析中可以发现，要实现组织的有效运行，人力资源管理系统还必须与组织文化、组织结构、组织环境及组织发展阶段等相互配合，这也是人力资源管理与组织战略整合的必然要求。只有当人力资源与组织战略相适应时，才能充分发挥人力资源管理在组织战略中的独特作用，从而最终达到提高组织绩效的目的。

三、战略人力资源管理与职能人力资源管理的比较

为了准确把握战略人力资源管理的特征，我们先介绍职能人力资源管理，然后把战略人力资源管理与之进行分析比较。

（一）职能人力资源管理

职能性人力资源管理，简称为职能人力资源管理，即根据组织的任务目标按照既定的人力资源配置职能进行的管理活动，其特点在于它的规范性、专业性与从属性。这种人力资源管理要求所有的人力资源管理活动从属于既定的管理目标与职能，缺乏灵活性、前瞻性与系统性。管理活动主要是围绕其各职能而进行，即人员的规划、招募、挑选、评估、薪酬、培训等实践上完全围绕组织当前的需求而工作，表现为一种片面的、分割的人力资源管理方式。例如，某组织本月获得大量订单，人力资源管理部门便立即去市场上招聘员工。公务员缺乏计算机知识，马上就组织培训。这种头痛医头、脚痛医脚的做法，缺乏战略性的考虑，是一种职能人力资源管理的不良表现。

进入知识经济时代以来，以知识为基础并以知识增长为驱动力，用先进技术和最新知识武装起来的人力资源取代了土地、资金等物质资源，成为组织的决定性生产要素。与此相对应的是，人力资源管理部门已逐渐由原来的非主流的功能性部门成为组织管理战略伙伴。这样，人力资源管理活动便顺应历史潮流，由职能人力资源管理向战略人力资源管理转化。

---

① 参见 D. Ulrich, “Large-Scale Organizational Change: Mohrman, AM, Mohrman, SA, Ledford, GE, Cummings, TG, Lwwler, EE”, *Contemporary Psychology*, Vol. 37, No. 2, 1992, pp. 131-132。

② 参见 R. E. Miles and C. C. Snow Fit, “Failure and The Hall of Fame”, *California Management Review*, Vol. 26, No. 3, 1984, pp. 10-28。

（二）职能人力资源管理与战略人力资源管理的联系

1. 两者的管理理念一致

从经济人、社会人、自我实现人直至复杂人的人性假设，人们对人性的认识逐渐从片面向完整转化，管理方式也相应地由物本管理过渡到人本管理。无论是职能人力资源管理还是战略人力资源管理都视人为组织的一种能动性的资源，都主张在工作中以人为中心，注重通过诸如员工参与管理制度、员工合理化建议制度、工作再设计、新员工导师制、灵活工作制度等各种人道主义色彩的手段和方法来发挥员工的潜能，调动员工的积极性，提高工作效率。

2. 两者的管理方式一致

早期的人事管理部门属于行政性的部门，人力资源管理人员无须具备专业知识便可以胜任一切人力资源管理工作。而到了职能人力资源管理阶段，组织的管理者开始认识到人力资源管理的重要性，意识到人力资源管理工作的专业性，要求人力资源部门的工作人员应该具备专业化的知识，能遵守人力资源相关法律法规（如我国的《劳动法》等），设计新的活动和方案，例如组织发展、薪酬与激励方案设计、人事研究与职业计划方案等。战略人力资源管理仍然主张人力资源管理的职业化与专业化，因此，两者在管理方式上是一致的。

3. 两者所追求的最终目标一致

职能人力资源管理与战略人力资源管理的另外一个共同之处在于，两者都致力于保障组织人力资源的需求得到最大限度的满足。任何组织的生存、发展都离不开人与物这两种要素的支持。物力资源是“死”的资源，而人力资源是“活”的资源，人力资源管理部门的目标就在于通过多种渠道的招聘、诱人的薪金、公正合理的晋升制度、有效的激励措施、人性化的管理把这种“活”的人力资源吸引到组织中来，并将他们保留在组织中，调动其积极性，有效地发挥其潜能。总之，职能人力资源管理与战略人力资源管理的终极目标都是适时、适质、适量地保障组织的人力资源需求得到最大限度的满足。

（三）职能人力资源管理与战略人力资源管理的区别

1. 两者的理论背景不同

职能人力资源管理的产生得益于相关领域理论的发展，它是建立在科学管理理论、行为科学理论、劳动经济学理论的基础之上的：泰勒的科学管理理论研究如何提高员工的工作效率，奠定了工作分析的基础；行为科学探讨人的需要、欲望、动机、情绪与人的关系以及人与组织和组织目标的关系等，这又促使职能人力资源管理注重满足员工的需要，管理更加人性化；劳动经济学倡导改善雇佣关系、提高员工地位、强化就业保障、促进民主管理等，这对现代职能人力资源管理的形成和发展都起到了重要作用。

而战略人力资源管理则是在知识经济的大背景下出现的，它的出现固然离不开上述学科的理论支持，但是它的产生更主要的是源于资源基础论的不断发展。资源基础论把资源定义为“由各种各样能为组织所控制，并改善绩效与执行策略的元素”。支持资源基础论的学者认为，组织资源是由各种有形的和无形的资源构成的，组织的资源和能力是异质的，正是这种异质性的资源导致不同组织的绩效不同。不提供价值的资源只能成为竞争劣势，必须摒弃；提供价值却不稀缺的资源是必不可少的，但由于其易获得性，也不能成为竞争优势的源泉；提供价值又稀缺的资源可以为组织带来暂时性的优势；唯有当组织提供具有价值性、稀缺性、难以模仿性的资源时，组织才能保持长久的竞争优势。基于这一理论，具备以上三个特征的人力资源是组织的战略性资源，组织应该从战略的高度进行人力资源管理，人力资源管理便由此上升到一个新的台阶，从职能人力资源管理走向战略人力资源管理。

2. 两者支持组织总体战略的程度不同

如前所述，职能人力资源管理把人力资源管理活动看作一项职能，因而职能人力资源管理只是组织的总体战略的一个被动反应者，充当“棋子”的作用。而战略人力资源管理则高度支持组织的总体战略，这体现在组织人力资源管理战略必须与其总体战略相互整合：通过人力资源部门和直线管理部门的共同努力来实现组织的战略目标，并以此来提高组织目前和未来的绩效及维持组织竞争优势。一个高度支持组织总体战略的战略人力资源管理需具有外部匹配与内部匹配两个特征。外部匹配是指人力资源管理和组织战略完全一致，和组织的发展阶段完全一致，考虑组织的动态性，并与组织的特点完全吻合。内部匹配是通过发展和配合人力资源的各种政策与实践之间的内在一致性而完成的。① 总之，组织的总体战略目标的实现依赖于战略人力资源管理，而战略人力资源管理又以组织的总体战略为前提和依据，并在组织总体战略的形成过程中施加一定的影响。

3. 两者中人力资源管理部门的角色不同

随着职能人力资源管理向战略人力资源管理的逐步转变，其人力资源管理部门的定位也随之改变。传统的职能人力资源管理工作只是片面地执行组织管理者所下达的任务，进行职能管理，把人力资源管理工作看成是消除麻烦的

① 参见周赵丹等：《21 世纪的战略性人力资源管理》，《科学学研究》2002 年第 2 期。

工作,待组织出现具体问题时,人力资源管理部门才进行事后的补救工作。因此,进行职能人力资源管理的人力资源部门更多的是充当职能"专家"和"救火队"的角色。

而在将人力资源视为战略资产的思想指导下,人力资源管理部门更加重视如何通过人力资源管理活动提高员工的满意度,提高组织的绩效,为股东创造利润,为顾客创造价值。由此,人力资源管理部门的角色也发生了全新的转变。沃尔里奇于 1997 年依"人""工作流程""日常运作""未来/战略"四个维度将人力资源管理的角色作了形象的比喻并分为四种:战略伙伴、职能专家、员工支持者、变革推动者(见图 1-4-1、表 1-4-1)。作为战略伙伴,人力资源管理者应该为组织的总体战略提供必要的支持;作为职能专家,人力资源管理者应该通晓人力资源管理职能活动的方法、措施;作为员工的支持者,人力资源管理者应该能够倾听员工的心声,关注员工的需求,成为员工的代言人;作为变革的推动者,人力资源管理者应该在组织的转型过程中,在组织内部催化一种积极接受变革的风气,确保组织转型的成功。

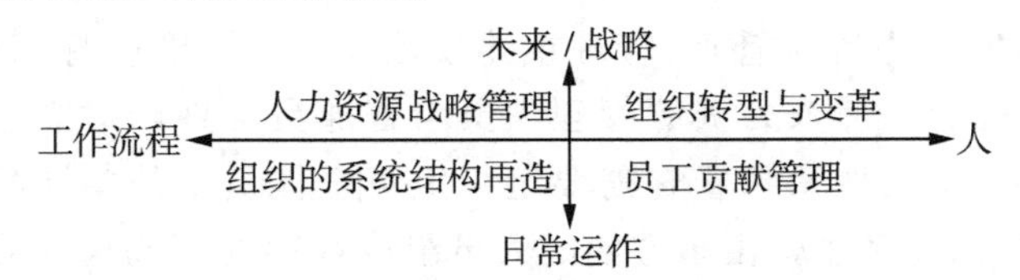

图 1-4-1　人力资源管理者的不同角色分析图

表 1-4-1　人力资源管理的多种角色分析表

角色扮演	运作结果	形象化比喻	管理行为
战略人力资源管理	实施战略	战略伙伴	结合人力资源与组织战略
组织的系统结构再造	建立一个有效机制架构	职能专家	再造组织流程"共享的服务"
员工贡献管理	提高员工的能力和参与度	员工支持者	倾听和对员工做出反应:提供员工所需资源
组织转型与变革	创建一个崭新的组织	变革推动者	组织转型与变革:确保变革能力

资料来源:〔美〕戴维·沃尔里奇:《人力资源教程》,刘磊译,新华出版社 2000 年版,第 27—28 页。有改动。

4. 两者的结果不同

传统的职能人力资源管理视人力资源为成本和消耗,希望通过有效的管理方式降低组织的人力成本,结果并不完全指向组织绩效的提升。而现代战略人力资源管理理论把人力资源视为组织的战略资产,对这种资产的投资会带来比物质资源更高的利润回报。进行战略人力资源管理的目的在于通过与组织战略的整合、前瞻性的人力资源规划、系统化的人力资源管理、立体多维度的人力资源开发来取得满意的组织绩效,因而其结果直接指向组织的绩效及长久竞争优势的获取,如图 1-4-2 所示。

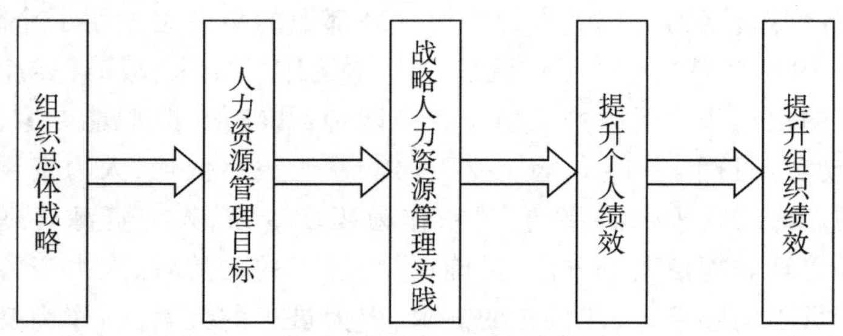

图 1-4-2 战略人力资源管理的结果

5. 两者的管理主体和工作范围不同

传统的职能人力资源管理,管理主体仅涉及人力资源管理部门人员,管理主体单一化往往容易使人力资源管理人员与普通员工处于对立态度。而战略人力资源管理的全局性意味着它需要组织上下全体员工的共同积极参与。在这一管理方式下,管理主体由多方面的人员组成:(1)组织高层领导。由于人力资源管理工作上升到战略的高度,在一些宏观和战略层面上,高层领导需要直接参与工作的决策。(2)人力资源管理部门。这是不言而喻的,人力资源管理的专业人员应该从事积极的人力资源开发与管理工作,并应具备分析能力、判断能力、执行能力、控制能力、人际关系能力、决策能力、领导能力、团队合作能力等能力。(3)直线经理。直线经理与员工直接接触,他们担负着共同进行人力资源管理活动的职责。(4)普通员工。在实施战略人力资源管理的过程中,普通员工被赋予了更多的使命和权力,他们不但以主人翁的姿态参与自主管理,而且还可以积极参加管理,如在 360 度绩效考评中为同级人员与上级人员打分等。

从工作范围来看,职能人力资源管理局限于招聘、选择、配置、绩效考评、薪酬等职能工作,而战略人力资源管理的工作范围则更为广泛,不但包括这些传统的职能工作,而且还肩负着"战略理念、组织文化的缔造,组织设计以及创造竞争优势,强化员工满意度"等使命。

总之,为应对充满不确定性的竞争环境的挑战,职能人力资源管理日益向战略人力资源管理转变,即从只注重个别员工工作绩效和满意程度等微观问题,向协助组织经营管理者获取组织持续竞争优势,实现员工和组织共同发展这样一种全新的职能转变(见表1-4-2)。人力资源的开发与管理部门不再被看作与组织战略没有任何联系的辅助部门,而是被看作能够创造价值与维持组织核心竞争能力的战略性部门。

表1-4-2 职能人力资源管理与战略人力资源管理特点比较

比较项目	职能人力资源管理	战略人力资源管理
导向(orientation)	职能导向	战略导向
关注焦点(focus)	员工关系	利益相关者
职责权限(responsibility for HR)	人力资源部管理人员	全体经营管理者
行为方式(initiatives)	被动反应	主动进取
时限(time horizon)	短期,视野狭小	短期、中期与长期相结合,视野开阔
监控(control)	机械	权变管理
关键资源(key investments)	资本、产品	人员、知识
职能地位(accountability)	成本中心(cost center)	投资中心(investment center)

第五节 公共部门人力资源管理

人力资源管理也是关于社会组织中的人如何进行科学管理的学问,它是一个独立与完整的学科体系。在现代社会中,公共领域和非公共领域成为社会管理的两大基本领域。在公共领域,代表社会公共利益,承担社会公共事务的政府和非政府组织是主要组织形式,其运行遵循着公共生活的制度和规则。在非公共领域,企业构成了其主要组织形式,作为市场的主体,其运行遵循着市场的规则和规律。按照这两大领域及其主体组织形式,我们可以把人力资源的管理划分为公共部门人力资源管理和企业人力资源管理两大类型。公共部门人力资源管理是关于公共组织中的人如何进行科学管理的学问,它与企业人力资源管理大同小异。

一、公共人力资源管理与企业人力资源管理的相同之处

人力资源管理学是一门具有独立体系的学科,其存在价值就是要研究人力资源管理过程中的规律和方法,以便对与组织管理中相关的人力资源进行科学合理的使用、充分有效的发挥与最大限度的开发,从而实现组织的目标与人力

资源的发展。因此,公共人力资源管理与企业人力资源管理有着基本的相同之处。

（一）两者的基本理念相同

从理念上讲,无论企业人力资源管理还是公共部门人力资源管理,都是把员工作为组织中目标实现的第一资源。江泽民曾代表我国政府先后三次在亚太经合组织领导人会议上发表演讲,反复强调人力资源开发的重要性。他说:"千百年来,人类为了生存和发展不断发掘地球上的各种资源,经济社会的发展和物质财富的增长在很大程度上取决于对物质资源的直接占有。物质资源的开发利用是人类社会发展的基础,而人类智慧和能力的发展决定着对物质资源开发的深度和广度。随着社会的进步,人类自身能力不断发展,显示出越来越大的力量。经济发展和社会进步,需要物质资源作基础,更需要人的知识和能力作支撑。当今世界,人才和人的能力建设,在综合国力竞争中越来越具有决定性的意义。人类有着无限的智慧和创造力,这是文明进步不竭的动力源泉。开发人力资源,加强人力资源能力建设,已成为关系当今各国发展的重大问题。"在21世纪的社会发展中,"知识不断更新,科技不断突破,经济不断发展,对劳动者素质的要求越来越高。加强人力资源开发,加强人力资源能力建设,从来没有像今天这样重要、这样紧迫"①。胡锦涛在2003年全国人才工作会议上和习近平在党的十九大报告中都特别强调了人力资源中的人才开发对于党和国家发展的关键性与决定性作用,强调了党管人才的原则。

由此可见,公共部门与企业的人力资源管理理念,都是把人力资源作为实现组织目标的关键性与战略性的第一资源进行管理。两者都把人力资源管理作为组织管理中的一项基本职能,都是以提高劳动生产率、工作生活质量和取得社会的或经济的效益为目的而对人力资源进行获取、保持、评价、发展和调整等一系列管理的过程。

（二）两者的目标相同

公共人力资源管理和企业人力资源管理在目标上是基本相同的。公共部门承担着提供公共产品、维持社会公共秩序的重要职能。公共部门人力资源是公共社会生产力发展的重要基础,是公共部门的关键性要素。公共部门人力资源管理的目标与企业人力资源管理的目标,都是使员工通过有价值的工作能力与工作活动最终实现组织的目标与个人的目标,把促进组织的发展与个人的成

① 参见江泽民2001年5月15日在APEC人力资源能力建设高峰会议上的讲话:《加强人力资源能力建设 共促亚太地区发展繁荣》。

功当作是每一个人力资源管理者的义务与其他员工的自觉行为,以提高员工个人和组织整体的业绩。

(三) 两者的基本职能相同

公共人力资源管理和企业人力资源管理的基本活动均可概括为获取、保持、发展、评价和调整。其中,获取包括工作分析、人力资源计划、招聘、选拔和委派;保持包括两个方面的活动:一是保持员工的工作积极性,如公平的奖励、员工的沟通与参与、劳工关系的改善等,二是保持健康安全的工作环境;发展则包括员工的开发、培训、职业的发展管理等;评价包括人员素质测评、工作分析与评价、绩效考评、士气调查等;调整包括人员调配、晋升及各项法律和制度的调整等。这些活动是任何类型组织的人员管理工作都应包含的基本内容,与组织类型无关。

(四) 两者的主要理论与方法相同

无论公共人力资源管理还是企业人力资源管理,在人力资源开发与管理的原理与方法上基本一致。它们都是通过工作分析、工作评价、工作分类、人员规划、招聘与测评、选拔与晋升、培训与开发、绩效考评与管理、薪酬设计与管理、人员激励、合同管理、社会保障、人员流动与离退等方式方法,进行具体的人力资源管理工作,以满足组织发展与个人发展的需要。因此,从原理方法上说,人力资源开发与管理没有公共部门与企业组织之分,就像组织行为学在企业与公共组织中一样,两者没有区分,都统一为组织行为学。因此,我们主张建立统一的组织人力资源学,用于专门研究不同组织中人力资源开发与管理的共同现象、共同规律、共同理论和共同方法。

二、公共人力资源管理与企业人力资源管理的不同之处

公共人力资源管理和企业人力资源管理的不同,主要体现在对于相关理论与方法应用的具体方式上。它们是由公共组织和企业的不同性质、组织活动的不同目标以及对人员素质的不同要求决定的。虽然这些差异并非本质与主流的,但是对于它们的区分认识,有助于提高我们管理实践中的针对性与有效性。

(一) 价值取向不同

组织管理中的价值观主要体现在公平与效率两方面。首先,很显然,公共部门由于其公共性,由于掌握着绝大部分资源的分配权,在处理各种公共事务中首先必须公平和公正,通过手段上的公平和公正,实现整个社会资源分配、获取资源的机会分配方面的公平和公正。一个不公平和不公正的社会,将导致混

乱和竞争无序,社会也难以获得真正的发展。其次,公共部门的工作应该有效率,通过自身的效率,为私人部门和其他组织创造良好的发展条件,实现社会整体发展的效率。作为社会资源的获得者,私人部门考虑的是如何利用所获得的社会资源创造更大的资源,它主要关注的是效率,它所管理和利用的人力资源也服务于这一目的。

价值观的差别还体现在组织对政治的关联度。公共部门所追求的价值与组织的政治目标有极大的联系。西方国家的公务员制度强调"政治中立",而我国的公务员制度是有明确的政治立场的。公共部门的一切活动首先必须服从最高的政治立场,私人部门的人力资源管理则与公务员制度不同,对政治的关联度远不如公共部门高,而是与经济和市场的关联度更为密切。

(二)服务理念及强调的重点有所不同

公共组织的管理活动称之为公共管理,它是以公共组织为依托,运用公共权力,为有效实现公共利益而进行的管理活动。政府是典型的公共组织,在社会生活中负有承担公共服务的主要责任,政府进行的行政化管理是公共管理的主要形式,非政府的公共组织也是公共管理的重要形式。企业是以营利为目的而进行生产和服务的经济组织,在市场经济条件下,企业作为市场的主体,基本是以企业的个体身份进行活动的,相对于社会公共利益来讲,企业的利益是个体利益,企业的管理也是为实现单个个体利益进行的管理活动。

公共管理部门以实现公共利益为目标,以提供公共服务(包括管理公共事务)、供给公共产品为基本职能,其使命是提供稳定的社会环境,确保社会公平。公共组织关注的重点在社会效益而非经济效益,公共管理具有垄断性;而企业的目标是在实现产品价值的同时获取最大的利润,企业管理具竞争性和典型的经济理性。

由于以上区别,公共部门人力资源管理和企业人力资源管理在对员工的价值取向和服务理念上强调的重点内容是有较大不同的。公共部门要求员工以维护和促进公共利益为己任,强调要依法运用公共权力,并接受公共监督;而企业的人力资源管理则要求员工以提高经济效益和企业盈利水平为责任,强调要处处以市场为导向,以经济性为最大原则,其对公共利益和公民个人合法权利的着眼点是"不损害"。

(三)对人员素质的要求不同,基本职能的具体实现方式有所不同

首先,公共部门和企业在人员的工作分析、招聘、选拔以及培训、发展等方面存在不同。两种类型的组织对人员素质的要求不同。公共部门行使公权,面

对的是公共利益,因此要求有较高的政治素养和道德水准,其活动对全社会有示范性和导向性,一般要求"讲政治";企业人员行使的是私权,其活动从本企业的要求出发,更看重的是经营能力和市场开拓能力。公共部门的人员,要求相对稳定,由于严格的层级制、指挥与服从的关系,各种个性的发挥会受到一定的限制;企业中被管理者具有更大的主动性和不稳定性,个性发挥的空间比较大。

其次,工资收入来源不同,这使公共部门和企业在对员工物质激励方面的依赖程度互不相同。公共部门人员的工资来源于国家财政支出,是国家征收税款的二次分配,刚性极强,不经法定程序不能增减;企业人员的工资和工资外收入来源于企业自身的利润,企业可以自由决定分配比例,刚性弱,在物质激励方面灵活性强。

最后,绩效考评存在差异。公共部门人员工作的绩效多表现为社会公共效益,涉及众多因素,评价标准较主观,考核评估难度较大;企业人员的绩效可以直接或间接地以利润形式衡量,考评相对较容易。

(四)管理者的差别

管理者的差别源于上述几个差别。由于组织的价值观、目的、管理方法的不同,管理者在观念、行为方面也有所不同。私人部门管理者比公共部门管理者具有更大的主动性和不稳定性。如果不能创造利润,或其创造的利润不能达到组织预定的目标,私人部门管理者就可能主动辞职或被辞退。但是,一个业绩平平的公共部门管理者往往不是简单地被撤职或辞退,因为决定公共部门管理者绩效的因素是复杂的,决定人员去留与升降的因素并非业绩一项,其中存在许多政治因素。

三、公共部门人力资源管理发展的趋势

20 世纪 80 年代后,"新公共管理"理论在西方国家盛行,在该理论的指导下,西方国家相继开展了大规模的行政改革运动,并取得了明显成效。这场改革的指导思想是在政府管理中引入市场理念和竞争机制,引入公共责任、公共产品、行政成本等新的概念和主题,特别是将私营部门的管理方式引入公共部门,提出以企业家精神重塑政府的口号。于是,公共部门人力资源管理开始借鉴企业人力资源管理方面的先进的理念和技术做法,这使得企业人力资源管理和公共部门人力资源管理开始互相借鉴和融合。

在改革运动中,美国、英国、新西兰等国家把市场中的竞争和激励机制引入到政府部门,以私人部门的管理技术取代传统的公共部门管理方法,以此打破传统公共部门的垄断地位,提高效率。结构上,采取分散政策制定和政策执行

的权力，利用私人组织或半私人组织提供公共服务，将大的部门分解成若干小的机构或将职权下放给较低层的政府机关，这些机关目标单一，因而比以前的部委机关更能够对市场压力以及其他直接评估工作成绩的方法做出反应。同时，以市场为导向进行人事和财政的管理，把公众定位为“消费者”或“顾客”。新公共管理理论为公共部门人力资源管理和企业人力资源管理的互相借鉴和融合奠定了科学的基础。

总之，公共部门人力资源管理的发展趋势表现为以下具体特点：(1) 管理理念现代化与人本化；(2) 管理方式企业化；(3) 管理手段现代化；(4) 管理人员资格化；(5) 管理制度规范化；(6) 管理成本简约化；(7) 管理责任明晰化；(8) 管理绩效客观化。

【本章小结】

本章主要介绍了人力资源及其在不同经济形态中的地位与作用以及人力资源开发的价值与作用，介绍了人力资源管理的基本理论与公共部门人力资源管理的特点。同时，对战略性人力资源管理进行了重点阐述。

第一，人力资源是在一定区域范围内，可以被管理者运用产生经济效益和实现管理目标的体力、智能与心力等人力因素的总和。其形成基础包括知识、技能、能力与品性素质等。它具有社会性、内涵性、无形性、作用不确定性、群体与个体并存性、系统协调性等特点。

第二，从农业经济时代、工业经济时代到知识经济时代，人力资源的地位逐渐得到承认并不断提升，人力资源的作用也逐渐被认识并日益受到人们的重视。尤其是到了知识经济时代，人力资源与资本优势的独特性成为组织的核心技能，人力资源价值已成为衡量组织整体竞争力的标志。同时，人力资源的贡献改变了资本所有者与知识所有者之间的博弈关系。可以预见，人力资源的开发和使用将彻底改变人类社会的生产、生活方式。

第三，人力资源管理是在经济学与人本思想指导下，通过招聘、甄选、培训、绩效考评、合同管理与薪资报酬等管理形式对组织内外相关人力资源进行有效运用，满足组织当前及未来发展的需要，保证组织目标实现与成员发展的最大化。

人力资源管理根据对象范围，可以划分为个体、群体、组织、国家与国际等不同的类型；根据组织管理的特点，可以划分为企业人力资源管理与公共部门人力资源管理。

人力资源管理的方法按照流程，可以划分为战略规划、工作分析与评价、人员招聘与选拔、人员开发与培训、绩效考评与管理、薪酬设计与管理、合同管理与保障等;按照管理思想,可以划分为任务中心、人本中心、开发中心与优化中心等不同类型。

第四,对于什么是战略人力资源管理,以及它与职能人力资源管理相比具有什么特点进行了全面比较。

第五,本章说明了公共人力资源管理及其与企业人力资源管理的异同和发展趋势。

【复习思考题】

一、单选题

1. 在我国,人力资源概念的提出并被人们接受,大约是在(　　)。

A. 20 世纪 90 年代　　B. 20 世纪 80 年代

C. 20 世纪 70 年代　　D. 20 世纪 60 年代

2. 将人物化为生产工具的思维存在于(　　)。

A. 土地资源主导的农业经济时代　　B. 金融资源主导的工业经济时代

C. 人力资源主导知识经济时代　　D. 互联网科技主导的网络经济时代

3. 以下哪些不属于人力资源管理的形式?(　　)

A. 招聘　　B. 决策　　C. 培训　　D. 绩效考评

4. 以下哪条不属于人性假设的一种?(　　)

A. 经济人假设　　B. 社会人假设

C. 简单人假设　　D. 自我实现人假设

5. 以开发为中心的管理方法不包括(　　)。

A. 强调员工的积极参与　　B. 重视对员工的开发

C. 重视环境建设　　D. 重视员工的产出

6. 美国学者提出人力资源管理的四大目标,不包括(　　)。

A. 建立员工招聘和选择系统

B. 使每个员工的潜质最大化

C. 保留那些无法对组织提供帮助的员工,同时排除那些通过自己的工作绩效帮助组织实现目标的员工

D. 确保组织遵守政府关于人力资源管理方面的法令和政策

7. 在发达国家,从 20 世纪 50 年代至今,人力资源管理经历的发展阶段不包括(　　)。

A. 人事管理

B. 人力资源管理

C. 人力资源丰富化管理

D. 人力资源战略与战略人力资源管理

8. 战略人力资源管理的目标不包括(　　)。

A. 获取组织竞争优势　　B. 提升组织绩效

C. 服务组织战略　　D. 维持员工数量

9. 职能人力资源管理与战略人力资源管理的区别不包括(　　)。

A. 两者支持组织总体战略的程度不同

B. 两者中人力资源管理部门的角色不同

C. 两者的结果不同

D. 两者的管理人员数量不同

10. 公共部门人力资源管理发展趋势的具体特点不包括(　　)。

A. 管理方式企业化　　B. 管理人员资格化

C. 管理制度复杂化　　D. 管理绩效考评化

二、多选题

1. 人力资源与其他资源相比,具有哪些特点?(　　)

A. 生活性　　B. 个体独立性　　C. 能动性　　D. 增值性

2. 人力资源在 21 世纪的地位和作用包括(　　)。

A. 人才质量成为衡量组织整体竞争力的标志

B. 人力资源将成为仅次于资金的第二资源

C. 人力资源的开发和使用将彻底改变人类社会的生产、生活方式

D. 人力资源的贡献改变了资本所有者与知识所有者之间的博弈关系

3. 以下哪些属于人力资源管理的主要环节?(　　)

A. 计划　　B. 商洽　　C. 协调　　D. 雇佣

4. 人力资源管理的功能主要包括(　　)。

A. 政治功能　　B. 经济功能

C. 稳定功能　　D. 其他功能

5. 人力资源管理的方法主要包括(　　)。

A. 以任务为中心的管理方法　　B. 以人为中心的管理方法

C. 以培训为中心的管理方法　　D. 以优化为中心的管理方法

6. 就人力资源管理的专业部门来说,其任务主要包括(　　)。

A. 规划　　B. 分析　　C. 配置　　D. 招聘

7. 战略人力资源管理的基本特征包括(　　)。

A. 人本性　　B. 战略性　　C. 系统性　　D. 静态性

8. 职能人力资源管理与战略人力资源管理哪些方面相一致?(　　)

A. 两者的管理理念一致　　B. 两者理论背景一致

C. 两者的管理方式一致　　D. 两者所追求的最终目标一致

9. 公共人力资源管理与企业人力资源管理的相同之处主要包括(　　)。

A. 两者的服务对象相同　　B. 两者的基本理念相同

C. 两者的目标相同　　D. 两者的基本职能相同

10. 公共人力资源管理与企业人力资源管理的不同之处包括(　　)。

A. 价值取向不同

B. 服务理念及强调的重点有所不同

C. 对人员素质的要求不同,基本职能的具体实现方式有所不同

D. 管理者的差别

三、简答题

1. 什么是人力资源? 人力资源具有什么特点与作用?

2. 试对本书中的人力资源管理概念进行分析,并且与其他各种观点进行比较。

3. 试对各种人力资源管理的思想、模式与方法进行研究与比较。

4. 什么是战略人力资源管理? 试与职能人力资源管理进行比较。

5. 什么是公共部门人力资源管理? 试分析和比较它与企业人力资源管理的异同。

6. 结合实际谈谈我国公共部门人力资源管理的特点、现状和问题。

7. 试结合社会发展全球化、经济发展知识化、政治发展民主化、国际关系复杂化与公共管理企业化与市场化的要求,讨论公共部门人力资源管理改革与发展的趋势。

【案例与讨论】

中国最经典的六大人才案例①

中国历史悠久,各种人才智慧的学说纷呈,而人才智慧的典范更是举不胜举。中国是一个智慧大成的民族,人才智慧的经典案例,让人拍案叫绝,下面精选几例,供大家借鉴。

① 案例来源:由长延:《中国历史最经典的六个人才智慧案例》,《决策探索》2008 年第 1 期。

引才案例:秦昭王五跪得范雎

引才纳贤是国家强盛的根本,而人才,尤其是高才,并不那么容易引得到、纳得着。秦昭王雄心勃勃,欲一统天下,在引才纳贤方面显示了非凡的气度。范雎原为一名隐士,熟知兵法,颇有远略。秦昭王驱车前往拜访范雎,见到他便屏退左右,跪而请教:"请先生教我?"但范雎支支吾吾,欲言又止。于是,秦昭王"第二次跪地请教",且态度上更加恭敬,可范雎仍不语。秦昭王又跪,说:"先生卒不幸教寡人邪?"这第三跪打动了范雎,道出自己不愿进言的重重顾虑。秦昭王听后,第四次下跪,说道:"先生不要有什么顾虑,更不要对我怀有疑虑,我是真心向您请教。"范雎还是不放心,就试探道:"大王的用计也有失败的时候。"秦昭王对此言并没有发怒,并领悟到范雎可能要进言了,于是,第五次跪下,说:"我愿意听先生说其详。"言辞更加恳切,态度更加恭敬。这一次范雎也觉得时机成熟,便答应辅佐秦昭王,帮他统一六国。后来,范雎鞠躬尽瘁地辅佐秦昭王成就霸业,而秦昭王五跪得范雎的典故,千百年来被人们所称誉,成为引才纳贤的楷模。

识才案例:一双筷子放弃了周亚夫

所谓识才,不只是看看谁是人才,谁不是人才这么简单,而要从小的方面推断大的方面,从今天的行为推断以后的行为,得出用人策略。周亚夫是汉景帝的重臣,在平定七国之乱时,立下了赫赫战功,官至丞相,为汉景帝献言献策,忠心耿耿。一天汉景帝宴请周亚夫,给他准备了一块大肉,但是没有切开,也没有准备筷子。周亚夫很不高兴,就向内侍官员要了双筷子。汉景帝笑着说:"丞相,我赏你这么大块肉吃,你还不满足吗?还向内侍要筷子,很讲究啊!"周亚夫闻言,急忙跪下谢罪。汉景帝说:"既然丞相不习惯不用筷子吃肉,也就算了,宴席到此结束。"于是,周亚夫只能告退,但心里很郁闷。这一切汉景帝都看在眼里,叹息道:"周亚夫连我对他的不礼貌都不能忍受,如何能忍受少主年轻气盛呢?"汉景帝通过吃肉这件小事,试探出周亚夫不适合做太子的辅政大臣。汉景帝认为,周亚夫应把赏他的肉用手拿着吃下去,才是一个臣子安守本分的品德,周亚夫要筷子是非分的做法。汉景帝依此推断,周亚夫如果辅佐太子,肯定会生出些非分的要求,于是趁早放弃了他做太子辅政大臣的打算。

用才案例:神偷请战

用人之道,最重要的是要善于发现、发掘、发挥属下的一技之长。用人得当,事半功倍。楚将子发爱结交有一技之长的人,并把他们招揽到麾下。有个其貌不扬、号称"神偷"的人,也被子发待为上宾。有一次,齐国进犯楚国,子发率军迎敌。交战三次,楚军三次败北。子发旗下不乏智谋之士、勇悍之将,但在强大的齐军面前，都无计可施了。这时神偷请战。在夜幕的掩护下，他将齐军主帅的睡帐偷了回来。第二天，子发派使者将睡帐送还给齐军主帅，并对他说："我们出去打柴的士兵捡到您的帷帐，特地赶来奉还。"当天晚上，神偷又去把齐军主帅的枕头偷来，再由子发派人送还。第三天晚上，神偷连齐军主帅头上的发簪都偷来了，子发照样派人送还。齐军上下听说此事，甚为恐惧，主帅惊骇地对幕僚们说："如果再不撤退，恐怕子发要派人来取我的人头了。"于是，齐军不战而退。

人不可能每一方面都出色，但也不可能每一方面都差劲，再逊的人总有一方面较他人一日之长。企业老板们要能很清楚地了解每个下属的优缺点，千万不能夹杂个人喜好，也许你今天看不起的某个人，他日正是你事业转机的干将。

育才案例：纪浪子训鸡喻育才

一般情况下，人才到位须进行培训，育才是企业永久的工程，用才而不育才，人才便没有持续竞争力。据传，周宣王爱好斗鸡，纪浪子是一个有名的斗鸡专家，被命去负责饲养斗鸡。10天后，宣王催问道："训练成了吗？"纪浪子说："还不行，它一看见别的鸡，或听到别的鸡叫，就跃跃欲试。"又过了10天，宣王问："训练好了没有？"纪浪子说："还不行，心神还相当活跃，火气还没有消退。"再过了10天，宣王又说道："怎么样？难道还没训练好吗？"纪浪子说："现在差不多了，骄气没有了，心神也安定了，虽然别的鸡叫，它也好像没有听到似的，毫无所应，不论遇见什么突然的情况，它都不动、不惊，看起来真像木鸡一样。这样的斗鸡才算训练到家了，别的斗鸡一看见它，准会转身就逃，斗也不敢斗。"宣王于是去看鸡的情况，果然呆若木鸡，不为外面光亮的声音所动，可是它的精神凝聚在内，别的鸡都不敢和它应战，看见它就走开了。

激才案例：墨子苦心激励耕柱

人才并不是天生一定为某人做贡献、尽全力做贡献，关键是要适当激励，激才智慧在中国历史上不乏其例。耕柱是一代宗师墨子的得意门生，但他老是挨墨子的责骂。有一次，墨子又责备了耕柱，耕柱觉得自己非常委屈，因为在许多门生之中，大家都公认耕柱是最优秀的，却偏偏常遭墨子的指责，让他没面子。一天，耕柱愤愤不平地问墨子："老师，难道在这么多学生当中，我竟是如此地差劲，以至于要时常遭您老人家责骂吗？"墨子听后，丝毫不动肝火："假设我现在要上太行山，依你看，我应该用良马来拉车，还是用老牛来拖车？"耕柱答："再笨的人也知道要用良马来拉车。"墨子又问："那么，为什么不用老牛呢？"耕柱答："理由非常简单，因为良马足以担负重任，值得驱遣。"墨子说："你答得一点也没错，我之所以时常责骂你，也只因为你能够担负重任，值得我一再地教导与匡正你。”

留才案例:刘备苦心留住徐庶心

分分合合,职场中已司空见惯。因此,引才难,留才难,一个小单位需要留住高才,而留住高才心似乎难于上青天。刘备被曹操赶得到处奔波,好不容易安居新野小县,又得军师徐庶。这日,曹操派人送来徐母的书信,信中要徐庶速归曹操。徐庶知是曹操用计,但他是孝子,执意要走。刘备顿时大哭,说道:“百善孝为先,何况是至亲分离,你放心去吧,等救出你母亲后,以后有机会我再向先生请教。”徐庶非常感激,想立即上路,刘备劝说徐庶小住一日,明日为先生饯行。第二天,刘备为徐庶摆酒饯行,等到徐庶上马时,刘备又要为他牵马,将徐庶送了一程又一程,不忍分别,把徐庶感动得热泪盈眶。为报答刘备的知遇之恩,他不仅举荐了更高的贤士诸葛亮,并发誓终生不为曹操施一计谋。徐庶的人虽然离开了,但心却在刘备这边,故有“身在曹营心在汉”之说。徐庶进曹营果然不为曹设一计,并且在长坂坡还救了刘备的大将赵云之命。

中国历史绵绵不断,文化传承智慧闪烁,人才智慧更是夺人耳目。以上六个人才智慧案例,只是中国人才智慧园中的几片叶子。因此,要掌握符合中国传统文化的人才策略,必须研究中国人才历史,汲取中国人才历史中的精华;否则,我们现代的人才策略将成为无源之水、无本之木。

讨论题:

1. 以上六个中国古代关于人力资源管理的案例分别从人才管理与开发的六个不同角度来叙述,请问这些古代的人才思想对于现代人力资源管理有何借鉴意义?

2. 案例中的古代选人用人观念是否存在落后或不适应现代社会之处?如果有,请指出并简述原因。

【建议阅读文献】

1. 郑绍濂等:《现代企业人力资源开发与管理》,中国对外经济贸易出版社 1999 年版。
2. 〔美〕杰弗里·梅洛:《战略人力资源管理》,吴雯芳译,中国劳动社会保障出版社 2004 年版。
3. 〔美〕埃文·M. 伯曼等:《公共部门人力资源管理》,萧鸣政等译,中国人民大学出版社 2008 年版。
4. 颜士梅:《国外战略性人力资源管理研究综述》,《外国经济与管理》2003 年第 9 期。

5. 张一弛:《我国企业人力资源管理模式与所有制类型之间的关系研究》,《中国工业经济》2004 年第 9 期。
6. 许小东、孟晓斌:《战略人力资源管理转型的实践范式》,《科学学与科学技术管理》2004 年第 9 期。
7. 赵曙明:《人力资源管理理论研究新进展评析与未来展望》,《外国经济与管理》2011 年第 1 期。
8. 杨春华:《资源概念界定与资源基础理论述评》,《科技管理研究》2008 年第 8 期。
9. 胡鞍钢、才利民:《从"六普"看中国人力资源变化:从人口红利到人力资源红利》,《清华大学教育研究》2011 年第 4 期。
10. 金南顺、王亚:《人力资源管理效能评价方法研究评述》,《延边大学学报》2013 年第 1 期。
11. 阮柏荣、宋锦洲:《关于人力资源管理模式的研究综述》,《中国外资》2012 年第 4 期。
12. 韩剑义:《人力资源管理策略研究综述》,《沿海企业与科技》2011 年第 6 期。
13. 李芳、杨朝均、徐建中:《中小企业人力资源管理模式选择研究》,《学习与探索》2012 年第 7 期。
14. 孙少博:《战略性人力资源管理对组织效能的影响研究》,《山东大学学报》2012 年第 5 期。
15. 李燕萍、龙玎:《国内外高承诺人力资源管理理论综述及其运用研究》,《科技进步与对策》2014 年第 4 期。
16. Fisher, Sandra L., et al., "Human Resource Issues in Outsourcing: Integrating Research and Practice", *Human Resource Management*, Vol. 47, Issue 3, 2008.
17. Kulik, Carol T., and Elissa L. Perry, "When Less Is More: The Effect of Devolution on HR's Strategic Role and Construed Image", *Human Resource Management*, Vol. 47, Issue 3, 2008.
18. Chen, Chung-Jen, and Huang Jing-Wen, "Strategic Human Resource Practices and Innovation Performance—The Mediating Role of Knowledge Management Capacity", *Journal of Business Research*, Vol. 62, Issue 1, 2009.
19. Cania, Luftim, "The Impact of Strategic Human Resource Management on Organizational Performance", *Economia: Seria Management*, Vol. 17 Issue 2, 2014.

20. Deadrick, Diana L., and Dianna L. Stone, "Human Resource Management: Past, Present, and Future", *Human Resource Management Review*, Vol. 24, Issue 3, 2014.

21. Nkomo, Stella, and Jenny M. Hoobler, "A Historical Perspective on Diversity Ideologies in the United States: Reflections on Human Resource Management Research and Practice", *Human Resource Management Review*, Vol. 24, Issue 3, 2014.

22. Swart, Juani, and Nicholas Kinnie, "Reconsidering Boundaries: Human Resource Management in a Networked World", *Human Resource Management*, Vol. 53, Issue 2, 2014.

23. Russ-Eft, Darlene F., "Human Resource Development, Evaluation, and Sustainability: What Are the Relationships?", *Human Resource Development International*, Vol. 17, Issue 5, 2014.

24. Poell, Rob, "Organizing Human Resource Development: Towards a Dynamic Network Approach", *Human Resource Development International*, Vol. 15, Issue 5, 2012.

第二章　人力资源开发及其战略

【教学目标与方法建议】

通过本章教学,应该掌握以下内容:

1. 人力资源开发的概念、类型与特点
2. 人力资源开发战略及其价值
3. 人力资源开发的原理
4. 人力资源开发的方法
5. 我国政府人力资源开发面临的问题与对策

教学方法建议:鉴于本章的内容比较多,建议在课堂讲授过程中适当进行选择,可以重点讲授人力资源开发的原理与方法,并且适当进行案例分析教学。

人力资源开发是一个与人力资源管理有所不同的领域,它在战略人力资源管理中具有十分重要的作用。本章所讨论的内容主要包括:人力资源开发是什么,人力资源开发战略及其价值是什么,人力资源开发有哪些原理与方法,当前我国政府人力资源开发面临的问题与对策是什么。

第一节　人力资源开发概述

一、人力资源开发的概念

我们把人力资源开发界定为:开发者通过学习、教育、培训、管理、文化制度建设等有效方式为实现一定的经济目标与发展战略,对既定的人力资源进行利用、塑造、改造与发展的活动。在这里,开发者可以是政府、机关、学校、团体、协会、私有机构、公共组织等,也可以是企业雇主、主管、个人、被开发者自我等。

当开发者为被开发者自我时,开发方式即为学习,开发的目的是为求发展;当开发者为企业时,开发方式一般是培训、管理与文化制度建设等,开发的目的是促进企业竞争力、生产力,提高经营利润,实现经营目标;当开发者是机关团体事业单位时,开发方式一般是培训、管理与文化制度建设,开发的目的是提高工作效率与质量，实现组织目标；当开发者为学校、教育机构与家庭时，开发的方式是教育、教学、转化、宣传，开发的目的是提高人的素质，促进个人发展与社会的发展；当开发者为政府与社会主权者时，开发方式一般是教育、医疗、保障制度建设、人口发展政策制订等，开发的目的是提高全民素质，使人具备各种有效参与国民经济发展所必需的体力、智力、技能及正确的价值观与劳动态度，满足国家与社会经济的持续发展的需要。

在这里我们认为，任何一种人力资源开发活动，都有开发主体、开发客体、开发对象、开发方式、开发手段、开发目的、开发时间、开发计划等要素。

开发主体即从事开发活动的领导者、计划者与组织实施者。

开发客体即接受人力资源活动的组织或个人，是开发活动的承受者。

开发对象是指人力资源开发活动所指向的素质与能力，包括体质、品性、智力、技能、知识等其他心理素质。

开发方式是指人力资源开发活动中对各种要素所进行的组织方式。

开发手段是指人力资源开发活动中所采用的工具支持行为。

开发计划是指人力资源开发活动实施前的准备工作与实施过程的书面描述。

二、人力资源开发的类型

人力资源开发的类型划分多种多样。首先，从空间形式上划分，有行为开发、素质开发、个体开发、群体开发、组织开发、区域开发、社会开发、国际开发等不同形式。

所谓行为开发即为改变某一种行为方式而进行的训练或激励活动。

所谓素质开发，即为培养、提高与改进某一素质的教育、教学、培训、学习与管理的活动，例如不良遗传基因控制与改进，防止近亲结婚并提倡不同民族、不同种族的人通婚，接种疫苗等。技能开发、品德开发、能力开发均属于素质开发的范畴。

所谓个体开发，是从既定的个人特点出发，对其人力资源进行合理的使用、充分的发挥以及科学的促进与发展的活动，例如因材施教、人尽其才、才尽其用等均体现了个体开发的思想。

所谓群体开发，是指从既定的群体特点出发，采取优化组合、优势互补等人力资源配置手段进行结构上的调整，以实现群体人力资源结构优化和功能的提高。

所谓组织开发，即指在组织范围内所进行的一切人力资源开发的活动，其主要手段是文化建设、组织建设、制度建设与管理活动。

所谓区域开发，是为提高一定区域内人力资源的数量、质量与功效而进行的活动，例如西部人力资源开发、移民等活动。

所谓社会开发，是指一个国家为提高其人力资源的数量与功效而进行的活动，例如中国的计划生育政策、普及九年制义务教育、劳动人事制度改革、医疗卫生保障制度等。

所谓国际开发，即指世界各国为全球经济发展有组织、有计划地进行的人力资源开发活动，例如联合国计划署进行的人力资源开发活动。

其次，从时间形式上划分，有前期开发、使用期开发与后期开发。所谓前期开发，是指人力资源形成期间与就业前的开发活动，包括家庭教育、学校教育、就业培训等；所谓使用期开发，是指在就业过程中的开发活动，以在职培训与脱产培训为主；所谓后期开发，是指法定退休年龄后的人力资源开发活动。

最后，从对象上划分，有品德开发、潜能开发、技能开发、知识开发、体能开发、能力开发、智力开发、人才开发、管理者开发、技术人员开发、普通职员开发等。

三、人力资源开发的特点

人力资源开发具有多方面的特点，下面就其主要特点作一阐述。

（一）特定的目的性与效益中心性

无论哪一种类型的人力资源开发，都有其特定的目的。国际性的人力资源开发的目的是保持世界各国人力资源对整个世界经济发展与需要的持续促进作用；国家性的人力资源开发的目的是实现充分就业，高效合理地利用现有人力资源，实现社会经济效益与社会稳定的最大化，提高全民素质，包括健康卫生水平与文化教育水平，造就各种专业技术与创新性人才，促进国民经济健康持续地发展，提高国家竞争力；教育部门与学校的开发目的是，面向当前及未来社会的需要，培养与提高学生的基础素质，使每个人的优势得到最大发展，每个人的缺点与不足得到有效控制与改进，成为自己满意与社会欢迎的各种人才；体育、卫生医疗部门与机构的开发目的是通过组织宣传动员与提供各种医疗保健服务、体育运动指导，增强人的身体素质，使人具有旺盛的精力与健康的体质，使现有的人力资源得到顺利的发挥与进一步发展；企事业组织开发的目的是提高员工整体的战斗力、竞争力，提高工作效率与效益，实现组织的经营目标和战略发展目标。人力资源开发特定的目的性最终都体现在为实现一定的经济目标与价值目标的服务性上，都是以经济效益、社会效益与政治效益的获取为中心。综合效益最大化是人力资源开发追求的最终目的。

（二）长远的战略性

培训是实现开发目标的一种手段，是人力资源开发的一种方式，但培训本身绝不是人力资源开发。培训是针对现实工作需要而进行的活动。当人力资源开发方案实施到近期目标时，往往需要培训活动的支持。然而，当我们进行人力资源开发方案制定的时候，我们的目标一定是面向未来改革的需求，面向我们战略规划与发展的需要。如果人力资源开发缺乏战略眼光与战略措施，那么，这样的人力资源开发活动是没有生命价值的。从这样意义上来说，人力资源开发是人力资源中长期规划实现的手段与途径。我们国家目前面临着知识经济到来与加入 WTO 后的双重机遇与挑战，为了保证中国经济与政治稳定及持续的发展，免受不良影响的冲击，中国必须制定切实可行的人力资源开发战略规划并进行全方位的人力资源开发活动。

（三）基础的存在性

任何开发都是建立在一定的对象基础上，毫无基础的对象，是无法进行开发的。人力资源开发也不例外，它必须在开发的客体或对象具有一定的人力资源数量或质量时，才有可能对他们进行有效的开发，这时的开发才有意义。而前期性人力资源开发的基础存在形式具有不明显性，例如，胎儿开发的生理基础是父母，中学生开发的基础是小学期间所形成的兴趣爱好、知识技能与思想品德，用人单位开发的基础是员工既有的知识、能力、经验、品性与职业倾向等，老年人开发的基础是他在工作期间所积累的知识、经验、能力、品性与职业兴趣。

（四）开发的系统性

人力资源本身就是一个系统，其中包括要素结构子系统、数量分布子系统、要素作用相互影响子系统、要素相互生存与发展子系统。就一个企业内人力资源系统来说，它具有年龄结构子系统、学历结构子系统、职务职称结构子系统、性别结构子系统、工龄结构子系统、工资类别结构子系统、品性结构子系统。就个体内人力资源系统来说，它有知识结构子系统、技能结构子系统、品性素质结构子系统、年龄结构子系统，有岗位、部门、家庭、社会环境活动子系统，还有素质模型结构平衡发展子系统。我们如果只是注意对其中一个子系统或子系统中某一个要素的开发，那么，最后所取得的开发效果就十分有限。

例如，如欲对某一科研人员的创新能力进行开发，那么我们应该首先分析一下与创新能力有关的因素系统，包括相关知识、相关方法、相关意识、相关障碍、相关品性素质与相关环境支持、相关条件支持的分析，抓住其中的主导因素与子系统进行重点开发，同时对其他辅助系统进行全面性相关开发，这样我们对创新能力的开发才能取得明显的成效。当然，这里有一个投入与产出的效益问题，需要具体情况具体分析。

因此，人力资源系统的特点决定了人力资源的开发必须具有系统性，否则将事倍功半，甚至有劳无功。

（五）主客体的双重性

除个体自我开发外，任何人力资源开发都具有主客体的双重性，这是人力资源开发区别于其他资源开发的重要特点之一。开发的主体是人或组织，开发的客体也是人或组织，在人力资源开发活动中，人力资源开发的客体具有主观能动性，开发主体的目的性必须通过被开发客体的能动接受性，才能产生预期的效果。

人力资源开发的主客体双重性决定了人力资源开发活动的负责性，因此开发主体要注意与开发客体沟通，在开发目的、开发计划与开发措施上达成一定的共识，不能进行强制性开发，要激发开发客体在人力资源开发中进行积极配合，发挥其主观能动性，达到开发主体与客体双赢的目的。

（六）开发的动态性

人力资源开发客体的主观能动性、开发过程的长期性以及开发活动的负责性，决定了人力资源开发的动态性。人力资源开发必须根据开发过程中出现的各种不确定因素及其变化，不断调整开发的阶段性目标、内容与措施；根据人力资源个体的差异性，因人而异，采取不同的开发方式与方法；根据开发取得的阶段性成果与问题，调整与优化下一阶段的开发计划与方案。由于人力资源具有可塑性，不进则退，因此人力资源开发还必须具有持续性与坚持性。

第二节　人力资源开发战略及其价值

进入21世纪以来，组织面临的日益激烈的竞争导致其对人力资源管理的需求不断提高。与此同时，资源基础论（Resource-based View, RBV）的兴起使得人们从战略的视角上认识人力资源，意识到人力资源开发是一个长期的、动态的、系统的过程，并且应该为组织的战略服务。

一、资源基础论的主要观点

组织要生存、要发展，必须拥有独特的竞争优势。“竞争优势源于何处？”

“如何获取竞争优势?”等一系列问题也日益成为理论界和组织界关注的焦点。

1984年,沃纳菲尔特在美国《战略管理杂志》上发表了《公司资源学说》一文,提出了公司内部的资源对公司获利并维持竞争优势的重要意义。此后,罗曼尔特、里普曼、温特、巴尼、申德尔、库尔、迪瑞克斯、德姆莱茨、库勒、皮特瑞夫、柯利斯、蒙哥马利又将该理论加以拓展,形成了资源学派。

有别于波特从组织外部的结构来探讨组织的竞争优势源泉,资源学派将探究的目光投入组织的内部。资源学派的核心思想是:组织的资源差异会导致竞争优势的差异,组织的竞争优势取决于其拥有的资源的价值。而只有组织拥有了预期业务和与战略最相匹配的资源,该资源才具有价值。

资源是组织在向社会提供产品或服务的过程中能够实现组织战略目标的各种要素的组合。它是(组织)所控制的所有资产、能力、组织过程、组织特质、信息、知识等,是组织为了提升自身的效率和效益而用来创造并实施战略的基础。① 这些资源可以分为三类,分别是物力资本资源、人力资本资源和组织资本资源。当然,并非所有的资源都对组织的可持续发展有所贡献,只有“那些有助于组织创造并实施战略以提高效率和效益的资源”以及“不能完全模仿和不能替代的资源”才有助于组织获得持续的竞争优势。

简而言之,组织的发展必须构建在一系列资源组合的基础上。当然,组织的可持续发展必须依赖于那些具有“有价值的、稀缺的、难以模仿的”特点的资源,唯有具备上述特点的资源才不易被竞争对手所模仿和复制,组织才能克服成长过程中的危机或衰老、死亡阶段,成为长寿组织。

作为组织发展的核心资源,人力资源是专门知识和技能的“承载者”,可以让组织拥有长久的竞争优势,它具有有价值的、稀缺的、难以模仿的特点。

二、人力资源开发战略的提出背景及概念界定

人力资源帮助组织获取竞争优势的作用意味着组织应该对人力资源进行战略性开发,通过人力资源开发战略开发人力资源的潜能,增强组织的核心能力。

(一) 人力资源开发战略提出的背景

进入21世纪以来,组织面临着有别于以往的“非连贯”的竞争环境:

---

① 参见 J. Barney, “Firm Resources and Sustained Competitive Advantage”, *Journal of Management*, Vol. 17, No. 1, 1991, pp. 99-120。

(1) 经济的全球化及市场的发育使得市场保护和控制的市场壁垒状况明显衰弱,组织难以依靠以往的特定产业的定位来获取竞争优势。

(2) 资本市场的发达及各种金融衍生工具的创新使得资金、资源的灵活性和流动性已经不再是一个抑制组织发展的重要因素。

(3) 新技术以几何级数的方式涌现,要求人力资源不断掌握新的技术。

与此同时,一些相关领域的理论研究也不断地发展起来:

(1) 资源基础论。如上所述,资源基础论认为组织的竞争优势已从组织的外部转移到组织内部的异质性资源上,人力资源的价值性、稀缺性、难以模仿性使得人的因素受到高度重视,人力资源开发也从幕后走到前台。

(2) 学习理论。近期的学习理论主要是从组织的层面上探讨如何通过组织的学习来提高人力资源的能力。彼得·圣吉(Peter M. Senge)于20世纪90年代提出了学习型组织(learning organization)的五个要素:系统思考、思维模式、共同愿景、团队学习和个人进取,丰富了人力资源开发理论。

(3) 绩效理论。理查德·斯旺森(Richard A. Swanson)认为人力资源开发就是一个不断通过雇员的能力提高组织绩效的过程。绩效理论的出现,标志着人力资源开发从以"学习"为中心转移到以"绩效"为中心。

因此,现实的迫切需求催生了人力资源开发向人力资源开发战略的转变,而资源基础理论、学习理论、绩效理论等相关理论的完善更加奠定了人力资源开发战略的理论基础,标志着人力资源开发战略的形成。

(二) 人力资源开发战略的概念界定

对于人力资源开发战略的研究,最早可以追溯到20世纪80年代,但那时对人力资源开发战略的研究只是零星的、分散的,研究的方向主要是集中于强调有规划的学习(planned learning)对于组织绩效的作用。

到了20世纪90年代,人们日益认识到拥有高技能、高技术、高能力的人力资源对于组织长期可持续发展的重要性。人力资源开发对于组织的战略贡献的重新评估使得人力资源开发战略一跃而上,成为组织的管理者最为关注的战略议题。

那么,什么是人力资源开发战略呢? 目前理论界对于人力资源开发战略的理解并未完全统一。我们认为,所谓人力资源开发战略,是指组织为了一定的组织目标,通过培训、职业开发、组织开发等多种形式,促进员工与组织共同成长,提高组织绩效,进而实现组织可持续发展的战略。

人力资源开发战略具有以下特点:

(1) 前瞻性。人力资源开发战略不但支持公司的总体战略,而且还在公司战略的制定过程中起着至关重要的参与作用。

(2) 服务性。人力资源开发战略的目标、内容、方式必须为组织的可持续发展服务。

(3) 全局性。人力资源开发战略的参与者不仅包括人力资源开发部门,还涵盖组织的高层经营决策层、一线管理者及基层员工。

(4) 系统性。人力资源开发战略是一个系统性工程,作为组织的子系统,它在支持其他子系统运行的同时,也需要组织文化等其他子系统的支持。

(5) 弹性。人力资源开发战略必须具有弹性,随时根据环境及组织战略的变化做出响应。

(6) 动态性。人力资源开发战略必须具有动态性,它应该能够与时俱进,随时根据知识的发展、技术的变革调整开发的内容与方式。

因此,人力资源开发战略的范畴早已超过传统的人力资源开发,成为渗透到组织各种职能中、决定组织发展方向、促进组织可持续发展的开发战略。

三、人力资源开发战略的作用

(一) 有助于增强组织竞争力

组织竞争力的主要来源是自身的资源和能力,并不是组织所有的资源都能形成持续的竞争优势,只有成为具有价值的、稀缺的、难以被当前和潜在的竞争对手所替代的资源才是其竞争优势的重要来源。如前所述,人力资源具备的这三个特征,是组织竞争优势的源泉。然而,系统化的人力资源开发战略则更加突显了人力资源所具备的三个特征:价值性、稀缺性与难以模仿性。这是由于它是由一整套相互补充和相互依赖的实践构成的,在提升组织能力方面具有因果模糊和协同效果,因而难以模仿。

系统的人力资源开发战略有助于增强组织的竞争优势。

(1) 系统化的人力资源开发战略有助于突显人力资源的价值性。通过有效的战略人力资源开发可以明确组织希望员工所具备的各种技能与能力,提高员工的产出水平与服务能力,进而为顾客提供差异化的产品、个性化的服务,为顾客带来价值。

(2) 系统化的人力资源开发战略有助于突显人力资源的稀缺性。通过选择合适的开发内容与方式,结合组织目标与员工实际能力所制定的人力资源开发战略,其产出是员工的积累性学识,这种学识是一种特别面向该组织的专用性战略资产，具有稀缺性。

（3）系统化的人力资源开发战略有助于突显人力资源的难以模仿性。系统化的人力资源开发战略的组成部分之间相互作用、相互影响、相互协调、相互补充。它们之间的非线性关系决定了竞争者很难深入组织了解其实质。因此，对于竞争对手而言，要挖走几个有竞争价值的员工并不难，而要模仿整个人力资源开发战略系统就不容易了。

（二）有助于提高个人绩效与组织绩效

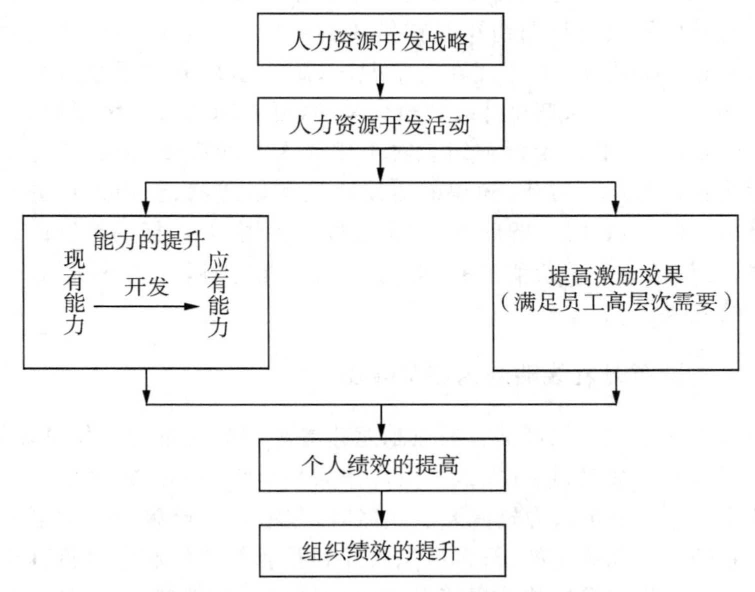

图 2-2-1 人力资源开发战略对提高组织绩效分析图

行为科学研究显示，在其他条件一定的情况下，工作绩效是由员工的个人能力和组织对其激励两个变量决定的，即工作绩效 $=f$(能力 × 激励)。一方面，以发挥潜在能力和增加新知识为目的的开发和教育能够提高员工现有的能力，达到组织所期望要求的能力；另一方面，精心设计、组织与实施的战略人力资源开发对于员工而言还是一项激励，因为在知识经济时代，员工不满足于吃饱穿暖等低层次的需求，他们追求自身价值的实现，追求自我能力的提高，由组织所进行的战略人力资源开发无疑还可以从另一个角度激励员工，充分调动员工的积极性，提高潜能。人力资源开发战略对于组织绩效提高的作用如图 2-2-1 所示。

（三）有助于组织的可持续发展

农业经济时代，关键要素是土地资源；工业经济时代，关键要素是资本资源；而在知识经济时代，关键要素是人力资源。组织中的人力资源包括员工的个人知识水平、员工总体的知识结构与素质，人力资源是组织可持续发展的基础。

“入世”给我们带来的既有挑战又有机遇。机遇告诉我们，组织有了更为广袤的用武之地和发展空间；而挑战则警示我们，组织已告别过去相对静态的竞争不足的环境，迎来了高度激烈的竞争。在高度动荡的环境下，组织的生存、发展乃至可持续发展成为目前组织亟待解决的问题。比尔·盖茨曾直截了当地说：“微软离破产只有18个月。”在此情况下，不少组织力求通过人才市场招聘或猎头公司广聚贤才，来获得持续竞争优势，获得组织的可持续发展。这种“拿来主义”可以在一定程度上缓解组织对于优秀人才的饥渴，但这毕竟不是长久之计。因为在信息爆炸时代，知识的更新之快难以想象，任何人在进入组织之后停滞不前，都会落在时代的后面，唯有通过有计划、有目标的系统的人力资源开发战略，把员工变为不断前进的“学习人”，方能与时俱进、不断创新，促进组织的可持续发展。

四、人力资源开发战略的内容与实施

人力资源对于组织发展的重要贡献意味着组织要想进行可持续发展，必须实施人力资源开发战略，把开发人力资源作为整个管理工作的轴心。

如图2-2-2，制定人力资源开发战略时，应将人力资源开发的诸要素建立在由组织管理层共同确定的、符合组织内外利益相关者的利益且得到组织所有员工一致认同的组织发展战略目标及组织远景规划的基础上。在实施过程中，应考虑到其系统性，应保持内部与外部一致。外部一致是指人力资源开发战略需与组织的外部环境协调、契合、一致。外部环境的范围很广，包括一切与组织的经营有关的外部因素，如政府的法令法规、科技的发展、市场的竞争、社会的文化等。内部一致包括垂直一致和水平一致。垂直一致是指人力资源开发战略应符合组织的特点，与组织的总体战略一致，它有助于组织的人力资源开发战略目标集中于组织的总体战略。而水平一致则是指人力资源开发战略系统所有的内在因素互相进行补充和支持的情况，这意味着组织的人力资源哲学、组织学习、组织文化、人力资源管理系统都能彼此协调配合。以下分别对构成人力资源开发战略的内容与实施加以阐述。

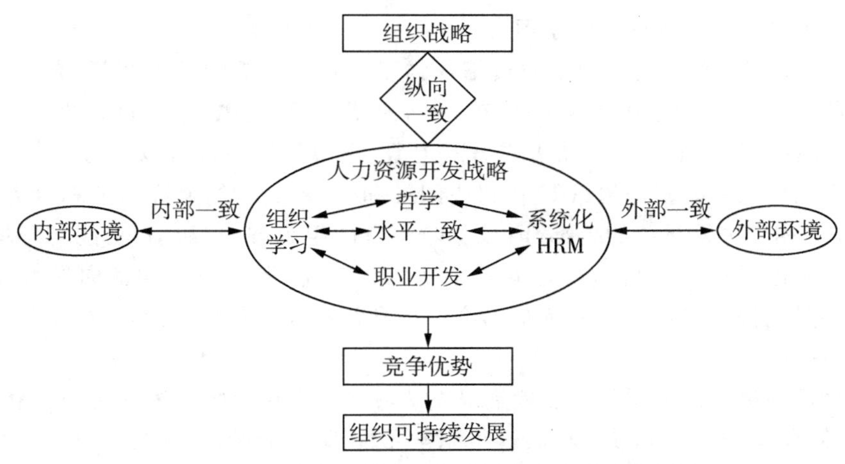

图 2-2-2　人力资源开发战略轴心作用系统分析图

（一）树立以人为本的人力资源哲学

思想是行动的先导，人力资源开发战略的制定与实施离不开人力资源哲学，人力资源哲学是指组织如何看待它的人力资源，人力资源在组织成功中的作用，以及如何对待和管理人力资源。如前所述，人力资源是组织的战略贡献者，能够为组织带来增值效益，因而应该树立以人为本的人力资源管理哲学。

首先，组织的管理者应了解组织内人力资源的价值及在获取竞争优势中的作用，了解人力资源的经济价值是树立以人为本的人力资源哲学的一个前提条件。这需要人力资源管理者分析以下问题：(1)本组织的竞争策略是什么，即组织在什么基础上优先于竞争对手？(2)在整个组织的价值链中，获得竞争优势差别最大的杠杆来自哪里？(3)是研发人员还是其他员工提供了组织竞争优势的最大潜力？

其次，管理者应通过各种有形的和无形的方式向每一员工清晰地表达组织对人力资源高度重视的态度，把这种人力资源哲学贯彻于具体的人力资源开发与管理的政策、制度与实践之中。

（二）开展积极主动的组织学习

在高度动荡的环境下，变化已成为常态。组织如果不能够大量地、不间断地进行知识的更新积累，就会惨遭淘汰。为了适应环境的变化，组织只有对环境的变化做出即时反应，不断地吸收、处理外界信息，保持高度的弹性和柔性，才能更好地迎接挑战。而早期的单纯的培训观和教育观的人力资源开发理念已不适合时代的发展，这就要求组织建立学习型组织，由以往的员工的被动的个人学习转变为主动的组织学习。

圣吉认为,学习型组织是通过培养弥漫于整个组织的学习气氛、充分发挥员工的创造性思维能力而建立起来的一种有机的、高度柔性的、扁平的、符合人性的、能持续发展的组织。从思维方式上看,学习型组织具有以下特点:(1)有一个人人赞同的共同构想;(2)在解决问题和人事工作时,摒弃旧的思维方式;(3)作为相互关系系统的一部分,成员对所有的组织过程、活动、功能与环境的相互作用进行思考;(4)人们之间坦率地相互沟通(跨越纵向和横向界线),不必担心受到批评或惩罚;(5)人们摒弃个人利益和部门利益,为实现组织的共同构想而一起工作。

学习型组织最本质的特征就是组织学习。一套完整的组织学习包括获取、处理、储存、增补这四个过程,通过组织学习能够提升组织的核心专长,从而使得组织保持长期的竞争优势。(见图 2-2-3)

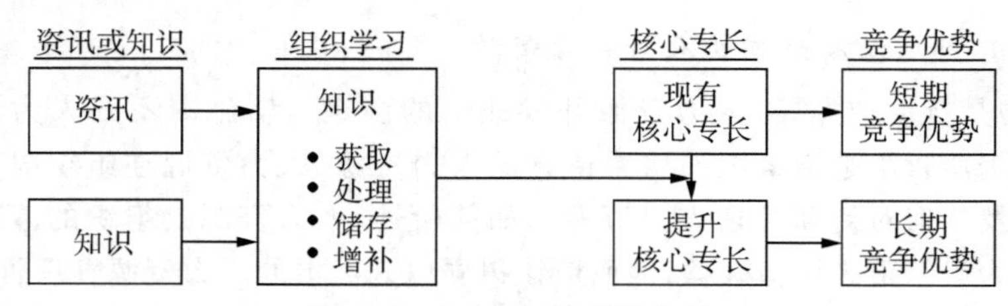

图 2-2-3　组织战略模式图

资料来源:李汉雄:《人力资源策略管理》,南方日报出版社 2002 年版,第 280 页。

当然,为使组织学习有一定的战略性,使其有利于组织的长期发展,在实践中,我们还应该注意以下几点。

一是个人学习的目的性。个人学习是组织学习的必要条件,而不是充要条件,个人学习的目的需与组织学习的目的保持一致。

二是应重视创新性学习。学习分为四种类型:(1)照搬式学习(copy);(2)知识累计型学习(accumulate);(3)研究型学习(learn);(4)探索型研究(research)。四种层次的学习程度由表及里,由浅至深。前一层次学习是后一层次学习的基础。然而,要真正“发展和创造知识”,必须依赖于后两种学习,因而我们应该把组织学习的重点放在后两种层次的学习上。

三是应鼓励员工分享错误。组织不但应该鼓励员工不断贡献出自己的创意,而且应该鼓励员工贡献自己的错误,在管理制度上允许失败的发生,给予员工改正的机会。有了这种坦诚的交流,可以促使员工从过去的经验中学习,而且可以把失败的教训上升为知识,让组织内其他员工汲取教训。

（三）进行立体多维的职业开发

职业开发是指通过职业活动本身提高与培养员工人力资源的开发形式。之所以将职业开发与人力资源开发战略联系起来，一是因为它的开发方式灵活多样（包括工作设计、工作专业化、工作轮换、工作扩大化和工作丰富化等形式），能从全方位提高员工的积极性，培养他们的能力，取得满意的开发效果。二是因为一般竞争对手很少接触一个组织的工作设计、工作专业化等工作，也就是说这些工作并不为外来竞争者所清楚易见；即使这些工作可以被竞争者识别，也未必能取得一样的效果，因为任何一种职业开发方式都是与具体的工作岗位和相应的员工相联系的，如果照搬该模式，反而会起到"东施效颦"的效果。所以，职业开发方式同样是有助于组织获得可持续发展的利器。

第三节　人力资源开发原理

人力资源开发原理，在这里是指人力资源开发活动中应该遵循的基本规律、基本原则与基本理论。

一、发展动力原理

人力资源开发实际上是通过开发者有组织有计划的开发活动促进个体与群体人力资源发展的过程，是开发者积极地推动与被开发者主动发展的过程。然而，无论是开发者的积极推动还是被开发者的主动发展，都必须借助于一定的内外动力。当开发者分析并把握了被开发者的内在与外在发展动力时，我们对人力资源的开发就能够取得事半功倍的效果。

所谓动力，是指所有引起、推动和激励人们向着既定目标行动的因素，包括心理学中的动机与欲望在内。

（一）欲望动力原理

德国作家托马斯·曼在小说《布登勃洛克一家》中描述了布登勃洛克祖孙三代人的发展动力：

第一代人追求金钱，拼命积聚钱财，成为当地的首富；

第二代人出身富豪，对追求金钱不感兴趣，转向追求社会地位，当上了议员；

第三代人出生在既有钱财又有社会地位的家庭，他们一味追求精神生活。

上述发展动力简称为布登勃洛克式发展动力模式，说明下一代人总是不会满足前代人追求的目标,而是不断寻找新的方式来满足新的欲望。它们依次更替,各自代表不同时代的人的欲望。正是在原有的欲望得到满足、新的欲望又产生的运动中,才会不断产生新的行为动力,推动人力资源的不断发展。

同时,布登勃洛克式动力模式也告诉我们,如果欲望缺乏正确的引导,任凭其自由发展,那么很可能出现“富不出三代,仕不出三代”的现象,这就要求我们在人力资源开发过程中要主动积极地去引导人们的欲望向正确方向发展。

（二）情欲动力原理

法国大思想家傅立叶认为,情欲引力是先于思想能力的一种原动力,虽然这种原动力受到理性、义务、偏见等的阻碍,但是仍然是一种持续而顽强的力量。他认为可以通过12种根本情欲(刺激)来推动人们追求并达到三个目的。这12种根本情欲是:5种感觉情欲、4种依恋情欲、3种起杠杆作用的情欲。5种感觉情欲包括味觉、触觉、视觉、听觉与嗅觉,这5种感觉构成5种感官动力;4种依恋情欲包括友爱——对朋友的依恋,雄心——对自我的依恋,爱情——对爱人的依恋,父子——对亲情的依恋;3种起杠杆作用的情欲包括计谋情欲、轻浮情欲与组合情欲。三个目的分别是:(1)追求奢侈或某种感觉的满足。“奢侈”是指一切感性的愉快,包括“内部的奢侈”与“外部的奢侈”。“内部的奢侈”指身体强健以及感觉精细灵敏,“外部奢侈”指货币财富。(2)追求成为亲密的联系。(3)追求情欲、性格、本能结构的平衡。情欲是人的本性,它包括物质情欲、依恋情欲和高尚情欲。物质情欲要求劳动成果必须按资本、劳动与才能的比例进行分配;依恋情欲要求劳动者的组合要进行自由结合双向选择;高尚情欲要求在劳动过程中要进行精神鼓励与理想建构。

情欲动力论告诉我们,进行人力资源开发时要注意贯彻按劳分配原则,开展优化组合、自由选择,实行有序与合理的劳动力流动,改善流动条件,丰富与扩大流动内容与形式。

（三）生存动力原理

L. 罗恩·哈伯德(L. Ron Hubbard)认为,人作为一种生命形态,其所有行为和目的的实现背后的动力都是“生存”两字。生存动力包括为自身利益的文化扩展以及姓氏的不朽追求,为子女利益的文化扩展以及未来生活保障的追求,为周围群体最佳生存的强烈追求,为整个人类最佳生存的强烈追求。这种动力由追求自我至家庭集体的生存与发展的激励发生作用。

（四）需要动力原理

马克思主义认为,人的需要包括生存需要、发展需要与享受需要。马斯洛认为,人有生存、安全、交往、尊重与自我价值实现的五种需要,人的需要是驱使人们行动的最终原因,是一切行为与活动的目的与内在动机。因此,只有当人力资源开发的目的与被开发者的需要相一致时,所进行的人力资源开发才会取得预期的效果。无视被开发者的人性,忽视被开发者的自身需要,就无法调动被开发者在人力资源开发过程中的积极性与创造性。

(五) 自主动力原理

一个人在自主意识下进行工作时,将会释放出最大的潜能。在奴隶社会,奴隶被当作“会说话的牲口”,不得不在皮鞭下出卖苦力,连人身自由都没有;到了资本主义社会,劳动者虽然有了人身自由,但却是一无所有,没有生产资料,不得不把自己的劳动力出卖给占有生产资料的资本家,在“饥饿纪律”的约束下从事劳动。因此,这是一种被迫的异化劳动,没有内在的动力。只有当劳动者成了生产资料的主人,对生产资料有支配权,成了自身劳动力的主人,可以自由支配自己的劳动力并自主地进行劳动,同时成了劳动成果支配的主人,可以自由自主支配应有的劳动成果时,劳动者才会产生一种内在的动力。

由此,不难理解为什么实行家庭联产承包责任制的中国农村改革能够成功,为什么有些国有企业的经营者不如私有经营者的积极性高。因此,人力资源开发必须让被开发者自主自动自由,具有主人翁地位,形成主人翁意识,分配主人翁责任,享受主人翁权利与产生主人翁行为。

(六) 目标动力原理

人在进行任何活动之前,对活动所要产生的结果都已经在头脑中形成了,并且努力使自己的行为服从这样的目的。因此,人与动物最本质的区别是他的意识性与目标性。伟大的毅力只为伟大的目的而产生,强大的发展动力源于明确的奋斗目标。当代许多管理学研究者都对目标动力原理有过精辟论述。

美国心理学家弗鲁姆(V. H. Vroom)在 1964 年出版的《工作和激励》一书中认为,动力即推动人进行活动的力量,是由活动结果所能取得的效果价值大小及其可能性共同决定的。即 $F = V \times E$。其中 F 表示动力大小,V 表示效果价值的大小,E 表示取得所期望的效果价值可能性的大小值。

洛克认为,个人的行为动力首先来自目标难度的适当性与明确性。当个人明确目标要求及其效果价值,并认为经过自己的努力目标能够达到之后,就会产生接受目标的意愿,树立实现目标的责任心并形成指向目标的努力行为。其次,个人的行为动力形成后,受制于组织支持、个人的能力及其特性的维护。如果个人的行为受到组织与领导的大力支持,得到自己能力与特性的有力帮助,那么最初形成的行为动力就会得到保持与发挥;否则,就会受阻减弱。最后,个人的行为动力受制于行为结束后所取得的绩效以及对报酬的满足感。如果行为活动结束后业绩明显并对所得到的报酬满意,那么个人的行为动力就会进一步增强;否则,就会减弱。具体如图 2-3-1 所示。

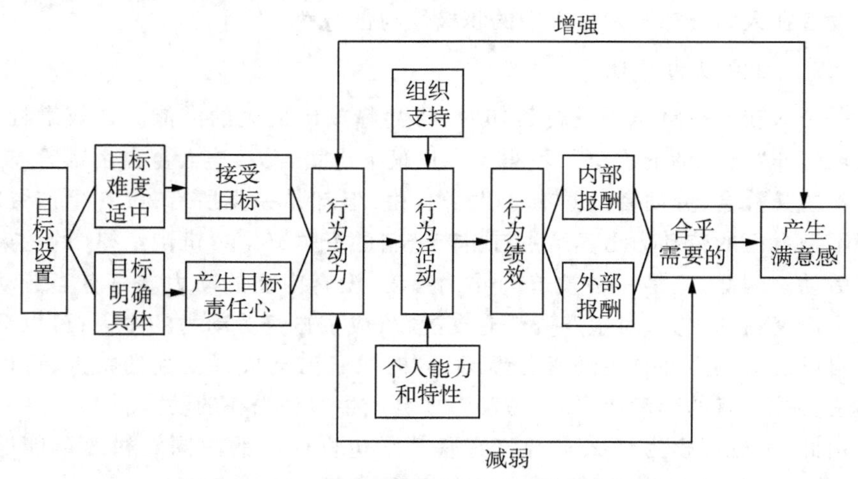

图 2-3-1 目标动力形成与发展模式示意图

研究表明,人们的生活态度 10% 取决于外部力量,90% 取决于人们自己的理想。

目标动力原理告诉我们,当我们把时间与精力集中于一个特定方向时,我们能成功地达到目标。为了取得最大可能的成功,我们应该科学地设定组织的目标,使组织的效益目标与员工的利益目标结合在一起,并表述为集中的、明确的与易于员工理解与记忆的总目标。然后把总目标逐步分解,形成一系列由整体目标(overall objective)、部门目标(departmental objective)、小组目标(group objective)、基层单位目标(unite objective)与个人工作目标(individual objective)组成的目标网络体系。目标网络体系建立后,也就形成了相应的责任网络体系与工作动力体系。

(七) 压力原理

当一个人面临压力时,会产生一定的动力;然而,如果压力过大,就会成为绊脚石,甚至会把一个人压垮。适度的压力来自一定的竞争机制与考评机制。

竞争出效率,竞争促使每个人鼓足干劲,力争上游。有关研究表明,适度的竞争能促使员工精神焕发、情绪饱满,并能考验和锻炼人的意志。竞争能增强人的智力效能,促使人的注意力集中,感知觉敏锐准确,记忆力状态良好,想象力丰富,思维敏捷灵活,操作能力提高,创造力增加。实验结果表明,在竞争条件下进行滑雪、游泳等训练,有82.2%的人提高了自己的原有成绩;在体操竞赛中,运动员肌肉用力的精确度提高了30%—50%。因此,竞争机制有利于充分发挥与调动人的积极性与创造性,有利于人力资源开发。

然而,引入竞争机制后,要使其发挥效果与作用,必须辅之以严格科学的人事考评。人事考评是机制动力的加油站。因此,人力资源开发中竞争与考评机制是必不可少的。

(八) 群体动力原理

美国心理学家库尔特·勒温(K. Lewin)提出了群体动力理论。勒温的"群体动力论"援引场论与数学中的向量概念来说明群体中各成员之间各种动力作用相互依存、相互影响的关系,说明群体中的个人行为现象。他认为,一个人的行为动力是个体与群体环境中各种有关影响相互作用的结果,即 $B = f(P, E)$,其中,B 表示个人行为的方向与强度,P 是个人的内部特征与动力,而 E 表示个体所处的群体的环境影响与强度。当群体内各个体的动力方向与强度既非完全一致又非完全相反,而是遵循平行四边形的法则时,其合力最大,即 $1+1>2$,部分之间的最佳组合超越了总和。在美国芝加哥的驴子结队拉重竞赛中,大家发现,第一队驴子能拉9000磅,第二队能拉8000磅,当把两队驴子适当组合在一起,却能拉30000磅。

群体动力原理告诉我们,两个以上的员工协同活动时,其合动力会超越每个人单独活动时动力的总和,而且在某些条件下,还能引起质的变化。例如,氯和钠单独存在时,都是有毒的元素,但两者化合后,却成了氯化钠,是我们生活中必不可少的食盐。因此,我们要注意团队开发与把个人置于团队中进行开发。单个员工的行为动力置于合适的团队中,其动力强度会得到大幅度提高。

二、素质开发原理

素质开发原理在这里指在运用与促进素质发展的实践过程中应该遵循的基本规律。

(一) 用进废退原理

达尔文在考察人类进化过程中发现,在劳动过程或生活中得到有效使用的身体器官就不断得到进一步的发展与分化,反之就会衰退与萎缩。例如经常用右手的人,其右手总比左手粗一些,更有力量一些。用进废退同样适用于心理素质的开发。我们不难发现,农村菜市场中的零售人员的心算能力总比我们一般人强,纺织厂染色工人对颜色的辨别能力比我们普通人要高出许多倍。其实并非卖菜人的智商比我们高,主要是他们每天都要进行大量的价钱结算,经常运用;也并非纺织厂染色工人天生辨色能力就比我们强,他们刚进厂时的辨色能力与我们差不多,只是后来在工作中经常要辨别各种颜色,所以辨色能力得到了充分的开发,而我们的颜色辨别能力却很少使用,没有得到充分的开发。

用进废退原理是指人力资源通过使用开发会得到进一步发展,闲置不用,则会退化与贬值,丧失其使用价值与经济价值。用进废退原理告诉我们,在人力资源开发过程中,我们要尽可能让每个员工的每种素质得到有效使用。

(二) 扬长避短原理

人无完人,金无足赤,人的素质是多方面的。任何人都会有他的优势与不足,有他的长处与短处,我们在对人力资源的使用与开发过程中,应该针对工作需要取其长避其短,用其优控其劣。当工作处于紧急与非常时期,我们甚至要只取其长,不计其短,只问其优,不问其劣。

例如,20 世纪 40 年代中期,斯大林为了尽早扭转苏联在试制原子弹方面落后于美国的被动局面,“被迫”起用了一位持不同政见的核物理专家,给予他优越的工作条件和生活条件,让他组建科研班子,着手试制原子弹。后来这位核物理专家果真为苏联的核武器的研制做出了卓越的贡献。又如早年受过“胯下之辱”的韩信投靠刘邦后因不被重视而出走,被丞相萧何追回。公元前 203 年,刘邦与项羽战于荥阳,不幸中箭受伤,处于危难之际,韩信这时在山东不但不出来救援,反而野心十足,欲独立称王。这些行为表现,刘邦一清二楚。然而,为了维护本集团的最高利益,刘邦顾全大局,善用人才,对提出“汉中对策”的韩信委以重任,使他为自己的统一大业做出了重要贡献。

由此可见,在特殊情况下,取其所长不计其短起用人才,确实很有必要。所谓“特殊情况”,通常是指以下几种情况:(1) 事关国家、民族的根本利益和长远利益;(2) 决定整体和全局的命运的关键时刻;(3) 两军对垒、拼死搏杀的危急关头;(4) 权衡利弊,利大于弊;(5) 在可供选择者中,无人能够取代;(6) 其他可以理解的复杂情况。

(三) 用人适中原理

在人力资源配置过程中,人力资源开发人员要注意把合适的人才配置在合适的岗位上,做到这里的两个“合适”即为“适中”。二流岗位配备一流人才或把二流人才配备到一流岗位都与适中原理相违背。小材大用会误事,大材小用同样会误事。一流的人才虽然可以造就一流的企业,但如果配置不当,一流的人才甚至还不如三流人才的效用。任何的职务与岗位都有其客观的任职要求，任何一个求职应聘人员都有其成形的任职条件，只有当求职人的任职条件与招聘职务的任职资格相互适合时，才能产生最佳的配置效果，配置之后才能继续相互促进，相互发展，产生最大的经济效益——最佳的人力资源开发效益。

用人适中原理告诉我们，在进行人才招聘与人才配置时，不要盲目追求一流人才，而要对每一个岗位进行科学的工作分析，确定所需要的任职资格条件，然后根据任职资格要求去招聘适合的人才。最优的人才不一定是最适合的人才，而只有适合的人才才是我们最需要的人才。

（四）生态限制因子改变原理

1840 年，尤斯图斯 · 冯 · 李比希（Justus von Liebig）研究了各种化学物质对植物的影响，他发现，各种作物的产量通常不受它所需要的大量营养元素的限制，反而受到那些只是微量需要的原料产生的限制。如微量元素硼（B）、镁（Mg）、铁（Fe）等，只要稍微加入所缺的微量元素，产量马上明显地提高。据此，李比希认为，当植物所需要的营养物质降低到该植物最小需要量以下的时候，这种营养物质就会限制该种植物的生长，这被称为李比希最小定律。后来泰勒将这个定律扩充到营养以外的温度和时间等生态因子领域；1954 年奥登（Odum）又把泰勒的限制因子概念进一步扩大，认为限制因子是达到或超过生物耐受限度的那些因子。

生态限制因子虽然存在于生物系统之中，但是人力资源因素系统本身也存在限制因子，这些限制因子严重地影响着人力资源的开发及其效用的发挥。一个非常有能力与实绩的国内著名专家之所以难以成为世界级的著名专家，并非其知识、能力和水平与国外专家有差距，而主要是受英语听说能力的影响；某企业研制的产品之所以不如另一个企业的好，其差距并非在研究人员的结构与水平上，也不在手段与技术方面，而是在于该企业的研发部门的实验人员比较粗心，实验数据有差错。

生态限制因子改变原理告诉我们：(1)在人力资源开发与管理实践中，我们要注意借助科学的人员素质测评手段，确定个人或组织人力资源开发系统中的限制因子，针对限制因子进行开发；(2)在工作分析的基础上建立组织、部门、职务与岗位配置条件的最低限制标准，招聘与配置时，宁缺毋滥，严把进人质量关；(3)实行人员动态考评制度，定期对工作人员进行工作考评，对于那些低于最低限制标准的人员进行及时培训或淘汰。

（五）适合环境的整体性原理

1911 年，谢尔福德（Shelford）认为，一个生物能够出现并且成功地生存下来必然要依赖一种复杂的环境系统,而且这种复杂的环境系统必须全盘地存在。

适合环境的整体性原理同样存在于人力资源开发系统中。一个人之所以能够在某一个组织中做出杰出的贡献,成为人才,显然有着适合他成长的环境。当我们引进一个人才时,我们应该同时引进他所适应的环境,否则我们所引进的人才很可能无法正常发挥作用。因此,我们认为,任何人力资源的形成与发挥,都有他生存的合适环境,当人力资源主体生存的合适环境不够完备时,所形成的人力资源也难以完全有效地得到发挥。

这一原理启示我们,当我们花高价位猎取了一个重要人员后,应该尽量分析与把握他所生存的合适环境,并在此基础上为他营造一种有利于他发挥人力资源效用的优良环境。

(六) 富集原理

1974 年,板滕(Benton)和威勒(Werner)根据生物放大作用,绘制了 DDT 在生态系统中的富集过程图,发现了生物系统的富集现象。例如,DDT 在海水中含量甚微,只有 5×10^{-11},被浮游植物吸收富集,放大 800 倍增加到 4×10^{-8},后被螺类所食,又一次吸收富集,再放大 15 倍,成为 6×10^{-7},再通过几个食物链环节,到银鸥时,已富集到 7.55×10^{-5}。至此,从海水中的 DDT 含量到银鸥中的 DDT 含量,通过几次生物的富集作用,增加了 151 万倍。在人力资源开发系统中,这种富集现象同样存在。例如,幼儿园老师教给的用十个手指进行十位数以内加法的经验,到了小学一年级便富集为十位数以上的加法运算经验与能力,这些经验到了小学二年级便又富集为乘法运算的经验与能力,再后来乘法的经验与能力又富集为乘方开方运算的经验与能力。有些管理经验能力的形成,也是一个富集过程。

富集原理告诉我们,进行人力资源开发之前,我们应该对知识、技能、品性、与经验富集的过程及其内在机制进行分析,准确把握各种人力资源因素的富集链,然后在人力资源开发过程中,致力于建设各种富集链。有了富集链,人力资源主体在各种途径与渠道中获得知识、技能、品性、行为与经验的能力才能有效地得到富集。

(七) 结构优化原理

结构是系统中各要素之间的关系和联系的形式。结构形成了系统的组织特征,决定着组织的功能。结构不同,组织的功能也不同;同样,结构不同又影响着组织系统中不同要素发挥不同的作用,决定着要素之间的关系和联系。有许多有才华、有能力的人,在不正确的人事结构系统中,能力得不到正常发挥。

有许多人表现出的某一特长,因为知识结构、能力结构与品性结构不合适,后来不但没有发挥与增长,反而逐渐衰弱。这些现象都说明,人力资源开发必须遵循结构优化的原理。

结构现象在自然界表现得最为明显,结构化学是专门研究同物异物现象与同素异构物质的学科。例如,

```
                   H  H
                   |  |
乙醇的结构式是  H—C—C—OH
                   |  |
                   H  H

                   H     H
                   |     |
甲醚的结构式是  H—C—O—C—H
                   |     |
                   H     H
```

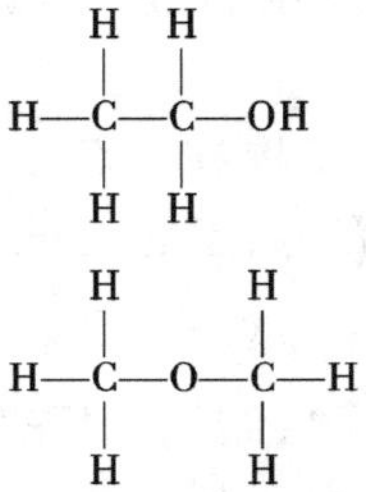

图 2-3-2 乙醇与甲醚结构分析图

上述两种物质中的元素相同,都是 1 个氧原子,2 个碳原子,6 个氢原子,但因为结构不同,乙醇是一种溶于水的液体,而甲醚却是不溶于水的气体,二者的物质性质与表现完全两样。

结构现象在人力资源开发与管理实践中也同样存在。一个企业,同样的人员与原材料、同样的设备,按不同的体制组织,所得到的产出效益大不一样。

结构优化原理,是指在人力资源开发过程中,首先要注意从不同的组织结构中选择最为优秀的一种,然后针对所选定的组织结构,从众多的人员或人力资源要素的配置中选择最为有效的一种,即达到结构优化与配置优化的"双优标准"。

人力资源开发涉及四种结构:组织结构、人员结构、职责权力结构与智能素质结构等。客观的组织结构表现为纵向的层次与横向的幅度。幅度一般是部门数或职务数、岗位数。微观的组织结构是指岗位在组织中所处的地位以及一个岗位与其他岗位间的相互作用与相互关系。它们之间有从属、协作、协同、配合等关系。人员结构是指所有人员在年龄、性别、学历、意愿、职称、人际关系等方面形成的个性、兴趣、爱好等的不同,造成人与人之间的心理上的关系不同,产生人与人之间情感上的亲疏、远近、交往与认同态度的不同,这种人际关系直接影响组织中的每个人的工作水平与工作效果。因此,人员结构的存在是客观的,对它的分析与把握是必要的。

职责权力结构指职务或岗位内的规定关系,智能素质结构是个人内部的素质结构。

结构优化原理启示我们,在人力资源开发过程中,首先,要注意进行工作分析与组织设计工作,根据行政效率、人员特点预估市场环境,设计出最优秀的组织结构,形成科学的责权利结构、协作关系、制约机制与激励机制;其次,要注意同素异构,进行优化配置、动态配置;最后,对于个体内的人力资源,要注意知识结构、技能结构、能力结构、品性结构与经验结构的塑造、改造与调整,使人力资源主体形成对应职务与岗位的最优素质结构,最适当地满足任职资格的各种要求。

砖头、钢筋、水泥、沙子堆在一起并不是建筑物,大量知识、技能、品性与信息的堆积同样不是人力资源,因此人员素质结构测评与分析问题不容忽视。

(八) 层序能级对应原理

物理学中原子的电子层结构分析表明,在不同电子层上的电子具有不同的势能,如果具有高能量的电子处于低位电子层上或低能量的电子处于高位电子层上,那么相应的物质结构就不稳定,只有具有不同能量的电子各在其位,才能形成稳定的物质结构。这种现象告诉我们,电子层必须与电子的能量相对应,整个的物质结构才会稳定。能量按其大小形成的结构、秩序、层次叫作能级或能位,而电子层按其不同的距离形成的位置势能关系叫作层序。这种能级与层序关系在人力资源开发关系中同样存在,我国古代的韩非提出了法、势的学说。他认为:“权,小数也,能衡千斤重物,所局势也。”君王之所以具有君王的作用,是因为他处在君王的地位;如果他不是处在君王的地位上,他就不具有君王的作用。无论君王聪明与否,只要处在君王的地位上,就可以发号施令。然而,如果他是一位聪明贤君,就能做许多利国安邦的大事;如果是个昏君,则会败坏这个国家,导致生灵涂炭。

层序能级对应原理是指具有不同人力资源能量的人应配置到组织内不同的部门与职位上,给予不同的责任、权力与待遇,实行能量与职责的对应、品性与权位的对应。

层序能级对应原理告诉我们:

(1) 任何组织应该根据组织目标、外部环境与组织规模划分为上、中、下的不同层序。一般来说,组织结构的高层负责决策,其管理职责关系到全局;中层负责贯彻,对上负有执行、协助和参谋的责任,对下要发挥指导、服务和监督责任;基层也叫操作层,是组织行为的终端,负责把中、高层决策与要求落实到具体的产品与服务上来,具有基础性、群众性与效果性的特点。

(2) 根据所确定的层序建立部门与岗位责任制度。

(3) 根据所建立的层序职责权力,配备具备相应能量的人力资源。

(4) 定期对人员职务与能量的变化进行考评，及时调整层序与职级的对应关系，以保证合适能量的人配置在合适的层序职位上，实现组织结构的稳定。

(九) 互补增值原理

每个人都不可能十全十美，都各有所长，各有其短。就单个人来说，短就是短，难以取长补短，但我们的人力资源开发往往是在群体中进行的，我们的人力资源配置也是相对群体进行的，因此就整个人力资源群体来说，单个人的长与短可以在群体中得到协调平衡，取长补短实现整体优势，对应层序要求，这就是互补增值现象。互补增值的科学依据是系统理论，其数学表示即 $1+1>2$。如果 $1+1=2$，则没有增值；$1+1<2$，则说明发生内耗。

互补的维度包括知识上的专与博、广与深的互补；能力上的强与弱、全面与专长的互补；年龄上的大小互补、老少互补；性别上的男女互补；经验上的多少互补；性格上的内外互补；品质上的结构互补。例如，日本松下幸之助在人员配置方面一般都遵循 3 个 1/3 原则，即任何一个部门的人员配置保持 1/3 的人员为善于思考的“文人型”，1/3 的人员为勇于拼搏的“运动员型”，1/3 的人员为富于进取的“武士型”。在这里，文人代表智者，武士代表勇者，运动员代表韧者，智勇韧者，无往而不胜，这种 1/3 原则的配置实际上是一种性格互补的增值现象。

(十) 持续开发原理

人力资源开发的出发点与目的是解决人与事的矛盾，使人适其事，事用其人，人尽其才。然而，人与事的矛盾是永远存在的。因为人与事的适应是暂时的、相对的，而不适应是长期的、绝对的。随着社会的不断变化，科学技术的创新与转化，随着人员的素质系统的变化，人与事之间的关系总是由适应到不适应，由不适应再到适应，由此循环往复以至无穷。因此，人力资源开发工作永远没有完结，无论对于个体的人力资源还是组织的人力资源，必须进行持续开发。人力资源一旦形成，其稳定性也是有条件的，如果形成的人力资源得不到外界环境的支持与促进，就会出现不进则退的现象，尤其在当今知识体系与科技不断创新的今天。因此，必须适应新要求、新形势，适时开发与持续开发，以保持人力资源对不断变化着的组织需求的适用性，保持对不断变化的市场要求的竞争力。

(十一) 文化凝聚原理

组织文化是指一个组织在长期发展过程中，把组织内部全体成员结合在一起的行为方式、价值观念和道德规范。组织文化建设追求的是一种组织的整体优势和组织成员的良好集体感受。

文化凝聚原理,是指在人力资源开发过程中,要重视与发挥组织文化建设的作用,增大组织的凝聚力、吸引力与影响力。工资、奖金、住房、良好的工资条件、福利待遇等都是组织的物质条件,是进行人力资源开发的物质基础。没有这些物质条件,一切都是空谈,持久不了;然而,光有这些条件,缺乏正确的组织目标、良好的职业道德、组织氛围与文化建设,则无法满足员工社交、自我实现、超越自我等精神层次的需要。事实表明,随着组织物质条件建设的改善,人们的物质生活不断得到满足,精神生活与组织文化的渴求却越来越强烈,因此如何加强组织文化建设、提高员工的思想意识、形成共同的组织价值观,是摆在我们每个人力资源开发工作者面前的重要任务。

实际上,每个人生长在不同的环境中,受教于不同的学校与家庭,因此思想、品性、能力、知识、价值观都不尽相同,要把这些价值观不同的人统一起来,形成组织所需要的价值观念与行为,靠制度与强制是不行的,靠纪律压抑也是难以长久的,人的价值观形成于文化教育,也只能靠文化教育来改造、再造与创造。

三、行为开发原理

行为开发原理主要指用于对被开发者的行为进行激发与改变的相关理论。现在介绍如下:

(一)需求导向原理

需求导向原理是指,在人力资源开发过程中,首先要注意组织的需求与岗位的需求,有针对性地进行开发,针对不同的职业、职务、职位与个人确定不同的开发方向、开发内容与开发形式;其次要注意被开发者的需求,把个体的需求科学地引导到组织的需求上来,使两者相互结合,相互统一。组织没有需求,开发就没有价值;被开发者没有需求,开发就没有动力。

需求导向原理告诉我们,在人力资源开发过程中首先要进行需求评估,发现与把握组织与个人的需求;其次要根据未来发展的情况进行需求预测;最后要因势利导,进行需求创造与引导,让被开发者产生正确的需求。

(二)利益对称原理

利益对称原理是指,在人力资源开发过程中,应该首先注意投入与收益的平衡,充分考虑开发者与被开发者在开发过程中的直接投入与间接投入,在报酬系统中确立人力资源的合理收益;其次要注意人力资源开发过程中开发主体与开发客体双方的利益,保证双赢。

利益对称原理告诉我们,人力资源报酬体系不能忽视人力资本的价值,要对人力资源开发过程中客体方的投入予以合理的考虑;不能过于强调岗位工资,见事不见人。同时,在人力资源开发过程中,不能光要求被开发者对组织需要的绝对服从、对集体利益的绝对奉献,也要考虑被开发者客体的需要的适当满足,考虑被开发者的正当权益与收获。

(三) 信息催化原理

信息催化原理是指,在人力资源开发过程中,要注意给员工不断地注入新信息,激活、改造与促进原有的人力资源。

信息是人才成长的营养液,是人们发展智力与培养品性的基本条件,它对人力资源的发挥具有催化作用。任何一个人才,不论原有素质结构有多好,原有知识基础有多厚实,如果没有适宜的信息刺激与催化,那么最好的素质、最厚的基础也无法发挥出他的作用。只有不断地用最新的科学技术知识、最新的生产工艺操作方法、最先进的管理理论与思想去武装员工,开发员工,才能保持人力资源的优势与先进性。

(四) 竞争开发原理

在人力资源系统中,不同的人力资源主体存在于不同的位置。当人力资源主体 A 处于人力资源主体 B 之前,则 A 为 B 的前位,而 B 为 A 的后位;当人力资源主体 A 处于人力资源主体 B 之上时,则 A 为 B 的上位,而 B 为 A 的下位。同位之间才存在竞争关系,也只有同位之间的竞争才是平等的竞争,才是有开发意义的竞争;上下位与前后位的竞争是不平等的竞争,不平等的竞争是一种无意义的竞争。同位之间的人力资源主体通过竞争获得发展,通过发展产生进一步的竞争。同位之间的竞争也必须注意公道善意,适度有序,以有利于组织达成目标为宗旨。

第四节 人力资源开发方法

第三节对人力资源开发的原理做了一个较为具体的描述,明确了原理之后,重要的问题是如何进行人力资源开发。这一节将从个体进入组织开始,从宏观的个体开发到行为开发,逐一介绍有关的人力资源开发方法。

一、自我开发

人力资源的能动性决定了人力资源开发的主体核心是被开发者自我。外在主体的开发通过内在主体的开发才能发挥效用。实际上,自我开发是建构人力资源开发系统的出发点与目标点。自我开发是被开发者向开发目标自我努力的过程,也是被开发者自我学习与自我发展的过程。

(一) 自我学习的形式

自我开发的形式在目前的组织中主要是学习与自我申报制度。学习(learning)是指学习者为了实现自我发展或自我变化的需要主动地获取信息、改变行为、适应环境与开发目标的活动。人们总是通过各种经验与经历,通过观察模仿与思考,改变自我,通过知识、技能与品性的学习,获得个人的成长。如果一个人不能自我学习,就难以在社会中生存,难以适应现代社会市场经济与经营环境的飞速变化,因此联合国教科文组织提倡个人终身学习与组织终身教育的理念。

自我学习在这里是指工作与经验的体验,新知识、新技术、新技能、新思想、新行为与新资格的获得与发展等。

自我学习的形式多样,其中操作学习、积累学习、发现学习、观察学习、邻近联想学习、结构学习、范例学习与试探学习等理论与方式值得我们借鉴。

(二) 自我申报

日本学者认为,自我申报是员工对自己的工作内容和适应性进行分析、自我评价,同时定期申报轮岗与能力开发愿望与计划的过程。

在日本,自我申报开始是一种收集员工人事信息的方法,是一种辅助性的人事考核制度,所以这种制度一直是作为人事考核的相关制度得以实施。然而近年来,随着人们对职业发展管理的重视与关注,这种制度逐渐与职业发展管理配套使用,成为职业发展中员工自我开发的一种方法。

目前,自我申报表的格式以及提交的方法都有很成熟的做法。申报表中的项目一般包括对性格、资格、技术、特长、技能、业务能力、适应性等的自我分析与评价,同时还包括自己现在或将来想承担的业务、想要参加的培训、家庭状况以及对组织的意见等。

自我申报为任职者创造了一种最大限度发挥现有能力的氛围。按照行为科学的理论,人只有在做他喜好的事情时才会有最大的主观能动性;工作适合他的个性素质,才有可能最充分地发挥出他所具有的能力;任职者具有工作选择权,员工意识到自己对工作的自主性,才会产生对于企业的主人翁责任感。

二、职业开发

所谓职业开发,是指通过职业活动本身提高与培养员工人力资源的开发形式。就目前组织内部的活动来看,职业开发主要包括工作设计、工作专业化、工作轮换化、工作扩大化、工作丰富化等。

(一)工作设计及其人力资源开发功效分析

工作设计一般指根据组织目标要求与工作者个人需要而采取的对工作特点、工作方式、工作关系与工作职能进行规划与界定的过程。工作再设计是指根据组织目标要求与工作者个人需求对已有工作中的特点、任务、方式、关系与职能进行一方面或多方面的改变过程。

工作设计包括激励型、机械型、生物型与知觉型四种。① 不同的类型对员工的影响与开发的效果不尽相同,根据我国实际,可以把工作设计归纳为以下四种:

1. 拔高型工作设计及其人力资源开发功效

拔高型工作设计的理论根据是赫茨伯格的双因素理论。双因素理论认为组织中影响人的积极性的因素主要有两大类:一类是激励因素,另一类是保健因素。激励因素的发挥可以使人得到满意,而保健因素的缺乏或不足将使人产生不满与消极情绪。然而,无论是激励因素还是保健因素,都往往与工作本身的特点和内容直接相关,例如,工作的多样性、完整性、自主性、重要性、反馈性、责任性等。因此,这种类型的工作设计主张让员工跳起来吃桃子,让工作要求适当高于任职员工的现有水平,通过增加工作的多样性、完整性、自主性、重要性、成就感、责任感、人际性来开发与提高任职员工的相关知识、技能、能力与品性素质,提高员工的工作满意度,促进员工的创造性与个性的全面发展。但是,这种工作设计可能会给一部分员工带来身心压力,损害其身心健康。

2. 优化型工作设计及其人力资源开发功效

优化型工作设计的理论依据是古典工业工程学与泰勒的科学管理思想。这种设计类型的操作是首先通过工作分析中的方法分析手段,寻找完成某一工作的最好方法,使工作效率最大化与工作方式最简化,减少工作的复杂性,让工作方式变得尽可能简单,降低培训成本与任职资格要求,从而使任何人只要经过简单而快速的培训就能胜任工作。例如,目前高科技的转化与应用、计算机应用与自动化、技能简单化、方式重复化,既有利于任职员工的个性解放,也有助于任职员工态度认真、一丝不苟、细心耐心、静心等品性的开发与提高,但这种工作设计可能造成部分员工智能退化。

① 参见〔美〕雷蒙德·A. 诺伊等:《人力资源管理:赢得竞争优势(第7版)》,刘昕译,中国人民大学出版社2013年版,第161页。

3. 卫生型工作设计及其人力资源开发的功效

卫生型工作设计的理论依据是人类工程学。它所关注的是个体心理生理特征与物理工作环境之间的交互作用与影响。这种设计以保护任职员工的生理与心理不受伤害、有利于身心健康为目的,以任职员工个体的生理与心理活动特征要求为中心对岗位周边物理环境、工作条件进行布局性安排与改善,从而将员工的身心紧张度降到最低,将工作中对人体身心的负面影响控制到最低点,减少身心疲劳、痛苦以及健康损害等不良影响。例如,办公室座位的布置、环境的布置、座椅与桌面高低调节的设计、计算机键盘高度及标码的设计等,都是这种设计的代表。这种设计有助于任职员工的健康素质的提高与开发,但这种工作设计可能带来身体对工作环境适应能力的退化。

4. 心理型工作设计及其人力资源开发的功效

心理型工作设计的理论依据是人本主义。工作对人类来说是一种生活手段,是一种快乐的生活方式,而不是一种谋生的痛苦经历。因此,要让工作适应人类本身而不是让人类适应工作,要以人为中心,而不是以工作为中心。

上述卫生型工作设计也是人本主义工作设计的一部分。它所关注的是人的身体能力和身体的局限性,而心理型工作设计所关注的是人的心理能力与心理局限。

心理型工作设计是以人类心理能力及心理的最低限值为依据,对相关的岗位工作的内容及其方式进行设计,使能力最差的员工也能胜任工作要求,完成工作任务而不出什么差错。因此,这种工作设计通常是降低工作对心理能力的要求来改善工作的可靠性、合理性以及任职员工的反应性。例如,“傻瓜”照相机、计算器、翻译机都是心理型工作设计的一种成果。这种工作设计的优点是可以让任职员工从工作中解放出来,有利于个性爱好与兴趣的发展,但是却像机械性设计一样,不利于工作能力的提高,限制了任职员工个体对相关岗位技能的进一步探索与对极限的突破。

(二) 工作专业化及其人力资源开发功效分析

随着社会化大生产的出现,工作分析的复杂性日益增加,工作量日益增多,一个人往往难以从头至尾完成整个流程的工作,因此有必要对整体的工作进行分解,把整体的划为部分的,复杂的划为简单的,让每个员工从事很小的一部分工作,使工作操作得以专门化与标准化。

工作专业化可以降低任职要求与工资成本,减少培训时间与费用,尤其是与机械化相结合的专业化工作,不需要有关人员进行管理监督,降低了管理成本。更为重要的是,工作专业化大大提高了工作的效率。

工作专业化可以大大提高开发员工效率与工作专业相关的知识、技能、品性等人力资源的效率与效果，使任职员工的人力资源向专业所要求的方向发展。这种单向与定向的人力资源开发将促进人力资源的专门化开发，有利于实现人力资源的新发展，达到人力资源的新水平。然而，正如马克思当年所指出的那样，这种专业化的分工将导致员工的片面发展。在这种专业化分工生产体系下，每个员工都只能隶属于一个生产部门，受它束缚，任它剥削，把工人变成畸形物。它压抑了工人的多种多样的生产兴趣和生产才能，人为地配置工人片面的技能，个体本身也被分割开来，成为某种局部劳动的自动工具。

（三）工作轮换及其人力资源开发功效分析

工作轮换是让员工从一个工作岗位流动到另一个工作岗位，保证工作流程不受重大损失。

工作轮换的目的在于让员工的工作在一定时段中多样化，降低员工的厌倦情绪。然而，如果所有的工作岗位都相似而且是机械化的，工作轮换也就达不到效果；如果轮换的工作岗位之间差距过大，则每个员工轮换一次就得从头学起，那么将带来工作效率与效果上的降低。因此，轮换必须适度，既相异又不能跨度太大，一般应该在同类范围内进行。

工作轮换有助于对员工的人力资源进行螺旋式的逐步开发，最终达到全面开发的目的。但这种开发方式是分开独立进行的，时间上前后不统一，因此总体的开发效率与效果不如下面将介绍的工作丰富化与扩大化。

下面介绍实践中常用的一种工作轮换方法——“台阶巡回”实习法。“台阶巡回”实习法的对象是高级职员。高级职员是公共部门管理的“主角”，他们的素质、能力与行为直接影响到组织的形象，目前对高级职员的培训也日益受到重视。“台阶巡回”实习法是对领导类人员实行逐级工作岗位锻炼，并在某一领导层次台阶上陆续担任几项不同的工作，把学习、培训、进修和工作实践结合起来，通过这种方法选拔的公职人员，基础扎实，知识丰富，见多识广，适应性强。①

（四）工作扩大化及其人力资源开发功效分析

与上面的工作轮换相比，工作扩大化是扩大原有工作岗位的职责范围与任务，是工作任务与职责数量上的增加。例如，一个原来只负责打字的员工，后来既要求她打字又要求她校对与排版，工作职责与范围就比原来扩大了。再比如，原来只负责送货与取款的销售人员，现在让他参与谈判与签订合同，他的职

① 参见陈昌文主编：《公共部门人力资源开发与管理》，四川人民出版社2000年版，第275页。

责范围也扩大了。这种工作职责范围的扩大,就要求打字员由原来只注意技能扩大到对核对知识、核对技能的掌握,再扩大到对排版知识与排版技能的掌握;销售人员也由原来只专于送货与催取款的经验能力扩大到既会送货催款又能与人谈判签约的全面发展型人才。

然而,我们进行工作扩大化的同时,要注意扩大的职责和任务与原有岗位的关联性,要注意扩大后的工作量与任职能力的适应性,如果把一些不尽相关或机械重复的职责任务增加到原有的岗位,很可能就会遭到任职员工的抵制。因为他们会认为只不过增加了一些令人厌倦的重复性劳动或毫不相干的额外工作,这些职责任务的增加不但没有使他们的工作变得多样化与有趣,反而让他们付出更多的劳动时间,减少了过去的轻松与自由感,达不到人力资源开发的目的。

(五)工作丰富化及其人力资源开发功效分析

如果说工作扩大化让岗位的工作向横向扩展、向量的方面增加的话,那么工作丰富化则是让岗位的工作向纵深渗透、向质的方面提高。工作丰富化表现在对原有岗位工作六个方面的改变。①

工作丰富化模式及其人力资源开发功效分析如图 2-4-1 所示:

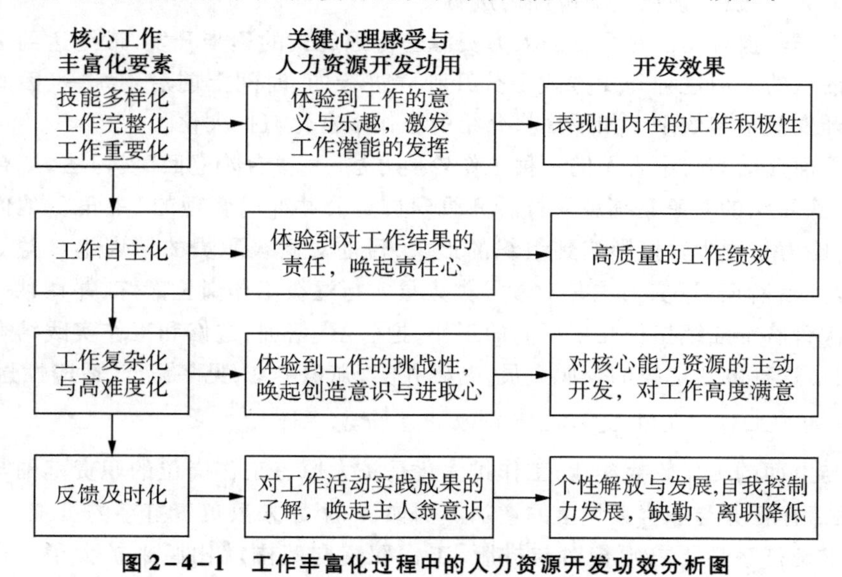

图 2-4-1 工作丰富化过程中的人力资源开发功效分析图

---

① 参见孙彤主编:《组织行为学》,高等教育出版社 2000 年版,第 318—319 页。

工作丰富化设计要遵循一些原则:(1)给员工增加工作要求;(2)赋予员工更多的责任;(3)赋予员工工作的自主权;(4)不断和员工进行沟通反馈;(5)对员工进行相应的培训。

在工作丰富化方法的实践中,常用的有这样一些方法:(1)实行任务合并,让员工从头至尾完成一项工作,而不只是承担其中的某一部分;(2)建立客户关系,让员工有同客户交往的机会;(3)让员工而不是别人来规划和控制他的工作,自己安排上下班时间和工作进度。

(六)实践锻炼法

实践锻炼法,是通过把被开发者派到特定工作环境与岗位中,接受某种影响与见识,进而达到提高思想觉悟、能力素质或者技能的目的,例如,挂职锻炼与基层任职。

基层任职的适用对象是刚出校门和缺乏工作经验的年轻员工。刚刚进入组织的年轻员工一般有较高的文化水平和较强的理论水平,但缺乏实践经验,到基层担任一定的实际职务,在实践中体会、感悟组织的工作性质、工作职责,能够增加其工作经验,在工作中得到锻炼,从而提高他们处理和解决实际问题的工作能力,这是培养年轻员工的重要途径之一。

挂职锻炼是一种公务员交流的形式,指机关有计划地选派公务员在一定时间内到下级机关或者上级机关、其他地区机关以及国有企业事业单位担任一定职务,经受锻炼,丰富经验,增长才干。公务员在挂职锻炼期间不改变与原机关的人事隶属关系。

挂职锻炼带有一定的指令性和计划性,在什么时候选派什么人到什么地方和单位去挂职锻炼以及让公务员挂什么职、锻炼的时间多长等问题,都是由机关决定并与接受挂职人员的单位事先协商做好计划而组织实施的。挂职锻炼的时间一般是一至两年,时间过长会影响原单位的工作安排,时间过短则有可能达不到锻炼的目的。对挂职锻炼的去向范围做出规定的是下级机关或者上级机关、其他地区机关以及国有企业事业单位。

三、管理开发

所谓管理开发,就是指通过管理活动来开发人力资源,把人力资源开发的思想、原则与目的渗透到日常的管理活动之中。我们下面将讨论管理开发的必要性、重要性与管理开发的具体形式。

(一)管理开发的必要性与重要性

管理活动是任何组织的重要特征之一。管理开发的必要性与重要性主要体现在以下几点：

第一，管理本身要求进行人力资源开发。众所周知，人力资源是一种活性的资源，对人力资源的管理不能像对物力与财力资源的管理那样，过于硬性化与机械化，要管好管活，要实行人性化管理、人本化管理，充分调动员工的积极性。泰勒的"科学管理"是使劳动者"机器化"与"零件化"的经典的能力主义管理，只注意员工是否有能力，不考虑员工是否喜欢自己的工作，个性是否与现有的工作相适应，因而被称为"非人性的管理"。如果组织不注意挖掘员工的潜能，不注意调动员工的工作热情与积极性，就等于在浪费人力资源。因此，要进行人性化管理，以人为本。组织通过人性管理，让员工多发挥一分能力，意味着在没有增加任何费用的情况下就为组织增加了一份经营效益。这正是组织管理的最终目的，即以尽可能少的投入获得尽可能多的收益。人性管理还要求，管理过程最终与员工个人要实现"双赢"，即在组织获得发展的同时，员工个人也要获得发展。这就要求我们在人力资源管理的过程中进行人力资源开发，在发挥消耗员工个人人力资源的同时，也让他们的人力资本得到升值与增值。

第二，组织的持续发展与竞争力提高，要求管理中进行人力资源开发。目前组织之间的竞争实际是产品质量的竞争，产品质量的竞争归根到底是技术与人才质量的竞争，而人才质量的竞争实质又是人力资源开发策略、效率与效果的竞争。因此，组织能否保持自己的竞争优势，保持发展的持续性，关键在于组织管理中的人力资源开发工作做得如何。一个组织如果具有健全的人力资源开发机制与动力，那么这个组织就能始终往前发展，保持自己的竞争力与持续发展的优势。人力资源对于组织竞争力的作用在科学管理、能力主义管理与人性管理的不同时期，表现为以下三个数学模式①：

在科学管理时期，

$$组织竞争力 = (财力 + 物力) \times [(人力) \times (管理 + 开发)]$$

在能力主义管理时期，

$$组织竞争力 = (财力 + 物力) \times [(人力) \times (管理 \times 开发)]$$

在人性管理时期，

$$组织竞争力 = (财力 + 物力) \times [人力 \times (管理)^{开发}]$$

上述第一个数学模式表明，组织中的人力经过管理与开发的各自作用，得到提升，提升后人力对有限的财力、物力将产生放大作用，在这里开发与管理对人力以及物力、财力的放大效用是相互独立发挥的。第二个数学模式表明，开

① 参见萧鸣政：《人力资源开发学》，高等教育出版社2002年版，第142页。

发与管理对人力以及物力、财力的放大效用并非相互独立,开发先对管理进行乘积式的放大,然后再对物力、财力放大。而在第三个数学模式中,开发先对管理进行乘方式的放大,然后再作用于物力、财力。因此,开发在不同管理模式中的作用是不尽相同的,而现代人力资源管理离不开人力资源开发。

第三,任何的人力资源管理中都需要进行人力资源开发,任何组织的人力资源管理都必须保证最大限度地满足当前及未来组织发展对人力资源的需求,保持人力资本的价值并实现增值。然而,没有开发思想的人力资源管理是难以保证组织内人力资源不贬值的。实际上,任何组织的人力资源管理既要通过培训对个体的人力资源进行持续开发,又要通过招聘与流动、退休等方式对群体的人力资源进行科学规模开发与动态维护。在有限度的人力资源管理中,没有开发作用的人力资源管理是不存在的,也是任何组织管理不允许的。

第四,人力资源管理活动本身及其形式,还有对员工进行人力资源开发的可行性与现实性。在组织管理中,人力资源管理活动所占的时间最多,是组织管理的中心工作,它在管理体系中的核心地位与时间上的优势,有助于保证人力资源开发思想的落实。在组织管理活动中,人力资源管理覆盖面最广,对员工的影响最深,有利于人力资源客观活动的进行。

要使人力资源管理获得良好的开发效果,必须强化管理者进行人力资源开发思想与方法方面的教育与培训。要使全体人员明确人力资源开发不仅是人力资源部门的事,还是全体管理者的共同责任。

(二)在管理过程中实现人力资源开发

人力资源管理本身就可以成为一个开发过程。组织中的人力资源管理过程包括:人力规划、人员招聘、人员配置、人员培训、人员激励、人员考评、人员报酬等。

人力规划是人力资源管理战略与开发战略的具体体现,是人力资源开发跟踪与管理跟踪的起点与目标,是人力资源开发的设想与计划。人力资源规划在人力资源开发与管理中的作用表现为前瞻性、预测性与预防性。它通过对组织人力资源开发战略、目标、步骤、时间、措施的制定来实现对整个人力资源管理过程的开发价值导向。台湾学者认为,人力资源规划是一种根据开发组织内人力资源的观点,从长远的发展战略方向上制订计划,确保具备适当条件能力的人可以适时地被安置在适当的职位上,也就是适才适所的配置计划。

因此,人力资源规划的编制要以组织的总体发展战略为指导,以人力资源开发为导向进行人力资源开发的需求评估,在开发需求评估基础上拟订人力资源开发计划,这样才能实现人力资源管理规划对人力资源轮岗跟踪者的正确引导,才能保证管理期人力资源的保值与增值。

人员招聘与选拔是针对组织的跟踪需要,从组织内外招募、甄选与聘用所需要人员的活动。它是一种把与生产资料相脱离的人转化为直接与生产资料相结合的人,把低职位的人提拔到高职位上来的活动,是一种识别人员、发现人员、举荐人才的过程,因此,人员招聘与选拔本身既是人力资源管理过程中的一个环节,又是一种人力资源开发活动。

人员配置是把所聘人员与所聘职位相互对应与安排的活动,它是对人员直接使用与发挥的活动,因此人员配置也具有人力资源开发的作用与特点,我们可以把人员配置看作人力资源开发过程中最为关键的一个环节。因为只有通过人员配置,人力资源才能与物力实现真正意义上的结合。人员真正获得了人力资源的价值与作用,人力资源的前期开发与后续开发才因此变得更有意义。

人员培训是针对所配置职位的任职需要对人员的培养与训练。无论是新员工还是老员工,完成人员配置后,人员与职位之间并非百分之百完全匹配,需要我们通过一定的人员培训来解决两者之间的相互适应性问题。人员培训实际上是把任职基础能力、基本条件转化为当前职位跟踪所需要的具体能力与具体条件的过程,把不相关的能力与素质开发为直接需要的能力与素质的过程,把可能的劳动力转化为现实的劳动力的过程。

人员激励即激发员工内在动机和鼓励员工相关思想需要使之产生实现组织跟踪目标与职位跟踪所需要的特定行为的过程。它是把相关思想与需要变为直接行为能力的过程,是维持与保持职位跟踪所需要的思想过程。因此从某种程度来说,培训是一种能力开发,而激励是一种行为开发。

人员考评是依据职位的跟踪要求对任职员工进行素质、行为与结果的全面考查与评价活动,它是对员工跟踪行为的一种检查与反馈,具有激励作用,达到标准要求的员工会有一种成就感。更为具体的人员考评对每个员工的行为会具体指明,哪些行为达到或超出了既定的标准要求,哪些行为未达到或距离标准要求多少,哪些行为得到了肯定与鼓励,哪些行为得到了否定与批评。考评本身对员工的行为具有一种导向性、激励性与鞭策性,本身就是一种开发手段。

人员报酬是依据人员考评结果与任职员工的实际价值和贡献所进行的一种薪金待遇分配活动,包括奖励与惩处,它是对员工跟踪行为的总体强化或消退。当员工所表现的跟踪行为及其结果得到了较高的劳动报酬,员工的相应跟踪行为就会进一步得到强化与发展,否则就会消退,出现员工调动或流动现象。由此可见,人员报酬对员工的跟踪行为具有激励或调整作用,本身也是一种开发手段。

综上所述,人力资源的管理过程本身有开发的作用和功能,关键在于我们正确去把握、积极去发挥。开发作用如图 2-4-2 所示:

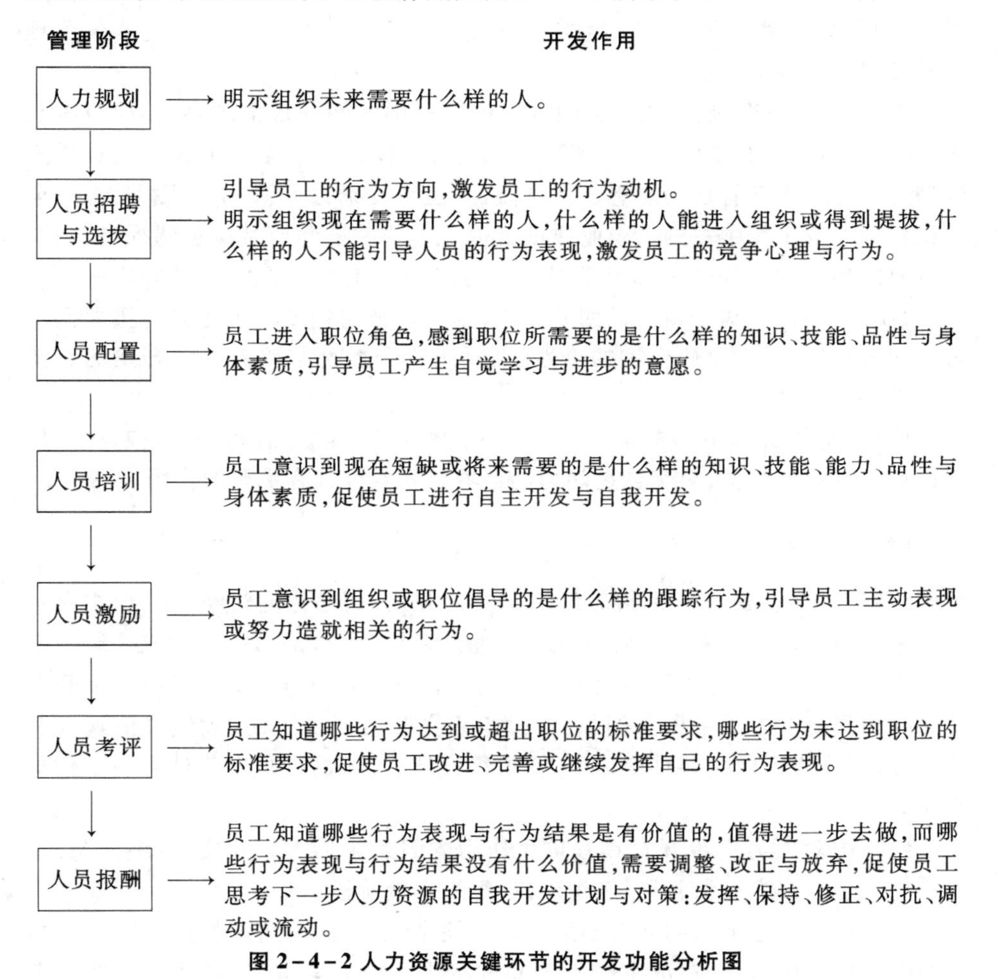

图 2-4-2 人力资源关键环节的开发功能分析图

(三) 团队活动

团队活动是指通过一定的项目与任务把具有不同人力资源特点的人员组合在一起进行生产经营活动的一种管理形式,也叫项目管理。国外最早见于 TQC 小组活动。TQC 是英文"Total Quality Control"(全面质量管理)的简写。全面质量管理并不等同于质量管理,它是质量管理的更高境界。全面质量管理是将组织的所有管理职能纳入质量管理的范畴,强调一个组织以质量为中心、以全员参与为基础,强调全员的教育和培训。全面质量管理从过去的就事论事、分散管理转变为以系统观念为指导的全面的综合治理,它不仅强调各方面工作各自的重要性,而且更加强调各方面工作共同发挥作用时的协同效应。概括地讲,全面质量管理具有以下几个方面的特点:以适用性为标准、以人为本的管理以及突出改进的动态性管理。

所谓 TQC 小组,是企业员工围绕生产活动中的问题自由结合、自愿组织起来,主动进行质量管理活动的小组。TQC 小组活动,是企业职工参加现场质量管理的核心。质量管理的思想及基本方法,主要是通过 TQC 小组活动方式,运用到各种业务工作中去的。企业质量管理工作的改进和产品质量的提高,一个很重要的环节就是开展 TQC 小组活动。TQC 小组是推广 TQC 的基础之一。

TQC 小组活动对于员工的团队合作、创新精神与创新能力等具有重要而不可替代的作用,对于解放员工的个性、调动工作积极性与培养自我开发的热情具有重要的意义。

此外,组织管理中的提案奖励活动、体制改革与创新活动对于唤起广大员工的创新意识与热情,对于创造能力的培养与开发也具有重要的作用。

四、组织开发

组织开发,在这里不是指对组织本身的开发,而是指通过组织这个中介对组织中的成员进行开发的一种形式与活动。具体地说,是通过创设或控制一定的组织因素、组织行为进行组织内人力资源管理的活动与形式。组织不是开发的目标而只是开发的手段。例如,通过组织文化改变员工的态度、价值观以及信念,以适应组织内的各种变化,包括组织设计、组织重组与变革带来的变化与影响。

组织中对人力资源开发具有重大作用的因素包括组织性质、组织体制、组织结构、组织文化、组织领导、组织动机、组织发展阶段。

组织性质是指组织的所有制形式。一般来说,不同的组织性质决定着不同的组织与领导风格,会对员工产生不同的行为导向与影响,从而也就会产生不同的人力资源开发效果。尤其目前我国还处于转型变革时期,大多数人还受着长期计划经济时代公有制组织的影响,当一个员工从国有企业进入到私有企业或外资企业工作时,心态是不同的。在公有制企业,员工的民主意识与主人翁意识会得到较好的开发与培养,而在私有企业与外资企业中,相对就要差一些。

组织体制是指组织中各层次、各部门之间组织管理关系制度化的表现形式,一般有首长制、委员会制、等级制、职能制、集权制与分权制等形式,最近又有股份制、股权制与联合协作制。每个组织都可以采取适合本身特点的组织体制。衡量一个组织的体制是否科学合理，主要是看它是否有利于提高工作效率、经济效益与社会效益，是否切合本组织当时的实际情况。然而，不同的组织体制对员工的行为导向与影响也是不同的，因而会产生不同的人力资源开发效果。例如，员工的参与意识、民主意识、创新意识在首长制、等级制与集权制的组织中相对来说被开发的程度要低一些，而在委员会制、职能制、分权制中被开发的程度要高一些；但合作精神、相互意识在首长制、集权制、股份制中被开发的程度高一些，而在职能制、等级制、分权制中被开发的程度要差一些。

组织结构是指组织内各构成要素以及它们相互之间的关系形式。一般来说，这种关系形式包括存在目的的职能结构、纵向关系的层次结构、横向关系的部门结构以及职务岗位之间的职权结构。

组织结构的传统形式大致有直线制、职能制、直线职能制、事业部制、矩阵结构制、多维立体制与董事会制等，近年又出现了扁平化、柔性化、网络化与变幻化的项目制、团队制、虚拟制与自由型等结构形式。我们不难发现，不同的组织结构具有不同的管理特点与不同的管理效应，从而会产生不同的人力资源开发效果。各组织结构形式及其开发效果分析见表 2-4-1 所示。

表 2-4-1　不同组织结构形式及其开发效果分析一览表

组织结构形式	组织管理特点	资源开发效果
直线职能制	既按命令统一原则设立直线指挥系统，又按专业化原则设立职能管理系统，职能人员是直线指挥人员的参谋与助手，对下级机构只有业务指导权，没有行政命令权	有助于效率意识、责任意识与纪律服从意识的培养与开发； 有助于专才管理人员的培养与开发； 不利于下级部门与人员之间的团队合作意识的培养； 不利于积极性与创造性意识的发挥； 不利于员工的全面发展
事业部制	集中决策与关键职权，分散经营与独立核算	有利于高层领导人员综合管理能力的开发，有利于高层管理干部的个性解放与创造能力的开发； 有利于对基层负责人员管理能力的全面开发，并建立赛马式选拔集团高层干部的机制，通过观察比较把能人提拔到最高部门； 在不同事业部之间不利于团队意识、协作精神的培养与开发

续表

组织结构形式	组织管理特点	资源开发效果
矩阵结构制	员工接受双重领导,具有双重责任; 项目经理没有完全的职权	有利于员工团队意识、民主意识、创造性的培养与开发; 不利于纪律与服从意识的培养与开发
团队活动制	对组织的上层与基层之间的职能部门基层分解与弱化,决策权分散到工作团队	有利于员工从专才到通才方向全面发展; 有利于高层管理人员全面提升自己的管理技能与素质,适应不同工作团队问题解决的需要; 决策员工缺乏纵向提升的机会,不利于人力资源的深度开发
变形制	结构无定式,利润为中心,分权运营,以结构变化应对环境变化	有利于民主性、创新性、灵活应变能力、自我控制能力与团结协作意识的培养与开发; 有利于个性、独立自主性的培养与开发; 不利于纪律性、服从性与忠诚度意识的培养与开发
虚拟公司制	战略联盟、松散管理、利润为中心	有利于组织及其内部员工多元化意识、竞争意识、风险意识与发散性思维的培养与开发; 不利于纪律性、服从性与忠诚度意识的培养与开发
网络制	中心层由单个领导人或多个领导人组成,直接管理一个规模较小、支付报酬较低的办事员队伍,但办事员队伍保持高度的流动性与最大限度的精干性; 外围层由若干自主单位/组织构成,分别承担不同的管理职责与生产职责,外围层组织与中心层是一种合同管理关系,呈现极大的结构变化与不稳定性,管理主要是通过网络等现代通信手段进行	有利于组织及其内部员工团结协作意识、多文化意识、竞争意识、风险意识、开拓意识与法律意识的培养与开发; 不利于纪律性、权威服从性与忠诚度的培养与开发

组织文化是指组织在长期管理与开发中逐步形成的为大多数人所认同的基本信念、价值标准、行为规范、行为习惯与精神风貌等。它一般包括四个层面，即物质层面、行为层面、制度层面与精神层面，对应这四个层面存在四种文化，即表层的物质文化、浅层的行为文化、中层的制度文化与深层的精神文化。物质文化，如企业形象、产品形象、厂区内的建筑风格、厂旗、厂服等都会对员工的行为产生视觉上的影响与感觉体验；宣传教育活动、文娱体育活动及伙伴间的行为习惯等行为文化会对员工的行为产生直接的引导与影响；岗位责任制、领导负责制等制度文化有助于培养员工的责任心，但也容易滋长官僚作风；企业经营理念、企业战略、价值标准、管理传统、道德风气等精神文化则会给员工以深远影响。例如，“踏踏实实做好本职工作，就是对公司最大的贡献”与“冒一定风险是事业成功的必要的代价，创新改革是我们的出路”等就是企业的精神文化。组织内的员工正是在这种组织文化的牵引与约束下，调节个人与组织、个人与团队、个人与个人之间的思想行为，认可组织的战略与目标要求，并将自身的职业生活与组织的战略辅助结合起来，积极主动地进行自我开发。

除上面组织的性质、体制、结构与文化外，组织发展的动机与发展阶段也对人力资源开发有着重要的影响。

组织发展的动机大致有三个，即自我发展和追求个性实现、保住优秀人才与追求经济效益。当组织追求自我发展与自我个性实现时，有利于员工自主意识、个性意识与开拓意识的培养与开发；当组织追求保住优秀人才时，有利于员工专业能力的全面开发与意识的提高；当组织追求经济效益时，有利于员工经济意识、竞争意识的培养与开发。

组织发展的阶段及其对人力资源开发的效果分析见表2-4-2。

表2-4-2　组织不同阶段的人力资源开发效果分析一览表

发展阶段	组织特征	人力资源开发效果
创业阶段	组织处于幼年期，规模小，个人决策指挥，面面俱到，产品服务比较单一	有利于高层的实干能力与责任感、使命感的培养与开发； 有利于员工开拓性、创造性、吃苦耐劳、坚忍不拔精神的培养与开发
发展阶段	组织处于迅速发展期，不稳定，信息沟通非正式化，流动权威化	有利于员工使命感与归属感的培养与开发； 有利于团结性、服从性的培养与开发

续表

发展阶段	组织特征	人力资源开发效果
规范化阶段	组织开始实行制度化与规范化管理	有利于员工纪律性、责任心与业务能力的培养与开发； 限制了创新性、效率意识与开拓性的进一步发展
膨胀阶段	组织过于庞大，严格的制度化管理	有利于责任心、纪律性与业务能力的培养与发展； 限制了竞争意识、风险意识、效率意识的发展
衰退阶段	产品市场占有率下降，人浮于事	有利于员工危机意识、团队协作精神、开拓意识的培养与开发； 不利于员工忠诚度、归属感的培养与开发

第五节　当前我国政府人力资源开发的问题与对策

人力资源实质上是一种特殊的资本性资源，对这一资源的有效开发和充分利用，是增加社会财富的真正源泉，是社会经济良性运行与协调发展的起点和归宿，也是人类自身发展的目的和重要组成部分。人力资源的战略和人力资源的开发，正日益受到各国包括政府、企业和学术界等各方面的普遍重视。前面我们是从一般的角度介绍人力资源开发的理论与方法，在这一节，我们主要论述中国最大的公共组织——中国政府人力资源开发面临的问题与策略。

一、中国政府人力资源开发面临的问题

在制约一个国家发展的自然资源、物质资源和人力资源这三大战略资源中，我国前两项资源都明显的相对不足，仅在人力资源方面具有潜在的比较优势。因此，要把沉重的人口负担和潜在优势变为巨大的现实优势，就必须科学地审视和谋划我国的人力资源开发工作，通过人力资源开发来提高人力资源质量。

我国政府一直都非常重视人力资源开发工作。新中国成立后，党和国家就把提高民族素质、普及义务教育和扫除文盲作为一项重要的大事来抓。改革开放以来特别是近十年来，在科学发展观的指引下，我国政府积极实施“科教兴国、人才强国”战略，大力发展教育事业，积极开发人力资源，努力提高人口素质，人力资源开发工作取得了很大的成绩。但是随着经济和社会的发展，就目

前而言，我国人力资源开发还存在许多问题和不合理的地方。

（一）人力资源开发的任务繁重艰巨

2010年我国人口已经达到13.7亿，人口数量多，但是素质偏低，根据“六普”的数据显示，2010年我国的文盲率为4.08%，15岁及以上文盲人口依然有5500万左右。25—64岁人口平均受教育年限为9.1年，仅相当于美国100年前的国民整体受教育水平，人口整体文化素质与发达国家相比差距明显。受过高等教育的人口比例依然比较小，劳动力文化结构重心低，中高层次人才短缺，从业人员以中及以下文化程度为主，高层次人才不足，公众科学素养水平明显低于发达国家。我国人力资源的现状难以适应我国经济快速发展的需要，而且随着社会的发展和科学技术的进步，现代知识不断更新，劳动者知识的折旧速度也大大加快，这对人力资源开发也提出了新要求。因此，我国人力资源开发的任务极其繁重和艰巨。

（二）人力资源开发的水平不高，手段单一

我国目前的人力资源开发还是在低层次、低水平上进行，开发的效率不高。随着知识更新速度的加快，知识老化的速度也大大加快。我国目前的开发内容明显滞后，跟不上时代发展的要求。所开发的内容不是根据实践需要来制定的，结果造成开发后的劳动者依然不能胜任工作的情况出现。人力资源开发的范围狭窄，大量的农民工得不到培训开发的机会。同时，开发的手段也很单一。人力资源开发的手段有很多种，如教育、职业培训、流动、合理配置和使用人员等。但是，我国目前的开发手段主要注重教育，其次是职业培训，而其他手段考虑的比较少，这些都影响了人力资源开发和利用的效果。

（三）人力资源开发的结构不合理

我国人力资源开发的结构不合理问题比较严重，大大影响了我国人力资源有效充分的利用。主要表现在以下几个方面：

（1）劳动人口整体文化素质过低。第一产业接近半数从业人员受教育程度为初中及以下，严重影响第一产业人口的顺利转移以及技术水平和生产效率的提高；第二产业受过高等教育的比例仅为9.8%，影响了第二产业的结构调整和产业升级；第三产业尤其是高层次服务业的人力结构偏低，难以在知识创新方面获得重大突破。

（2）城乡之间从业人员文化程度差距明显。大量低素质人口积淀在农村，特别是分布在西部农村。2010年我国农村15岁及以上人口平均受教育年限为7.5年，与城市平均11.4年的水平相差近4年，而且全国文盲、半文盲人口的

90%以上集中在农村。第一产业不能够为第二、三产业提供所需的劳动力，严重影响了我国的产业结构调整升级和城镇化进程。

(3) 东西部地区之间从业人员文化素质存在强烈反差。2010 年全国四分之三以上的文盲、半文盲人口集中在西部农村。全国城乡受教育年限差距超过 3.5 年的省份均集中在西部地区。西部地区人力资源开发的任务更加繁重，如果处理不好，会直接影响我国西部大开发的方略，进而影响我国经济的协调发展。

(4) 不同层次的人员结构失衡。我国目前的从业人员中，大部分都属于中低层次人才，高层次人才稀缺。2010 年，25—64 岁劳动力人口中，具有高等教育学历的比例仅为 10.1%，其中具有本科学历和研究生学历的高层次人才比重仅占 4.2%。高层次人才的匮乏严重影响了我国的创新能力，高层次、高水平的研究成果少，导致我国在国际上的科技竞争力不强。

我国人力资源在产业、行业和地区间结构的不合理，严重影响了其他资源的利用效率。

(四) 人力资源开发的投入不足

人力资源开发本质上讲就是对人力资本进行投资，这种投资主要包括教育投资、培训投资、保健投资、劳动力流动迁移的费用投资、为提高劳动生产率而支付的利息和技术推广费用，其中教育和培训投资是人力资本投资的主要部分。就我国目前而言，政府与全社会的教育经费投入力度不够，2014 年教育总经费、财政性教育经费占 GDP 的比例分别只有 5.33% 和 4.3%，与发达国家差距明显，不足以支撑近 13 亿人口的大国的教育。义务教育经费中政府承担的比例依旧不足，各级政府分担责任尚未明晰。优质教育资源严重匮乏，义务教育发展的基础相当薄弱，高中阶段教育严重滞后，高等教育入学率依然偏低。同时，职业培训在我国也是刚刚起步不久，企业的培训费用投入也远远不能适应生产和工作的实际需要。大量的农民工缺乏必要的培训，严重影响了这些转移人口的就业能力，造成了很多不良后果。

(五) 人力资源开发存在很多制度障碍

我国人力资源开发还面临很多制度性的障碍，主要体现在：

(1) 人员流动方面的制度障碍。人员的合理流动和有效配置是人力资源开发的一个重要手段。但是就我国目前的情况而言，人员仍旧不能完全地自由流动，户籍制度、档案制度等有关的人口管理制度大大限制了人员的合理流动，从而不能充分地利用人力资源，开发效果不理想。

（2）用人方面的制度障碍。首先体现在劳动力市场的壁垒，特别是城乡壁垒。目前的户籍制度人为地把劳动者分为两类人，我国很多城市都制定有外来人口务工的管理体例，这些严重地削弱了企事业单位的用人自主权，阻碍了我国经济的发展和劳动力市场的进一步完善。其次，劳动力市场存在就业歧视，比如性别歧视、年龄歧视、身份歧视等。国外研究表明，劳动力市场上的歧视会大大降低市场配置资源的效率，而在我国，歧视现象司空见惯，严重影响了人力资源的利用和开发。最后，我国在用人方面还存在行业垄断。目前劳动力市场还不够有效率，这是一个重要原因。行业垄断不能给劳动者提供更多的就业和创业机会，限制了劳动者进入该行业进行竞争，限制了人力资源的有效利用和开发，也人为地限制了本行业的发展，对个人和行业都不利。

（3）分配考核方面的制度障碍。人力资本是对人力资源进行开发性投资而形成的，作为一种资本，投资就要求有回报，如果没有合适的回报，显然人们不会在人力资源开发上进行投入。所以，考核分配制度对于人力资源开发同样有很重要的影响。就我国目前的情况而言，许多企事业单位的考核手段单一，缺乏科学性和公正性，不能有效地对人员做出有效的评估，从而导致分配的结果缺乏足够的公平性，大大地挫伤了劳动者学习和提高自己的积极性，同时造成了大量优秀的人才外流，给我国的人力资源利用和开发带来不良的后果。

二、中国政府人力资源开发的对策

我国目前在人力资源开发过程中存在的上述问题，是我们无法回避的现实。我们必须正视这个现实，对人力资源现状和未来经济发展趋势进行深入的分析，找出解决矛盾和问题的办法，研究对策，提出相应的人力资源开发战略，从而探索出一种合理开发人力资源的有效途径，更好地促进我国的经济和社会发展。

（一）转变观念，把“人力资源是第一资源”战略落在实处

转变观念，首先要求各级官员转换思想，真正理解在我国当前进行人力资源开发、提高人力资源质量的重要性，从而把开发人力资源作为中国最基本的战略和国策并落实到行动中去。中国人均自然资源的相对贫乏决定了中国必须走资源集约型的经济发展道路，走可持续发展之路。然而，中国能否实现可持续发展，既取决于人力资源、自然资源和物质资源的相互协调与利用，又取决于人力资源、自然资源与物质资源本身的可持续发展状况。在这三大资源中，人力资源处在主导性与决定性的地位。而对于中国而言，人力资源恰恰是我国

唯一在世界上具有比较优势的资源。因此,不论从长期角度看,还是从当前的发展角度看,我国都只能走优先开发人力资源的道路,通过对人力资源的开发和利用来发展经济、转换经济增长模式,实现可持续发展。

其次还要树立起人的全面发展既是手段更是目的的观念。从根本上来说,仅仅把人力资源看作是参与生产过程的简单生产要素、把人力资源的开发看作是发展经济的手段还是远远不够的。应该把人的全面发展作为最高和最后的目的,更自觉、更主动地进行人力资源开发。

(二)继续实行"科教兴国""教育立国"战略,构建学习型社会

人力资源开发的主要手段是教育,大力发展教育事业是提高全民素质的关键。要坚持"科教兴国""教育立国"的战略,大力加强基础教育,注重对学生思维能力的培养,使其向智能化方向发展。着力推进素质教育,重视培养学生的创新精神和实践能力,促进学生德智体美全面发展。扩大高中阶段教育和高等教育规模,加强职业教育,鼓励民办教育,促使教育投资主体多元化,扩大教育的覆盖范围。

党的十八大指出,"教育是中华民族振兴和社会进步的基石",要"完善终身教育体系,建设学习型社会"。随着信息化社会的到来,知识、技能、价值观变化的速度越来越快,产品更新,科学研究成果转化为产品、商品的周期越来越短,学习不再是人生某阶段或受一次性教育就一劳永逸的事情,教育与培训第一次真正成为以这种或那种方式贯穿于人一生的过程的事情,其目的和形式必须适应人在不同发展阶段上的需求,这就是"终身学习"的观念。① 要大力提倡和宣传终身学习的观念,努力使我国的劳动者具有终身学习的能力和习惯;要利用现代网络技术,大力发展远程教育和网络教育,使教育进入企业和社区,使我国社会各个组成"细胞"——各种组织都建成"学习型组织"。让人们的学习从单纯的求知变为一种生活方式,让教育与学习贯穿于社会的任何领域、任何时候和任何过程之中,从而把我国构建成全体公民热爱学习、终身学习的学习型社会。

(三)加大对人力资源开发的投资力度,采用多种手段进行人力资源开发

人力资源开发,教育需先行。长期以来,我国教育经费投入水平低,要加大对人力资源的开发力度,就必须加大对教育的资金投入。在加强政府投资的同时,应广泛开辟企业、民间投资、国外投资等多种融资渠道,调动各方面投资教

① 参见李中斌:《论面向21世纪的人力资源开发》,《中国人力资源开发》2000年第3期。

育的积极性,进一步增强人力资源的开发力度。同时应改善投资结构,把资金主要投向成人教育、中小学教育和职业教育,投向西部贫困地区和少数民族地区,投向广大的农村。

除了教育外,还要注重采用多种形式来开发人力资源,比如企事业单位的在职培训,加大培训费用的支出。合理地利用人,把合适的人用到合适的位置上。

(四) 通过人力资源开发优化人力资源的配置结构

实现人力资源的合理配置,有利于产业结构的升级和优化,有利于促进地区之间经济的协调发展。随着我国经济新常态的到来,人力资源开发的重点应面向农村,提高广大农民的科学文化素质,促进农村剩余劳动力向非农产业转移。应面向金融、信息、通讯、旅游等第三产业,以促进产业结构升级和增加就业,培养造就一批懂业务、会管理的新型人才。应面向西部贫困地区和少数民族地区,抓紧培养经济发展急需的各类人才,搞好各级各类职业培训,做好少数民族科技骨干培训,充分发掘人力资源的巨大潜力。应面向国际,响应全球人力资源竞争的态势,着力培养具有创新精神和国际意识的高层次的通用型和开放型人才。

(五) 改革不合理制度,完善人力资源市场体系,为人力资源开发和利用提供良好的环境

要保证人力资源开发的效果和效率,必须对现存的不合理制度进行改革,大力完善劳动力市场体系。人力资源市场体系的建立与完善,是提高中国人力资源开发利用水平的基础条件。应该重点加强以下三个方面的制度建设:

(1) 人力资本投资与回报制度。市场经济运行中一个最基本的规则是投资主体与受益主体的一致性和排他性。要调动人力资本投资主体的积极性,就必须构建人力资本投资与回报的合理机制。要确保劳动者提高其素质的投资在收益上体现出来,强化提高劳动技能的激励机制,从根本上调动劳动者投资自身素质的积极性,从而提高其整体素质。这就要求在考核分配制度上做出必要的改进,考核能够评估出这种提高,分配能够体现出对这种提高的收益上的回报。

(2) 人力资源流动制度。在市场经济条件下,人力资源的流动实际上是寻求“私有财产”投资的行为,是开发其人力资源的一种手段。因此,人力资源流动制度必须要以保护这种投资行为为出发点,使其通过市场这个中介体,得以寻找最佳归宿。这就要求相应的失业制度、社会保障制度、户籍制度、所有制身

份制度、档案制度等必须做出必要的改革，以与之配套。

（3）人力资源使用制度。人力资源的有效使用和合理配置也是人力资源开发的一个重要方面。必须打破劳动力市场的就业壁垒，消除就业歧视，确保劳动者有平等自由的就业权和择业权。同时，也要确保企事业单位作为法人主体拥有完全的用人权和辞退权。企业依据利润最大化原则也要求劳动力的最优配置，这样劳动者在失业风险和职业竞争的压力下，会激发其自身不断提高素质的积极性，从而更有效地开发人力资源。

（六）建立人力资源开发管理机构，制定相关的法律法规，为人力资源开发提供组织支持和政治保障

政府要大力鼓励和支持人力资源开发机构的建设，促进其快速实现与国际的接轨。政府部门应加快制定相应的市场准入和运作规范，大力促进中国人力资源开发机构的建设，确保其健康快速发展。要努力把人力资源开发机构建设成为“所有的求学者均有理想之处”，尤其要注意利用好网络信息技术，为社会大众创造学习知识提升能力的便利条件。政府要提倡和鼓励对人力资源开发的相关理论研究，鼓励结合我国人力资源现状提出有战略价值和指导意义的人力资源开发理论，鼓励针对我国的实际情况提出切实可行的人力资源开发形式，以此来提高我国人力资源开发的水平。

现在越来越多的国家认识到，没有法律和制度保证，教育培训就不可能有效落实。而教育培训作为社会发展战略的一个有机组成部分，正在被越来越多的国家纳入法制化与制度化的轨道。例如，美国教育培训的特点就是立法领先。早在1938年6月24日，总统颁布7916号行政命令，规定联邦文官委员会掌管联邦政府雇员训练事宜。此后，美国便不间断地出台各种有关教育培训的法案，使教育培训成为建立学习型组织的观念基础。[①] 我国也应该借鉴发达国家的做法，尽早进行教育、培训等相关的人力资源开发的法律制定，把人力资源开发纳入法制化和制度化的轨道上，为人力资源开发提供有力的支持和保证。

可以预见，在党中央的领导下，经过全党和全国人民的共同努力和开拓，我国人力资源开发的水平和效率一定会不断地提高，人力资源的巨大潜能也必将得到充分发挥。

---

① 参见李中斌：《论面向21世纪的人力资源开发》，《中国人力资源开发》2000年第3期。

【本章小结】

本章主要介绍了人力资源开发的概念、原理与方法，介绍了人力资源开发战略及其在组织管理中的价值与作用、人力资源开发战略的内容与实施，介绍了我国政府当前人力资源开发实践中面临的问题与对策。

第一，人力资源开发是一种与人力资源管理有所不同的领域，它在战略人力资源管理中具有十分重要的作用。人力资源开发是指，开发者通过学习、教育、培训、管理、文化制度建设等有效方式为实现一定的经济目标与发展战略，对既定的人力资源进行利用、塑造、改造与发展的活动。在这里，开发者可以是政府、机关、学校、团体、协会、私有机构、公共组织等，也可以是企业雇主、主管、个人、被开发者自我等。

第二，所谓人力资源开发战略，是指组织为了一定的组织目标，通过培训、职业开发、组织开发等多种形式，促进员工与组织的共同成长，提高组织绩效，进而实现组织的可持续发展的过程。

人力资源开发战略具有前瞻性、全局性、系统性、弹性与动态性等特点，人力资源开发战略的制定，有助于组织竞争力的增强、绩效的提高与持续的发展。

第三，人力资源开发原理，是指人力资源开发活动中，应该遵循的基本规律、基本原则与基本理论，其中，包括发展动力原理、素质开发原理与行为开发原理，一共 23 条。

第四，人力资源开发的方法包括自我开发、职业开发、管理开发与组织开发等不同类型。本章对于这些做了比较具体的分析。

第五，本章比较系统地分析了中国政府目前人力资源开发实践中面临的各种问题，并且结合问题的实质，提出了相关的思路与对策，认为目前中国政府的人力资源开发可以采取以下对策：

(1) 转变观念，把人力资源是第一资源的战略落在实处。树立起人的全面发展既是手段更是目的的观念。

(2) 继续实行“科教兴国”与“教育立国”战略，构建学习型社会。

(3) 加大对人力资源开发的投资力度，采用多种手段进行人力资源开发。

(4) 通过人力资源开发优化人力资源的配置结构。

(5) 改革不合理制度，完善劳动力市场体系，为人力资源开发和利用提供良好的环境。

(6) 建立人力资源开发管理机构，制定相关的法律法规，为人力资源开发提供组织支持和政治保障。

【复习思考题】

一、单选题

1. 在人力资源开发的概念中，当开发者为企业时，开发目的一般为（　　）。

A. 提高经营利润　　B. 力求发展

C. 提高全民素质　　D. 提高人的素质

2. 为改变某一种行为方式而进行的训练或激励活动属于人力资源开发中的（　　）。

A. 素质开发　　B. 群体开发　　C. 行为开发　　D. 组织开发

3. 用人单位对员工进行开发，前提是员工既有的知识、能力、经验、品性等，这体现了（　　）。

A. 开发的系统性　　B. 基础的存在性

C. 主客体的双重性　　D. 开发的动态性

4. 组织发展的核心资源是（　　）。

A. 人力资本资源　　B. 物力资本资源

C. 组织资本资源　　D. 社会资本资源

5. 人力资源开发的垂直一致是指（　　）。

A. 与外部环境一致　　B. 与其他员工一致

C. 与组织总体战略一致　　D. 与所有内在因素一致

6. 学习型组织最本质的特征是（　　）。

A. 持续发展　　B. 组织学习

C. 高度柔性　　D. 高度扁平化

7. 行为开发原理的作用机制是（　　）。

A. 对被开发者的行为进行激发与改变　　B. 运用与促进素质发展

C. 激发人的动机与欲望　　D. 监督与规范人的行为

8. “富集原理”属于人力资源开发原理中的哪一大类？（　　）

A. 素质开发原理　　B. 竞争开发原理

C. 动机开发原理　　D. 行为开发原理

9. 职业开发主要是通过什么开发形式来提高与培养员工人力资源？（　　）

A. 组织活动　　B. 管理活动　　C. 职业活动　　D. 团队活动

10. 卫生型工作设计的理论依据主要是（　　）。

A. 双因素理论　　B. 科学管理思想　　C. 人力工程学　　D. 人本主义

11.“台阶巡回实习法”属于哪种职业开发形式？(　　)

A. 工作扩大化　B. 工作专业化　C. 工作设计　D. 工作轮换

12. 人力资源开发必须随时根据环境及组织战略变化而做出响应，这体现了人力资源开发的(　　)。

A. 前瞻性　B. 全局性　C. 系统性　D. 动态性

13. 有利于培养员工纪律性、责任心与业务能力的组织发展阶段是(　　)。

A. 创业阶段　B. 规范化阶段　C. 衰退阶段　D. 膨胀阶段

14. 我国具有潜在比较优势的资源是(　　)。

A. 自然资源　B. 物质资源　C. 人力资源　D. 社会资源

15. 2010 年我国文盲人口仍有 5500 万左右，这体现了我国人力资源开发面临的什么问题？(　　)

A. 手段单一　B. 结构不合理　C. 任务繁重艰巨　D. 投入不足

二、多选题

1. 人力资源开发概念提出的理论背景有(　　)。

A. 资源基础理论　B. 学习理论　C. 绩效理论　D. 竞争理论

2. 人力资源开发的作用有(　　)。

A. 增强组织竞争力　B. 提升组织和个人绩效

C. 促进组织的可持续发展　D. 获取竞争优势

3. 人力资源开发的特点包括(　　)。

A. 开发的系统性　B. 基础的存在性

C. 效益的发散性　D. 开发的动态性

4. 人力资源开发的内容包括(　　)。

A. 管理活动　B. 人力资源哲学　C. 组织学习　D. 职业开发

5. 人力资源开发原理有(　　)。

A. 素质开发原理　B. 竞争开发原理

C. 动机开发原理　D. 行为开发原理

6. 人力资源开发的行为开发原理包括(　　)。

A. 需求导向原理　B. 利益对称原理

C. 信息催化原理　D. 竞争开发原理

7. 人力资源开发的方法有(　　)。

A. 自我开发　B. 职业开发　C. 管理开发　D. 组织开发

8. 自我开发的方法有(　　)。

A. 自我学习　B. 全面质量管理　C. 团队活动　D. 自我申报

9. 职业开发的主要形式有(　　)。

A. 工作扩大化　B. 工作专业化　C. 工作设计　D. 工作轮换

10. 组织开发的主要因素是(　　)。

A. 组织性质　B. 组织体制　C. 组织结构　D. 组织文化

11. 中国政府人力资源开发面临的问题包括(　　)。

A. 任务艰巨　B. 手段单一　C. 结构失衡　D. 投入不足

12. 中国政府人力资源开发的结构失衡问题主要表现在(　　)。

A. 整体素质过低　B. 城乡差距明显

C. 东西部地区差距明显　D. 不同层次人口差距明显

13. 中国政府人力资源开发的制度障碍主要表现在(　　)。

A. 人员流动障碍　B. 用人制度障碍

C. 分配考核制度障碍　D. 户籍制度障碍

14. 制约一个国家发展的三大战略资源是(　　)。

A. 自然资源　B. 物质资源　C. 人力资源　D. 社会资源

15. 我国与人力资源开发相关的国家战略是(　　)。

A. 科教兴国　B. 西部大开发　C. 人才强国　D. 中部崛起

三、简答题

1. 什么是人力资源开发？它具有哪些类型、特点与作用？

2. 什么是人力资源开发战略？试对本书人力资源开发战略的概念、提出背景、内容结构与实施步骤进行分析。

3. 试对各种人力资源开发的原理进行研究与比较。

4. 试对人力资源开发的各种方法进行研究与比较。

5. 中国政府目前人力资源开发实践中面临的问题是什么？试进行讨论与分析，并且提出相关的对策。

【案例与讨论】

我国党政领导人才开发的形式有哪些？

目前我国在加强党政领导人才队伍建设方面，逐步形成了一套干部培养开发的制度，具体包括干部交流、干部培训、博士团挂职锻炼、公开选拔等。

1. 干部交流

党政领导干部交流与公务员管理中的轮换含义相近，即对担任一定领导职务的人员根据工作需要有计划地安排职务轮换。领导干部交流一方面是出于提高其工作能力和综合素质的需要，另一方面也是出于勤政廉政工作的需要，通过岗位交流、职位轮换减少干部关系网的存在，有利于领导干部放手工作。从交流走向来说，既有纵向交流，即中央机关和国家部委的干部到地方任职以及地方干部到中央来任职，又有横向交流，即不同单位、不同地区之间的任职交流。从交流原因、目的来看，有培养锻炼性交流、回避性交流和任职期满交流。

(1) 培养锻炼性交流。这是党政领导干部交流的主要目的和形式，它是出于对干部使用和长远发展的考虑。对一部分政治素质较好、工作表现突出、能力较强、有较大发展潜力的领导干部，为扩大其视野、培养多方面工作能力、丰富管理经验、提高综合素质，根据其工作经历和能力特点情况，有针对性地安排他们到合适的部门、地区和岗位上去锻炼。

(2) 回避性交流。这是为了干部正常开展工作的需要，避免因亲属、地缘等关系而影响其正常行使领导权力和管理职能的一种交流形式，包括任职回避和地区回避两种。

(3) 任职期满交流。目前这种形式的交流对象主要是选任产生的党政领导干部，在任期制推行以后，期满交流的对象范围可以适当扩大。期满交流也有利于干部能力的全面发展和提高。它实际上也是干部岗位轮换的一种形式，通过交流，干部能在不同的地方、不同的岗位上得到锻炼，丰富了管理经验，培养了多种业务能力和工作能力，为干部成长提供了条件和机会。

2. 干部培训

党政领导干部的培训，是指党和国家为了提高党政领导干部的素质、能力，完善其知识结构以便更好地做好工作而有计划地对他们进行的培养、教育和训练活动。随着信息时代和知识经济的到来，经济全球化进程的不断加深，客观形势对我们领导干部的综合素质和文化知识结构提出了越来越高的要求，终身教育在个人的成长和发展中成为必不可少的事情。干部培训一般包括完善干部理论学习制度、举办各级领导干部进修班、出国培训或高校进修。

(1) 完善干部理论学习制度。加强领导干部的理论学习和考核工作，在年度考核、届中考核和届末考核的干部述职报告中同时要求述职，由考核组根据有关考核指标，按照目前党政领导干部理论学习的中心组学习、在职自学、党校脱产学习三种主要形式进行考核，并把理论学习考核成绩列入考核成绩中去。

(2) 举办各级领导干部进修班。各级党校、各地行政学院发挥干部教育培训基地的作用，针对不同层次的干部和不同的需要，分级分类培训，举办各种内容的进修班、培训班和专题研究班，在加强理论学习的同时，也加强党政领导干部经济管理、行政管理、金融财会知识、科学技术、法律知识、国防知识、外语水平等多方面的知识和能力的培养，提高干部的综合素质。

(3) 出国培训或高校进修。选拔接受新事物、学习新知识能力较强的年轻干部,根据工作需要和各自的知识结构、工作经历特点,可以安排到高校进修,主要是进行与本职工作相关的经济、管理、法律、科技等方面的专业知识性、学历教育性质的学习,或者是安排到经济文化发达的国家和地区考察学习当地的成功经验和先进技术,接触新的理念,以培养出一批高学历、高层次、眼界开阔的开放型人方。

3. 博士团挂职锻炼

博士团挂职锻炼,是近年来随着知识经济的到来,党政机关急需高层次的人才补充新鲜血液的形势下,逐渐发展起来的一种对后备干部培养开发的模式。即研究生在攻读博士学位期间,结合自己的专业特长到地方乡镇(局)或企事业单位挂职,担任乡镇(局)长助理、企业总经理助理、科技顾问等职务,在规定的期限内完成挂职单位和学校安排的工作任务。

参加挂职锻炼的博士生,一般都有正式职务的任命。正式任命职务的意义:一方面在于赋予博士生更为明确的责任,便于工作中的协调,培养博士生的全局意识,增加博士生的阅历;另一方面也在于拓展了博士生社会实践的内容,不仅综合了以往的社会实践形式,如参观、调查、咨询等,而且博士生可以利用自己的专业特长解决某一具体技术问题。他们不是被动地接受挂职锻炼单位交给的任务,而且是在此基础上主动去发现和解决问题;不仅靠自身一个人的努力,而且可以充分发挥挂职团队的力量,充分发挥导师、学校强大后盾的力量。最终目的是为我国开发培养一批理论与实践水平都很高的党政领导储备人才。

相对来说,传统的挂职锻炼能使干部实现从依附型人格向独立型人格的转变,由随大流到自主自立的转变。博士们通过在不同岗位上工作和实践锻炼,能够较快地适应不同岗位的需要,遇到岗位交流、职务变迁和面对新工作任务时,能够不畏难、不惧怕,始终保持乐观、进取、积极、探索的精神,能较快进入角色,打开局面,取得成效。特别是在机构改革之际和迎接市场经济的挑战中,能积极参与竞争,自力更生,发愤图强。

4. 公开选拔

公开选拔领导干部这一制度是我国党政人才培养开发的一项重大改革。所谓公开选拔领导干部制度,就是根据领导职位的条件要求,面向社会公开考试与考核,筛选出领导干部人选的制度。

公选制由于本身的结构所决定,既扩大了识人选人的视野,实现了择优选拔的重要功能,又避免了内部选拔的内生性弊端,把那些符合党政领导干部标准且最适合职位要求的优秀人才挑选出来。

讨论题:

1. 除上述介绍的党政领导干部的培养开发形式之外,国内外还有哪些形式值得我们借鉴,请具体介绍与比较。

2. 作为一种新的培养开发形式,你个人对博士团挂职锻炼有何看法?其特点和意义何在?

3. 结合工作实践与个人理解,具体评价这些培养开发党政干部的形式的可行性和可操作性,请对我国现行的党政领导干部开发方法提出自己的改革思路与新的方法。

【建议阅读文献】

1. 萧鸣政:《人力资源开发概论》,北京大学出版社2014年版。
2. 萧鸣政编著:《人力资源开发的理论与方法》,高等教育出版社2004年版。
3. 〔美〕理查德·斯旺森、埃尔伍德·霍尔顿三世:《人力资源开发效果评估》,陶娟译,中国人民大学出版社2008年版。
4. 肖鸣政:《对人力资源开发问题的系统思考》,《中国人力资源开发》1994年第6期。
5. 朱巧琳:《人力资源开发初探——兼与肖鸣政教授商榷》,《中国人力资源开发》1998年第9期。
6. 杨嵘均:《我国公共部门人力资源开发与管理的价值转型与制度设计——基于环境—价值—制度研究范式的探讨》,《中国行政管理》2014年第4期。
7. 周晓美:《我国政府的人才战略及人力资源开发初探》,《人力资源管理》2014年第1期。
8. 贺林均:《区域人力资源开发的系统性思考》,《商业时代》2013年第23期。
9. 袁本涛:《超越中等收入陷阱:韩国人力资源开发对中国的启示》,《高等工程教育》2012年第5期。
10. 宋美丽:《农村人力资源开发在解决"三农"问题中的作用分析》,《经济纵横》2012年第3期。
11. 陈辉:《人力资源开发的语用审视》,《理论探索》2012年第1期。
12. 张戌凡:《老年人力资源开发的结构动因、困境及消解思路》,《南京师大学报(社会科学版)》2011年第6期。
13. 杨新荣、南红娜:《人力资源开发的动力机制研究》,《中国人力资源开发》2010年第5期。

14. 陈辉、刘丽伟:《公共部门人力资源开发与管理价值基础分析》,《行政论坛》2010 年第 5 期。
15. 刘进才:《关于拓展人力资源开发内涵的思考》,《中国人力资源开发》2010 年第 12 期。
16. 李志刚:《基于系统视角的人力资源开发探析》,《科技管理研究》2010 年第 7 期。
17. 萧鸣政、王霄勇、李鑫:《科学发展观与人力资源开发》,《中国人力资源开发》2010 年第 4 期。
18. 马颂歌、欧阳忠明、黄健:《人力资源开发的经济学拓展与反思》,《山东社会科学》2010 年第 3 期。
19. 郑新成:《基于经济增长方式的人力资源开发浅析》,《特区经济》2010 年第 11 期。
20. 何辉:《战略视角下的人力资源开发》,《经济管理》2009 年第 3 期。
21. Gedro, Julie, "Recovered Alcoholics and Career Development: Implications for Human Resource Development", *Human Resource Development Quarterly*, Vol. 1, 2012.
22. Werner, J. M., "Human Resource Development not Equal Human Resource Management: So What Is It?" *Human Resource Development Quarterly*, Vol. 25, No. 2, 2014.
23. Veise, S. M., "The Effects of Human Resource Flexibility on Human Resources Development", *Management Science Letters*, Vol. 4, No. 8, 2014.
24. Delahaye, B., *Human Resource Development*, USA: Tilde Publishing, 2015.
25. Swanson, R. A., and E. F. Holton, *Foundations of Human Resource Development*, USA: Berrett-Koehler Publishers, 2001.
26. Gilley, J. W., S. A. Eggland, and A. M. Gilley, *Principles of Human Resource Development*, New Yorks: Basic Books, 2002.

第二部分 方法技术

第三章　工作分析、评价与分类

【教学目标与方法建议】

通过本章教学,应该掌握以下内容:

1. 正确理解工作分析与评价中的基本概念
2. 重点掌握工作分析与评价的基本方法
3. 掌握职位分类和品位分类的方法、特点以及优缺点
4. 了解我国公共部门的人员分类内容与方法。

教学方法建议:鉴于本章的内容比较具体,建议在课堂讲授过程中适当进行课堂练习和案例分析教学法。

工作分析、评价与分类是人力资源管理的基础,也人力资源管理中的一种基本方法与技术。在这一章中,我们将介绍工作分析、工作评价与工作分类的基本概念、基本方法及其在公共部门中的应用。

第一节　工作分析概述

工作分析是工作评价与分类的基础,也是整个人力资源管理与开发工作的基础。在这一节,我们主要介绍工作分析的概念、类型、内容与方法。

一、基本概念与相关术语

分析即把对象加以分解认识,并对其中一系列因素分门别类的过程。例如,化学分析用于了解物质的结构及其组成要素。工作分析有广义与狭义之分。广义的工作分析,是相对整个国家与社会范围内职位工作的分析。狭义的工作分析,又称职务分析,指分析者采用科学的手段或技术,全面了解特定职位的职责、责任和权限、与其他职位关系及任职者的资格条件的系统过程。本书的工作分析主要指后一种。

工作分析作为一种活动,其主体是工作分析者,客体是工作职位,对象是职位中的工作内容、工作责任、工作技能、工作强度、工作环境、工作心理以及职位

在组织中的运作关系。分析的结果是职务说明书。

工作的具体形式是职业、职务、职位、任务与要素,分析的具体行为形式是调查、研究、分解、比较、综合、分类、排序、评价、记录、说明与描述。工作分析活动的实质,就是要从不同个人职业生涯和职业活动的调查入手,顺次找出工作群、职务、职位、职责、任务与要素,并由此确定工作的内容范围、属性关系、繁简难易与所需的资格条件。

所谓要素,是指工作活动中不便再继续分解的最小单位。例如,速记人员速记时能正确书写各种速记符号、木工锯木头前从工具箱中拿出一把锯子等行为。

所谓任务,即工作活动中达到某一工作目的的要素集合。例如,打印一封英文信,打字员必须能够系统地操作以下四个要素:(1)熟悉每个英文单词;(2)在电脑中拼出相应的单词;(3)辨认与修改语法错误;(4)把电脑中拼写好的英文打印在纸上。换句话说,打印一封英文信这一任务,是上述四个工作要素的集合。

所谓职责,是指某人在某一方面担负的一项或多项相互联系的任务集合。例如,人事管理人员的职责之一是进行工资调查。这一职责由下列四个任务组成:设计调查问卷,把问卷发给调查对象,将结果表格化并加以解释,把调查结果反馈给调查对象等。

所谓职务,是指主要职责在重要性与数量上相当的一组职位的集合或统称。例如,某大学设两个领导,一个分管教学,另一个负责科研。显然就其工作内容来说,两个人的职责内容不尽相同。但就整个学校的经营管理来说,职责相当,少了谁也不行,谁也不比谁更重要。因此,这两个职位可以统称为“副校长”(职务)。

职位是指一定时期内某人所担负的一项或几项相互联系的职责集合。例如,办公室主任同时担负单位的人力调配、文书管理、日常行政事务处理等职责。在公共部门中,职位一般与职员对应,一个职位即一个人,职位的数量就等于其成员的数量。但在企业中,职位不一定与人员对应。岗位才与人员对应,一个职位可能包括数个岗位。

职位与职务、职能也不同。一般来说,一个职务下设一个或者数个职位,一项职能下设一个或者数个职务。例如,县政府中的副县长是一个职务,这个职务下设分管工业、农业、文化教育、卫生与计划生育等4—5个不同的副县长职位。

所谓职业,是指不同时间、不同组织中,工作要求相似或职责平行(相近、相当)的职位集合。例如,会计、工程师等,虽然第一线各单位的会计与工程师的具体工作内容与数量不尽相同,但他们彼此所担负的职责及对他们的任职要求却是相似的。

所谓职业生涯,是指一个人在其生活中所经历的一系列职位、职务或职业的集合或总称。

所谓职系,是指职责繁简难易、轻重大小及所需资格条件并不相同,但工作性质充分相似的所有职位集合。例如人事行政、社会行政、财税行政、保险行政等均各属于不同的职系。每个职系中的所有职位性质充分相似,而工作繁简难易、责任轻重以及任职资格要求并不相同。职系又叫职种,每个职系便是一个职位升迁的系统。

所谓职组,是指若干工作性质相近的所有职系的集合。前面提到的人事行政与社会行政可以并入普通行政职组,而财税行政与保险行政可以并入专业行政职组。职组又叫职群,它是工作分类中的一个辅助划分,并非工作评价中不可缺少的因素。

所谓职门,是指若干工作性质大致相近的所有的职组的集合。例如前面的人事行政、社会行政、财税行政与保险行政均可以并入同一个行政职门之下。职门、职组与职系是对工作的横向划分,而下面的职级与职等则是对工作的纵向划分。

所谓职级,是指同一职系中职责繁简、难易、轻重及任职条件十分相似的所有职位的集合。例如,中教一级的数学教师与小教高级的数学教师属于同一职级,一级语文教师与一级英语教师就中学来说,也属同一职级。

所谓职等,是指不同职系之间,职责的繁简、难易、轻重及任职条件要求充分相似的所有职位的集合。例如,大学讲师与研究所的助理研究员以及工厂的工程师,均属于同一职等。职级的划分在于同一性质工作程度差异的区分,形成职级系列。而职等的划分则是在于寻求不同性质工作之间的程度差异的比较或比较的共同点。因为不同职系系列之间的职级个数不一定相等,而且甲职级序列中的最高职级与乙职级序列中的最高职级,其困难程度也可能不等,因此职等的概念有助于这一问题的解决。

从人力资源管理中测评的角度来看,既要有对人的测评,又要有对事的测评。就人论人有时难以奏效,因而必须通过对事的分析或结合事的分析来测评人。换言之,无论是人员素质测评还是工作绩效考评,均离不开工作分析。我们往往需要通过工作分析来确定人员素质测评的内容与要求,通过工作分析与评价来确定绩效考评的内容与标准。

二、类型与流程

从目的上划分，工作分析有单一目的型与多重目的型两种。

单一目的型与多重目的型的工作分析，其主要区别在于细节和记录，获取与分析资料的手段与过程本质上是相同的。

比如，如果工作分析的目的只是提高甄选技能，则工作信息可以直接读入到一张简单设计的表格中。但是如果工作分析还想用于其他一些目的，如培训、安全计划等，工作分析表格就要设计得详细些，以便读出与其他目的相关的工作信息。

即使工作分析只有一个目的，记下所有的细节也是较为经济的，可以避免日后的重新研究。这一点在设计工作分析程序时就应予以考虑。

整个工作分析过程一般包括计划、设计、信息分析、结果表述与运用指导五个环节，具体见图 3-1-1。

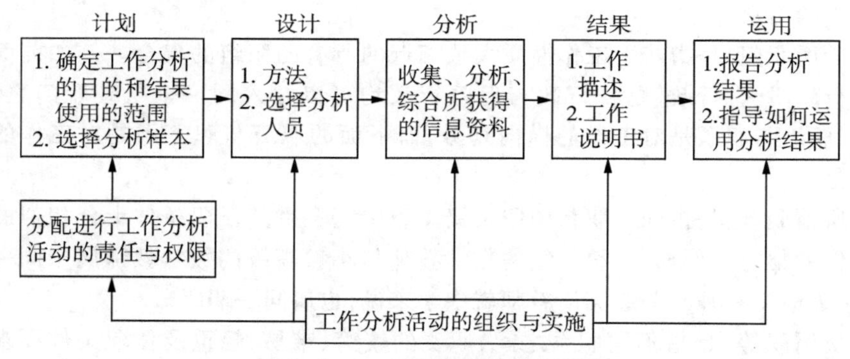

图 3-1-1　工作分析活动流程图

其中，计划与设计是基础，信息分析是关键，结果表述与运用是目的。

工作分析中的计划主要包括：

（1）确定工作分析的目的与结果使用的范围，明确所分析的资料到底用来干什么，解决什么管理问题；

（2）界定所要分析的信息内容与方式，预算分析的时间、费用与人力；

（3）组建工作分析小组，分配任务与权限。

工作分析中的设计主要包括：

（1）明确分析客体，选择分析样本，以保证分析样本的代表性与典型性；

（2）选择分析方法与人员，人员的选择主要由经验、专业知识与个性品质等来决定；

(3) 做好时间安排与制定分析标准;

(4) 选择信息来源。

工作分析中的信息分析包括对工作信息的调查收集、记录、描述、分析、比较、衡量、综合归纳与分类。

工作分析结果的表述有五种形式:

(1) 工作描述,主要是对工作环境、工作要素及其结构关系的说明;

(2) 工作说明书,主要是对某一职位或职位工作职责任务的说明;

(3) 工作规范,主要是对职位或职位内工作方式、内容与范围的说明,包括完成工作操作方式方法与工具设备、职位之间的相互工作关系,但不一定包括责任、权限与资格要求;

(4) 资格说明书,主要是对某一职位或职位任职资格的说明;

(5) 职务说明书,主要是对某一职务或某一职位工作职责权限及其任职资格等其他内容的全面说明。

工作分析结果的运用指导,主要包括对运用范围、原则与方法的规定。

工作分析结果的运用中,职位分类显得特别重要与具有基础性。所谓职位分类,就是将各职位按工作性质、责任轻重、繁简难易及所需人员的资格条件等因素划分为不同的类别和等级,为进行人力资源管理各项工作提供基础与依据。在工作分析结果的基础上,职位分类包括横向分类与纵向分类。横向分类就是根据职位工作性质的相似程度,将职位划分为不同职组与职系的过程。纵向分类就是根据职位工作量值的大小,将职位划分到不同职级与职等的过程。

三、工作分析的内容

(一) 职位责任

职位责任一般通过对不同任务进行简洁、明了与直观的描述来揭示,是工作分析内容的主要部分。

职位责任要对员工所做的每件事都要有所反映,并力求准确,而不是模棱两可或想当然的。最关键的是让每个人可以看懂并知道应该做什么、如何做,即使他没有见过这种工作。

(二) 资格条件

资格条件分析的内容包括:知识、工作经验、智力水平、技巧和准确性、体力要求。

1. 知识

知识包括职位工作过程中涉及的基础知识、专业知识与相关知识。知识是任职者开展工作、胜任职务的基础。

2. 工作经验

工作经验是指对设备、技能、熟练程度等的实践经验，这些经验是圆满完成工作所必需的。

3. 智力水平

智力水平涉及头脑反应、注意力集中程度与计划水平等方面。这种条件是基于工作调整和工作中可能遇到的紧急情况所需要的。智力水平大致有四种类型：

(1) 独创能力，即独立开创工作、独立做出判断、独立制订工作计划和创造新的工作方式的方法。

(2) 判断能力，即根据一系列原始材料，自己做出决策。

(3) 应变能力，这是处理突发事件所必备的能力，也要求工作人员在生产过程或人事管理中能做出适当的调整。

(4) 敏感能力，要求工作人员精力集中、避免工作失误或发生意外。

4. 技巧与准确性

技巧和准确性涉及工作要求的速度和精确程度所需要的手工或操作能力。这两个相关的因素有更为细致的区别：

(1) 技巧与要求的速度、及时性、敏捷程度等与其他器官的反应有关。速度可有多种表达方式，如一分钟可打 50 个字。技巧的其他测量方法并不直接用数量表示，而是对工作者的敏捷行动的种类和程度的描述。

(2) 准确性指工作成果或者调配设备的精确程度。通常用允许范围内的误差的明确术语来表达准确性，如 1% 的错别字，±0.005 cm。

5. 体力要求

体力要求是指工作本身对工作人员的体力方面的压力。这与工作本身相联系，而不包括个人出于自愿的表现，也不包括偶然性的指派，如替人值班等。

体力要求由体力活动的频率和剧烈程度来衡量。频率可表述为一天或一小时几次、一天几小时；剧烈程度可由提、举、推、拉的最大重量或某一器官需要付出的数量，或跳、跑、爬等身体运动程度来衡量。

体力要求可用语言简单表述，或者根据一个或多个参数体系来表述。

一种观点认为，体力要求要用什么类型的残疾可以、什么样的残疾不可以来表述。

另一种观点则认为，工作的体力要求应通过观察予以客观的描述，而什么样的人可以雇用应归入医学问题。

分析体力时应当考虑到下列活动的要求：

行走	下跪	手触
平衡	坐	感觉
爬行	传递	手势
攀援	举起	谈话
站立	携带	听取
转身	投掷	观察
弯曲	推进	工作速度
伸展	拉回	休息

（三）工作环境与危险性

工作环境和危险性是指完成工作任务时的特定环境及危险性。这两个因素有密切联系,但要分别予以考虑。

1. 工作环境

工作环境不能由工作人员自由支配,工作环境会影响到工作人员的体力或脑力健康,工作环境决定工作所需要的特定的人。

在工作评价系统中,工作环境作为可补偿因素来考虑。分析工作环境时,应当首先分析环境的性质及其对工作人员的影响。信息记录应当用简单的语言、叙事的体裁和方便的检查表的方式。

分析环境要考虑到以下因素：

室内	整洁程度	位置高低
室外	气味	日晒
炎热	噪音	刺激性危险
寒冷	充足的阳光	爆炸
温度骤变	通风良好	紫外线辐射
湿度	变化	与其他人合作
干旱	机器损伤	体力
阴冷	移动物品	尘埃
时间限制	单独工作	

2. 危险性

危险性是指体力活动或工作环境对工作人员可能产生的危害。它包括身体损伤和职业病。应当首先分析工作人员会受到什么损伤,然后分析发生损伤的可能性以及严重程度。损伤要用叙事体记录或检查表方式。

分析危险性时要考虑下列因素：

砍伤	摔伤	烧伤
扭伤	疝气	骨折
残废	听力失真	视力衰弱
职业病	心理压力	过度刺激
突然死亡		

第二节　工作分析的方法

工作分析内容确定之后，就应该选择适当的分析方法与工具了。

工作分析的方法分类，依照不同的标准有不同的形式。依照功用划分有基本方法与非基本方法；按照分析内容的确定程度划分，有结构性分析与非结构性分析方法；依据对象划分，有任务分析、人员分析与方法分析；依照基本方式划分，有观察法、写实法与调查法等。

一、基本分析方法

（一）观察分析法

所谓观察分析法，一般是由有经验的人，通过直接观察的方法，记录某一时期内工作的内容、形式和方法，并在此基础上分析有关的工作因素、达到分析目的的一种活动。这种观察通常是一种隐蔽性的观察。为了提高观察分析的效率，所有重要的工作内容与形式都要记录下来，而且应选择几个对象在不同的时间内进行观察。因为同样的工作任务不同的工作者会表现出不同的行为方式，平衡后，有助于消除分析者对工作行为方式上的偏见。对于同一工作者在不同时间与空间的观察分析，也有助于消除工作情景与时间上的偏差。

一般来说，观察分析适用于短时期的外显行为特征的分析，并不适合于长时间的心理素质的分析。

观察分析法有时要求与工作表演法结合进行。观察分析法一般是以标准格式记录观察到的结果。

（二）主管人员分析法

这种方法是由主管人员通过日常的管理权力来记录与分析所管辖人员的工作的任务、责任与要求等因素。

该方法的理论依据是，主管人员对这些工作有相当深刻的了解。许多主管人员以前也曾做过这些工作,因此他们对被分析的工作有双重的理解,对职位所要求的工作技能的鉴别与确定非常内行。但主管人员的分析中也许存在一些偏见,尤其是那些只做过其中部分工作而不全面了解的人。一般来说,主管此时往往偏重于他所做过的那部分工作。如果采取与工作者自我记录法相结合的方法,这种偏差就可以得到有效的消除。

(三) 访谈分析法

对于许多工作,分析者不可能实际去做(如省长的工作)或者不可能去现场观察或难以观察到(如计算机编程师的工作)。在这种情况下,就必须访问工作者,了解他们所做的工作内容、为什么这样做与怎样做,由此获得工作分析的资料。访谈的对象可以是工作者,也可以是主管人员。

访谈分析法既适用于短时间的生理特征的分析,又适用于长时间的心理特征的分析。访谈者必须精心准备他们的访谈计划。一般来说,记录应采取标准的形式,这样便于归纳与比较,并限制在与工作有关的范围内。

(四) 纪实分析法

这是通过对实际工作内容与过程的如实记录,达到工作分析目的的一种方法。(如表 3-2-1 所示)

表 3-2-1 纪实性工作分析表实例

机构名称:办公室　　职位:办公室主任
编制:3 人,主任 1 人、打字员 1 人、办事员 1 人

花费时间(分钟)		工作活动内容	任务完成量	备注
开始	延续			
8:00	5	打电话到销售科	1	
8:05	2	接电话	1	
8:07	4	帮办事员登记材料	2 份	
8:11	4	帮办事员校对	5 页	
8:15	4	准备广告材料	1 页	
8:19	1	接张厂长电话	1	
8:20	1	接李厂长电话,要一信件	1	
8:21	6	和办事员商议工作	1	
8:27	5	找李厂长要的信	1	
8:32	5	安排当天的工作	1	
8:37	3	找王科长	1	
8:40	4	找肖工程师	1	
8:44	1	送李厂长所要的信	1	
8:45	2	为张厂长打文件	1	

续表

花费时间(分钟)		工作活动内容	任务完成量	备注
开始	延续			
8:47	13	同张厂长商量,布置简报	1	
9:00	2	开始复印李厂长的材料	0	
9:02	10	把张厂长材料归档	3	
9:12	4	继续复印材料	0	
9:16	5	同李厂长商议工作	1	
9:21	2	给办事员布置复印任务	1	
9:23	9	继续复印	2	
9:32	8	分发信件	5	
9:40	15	继续复印	2	
9:55	10	整理档案材料	4	
10:05	11	印完复印品	200 份	
10:16	2	将复印材料交办事员装订	1	
10:18	9	打电话和协作厂联系	1	
10:27	2	接张厂长电话	1	
10:29	3	欢迎参观者,并把他们送到张厂长处	2 人	
10:32	2	打电话到车间	1	
10:34		略		

注:这是一个小厂办公室主任的工作写实片段。

在大量的事情记录下来之后,就可以按照它们所描述的内容进行归类(如表 3-2-2 所示),最后就会对实际工作的要求有一个非常清楚的了解,从而有助于我们对工作的全面理解。

表 3-2-2 纪实分析汇总表

事件类别	花费时间(分钟)	发生次数
打字、复印、装订等	41	5
电话	22	8
寻找档案等	28	5
接受指令等	18	2
发出指令和计划	13	4
处理来信文件	8	1
帮办事员工作	8	2
找人	7	2
写材料	4	1
欢迎参观者	3	1
总　计	152	31

当记录者与被记录者合二为一时,观察或者自我反省记录的过程就成为工作者自我记录分析法。

这种方法一般由工作者本人按标准格式,例如工作日志的形式,及时详细地记录自己的工作内容与感受,然后在此基础上进行综合分析。现实中多采取“工作日志”的形式。①

(五)问卷调查分析法

工作分析中最通用的一种方法,就是采用问卷来获取工作分析的信息,实现工作分析的目的。问卷有通信问卷与非通信的集体问卷、检核表问卷与非检核表问卷、标准化问卷与非标准化问卷、封闭性问卷与开放性问卷之分。

二、任务分析技术

所谓任务,一般指工作过程中那些相对独立的基本活动单位,例如秘书工作中的听写、速记、打字等。这些工作活动具有以下特点:

(1)与自身职责直接相关;

(2)有开始与结束以及完整而独立的活动过程;

(3)不宜再作分解,否则无实际工作意义。

(一)任务分析的概念

任务分析指工作分析者借助一定的手段与方法(基本的工作分析方法与工具),对整个职位的各种工作任务进行分析分解,寻找出构成整个职位工作的各种要素及其关系与工作要求,达成工作分析目的的相关活动。

(二)任务分析的方法

任务分析的基本方法与工具有以下五种:

(1)决策表。一般是先把工作活动中的条件与行动相互区分开来,然后根据不同条件选择相应的行动对策,并且以表格的方式揭示出来。②

(2)流程图,又称之为逻辑树。以工作活动流程图的形式来揭示工作任务的操作要素与流向。

(3)语句描述。通过语言形式来揭示工作任务中的要素、关系及其运作要求。例如:劝说上访人员回去工作,前一半为工作内容,后一半为工作目标。

---

① 参见萧鸣政编著:《工作分析的方法与技术(第5版)》,中国人民大学出版社2018年版,第81页。

② 参见具体表格形式可以参考萧鸣政编著:《工作分析的方法与技术(第5版)》,中国人民大学出版社2018年版,第115页。

语句描述要注意：

第一，尽量用主动句式。

主动句式结构为：行动者——行为——行为目标

例1：复印结束后工具被工作员清洁。（错）

例2：复印后再清洁工具。（正）

第二，一项任务叙述中，只能包含一个行动和一个目标。

例3：检查信件、报告、包裹。（错）

例4：检查信件，检查包裹。（正）

第三，尽量用定量化语句。

例5：推走装载好的车。（差）

例6：推走载有50—250 kg货的手推车。（好）

(4) 时间列形式。依据工作时间长短与顺序来揭示整个工作过程中各种任务的轻重与关系的形式。

(5) 任务清单。把职位工作活动中所有的任务逐个列出，让被调查的人选择并标明前后顺序、重要程度或困难程度等。

(三) 方法比较与应用

上述五种方法中哪些形式特别适用于那些有逻辑顺序关系职位的任务分析，哪些不怎么适合？

一般来说，前两种方法比较适合那些任务之间存在前后顺序或逻辑关系的流水作业职位任务分析，而后三种方法比较适合那些缺乏逻辑关系与顺序关系的职位任务分析。

三、人员分析技术

这里的人员是指担任一定工作的人，是工作中的“人”。

所谓人员分析即任职资格分析，就是通过一定的方法寻求那些足以保证人们成功地从事某项工作的知识、能力、技能和其他个性特征因素。

(1) 知识，一般指可直接应用于完成工作任务的信息体系；

(2) 技能，一般指从事某项工作表现出的熟练技艺；

(3) 能力，一般指从事某项工作的能量、经验与水平；

(4) 其他个性特征因素，一般指从事某项工作所表现出的品性、态度与兴趣等。

（一）人员分析途径与步骤

1. 途径

人员分析的途径大致有两个：一是职位定位，即通过对职位工作任务的要求分析来确定任职资格；二是人员定位，即通过对任职者行为活动及其成效的分析概括出任职资格。两者的模式如图3－2－1与图3－2－2所示。

2. 步骤

职位定位分析步骤大致如下：

（1）分析职位工作描述中的框架要求；

（2）把这些要求与知识、技能、能力及其他个性特征因素加以对照与比较；

（3）在综合（1）、（2）两项工作的基础上，确定任职资格要求；

（4）考虑工作中所运用的工具、信息采集量、数据分析方法等因素，对（3）获得的结果进行修正。

人员定位分析步骤大致如下：

（1）分析职位任职者的工作行为特征；

（2）寻找各职位工作的公共素质要求；

（3）分析特定职位工作成功的因素；

（4）根据（2）、（3）确定任职资格。

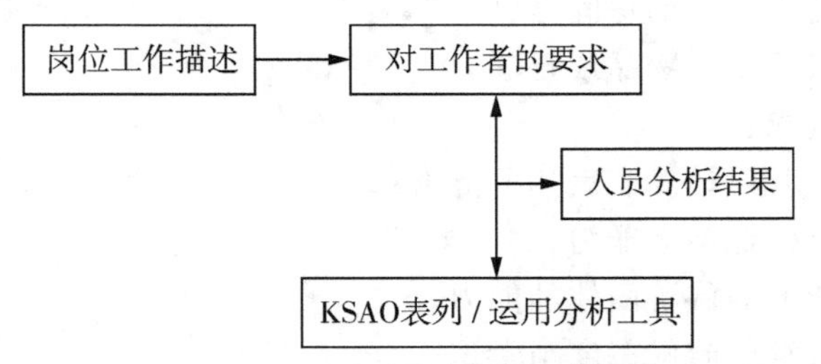

图3－2－1　职位定位分析模式

注：KSAO是人力资源管理中对员工职业岗位资质的描述模型。其中，K（knowledge）是指执行某项工作任务需要的具体信息、专业知识、岗位知识；S（skill）是指在工作中运用某种工具或操作某种设备以及完成某项具体工作任务的熟练程度，包括实际的工作技巧和经验；A（ability）包括人的能力和素质，如空间感、反应速度、耐久力、逻辑思维能力、学习能力、观察能力、解决问题的能力、基本的表达能力等内容；O（others）主要是指有效完成某一工作需要的其他个性特质，包括对员工的工作要求、工作态度、人格个性以及其他特殊要求。KSAO四个内容一般通过正规的学校教育、在职培训或者工作实践积累获得。

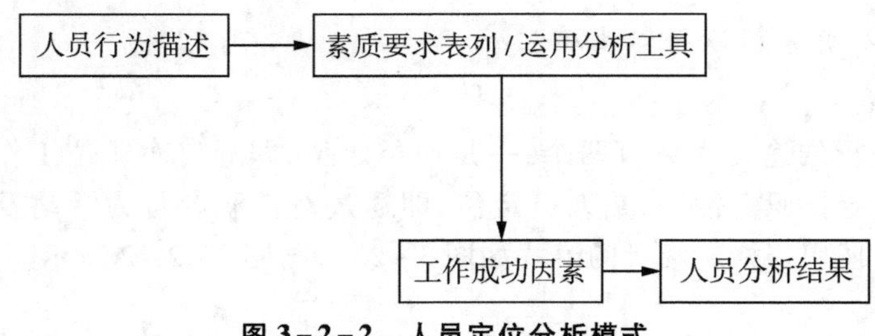

图3-2-2　人员定位分析模式

3. 实例

下面是有关旅馆、饭店接待员分析的示例。

(1)工作任务:处理客人到达时的问题。

(2)任务要素:

开、关车门;

帮助旅客上下车;

问候客人;

开、关旅馆门;

把行李运到前厅;

随客人到服务台;

标明行李运到的房间号;

储存较贵重的物品或行李。

(3) 素质要求:

理解、读写、计算和表达的能力;

快而有效地搬运能力;

处理较大的旅游团体的能力;

表示敬意的问候态度与常识;

旅馆及其环境分布与功能知识;

旅馆及房间设备的知识;

登记的程序知识;

团体到达的步骤(会打来电话,其中有旅游公司介绍);

敏捷;

热情。

请根据上述任务要素与工作行为要素的分析确定接待员的任职资格要求。

(二) 人员分析方法与技术

人员分析中常见的方法与技术除第四章第二节介绍的人力资源规划进程

与方法的内容外,大致还有以下几种:

1. 职能工作分析法

职能工作分析法(Functional Job Analysis,FJA)又可称之为功能性职位分析法,它是美国培训与职业服务中心(U. S. Training and Employment Service)开发的一种以工作为中心的职位分析方法。它是以员工所需发挥的功能与应尽的职责为核心,列出需要收集与分析的信息类别,使用标准化的陈述和术语来描述工作内容。

FJA 依据的理论基础是共同的人与工作关系理论。简而言之,这一理论认为所有工作都涉及任职者与信息、人、事三者的关系。通过职位任职者与信息、人、事发生关系时的工作行为,可以反映工作的特征、工作的任务和人员的职能。信息、人、事三个关键性要素是这样定义的:(1)信息:指与人、事相关的信息、知识、概念,可以通过观察、调查、想象、思考分析获得,具体包括数字、符号、思想、概念、口语等;(2)人:指人或者有独立意义的动作,这些动作在工作中的作用相当于人;(3)事:指人控制无生命物质的活动特征,这些活动的性质可以用物质本身的特征反映出来。

2. 关键事件技术

关键事件技术(CIT)是用以识别各种工作环境下工作绩效的关键性因素的一种工作分析技术方法,是福莱诺格(Flanagan)1949 年在《人事评价的一种新途径》一书中提到的方法。通过关键事件技术,可以从行为的角度系统地观察和描述实际职位的绩效和行为。这是 20 世纪 40 年代兴起的一种技术手段,目前在心理学、人力资源管理等许多领域得到广泛应用。关键事件技术集中关注关键的事件,来解释深入的基本问题。不管是采用问卷调查还是深入访谈作为主要的资料收集工具,其主要目的都是为了寻找激发重大事件的关键因素。关键事件技术要求以书面的形式至少描述出 6 个月或者 12 个月内能观察到的五个关键事件,并分别说明杰出的任职者和不称职的任职者在这些典型事件中是如何处理的。

这种工作分析方法主要是鉴别出可以用来区分业绩好(或满意)的员工和业绩差(或不满意)的员工的关键事件。这种方法的理论基础是,每种工作中都有一些关键事件,业绩好的员工在这些事件上表现出色,而业绩差的员工则正好相反。在使用这种方法时,工作分析专家采访目标岗位的任职者或其直接上级,鉴别出一系列的关键事件。在访谈过程中,通过询问关键事件的起因及任职者采用的解决方法,确定本项工作所需的知识、技能、能力。

3. 工作因素法

1935 年,RCA 公司中以奎克(J. H. Quick)和科勒(R. E. Kohler)为首的一组

工业工程师在费城地区的许多工厂内从事广泛的研究与实验，研究创立了“工作因素法”（Work Factors，简称 WF 法），此法根据身体使用部位、运动距离、重量或阻力、人力的控制四个要素，订制出细微准确的时间表，这是迄今为止最准确的测时方法。

所谓工作因素法，就是把身体分为七部分，以各部分的运动为中心，分析到细小的单位，然后从工作因素动作时间标准表中查出相应的时间，据此算出作业时间的方法。

（三）人员分析与任务分析比较

人员分析与任务分析相比，既有区别又有联系。两者的目的一致，但侧重点与出发点不同。两者的区别具体表现在以下几个方面：

（1）出发点不同：任务分析从职位工作描述出发，而人员分析是从工作者行为描述出发。

（2）依据不同：任务分析认为工作活动的内容与职位工作要求相一致，而人员分析认为，人员工作行为与职位工作要求相一致。

（3）分析过程不同：任务分析是从定性描述到定量评价，而人员分析是从定量描述到定性描述。

（4）分析结果的内容与表述形式不同：任务分析的结果主要是有关工作职责、工作数量与工作质量要求的内容，而人员分析的结果主要是有关工作者任职资格的内容。

四、方法分析技术①

方法是指工作过程中所采用的各种方式、程序与手段。方法分析中的“方法”与上述一般“方法”有所不同。

方法分析在这里指过程分析或程序分析，它是以整个工作过程为分析对象的，是在作静态的任务步骤等要素分析的基础上再作动态分析，以便寻求改进工作流程、提高工作效率与效果的优化方法。

（一）概述

方法分析一般是通过系统地观察、记录与分析现有的工作过程，发现存在的问题并提出最优的运作方式。方法分析主要包括以下几方面的内容：

（1）工作过程中有没有不合理、不经济的行为与环节；

---

① 参见萧鸣政编著：《工作分析的方法与技术（第 5 版）》，中国人民大学出版社 2018 年版，第 172—205 页。

(2) 工作过程中有没有不合理、不经济的分工与协作;

(3) 工作过程中人、事、物三者之间有没有不合理、不经济与不均匀的现象;

(4) 工作过程中的人有没有充分发挥他的主动性与创造性,在哪些环节上没有。

(二) 分析技术

1. 问题分析

问题分析常用于工作要素与流程分析,有五个操作步骤:

(1) 目的分析。这一步是消除工作中不必要的环节,一般分析以下几个问题:实际做了什么?为什么要做?该环节是否真的必要?应该做什么?

(2) 地点分析。这一步是尽可能合并相关的工作活动,需要分析的问题是:在什么地方做这项活动?为何在该处做?可否在别处做?应当在何处做?

(3) 顺序分析。这一步的目的是尽可能使工作活动的顺序更为合理有效,需要分析的问题是:何时做?为何在此时做?可否在其他时间做?应当在何时做?

(4) 人员分析。这一步的目的是分析人员匹配的合理性,需要分析的问题有:谁做?为何由此人做?可否让其他人做?应当由谁来做?

(5) 方法分析。这一步需要分析的问题有:现在如何做?为何这样做?可否用其他方法做?应当用什么方法来做?

一般来说,通过上述五个方面的分析,可以消除工作过程中多余的工作环节,合并同类,使工作流程更为经济、合理和简便,从而提高工作效率。

2. 有效工时利用率分析

有效工时利用率,是指在工作日内完全用于实际工作并能创造出实际价值的工时与制度工时之比,或指工作日内净工作时间与制度工作日时间之比,以百分率表示:

$$\text{有效工时利用率}=\frac{\text{制度工时}-\text{停工工时}-\text{非工作工时}-\text{休息与生理需要工时}}{\text{制度工时}}\times 100\%$$

有效工时利用率的分析揭示了整个工作过程组织的合理性与有效性,可以由此明确哪些工时消耗是必需的、有效的,哪些工时消耗是不合理与无效的,从而更加充分合理地利用工作时间,克服时间上的浪费现象,挖掘工作潜力,改进工作方法,提高工作效率。

制度工时是国家规定的工时;停工工时指职工在规定的工作小时内由于某

种原因(如检修设备)未能工作的工时与职工停工后被调做其他非本职工作或非生产性工作的工时数;非工作工时指工作者用于做那些工作任务以外的工作所消耗的时间;休息与生理需要工时指午休、工间休、喝水、吃饭、上厕所等时间。

工作时间指直接用于完成工作的时间;必要工作时间指布置与维护职位工作的时间;准备结束时间指为完成工作任务而事前进行准备所消耗的时间;损失时间指由于自己行为不当、管理者管理不善或工作因故而停顿造成的时间消耗。

上述时间中,工作时间、必要工作时间与准备结束工作时间均为净劳动时间,而休息与生理需要时间、非工作时间与损失时间均为无效劳动时间。

有效工时利用率测定方法一般有工作日写实法与推算工时法两种。一般流动性较大的工作是根据月、季、年总工作量来推算,而稳定职位则采用工作日写实法。

3. 优选法分析

优选法是通过对各项工作任务作不同的排列与组合,寻找最佳操作方式,是节约时间、提高效率的一种方法分析。其操作步骤如下:

(1) 做好第一个流向图;

(2) 检查所做的流向图是否最优;

(3) 把流向图调整为最优。

第三节 工作评价

工作评价是指对工作的价值进行评价,其目的主要是建立组织内职位价值序列以及设计薪酬体系。管理实践中工作评价和工作分析紧密相关。工作分析活动中有工作评价,工作评价活动中也少不了工作分析。任何一种工作分析都是在一定价值观下的分析活动,摆脱不了工作评价的影响;而任何一种工作评价都是针对一定事实的评价,离不开工作分析。类似于寻求解决工作的职责是什么、权限是什么以及工作者任职资格是什么等问题的活动,属于工作分析的范畴;而类似于寻求解决工作职责大小程度如何、工作重要程度如何等问题的活动,属于工作评价的范畴。

一、工作评价的意义及作用

在人力资源管理体系中,工作评价起着较为重要的承上启下的作用。首先,工作评价展示了组织、战略认可的薪酬因素,从而实现了组织战略与薪酬体系的有效衔接,对组织发展提供了明确的操作导向;其次,工作评价是组织建立内在职位序列和薪酬体系的基础性工具,是薪酬体系"内部一致性"的集中表现;另外,工作评价的操作过程本身就是组织和员工建立良好、明确的心理契约的途径,同时有效传导了组织对员工在工作职责、能力要求等方面的期望。见图 3-3-1。

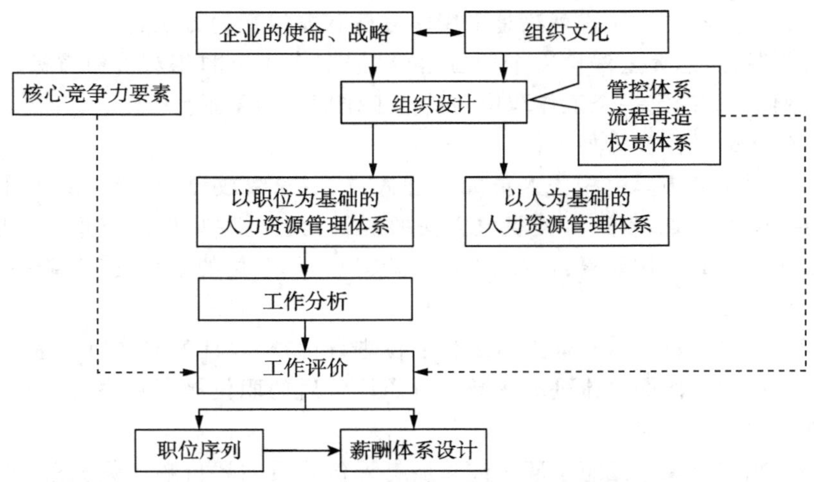

图 3-3-1　工作评价在战略、组织、人力资源管理中的地位

资料来源:彭剑锋主编:《人力资源管理概论》,复旦大学出版社 2018 年版,第 205 页。

二、工作评价的特点

工作评价具有以下几个特点:

(1) 工作评价是对性质基本相同的工作职位进行评判,最后按评价结果,划分出不同的等级。

(2) 工作评价的中心是客观存在的"事",而不是现有的工作人员。以"人"为对象的评比、衡量、评价,属于评价、测评的范畴,而工作评价虽然也会涉及工作者,但它是以工作职位为对象,即以工作者所担负的工作任务为对象所进行的客观评比和估价。

(3) 工作评价是衡量组织内各类工作职位的相对价值的过程。在工作评价过程中,根据预先确定的评价标准,对工作的主要影响因素逐一进行评比、估价,由此得出各个工作职位的量值。

三、工作评价的方法

工作评价方法发展至今，大概有上百种的方法，在欧洲，被广泛使用的工作评价方法就有超过100种①，下面对目前流行的一些工作评价方法做一简单介绍。

（一）排列法

排列法（Ranking）是一种最为简单、最易操作的工作评价方法，也是较早使用的非分析方法之一。排列法是采用非分析和非定量的方法，由评价人员凭着自己的判断，从总体上评价每个职位，再根据工作职位的相对价值按高低次序进行排列，从而确定一个工作职位与其他工作职位的关系。

排列法的操作步骤如下：

（1）职位分析。由相关人员如管理人员、专家组成评价小组，对工作职位情况进行全面调查，收集有关职位方面的资料、数据，并写出调查报告，其中要特别说明基本的工作要素：任务、责任、与其他工作职位的联系、工作条件、技能和能力要求等。

（2）职位比较。从总体上对工作职位进行比较，并且确定排列顺序。

（3）标记工作职位排列顺序数。按照评价后的职位排列顺序，标明每个职位的顺序数。

（4）职位定级。把每个职位经过所有评价人员的评价顺序数汇总，所得序号数总和除以评价人数即得到每一职位的平均顺序数。最后，按平均序数的大小，由小到大评价出职位的相对价值的次序并且归入相应的等级中。

（二）分类归级法

分类归级法（Classification）是排列法的改革，又称分类法。它是在职位分析基础上，采用一定的科学方法，按职位的工作性质、特征、繁简难易程度、工作责任大小和人员必须具备的资格条件，对全部职位所进行的多层次的划分，即先确定等级结构，然后再根据工作内容对工作职位进行分类归级。

分类归级法的操作流程见图3－3－2。

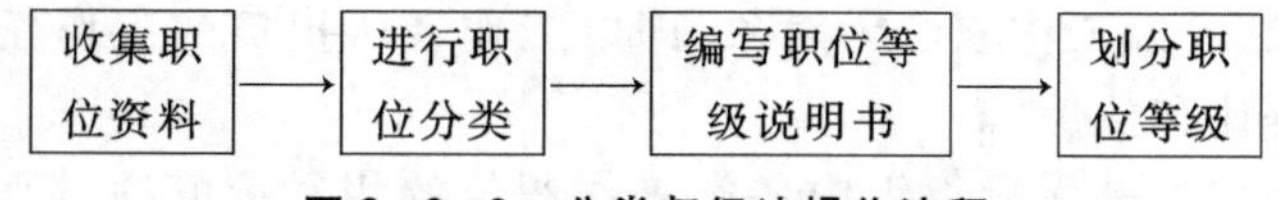

图3－3－2　分类归级法操作流程

---

①　参见 Frans Poels, *Job Evaluation and Remuneration Strategies: How to Set up and Run an Effective System*, London: K. Page, 1997, p.69。

(1) 收集职位资料:为了划分职位的等级,必须掌握每一职位的详细资料。每一个职位有关工作任务和责任的说明材料应事先准备出来。在评价要素确定之后,有关这些评价要素的职位说明材料也应该准备好。不同性质的组织,影响职位重要程度的因素也不同。美国联邦政府就以下面的八大因素来评价职位的重要程度:第一,工作的难度与多样性;第二,监督他人和被监督的程度;第三,判断力的运用程度;第四,需要创造力的程度;第五,工作关系类型;第六,职责;第七,经验;第八,所需知识。

(2) 进行职位分类分等:在收集了必要的工作职位概要和其他有关资料的基础上,将各个职位划分为职务群,然后将职务群划分为职务系列,之后再将职务系列进一步划分为职位等级。当工作任务、工作要求、工作责任与工作贡献大体相当时,所有这些职位就可使用相同的等级序号,它们将被纳入同样的人事管理目标之中,包括支付大体相当的工资。

上述工作完成后,应该准备一套总体职位等级说明或者职位等级概要。对于每一个等级都应编写一个简要的说明,以便为具体决定把某一职位划入某一等级提供指导标准。

职位分类等级表的设计,要保证能容纳被评价的所有职位。一般来说,设置 7—14 个等级即可适应大多数组织的工作职位。当然,不同职务类别在等级数目上可能是不同的,如管理职务可设 13 个等级,专业技术职务可设 11 个等级。

(3) 编写职位等级说明:即对所分的等级进行概念性的明确描述,这是一项艰难复杂工作,职位等级说明书中应该包括工作的任务、类型和特点。例如,"直接监督之下从事办公室、经营或财务方面的简单例行工作","在一般监督之下,在经营或专业技术领域从事困难的、负有责任的工作,要求受过相当的训练,具有专业方面的广泛的工作知识和经验,在局部领域运用独立的判断从事工作"①。

(4) 划分职位等级:在职位等级数目和说明准备好之后,应把机构内部所有的职位划入适当等级之中。可以把职位工作概要与职位等级说明进行对比,以区分哪一个职位进入哪一个等级比较合适。为了公平起见,专设的委员会可以监督这一划分等级的过程。或者由人事部门的工作职位分析专家把工作职位划入相应的等级,而由委员会专门处理比较复杂的问题和划分过程中人们反映不公平的问题。

---

① 彭剑锋主编:《人力资源管理概论》,复旦大学出版社 2018 年版,第 210 页。

分类法在进行等级定义时,参考了指定的工作因素,因此,比分级法更准确、客观。由于分类法相对简单,所需要的费用也相对较少。分类法比较适用于职位内容变化不大的组织,特别流行于公共部门。如美国、加拿大等国的政府公共部门的职位评价用的就是分类法。

分类法的缺点是,在职位多样化的复杂组织中,很难建立起通用的职位等级说明和定义。首先,职位等级描述留下的自由发挥的空间太大,很容易出现范围过宽或者是范围过窄的情形,结果导致一些新的职位或者调整后的职位只能硬性塞入同一职位评价系统中去;其次,分类法也不能排除这样一种可能,即有人试图通过修改或者歪曲职位描述来达到操纵工作评价结果的目的;再次,分类法对工作要求的说明比较复杂,对组织变革的反应也不太敏感;最后,与分级法一样,分类法很难说明不同等级的工作之间的价值差距到底有多大。

(三)评分法

许多学者认为评分法(Point-factor System)是目前为止所有评价方法中最盛行的一种评价方法。这种方法简单而言,就是将职位评价内容细分为一系列的评价因素与分数,如工作知识、技能、责任、工作复杂度、工作环境等,然后分别评价每一个职位,再将各个因素得分予以加总,即获得该职位工作的价值。其操作步骤为:

(1)准备一个评价方案。列出一系列界定清楚的评价因素和因素权数,确定用来划定职位等级的点数范围。这一步骤又可分为:选择和定义评价因素;将评价因素分为不同的等级;权衡不同因素的重要性;给每个因素等级确定分数;对评价方案进行验证。

(2)参考步骤一制订出的方案来划定职位等级。评价人员参照评价方案的标准,对每个职位打分,加总出职位的总分。当所有的职位都已评价完毕,并且判定了分数以后,就按分数的多少排列出来,得出一个职位等级结构。

(四)要素比较法

要素比较法(Factor Comparison Method)起初只是评分法的一个分支,当 E. J. 本基(Benge)和他的助手们在 1926 年发明要素比较法的早期形式时,他们只是试图对评分法加以改进。① 在某种意义上可以说,它是综合排列法和评分法特征的一种混合方法,基本做法是先选择若干标准职位,比较确定若干共有的基本评价要素,然后将其他职位与之比较,确定其价值与等级。操作步骤如下:

① 参见国际劳工组织编:《岗位评价》,芮立新、朱振国译,中国劳动出版社 1993 年版,第 52 页。

(1) 取得工作资料。编写工作说明书与工作规范,并选定薪酬要素。

(2) 选择较重要的标准职位。由委员会选出15—25种工作职权与薪酬二者关系合理的职位作为标准职位,这些职位的等级应该是明显的,或按为大家所公认的顺序排列。

(3) 分析标准职位,找出它们的公共要素。

(4) 把每个标准职位的薪酬数或所赋的总分,分配到相应的公共要素上。

(5) 将待评价的职位在各公共要素上的薪酬数或分数总量与标准职位工作的总量比较,并归入大体相当的标准职位工作等级中。

(6) 确定最终的工作排名和工资水平。①

除了上述四种方法外,还有综合方法与市场定位法。下面我们参考表3-3-1、表3-3-2,做一个简单总结分析与比较。

从各种评价方法的操作步骤和定义可以粗略地比较出不同方法的优缺点,大量的文献显示,没有一种方法是完全具备优点或者毫无缺点的,比如有些方法易于操作,但评价结果很难令人信服。总体看来,评分法较其他方法考虑更为全面,评价程序和步骤虽繁多,但评价的结果比较科学和客观,也更易于让员工接受。

表3-3-1 不同工作评价方法的比较说明表

	定义	举例
排列法	根据工作职位的相对价值按高低次序进行排列	配对比较法、简单排列法
分类归级法	对组织全部(或规范范围内)职位所进行的多层次的划分,即先确定等级结构,然后再根据工作内容对工作职位进行归类	分类法
评分法	将工作细分为好几个薪酬因素,然后分别评价每一个因素,如工作知识、技能、责任、工作复杂度、工作环境等,再将个别评价予以加总,以获得工作的价值	薪点法、MIMA
要素比较法	将构成各工作价值的各要素相比较	要素比较法
市场定位法	通过与不同职位市场平均工资的比较,确定其价值与等级	职位薪酬调查法

① 参见萧鸣政主编:《人力资源管理》,中央广播电视大学出版社2001年版,第96页。

表3-3-2是对优缺点比较的综合概括。

表3-3-2 优缺点比较

类型	优点	缺点
排列法	容易排列出少量的职位	结果不易让人信服
分类归级法	易于对职位归类	工作类别的划分无法全面
评分法	评价较全面客观	工作量较大
要素比较法	评价较全面	难以解释结果
市场定位法	结果比较客观	市场数据存在较大误差

资料来源:Frans Poels, *Job Evaluation and Remuneration Strategies: How to Set up and Run an Effective System*, London: K. Page, 1997, p.73; Robert L. Heneman,"Job and Work Evaluation: A Literature Review", *Public Personnel Management*, Washington: Spring 2003, Vol. 32, Issue 1, p.47。

第四节 工作分类及其在公共部门的应用

工作分类又称职位分类,就是在工作分析的基础上,将职位依据工作性质、繁简程度、责任轻重和所需资格条件,区分若干具有共同特色的职位群体,加以分类,并以此作为组织内人力资源管理的一个重要依据和基础。职位分类最早产生于19世纪的美国,后来被许多西方发达国家所仿效,被认为是现代公共部门人力资源管理中比较成熟的管理制度。根据分类对象不同,一般而言,公共部门的工作分类可以分为两种,一种是按照任务进行分类,另一种是按照人员进行分类。

一、工作分类概述

(一)分类特点

工作分类具有以下特点:

(1)以"事"为中心的分类体系。工作分类首先重视职位工作的性质、责任大小、繁简难易程度,其次才是人所具备的资格条件。职位分类是事在人先。

(2)注重人员的专业知识和技能。工作分类注重"专才",人员的任职调动、交流和晋升,一般在同一职系、至多在同一职组范围内进行,跨职组、跨职门的流动和升迁较少。

(3)分类方式先横后纵。即先进行横向的职系、职组、职门区分,然后再依工作的难易、繁简和责任大小的程度进行纵向等级划分。

(4) 品等和职等相重合。在职位分类中,品位和职位相连,不随人走,严格实行以职位定薪酬的规则,追求同工同酬。职位变了,薪酬取决于新职位的工作性质。

(5) 实行严格的功绩制。在工作分类制度中,功绩制是升迁和薪酬增加的唯一标准。例如,美国一般职务类人员,薪酬的增加有两种方式:一是工作年限增加自动提升等级,表现突出奖励提升一级;二是职务提升,薪酬相应提高。并且规定,一个人每年只能提升一级,且必须有几个人同时竞争,才能最终选出一人提升。

工作分类比较适合民主观念浓厚的国家。

(二) 分类原则

在研究和实施工作分类方案时,既要考虑工作分类的发展趋势和国际经验,洋为中用,又要防止不切实际的照搬照抄;既要遵循工作分类的原理,保持工作分类的固有特征,又要从我国国情出发,继承和发扬我国传统人事管理制度的优秀经验,建立起适合中国国情、具有中国特色的工作分类制度。

在我国实施工作分类必须考虑以下的实际情况:

(1) 我国是一个实行品位等级制度历史悠久的国家,品位的观念在人们的头脑中根深蒂固。

(2) 我国各地的自然条件、历史文化和社会经济发展水平差异很大,从中央到地方机构层次多。

(3) 我国的经济体制改革正在进行,政治体制改革要适应其进程。机构、职位的设置及职能的配置当前不可能十分稳定。

(4) 实行工作分类的基础薄弱。工作分类是从国外借鉴来的,人们对其知之甚少,实行这种制度的理论准备不足,实践缺乏经验,专业队伍尚未形成。

因此,我们实行工作分类制度必须遵循以下基本原则:

(1) 系统原则。任何一个完善的组织机构,都是一个相对独立的社会系统,因此,在考虑判断一个职位分类是否合理时,应把它置于整个组织系统之中,从总体上分析它在这个组织系统中所发挥的作用,并以此为标准决定该职位是否应该被放置在该类别。

(2) 渐进原则。实施工作分类制度,必须在标准、制度统一的前提下,统筹规划,循序渐进,分步到位,逐步完善,不能搞一刀切。

(3) 兼顾原则。一是实行工作分类必须以事为中心,但同时要兼顾品位因素,这也完全符合当前国际上工作分类逐渐向重视人的因素方面发展的趋势;

二是在坚持统一的工作分类标准的前提下，必须充分考虑到中央和地方以及不同地区之间的组织在工作性质、工作特征上的相互差异，兼顾统一性和特殊性。

(4) 最低职数限定原则。任何一个组织，其职位的数量都是有一定限制的。这种限制通常是由这一组织在整个组织体系中的地位、作用、所承担的任务、职权范围、人员培训的需要以及经费预算等多种因素决定。根据这些因素所决定的职位数的总量，称作这一组织的编制。为了使一个组织以最少的经费获得较大的效益，其职位数量必须根据"最低职位数量原则"来确定。

(5) 规范化、标准化和法制化原则。在实行工作分类制度的初期，要重点强调其规范化、标准化和法制化的特点，有关职位分类法规由国家统一颁布，组织人事部门对职位分类工作依法统一管理，并对职位分类程序、实施步骤和有关文件实行标准化管理。

(6) 动态原则。实施工作分类制度必须实行动态管理，在职位分类构架相对稳定的前提下，分类结果要随着职位工作内容的变化而调整，以适应现实的需要。

(三) 分类步骤

职位分类一般遵循以下四个步骤。

1. 职位调查

职位调查也就是工作分析，这是实施职位分类的第一步。

2. 职位评价

职位评价(position evaluation)也称工作评价(job evaluation)，就是根据各职位对组织目标的贡献，通过专门的技术和程序对组织中的各个职位的价值进行综合比较，确定组织中各个职位的相对价值差异。它是薪酬级别设计的基础。职位评价是一种职位价值的评价方法，它是在职位分析的基础上，对职位本身所具有的特性(如职位对组织的影响、职责范围、贡献大小、责任大小、任职条件)进行评价，以确定职位相对价值的过程，它的评价对象是职位，而非任职者，它反映的只是职位的相对价值，而不是职位的绝对价值(职位的绝对价值是无法衡量的)。

3. 职位归类

在工作分析和工作评价的基础上，对职位进行横向分类和纵向分等。

(1) 职位横向分类。

这是一个由粗到细的过程。凡是工作性质大致相似的职位列为同一职门；在每一职门中，工作性质更相近者，列为同一职组；在每一职组中，工作性质充分相似者列为同一职系。

在职系的区分中，要遵循以下原则：

第一，区分职系时，必须与社会各种职业的专业分工相配合，尤其需要同组织各种业务的发展情形相适应。

第二，职系的区分过细或过粗均不适宜。行政性的工作，区分职系宜较粗；技术性的工作，区分职系宜较细；规模大、分工较细的组织，对职系可作较细的区分；规模小、分工不明确的组织，对职系可作较粗的区分。

第三，当某一职系所处理的工作涉及几个职系时，为使其只属于某一个职系，通常有以下三种处理方法。一是程度原则，当一个职位工作的性质分属于两个职系以上而职责程度不相当时，以程度较高的职系工作为准，确定其应属职系。二是时间原则，即以时间较多的职系工作为准，确定其应属职系。三是选择原则。当分属职务职责程度相当且时间亦相等时，依主管的选择，确定其应属职系。

（2）职位纵向分等。

这是在横向分类的基础上，根据工作繁简难易程度、责任大小以及所需人员资格条件等因素，对同一职系中的职位划分出不同的职级，以及对不同职系中的职位统一职等。

首先，分别对每一职系中的每个职位，按工作的繁简难易、责任大小以及所需人员资格条件等因素，进行比较和评价，并把它们按照一定的顺序，例如从“简”“轻”“低”到“繁”“重”“高”，或者按相反顺序，将因素相似的职位划分为同一等级。由于各个职系工作特点不同，职位数目也不相同，所以各个职系里划分等级的多少也是不等的。例如，出版业中的校对这一职系可划分为一级校对、二级校对和三级校对这三个职级；而在医疗卫生行业中，则将护理这一职系划分为主任护师、副主任护师、主管护师、护师和护士等五个职级。

其次，鉴于各个职系中的职级数是不等的，各个职系相同职级中的职位，其工作的繁简难易程度、责任大小以及所需人员资格条件等因素也不尽相同，从而产生一个问题，即各职系的职级无法直接进行横向比较和联系，不利于对人力资源进行统一的管理。为此，必须对所有的职系划分统一的职等，即根据工作的繁简难易程度、责任大小和所需人员资格条件因素，对各职系的职级进行比较和评价，将因素相似的职级归入同一职等。

4. 制定职位规范

根据上述分类结果，制定职位任职要求与标准，并以此作为人员录用、监督、考核的依据。

（四）分类的优缺点

1．职位分类的优点

工作分类具有以下优点：

（1）有利于贯彻专业化原则，可以避免学非所用、用非所长的现象，有利于合理使用人才。

（2）为各项人力资源活动提供了客观依据的具体标准，奠定了科学的基础。

（3）有利于人力资源的在职培训和开发。

（4）有利于合理定编定员，完善机构建设。

（5）官等和责任、薪酬相联系，进一步促进了分配上的同工同酬和官员的能上能下。

2．职位分类的缺点

工作分类具有以下缺点：

（1）过于规范和过于强调量化，导致整个体系缺乏弹性，缺少应有的灵活性。

（2）职位分类工程庞大，成本高，推行困难。

（3）官等、工资随人的变动而变动，不利于对人力资源的激励。

（4）专业化精神限制了人员的流动，不利于综合管理人才即通才的培养。

二、工作分类方法

工作分类一般有任务分类与人员分类两种方法。所谓任务分类，就是根据每个职位所包括任务的内容、数量与性质进行分类与分等的一种形式。前面我们介绍的职位分类，就是属于任务分类的一种方法。所谓人员分类，是指将组织中的人员按工作性质、责任轻重、资历条件及工作环境等因素分门别类，设定等级，为人力资源管理的其他环节提供相应管理依据的程序方法。

（一）品位分类

"品"指官阶或者任职者具备的职业资格条件，"品位"是指按官阶的高低、职业资格等级的高低、职称与职务大小而排列成的等级。

品位分类是以组织内工作人员的职务或者资格等级高低为依据的人员分类方法。

1．历史

品位分类在我国已有悠久的历史。自魏晋以来，官阶就称品，朝廷官吏分为“九品十八级”,以后各代逐步完善,品级也逐步增多,且品级同俸禄挂钩。但是,在封建社会,品位主要是特权和身份的标志,同现代意义的品位分类有着根本的区别。随着文官制度在西方的建立和发展,品位分类由封建社会的注重特权和身份到注重任职资历条件,到现代的工作内容和资历并重,逐步达到完善。英国是现代品位分类最典型的国家,其他实行品位分类的国家还有法国、意大利等国。实际上,除了在政府部门,公共部门与企业中的品位分类思想与实践活动同样存在。

2. 特征

品位分类的基本特征是:

(1) 品位分类是以“人”为中心的分类体系。品位分类的对象是人、人格化的职务等级以及人所具有的其他资格条件。具体而言,在人员运用方面过分重视人员的学历、资历、经验和能力,在公职录用和升迁中个体的背景条件起着至关重要的作用。晋升的主要依据是任职年限、德才表现等通用资格条件。可见,品位分类是人在事先。

(2) 分类和分等相互交织。在品位分类中,分类实际上同职务、级别、资格的分等同时进行,因此,品位分类通常采用先纵后横的实施方法,也就是先确定等级,然后再分类别。

(3) 品位分类强调任职人员的综合管理能力。品位分类注重人员的“通才”,不注重人员所具备的某一方面的特殊知识和技能。人员的调动、交流、晋升受所学专业及以往工作性质的限制较少。

(4) 官等、职称和职位可以分离。在品位分类规则中,官等与职称是任职者的固有身份,可以随人走,官等、职称和所在职位不强求一致。薪酬取决于官等与职称,而不取决于所从事的工作。

品位分类在等级观念比较深厚的国家较为盛行。

3. 优缺点比较

从品位分类的特点和历史来看,品位分类具有以下优点:

(1) 人员分类的线条粗犷,方法简单易行,结构富于弹性。

(2) 人员的流动范围广,工作适应性强。

(3) 有利于“通才”的培养,便于人员培训。

(4) 强调年资,官职、职称、资格相对分离,使人员不致因职位调动而引起地位、待遇的变化,有利于人员队伍的稳定。

(5) 注重学历背景,有利于吸收高学历的优秀人才。

同样,品位分类也具有以下缺点:

(1) 人在事先,易出现因人设岗、机构臃肿的现象。

(2) 分类不系统、不规范,不利于严格的科学管理。

(3) 如果缺乏科学的人才评价手段,将可能限制学历低、能力强的人才的发展。

(4) 轻视专业人才,不利于工作效率的提高。

(5) 强调年资,加剧了官员的保守性,并易形成官本位倾向。

(6) 以官阶、职称与资格定待遇,导致同工不同酬,不利于对人员的激励。

(二) 分类方法的发展趋势

随着政治经济环境的变化,工作分类方法也在不断变革。纵观世界各国工作分类方法的发展,呈现出以下两大趋势:

1. 品位分类和职位分类出现融合、互补趋势

随着专业化分工的不断发展,许多专业性、技术性工作进入政府领域与公共部门。品位分类原有的注重通才的粗犷分类方法已不能适应现代社会的需要。因此,原来实行品位分类的国家纷纷吸收职位分类的先进方法,使分类管理更加系统化、规范化。典型的品位分类国家,如英国,于 20 世纪 70 年代对原来的公务员分类制度进行改革,引入职位分类方法,把公务员分为 10 个职类、26 个职组、84 个职系,提高了分类的科学化程度;日本则改革过去的品位分类,实行了介于职位分类和品位分类之间的名义上的职位分类,人们称之为“工资分类”。①

职位分类管理制度不利于通才培养、不利于人员流动的缺点也随着经济的发展变得愈加突出。实行职位分类最早的美国也于 20 世纪 70 年代对其职位分类制度进行了改革,将一般职务类(GS)中的 GS15 至 GS18 职等改为品位分类,取消了职等,只设工资级别,实行级随人走,以便于高层官员的职位流动。同时,改变了原来人员只能在职系内流动的状况,允许公务人员像品位分类那样跨职系流动,竞争上岗。

2. 分类管理制度呈逐步简化趋势

当今世界的竞争是科技与管理的竞争,效率的高低越来越成为衡量政府的主要标准。因此,许多国家都着力于简化分类制度,以提高公共部门人力资源的管理效率。

加拿大的公务系统原有 72 个职组、102 个分组,每个职组都有一套分类标准和工资标准,操作起来很繁琐,无法适应当今社会发展的需要。因此,加拿大

① 参见孙柏瑛、祁光华编著:《公共部门人力资源管理》,中国人民大学出版社 1999 年版,第 178 页。

政府本着通用、简化的原则对职位分类制度进行了改革。废除了原有的72套分类标准,代之以一种能够适应所有公共部门工作特征的评价体系,使人员分类更加简易、更具灵活性,大大降低了成本,提高了公共部门人力资源管理效率。

美国政府在新公共管理改革运动中为人员分类管理制度的简化而不懈努力。里根政府早在1986年就提出了旨在以职业通道来代替400多个职系的《文官制度简化法案》,但未获国会的批准。90年代的克林顿政府也一直致力于简化职位分类,也就是将原来过细的职位设置、狭窄的职位定义、繁琐的分类程度进行简化,但由于受联邦公务员法律的限制,只能在小范围内试点进行。南卡罗来纳州取消了70%的职位;纽约州把职位总数由7200多个减少为5400多个;佐治亚州甚至取消了职位分类。这一连串的职位改革的共同宗旨是,简化职位分类程序,改变过去由政府统一进行职位划分的做法,由更了解自己组织状况的用人单位自我进行职位的划分和分类。

由此可见,综合分类的方法正在不断成熟。

三、中国公共部门的工作分类

自中华人民共和国成立到20世纪80年代,人力资源管理体制一直是与计划经济相适应的集中统一管理体制。人员分类制度也呈现出集中统一的主要特色,党政不分、政企不分、政事不分。无论是党的机关、政府机关、权力机关、司法机关的工作人员,还是事业单位、企业单位、群众组织的管理人员都统称为“干部”。人员的等级划分主要依据职务职级、资历深浅、学历高低和工资多寡,实际上是一种特殊的品位分类。这种分类制度所导致的直接结果是官本位与效率低下。

随着改革开放和市场经济的发展,原来的分类体制已不能适应现代管理的需要。我国于1993年8月颁布了《国家公务员暂行条例》,明确规定了国家行政机关实行职位分类制度。《中华人民共和国公务员法》(以下简称《公务员法》)自2006年1月1日起施行①,1993年8月14日国务院公布的《国家公务员暂行条例》同时废止。这部从2006年1月1日起施行的重要法律,是新中国第一部干部人事管理的综合性法律,具有重要的里程碑意义。

(一) 人员的宏观分类

我国政府相关部门在确定职能、机构编制的基础上,进行职位设置,职位规范说明书确定每个职位的职责和任职资格条件,作为国家公务员的录用、考核、

① 2017年和2018年,该法进行了修订。

培训、晋升等的依据。在政府机关实行职位分类后,我国党的机关也参照政府公务员的分类办法实行了职位分类。检察、审判机关和公安系统实施了各具特色的分类方案。由此,我国公共部门人员分类宏观结构大致形成,原来的国家干部被分成以下不同类别:

(1) 行政机关工作人员(公务员);

(2) 党务机关工作人员;

(3) 国家权力机关工作人员;

(4) 国家审判机关工作人员;

(5) 国家检察机关工作人员;

(6) 企业单位管理人员;

(7) 人民团体工作人员;

(8) 事业单位工作人员。

此外,我国还进一步完善了专业技术职称系列(见表3-4-1),使分类制度更加全面。

表3-4-1　专业、技术职务系列、名称、档次表

序号	专业技术职务系列名称	专业职务名称				
		高级职务		中级职务	初级职务	
1	高等学校教师	教授	副教授	讲师	助教	—
2	自然科学研究	研究员	副研究员	助理研究员	研究实习员	—
3	社会科学研究	研究员	副研究员	助理研究员	研究实习员	—
4	实验人员	高级实验师		实验师	助理实验师	实验员
5	中专学校教师	高级讲师		讲师	助理讲师	教员
6	中学教师	高级教师		一级教师	二级教师	三级教师
7	小学教师	高级教师		一级教师	二级教师	三级教师
8	技工学校教师	高级讲师 高级实习指导教师		讲师 一级实习指导教师	助理讲师 二级实习指导教师	教员 三级实习指导教师
9	工程技术人员	高级工程师		工程师	助理工程师	技术员
10	农业技术人员	高级农艺师 高级畜牧师 高级兽医师		农艺师 畜牧师 兽医师	助理农艺师 助理畜牧师 助理兽医师	农业技术人员 畜牧员 兽医员
11	经济专业人员	高级经济师		经济师	助理经济师	经济员
12	会计专业人员	高级会计师		会计师	助理会计师	会计员
13	统计专业人员	高级统计师		统计师	助理统计师	统计员
14	卫生技术人员	主任医师 主任药师 主任技师 主任护师	副主任医师 副主任药师 副主任技师 副主任护师	主治医师 主管药师 主管技师 主管护师	医师 药师 技师 护师	医士 药剂士 技士 护士
15	体育教练	高级教练		教练	助理教练	—

续表

序号	专业技术职务系列名称	专业职务名称				
		高级职务		中级职务	初级职务	
16	新闻专业人员	高级记者 高级编辑	主任记者 主任编辑	记者 编辑	助理记者 助理编辑	— —
17	翻译专业人员	译审	副译审	翻译	助理翻译	—
18	播音员	播音指导	主任播音	一级播音	二级播音	三级播音
19	专业出版人员	编审	副编审	编辑 技术编辑 一级校对	助理编辑 助理技编 二级校对	— 技术设计员 三级校对
20	图书专业	研究馆员	副研究馆员	馆员	助理馆员	管理员
21	文博专业	研究馆员	副研究馆员	馆员	助理馆员	管理员
22	档案专业	研究馆员	副研究馆员	馆员	助理馆员	管理员
23	海关专业人员	高级关务监督		关务监督	助理关务监督	监督员
24	工艺美术人员	高级工艺美术师		工艺美术师	助理工艺美术师	工艺美术员
25	艺术人员	一级演员 （演奏员、编剧、导演、美术师、舞台美术设计师、主任舞台技师）	二级演员	三级演员 舞台技师	四级演员 美术员 舞美设计员 舞台技术员	— — — —
26	律师人员	一级律师	二级律师	三级律师	四级律师	律师助理
27	公证人员	一级公证	二级公证	三级公证	四级公证	公证助理

（二）公务员分类的类别与等级

公务员职位类别按照公务员职位的性质、特点和管理需要，划分为综合管理类、专业技术类和行政执法类等类别。公务员职务分为领导职务和非领导职务。领导职务层次分为：国家级正职、国家级副职、省部级正职、省部级副职、厅局级正职、厅局级副职、县处级正职、县处级副职、乡科级正职、乡科级副职。非领导职务层次在厅局级以下设置。综合管理类的非领导职务分为：巡视员、副巡视员、调研员、副调研员、主任科员、副主任科员、科员、办事员。

根据公务员所在职位的责任大小、工作难易程度以及公务员本身的德才表现、年功资历等因素，我国将公务员分为 15 级，分别与 12 个职务等次相对应。职务等次高低与级别的高低相互交叉，每一职务对应 1—6 个级别，职务越高对应的级别越少，职务越低对应的级别越多，具体如下：

国务院总理：1 级；

国务院副总理、国务委员：2—3 级；

部级正职、省级正职：3—4 级；

部级副职、省级副职：4—5 级；

司级正职、厅级正职、巡视员:5—7 级;

司级副职、厅级副职、助理巡视员:6—8 级;

处级正职、县级正职、调研员:7—10 级;

处级副职、县级副职、助理调研员:8—11 级;

科级正职、乡级正职、主任科员:9—12 级;

科级副职、乡级副职、副主任科员:9—13 级;

科员:9—14 级;

办事员:10—15 级。

其中,非领导职务在中央行政机关可设到正局级,在地方国家行政机关最高不能超过本级政府各部门的领导职务层次。不过,最近基层政府部门的非领导职务的晋升级别限制将进行改革。

(三)公务员分类制度的优缺点

我国现行的公务员分类制度是在继承传统品位分类方法的基础上,吸收现代职位分类思想发展而来的。其优点和缺点同样明显。

其优点表现为:

(1)分类简单,易于操作实施。

(2)兼容并包。既兼顾了我国传统的品位分类方法,又吸收了现代职位分类的优点,同时也符合现代人力资源分类的潮流。

(3)责权利一致。公务员分类中非领导职务序列的设立,满足了我国行政机关中某些职位责任较大但又不承担领导责任情况的需要,解决了我国行政机关不设专业技术职务但有些职务又只有专业技术人员才能担任的矛盾,体现了责权利一致的原则。

但是,其缺点也存在如下:

(1)类别过少。分类过于简单,科学化和规范化较低,属于人力资源分类的初级阶段。

(2)覆盖面小。分类范围狭窄,仅限于行政机关公务员,而其他系统的分类制度不够完善。

(3)科学性有待加强。我国所实行的职位分类仅是名义上的职位分类,缺乏具体的工作分析、职位评价和工作说明书等实质性的内容。

(4)法制化程度低。我国的职位分类缺乏具体的规范性文件和正式法规,法制化程度低。

【本章小结】

本章主要介绍了工作分析的概念、类型与内容，介绍了工作分析的各种方法，介绍了工作评价的意义、作用与各种方法，介绍了工作分类的理论与方法及其在公共部门的应用。

首先，工作分析是工作评价与分类的基础，也是整个人力资源管理与开发工作的基础。工作分析有广义的工作分析与狭义的工作分析两种。广义的工作分析，是相对整个国家与社会范围内职位工作的分析。狭义的工作分析，又称职务分析，是相对某一企事业组织内部各职位工作的分析。即分析者采取科学的手段与技术，对每个职务同类职位工作的结构因素及其相互关系，进行分解、比较与综合，确定该职务职位工作的要素特点、性质与要求的过程。

工作分析作为一种活动，其主体是工作分析者，客体是工作职位，对象是职位中的工作内容、工作责任、工作技能、工作强度、工作环境、工作心理以及职位在组织中的运作关系。分析的结果是职务说明书。

其次，工作评价是指对工作的价值进行评价，其目的主要是建立公共部门职位价值序列以及设计薪酬体系。工作评价和工作分析密不可分。工作评价的过程是衡量组织内各类工作职位相对价值的过程，评价的中心是客观存在的"事"。工作评价的方法有多种，本章主要讲述了四种评价方法：排列法、分类归级法、评分法和要素比较法。

分级法和分类法属于定性评价的方法，评分法和要素比较法属于定量评价的方法。从另外一个角度讲，评价方法可以分为将工作与工作进行比较的方法和将工作与某些标准尺度进行比较的方法，在要素比较法和排列法中，通过直接进行工作之间的比较来确定职位序列，属于直接工作比较法；在评分法和分类归级法中，将工作与某些尺度比较，以形成职位序列，属于工作尺度比较法。

最后，本章介绍了各种工作分类方法及其在公共部门的应用，认为根据分类的对象不同，一般而言可以有两种分类方法，一种是按照任务进行分类，另一种是按照人员进行分类。任务分类中的职位分类是按照业务性质首先将组织中的所有职位分为若干职门、职组、职系，然后按责任大小、工作难易和轻重、所需资格条件，将相同性质的职位再分为若干职级，并对每一职位的名称、职责等项内容加以详细规定和说明，以此作为人力资源管理的依据的分类制度。人员分类中的品位分类是指将组织中的人员按官阶、职称、资格等级、资历条件等个人因素分门别类，设定等级，为人力资源管理的各环节提供相应管理依据的程序方法。实际上,这两种方法正在相互交融与吸收,发展成为一种更为合理的综合分类方法。

【复习思考题】

一、单选题

1. 关于工作相关概念的说法,正确的是(　　)。

A. 职业是指与职位职责对应的工作权利。

B. 职位是指一定时期内某人所担负的一项或几项相互联系的职责集合。

C. 职务是指在跨行业、跨部门基础上的综合层次的工作。

D. 任务由在职责的构成及重要性方面都极其相似的职位构成。

2. 关于工作分析的说法,错误的是(　　)。

A. 工作分析是通过科学系统的方法确定工作职责以及所需的知识技能的过程。

B. 工作分析是通过系统的职位价值评价,从而确定职位在组织内部相对价值的过程。

C 工作分析的内容应包括工作设立的目的、工作职责、工作环境、任职要求等。

D. 工作分析可以为人力资源规划、人员招聘、绩效考核、薪酬管理等提供依据。

3. 一般来说,(　　)与访谈法具有极高的互补性,二者结合使用效果较好。

A. 问卷法　　B. 观察分析法

C. 文献分析法　　D. 工作实践法

4. 开展工作分析的首要步骤是(　　)。

A. 确定工作分析目的　　B. 调查工作相关的背景信息

C. 收集工作的相关信息　　D. 整理和分析工作的相关信息

5. 下列各项中,属于采用问卷法进行工作内容调查的项目是(　　)。

A. 职称　　B. 直接上级

C. 任职时间　　D. 工作职责

6. 工作分析者通过对特定对象的观察,取得相关信息,并把它们归纳整理为适用的文字资料,这种工作分析方法是(　　)。

A. 关键事件法　　B. 观察分析法

C. 访谈分析法　　D. 工作实践法

7. 装卸工的工作循环周期较短,工作状态稳定,对这类职位最适用的工作分析方法是(   )。

A. 关键事件法　　B. 观察分析法

C. 访谈分析法　　D. 工作实践法

8. 在对办公室行政岗位进行工作分析时,最为经济有效的方法是(   )。

A. 纪实分析法　　B. 观察分析法

C. 访谈分析法　　D. 主管人员分析法

9. 关于工作分析方法的说法正确的是(   )。

A. 访谈法是单向的,被访谈者不可以提问。

B. 观察法适用于脑力劳动为主的工作。

C. 问卷调查法的设计成本低,调查成本高。

D. 工作实践法适用于短期内即可掌握的工作。

10. 关于职位说明书编写注意事项的陈述,正确的是(   )。

A. 职位说明书中所列出的任职资格通常是履行工作职责的平均要求。

B. 职位说明书中的工作规范是对现有任职者的素质描述。

C. 职位说明书编写完成以后,通常不再做调整和修订。

D. 应该制定职位标准去规范任职者,而不是让职位适应任职者。

11. 可能引发疲劳最客观、最直接的因素是(   )。

A. 工作环境因素　　B. 生理因素

C. 心理因素　　D. 精神状态因素

12. 在编写职位说明书时,一般所列出的任职资格是履行工作职责的(   )。

A. 最高要求　　B. 中等要求　　C. 最低要求　　D. 唯一要求

13. “通过工作分析可以准确地掌握组织内部职位更替、工作职责变化或人员需求变化,并进行分析,进而明确职位设置,确定职位职责与任职者要求等要素”,这是指工作分析在(   )方面的作用。

A. 人员招聘　　B. 员工职业生涯规划

C. 人力资源规划　　D. 人力资源培训与开发

14. 唯一适用于各类工作的分析方法是(   )。

A. 工作纪实法　　B. 关键事件法

C. 访谈法　　D. 观察法

15. 基本上所有组织的绩效评价标准都是建立在(   )的基础之上的。

A. 人员甄选　　B. 组织管理　　C. 员工培训　　D. 工作分析

二、多选题

1. 下列说法正确的有(　　)。

A. 任务是工作活动中不便再继续分解的最小单位。

B. 职务是某时间内某人所担负的一项或数项相互联系的职责集合。

C. 职责是某人在某方面担负的一项或多项相互联系的任务集合。

D. 职级是同一职系中职责繁简、难易、轻重及任职条件十分相似的所有职位的集合。

2. 整个工作分析过程有哪些环节?(　　)

A. 计划　　B. 设计　　C. 信息分析　　D. 结果表述

E. 运用指导

3. 工作分析计划阶段需要做的工作有(　　)。

A. 确定工作分析的目的　　B. 收集相关信息资料

C. 确定分析结果使用的范围　　D. 选择分析样本

4. 工作分析内容有哪些?(　　)

A. 工作对象　　B. 职位责任　　C. 资格条件　　D. 工作环境

5. 资格条件分析的内容包括(　　)。

A. 知识　　B. 工作经验　　C. 智力水平　　D. 技巧和准确性

E. 体力要求

6. 作为一种工作分析方法,问卷分析法的优点包括(　　)。

A. 可以在短时间内收集到大量所需的信息

B. 对问卷编制的技术要求不高,易操作

C. 调查范围广

D. 调查成本较低

E. 不影响被调查人员的正常工作

7. 下列关于访谈法的描述正确的有(　　)。

A. 它的优点首先在于可控性。

B. 是通过工作分析者与工作执行者面对面来收集信息的一种方法。

C. 可系统地了解所关心的内容,还可以跟踪提问。

D. 收集资料信息的过程花费的时间和精力较少。

E. 为组织提供了一次与员工直接沟通的良好机会。

8. 访谈法的不足之处有(　　)。

A. 收集到的信息可能扭曲　　B. 工作分析人员控制访谈进度

C. 访谈双方当面交流　　D. 根据访谈进度调整访谈提纲

E. 工作分析人员容易受到任职者个人因素的影响

9. 工作分析方法中的观察法适用于(　　)。

A. 标准化、重复性的操作类工作　　B. 非操作类工作

C. 基层文员工作　　D. 中高层管理工作

E. 对技能要求较高的脑力工作

10. 工作日志法的优点在于(　　)。

A. 信息的可靠性很强　　B. 所需费用比较少

C. 信息整理量大　　D. 归纳工作比较繁琐

E. 适用于分析高水平与复杂的工作

11. 下列属于工作日志法缺点的有(　　)。

A. 无法对日志填写过程进行有效监控

B. 对文献依赖性强

C. 需要占用任职者足够的填写时间

D. 信息可能记录不全

E. 任职者可能不按规定的填写时间及时填写工作日志

12. 工作分析结果的表述有哪些形式?(　　)

A. 工作描述　　B. 工作说明书

C. 工作规范　　D. 资格说明书

E. 职务说明书

13. 任务分析的基本方法有(　　)。

A. 决策表　　B. 流程图　　C. 语句描述　　D. 时间列形式

E. 任务清单

14. 人员分析就是通过一定的方法寻求那些保证人们成功地从事某项工作的(　　)和其他个性特征因素。

A. 知识　　B. 智力　　C. 能力　　D. 技能

15. 工作评价的方法有哪些?(　　)

A. 排列法　　B. 分类归级法　　C. 评分法　　D. 要素比较法

三、思考题

1. 试述工作分析的内容与步骤,并且对各种方法的优缺点进行比较分析。

2. 什么是工作评价? 它的意义和作用是什么? 有什么特点?

3. 简述工作评价的各种方法并说明各自的优缺点。试述职位分类的含义及特点。

4. 什么是品位分类？品位分类的特征是什么？

5. 我国公共部门是如何进行人员分类的？

【案例与讨论】

美国职位分类制度①

美国职位分类最早是从工商界的时间研究、工作分析、工作评价中发展而来的。1911年，美国芝加哥政府首次在政府内试行职位分类，将“工作分析”“工作评价”演变成“职位分析”“职位评价”，把“工作说明书”演变成“职位说明书”，凡属同一规范，一律同一薪酬，取得了很好的效果。各州政府也纷纷仿效，都获得成功。1915年在美国形成一股“职位分类热”，由东向西逐步蔓延。1923年美国联邦政府颁布了《职位分类法》，正式推行职位分类制度。

根据职位分类法的规定，凡适用“功绩制”人员的职位，一般均适用职位分类的规定。但有些机关及职位不适用职位分类，如邮政部的军邮人员、联邦国务院所属的国外机构人员、退伍军人机关的医师等。

在职位的分类结构方面，分为纵向区分和横向区分。横向区分即职位的性质区分。自1977年7月起，美国职位分类纵向分为22个职组，每个职组再分为若干个职系，共计437个。职组名称及其所包括职系数为：(1)综合职组，28个职系；(2)社会科学、心理学及福利职组，29个职系；(3)人事管理及劳工关系职组，16个职系；(4)一般管理及文书事务职组，40个职系；(5)生物学职组，33个职系；(6)会计预算职组，20个职系；(7)医疗、医院、齿科及公共卫生职组，46个职系；(8)兽医学职组，3个职系；(9)工学职组，31个职系；(10)法律职组，24个职系；(11)美术工艺职组，21个职系；(12)商业及工业职组，25个职系；(13)著作权、特许及商标职组，10个职系；(14)自然科学职组，26个职系；(15)司书、记录、保管职组，5个职系；(16)数理及统计职组，10个职系；(17)装置、设备及设施职组，9个职系；(18)教育职组，7个职系；(19)调查职组，26个职系；(20)品质管理及检查职组，4个职系；(21)采购职组，8个职系；(22)运送职组，16个职系。

纵向区分即职位的程度区分。美国职位分类纵向区分为18个职等，各职等的职责程度见下表，表中列出了1—5等的职责：

① 改编自石庆环：《欧美公务员分类制度的基本特征及其历史演变》，《东北师范大学学报（哲学社会科学版）》2000年第3期，第9—16页。

美国职位分类职等职责程度表

职等	职责（分等标准）
第一职等	在直接监督下，甚少或者不需自行运用独立判断进行工作
第二职等	在直接监督下，运用有限的自行独立判断，以从事机关中的例行工作；或在专业的、科学和技术方面担任所需训练或经验较为次要的技术工作
第三职等	在直接或一般监督下，从事机关中的略为困难与责任的工作；或在专业的、科学和技术方面担任较为次要的工作，并需具有某种训练或经验，且运用略具伸缩性的独立判断
第四职等	在直接或一般监督下，从事机关中的中等困难与责任的工作或在专业的、科学和技术方面担任较为次要的工作，并需具有适度的训练和监督能力或其他经验，且需良好的业务知识，运用独立判断
第五职等	在一般监督下，从事机关中较为困难的并负有责任的工作，或在专业的、科学和技术方面担任较为次要的技术工作，并需有相当的训练和监督能力或其他经验，需有广博的工作知识，在限定的范围内运用独立判断

美国自实施职位分类以来，至今已有一百余年。职位分类作为一种比较科学的人事管理方法正日益被人们所重视，并逐渐成为现代人事管理的一种标志。但职位分类还有一些弊病，美国人事当局仍在探索和不断改进。

一是手续繁琐。职位分类要从职位调查起经一定的程序至职位归级，但一遇职责变化，又需要重新归级，使人事工作人员感到手续过繁。

二是归级困难。根据职位说明书与分类标准相比较后，将职位归入与其职责内容充分相似的职级，但分类标准的叙述，内容甚为抽象，致使职位归级工作困难。

三是分类内容经常修正。分类标准是业务内容的反映。当业务内容有重大变化时，分类标准即需要配合修正，而政府机关业务变动性大，故分类标准修正频繁。

对此，美国人事当局曾于 1970 年组织专门小组，对职位分类做过一次检讨，并将检讨结果于 1973 年 3 月向国会众议院提出报告，其中写到对职位分类应坚持五项原则及统一六点认识。五项原则：(1) 适当合理的职位分类。有助于选择优秀的人才，有利于建立公平合理的晋升制度与工资制度，是人事管理中至关重要的一环。(2) 职位分类制度应随时改进，以适应社会变迁的需要。(3) 现行的各种不同的职位分类制度应予归并简化，使人们易于了解。(4) 职位分类应具有弹性，灵活运用。(5) 工资制度要与职位分类制度密切配合。六点认识：(1) 工作品评方法与分类标准应研究改进。(2) 职位分类与职位归级为政府人事管理所必需。(3) 工作品评与归级是人事管理的基础，但许多人未能这样做。(4)职位分类与归级缺乏弹性,难以适应快速变化的客观需要。(5)因联邦政府中现行多种职位分类与等级制度,造成管理混乱,使许多相似的职位适用不同的考选、任用、升迁与待遇。(6)许多专业技术职位,因品评方法或者等级不同,在待遇、资格条件及其他人事措施上均不一致。为此,美国人事当局提出了对职位分类做出改进的意见。

1978年后是美国职位分类的新发展时期。1978年月10月美国国会通过了《文官制度改革法》。这次改革涉及面广,对职位分类来说,最重要的有两点:一是高级文官改革;二是力图使职位分类制度更加灵活简便,给管理人员以更大的自主权。这表明在职位分类时,出现了重视人的因素的趋势。

讨论题:

1. 美国功绩制人员是如何进行职位分类的?

2. 美国职位分类存在哪些弊病?美国人事局是如何进行改善的?对我国有何借鉴意义?

【建议阅读文献】

1. 国际劳工组织编:《岗位评价》,芮立新、朱振国译,中国劳动出版社1993年版。
2. 付亚和主编:《工作分析》,复旦大学出版社2004年版。
3. 世界500强企业管理标准研究中心编著:《工作分析与职位说明》,中国社会科学出版社2004年版。
4. 高艳主编:《工作分析与职位评价》,西安交通大学出版社2006年版。
5. 穆涛、赵慧敏主编:《职位分析评价体系:工作分析与职位评价过程》,海天出版社2006年版。
6. 萧鸣政编著:《工作分析的方法与技术(第5版)》,中国人民大学出版社2018年版。
7. 姚若松、凌文辁、方俐洛:《工作评价中的若干问题及解决办法》,《湘潭大学社会科学学报》2003年第3期。
8. 陈敏、马东晓、易树平、乔胜普、向东:《基于工作分析的绩效考核体系研究》,《工业工程与管理》2003年第5期。
9. 李强:《人力资源工作分析研究》,《科学管理研究》2006年第2期。
10. 李文东、时勘:《工作分析研究的新趋势》,《心理科学进展》2006年第14期。
11. 刘玲、燕良轼:《工作分析发展动态研究》,《社会心理科学》2010年第3期。
12. 张国伟:《浅议通过工作分析来提高绩效能力》,《科技情报开发与经济》2010年第24期。

13. 苏宁等:《基于工作分析的社区全科团队人力资源配置研究》,《中国全科医学》2010年第28期。

14. 张鑫:《基于工作分析的公务员绩效考核指标体系研究——美国公务员绩效考核经验借鉴》,《齐齐哈尔大学学报(哲学社会科学版)》2012年第5期。

15. 云绍辉、王飞:《基于工作分析和素质测评的企业人力资源配置》,《技术经济与管理研究》2013年第1期。

16. 李范霞:《论工作分析是否已过时》,《经营管理者》2014年第8期。

17. 李丹、寻延年、雷小霞:《工作分析在企业人力资源管理中的一次成功实践》,《人力资源管理》2014年第12期。

18. Chang, Wei, and Brian H. Kleiner, "How to Conduct Job Analysis Effectively", *Management Research News*, Vol. 25, Issue 3, 2002.

19. Cumings, Laura, and C. L. S. Coryn, "A Job Analysis for K-8 Principals in a Nationwide Charter School System", *Journal of MultiDisciplinary Evaluation*, Vol. 6, No. 12, 2009.

20. Safdar, R., A. Waheed, and K. H. Rafiq, "Impact of Job Analysis on Job Performance: Analysis of a Hypothesized Model", *Journal of Diversity Management*, Vol. 5, No. 2, 2010.

21. Crowell, C. R., and D. A. Hantula, "From Job Analysis to Performance Management: A Synergistic Rapprochement to Organizational Effectiveness", *Journal of Organizational Behavior Management*, Vol. 31, Issue 4, 2011.

22. Sanchez, J. I., and E. L. Levine, "The Rise and Fall of Job Analysis and the Future of Work Analysis", *Social Science Electronic Publishing*, Vol. 63, No. 1, 2012.

23. Stetz, T. A., S. B. Button, and J. Quist, "Rethinking Carelessness on Job Analysis Surveys: Not All Questions Are Created Equal", *Journal of Personnel Psychology*, Vol. 11, No. 2, 2012.

24. Schumacher, S., M. Kleinmann, and C. J. König, "Job Analysis by Incumbents and Laypersons: Does Item Decomposition and the Use of Less Complex Items Make the Ratings of Both Groups More Accurate?", *Journal of Personnel Psychology*, Vol. 11, No. 2, 2012.

25. Suthar, B. K., T. L. Chakravarthi, and S. Pradhan, "Impacts of Job Analysis on Organizational Performance: An Inquiry on Indian Public Sector Enterprises", *Procedia Economics and Finance*, Vol. 11, 2014.

第四章　人力资源规划

【教学目标与方法建议】

通过本章教学,应该掌握以下内容:

1. 人力资源规划的定义与分类
2. 人力资源规划与人力资源战略的关系
3. 人力资源规划的过程和主要的人力资源规划方法
4. 公共部门人力资源规划的现状与特点

教学方法建议:建议采用课堂教学、问题讨论以及案例分析的方式教学。

完成工作分析、工作分类与工作评价之后,人力资源规划就是整个人力资源管理活动中十分基础而关键的部分。在这一章,我们主要介绍人力资源规划的概念、类型、方法与过程,分析人力资源规划与人力资源战略的关系,说明人力资源规划在公共部门的现状与特点。

第一节　人力资源规划概述

人力资源规划在整个管理过程中发挥着十分重要的作用。通过人力资源规划,组织可以制定出未来各个阶段的人力资源招聘任用计划,使其更加适应瞬息万变的发展环境;通过人力资源规划,可以帮助组织建立合理的培训开发制度,使员工能够不断适应组织发展的需要;通过人力资源规划,可以建立合理的员工职业生涯规划制度,防止人才的断层。总之,人力资源规划可以帮助组织提高市场适应能力、生存能力和发展能力。

一、人力资源规划的定义与分类

什么是人力资源规划?目前的解释有很多种,概括起来,大概有以下几种①:

① 参见赵曙明编著:《人力资源战略与规划》,中国人民大学出版社2002年版。

(1) 人力资源规划就是要分析组织在环境变化中的人力资源需求状况,并制定必要的政策和措施来满足这些要求。

(2) 人力资源规划就是要在组织和员工的目标达到最大一致的情况下,使得人力资源的供给和需求达到最佳平衡。

(3) 人力资源规划就是要确保组织在需要的时间和需要的岗位上获得各种需要的人才(包括数量和质量两个指标),人力资源规划就是要使得组织和个人都得到长期利益。

(4) 人力资源规划就是预测组织未来的任务和环境对组织的要求,以及为了完成这些任务和满足这些要求而设计提供人力资源的过程。

(5) 人力资源规划就是要把部门管理者提出的“期望目标系列”与由财政约束、政治理念与政治目标所造成的政治现实之间协调起来。

(6) 人力资源规划是将业务规划、战略规划和市场的需求结合在一起以达到组织机构一定的需要。①

(7) 人力资源计划有广义和狭义之分。② 广义的人力资源计划是对人力资源管理工作进行筹划和安排,是组织根据外部环境和内部条件而统筹安排各项人力资源管理活动的过程。狭义的人力资源计划是指科学地预测、分析自己在变化的环境中的人力资源供给和需求状况,制定必要的政策以确保自身在需要的时候和需要的岗位上获得各种需要的人才,并使组织和个体得到长期的利益。

(8) 人力资源规划是(对组织的需要)进行识别和应答以及制定新的政策、系统和方案来使人力资源管理在变化的条件下保持有效的过程。因此,人力资源规划的目标是:让组织可以预见其未来人力资源管理的需要;识别可以帮助它们满足这些需要的实践。③

(9) 人力资源规划是管理人员确定组织应当如何由目前现状发展到理想的人力资源状态的过程。通过制定规划,管理人员努力让“适当数量和种类的人,在适当的时间和适当的地点,从事使组织与个人双方获得最大的长期利益的工作”④。

综合以上种种定义,我们认为人力资源规划是为了适应环境发展和自身发

---

① 参见张国初等:《人力资源管理定量测度和评价》,社会科学文献出版社 2000 年版,第 43 页。

② 参见张德等:《人力资源管理》,中国发展出版社 2003 年版,第 42 页。

③ 参见〔美〕劳伦斯 · S. 克雷曼:《人力资源管理——获取竞争优势的工具》,孙非等译,机械工业出版社 1999 年版,第 51 页。

④ 〔美〕詹姆斯 · W. 沃克:《人力资源战略》,吴雯芳译,中国人民大学出版社 2001 年版,第 50 页。

展的动态性,预测组织对人力资源的需要,并制定必要的计划和措施,确保有适当数目的适当人员适时地担当适当工作的一个过程,这一过程同时也使员工个人的职业生涯得到充分的发展。

人力资源规划按照不同的标准可以分成很多不同种类的规划,可以根据组织的具体情况和实际需要进行选择。

从规划的时间上,人力资源规划可以分为三种:短期规划,一般为6个月—1年;长期规划,为3年以上;中期规划介于两者之间。计划期长短和环境不确定性大小的影响因素之间的配合关系,如表4-1-1所示。

表4-1-1　不确定性与计划期的长度

短期计划:不确定/不稳定	长期计划:确定/稳定
组织面临诸多竞争者	组织居于强有力的竞争地位
飞速变化的变化、经济环境	社会、政治、技术等环境变化是渐进的
不稳定的产品/劳务需求	强大的管理信息系统
政治法律环境经常变化	稳定的产品/服务需求
组织规模小	管理水平先进
管理水平低	

资料来源:Terry L. Leap and Michael D. Crino, *Personnel/Human Resource Management*, Macmillan, 1989, p. 56。

国外的实践表明,规模较小的组织不适于拟定详细的人力资源规划,因为规模小的组织受各种内外环境的影响大,规划的准确性较差,规划的指导作用往往难以体现。另外,小规模组织规划较高也是其缺乏适应性的原因之一。

从规划的范围上,人力资源规划可分为组织总体人力资源规划、部门人力资源规划、某项任务或工作的人力资源规划。

从规划的性质上,人力资源规划可分为战略性人力资源规划和战术性人力资源规划。前者具有全局性和长远性,通常是组织人力资源战略的表现形式;后者一般指具体的、短期的、具有专门针对性的业务计划。

二、人力资源规划与人力资源战略

进入21世纪,人力资源作为组织的第一资源,已经成为组织成败的关键。组织面临的最重要的问题已经不再局限于操作层面上,而是上升到战略高度,一项优秀的人力资源战略对组织竞争优势的获取和维持起着重要的作用。

人力资源战略包括管理战略与开发战略两个方面。人力资源战略和人力资源规划的关系问题是伴随着社会的发展和人力资源管理的发展而产生的一个新兴话题。著名的人力资源战略管理专家詹姆斯 · W. 沃克认为：人力资源规划是在不断变化的环境中分析组织的人力资源需求以及设计满足这些需求所必需的活动的管理过程，而人力资源战略则是人力资源管理的方向性规划。詹姆斯 · W. 沃克在 1992 年出版的《人力资源战略》一书在 1979 年出版时的书名是《人力资源规划》。

在当今迅速变化的环境中，实施人力资源战略的一个重要目的就是，引导形成一个更加灵活、更加合适的组织。为实现组织战略，要求实行专注于与人有关的问题的人力资源战略。人力资源战略不仅是有关人力资源管理的一系列行动计划，也是改变一个组织的本来特性的一个整体、多面、长期的过程。① 由于人力资源战略是一个组织的一项职能战略，讨论人力资源战略的问题必然要涉及组织的战略问题。

同时，成功的人力资源规划是实现组织战略目标的基础和根本保证。组织战略目标的实现需要各种内部资源的支持，包括实现发展目标所需的人力、物力、财力。人力资源规划根据组织发展目标的需要，根据组织在各个阶段对人力资源的需求，对人力资源的现期和中远期的储备做出预测和安排，从而有效地支持和保证了组织目标的实现。

关于组织的战略的定义也有很多，例如：

美国哈佛大学商学院教授安德鲁斯认为，战略是目标、意图或目的，以及为达到这些目的而制定的主要方针和计划的一种模式。

美国管理学家安索夫认为，战略是贯穿组织经营与产品和市场之间的一条主线，决定着组织目前从事的或计划从事的经营业务的基本性质。

20 世纪 90 年代形成的资源学派的观点认为："组织战略是企业管理层所制定的策略规划，其目的在于建立其在市场领域中的位置，成功地同其竞争对手进行竞争，满足顾客的需求，获得卓越的业绩。战略包括管理者在经营一家公司时所运用的所有竞争行动和业务措施。"②

这些定义也都是从私营组织的角度出发的，私营组织进行战略管理的目的在于获得持久的竞争力和长远的发展。当然，利润和市场等私营组织的目标并不是那些非营利性的公共部门所追求的。但非营利的公共部门的良性运行仍然需要从战略角度加以管理，不同的是，这些组织是以为履行某种公共职能（如

---

① 参见〔美〕詹姆斯 · W. 沃克：《人力资源战略》，吴雯芳译，中国人民大学出版社 2001 年版，第 49 页。

② 〔美〕汤姆森、斯迪克兰德：《战略管理：概念和案例（第十版）》，段盛华、王智慧主译，北京大学出版社 2000 年版，第 20 页。

政府机构)、为公众或某部分具体群体服务(如行业协会)、为实践某种思想理念(如环保组织)等为战略管理目标的。因此,抛开营利性目的这一点,所有关于私营组织的战略定义及某些相关理论对于非营利性组织仍然适用。

公共和非营利组织为了保持其生存和发展,适应变化是至关重要的,否则它就会面临停滞不前的风险。同时,为了将人力资源管理部门由一个职能部门向前瞻性部门过渡,进行人力资源规划也是非常重要的举措,如明尼苏达州运输署建立了人力资源规划董事会。①

组织人力资源战略的制定过程一般由以下步骤构成:

(1) 确定组织的使命;

(2) 审视组织的环境;

(3) 设定人力资源战略的目标;

(4) 具体提出一系列实现战略目标的措施,其中有一部分涉及人力资源规划内容或者管理对策。

组织人力资源战略规划制定出来以后,就成为组织人力资源管理的最高纲领。当然,组织的人力资源战略规划不应该是一成不变的,而是需要根据外部环境和内部环境的变化不断进行调整的。

组织的人力资源战略一旦确定,为了确保战略的成功和帮助组织实现其人力资源战略目标,人力资源规划就随之展开了。同时,如果随着外部环境发生变化,组织的人力资源战略发生了调整,人力资源规划也要随之进行相应的调整。组织的人力资源规划始于其人力资源战略规划,人力资源规划将组织的战略规划转化成特定的人力资源需求的数量与质量规划。

第二节　人力资源规划过程与方法

在这一节,我们将具体介绍人力资源规划的过程与方法。

一、人力资源规划过程

人力资源管理的主要目标是使组织对于人力资源的需求与供给相一致。通常,人力资源规划的过程始于对组织战略规划的分析,将组织的战略规划展开,作为人力资源规划的依据和前提。接下来的人力资源规划过程包括三个基

① 参见〔美〕琼·E.派恩斯:《公共和非营利组织的人力资源管理》,王孙禺、达飞译,清华大学出版社2002年版,第16页。

本环节:人力资源需求预测、人力资源供给分析和人力资源规划的行动决策。整个人力资源规划过程可以用图 4-2-1 加以表示。

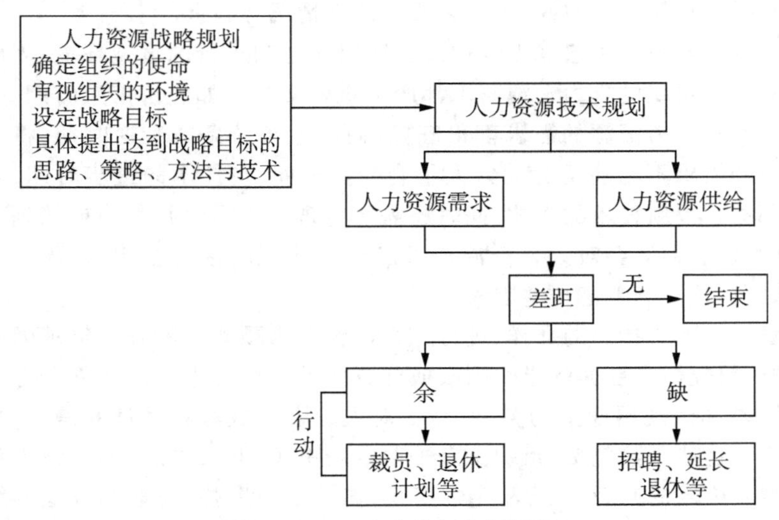

图 4-2-1 人力资源规划过程

资料来源:John M. Invancevich, *Human Resource Management*, 9th ed., McGraw-Hill Companies Inc., 2004, p. 137。

二、人力资源需求预测

所谓人力资源需求,指一个组织按照自己的发展规划,为提供一定量的产品和服务而需要招聘的人员数量和类型。

人力资源需求预测,是指根据组织战略规划,在了解组织现有人力资源的结构和分布的基础上对组织在未来某个阶段人力资源需求的类型、结构、数量和质量进行预测。

人力资源需求预测作为人力资源战略和规划的核心内容,是制定人力资源计划、实施培训与开发方案的基础。它通过估算实现组织目标所必需的人力资源数量与质量,帮助管理者明确未来的人力资源需求,指导管理人员思考未来人力资源管理目标及如何实现这些目标。①

人力资源需求的影响因素很多,也很复杂。因为人力资源需求不仅受到整个宏观环境的社会经济状况影响,也受到组织具体情况的影响。所有这些影响

① 参见廖泉文:《招聘与录用》,中国人民大学出版社 2002 年版,第 85 页。

因素可以从宏观和微观两个层面加以分析。宏观层面包括社会、经济、政治、技术、劳动力市场和竞争对手等因素;微观层面包括组织战略、组织运行情况、组织管理水平和组织结构、现有人员素质和流动情况等因素。

经济、社会、技术等宏观因素构成了组织存在和运行的客观环境,因此会在总体上对各个组织的人力资源需求都产生重要影响。如经济繁荣时期,整个社会各行各业对人力资源的需求都很旺盛,而在经济萧条或衰退时期,将会出现人力资源的需求不足甚至劳动力大量剩余。再如,在技术的进步时期,需要相应吸收那些掌握新技术的人才,同时还需要将现有人员进行替换或培训。总而言之,这些宏观因素会对人力资源需求产生直接或间接的影响,在预测人力资源需求时,应该充分考虑这些因素。

尽管像上面所指出的那样,进行人力资源需求预测离不开对宏观因素的预测和分析,研究微观层面的影响因素或许更加具有现实意义和可操作性。

组织内部微观层面上的各种因素,对人力资源数量和质量的需求,具有直接的影响。这些因素包括:组织决定采取的新决策、开展的新计划;组织各职务对人员素质要求的升级;人力稳定性变化,如计划内更替(辞职和辞退的结果)、人员流失(跳槽);培训和教育活动(与组织对人力资源需求的不断变化相关);为工作效率而进行的组织管理革新;工作时间;预测活动的变化;各部门可用的财务预算。

人力资源需求预测有长期、中期与短期之分,预测的时间跨度越大,各种环境因素变化越大,不确定的因素也就越多。进行预测可以采用的方法也有很多,应该针对不同时间跨度的预测,采用适当的预测方法和技术,将不确定性降至最低水平,提高预测的准确度。总体上,人力资源需求预测的方法可以分为定性预测方法和定量预测方法两大类。根据是否采用统计模型可以分为统计学方法和判断方法。

(一)定性预测法

1. 单元需求预测法或经验法

这里的单元是指组织的一个部门、科室或一个项目组等基层组织。首先由各个基层组织的管理人员根据以往的经验对本部门在未来某个时期的各类人力资源需求进行预测,再上报上一级主管部门,由上一级部门对其所属部门的人力资源需求进行汇总,经过层层估算,最后由最高管理层的人力资源决策人员对整个组织的人力资源需求进行预测。① 这种方法又称为自下而上预测法。

---

① 参见廖泉文:《招聘与录用》,中国人民大学出版社 2002 年版,第 92 页。

这种预测不是正式的计划,而只是反映了对新职位、新人员的需求或者职位名称和内容的变化。单元需求预测法基于这样的推理,即每个部门的管理者最了解该部门的人员需求。

这种方法是以管理人员的个人经验和主观判断为基础的,带有相当程度的主观性,容易受到管理人员个人意见的左右,还容易受到组织内各部门自身利益等因素的制约。但是,这种方法简单易行,成本也较低,比较适合在短期的预测中使用,对于小规模的组织,也是一种可行的技术方法。

2. 专家法

专家法是邀请有关专家根据自己的知识和经验进行判断的一种方法,也是实际工作中运用最多的一种判断方法。专家法的形式很多,其中最著名的是德尔菲法。

德尔菲法最早出现于20世纪50年代末。1964年美国兰德(RAND)公司首次将德尔菲法用于预测领域中,以后便迅速地应用于美国和其他国家。德尔菲是古希腊地名。在德尔菲有座阿波罗神殿,是一个预卜未来的神谕之地,于是人们就借用此名,作为这种方法的名字。

在人力资源长期预测与规划过程中,德尔菲法是运用最为广泛也最为成功的一种定性分析方法。

德尔菲法,又名专家意见法,是依据系统的程序,采用匿名发表意见的方式,即团队成员之间不得互相讨论,不发生横向联系,只能与调查人员发生关系,通过多轮次调查专家对问卷所提问题的看法,经过反复征询、归纳、修改,最后汇总成专家基本一致的看法,作为预测的结果。这种方法具有广泛的代表性,较为可靠。

德尔菲法的具体实施步骤如下:

(1) 组成专家小组。按照课题所需要的知识范围,确定专家。专家人数的多少,可根据预测课题的大小和涉及面的宽窄而定,一般不超过20人。

(2) 向所有专家提出所要预测的问题及有关要求,并附上有关这个问题的所有背景材料,同时请专家提出还需要什么材料。然后,由专家做书面答复。

(3) 各个专家根据他们所收到的材料,提出自己的预测意见,并说明自己是怎样利用这些材料提出预测值的。

(4) 将各位专家的第一次判断意见汇总,列成图表,进行对比,再分发给各位专家,让专家比较自己同他人的不同意见,修改自己的意见和判断。也可以把各位专家的意见加以整理,或请身份更高的其他专家加以评论,然后把这些意见再分送给各位专家,以便他们参考后修改自己的意见。

(5) 将所有专家的修改意见收集起来,汇总,再次分发给各位专家,以便做第二次修改。逐轮收集意见并为专家反馈信息是德尔菲法的主要环节。收集意见和信息反馈一般要经过三四轮。在向专家进行反馈的时候,只给出各种意见,但并不说明发表各种意见的专家的具体姓名。这一过程重复进行,直到每一个专家不再改变自己的意见为止。

(6) 对专家的意见进行综合处理。

德尔菲法同常见的召集专家开会、通过集体讨论、得出一致预测意见的专家会议法既有联系又有区别。

德尔菲法能发挥专家会议法的优点:(1)能充分发挥各位专家的作用,集思广益,准确性高;(2)能把各位专家意见的分歧点表达出来,取各家之长,避各家之短。同时,德尔菲法又能避免专家会议法的缺点:(1)权威人士的意见影响他人的意见;(2)有些专家碍于情面,不愿意发表与其他人不同的意见;(3)出于自尊心而不愿意修改自己原来不全面的意见。德尔菲法的主要缺点是过程比较复杂,花费时间较长。

我们需要注意两点:(1) 并不是所有被预测的事件都要经过四步。可能有的事件在第二步就达到统一,而不必在第三步中出现。(2) 在第四步结束后,专家对各事件的预测也不一定都达到统一。不统一也可以用中位数和上下四分点来作结论。事实上,总会有许多事件的预测结果是不统一的。

(二) 定量预测法

1. 趋势外推法

趋势外推法是最简单易行的一种时间序列法,此外,时间序列法还包括滑动平均法、指数曲线法。

趋势外推法的使用条件是组织的人力资源需求在时间上表现出明显的均等发展趋势。基本过程是,以时间为横坐标,组织人力资源需求为纵坐标,在坐标系中画出时间与人力资源需求决定的散点图,再根据散点图的分布绘出人力资源需求随时间变化的曲线。

在企业人力资源需求分析过程中,通常将时间替换成与组织人员数量和构成关系最大的因素,如产量、销售额、销售量等,得出人力资源需求变化曲线后,再根据这一因素在将来某个时点上的情况,对组织的人员需求趋势加以预测。应该采用哪种因素进行分析预测,是建立在对组织相关资料、相关数据的整理、统计和分析基础上的。

非营利的公共组织不适宜采用以上的经济因素,可以结合实际情况,采用工作量等因素作为预测的根据。

2. 比率分析法

比率分析法是通过计算影响人力资源需求的某个关键因素与所需要人员数目的一个精确比率来确定未来人力资源需求的一种方法。这种方法通过研究历史统计资料中的各种比例关系,考虑未来情况的变动,估计预测期内的比例关系,从而预测未来各类人员的需要量。这种方法简单易行,关键就在于历史资料的准确性和对未来情况变动的估计。

可以看出,比率分析法涉及两个量和一个比率。两个量中一个是需要预测的人力资源的需求量,一个是某个关键因素;一个比率即这两个量之间的精确比率。恰当使用这种方法的关键则在于找出关键因素和确定两个量之间的精确比率。通常关键因素可以分为两类:一类是与组织运行相关的某个对人力资源需求有重要直接影响的因素,例如产量、销售量等;另一类是组织中某些关键人员的数量。组织采用比率分析法进行预测时,多采用前一类因素。首先收集这些关键因素及对应的人力资源需求的历史资料,确定两者之间的精确比率,然后再用关键因素在未来某个时点的预测值乘以这个精确比率得到相应的人力资源需求量。通常,像产量、销售量这些因素的预测值可以从组织的其他部门得到,所以人力资源部门的任务主要是对历史数据进行分析,合理地确定关键因素和该因素与人力资源需求之间的精确比率。如果是非营利性的公共组织,则完全可以采用第二类因素。首先研究组织过去的人力资源数据资料,并根据资料确定不同工作岗位的员工之间的数量比率,最后通过已经确定下来的某个关键岗位的人员需求量来计算其他岗位的人员需求。

需要注意的是,比率分析法使用的某个比率并不是固定不变的,而是动态变化的。因此,在某个时期进行预测时不能直接采用上个时期计算出的比率,而是应该重新分析计算,加以确定,这样才能保证预测的准确性。

3. 回归分析

回归分析是通过建立人力资源需求量与某一个或多个决定人力资源需求的变量之间的回归模型,得到人力资源需求与影响因素之间的函数关系,从而对未来的人力资源需求进行分析预测的一种更为精确的统计学方法。回归分析中应用最普遍的是线性回归模型,包括单变量线性回归模型和多变量线性回归模型。

(1) 单变量线性回归模型。

单变量线性回归分析是以人力资源需求水平和某个与需求相关联的变量之间的关系为基础的。首先需要确定组织中与人力资源需求水平关联最密切的变量，然后收集相关数据，估计相关系数，确立模型，最后利用相关变量的某个具体值对未来人力资源需求水平做出预测。

单变量线性回归也称为简单线性回归、一元线性回归，该模型的基本公式为：$y = \alpha + \beta x + \varepsilon$

其中，y——人力资源需求数量；

x——某个与需求相关联的变量；

α、β——相关系数；

ε——随机变量。

通过计算，可以得到式中 α、β 的值，从而得到线性回归方程：$y = \alpha + \beta x$。

需要指出的是，只有当人力资源需求量与某个因素高度相关时，才可以使用回归方程进行预测，即需要对是否高度相关进行检验。统计学上有多种检验方法。除了用公式进行计算以外，还可以使用 SAS、SPSS 等专业软件。

与人力资源需求水平相关的变量有很多。从逻辑上讲，组织人力资源需求是产量、销量、税收等的函数，但对公共组织，则无法采用这类经济指标。对于公共组织而言，应用回归分析进行人力资源需求预测时，选取哪个或哪些（多元回归分析中）因素是一个需要研究探讨的问题。这个问题同样可以用统计方法加以解决，分别选取公共组织中与人力资源需求相关的多个因素做回归分析，然后通过显著性检验来确定最适宜的相关变量。

（2）多变量线性回归模型。

多变量线性回归模型（又称多元线性回归模型）是对单变量回归模型的扩展。与单变量线性回归模型不同的是，多变量线性回归模型选取多个而不是一个与人力资源需求水平有关的相关变量。在实际工作中，影响人力资源需求量的因素并非只有一个，而是多个因素共同影响着组织人力资源的需求量。在单变量线性回归中，实际上是保留了一个对人力资源需求影响最大的因素，而将其他因素忽略掉，从这个意义上讲，通过多变量线性回归模型做出的人力资源需求预测要比单变量线性回归模型更加准确。当然，是否采用多变量线性回归模型也应该视实际情况而定，一般来讲，比较大型的组织适合采用这种多变量线性回归模型。

在使用统计学方法进行人力资源需求预测时需要注意的一点是，这些方法的前提都是假设人力资源需求与其决定因素之间的关系是不随时间而变化的。如果它们之间的关系发生了变化，预测就会变得不准确。

（3）计算机模拟预测法。[1]

计算机模拟预测法是人力资源需求预测中最复杂也是最精确的一种方法。这被比喻为在一个“虚拟的世界”里的实验，它能综合考虑各种因素对组织人力资源需求的影响。该方法主要在电脑模拟的虚拟环境中，对组织可能面临的外部环境的变化及自身的复杂动态进行分析，得到未来需求的人力资源配置方案。随着信息技术的广泛应用和计算机的普及，这种方法将会得到普及应用。

三、人力资源供给分析

经过人力资源需求分析，组织预测了未来需要的人力资源的数量和类型。那么，如何获得所需的人力资源，是通过内部人员的调动、提拔，还是通过对外招聘？这个问题需要人力资源供给分析来进行解决。人力资源供给分析就是组织依据所需要的人力，分析未来人力资源主要来源与数量。

影响人力资源供给的因素很多，可以分为两个方面。一方面是组织内部因素，如人员的退休、离岗造成人力资源供给的减少或内部员工的流动（转岗、晋升、降职等）导致人力资源配置的变化等等。另外一个方面就是组织外部环境对人力资源供给的影响，包括人口结构的变迁、经济景气状况以及就业市场状况等因素。外部环境的预测与环境分析相类似，主要是根据环境变化分析其对人才市场的影响，以及可能发生的变化。

总体上，影响外部人力资源供给的因素可以分为地域性因素和全国性因素两大类。地域性因素包括：组织所在地的人力资源整体现状；组织所在地的有效人力资源的供求现状；组织所在地对人才的吸引程度。全国性因素包括：全国相关专业的大学生毕业人数及分配情况；国家在就业方面的法规和政策；该领域全国范围的人才供需状况；全国范围从业人员的薪酬水平和差异。

如上所述，影响人力资源供给的因素分为组织内部和外部两个方面。一般而言，人力资源供给分析也需要从两方面进行，即内部人力资源供给分析和外部人力资源供给分析。

（一）内部人力资源供给分析

内部人力资源供给分析就是要预测组织内部的人员变动状况，从而确定组织内部的人力资源供给。一般来讲，内部人力资源供给分析中经常使用的方法分为两类：判断性预测方法和统计学预测方法。

---

① 参见赵曙明编著：《人力资源战略与规划》，中国人民大学出版社2008年版，第156页。

判断性预测方法主要是用来分析组织内部流动状况的。主要的工具包括：现有员工的技能清单(skill inventory)或管理人才库(management inventory)，以及组织人员替换图(replacement chart)的建立等。下面将对这几种分析工具分别简单地加以介绍。

1. 技能清单

技能清单源于对组织现有人力资源的测算。单独的管理人员技能清单通常被称为管理人才库。

技能清单可以包含很多内容，组织可以根据自身的实际情况进行选择，一般包括员工的基本个人情况(姓名、出生日期、家庭住址等)、教育背景、职业资格、职业经历、拥有的证书和专利、特殊知识和技能、薪酬水平、特长爱好等等。

建立和维护组织的技能清单，可以使人力资源管理部门随时掌握组织内的人员构成状况，及时应对各种突发事件和环境变迁，同时在进行人力资源规划时可以利用技能清单对内部人力资源供给做出准确预测。

建立技能清单可以采用访谈或问卷调查的方式，一般来讲，问卷调查的方式更快捷也更节省成本，但是得到的资料和数据不够准确。而通过专业的访谈者对员工进行访谈的资料则相对更加精确，但成本较高。

技能清单建立以后，不断进行数据更新和维护是一项非常重要的工作。对于有些组织，每年进行一次数据更新就足够了。但对于一些人员情况变动较大的组织而言，则变更的周期有必要缩短。

技能清单的存储方式也要视组织的具体情况而定，对于小型的组织或技能清单使用频率较低的组织，可以用类似目录卡片的人工方式加以存储。而对于大型的组织，可以考虑采用相关的人力资源专业软件，使用计算机系统对技能清单进行存储和管理。

2. 组织人员替换图

组织人员替换图用来对组织内人员流动进行分析。人员流动主要是指组织内人员的升迁、降级、轮岗、退休、伤病等人员流入流出的情况。组织人员替换图法是对各现有岗位人员进行考核评价，分析其可能流动的方向，从而对人员的流动情况实现控制和测量的一种图示分析法。[①]

---

① 参见廖泉文:《招聘与录用》，中国人民大学出版社2002年版，第97页。

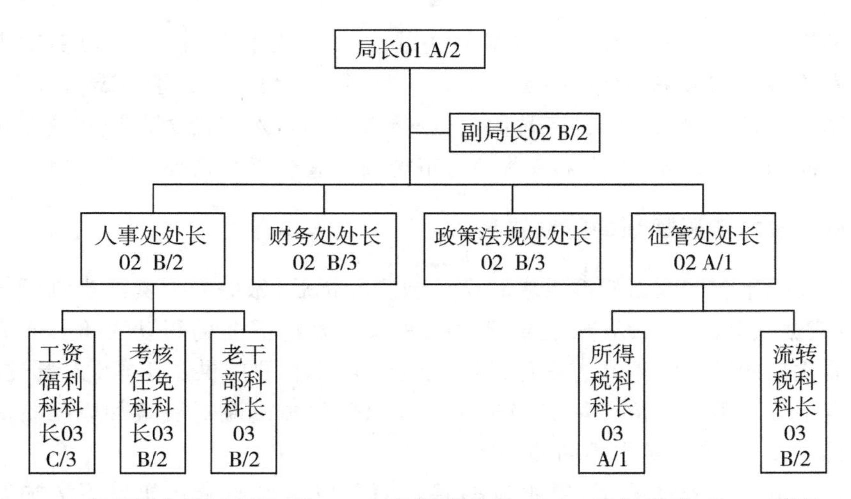

各标注含义:01,02,03——人员类别代码;A——可以晋升,B——需要培训,C——不适合该职位;1——表现优异,2——表现良好,3——表现普通,4——表现欠佳。

图4-2-2 某省级地方税务局组织人员替换图

从图4-2-2中可以看出,征管处处长可能晋升,从而带来选择候选人的问题,而该图可以提供一定的信息帮助做出正确的预测。

内部人力资源供给分析的统计学方法主要是马尔可夫链预测法。该方法的基本思想是找出过去人力资源变动的规律,并以此预测未来的人力资源变动趋势。虽然这种方法应用较为普遍,但其准确性和可行性到目前为止还尚无定论。

(二)外部人力资源供给分析

对所有组织来讲,招聘和录用新员工都是必不可少的。无论是由于业务规模的扩大、职能的扩展还是由于劳动力的自然损减,组织都需要从外部劳动力市场上获得必要的劳动力。实际上,外部人力资源的供给预测就是对人力资源的供给和需求进行平衡的一种方法,既要解决总量平衡问题,即总供给和总需求的平衡问题,又要解决结构性的供给和需求的平衡问题,即专业、行业、特殊职业等人力资源供给和需求的平衡问题。随着社会经济的不断发展,人力资源的结构性供给和需求之间的矛盾将长期存在,这是人力资源预测应认真解决的问题。

外部人力资源供给预测方法也很多,主要包括市场调查预测方法和相关因素预测方法。市场调查预测是人力资源管理人员组织或亲自参与市场调查,并在掌握第一手劳动力市场信息资料的基础上,经过分析和推算,预测劳动力市场的发展规律和未来趋势的一类方法。相关因素预测方法是通过调查和分析,找出影响劳动力市场供给的各种因素,分析各种因素对劳动力市场发展变化的作用方向和影响程度,预测未来劳动力市场的发展规律和趋势。

四、人力资源规划的行动决策

在完成组织的人力资源需求和供给预测分析后,做好人力资源规划的第三步是:依据供需的比较结果,制定满足未来人力资源需要的行动决策。人力资源供需比较的可能结果共有三种:供小于求(人员不足)、供过于求(人员过剩)和供需平衡。每一种情况均有赖于人力资源部门提出应对决策加以执行。不同情况下,组织可以做出不同的决策。

在人员不足的情况下,组织应招聘新职员以满足需求。如果不增加新职员,组织可以选择的决策包括加班、业务外包、培训以提高效率、提高退休年限等。总的来讲,分为三类:更好地利用现有人员、雇用更多的人员和降低对人员素质的要求。

在人员过剩的情况下,可以解聘、缩减工作时间、减薪和鼓励提前退休等。总的来讲,也分成三类:永久性裁员、将人员重新分配到有需求的工作岗位、在减少成本的条件下保留过剩的人员。

供需平衡不仅指人员供需数量上的平衡,还包括供需结构上的平衡。组织的人员配备总是处在不平衡到平衡的动态过程中,不平衡是绝对的,而平衡是相对的。即使某个时点上出现供需平衡,人力资源规划决策也应预测到未来人力资源的需要和可能。

通常,我们把人力资源规划的行动决策分为以下几个方面的规划:

(1) 人力资源招募规划,即根据组织整体的发展战略、目标和各部门的发展计划对人力资源配置的要求,以充分有效利用人力资源为原则,确定人力资源招募计划的基本政策以及具体招募方案。一般地,具体的招募方案包括招募人员的数量、种类、时间、渠道及人员素质要求等方面问题的决策。

(2) 员工的教育培训规划,包括培训目标、培训内容、培训方式、培训对象和培训预算。

(3) 员工职业生涯发展规划,包括工作环境改善、个人发展计划、帮助新员工制定职业生涯规划、特殊人员保留等方面的工作目标及所采取的措施等。

(4) 内部人力资源流动规划,包括人事考核(升迁)计划(内部人力资源的最佳配置、发展和晋升政策及管理梯队接班人计划)和组织结构调整(转岗规模、类别、时机、政策和去向等)。

(5) 人力资源薪酬福利规划,包括薪酬体系的构建,薪酬等级、差距的设定以及各项福利措施的制定。

除了以上几方面基本的内容以外,人力资源规划行动决策还包括组织达到其人力资源目标的任何行动方案,例如改善提升组织的社会形象以吸引更多应征者也可以作为人力资源规划行动决策的一部分。

第三节 公共部门的人力资源规划

人力资源规划作为人力资源管理的一项基本方法与技术,首先为企业所采用,随后推广到了公共组织。公共部门人力资源规划是指根据公共组织在一定时期内的战略目标,科学地预测组织在未来环境变化中对人力资源的需求状况,制定出满足该需求的具体内容、实施步骤、相应政策、经费预算等,确保组织对人力资源在数量、质量和结构上的需求的管理活动过程。①

一、公共部门人力资源规划的特点与方法

公共组织人力资源规划具有较强的不确定性。从理论上讲,用组织内部资源需求的总数减去人力资源供给的总数,就可以得出组织需要的人力资源数。根据这个数目,可以建立项目和财政运行机制,并以此来获取、发展和使用人力资源。但是,由于公共组织的特点,公共组织人力资源规划活动涉及更多的不确定性,其制定人力资源规划的政治性大于分析性或合理性。人力资源规划已经受到私营组织的普遍重视,而在公共组织的实际应用还处在探索的阶段,这与部分公共组织的非营利性有关,也与有些国家实行的公务员聘用制度等有关。尽管如此,公共组织引入人力资源规划,具有与私营组织同样的必要性。以政府机构为例,虽然作为非营利组织,政府机构不必面对私营组织所面临的竞争压力和激烈的人才竞争,但是随着经济的发展和社会的进步,公众对政府机构提供的公共服务的要求不断提高。政府机构需要对其职能不断加以完善,以适应日趋复杂的经济运行体系;需要实现从传统的人事管理向现代人力资源管理的转变,以适应整个社会的人才竞争及公务员聘用制度的革新;需要进行行政改革,以适应公众对其高效率、低预算的要求。只有加强人力资源规划的职能,政府机构才能获得高素质的人才完善其职能,才能真正实现人事管理的

① 参见滕玉成、俞宪忠主编:《公共部门人力资源管理》,中国人民大学出版社2003年版,第60页。

变革,才能合理配备人力资源,达到高效率、低预算的要求。因此,对公共组织人力资源规划的探讨也具有现实意义。

基于公共组织的特点,其人力资源规划常用的方式为渐进主义(incrementalism,或减退主义[decrementalism])模型,这种方法的主要特点是,它假定政策目标和意图保持不变,或仅仅从边际上发生变化。渐进主义(或减退主义)模型都不是非常有效的全面合理的预测方法,因为这两种方法都是假定政策目标和政策意图没有任何变化,所以在规划中没有对雇用和解雇人员的种类变化做出任何设计。

公共组织人力资源规划应用最为广泛的预测方法是集体观点(collective opinion)。它意味着首先从组织内部和外部的各种原始资料中搜集信息,然后就这些材料的信息达成团体共识。①

探求公共组织发展的历史进程。不难看出,当前公共组织正处于一个多元的组织文化环境中,因此公共部门人事管理本身所具有的内在复杂性来源于各种人事制度安排背后的价值间的相互冲突和竞争,寻求人事管理价值平衡的过程就是多样化利益群体之间妥协和利益调整的过程。因此,公共组织人力资源管理特别是公共组织人力资源规划受到这种利益调整主体的影响而表现出一定的政治性,由此形成的不确定性对人力资源规划造成了一定的负面影响。

二、公共部门人力资源规划的种类

公共组织人力资源规划的政治性、行政性、经济性等功能和作用决定了它与私营组织人力资源规划具有不同的分类方法。概括起来,公共部门人力资源规划有以下分类方法:

(一)宏观人力资源规划和微观人力资源规划

在公共部门中,人力资源规划可分为宏观与微观两大部分。宏观人力资源规划是从整个公共组织系统和人员队伍出发,在分析组织的结构和预算状况走势的基础上,确定一个时期内对人员的总体需求状况,以求组织的职位与人员数量、素质结构在总体上达到基本均衡。这一规划过程具有战略性,属于公共部门自身战略发展规划的重要组成部分。微观的人力资源规划是指各公共部门根据本部门的工作岗位的需要和部门预算情况及发展方向,在工作分析的基础上,确定本部门在一个时期或一个财政年度内对人力资源的需求状况,制定

① 参见〔美〕琼·E.派恩斯:《公共和非营利组织的人力资源管理》,王孙禺、达飞译,清华大学出版社2002年版,第15页。

出人力资源获取与分配的计划,为部门的其他人力资源管理活动奠定基础的活动过程。

（二）总体规划和业务规划

按照人力资源规划的范围和内容,公共部门人力资源规划可分为总体规划和业务规划。

总体规划以组织的战略目标和未来发展趋势为依据,围绕规划期内人力资源管理的总目标、总方针和总政策,按照实施步骤、时间安排、经费预算等若干思路进行设计。当组织面临大的变动或需要重组时,必须考虑对组织结构、职务职位进行重新设计与分析,并在完全确定的基础上进行总体规划。

业务计划包括:补充计划、使用计划、培训开发计划、绩效评估与激励计划。补充计划通常包括人员补充的类型、数量、结构比例和要达到的绩效,人员的来源、任职要求、工资待遇和社会保障,以及实现上述计划的具体措施和手段。使用计划包括各部门的"三定方案"(定岗、定员、定编)及职位分类与设置标准、绩效评估目标、交流和调配目标、任职资格考核办法、聘任制度、薪酬预算等等。培训开发计划包括培训开发的目标、相关政策或方法、时间安排、经费预算等等。绩效评估与激励计划,包括激励制度、薪酬政策、评估政策、福利制度等等。实际工作中,业务计划的内容很多,还包括晋升计划、团队建设计划、劳动关系计划等。①

三、公共部门人力资源规划应用分析

随着公共部门的改革和新公共行政时代的到来,国外公共部门的人力资源规划已日趋成熟并走向人力资源的战略管理,如明尼苏达州在《美国明尼苏达州 2001—2006 年人力资源战略规划》中,不仅为每项目标确定了实现目标的策略,而且明确提出实现目标的时间期限。例如,在"我们将与有相似目标和共同利益的组织建立合作关系,从而共享资源、才能和机会"的目标下,提出了 13 项策略,并且明确规定了各自完成时间。其中,第三项策略是:以私营和公共组织为标杆,整合相互交叉、部分重合的人力资源概念和计划,对招募、培训、薪酬产生有益的影响,包括构建恰当的组织结构,使为招募所付出的努力和资源实现收益最大化,要求 2002—2006 年分阶段完成。第四项策略为:协助各机构和其他团体建立组织内部的工资基金储备,以有效管理雇员的工资成本;协助他们

① 参见滕玉成、俞宪忠主编:《公共部门人力资源管理》,中国人民大学出版社 2003 年版,第 63—64 页。

以那些成功控制医疗成本的组织为标杆,处理医疗保健成本日益增加的问题,要求在2002年前完成。第七项策略为:开发并采用一种组织结构,在这种组织结构下,州政府的所有人力资源职能在人员、空间和资金效率最大化的条件下得到履行,要求在2003年前完成。

加拿大的人才规划是经济战略中的一个子规划,在中、高级管理人才培养开发方面也有自己的特色:第一,在大学内采用灵活多样的办学形式,例如针对中、高级在职管理人员的特点,在大学内举办多种专题训练项目,提高他们的领导和决策能力;在大学内开设部分时间制研究生班,培训在职高级管理人员,边工作边学习,利用周末或晚上上课,在4—5年内修完硕士研究生课程;在大学举办各类专题讲习班,学制从两三天到几个月不等。第二,许多组织都有自己的职业培训中心,既负责培训本组织的职工和管理人员,也接受国内外同行职工的技术培训。例如,哥伦比亚电话公司是一家私人组织,它拥有一个150多名教职工的培训中心。

在我国公共部门人力资源规划的实践中,宏观人力资源规划通常表现为组织在一个阶段的人才战略,而微观人力资源规划通常为公共部门年度的人才规划与具体的实施措施。人才战略与人才规划有所不同,人才战略比较侧重宏观、抽象与相对不确定的长远策略,而规划比较侧重具体与相对确定的长远想法与规划。但是,人才战略与人才规划也相互联系,人才战略是人才规划的基础与前提,人才规划是人才战略的具体化、持续化,是实现人才战略的必要形式与重要手段。人才战略的结构包括战略构想(愿景、战略总目标)、战略目标、战略对策与战略过程四个部分。

例如,上海在人才队伍建设方面,提出了构筑国际人才高地的战略,即使上海成为以人才构成的国际化、人才素质的国际化、人才活动空间的国际化为特征的,以人才国际化、人才信息化、人才市场化、人才法制化为内容的世界优秀人才集散中心,成为人才价值最能实现的地方。在措施方面主要有:第一,根据经济与社会发展,上海既鼓励上海的生源在上海就业,也鼓励到基层去,到边远的地方去,实行青年职业见习计划。对于非上海毕业生,采取打分制政策,不做数量指标上的严格限制,只要符合一定条件,就能在上海通过落户或办理居住证等方式在上海就业,比北京的落户政策更为宽松和公平,事实上也吸引了大量优秀高校毕业生在上海追梦圆梦。第二,通过各类人才引进计划积极引进优秀人才,例如“上海海外高层次人才聚集工程”“上海千人计划”“上海浦江人才计划”,每年上海吸引外来人才的数量在全国名列前茅。截至2012年底,上海市有425名海外高层次人才入选中央“千人计划”,310名海外高层次人才入选上海“千人计划”,其中13人入选外国专家“千人计划”。上海人才资源总量近400万人,在沪两院院士161人,来沪工作和创业的留学人员已超过10万人,留学人员在沪创办企业4500余家,常住上海的外国专家8.5万余人。上海连续两年被评为“外籍人才眼中最具吸引力的中国城市”之一。① 第三,政府十分注重培养和集聚各类人才。2014年上海市政府工作报告中提到:“要用人才的活力带动经济社会发展的活力。聚焦重点领域,继续实施国家和本市各类人才计划,壮大领军人才队伍。实施专业技术人才知识更新工程,推进技能大师工作室建设,加快培养创新发展所需要的各类技能人才。培育创新创业文化,建设创新创业服务平台,健全市场化的人才引进机制,营造人尽其才、才尽其用的制度环境,更好地靠事业成就人、靠机制吸引人、靠环境留住人,让各类人才愿意来上海追梦、能够在上海圆梦。”具体来说,通过完善就业服务体系,实施扶持失业青年就业的启航计划,依法规范劳务派遣用工,帮助1.1万人成功创业,新增就业岗位60.1万个,城镇登记失业率为4.2%。第四,上海市响应2010年中央发布的《国家中长期人才发展规划纲要(2010—2020年)》,实行“上海市首席技师千人计划”培养和造就创新性科技人才,形成企业投入为主体、政府资助为导向的投入机制。对建立首席技师制度、积极参与“首席技师千人计划”的企业给予资金资助,支持企业充分发挥首席技师在创新研发、技术攻关、带徒传技等方面的高端引领作用,加快高技能人才队伍建设,带动职工技能水平整体提升。第五,2010年之后相继出台了《鼓励留学人员来上海工作和创业的若干规定》(2010年)和《上海市居住证实施细则》(2011年)等一系列人才激励政策,吸引和集聚海外高层次人才来沪创业和工作。第六,从1998年开始,按照“先政府后党群,先市级机关后区县机关”的原则分步推进党政群机关机构改革,对政府法制干部和行政执法人员进行法制教育和培训,拓展公务员培训项目,改革公务员考录制度。第七,2002年颁布了《上海市博士后出国学术交流暂行办法》,资助在站博士后出国进行学术交流考察,从而增强人才国际化视野,更好地为学术科研和经济发展做出贡献。

综合上述分析,公共部门正在实现由传统的人力资源管理向战略人力资源管理过渡。公共部门人力资源规划应注意两个方面的挑战:一是前瞻性的挑战。公共领域中的组织也常常具有一种危机感而不具备一个战略重点,公共机构常常是在变化发生时才去应付它,而并未事前做好规划。因此,公共部门人力资源规划应注重前瞻性,人力资源规划就是一种采取战略措施以防止问题发

---

① 参见鞠炜、刘宁:《京沪浙粤苏人才政策比较研究》,《中国人力资源开发》2013年第15期。

生的方法。组织需要预见到它的人力资源需求,从而能够为处理变化了的情况做好准备。二是快速变化的外部环境的挑战。公共组织人力资源在向战略管理过渡的过程中,必须密切注视组织的外部环境,以发现那些对组织实现其使命的能力产生影响的变化。这些变化可能类似于那些社会潮流,如改变市议会组成的一次选举,或者当选官员们取消某些工作项目资金的决定。如果工作项目被取消,或者引进新技术、扩大服务范围等,均需要对人力资源的规划进行适时的调整。

【本章小结】

本章首先综合介绍了目前人力资源规划的各种定义,并在分析归纳各种定义的基础上对人力资源规划进行界定,同时分析了人力资源规划与人力资源战略的关系。

本章重点是人力资源规划的过程和方法。人力资源规划过程包括三个基本环节:人力资源需求预测、人力资源供给分析和人力资源行动决策。人力资源需求预测方法包括定性预测法和定量预测法。定性预测法包括单元需求预测法或经验法(又称为自下而上预测法)和专家法;定量预测法包括趋势外推法、比率分析法和回归分析。人力资源供给分析也需要从两方面进行,即内部人力资源供给分析和外部人力资源供给分析。内部人力资源供给分析中经常使用的方法分为两类:判断性预测方法和统计学预测方法;外部人力资源供给分析主要包括市场调查预测方法和相关因素预测方法。人力资源行动决策分三种:供小于求(人员不足)、供过于求(人员过剩)和供需平衡。

最后本章具体分析了公共部门人力资源规划的特点与方法以及公共部门人力资源规划的种类,并对公共部门人力资源规划进行了应用分析。

【复习思考题】

一、单选题

1. 关于人力资源规划的理解,不正确的是(　　)。

A. 规模较小的组织不适于拟定详细的人力资源规划。

B. 从规划的性质上,人力资源规划可分为组织总体人力资源规划、部门人力资源规划、某项任务或工作的人力资源规划。

C. 人力资源规划是(对组织的需要)进行识别和应答以及制定新的政策、系统和方案来使人力资源管理在变化的条件下保持有效的过程。

D. 人力资源规划是将业务规划、战略规划和市场的需求结合在一起以达到组织机构一定的需要。

2. 下列属于人力资源需求预测的定性预测法的是(　　)。

A. 德菲尔法　　B. 回归分析法
C. 趋势外推法　　D. 比率分析法

3. 公共部门人力资源规划最为广泛的预测方法是(　　)。

A. 技能清单　　B. 组织人员替换图
C. 集体观点　　D. 回归分析

4. 根据公共组织的特点,公共部门的人力资源规划常用的方式为(　　)。

A. 渐进主义　　B. 专业主义　　C. 顶层设计　　D. 部门主义

5. 下面关于德菲尔法的说法错误的是(　　)。

A. 采取匿名发表意见的方式　　B. 专家小组人数一般要在30人以上
C. 花费时间较长　　D. 最后可能出现结果不统一的情况

6. 决定人力资源规划的方向,并且决定着组织目前从事的经营业务的基本性质,这项要素是(　　)。

A. 人力资源开发　　B. 人力资源战略
C. 人力资源配置　　D. 人力资源培训

7. 组织人力资源战略的制定过程一般由四个步骤构成:(1)确定组织的使命;(2)审视组织的环境;(3)设定人力资源战略的目标;(4)具体提出一系列实现战略目标的措施。其顺序是(　　)。

A. (1)(2)(3)(4)　　B. (2)(1)(3)(4)
C. (2)(3)(1)(4)　　D. (2)(1)(4)(3)

8. 以下各选项中属于影响人力资源需求预测的宏观环境是(　　)。

A. 现有人员素质　　B. 组织战略
C. 组织运行情况　　D. 竞争对手

9. 首先由各个基层组织的管理人员根据以往的经验对本部门在未来某个时期的各类人力资源需求进行预测,再上报上一级主管部门,由上一级部门对其所属部门的人力资源需求进行汇总,经过层层估算,最后由最高管理层的人力资源决策人员对整个组织的人力资源需求进行预测。这种人力资源需求预测方法是(　　)。

A. 德尔菲法　　B. 回归分析
C. 单元需求预测法　　D. 技能清单

10. 通过建立人力资源需求量与某一个或多个决定人力资源需求的变量之间的回归模型，得到人力资源需求与影响因素之间的函数关系，从而对未来的人力资源需求进行分析预测的一种更为精确的统计学方法。这种人力资源需求预测方法是（　　）。

A 德尔菲法　　B 回归分析　　C. 趋势外推法　　D. 比率分析法

11. 调查和记录员工的基本个人情况（姓名、出生日期、家庭住址等）、教育背景、职业资格、职业经历、拥有的证书和专利、特殊知识和技能、薪酬水平、特长爱好等，从而对内部人力资源供给做出准确预测。这种内部人力资源供给预测方法是（　　）。

A. 德尔菲法　　B 技能清单

C. 组织人员替换图　　D. 比率分析法

12. 公共部门人力资源规划最显著的特点是（　　）。

A. 不确定性　　B. 专业性　　C. 技术性　　D. 稳定性

13. 单元需求预测法的基础是（　　）。

A. 组织成员的综合素质　　B. 组织的外部环境

C. 管理人员的个人经验和主观判断　　D. 组织的内部环境

14. 依据系统的程序，采用匿名发表意见的方式，即团队成员之间不得互相讨论，不发生横向联系，只能与调查人员发生关系，通过多轮次调查专家对问卷所提问题的看法，经过反复征询、归纳、修改，最后汇总成专家基本一致的看法，作为预测的结果。这种人力资源需求的定性预测方法是（　　）。

A. 德尔菲法　　B. 技能清单

C. 组织人员替换图　　D. 比率分析法

15. 为了适应环境发展和自身发展的动态性，预测组织对人力资源的需要，并制定必要的计划和措施，确保有适当数目的适当人员适时地担当适当工作的一个过程，这一过程同时也使员工个人的职业生涯得到充分的发展。这个人力资源开发与管理环节是（　　）。

A. 人力资源开发　　B. 人力资源配置

C. 人力资源规划　　D. 人力资源战略

二、多选题

1. 人力资源规划的功能主要是（　　）。

A. 制订出未来各个阶段的人力资源招聘任用计划。

B. 帮助组织建立合理的培训开发制度。

C. 建立合理的员工职业生涯规划制度,防止人才的断层。

D. 帮助组织提高市场适应能力、生存能力和发展能力。

2. 人力资源规划的内涵包括(　　)。

A. 组织适应环境发展和自身发展的需要。

B. 预测组织的需要,并制定必要的计划和措施。

C. 确保有适当数目的适当人员担当适时地适当的工作。

D. 员工个人的职业生涯能够因此得到充分的发展。

3. 从规划的性质上,人力资源战略可以划分为(　　)。

A. 部门人力资源规划　　B. 战略性人力资源规划

C. 总体人力资源规划　　D. 战术性人力资源规划

4. 关于人力资源规划与人力资源战略的关系,下列说法正确的是(　　)。

A. 人力资源战略是人力资源管理的方向性规划。

B. 人力资源规划是在不断变化的环境中分析组织的人力资源需求以及设计满足这些需求所必需的活动的管理过程。

C. 人力资源战略不仅是有关人力资源管理的一系列行动计划,也是改变一个组织的本来特性的一个整体、多面、长期的过程。

D. 成功的人力资源规划是实现组织战略目标的基础和根本保证。

5. 人力资源规划过程的环节包括(　　)。

A. 人力资源需求预测　　B. 人力资源战略制定

C. 人力资源规划的行动决策　　D. 人力资源供给分析

6. 常见的人力资源需求预测方法主要有(　　)。

A. 单元需求预测法　　B. 专家法

C. 趋势外推法　　D. 比率分析法

7. 下列属于人力资源需求预测的定量预测法的是(　　)。

A. 德菲尔法　　B. 回归分析法　　C. 趋势外推法　　D. 比率分析法

8. 常见的人力资源供给分析方法主要有(　　)。

A. 组织人员替换图　　B. 技能清单

C. 德菲尔法　　D. 市场调查预测法

9. 人才战略的结构包括(　　)。

A. 战略构想　　B. 战略目标　　C. 战略对策　　D. 战略过程

10. 关于人才战略与人才规划的关系,下列说法正确的是(　　)。

A. 人才战略比较侧重宏观、抽象与相对不确定的长远策略,而规划比较侧重具体与相对确定的长远想法与规划。

B. 人才战略是人才规划的基础与前提。

C. 人才规划是人才战略的具体化、持续化。

D. 人才规划是实现人才战略的必要形式与重要手段。

11. 关于公共部门人才资源规划的特点,下列说法正确的有(　　)。

A. 不确定性　　B. 政治性强

C. 相关方法和技术及其应用不成熟　　D. 内在复杂性

12. 关于公共部门人力资源规划的现状,下列说法正确的是(　　)。

A. 处于探索阶段　　B. 广泛采用集体观点的预测方法

C. 渐进主义的规划思路　　D. 专业主义强

13. 下面属于内部人力资源供给分析的方法主要有(　　)。

A. 判断性预测方法　　B. 统计学预测方法

C. 市场调查预测方法　　D. 相关因素预测方法

14. 下面关于人力资源行动决策的理解正确的是(　　)。

A. 依据供需的比较结果,制定满足未来人力资源需要的行动决策。

B. 人力资源招募规划的招募方案包括招募人员的数量、种类、时间、渠道及人员素质要求等方面问题的决策。

C. 内部人力资源流动规划包括人事考核计划和组织结构调整。

D. 改善提升组织的社会形象以吸引更多应征者也可以作为人力资源规划行动决策的一部分。

15. 下列关于人力资源规划的说法,正确的是(　　)。

A. 规模较小的组织不适于拟定详细的人力资源规划。

B. 从规划的范围上,人力资源规划可分为战略性人力资源规划和战术性人力资源规划。

C. 人力资源规划根据组织发展目标的需要对人力资源的现期和中远期的储备做出预测和安排,从而有效地支持和保证了组织目标的实现。

D. 组织的人力资源规划始于其人力资源战略规划,人力资源规划将组织的战略规划转化成特定的人力资源需求的数量与质量规划。

三、思考题

1. 什么是人力资源规划?现实中常有哪些关于人力资源规划的说法?

2. 人力资源规划与人力资源战略的关系如何?

3. 人力资源需求预测有哪些方法?

4. 人力资源供给分析有哪些方法?

5. 如何区别不同情况进行人力资源行动决策?

6. 公共部门人力资源规划有什么特点?

7. 公共部门人力资源规划方法与私营部门人力资源规划方法有哪些不同?

8. 公共部门人力资源规划的现状如何?

【案例与讨论】

人力资源规划,要进行到底吗?

江国盛是S市财政局人事处的科长,去年,他考入某大学的在职MPA,在学习"人力资源管理"这一门课的过程中,他意识到目前政府部门要提高工作效率,首先得靠优秀的人才保障,人才是组织成功最重要的因素。而人力资源规划这项工作则具有一定的前瞻性,做好人力资源规划有利于吸引人才、留住人才及使用好人才。联想到以往财政局从来没有进行过人力资源规划工作,江国盛决定开始立即着手进行财政局未来五年的人力资源规划工作。

由于人力资源规划工作在S市财政局尚处首次开展,江国盛通过两种方式进行调研,以了解人力资源工作的实际情况。一种方式是发放无记名调查问卷,了解未来五年财政局将会遇到的机遇、挑战、可能遇到的问题,以及财政局未来五年所需要的人才数量;另一种方式是进行访谈,在高层、中层及基层员工中各抽取一部分员工,通过访谈的形式,深入了解情况。

然而,令江国盛始料不及的是,工作的开展并不很顺利,很多人在填写调查问卷时明显没有将真实情况以及个人真实观点反映出来;同时,在访谈的时候,不少员工常常不太配合,即使参加了谈话,也很少切入正题,江国盛很难从中得到很多有用的信息。更有甚者,有些职工直截了当地说:"江科长,咱们财政局可不是企业,用多少人可是由编制控制的,规划能有什么用?""不要搞人力资源规划这种形式上好看的东西了,""财政局这种单位会招不到人?"或者"你先把目前咱们局人浮于事的首要问题解决了吧,人力资源规划这玩意以后再说吧。"

江国盛遭受到了不小的打击,他开始思考,人力资源规划工作到底要不要进行下去呢?

讨论题:

1. 对于公共部门来说,需要进行人力资源规划吗?理由是什么?

2. 分析江国盛所开展的人力资源规划工作,并结合公共部门的特点,说明人力资源规划工作遭到抵制的原因。

佛山市专门人才规划报告①

(一) 序言

佛山地处珠江三角洲腹地,毗邻港澳。经过改革开放已成为我国城市综合实力50强、社会经济发展水平前10名和投资硬环境40优之一,是我国经济发达地区之一。

人才问题是个战略问题,人才是最重要的财富和资源。佛山市的社会经济和科技发展的后劲,关键在于人才队伍的建设。

根据佛山市未来社会、经济、科技的发展,进行人才规划,对佛山市未来合理配置人才资源,为在2005年基本实现现代化这一宏伟目标服务,有着十分重要意义。

对于人才标准,本报告做如下界定:具有中专以上学历或无学历而有技术员以上职称的在业人员。

(二) 专门人才现状分析

人才现状是人才规划工作的依据和基础。佛山的人才现状如表1所示:

表1 佛山市专门人才现状总量(单位:人)

年份	1985	1986	1987	1988	1989	1990	1991	1992
人才数	35514	35847	37842	35860	41464	66978	72800	84484

下面,我们从三个不同方面考察专门人才现状。

1. 专门人才分布与结构

专门人才在各行业中的分布情况,见表2:

表2 佛山市专门人才行业分布(单位:人)

行业	1990年	1991年	1992年
农业牧渔业	1050	1099	1161
工业	10375	10719	11008
行业	1990年	1991年	1992年
地质普查和勘探	6	7	7
…	…	…	…

① 改编自广东省高等教育学会专门人才预测课题组:《佛山市专门人才需求预测报告》,《佛山科学技术学院学报(社会科学版)》1995年第1期,第1—13页。

2. 专门人才与总人口的比例

专门人才的数量及其占总人口的比例，见表3：

表3 佛山市专门人才数量占总人口的比例

年份	人口(人)	专门人才(人)	占人口比例(%)
1990	2793977	66978	2.40
1991	2841219	72800	2.56
1992	2911501	84484	2.90

3. 专门人才与在业人口的比例

专门人才数量及其占劳动力数量的比例，见表4：

表4 佛山市专门人才数量占劳动力的比例

年份	劳动力(人)	专门人才(人)	占劳动力比例(%)
1990	1592036	66978	4.20
1991	1657384	72800	4.39
1992	1692138	84484	4.99

(三) 专门人才需求规划

1. 宏观专门人才总量需求规划

(1) 用国内生产总值预测目标年度专门人才需求量。

首先采用线性回归分析法预测专门人才需求量。

设定一元回归方程式：$Y = a + bx$

Y：目标年度专门人才预测值；x：年度国内生产总值。

运用最小二乘法计算参数值(过程略)，$Y = 17.53 + 0.29x$

则2000年专门人才预测值为：

$Y = 17.53 + 0.29 \times 444 = 146.66$(千人) $= 146660$(人)

同理，2005年专门人才预测值 $Y = 224880$(人)。

(2) 用专门人才平均增长率预测目标年度专门人才需求量。

遵循预测期间专门人才递增率超前于国内生产总值递增率(8.8%)的原则，取专门人才递增率为9%预测人才需求。

经计算得：

Y(2000年) $= 84484 \times (1 + 9\%)^8 = 168340$(人)

同理，Y(2005年) $= 259012$(人)。

2. 分类专门人才需求规划

(1) 第一、二、三产业(不含科、教、卫)人才规划。

结合佛山市发展规划目标,我们取目标年度各产业的 R 值(R = 人才增长率/劳动生产率)分别是:

1992 年至 2000 年,$R=1.2$;2000 年至 2005 年,$R=1.40$

按照佛山市规划目标,未来三大产业的发展趋势如表 5 所示。

由表 5 的目标年度各产业劳动生产率的增长率,测算出两个目标年度三大产业的人才需求量。

先计算专门人才增长率:R = 人才的增长率/劳动生产率的增长率

佛山市三大产业在 2000 年的人才增长率分别是:

第一产业:$1.2\times12.3\%=14.8\%$,同理得,第二产业为 0.66%,第三产业为 11.5%。

同理,三大产业在 2005 年的人才增长率分别是:

第一产业为 13.0%,第二产业为 13.3%,第三产业为 15.12%。

最后计算目标年度专门人才需求量:

2000 年第一产业,$1161(1+14.8\%)^{8}=3502$(人)。

同理,第二产业为 11685 人,第三产业为 15657 人。

2005 年第一产业,3502(1+13.0%)5 = 6452(人)。

同理,第二产业为 21816 人,第三产业为 31629 人。

表 5 佛山市三大产业(不含科、教、卫)发展规划

项目	1992 年		2000 年		2005 年	备注
	规划数	增长率(%)	规划数	增长率(%)	规划数	
国内生产总值(亿)	239	8	444	10	715	目标值
总劳力(人)	1692138	0.8	1803772	0.7	1867794	目标值
第一产业						
产值比重(%)	9.9		9		6	目标值
产值(亿元)	23.7	6.8	40	1.5	43	
劳力比重(%)	28.8		18		12	目标值
劳力(人)	487535	-5.0	324679	-7.1	224135	
劳动生产率(元/人)	4861.2	12.3	12320	9.3	19185	
人才(人)	1161					

…………

(2) 科研开发、教育系统专任教师、医疗卫生专门人才规划。

这三部分专门人才规划结果为(过程略):

科研开发人才:2000 年 10016 人;2005 年 29610 人;

教育系统专任教师:2000 年 35212 人;2005 年 35920 人;

医疗卫生人才:2000 年 35084 人;2005 年 51029 人。

(3) 分类规划结果合计。

2000 年:3502 + 11685 + 15657 + 10016 + 35212 + 35084 = 111156(人)。

2005 年:6452 + 21816 + 31629 + 29610 + 35920 + 51029 = 176456(人)。

在分类预测中,对于文化、体育、党政群团体及其他的专门人才,我们按现状比例(22%)类推目标年度的需求量。经过调整,得到目标年度专门人才需求总量是:

2000 年:111156(1 + 22%) = 135610(人),同理得,2005 年为 215276 人。

(四) 宏观预测和分类预测结果的互验与分析

1. 预测结果

最后,我们用三点估算法,确定目标年度专门人才需求量,得 Y(2000 年) = 148432(人),Y(2005 年) = 228968(人)。

年均增长率:1992 年到 2000 年为 7.3%,2000 年到 2005 年为 9.1%。

2. 结果分析

(1) 我们在宏观和微观预测时,采用了三点法,把需要与可能二者通过计算有机地结合起来,增加了预测结果的可靠性。

(2) 从各种预测方法的结果来看,最高值与最低值相差不大,说明预测结果的可信度是较高的。

(3) 宏观预测与微观预测结果的递增率相当接近,特别是 2000 年到 2005 年间,各种方法的递增率均在 9% 左右,结果是合理的。

最后,我们必须说明,在整个宏观和分类预测工作中,我们均对专门人才的自然减员、流动等作了忽略不计的处理。

讨论题:

1. 根据本章所学知识,说明佛山市在专门人才规划中运用了哪些人力资源规划理论或者方法。

2. 在本案例中,宏观专门人才总量预测和分类专门人才需求预测各自的依据是什么? 各有什么特点?

3. 请评述佛山市专门人才规划。

4. 你认为该规划在哪些方面还可以进一步改进?

【建议阅读文献】

1. 〔法〕奥利维·贝尔特朗:《人力资源规划:方法、经验与实践》,王晓辉译,人民教育出版社 2002 年版。
2. 陈京民、韩松编著:《人力资源规划》,上海交通大学出版社 2006 年版。
3. 文跃然:《人力资源战略与规划》,复旦大学出版社 2007 年版。
4. 胡八一主编:《人力资源规划实务》,北京大学出版社 2008 年版。
5. 赵曙明编著:《人力资源战略与规划》,中国人民大学出版社 2012 年版。
6. 李磊:《企业人力资源规划模型的研究》,《管理工程学报》2001 年第 4 期,第 42—45 页。
7. 陈德智、肖宁川:《企业人力资源规划实证研究》,《中国地质大学学报(社会科学版)》2002 年第 3 期,第 32—35 页。
8. 陈福添:《人力资源规划的战略性思考》,《企业经济》2003 年第 12 期,第 81—82 页。
9. 张萍、陆大奎:《论人力资源规划的战略地位》,《西南民族大学学报(人文社科版)》2004 年第 6 期,第 98—99 页。
10. 秦立公:《基于企业战略的人力资源规划研究》,《改革与战略》2004 年第 11 期,第 109—111 页。
11. 黄亨煜:《基于战略的人力资源规划》,《中国人力资源开发》2006 年第 7 期,第 49—54 页。
12. 晏景荣:《基于企业战略的人力资源规划流程及方案探析》,《中国人力资源开发》2006 年第 7 期,第 55—57 页。
13. 徐剑:《人力资源规划全过程》,《人才资源开发》2006 年第 5 期。
14. 李洪蕾:《人力资源战略的规划建设与实施程序分析》,《中国城市经济》2010 年第 12 期。
15. 张亚伟:《浅析国有企业人力资源规划的措施及方法》,《经营管理者》2011 年第 16 期。
16. 陆贤清:《浅谈中小企业人力资源规划中存在的问题及对策》,《经营管理者》2011 年第 1 期。
17. 杨波:《人力资源规划在企业中的战略地位》,《人力资源管理》2012 年第 5 期。
18. 马青存:《现代企业人力资源规划的研究》,《人力资源管理》2013 年第 3 期。
19. Schein, Edgar Henry, "Increased Organizational Effectiveness through Better Human Resources Planning and Development", *Working papers*, Vol. 19, No. 1, 2003.

20. Birch, Stephen, et al.,"Human Resources Planning and the Production of Health: A Needs-Based Analytical Framework", *Canadian Public Policy*, Vol. 33, Supplement, 2007.

21. Maloney, W. F.,"Strategic Planning for Human Resource Management in Construction", *American Society of Civil Engineers*, Vol. 13, No. 3, 2014.

22. Cătălina, L.,"Human Resource Planning", *International Labour Organisation, Asian Employment Programme*, 1987: 81-93.

23. Snell, Scott, Shad Morris, and George Bohlander, *Managing Human Resources*, Eastablished: Cengage Learning, 2015.

24. Kaitelidou, D., et al.,"Understanding the Oversupply of Physicians in Greece: the Role of Human Resources Planning, Financing Policy, and Physician Power", *International Journal of Health Services*, Vol. 42, No. 4, 2012.

25. Chilvers, R.,"Planning Framework for Human Resources for Health for Maternal and Newborn Care", Doctoral dissertation, London School of Hygiene and Tropical Medicine, 2014.

第五章 招聘与测评

【教学目标与方法建议】

通过本章教学,应该掌握以下内容:

1. 正确理解人员招聘与测评中的基本概念
2. 重点掌握人员招聘与测评的基本方法
3. 全面了解人员招聘与测评的意义与作用
4. 了解人员招聘与测评在公共部门中的应用情况

教学方法建议:鉴于本章的内容比较具体,建议在课堂讲授过程中适当进行模拟练习、案例分析等教学方法,并且适当组织参观考察。

人员招聘与测评,是继工作分析、评价与分类后,人力资源管理中的又一重要工作。在本章中,我们将介绍人员招聘与测评的概念、意义、方法及相关技术。

第一节 人员招聘与测评概述

招聘工作是整个人力资源管理工作的基础环节之一。一方面,招聘工作直接关系到组织中人力资源的形成;另一方面,招聘和测评是人力资源管理中其他工作的基础。人力资源管理所包括的各个环节,从招聘、培训、流动到行为管理,在一定程度上都是以招聘和测评工作为基础的。如果招聘不到和测评不出最好的员工,接下来的人力资源管理工作的各个环节的效率都会大打折扣,各项工作的开展都会增加难度。

一、招聘的概念与作用

人员招聘,简称招聘,是“招募”与“聘用”的总称,为组织中空缺的职位寻找到合适人选。招聘的过程中包含着甄选。

人员招聘和测评,是组织管理过程中最重要也是最困难的工作之一。员工招聘和测评出现错误,对组织会产生极其不好的影响。例如,招聘的生产线上的员工如果表现不符合标准,就可能导致花费额外的精力去修正产品;与客户打交道的员工如果缺乏技巧,就可能使企业丧失商业机会;在小组中工作的人如果缺乏人际交往技能,就会打乱整个团队的工作节奏和产出效率;如果任命了一个不太称职的高级党政领导干部,就可能断送一个地区的经济社会发展。招聘工作及其复杂性还与组织中员工队伍的层次有关。员工的等级越高,其招聘和测评就越难。要想评价一个一般工人的价值,几天甚至几个小时就够了,但是如果要评判一个工长的价值,有时需要经过几周甚至几个月的时间,要想评判一个县委书记的管理价值,则要几年甚至十多年后才能确切地评价。因此,在招聘和测评高层管理人才方面,一定不能出现失误。

在当今知识经济发展的新格局下,处于组织中人力资源金字塔顶端的人才资源,在经济社会发展中的重要地位越来越突出。而人才的形成,其基础是平时对人力资源的招聘和测评。人才对组织的发展来说是至关重要的。当今组织间的竞争,在一定程度上已经演变成为人才的竞争,而人才的竞争,在很大程度上是招聘和测评水平的竞争。因此,我们在重要职位的招聘与测评上,非得有“萧何月下追韩信”的劲头才行。

二、招聘的制约因素

招聘的成功取决于多种因素:外部影响;组织和职务的要求;应聘者个人的资格与偏好。

有许多外部因素对组织招聘决策有影响。外部因素主要可以分为两类:一是经济条件,一是政府管理、法律的监控。

有许多经济因素影响招聘决策,这些因素是:人口和劳动力、劳动力市场条件以及产品和服务市场条件。

政府对招聘的影响更体现在对就业的控制上。我国长期以来劳动力资源过剩,政府在计划经济时期对城市中新成长起来的劳动力实现了全面包干,改革开放后又实行“三结合”就业方针①,之后又进行劳动合同制改革,一直到国有单位员工分流下岗,对我国的招聘工作长期起着决定性的制约作用。为了缓解城市的就业压力,目前我国许多城市政府纷纷出台限制招聘农民工的政策,限制在一些行业和职位上录用农民工。

---

① 1980年始,国家不再组织城镇知识青年“上山下乡”。“文化大革命”时期上山下乡的知识青年陆续回城,城镇出现了待业人员。仅依靠政府统包统配的办法已无法解决“就业难”的问题。1980年8月,全国就业工作会议提出了“在国家统筹规划和指导下,实行劳动部门介绍就业、自愿组织起来就业和自谋职业相结合”的方针(即“三结合”的就业方针)。

国家和地方有关的法律、法规、政策,已经成为影响组织招聘行为的重要因素。我国在劳动力方面的法律体系尚不健全,1994 年才通过了《劳动法》并于 2009 年和 2018 年进行了修订。目前,我国以 2012 年修订的《中华人民共和国劳动合同法》为核心,形成了一系列与招聘有关的法律、法规、条例、规定和政策。

组织内部对招聘的影响因素有以下几个方面:空缺的职位的性质;组织的性质;组织的形象。

招聘首先是由空缺职位的性质决定的。一旦组织决定进行招聘,对人力资源的要求就会成为整个招聘过程的核心。组织需要的是什么样的人,这决定了招聘谁以及到什么地方进行招聘。具体职位的资格要求是通过岗位工作说明书来体现的。一个高效的招聘过程的设计者必须明确,在工作分析中提到的资格要求应该是完成该职位的工作所必需的。

组织的性质如组织的战略和经营目标、战略决策的层次、战略类型和组织文化,都对招聘工作有着重要的影响。

组织的形象对招聘工作也有影响。如果在社会上对某组织对待其员工的方式有看法,或者某组织产品或服务的声誉有问题等,该组织在这个地区进行的招聘活动就可能遇到困难。相反,如果组织在当地有很好的口碑,则其招聘活动就会比其他组织获得更大的成功。

三、测评的概述

(一) 素质测评的定义

素质测评,是指测评主体在较短时间内,采用科学的方法,收集被测评者在主要活动领域中的表征信息,针对某一素质测评指标体系做出量值或价值的判断过程,或者直接从所收集的表征信息中引发与推断某些素质特征的过程。[①]

例如,组织在人员的招聘与录用中,一般是采用情况登记、面试甚至试用等测评技术,收集应聘人员的行为事实,然后针对岗位所需要的素质,做出有或无、多或少、高或低、优或劣以及可以录用或不便录用等一系列的综合判断。

(二) 素质测评定义的相关解释

第一,素质测评的定义由两部分组成:前一部分主要是"测"的工作,后一部分主要是"评"的工作。这里的"测"包括测评者的耳闻、目睹、体察、访问与调

① 参见肖鸣政、〔英〕Mark Cook 编著:《人员素质测评(第三版)》,高等教育出版社 2013 年版,第 5 页。

查等,但它又不同于一般意义上的耳闻、目睹、体察与调查,它是以认识与评判被测评者的某些素质为目的,以科学测量与评价工具为手段的特定的信息收集活动。“测”既可以是测量、试验,也可以是探测与观测;“评”包括评论、评价、评定,更多的是针对一定测评指标体系对品德表征信息的质、量、值进行评价,但也包括直接对被测评者素质的分析与评论。

第二,“科学方法”是指被实践证明为准确、全面和方便的测量手段、评价方法,也包括一切可用的调查方法与研究方法。如直接调查、问卷调查、抽样统计、比较分类、因果关系分析、因素分析、典型分析、理论分析、黑箱分析、移植分析、仿真分析等。

第三,“主要活动领域”一般是指个人生活与工作的主要场所。对于员工来说,他们的主要活动领域是工作场所、家庭、邻里和亲友(包括伙伴、朋友)群,这些地方组成了素质特征信息的密集区域。

第四,“素质测评指标体系”是指有内在联系的一系列素质测评指标。同一种行为的事实信息可能包含着多种的性质或价值。同一素质特征将表现于多种行为之中。素质是测评者对某一个体行为特征信息集合体的概括与判断,素质具有多维性,任何单方面的判断与衡量都难以真实地把握其实质,因此,素质必须由一系列的素质测评指标组成一个具有多向结构的指标“坐标系”来确定。

第五,“引发”与“推断”是指测评者的“归纳”“概括”或“抽象”,是一种能动的思维活动,是一种“升华”现象。这种活动既是主观的又是客观的。因为“引发”与“推断”不是测评者任意的引发与推断,而是要根据所收集的特征信息来引发与推断。它是对客观的特征信息的概括,而不是凭主观想象的概括。然而,这种“引发”与“推断”又是一种主观能动性的体现与发挥,不是对现有行为事实或特征信息的简单总和。它以现有的行为事实为基础,但又超出了现有的行为事实。把现实行为与某种素质结构相联系,并把现实的行为事实看作素质结构的例证。当然,这种思维活动也可以通过计算机进行模拟,减少主观随意性。

第六,“测评主体”既指个体又指集体,既可以是他人也可以是自我,既可以是上级也可以是同级,还可以是下级。

测评工作起源于各部门负责人需要招聘或者选拔人来填补空缺的时候。在一些较大的组织,这一需求将以需求报告的形式送往人力资源管理部门。与需求报告同时提交的还有每个职位的工作说明书,有时也可能附带资格要求细则。人力资源专业部门根据这些职位工作说明书和资格要求细则开始启动整个招聘过程。也就是通过测评从前来应聘的人员中选择某些人来担任有关的职位。对较小的组织来说,则通常是领导者本人亲自处理整个招聘过程的各个事项。与其他工作相比,员工的选拔更应被视为一个配置过程中的重要环节。应聘者的各种技能与职位、各种资格要求间的差距过大是未能受聘的最普遍的原因。一个员工与职务的匹配程度如何,不仅影响该员工的产品的数量和质量,还会影响培训需要和管理成本。如果一个员工不能完成组织所期望的任务数量和质量,就会给组织造成巨大的财力和时间上的损失。

第二节 人员招聘与测评程序

一、招聘的程序

组织招聘员工的程序,一般包括六个方面:(1)明确招聘要求;(2)招募,即分析各种可能的招募途径与方法,并比较其优势,权衡价格与费用、时间支出等;(3)测评与选择;(4)录用;(5)试用考察;(6)签约。

以组织员工招聘为例,根据人力资源规划,组织的招聘程序如图 5-2-1 所示。

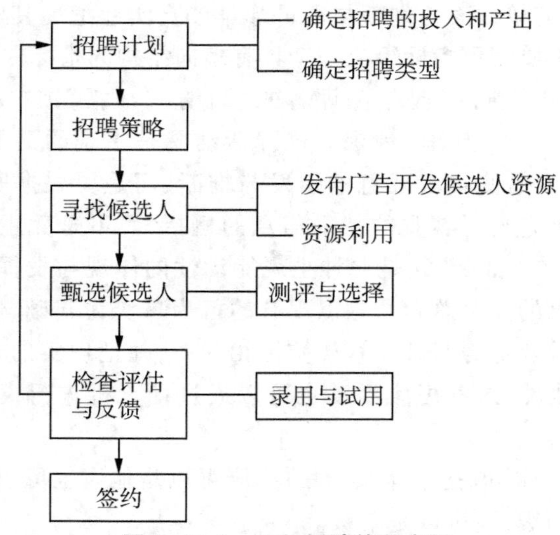

图 5-2-1 组织招聘的程序图

由图 5-2-1 可知,招聘有六道依次的基本程序:招聘计划阶段、招聘策略阶段、寻求候选人阶段、候选人甄选阶段、检查评估与反馈阶段以及签约阶段。

(一) 招聘计划

招聘计划指的是把空缺职位的工作说明书与资格要求变成一系列的招聘

工作目标，并把这些目标与相关求职者的数量和类型进行具体化的分析。也就是说，招聘计划一方面要确定招聘人数，另一方面要确定招聘类型与素质条件。在招聘过程中，我们必须计划吸引到比空缺职位更多的求职者，但是吸引到的申请者究竟应该比实际能够录用的人数多多少才合适，需要计算投入产出率。

1. 确定招聘的投入产出率

投入产出率是指在做出每一个招聘决定时投入和产出之间的关系。投入是全部招聘过程中的应聘者的数量，而产出则是在招聘结束后最终到组织报到的员工的人数。估算投入产出率比较有用的一个工具是招聘产出金字塔。使用这种方法，人力资源管理部门的招聘人员可以知道，为了要获得最终的一定数目的雇员，在招聘之初，必须吸引多少个申请者才能有保证。（见图 5-2-2）

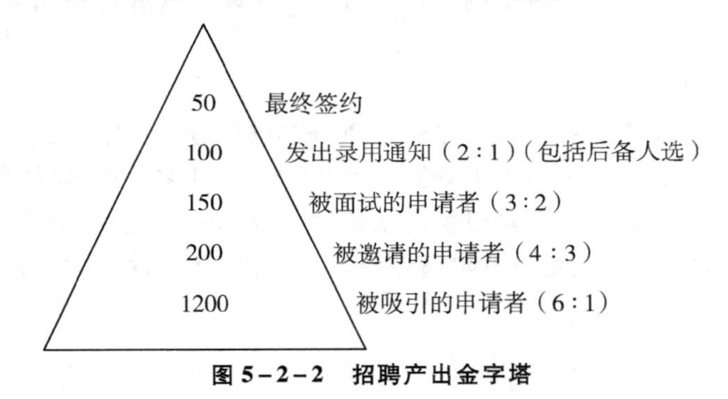

图 5-2-2 招聘产出金字塔

2. 确定招聘类型

所有的招聘活动都在或大或小的程度上强调招聘类型。基于这个原因，尽可能详细地陈述职位空缺所要求的知识、技能、经验和品性方面的资格，是招聘计划的一项重要内容。职位的需求是通过工作分析和对职位资格要求的详细描述来实现的。

如果职位资格描述不清楚或者不全面，就可能产生两种情况：(1) 没有说明职位的性质与要求；(2) 没有说明职位的工作范围与资格条件。这两种情况都会造成不良后果，严重地影响招聘的效果。

（二）招聘策略

招聘策略是招聘计划的具体体现，是为实现招聘计划而采取的具体策略。招聘策略包括招聘地点的选择、招聘渠道或者方法的选择、招聘时间的确定、招聘宣传战略、招聘推销战略、招聘的评价和招聘的扫尾工作安排，等等。

（三）寻找候选人

招聘计划和招聘策略阶段的工作一旦完成，就进入寻找候选人阶段。这个阶段的工作包括明确招聘候选人资源的分布范围、分析候选人需求、选择合适招聘渠道、发布招聘信息和吸引应聘者。具体工作如下：

1. 开发候选人资源

有些候选人资源和招聘渠道不是马上就能够利用的，开始招聘的具体工作之前需要进行重要的、必不可少的开发工作。这些开发工作应该以招聘计划中对人力资源需求的预测为基础。以校园招聘为例，对它的开发工作包括以下几个方面的活动：(1)准备并分发描述组织情况的小册子；(2)与学校方面负责学生分配工作的单位建立联系，并确定与应聘者见面的日期；(3)同一些学生组织接触，了解本届毕业学生的特点；(4)准备并安排在校园内发行的报纸上刊登招聘广告，如果没有这样的报纸，则安排进行布告张贴。这些活动如果经常进行，就会形成惯例。

2. 资源利用

组织对招聘渠道或者招聘方法的选择，是根据对员工需求的具体情况而定的。招聘开发工作应该成为人力资源开发与管理的日常工作，这样才能保证招聘资源能够被随时利用。一旦组织出现职位空缺，马上就能够利用这些招聘资源开发渠道，随时吸引到足够的申请者及其个人简历。这样的招聘才能是及时有效的。

（四）甄选候选人

甄选候选人是招聘过程中一个极为重要的环节，其目的是将明显不符合职位要求的申请者排除在招聘过程之外。有效的甄选可以节省大量的时间和金钱。一般情况下，专业性职位的候选人由人力资源部进行甄选，但如果能够组织由部门经理和人力资源以及技术专家组成的测评委员会来进行测评与选择，则是最好不过的了。

对候选人进行甄选，需要做好以下几项工作：(1)与已通过个人简历和资格筛选的候选人建立联系并确定面试的时间、地点；(2)为不是组织所在地的候选人提供交通费、住宿费，以保证面试活动的顺利进行；(3)给在个人简历和资格审查中被淘汰的人写信表示歉意以及组织对他们的尊重和感谢。

（五）检查评估与反馈

检查就是对招聘过程的每个环节进行跟踪，以检查招聘是否在数量、质量以及效率方面达到了标准。判断招聘效果的一个有用的方法，就是反馈到招聘计划，看是否高质量地完成了招聘计划。招聘效果评估可分解为对招聘工作收益与成本的评估。（见图 5-2-3）

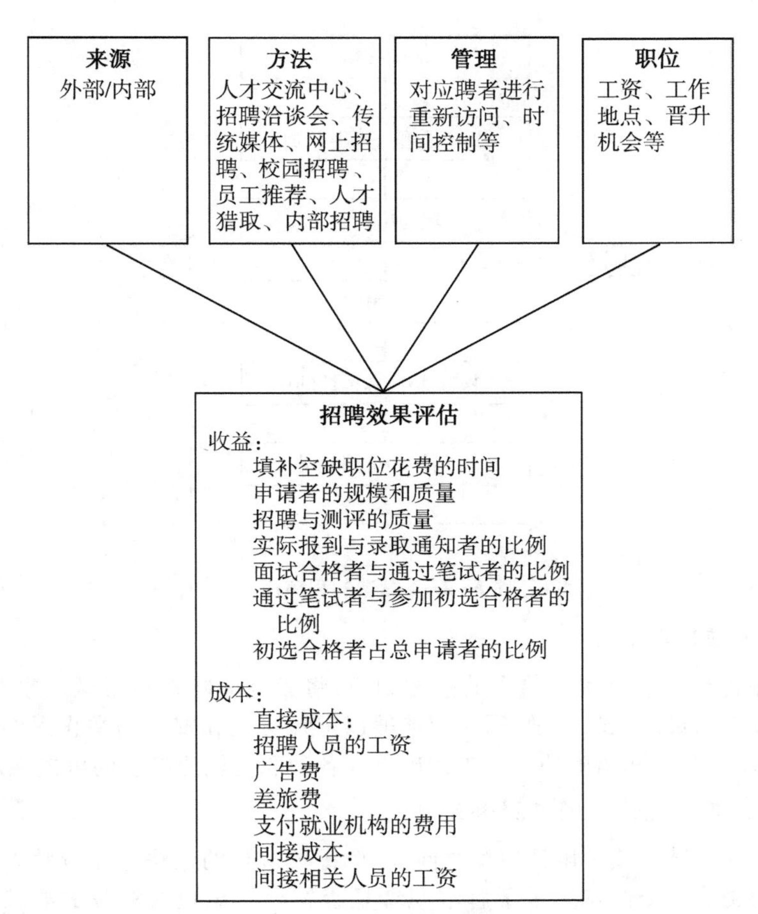

图 5-2-3 招聘效果评估

在检查评估与反馈阶段之前，还要进行录用与试用两项工作。试用主要考察合格的人选，当试用不合格时，可以依照合同解约。

（六）签约

人力资源部要代表组织与录用人员签订工作契约，正式明确双方的责任、义务与权利。签约也可以在检查评估与反馈之前进行。

二、甄选的程序

甄选的大致程序见图 5-2-4。

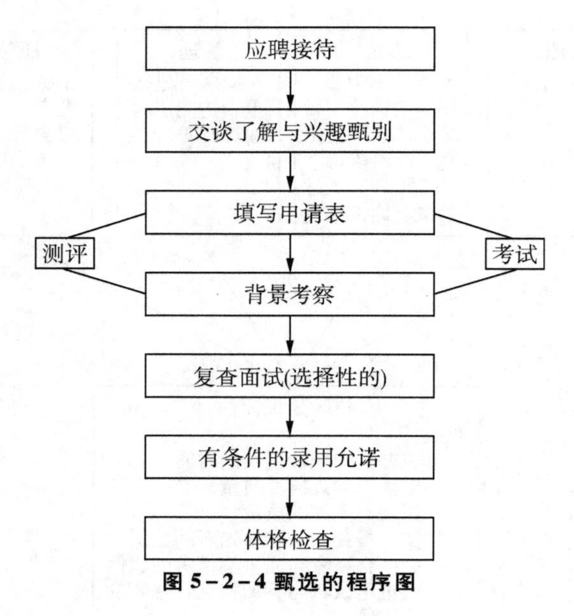

图 5-2-4 甄选的程序图

（一）应聘接待

测评过程的接待阶段给人的感觉如何，将影响应聘人对组织形象、实力的看法。接待人员应比较机敏，同时应能够以谦恭有礼和友好的举止提供应有的帮助，必须以诚实和明确的态度告知申请人各种职位就业机会的可能性。

（二）事前交谈了解与兴趣甄别

在允许应聘人填写申请表格之前，一个比较适当的做法是与应聘人进行一次简短的交谈。交谈是为了了解求职者是否符合组织现有职务的要求。组织应通过向求职者准确地描述各项职务的真实情况，来消除求职者不切实际的期望和降低过分的奢望。这样做可以最终降低在职者的不满程度和减少流失数量。

（三）填写申请表

在招聘工作中，填写申请表是一种被广泛采用的形式。一份精心制作的申请表可以具有以下四种功用：(1) 它提供了一份关于申请人愿意从事这份职务的记录。(2) 它为负责面试的人员提供了一份可用于面试的申请人小传。(3) 它对于被录用的求职者来说是一份基本的员工档案记录。(4) 它可以用于整个“甄选”过程并且评估有效性。

（四）测评

甄选中可采用的各种素质测评一般包括知识考试与心理素质方面的测评。

例如,工作样本测评、机械操作能力测评、诚实测评、一般素质水平测评、书写能力测评、管理能力测评、知识水平测评、身心灵敏性测评和职业技术能力测评等。

（五）背景考察

背景考察既可在深入面试之前也可在其后进行。这将花费一定的时间和财力,但一般仍值得去做。令人失望的是,申请人在关于他们的资质条件和背景方面往往提供一些不真实的信息。

背景资料可以获自不同的来源：来自校方的推荐材料；有关原来单位工作情况的介绍材料；关于申请人业务能力的证明;关于申请人所受法律强制方面的记录;来自推荐人的推荐材料。

（六）复查面试

复查面试用来判断与工作有关的知识、技能和能力并确认来自其他来源的信息资料。这种深入的面试可对来自申请表、各种测评和推荐材料的信息进行综合性的核对,以便为做出最后的录用决定提供直接依据。由于综合考察的必要性以及面对面了解情况的理想性,面试在许多组织的招聘工作中都被视为最重要的阶段。

（七）体格检查

体格检查是在应聘者其他条件都完全符合空缺职务的要求的前提下进行的,如果应聘者体检合格,组织可初步吸收应聘者入职,并在试用期进一步考察,最后正式签约与安排职位。

第三节　人员招聘与测评的方法

人员招聘与测评的方法包括招聘的流程与途径以及各种测评方式。本节主要介绍招聘途径与主要的素质测评方式。

一、招聘的途径

招聘的渠道大致有:人才交流中心、招聘洽谈会、传统媒体、网络招聘、校园招聘、员工推荐、人才猎取、内部招聘。

（一）人才交流中心

在全国的各大中城市,一般都有人才交流服务机构。这些机构常年为组织用人单位服务。它们一般建有人才资料库,用人单位可以很方便地在资料库中查询条件基本相符的人员资料。通过人才交流中心选择人员,有针对性强、费用低廉等优点,但对于招聘计算机、通信等热门人才或高级人才,效果不太理想。

(二)招聘洽谈会

人才交流中心或其他人才机构每年都要举办多场人才招聘洽谈会,在洽谈会中,用人单位招聘者和应聘者可以直接进行接洽和交流,节省了组织和应聘者的时间。随着人才交流市场日益完善,洽谈会呈现出向专业方向发展的趋势。比如有中高级人才洽谈会、应届生双向选择会、信息技术人才交流会等等。洽谈会由于应聘者集中,组织的选择余地较大。但招聘高级人才还是较为困难。

通过参加招聘洽谈会,用人单位招聘人员不仅可以了解当地人力资源素质和走向,还可以了解同行业其他组织的人事政策和人力需求情况。

(三)传统媒体

在传统媒体刊登招聘广告可以减少招聘的工作量,广告刊登后,只需在用人单位等待应聘者上门即可。在报纸、电视上刊登招聘广告费用较大,但容易体现出公司形象。现在,很多广播电台有人才交流节目,播出招聘广告的费用会少很多,但效果也比报纸、电视广告差一些。

(四)网络招聘

网络招聘是指利用互联网技术进行的招聘活动,包括招聘信息的发布、简历的筛选以及在线测评等。随着社会和技术的发展进步,网络招聘作为一种新型的人才招聘方式,已成为现代组织人力资源管理中人才招聘的重要组成部分。网络招聘的费用低、覆盖面广、时效性和针对性强,具有方便、快捷与高效等特点。但是,随之而来的是其中充斥着许多虚假信息和无用信息,因此网络招聘对简历筛选的要求比较高。

(五)校园招聘

各类高校的应届毕业生是组织人力资源的重要来源。一般来说,组织吸引毕业学生的方式有以下几种:(1)在学校发布招聘公告,召开宣讲会等;(2)为学生提供实习机会和暑期雇佣机会,以便对其进行试用观察;(3)通过定向培养、委托培养等方式直接从学校获得所需的人才;(4)在学校设立奖学金,吸引学生毕业后去该组织工作;(5)学校院系针对招聘单位推荐合适的学生。

(六)员工推荐

员工推荐对招聘专业人才比较有效。员工推荐的优点是招聘成本小、应聘人员素质高、可靠性高。据了解,美国微软公司 40% 的员工都是通过员工推荐的方式获得的。为了鼓励员工积极推荐,组织可以设立一些奖金,用来奖励那些为公司推荐优秀人才的员工。

(七) 人才猎取

对于高级人才和尖端人才,用传统的渠道往往很难获取,通过人才猎取的方式可能会更加有效。但人才猎取需要付出较高的招聘成本,一般委托“猎头”公司的专业人员来进行,费用原则上是被猎取人才年薪的 30% 。目前,在北京、上海和沿海地区,“猎头”公司较为普遍。

(八) 内部招聘

内部招聘是指组织将职位空缺向员工公布并鼓励员工竞争上岗或者自我推荐的一种招聘方式。对于大型组织来说,进行内部招聘有助于增强员工的流动性,同时由于员工可以通过竞聘得到晋升或者换岗,因此这也是一种有效的激励手段,可以提高员工的满意度,留住人才。但是这种方式也有一定的缺点,如果组织过多地使用内部招聘,员工存在一定的思维惯性,组织就将缺少活力。

二、心理测验方法

测评工作在整个招聘过程中已经越来越居于核心地位,应该借助于多种测评手段来公平、客观地做出正确的决策。因此,在长期的人力资源招聘工作实践中,发展了许多种实用的测评方法,包括:面试法、测验法(技能、智能测验法、知识测验法、品性测验法等)、评价中心法、背景调查法、笔迹分析等。当前使用得最广泛的测评方法是心理测验法、面试法与评价中心技术。

什么是心理测验?简单地说,心理测验是心理测量的一种具体形式,也有人把心理测验叫作心理测评。为了对它有个较为全面的理解,下面拟对心理测验的定义与形式等作一简单介绍。

(一) 心理测验的定义

心理测验实质上是行为样组的客观的和标准化的测量。从心理测验的起源与发展来看,心理测验产生于对个别差异鉴别的需要,广泛应用于教育、组织人才的挑选与评价。在这一过程中,人们编制了许许多多的心理测验。其中比较有影响的心理测验有比奈 - 西蒙智力测验、斯坦福 - 比奈儿童智力测验、罗夏(Rorschach)墨迹测验、默里与摩根的主题统觉测验(TAT)、明尼苏达多相个性测验(MMPI)、艾森克人格测验(EPQ)、卡特尔 16 因素测验、皮亚杰(Piaget)

故事测验、科尔伯格(Kohlberg)两难故事测验和雷斯特(J. Rest)测验等。

(二)测验的种类与形式

心理测验依据不同的标准,可以划分出不同的类别。

根据测验的具体对象,可以将心理测验划分为认知测验与人格测验。(见图5-3-1)认知测验测评的是认知行为,而人格测验测评的是社会行为。

认知测验根据具体的测验对象,可以分为成就测验、智力测验与能力倾向测验。成就测验主要测评人的知识与技能,这是对认知活动结果的测评;智力测验主要测评认知活动中较为稳定的行为特征,是对认知过程或认知活动的整体测评;能力倾向测验是对人的认知潜在能力的测评,是对认知活动的深层次测评。

人格测验根据具体的测验对象,可以分为态度、兴趣与品德(包括性格)测验。

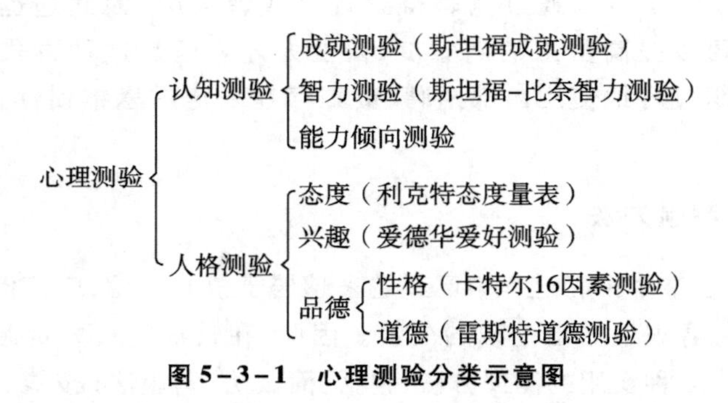

图5-3-1 心理测验分类示意图

根据测验的目的,可以将心理测验划分为描述性、预测性、诊断咨询、挑选性、配置性、计划性、研究性等形式。

根据测验的材料特点,可以将心理测验划分为文字性测验与非文字性测验。文字测验即以文字表述、被试用文字作答。典型的文字测验即纸笔测验。非文字测验包括图形辨认、图形排列、实物操作等方式。

根据测验的质量要求,可以分为标准化与非标准化心理测验。

根据测验的实施对,可以分为个别测验与团体测验。

根据测验中是否有时间限制,可以分为速度测验、难度测验、最佳行为测验、典型行为测验。

根据测验应用的具体领域,可以分为教育测验、职业测验、临床测验、研究性测验。

三、面试

1．面试的概念

面试的历史虽然源远流长，但人们至今却未能对面试形成一致的看法，众说纷纭。

有人认为面试就是谈谈话、相相面而已。有人认为面试就是口试，口试就是与考生交谈，以口头答询问题的考试形式。有人认为面试即面谈加口试。

如果把面试定义为面对面的交谈，那么面试就无法与一般性的日常交谈区别开来，没有反映面试的测评特点。

如果把面试定义为口试，那么虽然反映了面试是一种以口头语言交流为中介的考试，但没有反映面试精察细观和推理判断的特点。

因此，我们把面试界定为一种经过精心设计，在特定场景下，以面对面的交谈与观察为主要手段，由表及里地测评应试者有关素质的一种方式。

在这里，“精心设计”的特点使它与一般性的面谈、交谈、谈话相区别。面谈与交谈强调的只是面对面的直接接触形式与情感沟通的效果，并非经过精心设计。“在特定场景下”的特点使它与日常的观察、考察测评方式相区别。日常的观察、考察虽然也少不了面对面的谈话与观察，但那是在自然情景下进行的。“以面对面交谈与观察为主要手段、由表及里地测评”的特点，不但突出了面试“问”“听”“察”“觉”“析”“判”的综合性特色，而且使面试与一般的口试、笔试、操作演示、情景模拟、访问调查等人才素质测评的形式也区别开来。口试强调的只是口头语言的测评方式及特点，而面试还包括对非口头语言行为的综合分析、推理与直觉判断。

“有关素质”说明了面试的功能并非是万能的，在一次面试当中，不要面面俱到、包罗万象地去测评人的一切素质，要有选择地针对其中一些必要的素质进行测评。

（二）面试的内容

面试的内容包括：

（1）仪表风度：应聘者的体格状态、穿着举止、精神风貌。

（2）求职的动机与工作期望：判断本单位提供的职位和工作条件是否能满足其要求。

（3）专业知识与特长：从专业的角度了解其特长及知识的深度与广度。

（4）工作经验：了解应聘者以往的经历以及责任感、思维能力、工作能力等。

(5) 工作态度:了解应聘者过去工作业绩以及对所谋职业的态度。

(6) 事业心、进取心:事业的进取精神、开拓精神。

(7) 语言表达能力:口头表达的准确性。

(8) 综合分析能力:分析问题的条理性、深度。

(9) 反应能力:思维的敏捷性。

(10) 自控能力:理智与耐心。

(11) 人际关系:社交中的角色,为人的好恶。

(12) 精力与活力:精、气、神的表现。

(13) 兴趣与爱好:知识面与嗜好。

(三) 面试的基本类型

面试的类型,从目的用途上划分,有招工面试、招干面试、招兵面试、招生面试、考查面试等;从操作规范程度上划分,有结构面试、半结构面试与随意面试;从被试多少来划分,有个别面试、依序面试、逐步面试与小组面试;从操作模式上划分,有问答基本式与操作综合式面试;从面试气氛设计上划分,有压力面试与非压力面试。

问答基本式是指以单一的问答形式进行的面试;综合操作式则是指以问答形式为基础,把交谈、辩论、讨论、演讲、情景模拟、实践操作等形式也结合进来的面试形式。

典型的压力面试是事先给应试者造成一种紧张的气氛,使被试一进门便位于"恐怖"气氛中,接着主试人穷追不舍地追问到底,不但问得切中要害而且常使被试处于进退两难的境地,甚至处于无法回答的地步。其目的是要把被试"考倒",以此考查其机智程度、应变能力、心理承受能力及自我控制能力等心理素质。

结构面试,有时又称标准化面试,对整个面试的实施、提问内容、方式、时间、评分标准等过程因素,都有严格的规定,主试人不能随意变动。随意面试则对面试的形式、内容事先无任何规定,一切均由主试人"因地制宜""因人制宜"。半结构面试则介于结构面试与随意面试之间,事先只是大致规定面试的内容、方式、程序等,允许主试人在具体操作过程中根据实际情况做些调整。

小组面试是指被试在2人以上,一般共同面试、当场打分、当场讨论。依序面试是先进行初试,再进行复试。初试由人事部门主持,主要考查被试的仪表风度、工作态度、责任感、反应应变能力等一般素质,并将那些明显不合格的被试淘汰。复试则由用人部门主持,主要考查被试的专业特长、知识技能等与职位有关的专业素质。

逐步面试是一种个人面试形式,不是小组面试。它与依序面试有点相反,先是基层领导面试,侧重考查职位专业技能与知识,合格后再将被试推荐给中层领导人接受能力与品德等素质的面试,合格者再由中层领导推荐给高层领导进行全面考查性面试。这种面试适合于重要职位人选的面试。

四、评价中心技术

评价中心技术简称评价中心,下面我们主要介绍评价中心的概念、形式与特点等内容。

(一) 基本概念

在概括与建构基本概念之前,让我们先描述一下现代评价中心技术操作的形式。

有 12 名被试(提升候选人)和 6 名主试。主试事先已接受过专门的培训,被试也知道测评的基本程序。他们在得到进行评价中心测评的通知后的第三天,开始评价中心测评。测评时 12 名被试分成两个组,6 个人一组。其中一组进行小组问题讨论的同时,另外一组中的每个被测则单独地进行个案分析,并要求准备一份书面分析报告。然后每个被试要求与一个有问题的职员面谈,提出一个可行的解决方案,处理一大堆案头文件。

对于每个被试的上述表现行为,6 名主试一边观察一边记录,在某个活动完结之后他们要一一进行总结。每个被试至少由 3 名主试观察。观察结束后,主试要讨论交流他们各自的观察情况并对被试的管理潜能做出评价。

对每个被试讨论后,主试们一起依据评价标准(dimension)把所观察到的行为归纳并表述在对应的标准之下,然后对每个被试依据标准及相应的行为表现做出五级评分。所有这些内容都集中在一个表格内。主试间一旦存在分歧,就要进行讨论,直到最后大家取得一致意见(有的以平均分作为统一的意见)。最后把评价结果通知被试与单位负责人。

从上述有关评价中心的形式描述中可以看出,评价中心既源于情景模拟,但又不同于情景模拟。

我们不难发现,在评价中心里多种不同的评价方法相互结合在一起,包括几种不同的测评方式,例如测验、情景模拟测评、面试等。其中的情景模拟测评可能不止一个。评价结果是在以多个方式进行系统观察的基础上综合得到的。

因此,评价中心是一种程序而不是一种具体的方法。在这种程序中,主试针对特定的目的与标准,采用多种评价技术评价被试的各种能力。

根据上述定义,我们可以把评价中心法具体定义为:评价中心是以测评被测管理素质为中心的一组标准化的评价活动。它是一种测评的方式,不是一个单位,也不是一个地方。这种活动中包括多个主试采取多种测评方法对素质测评的努力,但所有这些努力与活动都是围绕一个中心,这就是对于管理素质的测评。但是,目前在实践中人们也把评价中心应用于进行群体测评,测评应聘人员的一般素质。

这种测评形式是在工作情景模拟测评的基础上发展起来的。

人们认为,心理测验过于抽象,是对一些品质的测评,测评结果与实际行为并不那么一致。面试依据的主要是主试的直觉判断,也是把测评结果建立在一些似乎与工作绩效毫无联系的信息的基础上。观察评定虽然是建立在对实际工作行为的评定基础上,但整个测评过程缺乏科学性与系统性。不但隐蔽的行为无法评定,而且显现出来的行为因为每个人评定的主观随意性也往往不尽一致。因此,有必要创立一种有别于上述各种方法又在某一方面优于它们的评价中心方法。

(二) 主要特点

评价中心最主要的特点之一就是它的情景模拟性。它是通过多种情景模拟测评形式观察被测特定行为的方法。这些情景模拟测评包括:写一个市场问题分析报告,发表一个口头演说,处理一些信件与公文,处理某个用户产品质量投诉问题。当几个被测在一起时,情景模拟测评还包括让他们共同讨论组织生产问题、管理决策或销售策略问题。正是这些情景模拟给主测提供了观察被测如何与他人相处、分析问题与解决问题的复杂行为的机会。

除此之外,评价中心有以下几个突出特点:

(1) 综合性。与其他素质测评方法相比,评价中心最突出的特点之一是它对其他多种测评技术与手段的综合兼并特点。对于问卷、量表、测验、投射、面试、小组讨论、公文处理、角色扮演等测评技术,它往往是选择其中多种综合实施而不是选择其中一种。取各种测评技术之长,补其独立使用之短。被测在这些测评形式中行为反应的多样性与广泛性,使评价中心测评的效度与信度大大提高。有关研究表明,其预测效度系数时常在 0.60 以上。

(2) 动态性。评价中心的第二个显著特点,是它表现形式的运动变化性。与问卷测验、观察评定、面试投射相比,评价中心中被测是处于最兴奋状态。评价中心是通过一系列的活动、安排、环境布置与压力刺激来激发被测的潜在素质,使其得到充分的表现,使主测对其有一个真实、全面的把握,真正体现了在运动中、在活动中测评素质的特点。其理论依据是,因为事物只有在运动中才能显露其特点与本质,所以被测只有在活动中才会充分表现其内在素质。动态性的另一表现是,评价中心的操作不像其他测评方法那样要求有一个统一的规定,它操作的具体内容、时间与程序可以灵活变动,没有固定的模式。

(3) 标准化。与行为观察、面试相比,它更具有标准化的特点。评价中心虽然活动频繁、形式多样,持续时间从几个小时到一周不等,但每个活动都是按统一的测评需要来设计的。一般来说,所测评的内容不是随意而定的,而是通过工作分析来确定。整个测评活动安排,所有的主测与被测的活动,都是以工作分析所确定的素质为目标进行测评。这种标准化的特点还体现在对被测刺激与反应条件的同一性上。在评价中心的活动中,每个被测都是处于竞争机会均等的情景中,并可以获得同等表现自身素质的条件,体现在练习指导、期限、测评者对候选人的沟通交流等都是同一的。当然,这种标准化的程度介于心理测验与实际观察评定之间。此外,每个主测都要接受统一的培训,以保证操作过程的一致性。

(4) 整体互动性。与其他测评形式相比,评价中心的测评体现了整体互动的特点。主测对被测的测评,大多数是置于群体互动之中进行的比较性的测评。对于每项素质的测评,不是进行抽象的分析,而是置于动态的观察之中,联系活生生的行为举动做出评定。人的素质测评非常复杂,要对其做出准确、真实的测评,静止、分解与孤立的分析,往往难以把握,常常需要在相互比较的实际活动中,整体地测评。

(5) 信息量大。与其他测评方式相比,评价中心的第五个特点是它的全面性。它既不是个别人评定说了算,也不像面试那样仅仅以谈话方式测评,而是综合多种测评活动,由多个测评人共同测评。测评方式上突破了前述各种形式的限制,测评内容涉及监督、管理与决策诸方面的技能。一方面,给测评双方提供了多种表现或观察的机会,另一方面又增强了测评的公正性与客观性。就被测来说,在测评活动 A 中行为失控,可在测评活动 B 中弥补;在 C 活动中可能侥幸过关,在 D 活动中就不一定了。就测评者来说,不是一个人一言堂,而是由直接主管与测评专家多方组成。比例人才为 1∶1—3∶1 不等。个别人的主观偏向可以通过其他测评者的整个平衡来控制。测评者的多向结构也保证了观察范围的广阔性。

(6) 以预测为主要目的。评价中心主要是以管理人才、管理能力与绩效预测为目的,因此它的测评内容主要是管理人才的管理潜能。被测一般限于管理人才,规模较小,每次的被测人数都是 6—12 人,测评的目的主要是测评主管人才。但是,目前评价中心的应用范围日益扩大,已被人们用于能力培训与开发、职业能力测评、职业规划以及人事研究等。

(7) 形象逼真。与心理测验、观察评定以及面试相比,评价中心法的另一个显著特点是形象逼真,例如管理游戏。由于评价中心中“试题”与实际工作的高度相似性,它所测评的素质往往是分析和处理具体工作的实际知识、技能与品德素质,这使评价中心具有较高的效度;由于评价中心活动的形象性与逼真性,整个测评过程生动活泼,不像笔试那样死板,能引起被测的更大兴趣,发挥潜能;由于被测“作答”的过程就是完成任务的过程,也是充分表现实际素质的过程,因此整个测评显得形象直观。

(8) 行为性。与笔试相比,还有一个显著的特点,即评价中心测评的行为性,要求被测表现的是行为。主测观察评定的也是行为。这种行为与笔试中书写的行为不同:一是它的复杂性,它不是机械的书写与语言上的诠释,而是多种素质的综合体现;二是它的直观性;三是它的生动性,不像书面答卷那样抽象静止、枯燥无味。

(三) 主要形式

表 5-3-1 各种评价中心形式的使用频率

复杂程度	评价中心形式名称	实际运用频率(%)
更复杂	管理游戏	25
	公文处理	81
	角色扮演	没有调查
	有角色小组讨论	44
	无角色小组讨论	59
	演说	46
	案例分析	73
	事实判断	38
更简单	面谈	47

资料来源:B. B. Gaugler, et al.,“Matching Job Previews to Individual Applicants Needs”, *Psychological Reports*, Vol. 66, No. 2, 1990, pp. 643-652。

前已说明,评价中心是以评价管理者素质为中心的测评活动,其表现形式是多种多样的。从测评的主要方式来看,有投射测验、面谈、情景模拟、能力测验等。从评价中心活动的内容来看,主要有公文处理、无角色小组讨论、管理游戏、有角色小组讨论、演讲、案例分析、事实判断等形式。

因为评价中心法主要用来招聘管理人员,因此实际常用的形式主要有公文处理、无领导小组讨论、管理游戏、角色扮演等。

(1) 公文处理。在这个练习中,候选人面对大量报告、备忘录、电话记录、信函以及其他材料,这是候选人将从事的模拟工作的文件筐中的待处理材料。候选人被要求对每一材料采取适当行动。

(2) 无领导小组讨论。向无领导小组提供一个讨论议题,并要求其达成一致意见。主要考察应聘者的人际技能、群体接受度、领导能力以及个人影响力等。

(3) 管理游戏。管理游戏也是评价中心常用的测评技术之一,主要用于考察被试的战略规划能力、团队协作能力和领导能力等。管理游戏的设计及实施费用可能很昂贵而且花费时间,同时由于它的复杂性,施测上存在困难。这种游戏可以用于领导能力开发、合作意识及团队精神培养等方面。

(4) 角色扮演。这是一种主要测评应聘者人际关系处理能力的情景模拟活动。重点观察应聘者在角色扮演中表现出来的行为、语言、思维、情绪、应变能力等。

五、其他测评方法

(一) 履历分析法

履历分析是通过对评价者的个人背景、工作与生活经历进行分析,来判断其对未来岗位适应性的一种人才评估方法。履历分析项目的筛选依据是工作分析及岗位描述。一般来说,筛选简历前应明确哪些条件是招聘岗位必需的任职资格要求,如性别、年龄、学历、业绩、相关工作经历等方面,同时,也要关注工作内容的对口性、工作时间长短与专业的深度符合情况、跳槽的频率、工作时间的间距长短、职位与工作内容是否匹配、工作的所属行业的跨度等方面。①

(二) 申请表信息分析法

申请表信息分析法主要是通过申请表中的信息筛选进行。这里的申请表是能够使用量化指标的权重申请表和传记体申请表两种形式。

(1) 权重申请表是一种由申请者填写的申请表,表中的所有栏目都根据它作为完成工作的决定因素的重要性而被赋予了权重。

(2) 传记体申请表是一种包含大量多重选择问题的申请表,这些问题是为了获得求职者的个人资料、态度、早期职业生涯、社会价值观念等信息而设计的。为了使用传记体申请表,申请中的所有栏目都必须与职位标准相关联。所有那些被证明能够反映工作表现的栏目都给予相应的分数。与权重申请表一

① 参见萧鸣政主编:《人力资源管理实验》,北京大学出版社 2012 年版,第 77—79 页。

样，每个申请者都得到一个总分数，这个分数就是在测评过程中使用的分数。

（三）背景调查法

背景调查法是基于这样一个假设：一个人过去的行为能够真实地反映他未来的表现，通过了解应聘者的过去进而推断应聘者未来的表现。实际上，许多用人单位都要求应聘者在提供申请材料的时候，附上有关推荐人的信息，包括联系人的姓名、地址等。

收集推荐资料的方法有电话问询、书面推荐信、个人访谈。

（四）笔迹分析

笔迹分析是以分析应聘人书写字迹为依据测评其内在素质的一种方法。笔迹分析的赞成者相信笔迹能够显示一个人的潜力和能力，而这是通过简历或申请表的调查都得不到的信息。

第四节　公共部门的人员招聘与选拔

以2000年重庆市公开选拔副厅局级领导干部为例。

重庆市作为我国唯一的新兴直辖市，管辖13个区27个县（自治县、市），人口3072万。为实施西部大开发，进一步推动重庆市的大开放、大发展，中共重庆市委决定，按照公开、平等、竞争、择优的原则，采取组织推荐、个人自荐和考试、考核相结合的方式，面向全国公开选拔19名副厅局级领导干部。具体职位包括：市发展计划委员会副主任、市教育委员会副主任、市科学技术委员会副主任、市对外贸易经济委员会副主任、市建设委员会副主任、市政府外事办公室副主任、市政府侨务办公室副主任、市药品监督管理局副局长、市林业局副局长、市旅游局副局长、市规划局副局长、市广播电视局副局长、市信息产业局副局长、市体育局副局长、市统计局副局长、市环境保护局副局长、市政府高新技术产业开发区管委会副主任、重庆经济技术开发区管委会副主任、市第三人民医院院长（副厅局级）各1名。

考虑到重庆市这次公选工作影响大、选拔职位层次高，为确保这一工作公正、有序地进行，公选工作分为三个阶段：报名审核、笔试、面试。从1988年开始，中央与许多省市在机关干部招聘录用中，基本上都是采用笔试形式来测评应聘者的知识，主要用于测评应聘者的政治理论、语文、公文写作等方面的知识，对于知识的测评，笔试是最简单、最有效的形式。按照国家级的要求，重庆市委精心组织笔试，制定了《笔试考试工作总体实施方案》，成立了笔试工作委员会,规范了笔试工作程序,在考试组织、考场设置、考生身份确定等所有重点环节都严格按照国家级的考试要求进行,笔试试题主要是在国家级题库中抽取命制的,以确保试题质量和覆盖面。另外,对通过笔试进入面试的人选,还进行了面试答辩。面试是现代人员素质测评中一种非常重要的方法,它有着其他测评形式不可替代的特点,是人员素质测评有别于其他领域测评的主要方法。1989 年 1 月 9 日,中共中央组织部、人事部联合颁发了《关于国家行政机关补充工作人员实行考试办法的通知》,指出考试的基本方式为笔试与面试。面试是在特定场景下以面对面的交谈与观察为主要手段,由表及里测评应试者有关素质的一种方式。面试的内容依据拟任工作岗位的具体要求制定,与笔试不同,面试中被试者的回答行为表现与主试人的评判是相连接的,中间没有任何中介转换形式,面试中主试者与被试者的接触、交谈、观察是相互的,是面对面进行的,主客体之间的信息交流与反馈也是相互作用的。重庆市委这次组织的面试考试主要是采取小组答辩面试的形式,考官通过对考生面试过程中的行为、举止、谈吐、答辩内容来判断被试人深层次的素质。

一、报名

(一) 报名过程

从 2000 年 9 月 1 日开始报名,市直机关工委、市辖各区委组织部和市计委等拟选职位的 19 个单位组织人事部门分别设报名站。

报名人员可以直接到各报名站报名,也可以以信函、传真方式到各报名站报名(信函报名时间以当地邮戳为准)。

报名方式可以是组织推荐,也可以是个人自荐。无论哪种方式,都应征得本人同意。每人只可选报 1 个职位。报名人数少于 10 人的职位不进行公开选拔。

(二) 报名分析

这次公选报名情况总的来看比较好,超过了预期效果。这项工作在全国各地和海外留学人员中引起了较大反响:中组部、中宣部、教育部、团中央等部委领导对重庆市这项工作给予了充分肯定;《人民日报》《光明日报》《经济日报》《北京日报》《中国青年报》和新浪网、中央电视台、中央人民广播电台以及重庆市各新闻单位和有关省市新闻单位等媒体,先后多次刊登、报道、播报和登载了该公选情况,为做好报名工作营造了良好的社会氛围。从这次报名的人员情况来看,有以下四个特点:

(1) 报名人员年龄结构比较合理。在570名报名人员中,35岁以下的有136人,占23.80%;36至40岁的有220人,占38.6%;41至45岁的有175人,占30.7%;45岁以上的有39人,占6.8%。

(2) 报名人员学历普遍较高。在570名报名人员中,博士研究生有96人,占16.8%;硕士研究生有174人,占30.5%;本科学历的有272人,占48.1%;大专及以下的只有28人,仅占4.9%。

(3) 全国各地有志之士积极踊跃报考。在570名报名人员中,市外报名人员有304人,占53.3%,超过一半以上,其中,海外留学人员有19人,他们都获得了博士学位。

(4) 报名人员分布不平衡。一是性别分布不平衡。在570名报名人员中,男性有522人,占91.6%,女性仅有48人,占8.4%。二是每一个职位的报名人数分布不平衡。报名人数比较多的单位有:市计委58人,市广播电视局53人,重庆经济技术开发区53人;人数较少的是:市统计局10人,市信息产业局14人,市三院18人,但也都超过了开考的人数要求。

二、资格审查

公选干部的报名和资格审查工作从9月1日开始到9月27日基本结束,接着各报名站进行资格初审,市公选办统一进行资格终审。对审查符合资格条件的,经市公选办统一编号,发给参加笔试的通知书和准考证,持准考证参加笔试。填报了“服从分配”的报名者,经市公选办研究,征得本人同意,可改考重定的新的职位。

(一) 报考人员的资格条件

(1) 全国各级党政机关、企事业单位、大专院校、科研院所的在职工作人员和海外留学人员。

(2) 思想政治素质好。具有履行职责所需要的马列主义、毛泽东思想和邓小平理论水平;坚决执行党的路线、方针、政策,开拓创新,做出实绩;事业心强,作风民主,有全局观念,廉洁正派,坚持党的群众路线。

(3) 有胜任拟担任职务所必备的专业知识、工作经验、组织协调能力和宏观决策能力。

(4) 担任正县级职务2年以上(1998年8月31日前任职)或现任副厅局级及以上职务;担任特大型企业中高正职、大型企业厂级副职、中型企业厂级正职并任现职3年以上(1998年8月31日前任职)或现任特大型企业厂级副职、大型企业厂级正职以上。

(5) 年龄在45周岁以下(1955年1月1日以后出生),具有大学本科以上学历。

(6) 身体健康。

(7) 报考市广播电视局副局长和市第三人民医院院长的人选,应是中共正式党员,其中院长人选还应具有副高以上技术职称。报考市对外贸易经济委员会副主任、市政府外事办公室副主任和市旅游局副局长的人选,应具有较好的外语基础。

(8) 海外留学人员具有博士学位的,应有3年以上工作经历,不受资格条件第4条的限制。

(9) 对特别优秀或岗位需要的,经市公选领导小组同意,可破格报名。

(二) 资格审查情况分析

9月20日报名工作结束后,市委公选办对报名人员资格进行了初步审查;27日,市委公选领导小组对报名人员资格进行了终审,可以参加考试的人员有551人,占报名人员的96.7%,不合格的有19人,占报名人员的3.3%。

三、笔试

笔试分公共科目考试和专业科目考试,采用闭卷方式进行。公共科目考试内容包括政治、经济、法律、管理、科学技术及历史、国情国力、重庆市情、公文写作与处理。专业科目考试内容包括选拔职位需要的专业基础知识、专业管理和专业政策法规。笔试结束后,将报考者公共科目考试和专业科目考试的得分相加,得出每个人的总分,按拟选职务1∶5的比例由市公选领导小组从高分到低分确定参加面试人选,并公布成绩,市公选办发给参加面试人通知书。其他人员的成绩由市公开选拔办公室书面通知到个人。

四、面试

公选的19名副厅局级领导干部面试工作将于11月4日进行,面试设重庆、北京两个考场。面试采取演讲答辩方式进行。由有关领导和专家学者代表组成面试评审委员会,评审委员会根据应考者施政演讲、当场问答等情况综合考察应试者的逻辑思维能力、语言表达能力、计划能力、决策能力、组织协调能力、人际沟通能力、创新能力、选拔职位需要的特殊能力及气质风度、情绪稳定性、自我认知等个性特征。面试结束后当场公布成绩。由市公选领导小组按拟选职务1∶2的比例从高分到低分初步确定考察对象。

（一）公选19名副厅局级领导干部进入面试人员的情况

根据考生笔试成绩，经市委公选办审核，进入各选拔职位的前五位共96名面试人员（市府高新区管委会有3人并列第四名）也已全部产生。

（二）重庆市公开选拔部分副厅局级领导干部面试操作程序

面试评审小组组长身份标志是“主任评委”，成员为“评委”，应试人员为“考生”。各面试答辩小组成员有全体评委、计时员、计分员、监督员、联络员和录音员。

上午8:00候考室联络员将应试人员集中到候考室分别查验准考证、身份证、工作证和《面试通知书》，并报告考场主任。

上午8:15考场主任向应试人员宣读《考场规则》，说明有关事项。

上午8:25应试人员按候考室联络员的指令和要求依次抽签确定应试顺序，并在抽签卡上签名。然后，由候考室联络员填写《面试应试人员顺序表》，一式三份，候考室联络员留用一份，另两份待候考室联络员前来领取。抽签卡由候考室联络员保存，面试结束后，与《面试应试人员顺序表》一并交公选办有关人员。

各面试答辩小组全体评委和计时员、记分员、监督员、联络员、录音员，在上午8:30前到指定的会议室集中分组，领取试题和各类表格。

上午9:00前，全体评委和工作人员到指定的答辩室。

主任评委负责主持本答辩小组面试过程。

监督员将评分表和评分草表发给主任评委、评委。

各考室的联络员与监督员，经主任评委同意后，一道在面试开始前3分钟，按抽签顺序依次从候考室引领应试人员到各考室面试；同时，在候考室联络员处领取两份已填好的《面试应试人员顺序表》，一份交本考室主任评委，一份联络员留用。每位应试人员面试结束后，按主任评委的指令，由本考室的联络员和监督员一道送离考场。已面试人员不得与未面试人员见面、交谈，也不准在考场周围逗留；违者按违纪处理。随后，引领下一位应试人员面试，依此类推。上午考生请于当天上午11:30返回本职位答辩室门外，等候依次公布面试成绩。当天下午5:00考生返回本职位答辩室外，等候依次公布面试成绩。

应试人员入考室后，考室内面试操作程序为：

1. 主任评委向考生宣读指导语。

2. 主任评委宣布面试开始，计时员开始计时；考生回答主任评委按试题依次提出的问题。

注意：

（1）考生回答问题前，主任评委应准确告诉应试人员回答提问和追问所限定的时间，共计为30分钟；计时员按主任评委所限定的时间，严格准确计时。

（2）即席追问由主任评委进行。即席追问的问题，按预先设计的追问问题进行。

3. 应试人员回答问题，至开始计时后的第27分钟，由计时员举牌提示，主任评委立即提醒应试人员"回答问题还剩最后3分钟"；到第30分钟时，由计时员举牌发出终止答问信号，主任评委即刻终止其发言，并宣布该考生的面试结束。

4. 考生面试结束后，主任评委指令考室联络员与监督员将其引领出考场。

5. 在评分过程中，各主任评委可先在统一制发的《评分草表》上打分；然后，将确定的正式分数记录在《评分表》上，包括各要素评分和总分，并在《评分表》上签名。

6. 计分员将各评委填好的《面试评分表》收回；将收回的《面试评分表》中的报考部门、评委姓名、分数等分别转入《面试成绩评定表》（每位考生一份）；对已填好的《面试成绩评定表》中7位评委总分进行比较，去掉一个最高分和一个最低分后，将其他5位评委的总分累计并除以5，算出平均分数，平均分填入《面试成绩评定表》并签名。监督员负责对计分过程、结果进行监督和审核，确认计分无误后签名。

7. 计分员填写《面试成绩汇总暨报评审委员会审定表》，送主任评委查验签名。

8. 计分员从主任评委处收回《面试成绩汇总暨报评审委员会审定表》，按审定的《面试成绩汇总暨报评审委员会审定表》，将考生的最后得分按名次转《面试成绩公布表》。

9. 计分员将填好的《面试成绩公布表》（附《面试成绩汇总暨报评审委员会审定表》）送监督员审核后，交主任评委审核签名，并指令本考室的联络员和监督员召集考生，宣布面试结果。通知面试成绩前两名的考生于11月5日8:00空腹到市委公选办集合，参加体检。北京面试成绩前两名应试人员的体检，另行通知。

10. 各考室的计分员将所有表格收齐装袋交面试评审委员会主任；各考室联络员将各评委当天使用的面试试题、表格等收齐，送市委公选办封存。

（三）笔试与面试情况分析

从这次笔试结果来看，有以下特点：

一是参试人员比例较高。在获得笔试资格的人员中,除了因公出差、因病、出国等因素外,其他考生基本上都参加了笔试,参试率达到85.1%。

二是进入面试人员的结构比较合理。96名面试人员中:重庆地区的有54人,占56.25%,北京地区的有16人,占16.67%,其他省市的有26人,占27.08%;男92人,占95.83%,女4人,占4.17%;汉族90人,占93.75%,少数民族6人,占6.25%;中共党员90人,占93.75%;正处级57人,占54.17%,其他39人,占40.62%;有博士学位的14人,占14.58%,有硕士学位的26人,占27.08%,有本科学历的52人,占60.42%;事业单位的29人,占30.21%,企业单位的9人,占9.38%;45岁以上的10人,占10.42%,40至45岁的23人,占23.96%;35至40岁的44人,占45.83%;35岁以下的19人,占19.79%。

三是有一部分基本条件较好的人选因多种原因没有进入面试范围,比较遗憾。造成这种结果的主要原因,首先是客观上受名额限制,只有笔试成绩列前五名的考生才有面试资格,而这次报考的总人数达到570人,平均每个职位有30人竞争,其中报考市计委、市广播电视局、市教委、重庆经济技术开发区的考生人数分别达到58人、53人、51人、44人,竞争十分激烈;其次是一部分考生尽管学历较高、阅历丰富,也有成果,但缺乏参加领导干部竞争考试的经验;最后,少数考生考前准备不充分或临场发挥不好也影响了考试成绩。

五、体检、组织考察和决定任用

组织初定的考察对象进行体检,体检合格者,经市公选领导小组审核,正式确定为考察对象。如有因健康原因被淘汰的,将按分数从高到低替补人员进行体检。

由市委公选办牵头组织考察组,对确定的考察对象进行全面考察。经市公选领导小组提出任用意见后,报市委常委会讨论,对市委常委会确定的人选进行公示。公示结束后,市委常委会对公示结果进行讨论,决定正式人选,并按有关法定程序办理任用手续,并向社会公布公开选拔结果。

六、附录

(一)面试样题

1. 有人说:“讲经济效益必须以牺牲道德为代价。”在经济价值优先还是道德价值优先的问题上,你的看法如何?(测评要素:逻辑思维能力)

2. 某厅所属二级单位的一把手年龄大、工作能力弱,而由他培养起来的二把手虽然工作能力较强,但碍于情面,难以施展,该单位工作上不去,效益越来

越差,年轻的业务骨干纷纷提出调离申请。你作为分管副厅长,如何解决这一问题?(测评要素:决策能力)

3. 假如你是某局主持工作的副局长,业务工作熟,群众基础好。最近上级从外单位调来一位局长。由于新局长对业务工作不熟悉,又比较主观,经常在局务会上与你发生意见分歧,一些干部对此很有意见,议论纷纷,你怎么办?(测评要素:组织协调能力)

4. 某外国公司拟在A市投资上千万美元,该公司的经理将在一周内到达A市考察,现已抵达北京。这时有消息说,友邻的B市也派人去北京与该外商接触,该外商极有可能改变初衷。你作为A市分管经济工作的副市长,怎么策划这件事?(测评要素:计划能力)

(二) 重庆市公开选拔副厅级领导干部面试评分表

招考部门:　　　　　　　　　　　　序号:

测评要素		逻辑思维能力	决策能力	组织协调能力	应变能力	语言表达能力	求实、开拓、认知、气质	满分
权重		20	18	20	18	12	12	100
观察要点		逻辑严密、推理过程清晰、条理清楚、思维具有广度、深度和创造性	善于把握、分析、比较各方面信息和经验,果断做出合理、有成效的决定	行使领导职能,围绕任务目标,科学分配、协调人、财、物达到最佳使用效果	压力情境下,情绪镇定、思维敏捷、反应迅速、处理问题及时、果断、得当	理解力强,语言准确、流畅生动,表达条理清晰,有感染力	实事求是、客观,对自我有全面深刻认识,有开拓精神,举止自信得体、有感召力	总分
评分标准	优	17—20	16—18	17—20	16—18	11—12	11—12	
	良	12—16	12—15	12—16	12—15	8—10	8—10	
	中	4—11	5—11	4—11	5—11	4—7	4—7	
	差	0—3	0—4	0—3	0—4	0—3	0—3	
得分								

考官签字:　　　　　　　　　　　　　　　　　　年　　月　　日

七、案例分析

十一届三中全会以后，我国进行了组织人事制度的各项改革，其中干部录用制度的改革核心是建立贯彻公平、平等、竞争的录用原则，对干部申请者进行统一的考试考核，择优录用。重庆市委这次大规模的干部考试可以说是很好地贯彻执行了国家的干部考试录用原则。整个选拔录用的过程分为三个阶段，即报名审核、笔试和面试，每一阶段严格把关并保证了一定比例的选拔人数。面试的具体方式有三种：个别面谈、集体面谈、集体讨论。个别面谈一般是3位考官与1位应试者进行面谈，考官提问后，指定某考生回答；集体讨论，则是出一个问题，让6—9名应试者一起讨论，时间大约40—60分钟，主考官3名。面试主要关注的是性格人品，如积极性、协调性、责任感、精神状态、语言表达能力、适应性等，以及领导能力、决策能力等潜在的素质。

【本章小结】

本章主要介绍了人员招聘与测评的基本概念、主要流程与方法技术，以及面试与评价中心的类型、特点与相关理论。

首先，人员招聘简称招聘，是指“招募”与“聘用”的总称，为组织中空缺的职位寻找到合适人选。实际中间夹着甄选。素质测评，是指测评主体采用科学的方法，收集被测评者在主要活动领域中的表征信息，针对某一素质测评指标体系做出量值或价值的判断过程，或者直接从所收集的表征信息中引发与推断某些素质特征的过程。

招聘的方法从某种意义上讲就是招聘渠道的选择。招聘的渠道大致有：人才交流中心、招聘洽谈会、传统媒体、网络招聘、校园招聘、员工推荐、人才猎取、内部招聘等。

其次，测评工作在整个招聘过程中已经越来越居于核心地位，应该借助于多种测评手段来公平、客观地做出正确的决策。因此，在长期的人力资源招聘工作实践中，发展了许多种实用的测评方法，包括：面试法、测验法（心理测验法、知识测验法、模拟工作测验法等）、评价中心法、个人信息法、背景检验法、笔迹学法等。当前使用最广泛、最主要的测评方法是心理测验法和面试法。

再次，评价中心源于情景模拟，但又不同于情景模拟。在评价中心里，多种不同的测评方法相互结合在一起。可以说，评价中心是一种程序而不是一种具体的方法，是一种以测评管理能力为中心的测评活动。它最主要的特点之一是情景模拟性；除此之外，还具有综合性、动态性、标准化、整体互动性、信息量大等特性。

最后，本章以重庆市19名副厅局级干部的公开选拔为例，对于相关招聘和测评方法的具体应用情况做了介绍与分析。

【复习思考题】

一、单选题。

1.(　　)是制订招聘计划的重要内容，也是确保招聘成功的必要准备工作。

A. 招聘需求信息　　B. 提出招聘需求

C. 确定招聘人员　　D. 制订薪酬计划

2. 关于影响招聘活动的因素的说法，正确的是(　　)。

A. 组织形象的好坏对招聘没有影响。

B. 劳动力市场的供给小于需求时，用人单位在招聘中的吸引力更大。

C. 国家的法律法规对用人单位的招聘活动没有影响。

D. 用人单位的招聘政策比竞争对手具有优势时，会更具有吸引力。

3. 下列招聘方法中，人力资源需求信息传播最广的一种是(　　)。

A. 员工推荐　　B. 媒体广告　　C. 招聘会　　D. 招聘洽谈会

4. 下列哪个选项不属于影响招聘的组织内部因素(　　)？

A. 组织战略　　B. 发展周期　　C. 法律法规　　D. 财务预算

5. 组织进行招聘时，比较合适的做法是(　　)。

A. 比较高层的岗位采取内部招聘

B. 关键性的岗位进行外部招聘

C. 具体知识、技能性的工作岗位采取内部招聘

D. 低层次的岗位进行内部招聘

6. 广播电视招聘广告不太适合的场合是(　　)。

A. 需要在短时间内展开“闪电式轰炸”的时候

B. 招募对象为专业性比较强的人员

C. 职位空缺有许多种

D. 在某一地区有足够的求职者

7. 评价中心起源于(　　)。

A. 美国　　B. 英国　　C. 德国　　D. 法国

8. 评价中心最主要的特点是(　　)。

A. 快捷方便　　B. 科学性　　C. 情景模拟性　　D. 系统性

9. 目的在于重点考察求职者的应变能力、人际交往能力的面试类型是(　　)。

A. 压力面试　B. 结构化面试　C. 情景面试　D. 小组面试

10. 利用评价中心进行测评的首要工作是(　　)。

A. 明确测评目的　B. 进行职位分析

C. 确定测评指标和标准　D. 选择合适的测评方法

11. 世界上最早的智力测量表是(　　)。

A. 比奈-西蒙量表　B. 斯坦福-比奈量表

C. 韦氏成人智力量表　D. 瑞文标准推力测验

12. 人事测量方法预测的准确性程度最高的是(　　)。

A. 人格测验　B. 结构化面试　C. 能力测验　D. 评价中心

13. 无领导小组讨论的一级评价要素几个为宜?(　　)

A. 1—2 个　B. 3—6 个　C. 7—8 个　D. 9—10 个

14. 在灵活性、调节性和针对性方面,请对笔试、面试、情景模拟和观察评定四种测评方式从高到低进行排序(　　)。

A. 笔试、面试、情景模拟、观察评定　B. 情景模拟、面试、笔试、观察评定

C. 情景模拟、观察评定、面试、笔试　D. 面试、情景模拟、观察评定、笔试

15. 考官在评价时会受到一些不良因素的影响,其中以实物的某一方面的突出特点掩盖了其他方面的全部特点的影响因素是(　　)。

A. 近因效应　B. 类我效应　C. 晕轮效应　D. 对比效应

二、多选题

1. 有效的人力资源招聘系统(　　)。

A. 可平息或缓和内部竞争者之间的矛盾

B. 有助于带来新思路、新方法

C. 人才现成,节省培训投资

D. 来源广,选择余地大,有利于招到一流人才

2. 面试的功用有(　　)。

A. 可以有效避免高分低能者入选　B. 可以弥补笔试的失误

C. 可以测评个体的任何素质　D. 可以考察笔试中难以测评的内容

3. 组织招聘员工的程序一般包括以下哪些方面?(　　)

A. 明确空缺职位要求　B. 招募　C. 测评与选择

D. 录用　E. 试用考察　F. 签约

4. 心理测验实质上是行为样组的(　　)和(　　)的测量。

A. 真实　B. 客观　C. 全面　D. 标准

5. 属于组织外部招聘的优势是(　　)。

A. 可平息或缓和内部竞争者之间的矛盾

B. 有助于带来新思路、新方法

C. 人才现成,节省培训投资

D. 来源广,选择余地大,有利于招到一流人才

6. 应聘者在面试中的技巧包括(　　)。

A. 印象管理技术

B. 尽可能地表现自己

C. 了解组织的情况,分析职位要求

D. 在面试中适度紧张、自信、平和,有一定的亲和力

7. 面试相对笔试和资格审查等甄选方式来说主要有哪些特点?(　　)

A. 面试是一个双向沟通的过程　　B. 面试的内容灵活,针对性强

C. 强调素质的测评　　D. 判断的直觉性,过于依赖考官

8. 人员甄选的发展趋势是(　　)。

A. 更加注重应聘者的综合素质和学习能力

B. 更加重视人与组织匹配度的考核

C. 选拔方法的有效性开始受到重视

D. 重视测评方法的本土化

9. 为了确保招聘工作的效率、公正性、科学性,招聘人员在招聘工作中必须掌握的技术方法有(　　)。

A. 掌握获取和比较人力资源信息的方法

B. 掌握招聘各环节的技术标准

C. 了解符合录用的人力资源的主要来源,以及通过何种方式可有效而低成本地接触这些来源

D. 熟悉招聘中的各种人事测量手段及其技术特点和要求

E. 掌握竞争对手的招聘方法和招聘技术

10. 根据测验的具体对象,可以将心理测验划分为(　　)。

A. 成就测验　　B. 认知测验　　C. 智力测验　　D. 人格测验

11. 在人员测评中,测评主体可以是(　　)。

A. 个体　　B. 集体　　C. 他人　　D. 自我

E. 上级　　F. 下级　　G. 同级

12. 在人员招聘和录用过程中需要完成的工作包括(　　)。

A. 对求职者背景资料进行核实

B. 对求职者进行必要的测试

C. 由人力资源部门对求职者进行面试

D. 由用人部门主管对求职者进行面试

E. 对求职者进行绩效考核

13. 下列说法中哪些是错误的？(　　)

A. 招聘公告没必要写得那么详细，只写明招聘岗位名称就可以了。

B. 评价中心是面试的一种类型。

C. 评价中心实质就是情景模拟。

D. 同一素质特征只能表现于一种行为之中。

14. 人员招聘管理中的科学性主要体现在(　　)。

A. 每一次进行同一项测试时都必须遵循一定的标准程序

B. 不同应聘者的测试结果不可比

C. 不受评分者的主观判断或偏见影响

D. 每一项测试不一定有自身的标准程序

E. 制订人员招聘计划

15. 如果职位资格描述不清楚或不全面，就可能产生(　　)。

A. 职位的性质与要求不清楚　　B. 职位的薪资待遇不清楚

C. 职位的工作范围不清楚　　D. 职位的资格条件不清楚

三、思考题

1. 什么是人员招聘？其关键环节是什么？具有什么作用？

2. 什么是素质测评？它与一般的考核与了解方法有什么不同？通常有哪些类型？

3. 试对各种人员招聘与测评的方法进行研究与比较。

4. 什么是面试？面试与面谈、口试有什么不同？试进行分析。

5. 什么是评价中心？它与情景模拟、工作取样有什么不同？试进行分析。

6. 目前党政领导人才的选拔任用标准与方法是什么？试结合重庆市的案例进行分析与讨论。

【案例与讨论】

突破“四个突破”，创新考试方法①

近年来，四川省某市大力推进、积极探索公务员考试录用工作，在把好国家

① 案例来源：赵曼：《公共部门人力资源管理》，清华大学出版社 2005 年版，第 81—82 页。

机关入口、提高公务员队伍素质方面取得了显著成效,在2003年进行的一次市、县(区)、乡(镇)三级机关国家公务员和机关工作者面向社会公开考试录用工作中,该市在报考条件、考试内容和办法等方面进行了积极有益的探索。

为了提高透明度,扩大选才面,市人事局进行了较为充分的宣传:一是印制了大量的招考公告,在市县区人才市场、各招考单位、全市所有乡镇进行张贴;二是在当地有影响的报纸和该市的人才市场网站上公布招考简章,广而告之,传递信息;三是召开新闻发布会,邀请电视台、广播电台、报纸等新闻媒体参加,广泛宣传,鼓励符合报考条件的人员积极报考。此次招考改变了报名方式,采取网上报名与集中报名相结合,方便考生,服务社会。结果全市共有4988人报考,创下该市历次报考人数之最。

为了贯彻"公开、平等、竞争、择优"的原则,真正做到不拘一格降人才,该市放开报考条件,采取"四突破",即突破身份、地域、所有制和就业限制,不论是干部还是农民、省内或省外人员,不论是哪种所有制职工,甚至不管是否就业,只要符合学历和年龄等条件,均可报考。在公务员考录过程中,强调公开透明、阳光操作、强化监督。考录工作每个环节都实行公示制。笔试成绩、参加面试考生、总成绩、参加体检人员、体检合格人员等,均在市人事局、人才市场张榜公布,特别是笔试成绩还在电脑信息台公布,考生可以通过热线查询。整个招考工作接受"四个监督":充分利用新闻媒体,宣传招考公务员的政策、办法,自觉接受舆论监督;公布招考电话,自觉接受社会监督;每个招考环节都请纪检委等部门参与,自觉接受组织监督;制定招考纪律规定,自觉接受纪律监督。如考录工作,从报名资格审查到笔试、面试、体检、录取,都邀请纪检部门到场监督指导,从录取的243人看,有公务员、企事业职工、待业青年。其中工人5人、社区干部7人、待业青年56人、教师13人,而且在参考的735名农村青年中有39名农民在赛场脱颖而出考上了公务员。

这次招考录用工作从总体上看,程序严格,方法创新,招考实行"五项全能",综合"赛马"。即除了笔试与面试两关之外,还要考计算机操作技能、普通话水平和加试写作三关。最后以综合成绩从高到低确定录取对象。同时,招考职位不同,考试应试对象素质的侧重点也不同,即招考副科级以上领导职位侧重组织协调能力方面的考查,招考一般职位侧重基础知识、基本技能的考查,他们在招考的分值计算中,对不同职位采用了不同的比例。具体办法是:招考副科级以上领导职位,按笔试成绩、面试成绩各占50%计算总成绩;招考一般职位,按笔试成绩占70%、面试成绩占30%计算总成绩。

讨论题：

1. 你如何评价本案例中该市的这次公务员招考工作?

2. 该市公务员的招考录用工作体现了公共部门人员招聘与选拔的哪些原则?

3. 该市公务员招考针对不同职位的应考者采取的总成绩计算方式是否恰当? 运用了人才测评的哪些方法与原理?

4. 你认为公务员招考工作应包括哪些环节,采用哪些方法? 你对本案例中的招考工作有哪些改进的建议?

【建议阅读文献】

1. 肖鸣政、〔英〕Mark Cook 编著:《人员素质测评(第三版)》,高等教育出版社 2013 年版。
2. 〔英〕格伦·福克斯、迪安·泰勒:《招聘与甄选安全工具箱》,李海龙、金风斐译,上海远东出版社 2007 年版。
3. 肖鸣政:《人才品德测评的理论与方法》,中国劳动社会保障出版社 2008 年版。
4. 〔英〕埃登博洛:《招聘、选拔和绩效的评估方法》,李峥译,中国轻工业出版社 2011 年版。
5. 殷雷:《心理测评在我国人力资源服务中的应用现状及其存在的问题》,《心理科学》2003 年第 1 期。
6. 胡月星:《澳大利亚高级公务员的选拔测评》,《中国人力资源开发》2003 年第 7 期。
7. 刘远我:《评价中心技术刍议》,《中国人力资源开发》2007 年第 5 期。
8. 肖鸣政、任燕:《人才招聘中的误差源及其控制策略》,《中国人才》2007 年第 11 期。
9. 丁秀玲:《基于胜任力的人才招聘与选拔》,《南开学报(哲学社会科学版)》2008 年第 2 期。
10. 韩铁城、汪群、孙小义、王可:《公共部门中高级领导干部公开选拔机制探索》,《中国人力资源开发》2008 年第 3 期。
11. 梁玉萍、张敏:《公务员多元化选拔方式评析》,《理论探索》2011 年第 1 期。
12. 李奈青、王冬梅:《从党政管理人员公开招聘看高校管理队伍建设》,《科教文汇》2011 年第 7 期。
13. 刘再春:《党政领导干部选拔任用制度改革研究》,华东师范大学博士学位论文,2012 年。
14. 赵立波:《完善党政干部选拔任用机制——十年跟踪调查与分析》,《山东行政学院学报》2012 年第 3 期。
15. 高阳:《"无领导小组讨论法"在人员招聘中的应用研究》,《经营管理者》2013 年第 28 期。
16. 朱剑:《英国大学校长任职资历研究——基于五所大学校长招聘启事的解读》,《复旦教育论坛》2014 年第 3 期。
17. 李晓彦:《人与组织匹配:人才招聘选拔新视角——某国有企业的实践探索》,《中国人力资源开发》2014 年第 16 期。
18. 魏敏、杨国庆:《新公共管理视野下的猎头参与选拔干部》,《领导科学》2015 年第 2 期。
19. Siavelis, Peter M., and Scott Morgenstern, *Pathways to Power: Political Recruitment and Candidate Selection in Latin America*, Philadelphia: The Pennsylvania State University Press, 2008.
20. Berman, Evan M., and James S. Bowman, eds., *Human Resource Management in Public Service: Paradoxes, Processes, and Problems*, 4th Revised edition, USA: SAGE Publications Inc., 2012.
21. Snell, Scott, Shad Morris, and George Bohlander, *Managing Human Resources*, Eastablished: Cengage Learning, 2015.
22. Townley, Barbara, "Selection and Appraisal: Reconstituting", *New Perspectives on Human Resource Management* (Routledge Revivals), 2014.
23. Shahhosseini, V., and M. H. Sebt, "Competency-based Selection and Assignment of Human Resources to Construction Projects", *Scientia Iranica*, Vol. 18, No. 2, 2011.
24. BaleŽentis, Alvydas, Tomas BaleŽentis, and Willem Brauers, "Personnel Selection Based on Computing with Words and Fuzzy MULTIMOORA", *Expert Systems with Applications*, Vol. 39, No. 9, 2012.
25. Tennessen, Jacob A., et al., "Evolution and Functional Impact of Rare Coding Variation from Deep Sequencing of Human Exomes", *Science*, Vol. 337, No. 64, 2012.

第六章　人员培训

【教学目标与方法建议】

通过本章教学，应该掌握以下内容：

1. 培训的概念
2. 影响培训需求的三种因素及培训需求的分析方法
3. 培训的内容、类型与方法
4. 培训有效性评估的含义及柯克帕特里克的四层次模型
5. 培训的低效及其系统化
6. 我国公共部门培训存在的问题及发展方向

教学方法建议：可采用课堂讲授、案例教学、观看录像、实地考察等方法教学。

组织正面临着一个复杂多变、具有高度不确定性的环境。无论组织的目标有何不同（如私营部门需要获得利润的最大化，而公共部门则希望在社会稳定、经济增长、提高就业等方面实现业绩指标最大化），为了实现其目标，必须拥有一支高素质、善学习的员工队伍。因此，唯有加强组织的培训，不断提高员工综合素质，才是组织实现其终极目标的法宝。

第一节　培训及其需求分析

在第一节，我们先来明确一下人员培训的含义及培训的需求分析。

一、培训的含义

本章中的人员培训，即人力资源培训是向组织中的新任人员或现有人员传授其完成本职工作所必需的相关知识、技能、价值观念、行为规范的过程，是由组织安排的对本组织人员所进行的有计划有步骤的培养和训练。

人力资源培训与一般的学校教育是有所不同的。具体而言，体现在如下几个方面（见表6-1-1）。

表 6-1-1　培训与学校教育比较分析表

开发形式	目的	形式	内容
人力资源培训	满足当前工作需要	形式多样	政治素质、知识、能力与技巧
一般学校常规教育	全面提高素质	固定单一	德、智、体、美、劳等基础素质

首先,两者的目的侧重点不同。人力资源培训的目的在于满足当前工作需要,提高工作岗位的效率;而一般学校的常规教育则侧重于最大限度地促进个体发展与社会的发展,具有一定的人才塑造性与社会服务性。

其次,两者的形式不同。人力资源培训形式多样,伸缩性强。根据不同的具体目标与内容,可以展开各种形式的培训。按照培训时间长短划分,可以分为长期培训、中期培训和短期培训;按是否在职培训,可以分为脱产培训与在职培训;按照培训的方法划分,除了讲授法之外,还有研讨法、案例教学法、情景模拟法、基层任职法、"台阶巡回"实习法、计算机辅助培训、网络培训等多种培训方式。相比之下,一般的常规教育则在方法上整齐划一,统一性强。

最后,两者的内容侧重点不同。人力资源培训的内容是直接与目前工作相关的,紧紧围绕目前工作岗位所需要的政治素质、知识、能力与技巧的提高而设置,具有立竿见影的培训效果;而一般的常规教育是面向未来,满足将来的国家与个人的需要,侧重个体德、智、体、美、劳全方位的综合发展。

当然,随着近年来培训与常规教育这两类人力资源开发活动的不断发展,两者之间也出现了相互交融之势。人力资源培训也不仅仅是为满足当前需求,而是开始关注人员综合素质的培养,向更高层次人力资源开发延伸;与此同时,一般的常规教育也开始注重与社会的实际需求相结合,不仅开发方式更加多样,而且越来越利用自身的优势为组织开展诸如 MBA 或 MPA 教育。

二、培训的需求分析

培训需求分析是人力资源培训的第一个环节,也是整个培训过程的基础。是否需要进行培训?需要什么时候进行培训?需要在哪些方面对哪些人员进行培训?这是培训需求分析所要解决的问题。通过培训需求的分析,可以确立培训目标以及确定人员的能力及绩效是否达到了组织的目标。任何培训都需要建立在全面细致的分析的基础之上,没有需求分析的培训如同没有方向,没有目标就难以产生效益,极易造成组织资源的浪费。

培训的需求分析涉及三个要素:组织分析、人员分析和任务分析。(如图6-1-1所示)

培训需求原因或“压力点”评估内容有哪些

- 法律、制度
- 基本技能欠缺
- 政府生产力

需求评估结果

- 受训者要学些什么
- 谁接受培训
- 培训类型
- 培训次数
- 购买或自行开发培训的决策
- 借助培训还是选择其他人力资源管理方式

图 6－1－1　人力资源培训需求的三要素分析图

资料来源：〔美〕雷蒙德·A. 诺伊：《人力资源管理：赢得竞争优势》，徐芳译，中国人民大学出版社 2001 年版，第 265 页，有改动。

（一）组织分析

组织分析是依据组织的战略、结构、文化、政策、资源等因素，分析和找出组织中存在的问题与问题产生的根源，以确定是否需要通过培训予以解决以及需要培训的具体部门及人员。具体而言，组织分析主要包括以下几个方面：

（1）组织战略。明确的组织战略对组织发展起着关键性的作用，组织战略分析主要是分析组织战略的制定与实施是否需要培训或者战略的实施效果不尽如人意是否能够通过培训加以改善。例如进入 21 世纪，跨国经济现象、变化中的国际关系以及政治多极化的发展带来人员工作环境的变化，组织需要通过制定与此对应的战略来对环境做出响应。而组织战略对于组织培训的战略、方向及内容都将产生巨大的影响。（如图 6－1－2 所示）因此在组织分析中，我们应该根据组织未来发展的战略，进行前瞻性的培训需求分析。

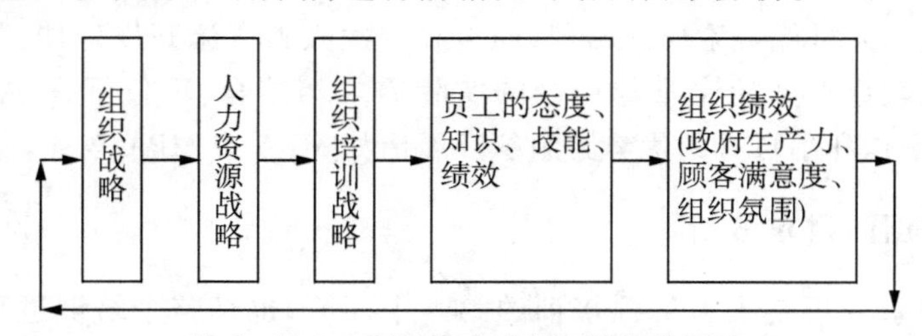

图 6－1－2　组织战略对组织培训的影响

（2）组织资源。组织资源是培训目标实现的保证。组织资源分析包括对培训经费、培训时间等方面的分析。培训经费影响着培训的深度和广度，培训时间影响着培训的效果。通过对组织资源的分析，组织可以选择是通过组织内部培训还是通过专业机构培训，是进行脱产培训还是进行在职培训。

（3）组织的环境。组织的环境包括组织的外部环境与内部环境。内部环境如组织氛围也是组织分析的一个方面，通常包括人员的满意度、流动率、旷工、建议、事故、行为表现等。

(4) 对组织的支持。由于培训活动可以看作是打破组织成员正常工作的干预活动,所以培训的成功极大地依赖于组织及其成员的支持。如果被培训者的上级、同事对培训活动持积极态度,并乐意提供各种信息资源,那么培训成功的概率就较大。

(二) 人员分析

人员分析主要是通过对人员的具体情况分析,对照工作绩效的标准,找出与实际应用状况之间的差距,来确定所需要培训的人员、方式和内容。人员分析的内容通常包括人员的知识结构、人员的专业、人员的年龄结构、人员的个性、人员的能力分析。

人员分析的主体包括部门主管、人力资源培训部门和人员个人。三方主体的分析各有其特点:部门主管的分析从整个部门全局出发,通过考虑本部门的工作性质、该部门的历史工作绩效、将来所需达到的绩效、某岗位的重要性来确定某岗位人员的培训重点和方向;人力资源培训部门的分析则在岗位分析的基础上,测试要达到期望工作绩效与实际低下的工作绩效之间的差距是否能通过培训方式予以解决。若答案是肯定的,则需进一步设计培训的内容与方式。人员个人对培训需求的分析也不容忽视,它是人员通过自我评价的方式,来确定是否有必要进行培训及培训的内容与方向。在信息时代,人员的工作环境较之以往竞争更加激烈,人员自身也希望能够不断地更新知识,以适应时代的要求与本岗位工作的需要。只要组织将培训与人员的个人发展结合起来,他们就会有强烈的培训愿望。

当然,由于人员的个人分析具有主观性,因而也存在一些局限性。首先,组织中的人员重视个人需要,而忽略了组织需要,如人员一般将通用知识(如英语)列为首位的培训需要,而对专门适合某组织却不具备广泛适应性的专业知识(如专为政府某部门编写的某软件)则缺乏一定的兴趣。其次,所谓“只缘身在此山中”,即人员不能把握组织和社会的需求,对他所担任岗位的性质了解并不全面。

因此,对于人员分析,应该将部门主管、人力资源培训部门和人员个人三方面的分析相联系,将人员的积极性和能动性与部门主管、培训部门的客观性结合起来。

(三) 任务分析

任务分析是运用工作说明书、技术手册、任务分析调查问卷等工具确认人员工作的必备技能、完成某项工作所需的知识、技能、能力(KSAs)。普里恩(Prien)认为员工完成一项任务所需具备的“KSAs”中知识(K)是能力和技能建立的基础。知识指的是将信息组织起来的整体,具有实际的或程度性的特点,如果应用的话,将会使工作能够充分完成。技能(S)指的是能够精确和轻易地完成工作的能力。大多数情形下技能指的是精神运动的行为。一个技能的确定暗示了有效进行工作的绩效标准。能力(A)一般指完成工作所具有的认知的能力。① 这里对工作的分析主要在于了解具体人员的工作行为与期望行为标准之间的差距,从而确定其需要接受的培训。

由于技能与能力是两个容易混淆的概念,所以我们有必要对它们作一点补充解释。

技能,是指通过练习获得的能够完成一定任务的动作系统,是能力中的一种低级形式,能够被人掌握并可以运用于实践。技能按其熟练程度可分为初级技能和技巧性技能。初级技能只表示“会做”某件事,而未达到熟练的程度。初级技能如果经过有目的、有组织的反复练习,动作就会趋向自动化,而达到技巧性技能阶段。能力,是指才能和办事的本领。能力与大脑的机能有关,它主要侧重于实践活动中的表现,即顺利地完成一定活动所具备的稳定的个性心理特征;能力是在运用智力、知识、技能的过程中,经过反复训练而获得的。能力是人依靠自我的智力和知识、技能等去认识和改造世界所表现出来的心身能量。各种能力的有机结合,其本质的变化能力称为才能。才能的高度发展,创造性地完成任务的能力称为天才。能力是天生的,后天培养的能力未必可以遗传下去,但天生的能力是可以稳固遗传的。技能与之不同之处在于,是一种技术活动,需要的是实践能力而不是纸上谈兵,当然也是一种科学的实践。

培训需求的工作(职务)分析主要从以下几方面展开②:一是工作的复杂程度。这主要是指工作对思维的要求,是抽象性还是形象性或二者兼而有之,是需要更多的创造性思维还是要按照有关的标准严格执行等等。二是工作的饱和程度。这主要是指工作量的大小和工作的难易程度以及工作所消耗的时间长短等。三是工作内容和形式的变化。随着组织经营战略和业务的不断发展,有些部门的工作内容和形式的变化较大,而有些部门的工作变化则较小。这就需要从组织整体发展的角度分析工作层面的培训需求。

---

① 参见〔美〕爱尔文·戈尔茨坦等:《组织中的培训》,常玉轩译,清华大学出版社2002年版,第91页。

② 参见石金涛主编:《培训与开发》,中国人民大学出版社2003年版,第46页。

三、人力资源培训需求分析方法

培训需要借助于一定的技术方法,下面详细加以介绍。

(一)传统的培训需求分析方法

传统的培训需求分析方法主要有观察法、调查问卷法、关键咨询法、访谈法、群体讨论法等。为了便于总结与比较各种培训需求分析方法的优缺点,我们将之汇总在表6-1-2。

表6-1-2 需求分析技术比较表

需求分析技术	优 点	缺 点
观察 可以像时间—运动研究一样技术化,也可以在功能和行为方面特定化 可以非结构化 可以标准化使用,区分有效和无效的行为,了解组织结构及过程	很少打乱常规性工作和群体的行为 能够产生情境数据,同情境高度相关,能够对确定培训需要和兴趣的反应起作用 (当同反馈步骤结合时)在观察者的推断和反应之间能够进行比较	要求技术比较高的观察者,需要对过程和内容有很多的知识 只能够收集工作情境内部的数据,在使用时有限制(前面列举的优点的反面) 反应者有可能认为观察者的行为是“间谍”行为
调查问卷 可以作为问卷或调查的形式,随机地或有计划地选择被试,或者可以把总体作为没有数目限制的被试 问题的结构形式多样:可以是开放式、投射式、强制性选择或优先性排列;还可以采用另外的形式,如Q型、Slip型或等级评分以及由反应者在设计前自己产生 可以在控制和非控制条件下由自己管理或可以要求解说者和辅助者在场	在较短的时间内接触大量的人 相对来说成本较低 给予表达的机会而不必要害怕难为情 所得到的数据容易汇总	对没有预料到的反应不能给予表达的机会 对有效工具的建立需要相当的时间(在调查模型方面也需要技术上的技能) 很少能够得到问题的原因和解决方法等信息 会遇到回收率低(邮寄时)、不给予反应以及没有预料到和不适当的反应人群

续表

需求分析技术	优　点	缺　点
关键咨询 能够从公司中关键人物方面获得关于特定群体的培训需求是什么的相关信息 一旦确定之后,可以从这些咨询者中通过访谈、问卷和群体讨论获得数据	相对来说,操作简单且费用低 可以允许许多个体一起交互作用,每个人拿出他自己的关于所需要的区域、纪律和群体的观点 在过程的参与者中建立并加强联系	由于每个人的观点仅代表了他们个人和他们的组织对培训需要的看法,所以在建立的过程中容易有偏差 可能会导致仅得到部分需要的情形,因为可能对关键的信息群体起不到代表的作用(在统计意义上)
访谈 可以正式或非正式,可以结构化或非结构化 可以在特定群体中的一个样本中使用(团体、委员会等)或在关注的所有人中实行 可以在个人间、电话中或工作场所以及其他地方实行	适于揭示情感、揭示顾客所面对的(或预料的)问题的原因和解决方法 为客户提供最大的机会来自发地表达他自己和他的团体的利益(特别是在一个公开的、非方向性的气氛中)	通常比较花费时间 很难分析和得到数量性结果(特别是从非结构化的形式) 除非访谈者有技能,客户一般会感觉到自我怀疑等 依赖访谈者的技能把客户的怀疑打消,才能得到数据
阅读工作技术手册和记录	有关工作程度的理想信息来源 有关新的工作和在生产过程中新产生的工作所包含任务的理想信息来源 目的性强	你可能不了解技术术语 材料可能已经过时
群体讨论 类似面对面的访谈技能 可以集中于工作(角色)分析、群体问题分析、群体目标设定或其他任何群体任务及主题 使用一个或几个群体促进的技术,如头脑风暴、势力区域、组织镜像、模拟等	允许现场总结不同的观点 可以为最终决定的服务性反应建立支持 降低客户对服务提供者的"依赖性反应",因为数据分析是一个共同的功能 可以帮助参与者成为更好的问题分析者和更好的倾听者	对咨询师和部门来说都花费时间(所以相对昂贵) 产生的数据很难综合或量化处理(对非结构化的技术来说更是一个问题)

资料来源:〔美〕爱尔文·戈尔茨坦等:《组织中的培训》,常玉轩译,清华大学出版社2002年版,第73—77页;石金涛主编:《培训与开发》,中国人民大学出版社2003年版,第49—53页。

（二）新兴的培训需求分析方法

1. 绩效差距法

绩效差距法是通过绩效考核，了解员工的实际绩效与期望绩效之间的差距，从而确定培训需求的一种方法。具体过程如图 6-1-3 所示：

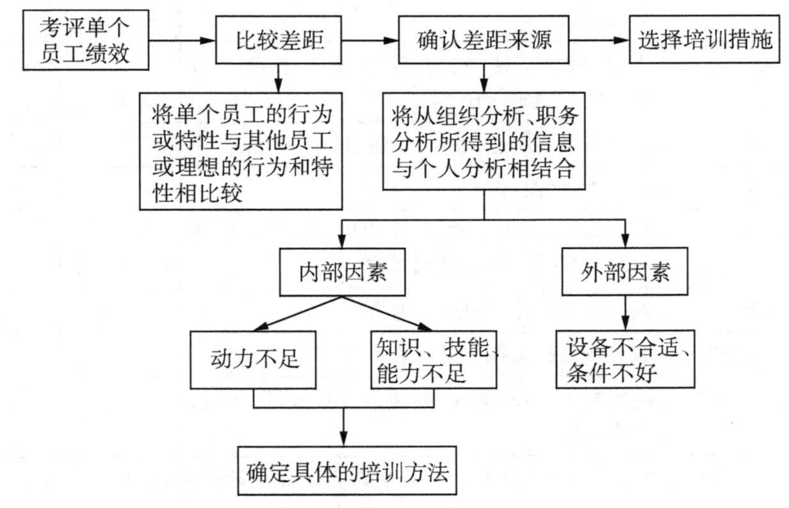

图 6-1-3 绩效分析的一般过程

资料来源：萧鸣政：《人力资源开发学》，高等教育出版社 2002 年版，第 262 页。

2. 能力行为分析法①

所谓能力行为分析法，即指通过比较被分析者个人行为表现与标准能力行为特征的差距，从而确定人力资源培训需求的一种技术。在这种技术中，首先确定相应处于人、事、物与时间四个方面问题的基本管理能力。这些基本管理能力为九个类别，具体见表 6-1-3。

表 6-1-3 员工个人行为分类表

类别	应分析的行为特征	相对职务的重要性	差距程度
1. 自我管理	效率性、依赖性、弹性、持久性、动机水平、完美主义		

① 参见萧鸣政：《人力资源开发学》，高等教育出版社 2002 年版，第 262 页。

续表

类别	应分析的行为特征	相对职务的重要性	差距程度
2. 情景控制	容易不适的程度,容易重复的程度,对压力的反应,对回馈的反应,情绪控制性,对危急情况的反应		
3. 操作技术	谨慎,做事精密,机警,注意细节,按程序行事、核对、记录保存、分类		
4. 沟通技能	读、写、口头表达、发问、说明、情绪表达		
5. 概念建构	想象力、画图、设计		
6. 判断技能	声音判别、颜色识别、形状辨别、深度知觉、事实判断、经验判断、审美判断		
7. 推理技能	调查、构造、计划、分析、结合		
8. 人际关系技能	服务、调查、机智、合作、了解、建议		
9. 领导技能	决策制定,指示他人,创新,说明,核对,协议,训练,表演		

资料来源:萧鸣政:《人力资源开发学》,高等教育出版社 2002 年版,第 263 页。

对于表 6-1-3 中的九类能力行为特征,并非每个职务都需要,因此确定培训需要的第一步是评判每个类别的行为特征相对职务的必要性与重要性;接着要评判员工实际表现与标准要求的差距,差距越大,说明培训的需求也就越大。

3. 全面分析法

全面分析法是指通过对组织内部各个层面进行全面、系统的调查、分析,确定理想状态与现实状态的差距,从而进一步决定是否进行培训及培训内容的方法。[①] 与绩效差距法相比,全面分析法不仅是针对问题进行分析,而且是全方位的、范围广的、层次高的分析,侧重于组织运转中的方方面面,因而其分析结果适用于整个人力资源管理过程。

全面分析法包括四个步骤:一是建立全面的工作(职务)分析,研究组织工作的性质,制定组织岗位评价标准和职位规范,这也是一般人力资源管理工作的基础。二是编写出组织任务和所需技能的目录清单。可以首先由熟悉职务工作的人以清单的形式逐一列出该职务所有的任务,并交给众多的主管或任职

① 参见孙柏瑛、祁光华编著:《公共部门人力资源管理》,中国人民大学出版社 1999 年版,第 269 页。

人就每项任务的重要性和所需要的时间进行评估,然后统计分析。在此基础上,对任务的性质与技能的性质进行比较、分析,得到其理想的绩效水平标准。三是运用如前所述的绩效分析法来找出现实绩效与理想绩效之间的差距,认识原因所在。四是培训的设计。组织根据培训需要分析的结果来选择相应的培训方案与方式。

全面分析方法的优点在于能够比较全面地认识问题,而且此分析资料不仅适用于培训,还适用于人力资源开发的众多环境。其缺点也正是由其全面性带来的,由于全面分析法需要顾及多个层次多个方面,因而组织需要投入大量的人力、物力、财力及时间,不易进行组织。因此一般而言,这种分析方法适合于小型的、任务简单的组织。

第二节 培训的类型、内容与方法

在人力资源培训的实施过程中,应注意培训的类型、内容与方法。

一、培训的类型

根据不同的标准,可以将培训划分为不同的类型:按时间的长短划分,可以分为长期培训与短期培训;按培训的机构划分,可以分为学校培训、部内培训、行政学院或专门机构培训;按培训的对象划分,可以分为高级管理人员培训、一般人员培训、专门技术人员培训等。在此,我们按常用划分类型——根据目的的不同,以公务员培训为例,将培训划分为如下几种类型。

(一)初任培训

初任培训是对新录用的人员或新调入人员在正式上岗之前所进行的理论和实践教育的培训,是录用人员之后的首要环节。目的在于使人员能够了解即将任职部门的历史、性质和工作内容;熟悉工作环境、岗位要求、组织结构、工作程序;掌握任职岗位必要的任职技能,如公文写作能力、电脑操作技能等。

初任培训一般采取两种方式进行:工作实习和集中培训。工作实习是有经验的人员指导新录用人员在工作的过程中学习,感性地了解即将从事工作的性质、特点、环境,并积累经验;集中培训是将所有新录用的人员集中在一起,学习国家的政策、方针、法律与法规,懂得自身的使命与任务。

(二)在职培训

随着知识经济的到来,全球化、信息化、政务电子化使得组织中的人员所处的外部和内部环境也随之发生改变；与此同时，我国政府所进行的行政改革也使得一些部门行政职能扩大。这些变化要求公务员也随之调整其知识结构，提高公共管理能力，提高公众服务水平，以适应形势的需要。

在职培训的培训方式有多种：分期分批地将被培训人员送往各种学习班进行理论学习；邀请有关专家、学者前往公共部门进行培训；组织知识讲座或专题学习班等。在我国，根据规定，公共部门人员每人每年参加知识更新培训的时间累计不得少于7天，以公务员补充、更新知识和拓宽相关知识面为目的。①

（三）晋升培训

晋升培训是对即将晋升到某一管理职务的在职人员或有希望晋升到某一管理职务的在职人员的培训。培训的内容一般应围绕拟晋升职务所具备的知识、技能而设定，使得该人员能够通过培训来为拟担任某管理职务做好一定的准备，从而能够胜任该项工作。在我国，凡是拟担任某领导职务的公务员，一般必须在就职前进行不少于30天的培训，即使因特殊情况不能培训的，也须经任免机关批准，在到职后一年内进行培训。实际上，世界上不少国家的政府部门都采取将培训与晋升相结合的做法。例如，英国为使一些素质好的公务员能够具备担任高级职员的资格，将其进行管理培训或后备高级文官培训，来培养他们的能力，使其更加胜任其职务；又如在法国，也有初级培训与考前培训涉及公务员的晋升。

（四）专业培训

专业培训是指根据工作需要，对公务员进行的与任职岗位相关的专门知识和技能的培训。此类培训的对象是从事专门岗位工作的人员，可以是新录用的人员，也可以是具有一定工作经验的人员。培训方式多为脱产培训，具有集中性、临时性的特点。为保证专业性较强的岗位的工作质量，一般规定唯有经过专业培训且成绩合格者方能上岗。

二、培训的内容

以公务员培训为例，人力资源培训的内容包括政治素质、职业能力和专业知识等。

（一）政治素质的培训

不同的组织对于其人员政治素质的要求是不一样的。在公共部门中，政治

① 参见谭融编著：《公共部门人力资源管理》，天津大学出版社2003年版，第199页。

素质的培训是公务员培训的首要内容,因为公务员是代表国家、代表政府行使公共权力、履行公共职责的,无论其职务高或低,其政治素质与政治行为直接影响到国家的性质、利益与形象。政治素质的培养首先在于培养公务员夯实的理论功底,包括马列主义、毛泽东思想、邓小平理论及“三个代表”重要思想、科学发展观、中国革命史、党的路线方针政策等;其次是提高公务员的政治素养,培养其运用政治理论观察问题和解决问题的能力;最后是培养公务员高尚的职业道德。通过培训,激发他们“鞠躬尽瘁,死而后已”“先天下之忧而忧,后天下之乐而乐”的公共精神,促进他们遵循职业道德规范:忠于职守,秉公执政;实事求是,公道正派;廉洁奉公,不谋私利;胸襟开阔、关心群众。

（二）职业能力的培训

对于组织而言,其人员的职业能力是其首先关注的内容,公共部门也不例外。公共部门培训的终极目标是提高政府能力,即公共部门通过制定和执行积极有效的公共政策,充分配置资源,为社会提供广泛而良好的公共物品和公共服务,理性地确立社会普遍遵从的正式规则并积极引导更为广泛的非正式的社会规则,维护社会公正和秩序,形成有效调节社会关系和社会行为的制度及其机制,进而在比较的意义上提高国家快速、均衡、持续、健康发展的能力。① 为达到此目标,公务员需要具备良好的职业管理能力基础。这就要求通过培训来提高公务员的政策分析能力、行政决策能力、行政执行能力、组织协调能力。

（三）专业知识的培训

除了能力之外,专业知识的培训也是培训的主要内容之一。不同的组织甚至同一个组织内部的工作面涉及广泛,因此要求具有“T”型知识结构的人员,即要求人员在具有完成本职工作的专业知识的同时还具备社会科学和自然科学方面的有关知识。首先,专业知识应依据人员所在岗位而异,如负责人事管理部门的人员需要学习人力资源管理学、劳动经济学、行政管理学、劳动法、政府学等;负责统计部门工作的人员需要学习相关的抽样技术、经济社会统计、应用时间序列分析、应用回归分析等课程;负责事务类部门的人员需要学习档案学、秘书学、会计学等。其次,人员还需要掌握一些基础理论与必要的科学知识。随着科学技术的发展,工作的智能化、政务的电子化要求组织中的人员不断地进行知识和技能的更新,包括外语、计算机应用、管理学、信息论及必要的社会科学和自然科学知识。

---

① 参见张国庆主编:《行政管理学概论(第二版)》,北京大学出版社 2000 年版,第 562 页。

三、培训的方法

培训的方法有许多种，下面介绍其中比较典型的几种方法。

（一）讲授法

讲授法是培训者运用口头语言系统向被培训者传授知识与技能的一种方法，包括讲述、讲解、讲演、讲读等。讲授法是最古老和最为普遍的培训方法，具有组织简单、容易操作、经济可行的优点，便于在短时间内向人员传授系统的知识和理论体系，因而成为众多组织培训的首选方法。不足之处在于，在课堂讲授法中，培训者占主导地位，由培训者向被培训者传递知识信息，而被培训者则是被动的，难以与培训者有效地进行沟通和反馈。为了弥补该项不足，目前“启发式讲授”“发现式讲授”“开放式讲授”等灵活多样的形式被运用到讲授法中，以加强被培训者与培训者的有效交流和反馈。

（二）研讨法

研讨法也是较为广泛运用的一种培训方法，形式包括演讲讨论式、小组讨论式、集体讨论式、系列研讨式、委员会式、攻关小组式、沙龙等。① 研讨会的优点在于，培训者与被培训者的互动性较强，被培训者根据培训者提出的问题进行交流和研讨，畅所欲言地提出自己对问题的看法、解决思路，在不知不觉中锻炼了被培训者的理论思维、逻辑思维能力、语言表达能力。研讨中，培训者起着组织领导的“穿针引线”的作用。培训者要善于倾听学员的观点、引导学员围绕问题的重点进行讨论、总结学员的观点、提出反馈信息、把握讨论的节奏，从而提高学员的满意度。

（三）案例教学法

案例教学法由美国哈佛商学院提出，起初用于培养工商管理硕士，目前也被广泛应用于公共部门 MPA 的学习之中。案例教学法是根据一定的学习目标，将实际工作中可能发生或已经发生的、比较典型的事件和问题作为具体的案例提供给被培训者，通过分析、研究与讨论，找出解决问题的方法。培训对象往往分为几个小组（每组一般 4—8 个人）来分析案例，案例来自具体的、复杂的问题环境和背景，而不是抽象的理论与原则，以促进学员主动地有针对性地思考解决问题；通常案例并没有唯一答案，学员必须学会权衡和选择，学会与同组

---

① 参见孙柏瑛、祁光华主编：《公共部门人力资源管理》，中国人民大学出版社 1999 年版，第 282 页。

学员互相沟通和协作,从中培养学员提高解决实际问题的能力和团队精神。案例教学法一般在为专门人员进行中长期的培训(如 MBA 和 MPA)中得到广泛的应用。

案例教学的成功在于案例的选择,培训者可以选用现成的案例来直接教学,好处是省时省力。但目前我国的案例教学活动尚处于起步阶段,一般的案例均来源于国外,其内容难免与国内学员所处的环境有较大的差距,因此为增强培训效果,应尽量自己编写,采用与学员所处环境相似的案例进行教学。

(四) 情景模拟法

情景模拟法是指通过把被培训者置于模拟的现实工作环境中,让他们依据模拟现实中的情境做出及时的反应,分析实际工作中可能出现的各种问题,解决问题,为进入实际工作岗位打下基础的一种培训方法。情景模拟法包括管理游戏法、角色扮演法、一揽子公文处理法。① 其中,角色扮演法和一揽子公文处理法在培训中较为常用。一揽子公文处理法是让被培训者在规定的时间内将给定的各类公文进行处理的一种培训方法。在一揽子公文培训中,被培训者必须面对没有条理的一大堆各种文件(如备忘录、报告和电话记录等)进行快速处理。被培训者要研究这些文件,分清轻重缓急,合理安排时间去处理。公文处理法适合培训中高层管理人员的计划、组织、分析、判断、决策、书面沟通能力。

(五) 应用新技术的培训

信息技术的不断发展使人力资源的培训方式也随之产生了深刻的变化,运用先进的互联网工具、现代视听技术和通信技术进行人力资源培训逐渐成为人力资源开发的一个新的趋势。这些应用新技术的培训包括计算机辅助培训、网络培训、多媒体远程培训等,和传统的技术相比有如下特点:一是以技术为基础;二是学员自主学习,可灵活选择学习内容、进度、时间、地点;三是跨越边界,应用新兴技术的培训突破了地域限制,使得处于不同地区的人能同时学习,共享培训资源。当然,网上培训是一个新的尝试,它对培训设施、讲师、信息技术提出了更高的要求,同时也要求学员有一定的准备性。因此,要增强培训效果,还需要在实践中不断地总结和完善。

以上是目前比较常见的培训方法的介绍,此外,还有自我学习方法。其中每一种方法都有一定的优点和不足,没有任何一种方法是完美的。因此,在实践中,我们要重视培训方法的正确选择与科学使用,根据培训的内容、目的、经

---

① 参见石金涛主编:《培训与开发》,中国人民大学出版社 2003 年版,第 86 页。

费、师资水平、教学设备情况以及学员本身的理论知识水平、实践经验、接受能力来选择最适宜的培训方法。

第三节 培训效果的评估

培训的评估(即培训有效性评估)也是培训过程中的一个重要环节,本节将探讨培训有效性评估的概念、作用及柯克帕特里克的培训评估模型。

一、培训有效性评估的概念及作用

培训有效性评估是指评估被培训者从培训中所获得的收益。对企业组织而言,收益意味着组织利润的增加、成本的下降、市场占有率的扩大;对于公共部门而言,收益意味着群众对公共部门的满意度的提高;对个人而言,收益指的是政治素质的提升、知识的增长和技能的提高。培训有效性评估是指"系统地收集必要的描述性和判断性信息,以帮助做出选择、使用和修改培训项目的决策"。

在管理实践中,不少管理者仅仅在信念上相信培训具有一定的价值,但是并不认为培训会带来组织绩效的提高。培训通常被认为是"耗费金钱"的活动。那么,怎么让人们认识到培训的重要性呢?重要的途径就在于通过培训有效性评估来证明培训有助于提高组织及个人的绩效。

培训有效性评估的作用在于:一是突出培训的重要作用。人力资源管理部门通常被认为是"成本中心",如果通过评估证明培训有助于组织绩效的提高,则将证明对员工的投资是可以产生收益和回报的。二是为管理者是否继续进行、停止或改进培训决策提供基础。进行培训的有效性评估,可以通过测量和追踪培训过程的各个环节来获得一些信息,如哪些被培训者已经熟知,哪些内容需要更新,培训者是否采用了最合适的方式提高被培训者学习的兴趣等,为管理者决定是否继续某项培训或者如何改进培训质量提供基础。

二、培训有效性评估模型

培训有效性评估有多种模型,其中运用得最为广泛的是柯克帕特里克的四层次模型(如表6-3-1所示)。之后,罗恩·考夫曼又在此基础上进行了修正,在四个层次的基础之上加上了"社会产出"这一评价标准,把社会和顾客的反应考虑到评价的效果之中。这里,我们主要介绍柯克帕特里克的培训评估模型。

表 6-3-1　柯克帕特里克的培训评估模型

层次	标准	重点
1	反应	被培训者满意程度
2	学习	知识、技能、态度、行为方式方面的收获
3	行为	工作中行为的改进
4	结果	被培训者获得的经营业绩

资料来源:〔美〕雷蒙德 · A. 诺伊:《雇员培训与开发》,徐芳译,中国人民大学出版社 2001 年版,第 108 页。

（一）反应评估

被培训者反应评估是在培训结束之后,通过被培训者对培训的课程设置、培训教师、培训安排的直接反应来评价培训的效果。这是一种主观感受,有些人因此称之为“快乐单”,但也不失为简单地评价培训好坏的一种途径。如果评价的信息显示大多数学员对该培训项目有积极反应,说明培训的内容是可以接受的,培训效果的转移也较易进行。

反应评估通常采用调查问卷、面谈、公开讨论等多种方式,在课程结束前了解被培训者对课程的满意程度,并将搜集的意见作为未来举办同样课程之改善参考。反应评估通常从以下几个方面进行:一是与培训内容有关的,包括课程规划与设置;二是与培训教师有关的情况,培训教师是否备课充分,教师是否能将理论与实践结合起来,授课是否逻辑连贯,讲课的方式是否能调动被培训者的积极性;三是培训环境方面,如教学设置等。这一层次的评估是培训方最能掌控的,因此,每次培训后皆应进行课后问卷调查,并可以将被培训者满意度作为培训方年终绩效评估项目之一。

（二）学习评估

一般是在培训即将结束之前,组织者对被培训者在培训期所学知识和技能结果进行直接评价。主要评估:被培训者学到了什么知识？掌握了哪些技能？道德修养有否提高？知识、技能和态度的获得是被培训者将来工作绩效提高的基础,因而对于被培训者的学习评估也是非常重要的。

学习评估既可以通过书面考试的形式进行(如测试被培训者所掌握的系统理论知识),又可以通过角色扮演、模拟环境等多种灵活的方式测试被培训者的技能的改善。

（三）行为评估

行为评估是评估被培训者回到工作岗位后行为是否产生了积极的变化。

它实际上是评估被培训者知识、技能、态度的迁移。被培训者培训转移的结果的评估更为复杂，因为被培训者行为的改变是受到一定条件的限制的。如图6－3－1所示，被培训者行为的改变不但和学习的结果有关，而且与其工作中是否有机会应用所学的知识和技能、组织的气氛、上级领导的支持和鼓励等都有密切关系。因而，这一层次的评估也就较为困难。也正是因为如此，一般的组织往往只做了第一层次和第二层次的评估就不再进行第三层次和第四层次的评估了。然而，它关系到培训的目标是否最终实现，所以它是极其重要的培训评估方法。

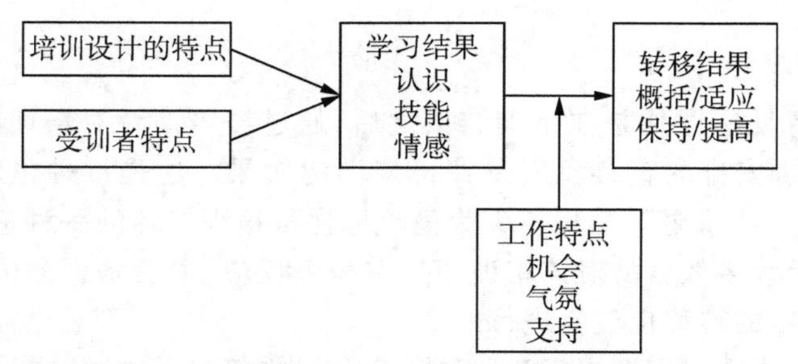

图6－3－1　影响学习和转移结果因素的模型

资料来源：〔美〕爱尔文·戈尔茨坦等：《组织中的培训》，常玉轩译，清华大学出版社2002年版，第119页。

这一层次的评估不是很好量化评估，但是我们可以通过领导的直接观察来考察被培训人员的行为表现，也可以通过比较的方法将培训前后被培训者的行为进行结果对比。

（四）结果评估

结果评估包括对被培训者个人的评估与组织绩效的评估，也是培训有效性评估中最困难的评估。在绩效评估中，管理者主要考虑个人及组织的工作质量、服务质量、态度是否有所提高，是否达到了组织预先的培训目标。

组织效益的评估是一项系统工程，涉及方方面面的因素，组织一般采用投资回报率进行分析，即通过财务会计方法决定培训项目的经济收益。首先，根据培训所需的设备、设施、人员、材料来确定培训的直接成本和间接成本；其次，确定培训后绩效的改善所带来的收益；最后，将培训投资的收益与成本相比较就可计算培训的有效性了。

但是，在公共部门中，由于组织的绩效主要表现在被培训者的理论素养和各项工作的完成数量与质量，难以用产量、利润或生产率来进行衡量，因此很难用投资回报率来对培训的结果进行量化的评估。所以，目前在公共部门中对结果的评估一般采用客观与主观结合法，客观标准采用市民满意度、工作完成率等指标进行衡量，主观标准依据360°（来自领导、下属、平级同事等方面）的对于绩效的主观的、定性的评价。

第四节　培训低效原因与改进

面对竞争多变的环境，越来越多的组织认识到人员培训的重要性。许多成功的组织用事实证明，培训能帮助其获取竞争优势，带来更优越的绩效，从而为组织创造价值。各种组织都在构建和完善自己的培训制度、培训体系，向培训项目和培训管理投入大量的人力物力。一项关于我国人力资源管理从业人员经常碰到的问题的问卷中，培训的必要性以及培训的重要性缺乏组织支持分列于第二、三位。[①] 造成这种状况的原因是很多组织的培训投入都不能收到理想的效果。这背后又有多种因素在起着影响作用。

一、培训低效的原因分析

影响培训效果的因素非常之多，在整个培训管理工作的一系列流程中，任何环节的决策不当或执行不力都有可能危害培训的效果，影响培训的收益。从以往的研究来看：

首先，缺乏完整的培训体系是造成培训低效的一个重要因素。如果没有完整的工作流程和体系，培训的管理就是一个感性的随机过程，缺乏理性的分析基础，就是在拿着培训经费“赌博”。在我国组织的培训管理中，培训需求分析和培训效果评价功能缺失严重，缺乏导向和检验的培训自然也就难有以后的效益。“中国组织集团人力资源管理现状调查”发现，组织忽视培训需求分析特别是员工的培训需求，造成培训目的不明确或过于僵化。[②] 培训效果评价常因资金的局限而被忽略。虽然效果评估已逐渐引起管理者的重视，但方法和层次上还是过于简单，评估过程不完整，使之难以起到应有的作用。

其次，培训管理者的经验、能力和专业水平不高局限了培训效果。随着组织对培训的重视，也随着培训研究的逐渐深入，培训发展成为一个涵盖多方面的庞大体系，培训相关从业者需要掌握大量的技术和管理方法。这些趋势要求培训管理者不断在深度和广度上拓展自己的知识，提高自己的能力。在美国，

---

① 参见赵曙明主编：《中国人力资源管理研究新进展》，南京大学出版社2002年版，第157页。

② 参见赵曙明、吴慈生：《中国组织集团人力资源管理现状调查研究（二）》，《中国人力资源开发》2002年第3期。

一项研究调查了 54 个制造型组织 CEO 对培训师角色的看法，结果 CEO 们不相信培训人员有更多的能力而认为他们只是课堂培训师。① 然而，我国组织中的人力资源管理者尚处在从业余向专业过渡的这样一个阶段。组织中能够掌握和运用现代培训管理的各种方法的专业人士尚属稀缺。另外，前述的各种趋势也在促使培训管理者开始出现分工。单个的管理者常常只精通于自己所管理的流程。这就使培训管理更加复杂，更加难以从整体上来把握。培训各个环节的有效衔接有赖于制度的保障和有效的沟通。很难想象一个连培训效果评价方法都没有全面了解的管理者能保证培训系统的有效运行。培训管理者的能力和经验在一定程度上局限了培训的效果。

最后，对环境因素的忽视降低了培训的效果。环境因素包含多个方面，有组织因素、战略因素、工作环境因素、人际关系因素等等。例如：国内外的大量研究都表明，缺乏组织的支持是影响培训有效性的关键因素。② 战略对人力资源管理的影响已得到大家的广泛认同。战略同样指导和影响着培训的开展。培训工作难以有效开展从表面上看时常是因为培训工作没能将各方的利益有效地进行协调，其背后的真正原因是没有将战略落实到培训之中，各个环节缺乏统一的协调。③ 培训工作缺乏战略指导也使其效果是否有利于组织的发展存在不确定性，而学习和工作环境则直接影响其学习效果和转化效果。我国组织在开展培训工作的过程中，常忽视对组织因素和战略因素为代表的环境因素的考察，这降低了培训的效果。

从上面的分析可以看出，管理者没能用系统性的方法来分析和构建组织的培训体系，没能把培训视为管理大系统之中的子系统来管理，这都使组织的培训不能获得理想的效果。总结起来看，在培训管理过程中缺乏系统性的观点是造成培训低效的深层次的原因所在。

针对这一原因，笔者强调组织的培训管理者应该用大系统的观点来分析和管理培训体系。用系统的方法来分析和管理培训包含两个方面的意思：首先，培训管理本身就是一个需要协调的系统。其次，培训只是整个管理系统中的一个子系统。下面就从这两个方面分别来阐述。

二、培训本身就是一个需要协调的系统

培训中包含了多个方面的内容和程序，可以将其称为“培训系统”。在对培

---

① 参见何小瑜：《组织提高培训有效性的障碍研究》，华东师范大学出版社 2003 年版，第 11 页。

② 参见 Jack Phillips and Mary L. Broad, *Transferring Learning to the Workplace*, ASTD, 1997, pp. 8-16。

③ 参见何小瑜：《组织提高培训有效性的障碍研究》，华东师范大学出版社 2003 年版，第 19—25 页。

训系统进行管理时,需要对其中所包含的各个模块和程序进行协调,从而使培训系统能有效运转。一般来说,培训管理包括以下几个程序:培训需求分析、培训项目设计、培训实施、培训效果评估。每一个程序又包含多方面的工作。例如,对培训需求分析的经典论述就指出:培训需求分析包括组织分析、任务分析、人员分析。表 6-4-1 列出了在培训系统的各个阶段通常所包含的任务。

表 6-4-1 培训管理各个阶段所含任务列表

培训需求分析	培训项目设计	培训实施	培训效果评估
· 确定分析对象 · 选择分析方法 · 组织分析 · 人员分析 · 任务分析	· 培训内容的明确 · 内、外培训资源选择 · 设计培训程序 · 选择培训方法 · 形成实施、控制方案	· 提供培训环境 · 提供相关资料 · 提供实践机会 · 促进培训转化 · 形成反馈机制	· 确定评估标准 · 建立评估模型 · 收集数据 · 实施评估 · 评估结果反馈

培训系统包含如此多项的任务,每项任务的完成又有多种可以选择的方法。而这个系统并不是这些工作的简单堆砌。它内部各部分相互连接、相互影响,形成一个相互作用的整体。先从培训系统的各个阶段间的逻辑关系来看。需求分析所提供的信息应该包括培训对象、培训内容、培训目的。培训需求分析的结果是其后各项工作开展的基础,培训的设计、实施、评估都要以需求分析的结果作为依据。很多组织热衷于培训的实施,而不注重培训需求分析,结果使培训不具有针对性,浪费了培训资源,培训投资自然得不到回报。

有了培训需求分析结果,培训项目的设计也就有了基础。项目设计中的各项选择都要围绕培训需求分析的结果来进行。设计的原则就是要使设计出的培训方案适合培训对象,针对要解决的问题,便于实现所要达到的目的。在设计的过程中也要考虑到培训评估的问题,便于收集评估阶段所需要的数据。培训项目设计涉及多方面的选择。最基础的选择就是要选定是利用组织内部的资源还是寻求外部资源来实施某个培训项目,因为这个选择直接影响到下一步工作的范围确定。现在的趋势是越来越多的组织把培训项目外包给专业的培训机构来实施,其原因是专业的培训机构在师资、培训设备、课程设置等方面都具有专业化优势,而且由于规模效应的存在还有价格方面的优势。如果管理者通过分析比较,决定将某些培训项目外包时,组织人力资源部门接下来所要做的就是筛选供应商、形成合同、确定培训评估标准、实施评估等一系列的工作。但是也有很多培训项目是不适于外包的,如组织所特有的技术人员的培训、新员工入职培训,还有一些利用组织资源便于实现的培训。有一些雇员众多的组织有自己的培训管理和实施部门,有的组织甚至拥有自己的培训大学。它们利用自己的这些机构就能完成自身所需的绝大部分培训。选择利用组织自己的资源来实施培训项目时人力资源部门后续所要做的工作与选择外包时所要做的工作有很大的差异。在设计培训项目时,还有一项重要的工作就是选择培训方法。传统的培训方法包括:教学法、讲座法、师傅带徒弟、案例研究、角色扮演、示范演示、关键行为等;比较新的方法则包括:计算机培训、通过互联网培训、虚拟组织、远程学习、模拟软件等。面对如此繁多的方法,在选择时不可能任意地选取,而是要依据培训课程的内容、培训对象的特点来选取。同样是销售培训,针对电子医疗器械的销售人员与针对商品房销售人员的培训要求、内容及方法在很大程度上不同。前者要对器械的特点、使用方法能够熟练地演示和提供指导,这就要求销售人员要到实际的手术现场观察学习医疗设备的实际操作,了解其在现实中会碰到的问题,并学会解决这些问题。在培训方法上可能就要用到课堂教学、计算机培训、虚拟设备操作、现场演示、案例分析等多种方法。而对商品房销售人员的培训则没有如此繁杂,可能需要一般销售技巧教学、角色扮演互动、关键行为等方法。为了达到培训目的,面对不同素质层次的培训对象,选取不同的、与其特点相适应的培训方法也是需要注意的,在这里不再赘述。

到了培训实施阶段,就要根据培训项目设计培训方案、根据培训需求分析结果来提供培训资源,并且组织和监控培训。

接下来是培训评估阶段。把培训评估阶段放在后面并不意味着要在培训实施以后才开始评估工作。相反,培训评估应该在需求分析时就已经开始了,并且贯穿整个培训管理过程始终。培训评估不光用于分析培训效果、比较培训收益,还帮助监控和调整整个培训管理过程。培训需求分析结果要提供学习所要达成的成果、现实的工作要达成的效果之类的信息,这就为培训效果评估限定了评价标准的选取范围。接下来就是根据培训设计选定评估策略,包括评价标准的层次和衡量尺度、评估模型的设计、数据收集方法的确定。评估数据的收集一般在培训开始之前就要开始了,这也是为了比较得出培训所产生的效果。培训效果不仅包括培训本身的学习效果,还包括培训所带来的工作产出的提升效果。而这其中又包含了一个培训转化(Transfer of Training)的问题。培训的转化直接影响培训项目的最终效果和收益。在现实中,培训评估常常被忽略掉,因为很多组织认为这是一个只会消耗经费的多余程序。但事实并非如此,培训评估的目的不是简单地说明培训项目的有效性及其对生产率的贡献,更重要的是评估结果为培训系统的改进提供了有效的信息,为培训系统各环节的选择提供了依据。在培训中要关注这些相互联系,做到相互匹配。

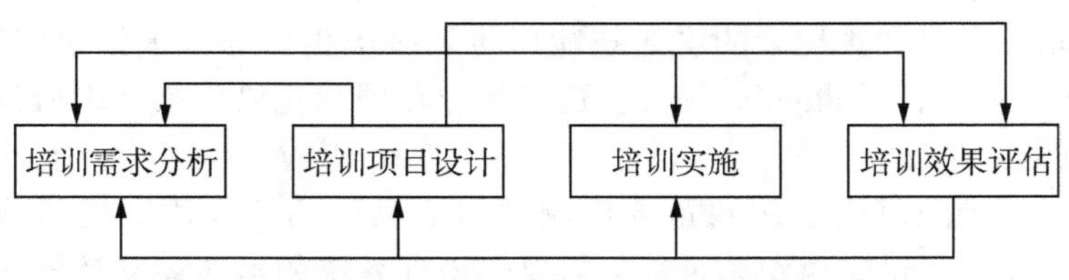

图 6-4-1 培训管理各个阶段之间信息的相互作用

综上所述,培训是一个包含多个模块和程序的系统,在每一模块下又有多项工作,针对每一项工作又有多种方法和途径需要选择。仅简单考虑需求分析和效果评估等技术层面的东西是不够的,不能忽略培训系统中各个因素动态作用的复杂性。而系统的方法强调了整体中各个重要组成部分以及它们之间的相互作用。在做出每一项决策和选择时,都应该以一种系统的思想来理解培训的整个程序。各个模块、各项工作之间是相互关联的,每一个选择都会影响到培训系统其他各部分的工作。为了实现培训系统的有效运转,就要求各个模块和程序之间要相互匹配,通过匹配衔接来促进有限培训资源的有效利用。系统的方法还包括了持续改进的观点。从这个观点来看,培训项目永远没有完全结束的时候,相反,在达到目标之前,培训项目一直处在修改之中。

三、培训只是整个管理系统中的一个子系统

以系统的眼光来审视培训,还应该看到培训只是组织整个管理系统中的一个子系统。培训是一个学习和发展的系统方法,其最终目的是提高组织运转的绩效。培训系统不是独立于真空之中的,培训受到组织及组织外环境等多重因素的制约和影响。

首先,培训系统要受到外部经济社会环境的影响。国家的政策法规、技术水平、劳动力市场状况、组织的国际化等都会对培训产生直接的影响。许多国家有关劳动者培训、劳动者福利的规定中就明确规定组织必须免费为员工提供培训的项目和小时数。我国劳动法也规定用人单位有培训劳动者的义务。相关法律的变化会直接促成组织培训体系的改造。技术变化也是影响培训体系的一个重要因素。快速发展的技术要求员工不断地更新和发展所掌握的知识和技能。这就要求组织的培训系统要保持持续的更新和发展来提供有效的培训,从而预防和解决员工的知识老化问题。技术的发展也为培训工作本身提供了许多新的便于利用的方法和途径。随着国际化进程的推进,组织所面临的就是一个国际化的劳动力市场和产品市场,组织的培训系统所要面对的问题不仅仅限于同一国家同一文化背景下的问题。例如,多元文化背景下员工的培训设

计问题,培训员工和管理者的沟通技能以协调多国生产和多国销售问题,全球范围内的培训项目采购问题,等等。这些问题在国际化以前是组织所没有碰到过的新问题。

其次,培训项目受组织政策的影响并与之发生相互作用。培训是有意图的,其目的是为了满足组织确定性的需要。培训系统的运转要支持整个组织的战略。从培训分析开始,培训就受到组织的影响。在复杂多变的环境中,培训所要解决的问题不光是要针对现在,更要面向未来。要利用培训来解决组织在未来发展中即将碰到的问题。在作组织分析、人员分析、工作分析时,衡量是否存在问题的标准,除了过去确定的规范标准外,有一些标准是动态变化的,是针对未来的状况的。这些问题是否能通过培训来解决,需要培训解决哪些方面的问题都是要依据组织面向未来的战略。表6-4-2就显示了与不同的经营战略对应,组织在培训中要注意的不同的重点。

表6-4-2　经营战略对培训的启示

战略	重点运作	培训重点
集中战略	· 提高市场份额 · 减少运营成本	· 团队建设 · 交叉培训 · 人际交往培训 · 在职培训
内部成长战略	· 市场开发 · 产品开发 · 革新	· 促进产品价值的高质量沟通 · 文化培训 · 培养创造性思维和分析能力 · 培养工作中的技术能力 · 冲突调和技巧培训
外部成长战略	· 横向联合 · 纵向联合 · 发散组合	· 判断被兼并公司的雇员能力 · 联合培训系统 · 合并公司的程序和方案 · 团队建设
紧缩投资战略	· 节约开支 · 转产 · 债务清算	· 目标设置、时间管理、压力管理 · 领导技能培训 · 人际沟通培训 · 向外配置的辅助培训

资料来源:萧鸣政、张超明:《发达国家组织员工培训的方法与技术》,《中国培训》2000年第2期;〔美〕雷蒙德·A. 诺伊:《雇员培训与开发》,徐芳译,中国人民大学出版社2001年版,第29页;〔美〕加里·德斯勒:《人力资源管理(第六版)》,刘昕、吴雯芳等译,中国人民大学出版社1999年版;〔美〕爱尔文·戈尔茨坦:《组织中的培训》,常玉轩译,清华大学出版社2002年版。

最后,培训要与其他的人力资源政策相匹配。基于战略的系统的人力资源管理体系要求其中的每一项政策和每个环节之间要匹配和衔接。为了获取不同类型的人才,人力资源部门要实行不同的招聘策略,不同的招聘策略就要求有不同的培训政策与之相匹配。招聘员工工作技能的熟练程度不同,会对所需要的培训提出不同的要求。另外,与组织的整体人力资源政策相适应,组织会有一个基于战略的薪酬体系,而与此同时就需要设计一个与薪酬体系相适应的培训体系,包括培训政策、培训投入、培训方法,在做出选择时都要考虑到薪酬政策的影响。例如:有很多组织并没有领先于行业水平的薪酬,但却能吸引到行业中很优秀的人才。这是因为其中一些组织为员工提供了很好的培训和发展机会。一般的培训被作为福利分配给员工,而一些能极大提升人力资本的培训项目则作为绩优奖励来激励员工。绩效考核则为培训的分析和设计提供了重要的信息。从另一个方面来说,培训本身也在影响着人力资源其他部分的决策和运转。培训的最终效果体现为组织的绩效,培训效果的达成情况直接影响着其他人力资源工作的计划和进程。培训系统的有效运转将为组织的人力资源再开发和员工的职业生涯发展提供有力的保障,从而在组织层面和个人层面提高满意度,进而降低招聘和薪酬的压力。培训系统的有效与匹配将促进整个人力资源管理系统的效率。

系统的方法提供了一个计划和实施的框架。用系统的方法有利于管理者认识到各组成成分之间复杂的相互关系。在构建组织培训架构的时候,需要以系统的方法来思考。既要看到培训是一个包含多项程序的需要协调的系统,也要看到培训是处在社会和组织大系统中的子系统。我们强调要将培训建立在一定的系统和组织的层面之上,以促进培训系统的有效运转。

第五节　公共部门培训的问题与趋向

经济全球化进程的加快和科技的日益进步对我国的公共行政提出了全新的要求,同时也对我国公共部门人员的理论素质、知识与能力提出了新的挑战。而培训则是推动公务员素质提高的一项有力措施,是开发公务员能力的一条重要途径,是建设高绩效公务员队伍的一个重要环节,是满足公众对政府服务水平和质量日益增长的需求的坚实基础。

公共部门人力资源培训是指公共部门根据政治、经济、社会和科学发展的需要,依据法律和法规的规定,运用各种形式,有组织、有计划地对公务员进行的以提高政治素质、业务能力和工作绩效为目的的培养、教育、训练活动。它是公共部门人力资源管理系统的一项基本的管理职能,接受培训,既是公务员享有的权利,也是其必须履行的义务。

一、公共部门人力资源培训的意义

在管理实践中,培训常常容易被管理者当作是一种补救的措施,看成是被动的行为,有时甚至会被管理者忽视,而事实上,“培训是最好的投资”,公共部门人力资源培训的意义具体体现在以下几个方面。

(一) 公共部门人力资源培训是政府管理变革的迫切需要

我国政府面临着四个方面的政策管理变革:一是以权力为中心向以规则为中心的转变,即政府应该“转向一种把政策制定(掌舵)同服务提供(划桨)分开的体制”,“选择把自己局限于政策和指导从而把‘实干’让给他人去做”;二是从管理行政向服务行政转变,由过去重管理轻服务、“以政府为中心”到开始注重公共服务、“以满足公众需求为中心”的转变;三是从全能行政向有限行政转变,政府应该由原先的“包揽一切”转换到“做市场不能做的事情”,弥补市场的不足;四是从暗箱行政向透明行政转变,遵循透明度原则的强制性要求。①

而推动和进行这项政策职能转变与管理转变的主体——公务员的思维观念及知识能力在某种程度上决定了新世纪政府改革的成败。可以肯定,公共部门人力资源培训将对改革的顺利进行起到关键作用,公共部门人力资源培训将全方位地更新公务员的陈旧观念,向公务员输入科学的管理理念、管理思想和管理技术。

(二) 公共部门人力资源培训是公共部门响应经济全球化挑战的迫切需要

经济的全球化意味着中国的经济将融入全球市场经济体系,不仅我国的产品、服务市场、资源配置需要融入全球一体化之中,而且政府公共政策的制定也会随之产生深刻的影响,这体现在:首先,按照国际惯例,我国经济政策需要与世贸组织成员国经济政策协调一致,同时保持我国经济政策的透明化;其次,政府的管理也将逐渐参与全球竞争,这对我国政府的公共服务提出了更高的要求,不但要求我们的政府服务高效、廉洁,而且要能够采取种种举措保护本国国民的利益;最后,投资来源的“多国化”和经营活动的“非本土化”都要求政府管理者改变行政审批、暗箱操作、透明度低等传统的管理方式,站在社会公众的角

---

① 参见张勤:《经济全球化与政策管理变革》,《中国行政管理》2002 年第 11 期。

度上考虑如何更好地为公众服务。

在这种经济全球化的浪潮下，公务员不但需要掌握传统的写作、沟通、协调、执行任务的技巧，而且需要转变思维方式，进行全球化思考，改变陈旧的知识结构，掌握 WTO 语言，运用新的方式进行管理活动。这无疑要求公务员必须不断"充电"，接受终身教育和培训，主动积极地更新知识与技能，响应经济全球化所带来的挑战。

（三）公共部门人力资源培训是公共部门响应信息技术革命挑战的迫切需要

当今信息技术的迅猛发展引发了一场与工业革命深度相当的信息革命，改变着整个社会的根基，把人类带入一个"信息社会"，而政府的行政管理方式也随之改变，电子政务与知识管理便在此背景下应运而生。

早在 1992 年，国务院办公厅就提出建设全国行政首脑机关办公决策服务系统的目标和具体实施方案，并在全国政府系统推行办公自动化。2001 年，国务院办公厅又制定了全国政府系统政务信息化建设的五年规划，对我国政府信息化的指导思想、方针、政策等做出了明确规定。

这就对我国目前从事公共部门工作的人员提出了挑战：一方面，电子政务的发展必然对行政权力的行使提出更高的要求，如透明度要高、更加规范等，这势必对公共权力的行使和运用起到一定的限制和监督作用，这一点容易引起少数公务员的抵触情绪；另一方面是多数公务人员的信息知识和运用信息工具的水平还不高，难以适应电子政务发展的要求。①

无疑，上述挑战的解决迫切需要运用培训这一方式对公务员进行权力观、利益观等观念的更新，让公务员从思想上主动接受电子政务这一新的管理手段；与此同时，还需通过培训培养公务员的信息加工处理能力和网络运用能力，让公务员能够轻松地进行虚拟办公、电子交换作业、公文电子化处理等，减少行政人员的办公费用和公文处理的费用，以提高政府的服务效率。

二、我国公共部门培训的问题及发展方向

目前，公共部门的培训工作正日益受到人们的重视。当然，一套健全的培训机制的建立并不是一蹴而就的，我国公共部门培训中还存在着一些问题。

---

① 参见汪玉凯：《中国政府信息化与电子政务》，《新视野》2002 年第 2 期。

（一）我国公共部门培训中存在的问题

1. 公共部门的培训不能按需培训

我国公务员的培训包括初任培训、任职培训、专门业务培训和更新知识培训。初任培训是指对新录用人员，即经考试录用进入国家行政机关，担任主任科员以下非领导职务人员的培训；任职培训是指对晋升领导职务人员，按照相应职位的要求所进行的培训；专门业务培训是指根据专项工作需要，对国家公务员进行专门业务培训；更新知识培训是指对在职人员以增新、补充、拓宽相关知识为目的的培训进修。应该说，培训是公共部门的一项常规性的活动。

然而，尽管公共部门的培训已经成为一项常规性的工作，但是在很多公共部门，培训工作却是为培训而培训，不知道为什么培训，没有针对培训的需求分析展开培训，导致培训效果事倍功半。这体现在：很多公共部门的培训很少考虑根据公务员的培训需求制订培训计划，人事部门管理人员通常根据自己的估计或是按照前几年的培训计划来制订当年的培训计划，没有考虑到在信息技术不断发展、经济日益全球化、政府职能不断转化的今天，公务员的培训需求也随之变化，也没有考虑到公共部门内部不同组织的公务员的培训需求是不一样的，甚至对于同一个公务员而言，在其职业生涯的不同阶段，培训需求也是不一样的。因此，常常能够在一些公共部门的培训教室里，看到不同文化程度、不同工作性质的公务员通通接受"统一供给"、接受相同的授课内容，这些公务员中有些人学之太难，有些人学之太易，有些人所学的与自身兴趣和工作内容相关，而有些人则学了之后没有用处。这使得公务员的主观参与性不是很强。

2. 公共部门的培训设置不合理

我国公共部门的培训虽然已成为常规化的一种活动，但是仍处于初级阶段，无论在培训教师、课程设置还是培训方法上都存在不足。

从培训机构来看，我国公共部门的培训主要是以各级行政学院为主体，兼以其他管理干部学院或培训机构为辅的培训；从培训方法来看，公共部门现在大多运用传统的模式授课，"老师讲，学员听，考试测"；从培训内容上来看，公共部门的公务员的培训需求一般包括中国特色社会主义理论、法律法规和政府、市场经济知识、科学技术知识、公共行政管理知识和国家公务员行为规范等。

沿用了多年的公共部门培训设置在一定程度上起着提高公务员的政治和业务素质，以适应公共部门高效能管理的需要的作用。但是，这种方法还存在着一些不足之处，如培训方式过于单一，通常是传统的课堂教学模式，或者是讲座形式，或者是联合高校进行培训的方式。这些培训方式很容易使得被培训者觉得枯燥、效果不好，失去对培训的兴趣。另外，这些培训方法以学习和掌握既有的知识和技能为中心,不能发挥被培训人员的积极主动性,开发被培训人员的创新能力。

3. 公共部门的培训很少进行深层次评估

与一些社会组织相比,我国公共部门的培训较为重视培训资金的投入,但却忽视了培训的评估这一重要的环节,没有认识到培训评估的重要性。

这体现在:首先,目前一些公共部门对培训活动的评估缺乏一套系统的记录,缺乏评估所用的方法、测试的内容、学员完成情况、测试的结果;其次,即使有些公共部门的人事管理部门会将有关培训的内容、方式等记录在案,但这些记录缺乏专业的管理,大多是零散的、无序的;再次,在培训评估的第一层次和第二层次(即反应层次和学习层次)评估上做得比较好的公共部门,其培训评估也仅仅对培训课程中所授予的知识和技能进行考核,而没有涉及第三层次(行为层次)和第四层次(结果层次)的培训评估,没有深入到一段时间后被培训者的工作行为、态度改变、绩效改善、能力提高以及所在公共部门为群众服务的能力或执政能力的提高上。

之所以培训评估的深层次工作没有很好的展开,原因有很多,主要有以下两方面:一方面,我国不少公共部门的培训活动还处在传统的人事管理阶段,培训负责人没有意识到培训深层次评估的重要性;另一方面,即使培训负责人意识到了培训深层次评估的重要性,但此项工作由于较难开展,所以常常被放弃。但不开展深层次培训评估的不良后果也是显而易见的,人们投入了培训资金,却很难看到培训的成果,这会使人们降低对培训重要性的认识。

(二) 我国公共部门培训的发展趋向

虽然目前我国公共部门的培训存在着一些不足之处,但是随着现代人力资源管理理念及思想在公共部门的不断引入,一些公共部门已经开始逐渐改变原来培训的不足之处,改变以往零星的、无计划的培训方式,尝试建立起一整套系统的培训体系。

1. 将公共部门的培训目标与组织的目标结合起来

随着战略人力资源管理思想在中国的发芽、开花,公共部门也逐渐意识到,公共部门的培训应该是与其总体战略、文化和目标一致的,也逐渐意识到,无论提供何种方式及何种内容的培训,其目的都是为了实现组织的目标。事实上,公共部门与其他社会组织一样,都有其组织目标,与企业组织追求利润最大化、市场占有率等目标相比,公共部门则追求政治、军事、经济、社会文化等目标,不同时期不同部门追求的主要目标会有所不同,但无论如何,公共部门在某一时间有其重点目标。公共部门的培训目标应该紧紧围绕组织的目标来设置,而不是单纯地为了诸如填补某些岗位的空缺这样的短期目标而设置。完整的培训体系绝不是片面地追求短期效应,追求短期目标的培训,也不是技能课和知识课的堆积,它是从组织目标出发,基于岗位分析、人力现状分析的组织实际状态之上的。

2. 采用多种方式进行培训

近年来,除了传统的讲授法之外,不少公共部门开始引入其他多种培训方式,如:

在培养公务员创造性与改进问题解决能力方面,采用头脑风暴法、案例研究法等方法。通过这些培训方法,激发被培训者的创意与灵感,产生更多的观点与新发现。

在培养公务员的品德、态度、人际关系方面,除了传统的政治学习之外,采用角色扮演法,通过让被培训者扮演相关角色,加深理解、体验与了解有关角色,从而转变对相关角色的态度。

在培养公务员的潜能方面,采用拓展训练培训方法,即通过精心设计的各项教育培训活动,把被开发者置于大自然和各种刺激、困惑与艰难情境之中,让其在面对挑战、克服困难与解决问题的过程中,得到心理磨炼,提高品性修养。

此外,利用高科技来丰富培训手段和提高培训质量,是近年来公共部门新出现的一种培训方式。如运用光盘进行人机对话、自我辅导培训、利用互联网进行规模巨大的远距离培训等等。从 2001 年开始,中央国家机关新录用公务员的初任培训,就是通过网上培训的形式由中国国家培训网组织实施的。①

3. 将培训与考核、奖励及晋升结合起来

作为人力资源管理大系统的子系统,培训子系统是整个大人力资源管理系统的一个重要的有机组成部分,培训的有效实施离不开其他子系统(如晋升、绩效考核、奖励)的支持和配合。培训的内容可以分为通用知识与专用知识。通用知识是指在其他组织中也能用得上的知识,专用知识是指只在本组织能用得上的知识。一般而言,被培训者对于通用知识的学习更加感兴趣,专用知识的学习则积极性较低。为了增强培训效果,提高公务员学习的积极性,越来越多的公共部门开始把公务员的培训与公务员的考核、晋升、奖励相挂钩,做到培训、使用、晋升、奖励、考核的互相配套,鼓励公务员在培训中努力学习和展开竞争。我国公务员法也明确规定,公务员培训情况、学习成绩要作为考核的内容

① 参见谭融编著:《公共部门人力资源管理》,天津大学出版社 2003 年版,第 199 页。

和任职、晋升的依据之一。

4. 重视对培训的需求评估及效果评估,注重培训成果的转化

如前所述,目前公共部门的培训需求评估及效果评估有待加强。然而,培训并不是目的,只是手段,培训的目标就是为了实现组织的目标或者战略,而为了确保组织目标的实现,必须加强培训的需求评估及效果评估。因此,虽然培训的需求分析与培训第三层次(行为层次)、第四层次(结果层次)的评估是一项技术性较强、耗费精力且花费资金较大的一项活动,但从组织的目标和战略来看,没有培训需求分析的培训是无的放矢,没有培训评估的培训则很难实现培训甚至组织的目标,它比培训过程本身有着更为重要的意义,因此注重培训的需求评估及效果评估将会是未来公共部门培训工作的一个主要趋势。

【本章小结】

培训是向新任人员或现有人员传授其完成当前本职工作所必需的相关知识、技能、价值观念、行为规范的过程,是由组织安排的对本组织人员所进行的有计划有步骤的培养和训练。

本章系统地阐述了培训过程中的培训需求分析、培训的实施、培训的有效性评估,使我们对培训过程有了一个较为全面的基本认识。

首先,培训需求分析是人力资源培训的第一个环节,培训需求可以从三个要素展开:组织分析、人员分析和任务分析。培训需要借助于一定的技术方法,传统的培训需求分析方法主要有观察法、问卷法、关键咨询法、访谈法等,新兴的培训需求分析方法主要有绩效差距法、能力行为分析法、全面分析法等方法。每一种培训需求方法各有其优点和缺点。

其次,在人力资源培训的实施过程中,我们应注意培训的内容、培训的类型与方法的选择。一般而言,人力资源培训的内容有:政治素质的培训、法律知识的培训、职业能力的培训、专业知识的培训;根据目的的不同,我们可以将培训划分为四种类型:初任培训、在职培训、晋升培训、专业培训;培训的方法有很多种,主要有:讲授法、研讨法、案例教学法、情景模拟法、应用新技术的培训法等。

再次,培训有效性评估有多种模型,其中运用得最为广泛的是柯克帕特里克的四层次模型。该模型包括四个层面:一是反应评估,指在培训结束之后,通过对被培训者对培训的课程设置、培训教师、培训安排的直接反应来评价培训的效果;二是学习评估,一般是在培训即将结束之前,组织者对被培训者在培训期所学知识和技能结果进行直接评价;三是行为评估,指的是评估被培训者回

到工作岗位上行为是否产生了积极的变化；四是结果评估，包括对被培训者个人的评估与组织绩效的评估，也是培训有效性评估中最困难的评估。本章还从系统观的角度具体分析了组织培训低效的原因与对策。

最后，分析了培训低效的原因以及改进思路，同时阐述了公共部门培训的意义、问题与发展趋势。

【复习思考题】

一、单选题

1. 下面关于人力资源培训的说法，正确的是（　　）。

A. 全面提高员工素质　　B. 形式固定单一

C. 培训内容全面而基础　　D. 主要是满足当前工作需要

2. 培训过程的基础是（　　）。

A. 培训需求分析　　B. 培训类型设计

C. 培训内容安排　　D. 培训效果评估

3. 通过对人员的具体情况分析，对照工作绩效的标准，找出与实际应用状况之间的差距，来确定所需要培训的人员、方式和内容，这是（　　）。

A. 组织分析　　B. 人员分析　　C. 任务分析　　D. 工作分析

4. 依据组织的战略、结构、文化、政策、资源等因素，分析和找出组织中存在的问题与问题产生的根源，以确定是否需要通过培训予以解决以及需要培训的具体部门及人员，这是（　　）。

A. 组织分析　　B. 人员分析　　C. 任务分析　　D. 工作分析

5. 下面不属于培训需求的工作分析需要重点考虑的因素是（　　）。

A. 工作的复杂程度　　B. 工作的饱和程度

C. 工作人员的绩效　　D. 工作内容和形式的变化

6. 属于新兴的培训需求分析方法的是（　　）。

A. 观察法　　B. 调查问卷法　　C. 访谈法　　D. 绩效差距法

7. 通过对组织内部各个层面进行全面、系统的调查、分析，确定理想状态与现实状态的差距，从而进一步决定是否进行培训及培训内容的方法，这种培训需求分析方法是（　　）。

A. 关键咨询法　　B. 绩效差距法

C. 能力行为分析法　　D. 全面分析法

8. 根据工作需要，对公务员进行的与任职岗位相关的专门知识和技能的培训。此类培训的对象是从事专门岗位工作的人员，可以是新录用的人员，也可以是具有一定工作经验的人员,培训方式多为脱产培训,具有集中性、临耐性的特点。这种培训类型是指(　　)。

A. 初任培训　　B. 专业培训　　C. 晋升培训　　D. 在职培训

9. 通过把被培训者置于模拟的现实工作环境中,让他们依据模拟现实中的情境做出及时的反应,分析实际工作中可能出现的各种问题,解决问题,为进入实际工作岗位打下基础,这种培训方法是(　　)。

A. 研讨法　　B. 案例教学法　　C. 情景模拟法　　D. 讲授法

10. 应用新技术的培训和传统的技术相比,说法错误的是(　　)。

A. 以技术为基础　　B. 学员自主学习

C. 师生互动性更好　　D. 跨越边界

11. 关于柯克帕特里克的四层次模型,说法正确的是(　　)。

A. 反应评估通常采用调查问卷、面谈、公开讨论等多种方式,在课程开始前了解被培训者的意见作为课程设计的基础。

B. 学习评估既可以通过书面考试的形式进行,又可以通过角色扮演、模拟环境等多种灵活的方式测试被培训者的技能的改善。

C. 行为评估即将结束之前,组织者对被培训者在培训期所学知识和技能结果的直接评价。

D. 结果评估包括对被培训者个人的评估与组织绩效的评估,也是培训有效性评估中比较容易的评估部分。

12. 当前人力资源培训实践低效最根本的原因是(　　)。

A. 缺乏完整的培训体系。

B. 培训管理者的经验、能力和专业水平不高。

C. 对环境因素的忽视。

D. 管理者没能用系统性的方法来分析和构建组织的培训体系。

13. 下列关于当前我国政府政策管理变革的论述,错误的是(　　)。

A. 以规则为中心向以权力为中心转变　B. 从管理行政向服务行政转变

C. 从全能行政向有限行政转变　　D. 从暗箱行政向透明行政转变

14. 我国公共部门的培训主体主要是(　　)。

A. 高校　　B. 科研院所

C. 各级行政学院　　D. 社会专业机构

15. 柯克帕特里克的四层次模型中最难操作和落实的是(　　)。

A. 反应评估　　B. 学习评估　　C. 行为评估　　D. 结果评估

二、多选题

1. 人力资源培训与一般学校教育的联系与区别,说法正确的是(　　)。

A. 两者目的侧重点不同。前者侧重于满足当前工作需要,后者侧重于最大限度地促进个体发展与社会的发展。

B. 两者形式不同。前者形式多样,伸缩性强;后者方法上整齐划一,统一性强。

C. 内容侧重点不同。前者直接与目前工作相关;后者侧重个体德、智、体、美、劳全方位的综合发展。

D. 近些年这两类人力资源开发活动呈现相互交融之势。

2. 培训的需求分析设计的三个要素是(　　)。

A. 组织分析　　B. 人员分析　　C. 工作分析　　D. 任务分析

3. 组织分析主要包括(　　)。

A. 组织资源　　B. 组织环境　　C. 组织支持　　D. 组织资源

4. 传统的培训需求分析方法主要有(　　)。

A. 观察法　　B. 调查问卷法　　C. 关键咨询法　　D. 访谈法

5. 新兴的培训需求分析方法主要有(　　)。

A. 绩效差距法　　B. 能力行为分析法　　C. 全面分析法　　D. 问卷法

6. 培训的类型主要有(　　)。

A. 初任培训　　B. 在职培训　　C. 晋升培训　　D. 专业培训

7. 公务员培训内容主要是(　　)。

A. 政治素质　　B. 职业能力　　C. 专业技术　　D. 法律素养

8. 常见的典型的培训方法有(　　)。

A. 讲授法　　B. 研讨法　　C. 案例教学法　　D. 情景模拟法

9. 柯克帕特里克的四层次模型包括(　　)。

A. 反应评估　　B. 学习评估　　C. 行为评估　　D. 结果评估

10. 影响培训效果的原因主要是(　　)。

A. 缺乏完整的培训体系

B. 培训管理者的经验、能力和专业水平不高

C. 对环境因素的忽视

D. 没能用系统性的方法来分析和构建组织的培训体系

11. 培训管理的程序包括(　　)。

A. 培训需求分析　　B. 培训项目设计

C. 培训实施　　D. 培训效果评估

12. 如何理解“培训只是整个管理系统中的一个子系统”？(　　)

A. 培训系统要受到外部经济社会环境的影响。

B. 培训项目受组织政策的影响并与之相互作用。

C. 培训要与其他人力资源政策相匹配。

D. 这种说法没有抓住当前培训实践中低效的关键原因。

13. 公共部门人力资源培训的意义主要有(　　)。

A. 将全方位地更新公务员陈旧观念，向公务员输入科学的管理理念、管理思想和管理技术。

B. 接受终身教育和培训，主动积极地更新知识与技能，响应经济全球化所带来的挑战。

C. 响应信息技术革命挑战的迫切需要。

D. 减少行政人员的办公费用和公文处理的费用，以提高政府的服务效率。

14. 当前我国公共部门培训中存在的问题主要有(　　)。

A. 培训不能按需培训

B. 培训设置不合理

C. 公共部门很少进行深层次评估

D. 不少公共部门的培训活动还处在传统的人事管理阶段上，培训负责人没有意识到培训深层次评估的重要性

15. 我国公共部门培训的发展趋向主要是(　　)。

A. 将公共部门的培训目标与组织的目标结合起来

B. 采用多种方式进行培训

C. 将培训与考核、奖励及晋升结合起来

D. 重视对培训的需求评估及效果评估，注重培训成果的转化

三、思考题

1. 什么是培训？什么时候需要培训？
2. 培训与学校教育有何区别？
3. 影响培训需求分析的三个要素是什么？
4. 观察法、问卷法、访谈法各有何优缺点？
5. 培训包括哪些内容？
6. 培训包括哪些方法？这些方法各自有哪些特点？
7. 柯克帕特里克的培训评估模型包括哪四个层次？哪个层次的评估最难？
8. 我国公共部门培训存在哪些问题？低效的原因是什么，如何改进？
9. 我国公共部门培训的未来发展方向有哪些？

【案例与讨论】

法国公务员培训制度的特点[①]

公务员培训是公务员管理的重要环节之一。法国政府把公务员培训作为提高行政管理现代化水平,实现社会、经济发展战略的重要条件,使其在现代公务管理制度中处于突出地位。尤其自20世纪70年代以来,更加重视公务员在工作过程中的培训与提高,从法律、机构、投资、设施等方面都给予保证,收到了显著效果,在实行公务员制度的西方国家中独具特色。其特点主要表现在以下几个方面:

一、培训任务以法律制度为保障

西方国家普遍认为培训是公务员工作的一个有机组成部分,而不应视为个人私事。法国也不例外。二战以来,法国高度重视公务员培训,把培养高素质公务员置于重要战略地位,并建立较为完备的法律制度明确培训为公务员不可剥夺之权利和义务,以此给予法律保障。

《公务员总章程》和《公务员地位法》构成了法国培训制度的法律基石。法国《公务员总章程》规定:公务员有接受培训的权利和义务;公务员有权利享受经常性的职业培训。1971年,法国颁布《继续教育法》,对公务员的培训做了专门规定。在此后的近30年中,政府又颁布了一系列关于公务员培训的专门法规加以配套,规定了文职官员培训的原则、权利和义务。1985年又规定:允许公务员选择参加提高自身素质的培训,培训期间,不论时间长短,职务晋升、奖金福利都不受影响。在法国,按照法律规定,每个公务员在整个职业生涯中可以有三年的培训假,这些培训假可以集中使用,也可以分期使用。凡公务员以提高工作能力为目的的进修,费用全部由国家承担。

在通过硬约束保证培训规定得以切实执行的同时,法国的培训制度还体现出一个鲜明的特色:培训的有机性,即通过规定将公务员的培训与人事考核、晋升紧密相连,从而构建起与培训密切结合的软性激励机制。公务员通过培训,提高了实际工作能力,自然就增加了晋升的机会。因此,在法国,公务员一般都乐意参加培训以便获得更多的晋升机会。

这样,通过完备的法律制度,法国把公务员的培训纳入法制化、规范化的轨道,从而确保培训的严肃性、稳定性和有效性,避免流于形式。

① 案例来源:谢水明:《法国公务员培训制度的特点》,《中国人力资源开发》2002年第3期。

二、培训机构以网络体系为载体

法国推行公务员制度已有相当长的历史,现已普遍建立起遍及全国、行之有效的公务员培训教育机构系统,呈现出多元化的趋势。目前法国拥有100多所专门的培训院校和机构组成的庞大的培训网络。其中包括:基于行政区划形成的不同层次的培训机构,如法国国家行政学院(ENA)、大区行政学院和地方行政学院;基于不同职系和不同专业设立的培训机构,如国立公共卫生学校、国家国库学院、国家海关学院等以及各种从属于部门人事机构的培训中心,如内政部培训中心等。

近年来,伴随着国家公务员人数的增长和政府行政职能的增加,以及人们更新知识速度的加快,单靠政府本身的组织机构已无法胜任全员培训的要求,法国培训机构也日益呈现出市场化导向的趋向。政府放宽了对培训机构的限制,广泛吸引私立培训机构等社会力量进入培训市场。为了在激烈的市场竞争中站稳脚跟,各培训机构在师资队伍建设上不敢懈怠,它们的认识非常明确,好的培训策划要有好的教师来实现。如在ENA,教师结构具有很大的灵活性和适应性。它没有固定的教师队伍,所有教师都是根据教学需要从外部选聘(比如学校每年从担任现职的政府高级官员中邀请约900人到校授课)。学院还根据需要聘请有关专家学者担任教学顾问,聘请国外专家、教授为客座教授。总之,专门的公务员培训机构和高等院校各司其职,取长补短,密切配合,共同构成了一套比较完整的法国公务员培训网络,有力地承担起全国公务员培训的各种任务。

三、培训内容以现实需要为依托

提高行政效率是公务员制度追求的终极目标,也是公务员培训的落脚点。实用是法国公务员培训的首要原则。在法国各培训机构,"教育重点解决为什么的问题,培训重点解决怎么做的问题"的观念深入人心。基于这一认识,法国公务员培训重视基础理论的学习与教育,但更重视以实践为基础、以问题为中心,强调运用现有的知识,特别是新知识解决实际问题,重点培养学员分析问题与解决问题的能力。在安排培训内容时,法国公务员培训还坚持"有效培训"的原则,着重培养公务员的能力,强调课程的实用性,提出适应性课程设置。虽然不同的培训机构的课程设置不尽相同,但都坚持以工作目标为标准,以员工的需要为内容,以工作实际为重点。比如ENA,其培训内容就分为技术性、管理类、应用型知识和实习培训四大块。近年来大致围绕公务员的专业知识、交际协调、欧洲事务等三方面来进行,体现出较强的针对性、实用性和超前性。

为了保证培训的实效性，使培训内容更具针对性，法国在公务员培训方面采取了一些有效措施。与传统的“依计划指令定训”相区别，提出“依需定训”。政府十分重视对公务员培训需求的调查研究，在公务员在职培训方面，各部门每年都要向下属机构发放培训需求调查表，各个单位和每个公务员可以阐述各自的培训需求，通过对公务员培训需求的层层汇总，进行综合分析，结合年度培训预算，来制定第二年的培训目标。

四、培训方法以灵活科学为标准

适应公务员培训的需求与特点，采用灵活多样的教学方式与方法。法国在公务员培训过程中，注重采用启发性教学，引导学生积极参与教学，充分发挥学员的主体作用。如ENA在公务员在职培训中大多采用安全教学，通过搜集实际工作中所遇到的大量现实性案例，提取有教学价值的成分，提高学生分析问题解决问题的能力。同时，还借助于研讨班、研讨会、角色扮演、情景模拟、现场观摩等方式、方法，调动学员学习的积极性。

为了提高学员的能力，法国公务员培训不仅在培训内容上强调实践的重要性，而且在培训方法上也把实习作为公务员培训的首要环节。国立行政学院建院以来，始终奉行建院之初确立的实习制度，并从政府机关扩大到组织，后来延长了在组织实习的时间，扩大了在国外实习的范围，为学员接受全面锻炼提供了多种途径。ENA的培训特别注重实习教学，它培训的学制为两年，其中有两次实习时间。第一次实习安排在第一学年，把学生派到国家行政部门、地方行政机构或驻外使馆实习，使学生参与行政管理实践，了解政府机关运作，丰富行政管理知识。第二次实习则是在第二年培训期间把学生派到公私组织去，使其了解社会，增强基层工作经验。他们将此比作培养“医师”的方法，因为高明的医生需要经历大量临床实践才能获得丰富的经验。

近年来，随着科学技术的发展，法国公务员培训还十分重视教学手段的现代化，充分利用现代的科技手段，如计算机网络技术、多媒体教学等，加快推进培训的信息化和网络化建设，使培训活动尽可能少受时间和空间的限制，从而为公务员提供尽可能多的培训机会。

讨论题：

1. 与中国的公共部门培训相比，法国公务员培训制度有何特点？是否可以运用于我国？

2. 你从该案例所受到的启示是什么？

宝钢 NET-5M 模式培育新员工①

宝钢集团作为我国的大型国企之一，其分公司通过由入司培训模块、岗位认知培养模块、工作文化培养模块、军事训练培养模块、项目引导培养模块这五个模块组成的“NET-5M 新员工培养通用模型”有力地培养了大批新员工，使他们从大学生快速成长为职业人。

作为宝钢的核心单元，宝钢分公司承担着为集团公司输送人才的重要任务，因此，宝钢分公司近年来招聘了大量的新员工，并且对新员工的成才周期要求越来越短，素质技能要求越来越高。为了加速新员工成才步伐，宝钢分公司推出了具有自身特色的“NET-5M 新员工培养通用模型”。

“NET-5M”即“新员工二年期五模块”(New Employees Two Years-5 Modules)，具体是指新员工入公司后两年内，经过逻辑严密、循序渐进的入司培训、岗位认知培养、工作文化培养、军事训练培养以及项目引导培养这五个模块的系统培养，从一个大学生快速成长为一名职业人。

1. 新员工的成长规律

经过系统的分析与研究，我们发现新员工进入企业后一般会经历以下四个发展阶段：

(1) 憧憬向往期。新员工刚进入企业时，满怀激情，希望能有展示自己才华的舞台，尽快得到企业的认可。但是，除了在应聘时获得的简单信息外，新员工对企业的实际运作情况几乎一无所知。此刻，他们最想知道的是公司的生产与经营状况、规章制度、工作流程、公司对员工的要求、企业文化以及未来发展前景等基本情况，以便通过深入了解并对照自身素质做出比较清晰的定位。

(2) 角色模糊期。新员工在参加了公司组织的集中培训并工作一段时间后，对企业有了一定程度的了解，但由于对自己的岗位职责没有清晰的认识，因此对即将从事的工作和未来的职业发展方向感觉迷茫，希望对工作环境和岗位要求有清晰的了解和认识。同时，从这一时期开始，随着对企业了解的不断加深，原有的完美预期与现实之间产生了一定的差异，思想容易出现一些波动。

(3) 发展认同期。随着对企业的深入接触和熟悉，员工对“新家”有了归属感和认同感。同时，在逐步建立清晰、理性的企业概念和岗位概念时，他们也不断寻找工作与个人兴趣的结合点，这也是新员工真正融入企业，成为企业“内部人”的过程。在这一时期，新员工渴望得到肯定和鼓励，获得工作的成就感；同

---

① 案例来源：《宝钢 NET-5M 模式培育新员工》，http://finance.sina.com.cn/leadership/mrlzy/20080912/15345301702.shtml，2016 年 1 月 6 日访问。

时,企业也要求他们在工作中能够建立起良好的人际关系和工作关系。因此,这一时期,他们在逐步认同企业的同时,也获得了企业的认可。

(4) 踌躇满志期。新员工在接受了公司提供的系统培训后,经过师傅的指导和同事的帮助,已经较好地适应了工作环境,发展了一定的人际关系,自身的综合素质和自信心也得到了明显的提高,渴望有机会承担重任,以展示才华、体现价值。

2. NET-5M 的五大培养模块

结合新员工的特点和成长规律,宝钢分公司提出了适用于新员工培养的二十四字方针:“系统思考、尊重规律、因势利导、循序渐进、共同责任、注重实效”,并提炼出“NET-5M 新员工培养通用模型”。

NET-5M 新员工通用培养模型具体由以下五个模块组成:

(1) 入司培训模块(M1 模块)。让新员工快速熟悉公司基本情况,尽快调整心态、规范行为,初步树立与宝钢价值观相一致的价值取向,约为两周时间。主要由集团公司、股份公司与宝钢分公司人力资源部联合实施,一般采取集中封闭培训的方式,对新员工开展公司概况、企业文化、生产工艺流程、规章制度、工作方法、行为礼仪等内容的培训,同时穿插简短而又隆重的新员工欢迎大会、精英面对面交流、职业心态适应讲座等活动。这不仅让员工对公司有一个比较全面的了解,而且在较短时间内,为新员工营造一种归属感,帮助他们树立正确的价值取向。这些内容的考核方式主要为集中测试与部门小结。

(2) 岗位认知培养模块(M2 模块)。帮助新员工尽快了解岗位要求,知晓工作内容,熟悉相关制度、工作业务流程等,约为两个月时间。主要由各部门组织实施,采取岗位培训与师带徒相结合的培养方式,培训内容则包括部门职责、岗位说明书、管理文件、三大规程、相关工艺流程或设备情况以及历史资料(如科研项目、故障记录、专题报告等)等方面。通过这一模块的培养,使新员工清晰知晓即将从事的岗位对自身知识和技能的要求,进而明确自己的努力方向。内容的考核方式为部门测试和撰写小结。

(3) 工作文化培养模块(M3 模块)。让新员工深入体会和全面了解公司的管理文化,掌握公司推行的工作方法以及一些必要的工作技能,大致为半年时间。采取集中封闭培训、岗位轮换培训、业余自学、师傅带教以及绩效辅导等培养方式。集中封闭培训主要由公司人力资源部组织实施,内容包括六西格玛精益运营思想与方法、综合体系标准、专项工具以及深入系统的工艺、设备与产品知识等。岗位轮换培训则由各部门组织实施,既包括工艺人员与设备人员之间的交叉学习,又包括上下道工序间的穿插流动培训。通过这一模块的培养,在帮助员工全面融入公司文化和管理要求、提升自身岗位适应能力的同时,拓展相关技能和素质,为以后的长足发展奠定坚实的基础。

此外,强制性翻班是这一阶段的一项重要举措。这也是钢铁制造业的行业特点,从事钢铁制造技术工作需要积累丰富的感性经验,才能在此基础上进行创新。这项举措不仅让新员工更细致地了解现场工作内容、锻炼自身毅力和耐力,而且培养他们的同情心,进而加速人际关系的改善。

(4) 军事训练培养模块(M4 模块)。提升新员工的执行力,培养他们的团队协作能力以及吃苦耐劳的作风,持续两周时间。以集中封闭、正规化军事化训练和精心设计、形式多样的拓展训练作为培训方式。军训内容主要包括队列、步伐、军纪以及军事会操等,以培养新员工不折不扣的执行能力和吃苦耐劳的顽强作风。户外拓展训练内容则包含了信任背摔、团队桥、高空抓单、电网等,通过寓教于乐、张弛交替的户外活动,来培养新员工敢于挑战自我、积极参与团队协作的意识和素养。

(5) 项目引导培养模块(M5 模块)。培养新员工解决实际问题的能力以及快速提升其综合素质,大约为一年半的时间。由各部门组织实施,培训方式为"项目育人",即以让新员工单独负责或作为主要成员参与一个科研、改善或质量攻关项目,让新员工在实战中深入了解工作内容及相关要求,熟练运用所学知识、方法和技能,全面熟悉工作流程,增强团队协作意识,在适度压力下体验自我成长的快乐。

3. NET-5M 的贯彻实施

宝钢分公司通过以下一些措施保证 NET-5M 新员工通用培养模型的实施效果:

(1) 取得管理者支持。组织召开了公司层面的"新进员工培养工作会议",要求各基层单位党政工团的负责人全部参加,公司人力资源部门将"NET-5M 新员工通用培养模型"对所有与会人员进行了全面、详尽的阐述,公司所有高层全部出席,党委书记、总经理对如何贯彻、执行这一培养模式做了重要指示,并将执行情况纳入各级管理者的业绩考核之中,确保各级管理者思想统一,坚决执行。

(2) 多方式宣传与培训,确保全员知晓。公司先后组织了各级组织人事员、兼职人事员等参加培训,确保他们知晓职责和要求;同时,下发由公司领导签发的公司级管理文件,广而告之,并通过制度的形式保障该项工作的顺利实施;公司还专门印发宣传资料发送到新员工手中。在新员工集中培训期间,专门安排 2 个课时讲解"NET-5M 新员工通用培养模型",从而让每一位新员工知晓培养模型、培训内容和考核要求。另外,为了加强宣传和引导,公司编制了

《宝钢分公司新进员工成长手册》,将公司对新员工的培养举措、考核要求等予以宣传,提升新员工自我发展的意识。

(3) 加强过程跟踪,保持高效沟通。为确保该模式得以有效贯彻,及时收集一线的反馈,由人力资源部专门指派了一位专职人员负责模式的推广,并主要开展过程跟踪,为基层单位实施提供技术支撑。同时,通过定期的座谈会、培养实施情况的抽查、新员工职业谈话记录情况的跟踪等,确保新员工培养工作的顺利开展和有效实施。

4. NET-5M 的实施效果

经过 NET-5M 系统培养的新员工不仅清晰地知道了公司的基本情况、部门的工作流程、自己的工作职责,树立了与公司完全一致的价值观,而且已经在"学中干、干中学"的过程中提升了自身综合实力,掌握了专业技能、六西格玛工具与方法、体系管理知识、职业生涯规划方法,并培养了较强的外语能力以及良好的团队合作、吃苦耐劳的意识和精神。这些素质将促使他们在未来的工作中创造出不可估量的效益。项目实施三年多以来,新进公司的员工 100% 通过二年期培养期考核,不仅全部顺利上岗,而且大多数已经成为所在单元的骨干,担当了解决现场问题、项目攻关、科研管理等方面的重任,并已产生了一批专利、技术秘密和较为可观的经济效益,个别主动性强、悟性较好的新员工已经成为所在部门的骨干力量。

NET-5M 模式在企业培训方面的优势体现在以下三个方面:

(1) 成长速度快,创新成果多。有不少新进员工,在进厂一年的时间内独立承担科研项目,并取得斐然业绩。2007 年公司合理化建议综合积分前 100 名中,2003 年后进公司的员工占 20%。从个例上来说,新员工的创新成果比比皆是。如 2003 年进公司的本科生李文武经过培养后,已经申请了 3 项专利,总结技术秘密 8 项,提出合理化建议 47 项,累计产生效益 222.6 万元。又如 2004 年进公司的研究生张贺咏经过培养后,总结技术秘密 2 项,并通过项目攻关,打破了热轧卷取温度控制精度的"世界纪录",被誉为"勇超世界一流"的花木兰。

(2) 缩短了培养周期,降低了人才培养成本。该模式的推行,将公司原有的新员工培养时间从三年压缩为两年,大大缩短了培养周期,不仅降低了人才培养成本,而且使新员工提前为公司创造效益。按缩短一年的培养周期来测算,2005 年公司因此产生直接经济效益 1.135 亿,2006 年产生直接经济效益 1.088 亿。

(3) 培养新员工工作的科学性、系统性和逻辑性。培养模式很好地结合了新员工的成长特点和职业生涯设计原理,为新员工结合自身实际成功地实现身份的转换提供了很好的指导和帮助。该模型为钢铁制造行业的新员工培养提供了较好的模式，对钢铁业同行实施新员工培养具有良好的指导作用和推广价值。目前，该模式已经在宝钢集团、宝钢股份范围内其他分公司得以推广并借鉴。

讨论题：

1. 上述宝钢分公司员工培训模式反映了人才培训的哪些基本原理与知识？

2. 你认为这种模式是否优越？是否存在一些不足之处？这种模式是否也同样适用于政府部门？为什么？

【建议阅读文献】

1. 〔美〕卡尔霍恩·威克、罗伊·波洛克、安德鲁·杰斐逊：《将培训转化为商业结果学习发展项目的6D法则》，周涛、宋亚南译，电子工业出版社2013年版。
2. 欧文汉编著：《当代中国公务员培训的理论与实践》，人民出版社2010年版。
3. 李宝元等：《现代人力资源开发学》，北京师范大学出版社2013年版。
4. 李鸿：《社会转型背景下的职业技能培训研究以吴江为例》，苏州大学出版社2014年版。
5. 石金涛编著：《培训与开发》，中国人民大学出版社2013年版。
6. 郭京生、潘立编著：《人员培训实务》，机械工业出版社2011年版。
7. 〔美〕达纳·盖恩斯·罗宾逊、詹姆斯·C.罗宾逊：《绩效咨询·人力资源和培训管理：专业人士实用指南》，田力译，清华大学出版社2013年版。
8. 石惟理编著：《企业培训师工作指南：技能人员培训篇》，中国石化出版社2010年版。
9. 陈国海编著：《员工培训与开发》，清华大学出版社2012年版。
10. 范柏乃等：《干部教育培训绩效的评估指标、影响因素及优化路径研究》，浙江大学出版社2012年版。
11. 景玉平：《别让培训的钱打水漂》，北京大学出版社2012年版。
12. 〔美〕哈罗德·D.斯托维洛奇、艾丽卡·J.吉普斯：《从培训专家到绩效顾问》，杨震、颜磊译，江苏人民出版社2014年版。
13. 张翔：《以岗位任职条件为本的人力资源培训体系建设》，《人力资源管理》2014年第2期。
14. 高丽、王世军、潘煜：《培训迁移：影响因素及其与组织承诺的关系研究》，《管理评论》2014年第2期。
15. 符瑾：《浅谈企业如何建立有效的员工培训体系》，《前沿》2013年第18期。
16. Hatala, John-Paul, and Pamela R. Fleming, "Making Transfer Climate Visible:

Utilizing Social Network Analysis to Facilitate the Transfer of Training", *Human Resource Development Review*, Vol. 6, Issue 1, 2007.

17. Bunch, Kay J., "Training Failure as a Consequence of Oraganizational Culture", *Human Resource Development Review*, Vol. 6, Issue 2, 2007.
18. Burke, Lisa A., and Holly M. Hutchins, "Training Transfer: An Integrative Literature Review", *Human Resource Development Review*, Vol. 6, Issue 3, 2007.
19. Wang, Greg G., and Diane Wilcox, "Training Evaluation: Knowing More Than Is Practiced", *Advances in Developing Human Resources*, Vol. 8, Issue 4, 2006.
20. Phillips, Jack J., Ron Stone, and Patricia Phillips, *The Human Resources Scorecard*, New York: Routledge Press, 2012.
21. Ford, J. Kevin, *Improving Training Effectiveness in Work Organizations*, Landon: Psychology Press, 2014.

第七章　绩效考评与管理

【教学目标与方法建议】

通过本章教学，应该掌握以下内容：

1. 绩效考评和绩效管理的含义以及两者的区别
2. 组织绩效考评与管理方法及其操作
3. 个人绩效考评方法及其操作
4. 绩效考评指标体系的设计内容、原则、程序以及方法
5. 绩效考评在现实中面临的挑战及易出现的问题
6. 公务员的绩效考评与管理方法及其问题

教学方法建议：建议在课堂讲授的同时，增加案例教学，并适当进行课堂练习与讨论。

绩效考评与管理为各项人力资源决策提供客观依据，是人力资源管理的核心职能之一，它贯穿于人力资源管理的各个环节，因而愈加受到管理者的重视。追求良好的工作绩效是每一个组织的重要目标，而组织绩效又与员工的个人绩效直接相关，因此必须对员工绩效进行有效的控制，确保员工的绩效目标与组织战略保持高度一致。因此，在这一章，我们主要介绍绩效考评与绩效管理。

第一节　绩效考评与管理概述

绩效考评是组织绩效管理的有效手段。通过绩效考评，可以及时为员工提供反馈，帮助员工明确工作目标，促进员工绩效水平的提高。考评的结果还可以作为职务晋升、薪酬调整、制订培训计划等的依据。然而，什么是绩效考评，什么是绩效管理，绩效考评与绩效管理的区别是什么，很多人并不十分清楚。因此，在这一节主要讨论这些问题。

一、绩效

对于绩效的分析，主要包括绩效的概念、特点与类型。

（一）绩效的含义

“绩效”一词源于英文的“performance”。除“绩效”之外，中译文还有“效绩”“业绩”“表现”“作为”等。人们对绩效含义的认识大致可以分为两类：一类是从工作结果的角度进行定义，认为绩效是指工作主体在一定时间与条件下完成某一任务所取得的业绩、成效、效果、效率和效益；另一类则从行为角度来定义，如认为绩效是人们所做的同组织目标相关的、可观测的事情，或是具有可评价要素的行为。事实上，这两类定义方法都有合理之处，行为与行为的结果是同一事物的两个方面，二者是不可分割的，行为是产生绩效的直接原因，而行为主体的成绩优劣则要通过其工作的结果来评价。因而可以说，绩效的基本含义是特定行为主体的工作和活动所取得的成就或产生的客观效果。在一个组织内，绩效可以表现为不同的层次；不同的工作主体，其绩效的含义是不一样的。比如一个生产或运作过程、一个职能部门、一个工作团队层次，都有各自的绩效。人力资源所关注的是个人层次的绩效考评。

（二）绩效的特点

一般而言，个人层面的绩效应当具有三效性，即效果性、效率性和效益性。效果性是指被考评者完成工作任务之后，取得了多少成果，取得了多好的成果，也就是绩效的外观形式；效率性是指在被考评者完成工作任务之后，成本和收益的对比情况；效益性是指被考评者的工作成果给自己、他人、集体和社会带来的利益。“三效”性是绩效的基本特点，缺一不可。

（三）绩效的分类

绩效从不同的角度有着不同的分类：

第一，整体绩效和个体绩效。整体绩效是包括被考评者在内一个团队的整体工作成果，个人绩效是被考评者个人的岗位工作成果。二者不能简单等同。

第二，显绩效和潜绩效。显绩效是那些看得见、摸得着的工作绩效。潜绩效是那些一时还不能表现出来但已经存在的工作绩效。

第三，结果绩效和过程绩效。结果绩效是指被考评者的工作结果，即国外所谓的“任务绩效”（task performance）。它是被考评者完成工作的结果或履行职务的结果，是被考评者对组织的贡献，或对组织所具有的价值，通常可以用质量、数量、时效、成本、他人的反应等指标来进行考评；过程绩效是指被考评者在工作过程中所表现出来的行为，即国外所谓的“周边绩效”或者“关系绩效”（contextual performance）。

二、绩效考评

绩效考评是人力资源管理的核心职能之一，是指评定者运用科学的方法、标准和程序，对行为主体的与评定任务有关的绩效信息（业绩、成就和实际作为等）进行观察、收集、组织、贮存、提取、整合，并尽可能做出准确评分的过程。

在组织中，绩效考评是一种正式的考评制度，它通过系统的方法、原理来评定和测量员工在职务上的工作行为和工作效果，它是组织管理者与员工之间进行管理沟通的一项重要活动。随着理论和实践的进步和发展，绩效考评现已取得了相当多的成果，并且成为组织提高员工信任度以及自我成就感、获取竞争优势的一个重要来源。因而，尽管在实践中绩效考评的实施面临诸多问题，甚至被认为是人力资源管理中最棘手、最令人沮丧的工作，但它却是必需的、不可废除的。

三、绩效管理及其与绩效考评的区别

绩效管理是管理者与员工就工作目标与如何达到工作目标达成共识的过程，包括制定绩效指标与计划、进行绩效考评和进行绩效反馈与辅导。国家劳动和社会保障部对绩效管理最新的定义是：组织为实现发展战略和目标，采用科学的方法，通过对员工个人或群体的行为表现、劳动态度或工作业绩，以及综合素质的全面监测、考核、分析和评价，充分调动员工的积极性、主动性和创造性，不断改善员工或组织的行为，提高员工和组织的素质，挖掘其职业生涯里发展至更高一级的潜力，进行有组织的、定期的并且是尽可能客观的评价活动的过程。

可见，绩效管理与绩效考评具有一定的关联性，绩效管理是包含了绩效考评在内的一个综合性的系统工程。绩效考评相对于管理者来说，可称之为一种手段，而绩效管理就是管理本身。从以上我们对绩效考评的定义来看，绩效考评的直接目的是要实现管理的有效性，它只是一种实现目的的手段。

绩效管理与绩效考评的区别主要体现在以下几个方面。①

（一）目的和作用不同

绩效考评的目的就是通过考评得到一个关于员工工作情况和工作效果的结论，以便于做出某些人力资源管理决策，便于对员工进行奖励和惩罚。绩效管理的主要目的不是奖励和惩罚，而是用于员工的绩效改进计划和员工职业生

---

① 参见刘平等：《传统的绩效考评与系统的绩效管理》，《重庆商学院学报》2002 年第 6 期。

涯规划，并且在考评之后，还要针对员工的情况对其考评结果进行诊断和反馈，帮助员工认识和改进自己，从而真正达到提高和改进绩效的目的。因此，绩效管理除了有绩效考评的作用外，更深层的目的是为了对个人实施有效的激励，引导员工朝着组织整体战略目标迈进。绩效考评讲究事后评价，重评定；而绩效管理主要是事前计划，重导向与控制。绩效考评关注的是过去，而绩效管理则面向未来。

（二）人员的参与方式不同

绩效考评和绩效管理的参与者相同，都是人力资源管理部、各部门经理和员工，但他们在这两种过程中参与的方式是不一样的。绩效考评过程一般是由管理层或是人力资源部门制定出绩效计划和考评标准，考评时要求组织、部门与个人目标相分立。这种多目标的分立可以更加客观地、多角度地分析考评员工的作业情况，以便确定考评结果。但目标分立也使得员工们难以把握上级主管对他们的期望，不清楚自己将如何被考评，经理和员工们都只把考评当作是人力资源管理部门的工作，因而在整个绩效考评的参与过程中是完全被动的。而在绩效管理过程中，组织、部门与个人目标统一，通过同一体系综合评价员工的素质以及组织的绩效，各层次主体均能从宏观上把握绩效管理的全貌。由于制定指标、绩效沟通和绩效反馈等绩效管理的各个过程员工都可以亲自参与，因此他们能够充分体会到绩效管理对自己近期和长远发展的作用，从而增加了参与的主动性和积极性，也能明确自己的发展方向和目标。

（三）内容不同

从手段来看，绩效考评是评价过程中的一个环节，而绩效管理则是一个系统的工程，二者是微观与宏观的差别。绩效考评只是管理过程中的一个局部环节，并且只在特定的时间进行，强调事后评价；而现代绩效管理是一个完整的管理过程，并且是持续不断地进行着，伴随着管理的全过程，强调的是事先的沟通和事后的反馈。

（四）侧重点以及采取的方式不同

绩效考评侧重于考评过程如何执行和考评结果如何判断，而绩效管理侧重于持续的沟通和反馈，尤其强调取向沟通。在绩效管理过程中，主管和员工所需要的信息是对称的。一方面，主管需要信息，需要了解员工工作的进展情况，需要找出潜在的问题以便尽快地解决，需要掌握年终的绩效反馈信息以便制订更有效的绩效管理计划，需要掌握怎样才能更好地帮助员工的有关信息；另一方面，员工也需要与绩效有关的信息，如工作的重要程度、提高绩效的方法等。

主管和员工在沟通过程中的地位不断变换，既是发送信息者，又是接受信息者，通过交谈、协商等方式达到有效沟通。

表 7-1-1 列举了绩效考评和绩效管理之间的主要区别。

表 7-1-1　绩效考评和绩效管理的区别

绩效考评	绩效管理
管理手段	管理本身
组织、部门与个人目标相分离	组织、部门与个人目标相统一
事后进行，重评定	事前计划，重导向与控制
注重结果	注重过程
关注过去	面向未来
一个环节	一个系统
单向评定：成与败	双赢战略：共同达到目标

第二节　组织绩效考评与管理方法

本节主要侧重介绍组织为实现绩效考评与管理可使用的方法与工具，更多是从理论和方法角度进行介绍。组织绩效考评与管理方法大致可以分为两类：一类是 20 世纪 90 年代以前的组织绩效考评与管理方法，这类方法主要侧重于对经济指标的分析，可以称之为传统组织绩效考评与管理方法；另一类主要出现在 20 世纪 90 年代以后，这类方法注重经济指标和非经济指标的有机结合，注重对组织环境、创新、知识等因素的分析，可以称之为现代组织绩效考评与管理方法。

一、组织绩效考评与管理的传统方法

传统组织绩效考评与管理方法主要包括功效系数分析方法、雷达图分析方法、沃尔分析方法、坐标图分析方法、经济报表结构指标分析方法等。

（一）功效系数分析方法

所谓功效系数分析方法，是指根据多目标规划原理，把组织所要考核的各项指标按照多档次标准，通过功效函数转化为可以量化的评价分数，据以对被评价对象进行总体评价分析的一种方法。

根据 1999 年财政部、国家经贸委、人事部和国家计委联合颁布的《国有资

本金绩效评价规则》和《企业绩效评价操作细则(修订)》的规定,国有企业组织绩效考评的主要方法是功效系数法,并辅之以定性评议的综合分析判断法。

功效系数分析方法从经济效益状况、资产营运状况、偿债能力状况和发展能力状况四个方面(共20项指标)对组织绩效进行分析评价,分析指标如表7-2-1所示。

表7-2-1 功效系数分析法分析指标

分析指标		基本指标		修正指标	
分析内容	权数 100	指标	权数 100	指标	权数 100
经济效益状况	38	净资产收益率 总资产报酬率	25 13	资本保值增值率 主营业务利润率 盈余现金保障倍数 成本费用利润率	12 8 8 10
资产营运状况	18	总资产周转率 流动资产周转率	9 9	存货周转率 应收账款周转率 不良资产比率	5 5 8
偿债能力状况	20	资产负债率 已获利息倍数	12 8	现金流动负债比率 速动比率	10 10
发展能力状况	24	销售(营业)增长率 资本积累率	12 12	三年资本平均增长率 三年销售平均增长率 方法投入率	8 8 8

(二)雷达图分析方法

雷达图分析方法亦称综合经济比率分析方法,按这种方法所绘制的经济比率综合图类似雷达,故此得名。绘制雷达图的前提是经济比率的分类,通常将经济比率分为收益性比率、安全性比率、流动性比率、生产性比率、成长性比率五类。

按照雷达图方法绘制出的雷达图是三个同心网,最小网代表最低水平,或者同行业水平的1/2;中间网代表同行业平均水平,又称作标准线;最大网代表同行业先进水平,或者同行业水平的1.5倍。从同心开始,以放射线的形式分别标出各大类的经济比率。评价时通常用目测判断的方法。如果组织的经济比率值接近或者处于最小网之内,说明该比率水平极差,必须警惕;如果比率值接近标准线,说明该指标与同行业平均水平相当;如果比率值处在最大网内,说明该指标水平较高,是较为理想的状态。

利用雷达图评价方法判断和评价组织的绩效状况时,将组织各实际比率值所处点连接起来，形成一个多边形，如图 7－2－1 所示。如果该多边形皆处于大网之内，表明组织的经济状况较为理想，超过同行业平均水平；如果该多边形皆处于中网之内，表明经济状况欠佳，应当努力予以改善，以接近或者超过平均水平；如果该多边形完全处在小网之内，表明该组织已濒临倒闭，经济状况极度恶化。

运用雷达图分析方法进行综合分析，可以将组织状况划分为稳定理想型、保守型、成长型、特殊型、积极扩大型、消极安全型、活动型、均衡缩小型八种类型。

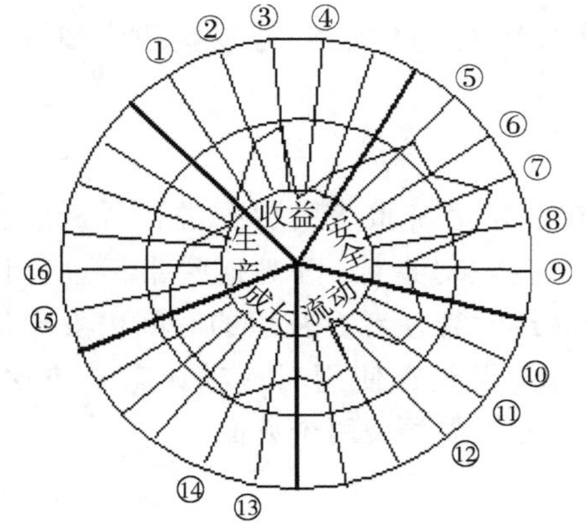

注：收益性：① 资产报酬率；② 所有者权益报酬率；③ 销售利税率；④ 成本费用率。
安全性：⑤ 流动比率；⑥ 速动比率；⑦ 资产负债率；⑧ 所有者权益比率；⑨ 利息保障倍数。
流动性：⑩ 总资产周转率；⑪ 应收账款周转率；⑫ 存货周转率。
成长性：⑬ 销售收入增长率；⑭ 产值增长率。
生产性：⑮ 人均工资；⑯ 人均销售收入。

图 7－2－1　雷达图分析方法

（三）沃尔分析方法

沃尔评分方法是把七种经济比率用线性关系结合起来，分别给定其在绩效总评价中所占比重，确定标准比率，然后与实际比率进行比较，得出每项指标的评分，最后求出总评分，据此来评价组织的绩效状况。沃尔评分方法的指标内容与计算实例见表 7－2－2。

表 7－2－2　沃尔评分方法

经济比率	比重 1 （%）	标准比率 2	实际比率 3	相对比率 4 = 3 ÷ 2	评分 5 = 1 × 4
流动比率	25	2.0	2.33	1.17	29.25
净资产/负债	25	1.5	0.88	0.59	14.75
资产/固定资产	15	2.5	3.33	1.33	19.95
销售成本/存货	10	8	12	1.50	15.00
销售额/应收账款	10	6	10	1.67	16.70

续表

经济比率	比重 1 (%)	标准比率 2	实际比率 3	相对比率 4 =3 ÷2	评分 5 =1 ×4
销售额/固定资产	10	4	2.66	0.67	6.70
销售额/净资产	5	3	1.63	0.54	2.70
合计	100				105.05

沃尔评分方法在理论上有待证明,在方法上也不完善,但在实践中却被广泛应用。

(四) 经济报表结构指标分析方法

经济报表结构指标分析方法是指直接利用经济报表的数据进行分析或者将这些数据进行简单的加减计算后得到一些绝对指标,再对这些指标进行评价。这种方法的优点是简单易行,可以帮助经营管理者在较短的时间内发现组织经营绩效情况,但这种方法的准确性不高,组织在使用时应辅以其他方法。具体而言,这种方法包括分析资产负债表和分析损益表两个方面。

二、组织绩效考评与管理的现代方法

现代组织绩效考评与管理方法主要包括关键绩效指标分析方法、组织气氛分析方法、平衡计分卡与标杆管理方法等。

(一) 关键绩效指标分析方法

关键绩效指标(Key Performance Indicator,KPI)管理方法是通过对工作绩效特征的分析,提炼出最能代表组织绩效的若干关键指标体系,并以此为基础进行绩效考核的模式。KPI 指标必须是衡量组织战略实施效果的关键指标,其目的是建立一种机制,将组织战略转化为组织的内部过程和活动,以不断增强组织的核心竞争力,持续地取得高效益。

关键绩效指标是通过对组织内部流程的输入端、输出端的关键参数进行设置、取样、计算、分析,衡量组织流程绩效的一种目标式量化管理指标,是把组织战略目标分解为可操作的工作目标的工具,是 KPI 绩效考核管理的基础。通过 KPI 指标的提炼可以明确部门的主要责任,并以此为基础,建立明确的切实可行的 KPI 考核分析体系。

确定关键绩效指标要遵循 SMART 原则。S 代表具体(specific),指绩效指标要切中特定的工作指标,不能笼统;M 代表可度量(measurable),指绩效指标是数量化或者行为化的,验证这些绩效指标的数据或者信息是可以获得的;A代表可实现(attainable),指绩效指标在付出努力的情况下可以实现,避免设立过高或过低的目标;R代表现实性(realistic),指绩效指标是实实在在的,可以证明和观察;T代表有时限(time bound),注重完成绩效指标的特定期限。

KPI根据其特点可以分为四种类型:数字型KPI、时限型KPI、项目型KPI以及混合型KPI。

通常数字型和时限型的KPI不进一步分解,项目型和混合型的KPI能进一步分解,直至所有的KPI都分解成为数字型或者时限型的KPI。

建立KPI指标的要点在于流程性、计划性和系统性。要明确组织的战略目标,利用头脑风暴法和鱼骨分析法找出组织的业务重点,也就是组织价值评估的重点。然后,再用头脑风暴法找出这些关键业务领域的关键业绩指标(KPI),即组织级KPI。

各部门的主管需要依据组织级KPI建立部门级KPI,并对相应部门的KPI进行分解,确定相关的要素目标,分析绩效驱动因素(方法、组织、人),确定实现目标的工作流程,分解出各部门级的KPI,以便确定评价指标体系。

KPI指标体系确立之后,还需要设定评价标准。一般来讲,不同的KPI其评价标准是不一样的,目前比较通用的是采用四维度评价法,这四个维度是时间、数量、质量和成本,通常对KPI进行评价时,并不是四个维度都需要,可以根据KPI的性质选取其中一个或者多个评价维度进行评价。

表7-2-3是某公司供应链管理部KPI承诺书,从KPI指标、关键措施和团队合作等三个方面进行了承诺:

表7-2-3 某组织KPI承诺书

结果目标承诺:					
KPI指标	权重	KPI分数	与前期持平	达标	挑战
			80分	100分	120分
合同及时发货率(%)	30%	目标值	80	84	88
生产存货周转率(次/年)	20%	目标值	3.5	3.8	3.9
万元发货费用(元)	20%	目标值	510	450	390
客户合同投诉率(%)	10%	目标值	0.93	0.89	0.84
人均发货额(万元/人·年)	10%	目标值	655	882	970
客户满意度(%)	10%	目标值	78.29	79	79.3

续表

团队合作(包括但不限于): 跨部门项目人员到位率≥98% 关键员工离职率≤5% 组织气氛指数≥70%
关键措施: 为保障以上 KPI 的达成,2002 年供应链管理部工作策略与重点承诺如下: 电子行业的竞争日益激烈,快速满足市场需求、保证及时供货是供应链的责任。特别是在客户需求不确定性增大和订货周期越来越短的情况下,提升供应链的快速响应能力和柔性的整体运作效率已成为公司在市场取得成功的有力武器。在 2002 年,供应链要以客户需求为目标,建立起柔性的供应链组织,应对市场变化,满足市场需求;另一方面,2002 年有大量的流程和 IT 系统要切入实际运作环节,需要开展大量的管理变革工作,保证变革的顺利实施。这两方面交织在一起对我们的工作有很大的挑战,我们要实现业务变革和保证正常业务运作均衡,我们要坚决推行变革,但又不能简单化,要结合公司的经营策略和管理要点,实事求是地认真推行,并在推行中解决问题,保证业务目标的实现。在保障市场要求的前提下,合理地降低供应链动作成本是一项日常工作。通过推行变革成果,实施管理改进,简化流程,提高人均效益。具体策略及措施: (1) 加强变革管理,逐步推进业务与组织优化和岗位角色调整。 (2) 以客户需求为目标,从组织、人员、产能、物料等方面,不断提高供应链的柔性,提升快速响应能力,不断适应市场的变化,满足市场要货的要求。 (3) 进一步提高采购综合竞争优势,保证供应连续性和降低采购成本;加强采购业务规范运作和透明化,积极推动跨部门合作。 (4) 逐步建立完善的基础数据支撑体系,通过翔实、及时的数据支持业务决策,实现精细化管理。 (5) 加强严格管理和组织气氛建设,激活团队活力,提高组织绩效和人均效益。 (6) 严格执行安全管理规定的各项规范,提高员工的安全意识,对安全问题实行闭环管理,持续坚持安全管理工作"三不放过原则",确保安全措施的落实,预防安全隐患。

(二) 平衡记分卡考评与管理方法

平衡计分卡(Balanced Score Card,BSC)的核心思想是通过财务状况(Financial)、客户服务(Customers)、内部运作(Internal Business Progress)、学习与成长(Learning and Growth)四个指标之间相互驱动的因果关系来展现组织的战略轨迹,实现绩效考核—绩效改进—战略实施—战略修正的目标。平衡计分卡中的每一项指标都是一系列因果关系中的一环,通过它们把相关的组织目标同战略联系在一起;而"驱动关系"一方面是指 BSC 的各方面指标必须代表业绩结果与业绩驱动因素双重含义,另一方面 BSC 本身必须是包含业绩结果与业绩驱动因素双重指标的绩效考核系统。

图 7-2-2 是 BSC 的四个主要指标:

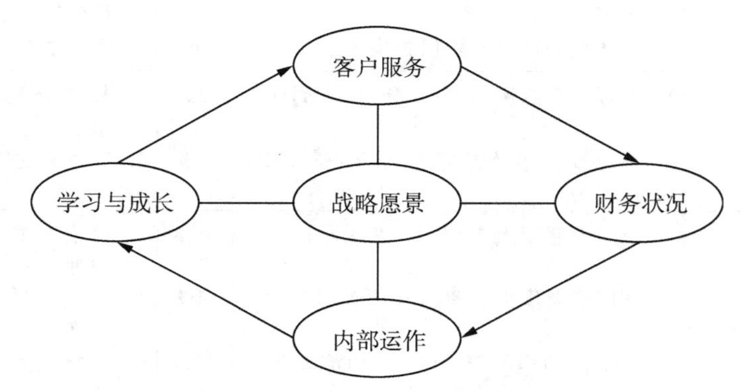

图 7-2-2 BSC 的四个主要指标

这四个考核指标在不同的部门会有不同的侧重,所占的比例需要仔细权衡。然后在此基础上,制定双方同意的"可量度的效益指标"(MPI)和每个要素的权重。

有效的 MPI 要明确、可度量,不要含糊不清。比如,针对客户服务的考核,不能仅仅说"要提高客户服务水平",而应该制定具体的标准,如客户满意度提高的百分点等具体指标。同时,依据期望理论,目标还必须是可达成的,目标有一定的、合理的挑战,并且通过努力可以达成,否则就会使被考核者丧失斗志。最后,及时地设定实施的时间表也是保证目标完成的重要方法,以便管理者随时跟进。当然,有效的 MPI 必须是双方同意的结果。

BSC 带动了高层和中层主管参与,而这批管理者对公司的愿景、战略和主要表现指标拥有最全面的认识。BSC 将员工绩效管理和公司的战略管理挂钩,通过持续对话,增加主管与员工之间的沟通,使其明白公司的战略和双方的期望;同时,它能够准确衡量员工绩效,识别表现好的员工,使之获得更好的奖赏和更佳的晋升机会。

表 7-2-4 是某公司根据 BSC 建立的绩效指标分析模型,该模型中经济绩效指标的比重为 33%(包含三个维度),客户绩效指标的比重为 29%(包含二个维度),内部运作绩效指标的比重为 25%(包含四个维度),学习和成长绩效指标的比重为 13%(包含二个维度)。

表 7-2-4　某组织 BSC 绩效管理指标一览表

绩效管理指标	指标内容	权重	说明
财务状况绩效指标（33%）	1. 营业额达到 22 亿元，国际、国内市场各 50%	15%	1. 按旺淡季分为四个季度指标
	2. 毛利率达到 12.5%	8%	2. 每个季度指标不变
	3. 新的辅助产业投资回报率大于 5.5%	10%	3. 每个季度指标不变
客户绩效指标（29%）	1. 大客户满意度大于 80 分（两次测评）	15%	1. 每次分数用于两个季度
	2. 客户投诉率及抱怨率低于 2%，重大投诉为零	14%	2. 每个季度指标不变
内部运作绩效（25%）	1. 员工满意度大于 85 分（两次测评）	5%	1. 每次分数用于两个季度
	2. 部门满意度大于 80 分（两次测评）	5%	2. 每次分数用于两个季度
	3. 员工流动率低于 10%，人力流动率低于 5%	5%	3. 每个季度指标不变
	4. 生产力水平达到 30 Hrs/Kps	10%	4. 四个季度各 25% 递增达成
员工学习与成长绩效（13%）	1. 员工素质测评达到中/优良（两次测评）	8%	1. 每次分数用于两个季度
	2. 员工内/外受训时间不低于 20 小时/30 小时	5%	2. 四个季度各 25% 递增达成

（三）标杆管理方法

基于标杆（bench marking）管理的绩效管理方法是组织将自身的关键业绩行为与最强的竞争组织或那些在行业中领先的、最有名望的组织的关键行为作为基准进行考核与比较，分析这些基准组织的绩效形成的原因，并在此基础上确定组织可持续发展的关键业绩标准和绩效改进的最优策略。

1. 标杆管理的步骤

（1）计划：确认对哪个流程进行标杆管理；确定用于做比较的组织；决定收集资料的方法并收集资料。

（2）分析：确定自己目前的做法与最好的做法之间的绩效差异；拟定未来的绩效水准。

（3）整合：就标杆分析过程中的发现进行交流并获得认同；确立部门目标。

（4）行动：制订行动计划；实施明确的行动并监测进展情况。

（5）完成：处于领先地位；全面整合各种活动；重新调校标杆。

2. 标杆管理的类型

(1) 内部标杆管理,它是以组织内部最优为基准的标杆,是最简单且易操作的标杆管理方式之一。辨识内部绩效标杆的标准,即确立内部标杆管理的主要目标,可以做到组织内信息共享。辨识组织内部最佳职能或流程及其实践,然后推广到组织的其他部门,不失为组织绩效提高最便捷的方法之一。除非用作外部标杆管理的基准,单独执行内部标杆管理的组织往往持有内向视野,容易产生封闭思维。因此,在实践中内部标杆管理应该与外部标杆管理结合起来使用。

(2) 竞争标杆管理,它是以竞争对象为基准的标杆管理。竞争标杆管理的目标是与有着相同市场的组织在产品、服务和工作流程等方面的绩效和实践进行比较,直接面对竞争者。这类标杆管理的实施较困难,原因在于除了公共领域的信息容易接近外,其他关于竞争组织的信息不易获得。

(3) 职能标杆管理,它是以行业领先者或某些组织的优秀职能操作为基准进行的标杆管理。这类标杆管理的合作者常常能相互分享一些方法和市场信息,标杆的基准是外部组织(但非竞争者)及其职能或业务实践。由于没有直接的竞争者,合作者往往较愿意提供和分享方法与市场信息。

(4) 流程标杆管理,它是以最佳工作流程为基准进行的标杆管理。标杆管理类似于工作流程,而不是某项业务与操作职能或实践。这类标杆管理可以跨不同类组织进行,一般要求组织对整个工作流程和操作有很详细的了解。

第三节 个人绩效考评与管理方法

在这一节,我们主要介绍与分析组织如何利用上述的思想、理论与方法,具体地对组织中的个人和个体实施绩效考评与管理,包括绩效考评与管理程序、指标设计和考评方法几个方面。

一、绩效考评与管理的程序

对个人进行绩效考评与管理的程序一般分为横向程序与纵向程序两种。

(一) 横向程序

横向程序是指按绩效考评与管理工作的先后顺序所实行的步骤,包括:

(1) 确定绩效管理目的与目标。

(2) 确定考评与管理实施机构及职责。

(3) 制定绩效考评与管理标准体系。

(4) 选定考评、反馈与辅导的时机或时间。

(5) 实施绩效考评与管理。即对工作绩效进行考察、测定和记录。

(6) 绩效考评结果的分析、评定与原因诊断。与既定的标准对照进行分析与评判,从而获得正确的绩效考评结论与成因。

(7) 结果反馈与辅导。绩效考评的结论通常应通知被考评者,使其了解组织对自己工作的看法与评价,从而发扬优点,克服缺点。另一方面,组织还需针对绩效考评结果分析中发现的问题,给被考评者提出改进方法与措施。

(二) 纵向程序

纵向程序在这里指绩效考评的不同层级参与者与主体进行考评的程序与维度。由于不同的考评者带有自身立场和认知结构的偏见,因此针对不同类型、不同级别的职位,应采取不同的考评程序和维度。以下列举了各类考评者考评的适用性,在具体实施考评时,应根据具体情况综合选择以下的考核主体,力求达到全方位、立体的考核效果。

1. 直接上级考评

直接上级对下属的情况熟悉,而且具有一定的职权,能够利用奖惩手段来使用考评结果,使得这类考评颇具权威。但这类考评在公正性上不太可靠,因为频繁的日常直接接触容易使主管掺入个人感情色彩。为了避免这一问题,可以采用一组同类部门的主管共同考评彼此下级的办法,只有大家都同意的判断才作为考评结论,这在一定程度上避免了不公正。

2. 同级同事考评

同级同事对被考评者的职务最熟悉、最内行,对被考评者的情况往往也很了解。但同事之间必须关系融洽,相互信任,团结一致,而且相互间有一定的交往与协作,而不是各自为战的独立作业。这种办法多用于专业性组织,如大学、医院、科研单位等,也可以用于那些很难由其他类别考评的职务,如中层干部。

3. 被考评者本人考评

也就是自我考评。这可使被考评者本人得以陈述对自身绩效的看法,而他们也的确是最了解自己所作所为的人。自我考评能让被考评者感到满意,不满抵制少,且有利于工作的改进。不过自我考评时,本人对考评维度及其权重的理解可能与上级或其他人不一致。

4. 直属下级考评

这一方法的使用很有争议。这是因为下级担心在考评中提出上级的缺点,会被上级主管记恨而报复,所以往往过高评价,说好不说坏;下级还倾向于仅从主管上级是否照顾自己的个人利益去判断其好坏,对坚持原则、严格要求且维护组织利益的上级评价不良。对上级来说,这种考评也存在不良影响,比如常常顾虑下级考评会削弱自己的威信与奖惩权,而且知道自己的考评要由下级来做,便可能在管理实践中缩手缩脚,尽量少得罪下级,使管理工作受损。

5. 外界专家或顾问考评

专家和顾问有考评方面的专门方法与经验,理论修养也深,而且他们与组织中的人与事无个人利害关系,容易做到客观公正。此外,还可以省去考评者自己本需花费的考评时间,免去不少人际矛盾。但是这种方法成本较高,有些专家对被考评专业可能不太内行。

6. 顾客考评

由被考评者工作服务的对象进行考评,这种方法具有一定的客观性,且与工作绩效的相关度较高。

二、绩效考评指标体系的设计

绩效考评指标是指绩效考评内容与标准相结合的具体表现形式或者操作化形式。一般来说,完整的指标结构包括考评要素、要素标志和状态标度。考评指标体系是整个绩效考评活动的中心与纽带。它把考评客体、考评对象、考评主体、考评方法与考评结果连为一体,同时也成为整个绩效考评工作指向的中心。建立绩效考评指标体系需要完成两项基础性的工作,即考评指标设计和考评指标量化。绩效考评指标设计的关键在于考评标志与考评标度的设计。考评指标设计的方法包括要素拟定、标志选择和标度划分三个环节。①(参见图 7-3-1)

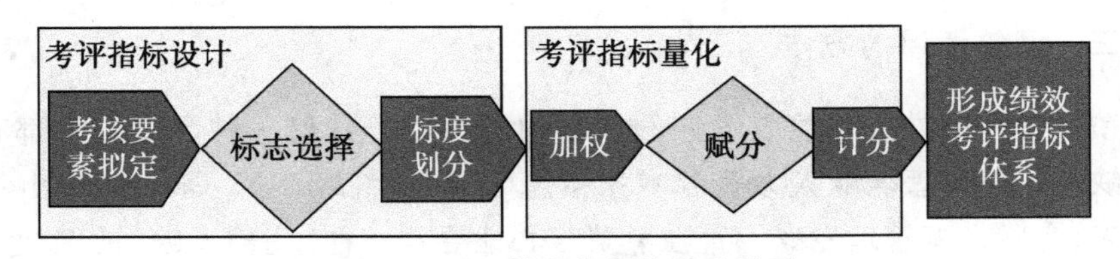

图 7-3-1　绩效指标体系设计图

以常见的关键绩效指标(KPI)方法为例,事实上这种方法本身就是绩效考评指标体系设计的过程。

第一步,组织需要寻找使其成功的关键领域或模块,即 KPI 纬度,也就是要明确德鲁克目标管理理论中提到的要获得优良业绩目标所必需的条件。

① 参见萧鸣政:《现代人事考评技术及其应用》,中国人民大学出版社 1997 年版,第 48—108 页。

寻找组织成功的关键领域,基本上会涉及三方面的问题:(1)该组织为什么成功,过去的成功依赖于哪些因素;(2)分析在过去那些成功要素中,哪些能使组织持续成功,哪些已经成为组织持续成功的障碍;(3)面向未来,根据组织的战略规划分析其未来的追求目标是什么,需要哪些要素保证其未来的成功。

第二步,需要找出关键成功要素 CSF(Critical Success Factor)。关键成功要素是对组织的成功起关键作用的某个模块的定性描述,是设计和制定关键绩效指标的依据。

第三步,确定关键绩效指标。一个要素可能有众多反映其特性的指标,但根据 KPI 考评方法的要求,同时也是为了便于考核人员的实际操作,必须对众多指标进行筛选,最终确定具有可操作性的 KPI。某些指标如果不能直接量化,还需选取上述所说的"标志",即能代表某一隐性指标的显性表现形式,并且适当划分标度。

第四步,选取好考评指标之后,更为重要的是如何根据组织的需要,对于不同指标根据其重要性和特点进行合理赋分和加权,使得整个绩效考评指标体系更为合理,并且反映组织需要。

以某公司 KPI 选择为例。市场领先是该公司业绩突出的关键领域,市场拓展力、市场竞争力、品牌知名度是该分公司的关键成功要素,后边的指标是衡量关键成功要素的指标。事实上,或许很多公司的基本 KPI 体系都是如此,但不同类型、不同发展阶段的公司具体的 KPI 比重是不同的。比如初创型的公司或许更重视市场拓展力,而处于平稳发展期的公司或许品牌影响力方面的指标权重更高。

三、绩效考评的方法

绩效考评的方法是绩效考评的核心内容所在。任何一种考评方法都有优点和缺点。美国著名的人力资源专家韦恩·卡肖(Wayne F. Cascio)指出:"多少年来,有些人事管理专家一直在煞费苦心地寻找一种'完美无缺'的绩效考评方法,似乎这样的方法是万能药,它能医治好组织的绩效系统所患的种种顽疾。不幸的是这样的方法并不存在……总而言之,工作绩效考评过程是一个同时包含人和数据资料在内的对话过程。这个过程既涉及方法问题,又牵连着人的问题。"①可见,任何一种绩效考评都不是十全十美的,加上考评过程中出现的各种主客观方面的问题,这种不完美程度就会更高。

---

① 王福新编著:《人力资源管理》,石油工业出版社 2001 年版,第 192 页。

（一）绩效考评方法的基本类型及特点

绩效考评方法可以从不同的角度加以分类：从时间上来看，可以分为日常考评、半年考评、年终考评、届中考评、届期考评等。从绩效考评的主体来看，可以分为上级考评、同级考评、下级考评、群众考评和360度考评。从绩效考评的客观性上来看，主要是客观绩效考评法与主观绩效考评法两大类。

客观绩效考评法主要是对客观的、定量的指标进行考评，例如领导负责的经济指标、职工出勤率等，注重的是工作成果，而不考虑被考评者的工作行为，注重短期效果，牺牲长期指标。但是，只注重成果有时也会有失公允。因为影响工作绩效的因素很多，其中被考评者自身不可控的环境性因素占据很大比重，比如宏观经济形势对组织个人工作绩效就有着相当大的影响，而客观考评法却不能关照到这些深层次的问题，使其可信度大打折扣。而且，从事复杂脑力劳动的职位，其绩效很难有效量化为直接可测指标。因此，这种方法常作为主观考评法的一个补充。

主观绩效考评法主要是由考评者依据一定的标准或设计好的标准维度对被考评者进行主观评价。评价的内容包括个人品质、工作行为和工作成果等与工作绩效有关的方方面面。这类考评需凭考评者的主观判断，易受心理偏差的左右，但可通过精心设计的程序，从不同角度仔细测评被考评者创造绩效所必需的各种重要工作行为，使可能出现的偏差尽可能地减少。此方法比较现实可行，可适用于管理与专业职位的考评。

主观考评法又可进一步分为两类：

（1）相对考评法。这是较传统的考评法，是使被考评者与别人相对照而评出顺序或等级的办法，所以又可统称为比较法。

（2）绝对考评法。这类方法不做人际比较，而是单独地直接根据被考评职工的行为及表现来进行评定。这类考评法在实践中使用得最为普遍，并开发演变出多种不同的形式。

根据绩效考评方法设计的基础和步骤的差异，又可以把绩效考评方法分为三类：

（1）品质基础型。这种考评比较细致，通常要做维度分解，从各个不同维度分别进行评价。它主要是衡量被考评者拥有某些品质（如创造性、自主性和领导能力）的程度，而这些品质通常被认为对完成岗位工作是非常重要的。由于品质也需借助于一定的行为表现出来，行为特征法因其容易接受而得到广泛使用。但如果没有在工作分析的基础上做详细设计，行为特征法会产生很大的偏见和主观性。行为特征法包括图示考评法、多重标准尺度法、强迫选择法和书面法等。

(2) 行为基础型。这种考评更加细微,不但多维,而且每个维度都设计了一个标准的尺度以供定量性的测定,根据一种工作范围和尺度来对行为进行描述。通过描述,考评者可以比较容易地评判被考评者在工作范围内的成绩。行为法包括关键事件法、行为核对表法、固定行为等级法和行为观察等级法等。为提高信度,可将一定行为的描述语和某一刻度联系起来,这可以提高考评的操作性。这种类型的考评较适合于绩效难于量化、以脑力劳动为主的管理干部和工程技术等专业工作者的考绩。

(3) 结果基础型。这种方法是根据被考评者的工作结果而不是特征或行为表现来衡量其绩效的,着眼于"干出了什么"而不是"干什么",它虽然也是多维度分解,但考评的重点在产出和贡献,不在行为与活动。这种方法可以避免主观判断,能够减少产生偏差的可能性;而且,结果法促使被考评者对其结果负责,因而使被考评者在选择完成任务的方法上较为谨慎。最常见的结果考评法是目标管理中的考评方法。但这种考评只注重结果,不问手段,具有短期性、表面性等特点。一线职工,尤其是从事具体生产操作的体力劳动者,多用此类考评方式。

表 7-3-1 是上述三类方法的优劣比较。

表 7-3-1 不同类型考评方法优缺点比较一览表

方法	优点	缺点
品质型	1. 费用不高 2. 使用有意义的衡量标准 3. 使用方便	1. 很有可能产生等级错误 2. 不适合被考评者的咨询 3. 不适合报酬分配 4. 不适合提升决策
行为型	1. 使用特定的工作标准 2. 易被被考评者和上级所接受 3. 适合于提供反馈 4. 对报酬和提升决策较公平	1. 费时 2. 成本较大 3. 有可能产生等级错误
结果型	1. 很少有主观偏见 2. 易于被被考评者和上级所接受 3. 将工作与组织工作相连 4. 鼓励共同制定目标 5. 适合于报酬和提升决策	1. 费时 2. 可能鼓励短期行为 3. 可能使用被污染的标准 4. 可能使用有缺陷的标准

资料来源:〔美〕亚瑟·W. 小舍曼、乔治·W. 勃兰德、斯科特·A. 斯耐尔:《人力资源管理》,张文贤主译,东北财经大学出版社 2001 年版,第 255 页。

(二) 常用的绩效考评工具与方法

1. 强迫选择量表

强迫选择量表(Forced-Choice Scales,FCS)以多项选择问题的形式给出与工作绩效相关的个性特征或行为,要求选择出最能反映或是最不能反映被考评者的行为选项。考评者不知道什么样的选项能得高分。换句话说,考评者并不知道各选项的分值。因此在考评过程中,客观性得到保证而主观性受到控制。

2. 混合型标准量表

与强迫选择量表相似,混合型标准量表(Mixed Standard Scales,MSS)不让考评者知道所考评的标准是什么,考评者只需根据行为指标评价被考评者的表现,是优于(+)、等于(=)还是差于(-)行为指标描述的内容。这种量表的主要目的是减少诸如晕轮误差和过宽/过严误差等问题。

3. 自我鉴定法

自我鉴定法,也常称为"述职报告"。这可使被考评者有机会陈述自己对工作绩效的看法,而他们也的确是最了解自己所作所为的人。自我考评能使被考评者感到受重视,满意感增强,减少对考评活动的抵制,从而利于工作的改进。但是在自评时,各人对考评的内容、考评标准的理解可能与上级不一致,这主要缘于归因时的偏差和过高或过低的自我评价。在实际应用中,应该将自我考评的内容进一步扩展到请被考评者对其工作环境(人、事、政策等)进行评价,并使自我考评的内容标准化、程序化。

4. 关键事件法

关键事件法一般是由被考评者的直接领导制作一本"考绩日记"或"绩效记录",对每一个有关被考评者的关键事件进行记载。所记载的事件既可能是好事,也可能是坏事;所记载的必须是较突出的、与工作绩效直接相关的事件,而不是一般的、琐碎的、生活细节方面的事;所记载的应是具体的事件与行为,不是对某种品质的评判。事实上,如果所选择的事件并非是具有代表性的绩效,那么这种方法也无法做到公正与真实。

5. 行为尺度评定量表

行为尺度评定量表(Behaviorally Anchored Rating Scales,BRAS)即行为锚定等级评分法,其实质是把关键事件法(critical incident method)和量表评分法(graphic rating scale)结合起来,将关于特别优异或特别劣等的绩效的叙述加以等级定量化,从而使绩效考评更公正,评价效果更好。史密斯和肯德尔发现大多数考评误差并不能归咎于考评者的故意歪曲,而是在于考评者之间缺乏一个统一的考评标准。解决方法是用具体行为特征的描述来表示每种行为标准的程度差异。因此，行为尺度评定量表可解释为给考评者直接提供了具体行为等级与考评标准的量表。行为尺度评定量表最突出的特点是每个尺度或示例都向考评者直接说明了什么样的表现是优秀，什么样的表现令人满意，什么样的表现不合格，从而为考评提供了客观依据。①

6. 行为观察量表

行为观察量表(Behavioral Observation Scales,BOS)是将行为加总的考评量表，考评者只要把那些表示被考评者具体行为发生频率的数字简单相加就可以了。行为观察量表将注意力从行为期望中转移出来，但上级和被考评者在考评之前必须清楚地知道被考评者在工作中应该做些什么，以及上级应该观察什么。通过具体的考评活动还能起到辅导、指导和开发被考评者的作用。

7. 目标管理考评法

目标管理的实质就是上级对被考评者完成预期目标(工作绩效)的情况进行考评。它既是一种有效的绩效考评方式，也是一种有效管理的手段，因为上级与被考评者都清楚自己的目标和组织的总目标，有助于上级将每个人的具体活动统一到组织目标上来。

8. 全方位的绩效考评法

全方位的绩效考评法俗称“360 度考评”，就是向所有了解被考评者工作的有关人员，例如上级、同事、下级乃至其他部门的工作人员等，征求意见或让他们直接量化打分，然后综合评定被考评者绩效的一种方法。这种方法由于考评主体的多元化有效避免了上级主管单方考评的主观片面性，提高了考评信度与效度，并增强了工作人员的参与意识与考评透明度。但数据收集和处理成本较高，操作难度较大，且易引起不同考评主体考评结果的冲突，甚至因操作不当引发彼此的钩心斗角或阿谀奉承，使考评结果失真，考评流于形式。

此外，还有印象考评法、相对比较考评法、因素分解综合考评法、常模参照考评法、效标参照考评法等，这里不再一一介绍。

第四节　公务员的绩效考评与管理

公务员的绩效考评是指国家行政机关根据法定权限对组织工作人员完成岗位目标的过程进行考察，并对其成绩和贡献做出评价，考评的内容主要包括

① 参见 P. L. Smith and L. M. Kendall,“Retranslation of Expectation: An Approach to the Construction of Unambiguous Anchors for Rating Scales”, *Journal of Applied Psychology*, Vol. 47, No,. 47, 1963, pp. 149-155。

工作态度、工作数量、工作质量和工作能力等。与其他部门一样,绩效考评同样是公共部门人力资源管理的"中枢",是公共部门工作人员录用、晋升、工资福利、奖惩等的基础和依据,并可为人事决策的科学化和改进人事制度提供指导。客观公正的考评有利于促进公平,提高效率,保证廉洁。

一、我国公务员的考核制度

尽管我国现在的公务员考核制度是在借鉴我国古代和国外的经验基础上,根据现代政府机关工作的特点而建立起来的,已形成了一套相对完整的体系,但是,严格说来,我国公务员的考核制度还处于从传统考核向绩效考评过渡的阶段,传统色彩还相当浓厚,制度框架还较为粗犷。

公务员是国家公职人员,不可避免地受到公共部门某些特点的影响,比如具有垄断性、目标多元性、产品的非商品性以及互动复杂性等,因此对公务人员的考核势必比对营利组织中的工作人员更为复杂。一方面要着重考察其作为公职人员的许多"德性"方面的要素,另一方面又要以适当的标准考察其服务能力方面的内容,两方面缺一不可。然而,这些考核指标又难以像企业考核时那样简单以数字代表的业绩作为标准进行考核,因此公务员的考核制度是需要重点关注和研究的问题。

具体说来,我国公务员考核制度主要包括公务员的考核内容、考核原则、考核标准、考核方法及程序等。

(一)考核的内容

作为公共部门的人员,从宏观上来看,在行政级别上按照国家行政机构的标准统一设置,具有相似之处;但是,从微观上来说,由于从事不同的工作岗位,对组织产生的绩效也是不一样的。针对公共部门的特殊性与普遍性特征,对公共部门工作人员的指标设计应包括两个部分:一类指标是通用类指标,具有普遍性的特征,是所有公共部门工作人员必须参与考评的指标,即通常所谓的"德、能、勤、绩、廉"五个方面[①];另一类指标是专用性指标,主要是根据不同岗位的差异性而制定的具有针对性的指标。

1. 德

德是指公务员的政治思想、工作作风、职业道德和品德修养。政治思想包

---

① 《中华人民共和国公务员法》中指出要全面考核公务员的"德、能、勤、绩、廉",并重点考核政治素质和工作实绩。《公务员考核规定》(2007 年发布,2020 年修订)中明确规定与解释了"德、能、勤、绩、廉"的具体内容。

括公务员能否坚决拥护和认真贯彻中国共产党以经济建设为中心，坚持四项基本原则，坚持改革开放的基本路线和其他各项方针政策；能否模范地遵守宪法、法律、法规以及国家的各项政策；能否做到全心全意为人民服务，密切联系群众，自觉接受群众监督；能否努力学习马列主义、毛泽东思想和邓小平理论，不断提高自身的政治理论水平；能否维护国家和群众利益，同一切违法乱纪行为做斗争等内容。工作作风侧重于考察公务员能否做到从实际出发，理论联系实际，实事求是，坚持真理，修正错误。职业道德主要看公务员是否忠于职守，服从命令，严守国家的工作秘密，廉洁奉公，不徇私情。品德修养重点考察公务员是否襟怀坦荡、正直无私、办事公道、谦虚谨慎、严于律己以及遵守社会公德等方面。

2. 能

能是指公务员从事本职工作所需具备的基本能力和应用能力。基本能力是指公务员的政策理论水平、文化程度、专业知识与技能以及健康状况。应用能力指的是公务员的表达能力、理解与判断能力、分析和解决问题的能力、规划预测能力、组织协调能力、领导管理能力、调研综合能力、团结协作能力、开拓创新能力、适应工作的能力等等。

3. 勤

勤是指公务员的事业心、工作态度和勤奋精神。所谓事业心就是看公务员是否热爱本职工作，是否勤勤恳恳、恪尽职守、甘于奉献。工作态度重点考察公务员在工作中是否积极主动、认真负责，能否严格遵守劳动纪律。勤奋精神主要是看公务员是否刻苦钻研业务，工作精益求精，不断进取。

4. 绩

绩是指公务员的工作实绩，包括完成工作的数量、质量、效率和所产生的效益。对绩的考核主要看公务员是否在规定时间内按质、按量完成或超额完成工作任务，办事效率如何，工作是否取得了明显的效益或者影响，有无突出的事迹或贡献等。

5. 廉

廉是指公务员廉洁自律等方面的表现。要求公务员在履行职能的过程中，依法行政，公正廉明，不徇私情。对廉的考核，主要从以下几个方面进行：是否能正确面对权力，正确地行使权力，坚持人民权力造福于人民；是否能加强道德修养和思想建设，在任何时候、任何情况下都遵纪守法，谨言慎行；是否能克己奉公，严于自律，不做有损于党和人民利益的事情，光明磊落，表里如一，自觉接受群众的监督等。

6. 专用指标

专用指标主要是根据岗位的分工和特征来选择,不同的岗位应具备不同的专用指标。在实际操作中,既可以将某一岗位的专用指标单独列出进行考核,也可归纳到“能”和“绩”的考核范畴中综合考量。

(二)考核的原则和基本方法

公务员考核的原则包括客观公正原则、民主公开原则和注重实绩原则。客观公正原则是指对公务员的考核,必须从被考核者德、能、勤、绩、廉等方面的实际表现出发,严格按照考核标准,实事求是、公平合理地确定考核结果。民主公开原则就是在考核方法、程序等方面让群众参与进来,并将考核对象、时间、内容、标准、程序等事项在一定范围内进行公示,考核结果也应以书面形式向公务员本人公布。另外,如果公务员对考核结果有不同意见,他还可以按规定申请复核。注重实绩原则是指在全面考核公务员德、能、勤、绩、廉的基础上,着重考核其工作实绩。由于它本身比较具体、明确,易于掌握,因而有利于把握考核的重点,准确确定考核结果,也有助于克服机关中存在的说大话空话、不干实事的不良风气。

公务员的考核还要坚持严格考核原则。首先,要有严肃认真的考核态度,也就是说,考核的思想必须端正,态度必须严肃认真,在考核评价中,必须公道正派,要摒弃按个人好恶或带主观臆断的框框去考核,严禁在考核中徇私舞弊、断章取义、隐瞒真实情况的违纪行为。其次,要有明确严格的考核标准,即考核的具体要素和标准必须明确、客观、合理。最后,要有科学合理的考核方法。

公务员考核的基本方法一是领导与群众相结合,二是平时与定期相结合。领导与群众相结合的考核方法要求将领导人员考核与群众参与考核结合起来。首先,公务员考核要在有关行政领导人员的主持下进行,他们对考核结果拥有最后决定权。领导人员主持考核工作是行政首长负责制原则的具体体现,是最基本、最主要的考核形式。其次,公务员考核还必须走群众路线,让群众参与考核。具体来讲,就是有关行政领导人员在考核公务员时,要通过不同形式向群众了解公务员的有关表现,听取群众的意见和要求。平时考核与定期考核相结合的考核方法,要求对公务员既要进行平时考核,又要实行定期考核,力求考核结果的全面公正。

(三)考核的工作机构和程序

1. 工作机构

国家行政机关在年度考核时,必须设立非常设性的考核委员会或考核小组作为考核的工作机构。该机构由行政机关所属各工作部门的负责人直接领导，专门负责本部门公务员的年度考核工作。作为非常设性机构，它一般在年度考核工作开始前成立，随工作的结束而解散。

2. 考核的程序

公务员考核程序是指年度考核程序，平时考核没有程序的要求。

公务员年度考核的基本程序是：

(1) 被考核公务员按照职位职责和有关要求进行总结，并在一定范围内述职；

(2) 主管领导在听取群众和公务员本人意见的基础上，根据平时考核情况和个人总结，写出评语，提出考核等次建议和改进要求；

(3) 对拟定为优秀等次的公务员在本机关范围内公示；

(4) 由本机关负责人或者授权的考核委员会确定考核等次；

(5) 将考核结果以书面形式通知被考核公务员，并由公务员本人签署意见。

对于担任国务院工作部门司局级以上领导职务和县级以上地方各级人民政府工作部门领导职务的公务员，除按上述基本程序考核外，还可以根据需要与可能，进行民意测验或民主评议。

(四) 考核等次的划分

各国公务员制度对考核等次的规定不尽相同。但纵览世界各国，大致可分为两类：一类如英国、法国、日本等国，都规定为五个考核等级。英国的分别是：特别优异、甚为良好、满意、普通和不良；法国的分别为：较标准非常低劣者、较标准低劣者、合乎标准者、较标准优良者和较标准非常优良者；日本的分别是出类拔萃、特优、优、良、劣。其等次区分比较精细。

另一类如美国，规定的考核等级为三级，分别是不满意、满意和特别优异。

概括说来，三级制和五级制各有利弊。例如，三级等次制的各等级范围相对宽泛，空间较大，在考核中比较简单易行，可减少考核中的人事冲突。但是，在三级等次中，优秀者和不合格者所占比例一般都很少，大多数公务员集中在中线水平上，三级等次无法体现中间这部分人的差异性，容易形成大平台，难以起到奖优罚劣的激励作用。而五级等次制在具体运作中优秀与较优秀者、不合格与较不合格者的区分界限又不太明晰，且实行起来较为复杂。

我国《公务员考核规定》指出，公务员年度考核结果分为优秀、称职、基本称职和不称职四个等次。概括起来讲，优秀是指公务员在德、能、勤、绩、廉五个方面都表现出色，圆满地完成了各项工作任务，成绩显著；称职是指公务员在德、能、勤、绩、廉等方面都能达到所任职务的要求,能够完成或者比较好地完成工作任务;基本称职是指公务员在德、能、勤、绩、廉等方面勉强达到任职要求,勉强完成工作任务;不称职是指公务员在政治思想表现、道德品质、专业知识水平、工作能力等方面达不到所任职务的要求,组织纪律性差,工作责任意识淡薄,不能按照有关规定或要求完成工作任务。

在实际执行中,各个等次的具体标准应根据公务员的不同类别、不同部门、不同层次和不同岗位加以具体化,分别做出规定。

(五) 考核结果的使用

定期考核结果是否反馈给被考核者,各国做法不一。法国规定,考核分数通知被考核者,并由本人签字;评语的基本评价也告知本人,但不给他看评语的具体文字。英国只有在评语为劣等时,才通知本人,并说明理由。日本则不把考核结果通知本人。我国公务员法规定,定期考核结果应当以书面形式通知本人。这体现了公务员权利保障原则和考核的公开性,使公务员能够了解机关对自己的基本评价,看到自身的优点和不足,明确今后的努力方向。此外,为了保障公务员的合法权益,防止因个别人的好恶恩怨、单纯主观印象或其他原因而造成考核结果不公平不合理,公务员法还赋予公务员对考核结果申请复核和申诉的权利。

公务员年度考核结果被定为对公务员进行奖惩、培训、辞退以及调整职务、级别和工资的直接或间接的依据。主要包括:

(1) 考核与行政级别的调整。公务员连续三年被确定为优秀等次,或连续五年被确定为称职等次的,在本职务对应的级别内晋升一级,级别工资相应提高。

(2) 考核与职务升降。我国公务员制度规定,公务员连续两年被确定为优秀等次的,或连续三年被确定为称职等次的,具有晋升职务的资格。

(3) 考核与奖惩。考核结果与奖惩措施被联系在一起。比如公务员凡在年度考核中被评为优秀的,就可以按规定发给一定数额的奖金。公务员年度考核连续两年被评为不称职的,要予以辞退。

(4) 考核与工资调整。在我国,公务员在现任职务任期内,年度考核连续两年被确定为称职以上等次的,在本职务工资标准内,晋升一个工资档次。同时,晋升职务和晋升级别的公务员,相应提高职务工资和级别工资。对不称职的公务员则要降低相关的工资。

(5) 考核与培训。考核优秀的公务员还可以获得培训的权利。如输送到公务员培训机构学习,还可以派到国外学习、考察。

(6) 考核与奖金。在我国,公务员年度考核被确定为称职以上等次的,以其本年度12月份基本工资额为标准,一次性发给相当于一个月工资数额的奖金。

(7) 考核与公务员档案管理。公务员年度考核的结果是被存入其个人档案的。一方面它可以客观记录和评价公务员的行为,另一方面可以督促公务员积极进取,不断进步。

二、我国公务员考核制度中存在的问题

(1) 考核内容过于抽象和划一,标准过于笼统。尽管《公务员考核规定》做过较为详尽的阐释,但普遍没有针对组织及职位特征建立具体的考核指标。由于各部门、各职位之间工作性质、工作特点差异大,部门之间、被考核者之间缺乏可比性,考核者往往无所适从。

(2) 只重视年度考核,而忽视平时考核,致使公务员考核结果不准确、不真实。尽管《公务员考核规定》明确规定:"定期考核以平时考核、专项考核为基础。"但目前,有关部门对公务员的平时考核如何进行并没有明确具体的规定,许多单位和部门也很不重视平时考核,自行制定的一些平时考核方法要么比较繁琐,难懂难记,加重了工作负担,要么与年度考核相脱节,不能为其提供有效的依据,致使年度考核考之无据,缺乏权威性。

(3) 考核人的选择没有针对不同的组织、职位区别对待。除了少数高级领导职务"必要时,可以进行民主评议或民意测验"外,一律采用"上级 + 同事 + 自我"的模式,同时法规对于三类考核主体考核结果的权重没有做出明确规定,从而出现了领导说了算、以群众测评为结果甚至以个人小结为结果等现象,有些部门对优秀等次实行轮流坐庄,论资排辈,搞平衡。

(4) 考核方法较为单一,绝大多数采用的都是"写评语"的定性考核方法,主观性随意性较强,很难保证考核的客观性。《公务员考核规定》中有关公务员考核结果等次的基本标准规定得比较原则,过于笼统。一些单位和部门在公务员考核过程中,也不愿花费太多的精力去进行调查研究,结合本单位、本部门的实际对各种考核要素进行量化,制定科学的考核指标体系,而是靠拍脑袋,随便定几条,停留在定性的基础上,缺乏操作性,致使年度考核产生失真现象,难以对各个公务员的德才表现和工作实绩进行客观公正、实事求是的评价。

(5) 考核结果的使用不够科学。一些单位和部门在公务员考核过程中虎头蛇尾,不重视考核信息的反馈,没有对每个公务员的考核结果做出有针对性的评判和分析,并提出相应的改进意见。在考核结果的具体使用上,现行制度

也存在诸多不合理之处。比如对优秀公务员的奖励太轻,而对不称职公务员的处理似乎又太重,影响考核的公正性和合理性。年度考核中被确定为优秀的公务员和被确定为称职的公务员,在职务晋升、晋级增资和奖金发放等方面实际上没有多少区别,如五年内获得过优秀、优秀、称职、优秀、优秀等次的公务员与连续五年获得称职无区别,这显然起不到激励先进的作用。同时,对年度考核中不称职公务员的处理,在某种意义上甚至重于受行政处分的公务员。因为根据规定:年度考核被确定为不称职等次的公务员要予以降职。而降职通常相应地还将降低级别和工资档次,而且“连续两年确定为不称职等次的,予以辞退”。相反,对那些因严重违反公务员纪律而受到记过、记大过、降级、撤职处分的人员,在受处分期限内,只是不确定考核等次,即在一定时期内(最多不超过两年)影响晋级增资而已。

(6) 考核缺乏责任机制。目前我国公务员的考核制度并没有建立责任机制。无论是考核机构还是考核人的责任都不是十分明确,致使考核出了问题无法追究责任,违法失职者得不到应有的惩处。

(7) 考核的执行主体非专门化,导致考核结果失真。《公务员法》第 37 条规定:“非领导成员公务员的定期考核采取年度考核的方式,先由个人按照职位职责和有关要求进行总结,主管领导在听取群众意见后,提出考核等次建议,由本机关负责人或者授权的考核委员会确定考核等次。”可见,对公务员的考核主要由本单位内的领导或上级主管领导组成考核小组成员,这种考核的非专门化直接导致考核过程流于形式——考核组成员或是情面观念重,不愿得罪人;或因不具备考核工作所需的专业技术知识,导致考核结果失真。“单位考核”还使被考核者的参与意识、危机意识普遍降低,对考核工作重视不够,容易敷衍了事。

(8) 考核频繁带来考核疲惫,导致考核走样。《公务员法》第 36 条规定:“公务员的考核分为平时考核、专项考核和定期考核等方式。定期考核以平时考核、专项考核为基础。”于是,公务员的考核变成年终考核。事实上,考核是一项专门性、复杂性强的艰巨任务,需要充足的人力、物力和财力。年年考核变成泛考核,导致单位和部门很难保证将考核任务落到实处。“考核年年搞,哪有精力搞?”实践中,多数单位和部门便把公务员考核等同于年终评比,对优秀等次实行轮流坐庄,搞平衡、搞照顾或者搞论资排辈;有的单位领导虽然表面上履行了考核的规定程序,但考核中并不认真听取群众意见,而是个人说了算,凭个人的好恶搞内定,考核工作走过场;有的单位领导碍于情面,怕得罪人,将优秀等次的确定交由群众无记名投票表决,结果使一些政绩突出而平时不太注意人际关系的人榜上无名，相反，一些政绩平平但“人缘好”的人却被评为优秀。

三、我国公务员绩效考评与管理的发展方向

（一）实行绩效考评与管理责任制

在公共部门工作人员绩效考评与管理的各个环节，应当明确规定考评与管理主体应负的责任，要加强对负有考评与管理责任的领导干部的监督，即要加强对考评与管理者的考评，只有这样才能保证整个公共部门绩效考评与管理的质量。

（二）建立科学的考评与管理指标体系

指标体系是考评与管理工作的评价依据，确立科学的考评与管理标准至为关键，应当以公共部门工作人员的权利和义务作为制定考评与管理标准的基本依据，从德、能、勤、绩、廉五个方面，确定合适的考评与管理标准，做到定量与定性考评相结合，能够量化的尽可能量化。而且，应根据不同的考评与管理目的、考评与管理对象及其工作性质，因事制宜，设计不同的考评与管理标准。如晋升考评和年度考评的标准应有很大不同：前者目的是晋升，主要考评公共部门工作人员的政策理论水平、工作潜力、领导能力等；后者主要是考察公共部门工作人员的年度工作表现。

（三）变单纯的考评为绩效管理，提高绩效考评的功用

目前我国公共部门的考核工作仍处于初级阶段，单纯为考评而考评，还没有上升到绩效考评乃至绩效管理的阶段。而且考评结果的使用虽与被考评者的升、降、奖、惩紧密挂钩，但并非十分科学合理。在考评中要充分注意到公共部门工作人员作为人的社会价值追求和高层次的精神需求，要从公共部门工作人员自身的需要来制定考评的政策与标准，把公务员的潜能开发、绩效提高与个性发展引入到考评目的中来，最大限度地发挥激励竞争机制在考评中的作用。

（四）按照管理权限，实行分级分类考评与管理

公共部门工作人员考评与管理工作应当按公共部门工作人员的等级分级进行，一级考一级，上级考下级，把同一级公共部门工作人员放到一块考评与管理，既可增加可比性，又能强调主管领导在考评与管理中的责任。这样可以克服把不同级别公共部门工作人员放到一起考评与管理而产生无法比较的现象。同时，公务员绩效考评与管理工作还应当实行分类考评与管理，按照不同的工

作和业务、考评与管理目的进行分类。这样才能克服不顾考评与管理目的和要求一味追求全面的问题,才能增强考评与管理的有效性。

总之,尽管各国都在强调绩效考评与绩效管理的正面作用,并不断在管理中进行各种各样的实践,但不管考评与管理体系有多么完美,它"仍然在很大程度上被认为至好只是一件令人讨厌的事情,至坏则是一个必要的错误"①。

这是因为从雇员角度来看,他们并不都关心生产力,而是更关心福利、工作条件和工作量的公平性;从管理者的角度看,考评者并不希望从考评中获得多少正面的结果。大多数管理者知道谁是有效率的,正式考评与管理程序只是重复了主管已做过的工作。

同时,组织中绩效反馈也存在着多种渠道,正式的考评与管理体系只是其中之一,组织成员还不断地接收他人的暗示,而这些暗示对于他们行为的影响也不可小视。

调查显示,为避免陷入麻烦,考评者常倾向于在考评中高抬贵手,让大多数雇员的考评结果至少为满意。而主管在考评方面经验越多,就越不希望绩效考评复杂化。这一现实也许会让那些绩效考评的忠实拥护者感到些许沮丧。然而,完美无缺的制度并不存在,制度的创新与演进总是在困难中前行。绩效考评也必然如此。事实上,如今的绩效考评并不像它的文字表征那样,只包含"绩效"一项内容,它实际上已经吸收了人格考核的内核。各类不同特征的制度融合在一起,取长补短,这也许是绩效考评与管理的未来?

【本章小结】

绩效考评与管理包括组织与个人两个层面。在一个组织内,绩效可以表现为不同的层次,不同的工作主体,其绩效的含义是不一样的,比如一个生产或运作过程、一个职能部门、一个工作团队层次都有各自的绩效,而人力资源所关注的则是组织绩效与个人绩效。绩效应当具有三效性,即效果性、效率性和效益性。绩效考评是人力资源管理的核心职能之一,是指评定者运用科学的方法、标准和程序,对行为主体的与评定任务有关的绩效信息(业绩、成就和实际作为等)进行观察、收集、组织、贮存、提取、整合,并尽可能做出准确评价的过程。

绩效管理与绩效考评具有一定的关联性,绩效管理是包含了绩效考评内容在内的一个综合性的系统工程。绩效考评相对于管理者来说,可以说是一种手

① 〔美〕罗纳德·克林格勒、约翰·纳尔班迪:《公共部门人力资源管理:系统与战略(第四版)》,孙柏瑛等译,中国人民大学出版社 2001 年版,第 419 页。

段,而绩效管理就是管理本身。

绩效考评的程序一般分为横向程序与纵向程序两种。绩效考评的方法是绩效考评的核心内容所在。绩效考评方法可以从不同的角度加以分类,任何一种考评方法都有优点和缺点。绩效考评过程是一个同时包含人和数据资料在内的对话过程。这个过程既涉及方法问题,又牵连着人的问题。

公务员的绩效考评是公共部门工作人员考评制度的重要内容,它是国家行政机关根据法定权限对组织工作人员完成岗位目标的过程进行考察,并对其成绩和贡献做出评价的过程。考评的内容主要包括工作数量、工作质量和工作能力等。与其他部门一样,绩效考评同样是公共部门人力资源管理的“中枢”,是公共部门工作人员的录用、晋升、工资福利、奖惩等的基础和依据,并可为人事决策的科学化和改进人事制度提供指导。客观公正的考评有利于促进公平,提高效率,保证廉洁。在现实中,绩效考评的作用非常有限。事实上,它经常遭到各方面的批评。管理人员认为它复杂麻烦,容易得罪人,因而常常放宽标准谋求皆大欢喜的结果;而员工则经常控告考评结果过于主观、缺乏公正。这些都是绩效考评活动在现实中所必须面对的挑战。

【复习思考题】

一、单选题

1. 国外所说的“周边绩效”是指(　　)。

A. 潜绩效　　B. 任务绩效

C. 结果绩效　　D. 过程绩效

2. 关于绩效管理与绩效评估,下面哪种说法是正确的?(　　)

A. 绩效考评关注的是现在,而绩效管理则面向未来。

B. 绩效考评重评定,而绩效管理重导向与控制。

C. 绩效管理是绩效考评的一个环节。

D. 绩效考评侧重于持续的沟通与反馈,绩效管理则侧重考评结果如何判断和使用。

3. 绩效管理的特点主要有(　　)。

A. 侧重持续的沟通与反馈　　B. 它是绩效考评的一个重要环节

C. 事后评价　　D. 奖惩导向

4. 下列绩效考评与管理方法中,属于传统方法的是(　　)。

A. 流程标杆管理　　B. 平衡计分卡方法

C. 关键绩效指标分析方法　　D. 沃尔分析方法

5. KPI 分析方法中指标设计的原则是(　　)。

A. SMACH　　B. SMART　　C. SMATF　　D. SMADT

6. 将自身的关键业绩行为与最强的竞争组织或那些在行业中领先的、最富声望的组织的关键行为作为基准进行考核与比较,分析这些基准组织的绩效成因,从而确定组织自身可持续发展的关键业绩标准和绩效改进最优策略。这种方法是(　　)。

A. 关键绩效指标分析方法　　B. BSC 分析方法

C. 标杆管理方法　　D. 沃尔分析方法

7. 下列关于外界专家考评的说法正确的是(　　)。

A. 容易受到个人利害关系影响　　B. 成本相对较低

C. 不易做到客观公正　　D. 专业技术方法丰富

8. 公务员考核内容的"勤"不包括(　　)。

A. 事业心　　B. 工作态度　　C. 工作作风　　D. 勤奋精神

9. 公务员考核中最基本最主要的考核形式是(　　)。

A. 同级考核　　B. 群众考核　　C. 360 度考核　　D. 领导考核

10. 根据现行《公务员考核规定》,我国公务员年度考核结果分为(　　)。

A. 特别优异、甚为良好、满意、普通和不良

B. 出类拔萃、特优、优、良、劣

C. 不满意、满意和特别优异

D. 优秀、称职、基本称职、不称职

11. 关于我国公务员考核结果的使用,错误的说法是(　　)。

A. 公务员连续三年被确定为优秀等次,或连续五年被确定为称职等次的,在本职务对应的级别内晋升一级,级别工资相应提高。

B. 公务员连续两年被确定为优秀等次的,或连续三年被确定为称职等次的,并不具有晋升职务的资格。

C. 公务员凡在年度考核中被评为优秀的,就可以按规定发给一定数额的奖金。

D. 对不称职的公务员要降低相关的工资。

12. KPI 分析方法原则中的"T"指的是(　　)。

A. 时限性　　B. 可操作性　　C. 具体化　　D. 可实现性

13. 绩效管理和绩效考评中,"侧重点和采取的方式不同"主要是指(　　)。

A. 参与主体有差别。

B. 各参与主体发挥的功能、扮演的角色有差别。

C. 相较于绩效管理，绩效评估过程中主管和员工需要的信息更对称一些。

D. 相较于绩效考评，绩效管理过程中更强调持续的沟通和反馈。

14. 被考评者完成工作任务之后，重视分析成本和收益的对比情况。这强调的是绩效的(　　)。

A. 效果性　　B. 效率性　　C. 效能性　　D. 效益性

15. 下列关于绩效的相关说法错误的是(　　)。

A. 绩效强调的是活动的客观效果，因此绩效的界定应当分离行为和行为的结果。

B. 绩效随着主体的不同，呈现出不同的层次。

C. 绩效具有效果性、效益性和效率性。

D. 绩效根据考评项目的特质，可以分为结果绩效和过程绩效。

二、多选题

1. 绩效的特点主要是(　　)。

A. 效果性　　B. 效能性　　C. 效益性　　D. 效率性

2. 绩效管理和绩效考评的区别主要有(　　)。

A. 目的和作用不同　　B. 人员的参与方式不同

C. 内容不同　　D. 侧重点及采取的方式不同

3. 绩效的分类主要有(　　)。

A. 整体绩效和个体绩效　　B. 显绩效和隐绩效

C. 任务绩效和过程绩效　　D. 关系绩效和周边绩效

4. 绩效考评的内涵包括(　　)。

A. 做出评分结论

B. 对有关绩效信息进行观察、收集、组织、贮存、提前与整合

C. 判定与评定任务是否相关，确定信息收集与整理工作的范围

D. 设定科学的方法、标准和程序。

5. 组织绩效考评与管理的现代方法主要有(　　)。

A. 雷达图分析方法　　B. 平衡计分卡方法

C. 标杆管理方法　　D. KPI 分析方法

6. KPI 分析方法的原则包括(　　)。

A. 具体化　　B. 可操作化

C. 时限性　　D. 可实现性和现实性

7. KPI 根据其特点,可以分为(　　)。

A. 数字型　　B. 时限型　　C. 项目型　　D. 混合型

8. BSC 考评与管理方法的核心指标包括(　　)。

A. 经济绩效指标　　B. 客户绩效指标

C. 外部运作绩效指标　　D. 学习与成长绩效指标

9. 标杆管理根据其所参照的对象,可以划分为(　　)。

A. 内部标杆管理　　B. 流程标杆管理

C. 竞争标杆管理　　D. 职能标杆管理

10. 一般而言,完整的绩效考评指标结构包括(　　)。

A. 考评要素　　B. 考评主体　　C. 要素标志　　D. 状态标度

11. 根据绩效考评方法设计的基础和步骤的差异,绩效考评的方法可以分为(　　)。

A. 人格基础型　　B. 行为基础型

C. 结果基础型　　D. 品质基础型

12. 我国公务员考核内容中"德"主要包括(　　)。

A. 工作作风　　B. 政治思想　　C. 职业道德　　D. 品德修养

13. 我国公务员考核的原则包括(　　)。

A. 客观公正　　B. 注重实绩　　C. 民主公开　　D. 自主自律

14. 我国公务员考核的基本方法主要有(　　)。

A. 民主公开　　B. 领导与群众相结合

C. 严格考核　　D 平时与定期相结合

15、改进我国公务员绩效考评与管理的出路主要有(　　)。

A 实行绩效考评与管理责任制　　B 建立科学的考评与管理指标体系

C 变单纯的考评为绩效管理　　D 推进分级分类考评与管理

三、思考题

1. 试分析绩效管理与绩效考评的区别。

2. 组织绩效考评与管理的方法有哪些?

3. 试回答绩效考评方法的基本类型及特点。

4. 常用的个人绩效考评、管理工具和方法有哪些?

5. 简述我国公共部门绩效考评的发展方向。

【案例与讨论】

甘肃省非公有制企业评议政府绩效①

2005年3月8日，甘肃省政府2005年第一次新闻发布会发布了《甘肃省非公有制企业评议政府工作报告》。这份通过上万份问卷和多次调研座谈形成的报告，出自独立的第三方——兰州大学中国地方政府绩效评价中心。该中心是一个学术性的非政府中介机构。这项被外界称作"兰州试验"的第三方政府绩效评价在全国尚属首次，"外部评价"作为一项制度创新实践而备受瞩目。同时，如此规模的非公有制企业评议政府活动，在全国也是史无前例。

改革开放初期，1978年浙江省人均GDP为242.2元，甘肃省人均GDP高于浙江省，为275.2元。经过20多年的改革开放，到2002年浙江省GDP总量为7670亿元，民营经济占全省GDP总量的87%；甘肃省GDP总量为1161亿元，还不到浙江省的六分之一，国有经济、集体经济占全省GDP总量的75%左右，而民营经济只占25%左右。甘肃省委书记在一次省委全委会的讲话中说甘肃与全国的差距在全面拉大。与东部地区的巨大差距是刺激省政府下决心做此次评议的重要原因。

通过研究，中心一共列举了39个问题，把甘肃省39个省直属职能部门和14个省内市、州分成两类，给非公企业开出了两份问卷。这两份问卷长达14页，内容囊括了政府部门依法行政、履行职能、廉政建设、制度建立等方面。问卷可分为三个层次，内容包括：处理问题是否有相互推诿的现象，是否经常遇到吃拿卡要的情况，是否存在乱收费的问题，等等。据介绍，这项问卷调查共发放问卷15750份，收回有效问卷10261份，回收问卷率为65.15%。

评议报告显示，评议主体包括各地有代表性的非公有制企业、省政府评议组和评议工作专家委员会。评议指标按照市、州和省属两类评议对象分别设置。

省政府所属职能部门绩效评价指标体系由职能履行、依法行政、政风与公务员素质、服务质量4个一级指标、9个二级指标和31个三级指标构成。事实上，按照非公有制企业、省政府评议组和评议工作委员会这三个评议主体，分别设置了评议指标。但是对非公有制企业的评议，在形式上采用了问卷调查和绩效计分表结合的方法，省政府评议组和评议工作专家委员会采用了绩效评分的

① 案例来源：谭融主编：《公共部门人力资源管理：理论与案例》，天津大学出版社2008年版，第173—174页。

形式。在这三个评议主体中,从绩效指数来看,非公有制企业评议组占60%的权重,省政府评议组占20%的权重,评议工作专家委员会占评议权重的20%。

报告对"首问责任制"的落实情况的评价,以非公有制企业的满意率来衡量评价事实。在省属部门设置了8项指标,市、州政府设置了10项指标进行了评价。据介绍,每项指标用了"非常满意""满意""一般""不满意""非常不满意"这五个等级来测量,非公有制企业的满意率由"非常满意"和"满意"两项测算结果得出。

甘肃省政府此举受到非公企业的欢迎。甘肃奇正藏药集团董事长称这是"可喜的进步,回归理性的做法"。"通过评议,可以使政府的公务员明白为谁服务,明白自己在哪些方面做得好,哪些方面做得不好,以便改进作风,不让政府的意愿在具体的实施中衰减。"还有民企老总认为,政府能将评价自身的工作委托给一个学术机构,说明政府越来越相信民间的判断力。

讨论题:

1. 你怎样看待"第三方绩效评估"?启用第三方评估的机制对于我国政府绩效考评的发展具有何种意义?

2. 在第三方对政府绩效进行评估的活动中,有哪些方面应该值得注意和改进?请提出你的建议。

方正电脑的绩效管理①

1999年,方正电脑公司的第一套全面考核体系正式实施,至今已经发展到第三版了。第一套体系的贡献在于建立起绩效考核的观念;2000年第二套考核体系则提高了绩效指标与工作的相关性,进一步提高了考核的有效性;2001年,在公司规模扩大与业务细分的情况下,单一的绩效考评已不能满足公司的发展需要,绩效管理是连接组织战略和成果的一个重要环节,随着公司的发展,第三套版本开始建立起来。

方正电脑公司的绩效管理目的明确,首先是客观考评员工工作绩效,帮助员工提升自身工作水平,从而提升公司整体绩效。其次是加强员工与管理人员就工作职责、工作期望、工作表现和未来发展方面持续的双向沟通。最后,给员工与其贡献相应的激励。

在这个体系中,公司全体成员都扮演着重要的角色:高层管理者是倡导者和核心;人力资源部是体系构架者、宣传者和维护者;部门经理是设计者和执行

---

① 改编自《MBA经典案例——方正电脑公司的绩效管理》,http://henan.sina.com.cn/edu/shangxueyuan/2011-08-23/206-25876.html,2016年3月1日访问。

者;员工则是参与者和反馈者。

(1) 在这个体系中,工作表现考核表列出了公司的核心价值观的五个指标,分别为严格认真、主动高效、客户意识、团队协作、学习总结。这张表是员工的行动纲要,它体现的主要是引导职能。公司希望每个员工将价值观融入血液中,落实到行动中。

(2) 绩效计划考核表列出了季度主要工作项目、考核标准、权重及资源支持承诺。每个季度之初,员工依据本岗的《岗位说明书》、部门的工作目标,按照SMART的原则制订本季度个人的绩效计划。例如,销售人员、产品经理主要通过销售收入、客户的考评、库存、毛利等因素来考评;研发人员主要通过项目的时效性及创造性来考评。绩效计划将作为本季度的工作指导和考核依据。考核由员工自评及员工上级考评分别进行,通过面谈交流并达成一致。实际上,这张表就是一张目标设定和考评表,它体现的是监督职能。

(3) 季度末以部门为单位将员工的考核结果进行排序,按照一定的比例分布归入七个等级。绩效考评结果直接影响员工的绩效工资。为了加强激励作用,不同性质的岗位,绩效工资比例大小不同,而且加大了不同等级的业绩表现奖惩的力度。

绩效管理体系随着公司的发展也需要不断更新,要让管理者掌握绩效管理的理论并主动参与到绩效体系的设计中,能够从不同的业务角度和管理高度对绩效管理体系提出具有建设性的改进建议,以保证组织目标的顺利达成。因此,在积极推动现有绩效体系的同时,我们也积极寻求绩效体系的下一个完美版本。

讨论题:

1. 案例中绩效考评运用了哪些方法?有何优缺点?
2. 案例中的绩效考评制度还应如何改进?

【建议阅读文献】

1. 方振邦等:《战略性绩效管理》,中国人民大学出版社2014年版。
2. 萧鸣政:《人员测评与选拔》,复旦大学出版社2010年版。
3. 萧鸣政:《现代绩效考评技术及其应用》,北京大学出版社2007年版。
4. 〔加〕加里·P.莱瑟姆、肯尼斯·N.韦克斯利:《绩效考评致力于提高企事业组织的综合实力》,萧鸣政等译,中国人民大学出版社2002年版。
5. 胡晓东:《美国(联邦)政府公务员绩效管理体系研究》,光明日报出版社2012年版。

6. 〔美〕赫尔曼·阿吉斯:《绩效管理》,刘昕、柴茂昌、孙瑶译,中国人民大学出版社2013年版。
7. 王小刚:《战略绩效管理最佳实践——实战案例解析》,中国经济出版社2013年版。
8. 〔英〕安迪·尼利、克里斯·亚当斯、迈克·肯尼尔利:《战略绩效管理——超越平衡计分卡》,李剑锋等译,电子工业出版社2004年版。
9. 〔美〕西奥多·H. 波伊斯特:《公共与非营利组织绩效考评:方法与应用》,中国人民大学出版社2005年版。
10. 赵晖:《政府绩效管理与绩效评估》,南京师范大学出版社2011年版。
11. 〔美〕迪恩·R. 斯彼德:《绩效考评革命:反思考评方式、驱动团体成功》,龚艺蕾译,东方出版社2007年版。
12. 徐延利主编:《绩效管理:理论、方法、流程及应用》,经济科学出版社2011年版。
13. 〔加〕吉姆·克莱默:《高绩效管理者》,任月园译,海天出版社2011年版。
14. 孙洪敏:《将依法行政纳入政府绩效管理》,《南京社会科学》2015年第1期。
15. 吴绍棠、龙玎等:《绩效管理的变革与创新研究》,《湖北经济学院学报》2014年第1期。
16. 郑方辉、廖鹏洲:《政府绩效管理:目标、定位与顶层设计》,《中国行政管理》2013年第5期。
17. 廖建桥:《中国式绩效管理:特点、问题及发展方向》,《管理学报》2013年第6期。
18. 刘华:《公共部门绩效考核指标体系的构建》,《东南学术》2013年第2期。
19. 徐峰:《人力资源绩效管理体系建构:胜任力模型视角》,《企业经济》2012年第1期。
20. 郑方辉、段静:《省级"政府绩效评价"模式及比较》,《中国行政管理》2012年第3期。
21. Samson, Stephen L., *MVS Performance Management: Mechanisms and Methods*, New York: McGraw-Hill, 1990.
22. Grote, Richard C., *Forced Ranking: Making Performance Management Work*, USA, Cambridge: Harvard Business School Press, 2005.
23. Van Dooren, Wouter, Geert Bouckaert, and John Halligan, *Performance Management in the Public Sector*, New York: Routledge, 2015.
24. Mone, Edward M., and Manuel London, *Employee Engagement through Effec-*

tive Performance Management: A Practical Guide for Managers, New York: Routledge, 2014.

25. Brunnert, Andreas, et al., "Performance Management Work", *Business and Information Systems Engineering*, Vol. 6, No. 3, 2014.
26. Trebble, Timothy M., et al., "Clinically Led Performance Management in Secondary Healthcare: Evaluating the Attitudes of Medical and Non-clinical Managers", *BMJ Quality and Safety*, Vol. 24, No. 3, 2015.
27. Gruman, Jamie A., and Alan M. Saks, "Performance Management and Employee Engagement", *Human Resource Management Review*, Vol. 21, No. 2, 2011.
28. Yigitbasioglu, Ogan M., and Oana Velcu, "A Review of Dashboards in Performance Management: Implications for Design and Research", *International Journal of Accounting Information Systems*, Vol. 13, No. 1, 2012.

第八章　薪酬管理

【教学目标与方法建议】

通过本章教学，应该掌握以下内容：

1. 薪酬的含义、形式与功能以及薪酬的基本构成

2. 薪酬管理的含义、目标、内容与原则

3. 薪酬设计中的主要环节：薪酬调查、职位评价、薪酬结构设计的主要内容与方法

4. 公共部门薪酬的特点、设计原则、内容、确定程序等

5. 我国公共部门薪酬制度改革的成绩、问题与发展方向

教学方法建议：建议采用课堂讲授、案例分析和实地考察相结合。

如何吸引和留住人才，如何提高组织绩效并处理好员工分配之间的关系，如何客观、公正、公平、合理地补偿为组织做出贡献的劳动者，从而既有利于组织的发展，又能保证员工获得物质和精神上的满足，是任何组织都必须面对的课题。作为人力资源管理中最为重要的激励手段，薪酬管理的合理运用有利于解决上述问题，进而加强组织的凝聚力，促进组织的发展。

第一节　薪酬概述

一、薪酬的含义及功能

薪酬有广义薪酬和狭义薪酬之分。广义的薪酬是指员工在组织中通过工作而获得的所有利益的总和，它不仅包括货币及可折算成货币的实物等物质利益，也包括非物质的回报，如表扬、晋升、决策的参与、名誉地位等带来的心理满足。狭义的薪酬可以分为两种形式：一种是直接薪酬，即以工资、奖金、股票期权、利润分享等形式支付的直接货币报酬；一种是间接报酬，即以保险、休假等各种福利形式支付的间接货币报酬。本章中的薪酬除非特别注明，皆指狭义的薪酬。

薪酬一般具有以下三方面的功能:

(1) 补偿功能。员工在劳动过程中要消耗体力和脑力,员工通过劳动得到薪酬,就可以用它来购买物质生活资料,以恢复体力和脑力,从而保证劳动力的生产和再生产,使工作继续进行下去。同时,员工还可以将部分薪酬用于自我教育开发,以增强劳动能力,提高自身素质,从而实现劳动力的增值再生产。另外,员工大多还承担着抚养孩子和赡养老人的责任,薪酬还用于家庭的开支。

(2) 激励功能。薪酬的激励功能就在于它是全面满足员工多种需求的重要基础。合理而公平的薪酬水平和薪酬制度,不仅可以满足员工及其家庭的基本生活需求,使员工产生安全感和对预期风险的心理保障意识,从而增加对组织的归属感,而且还可以满足员工对认同、名誉、成就等更高层次的需求,从而提高员工的劳动积极性。

(3) 调节功能。薪酬的差异可以促进人力资源的合理流动和配置。在组织内部,不同部门、不同岗位之间由于工作不同,客观存在着劳动强度、工作条件、工作性质上的差别。比如,员工愿意到劳动强度小、劳动工作条件好的部门和岗位去工作,就会出现有些部门或岗位劳动力供不应求而另一些部门或岗位劳动力则供大于求的现象。为了消除这个现象,组织可以通过调整内部薪酬水平来引导人员流动,实现人力资源的合理配置。另外,组织还可以利用报酬的差异从市场上吸引急需的人才。

总之,薪酬是影响人们工作选择的重要因素。为了能够雇用和留住有价值的员工,并使之以出色的绩效回报组织,雇主必须保证薪酬制度具有合理的竞争力。

二、薪酬的基本构成

薪酬的构成是指薪酬的各种组成成分及其在薪酬总量中的比重。一般说来,薪酬主要由基本薪酬、可变薪酬(奖金)和福利三个部分组成。为了更好地体现按劳付酬原则,实现对工作人员的激励,薪酬的各个成分各有侧重地发挥着不同的功能。

(一) 基本薪酬

基本薪酬是员工收入的主要部分,通常依据员工所在职位情况及本人的资历条件计付,能够较全面地发挥工资的各项功能,促使工作人员完成各项工作任务。

在西方国家,传统上来讲基本薪酬分为薪水(salary)和工资(wage)两种类型。薪水是管理人员和专业人员(即白领职员)的劳动报酬,一般实行年薪制或月薪制。工资是体力劳动者(即蓝领员工)的劳动报酬,一般实行小时工资制、日工资制或月工资制。在中国,薪酬没有上述两种类型之分。

通常情况下,基本薪酬常常包含津贴部分。津贴是给予在特殊环境下工作的员工的一种货币报酬,其目的是补偿员工在特殊环境下工作的健康和精神损失,保护员工的身心健康,稳定特殊岗位的员工队伍,并且充分发挥导向作用,吸引更多的人来从事该项工作。

津贴一般分为地区津贴和岗位津贴。每种津贴都有特定的补偿目标,具有单一性和均等分配的特点,其发放的主要依据是工作环境的优劣,而与工作者的劳动数量和质量不发生直接关系。

（二）可变薪酬(奖金)

奖金是根据组织的整体绩效或个人业绩而发给工作人员的物质奖励,是直接经济性报酬。作为薪酬的重要组成部分,奖金是对劳动者超过定额劳动或做出显著成绩的物质鼓励,反映了劳动差别,更好地贯彻了按劳付酬的原则,有助于更好地调动组织工作人员的积极性,提高工作效率,更有效地实现组织目标。

（三）福利

福利是指为满足员工生活方面的共同需要或特殊需要,组织给予所有员工的间接经济性报酬。一般说来,福利可分为法定福利和自主福利两种类型。法定福利是根据国家政策法律而支付的福利,具有强制性和保障性的特点,如基本养老保险、失业保险、工伤保险、法定休假等。自主福利是组织根据自身情况而提供的福利,具有个性化和激励性的特点,如各种带薪休假、托儿服务等。

作为薪酬的重要组成部分,福利具有以下特点:第一,福利具有刚性的特点,一般说来,一旦设立,难以随便取消,或者说如若减少或取消,它所遇到的抵触会相当大;第二,它与直接薪酬不同,往往采用实物支付或是延期支付等形式,支付方式多种多样,而不限于货币或是当期支付;第三,一般说来,福利,特别是法定福利,与个人能力和绩效无关,是面向全体员工平均分配的。

近年来,福利在薪酬中所占的比例越来越高,究其原因,主要有以下几点:一是相关法律的颁布与实施,要求雇主必须为员工提供社会保险等相关福利;二是多数福利是以非现金形式支付的,可以使员工既得到实惠,又不必交税;三是福利的激励作用越来越受重视,一些雇主强调设计出具有吸引力的福利计划,以获得人才竞争的优势。

三、薪酬体系类型

薪酬体系是指依照一定的分配原则而建立的一套薪资收入分配的规章制

度、措施以及所采用的各种分配形式的总和。一般说来，薪酬体系主要有以下几种类型(参见表8-1-1)：

表8-1-1 四种薪酬体系类型比较

薪酬体系类型	特点	优点	缺点
技能工资	根据工作技能确定工资	有利于提高员工素质及内部交流	对工作本身关注不够，不易实现同工同酬
职务工资	根据职位性质、责任等确定工资	较好地贯彻同工同酬原则，比较公正	无法反映员工能力差异和贡献大小
年功工资	根据工龄经历等确定工资	鼓励员工为组织长期工作，操作简单	不利于年轻有为的员工成长
绩效工资	根据绩效确定工资	激励效果明显	易助长员工短期行为及恶性竞争

(一) 以技术或知识为基础的薪酬体系

这是一种以雇员的工作技能、知识为基础的薪酬体系，它依据工作人员的知识类型、技能水平和熟练程度等确定其薪资水平。对于一个组织来说，这种制度有利于建立一支训练有素且灵活性强的员工队伍，有利于促进组织目标的达成而不是关注职位本身，有利于激励工作人员提高自身素质和在组织内部的交流。这种薪酬体系比较适合于对工作技能和熟练程度要求较高并且工作内容不固定的组织；它的不足之处在于对于工作本身的关注相对较少。

(二) 以职位和责任为基础的薪酬体系

这是一种根据组织工作职位的特点与工作价值和责任的大小，决定薪资标准的薪酬体系。职位和责任薪酬体系的基础是职位评价，一般依据该职位对工作人员的知识、技能需求和工作复杂程度、责任大小及工作环境等因素来确定工资标准。也就是说，同一岗位的员工工资相同，不考虑本员工的经验、知识、技能及其他方面的能力。它的优点是较好地贯彻了同工同酬原则，比较公正；缺点是无法反映员工的能力差异和工作贡献差异。

(三) 以年资为基础的薪酬体系

这种薪酬体系以员工的工作年限为基础来设定薪资标准，工作时间长的员工工资高，工作时间短的员工工资低。这种制度的优点是鼓励员工为组织长期工作，标准明确，操作比较简单；缺点是不利于年轻有为的员工成长。

（四）以绩效为基础的薪酬体系

这种薪酬体系是将薪酬与特定的绩效目标相联系，也就是说，员工的薪酬不是事先固定的，而要根据其工作表现及预定绩效目标的完成状况来确定。从理论上说，这种制度能够激励员工改进绩效，从而促进组织目标的实现。但是在实践中，绩效工资制的实行也会产生一些负面作用，例如，容易导致员工过分注重短期绩效而忽视长期绩效，容易导致员工之间的恶性竞争等问题。

事实上，上述薪酬体系只是最基本的四种类型，它们各自具有不同的特点，并且每一种都不是完美无缺的。在现实生活中，很少有纯而又纯的类型，薪酬体系的设计常常是以一种基本的薪酬体系为基础，同时兼具其他类型的制度特征。例如，美国公务员实行的薪酬制度就是以一种以岗位和责任为基础的薪资体系，它按照工作性质、工作环境等因素对职位进行分类，确定不同的职等和职级，并在此基础上，给予每一职等和职级不同的工资标准。但是雇员的职等和职级的确定也参考其知识与技能水平，如高中毕业生一般定级为 1—2 等；大学毕业成绩一般者定为第 5 等，成绩优秀者定为第 7 等；获得博士学位者定为第 11 等。在升职提薪的问题上则实行考绩制。员工的绩效决定他能否加薪提职，考绩成绩为满意者升一级，不满意者不得升级，成绩优异可以越级提升。

第二节　薪酬管理

一般而言，薪酬管理是指组织根据自身的发展战略和目标，依据国家政策与法律，并综合各方面的因素，确定组织的薪酬策略、薪酬制度等并付诸实施的整个过程。

一、薪酬管理的目标

作为人力资源管理的一项重要职能，完善的薪酬管理能够帮助组织实现下列目标：

（1）帮助组织吸引和留住组织需要的优秀员工。组织支付的薪酬是员工主要的生活来源，能够确保和维持员工的基本生活需要。对绝大多数员工来说，薪酬是促使他们工作、努力工作的最大诱因。薪酬制度对员工的态度和行为都有很大影响，它是吸引或保留组织需要的员工的最为重要的手段。

（2）鼓励员工提高工作所需要的素质和技能，并增进员工工作绩效。完善的薪酬制度和有效的薪酬管理具有较强的导向作用，能够激励员工不断地提高自身素质和工作技能，改善自身的工作绩效，从而使组织的整体绩效得到提升。

(3) 协助组织完成整体人力资源管理的策略目标与组织整体战略目标。薪酬制度是实现整体人力资源管理策略乃至组织整体战略目标的强有力工具。通过薪酬管理的有效实施,可以把员工的兴趣、工作的行为和组织的目标结合起来。

(4) 控制组织成本。薪酬是组织的主要成本,薪酬管理的一项重要任务就是合理控制这项成本,保证组织既能在劳动力市场上具有竞争能力,又能在产品和服务市场上立于不败之地。

二、薪酬管理的内容

具体而言,薪酬管理的主要内容包括薪酬策略的制定、薪酬制度的设计与实施、薪酬预算审计、薪酬调整等等。

(一) 薪酬策略

薪酬策略,是指组织依据战略规划、工作任务、组织文化等,对薪酬管理活动所制定的总体原则和方向,这是一个组织薪酬管理工作的出发点和依据。薪酬策略包括确定薪酬支付的依据、薪酬的公开与保密、薪酬水平策略、薪酬结构策略等。

1. 确定薪酬

确定薪酬支付的依据,也就是确定凭什么付酬。对于基本薪酬来说,组织一般需要确定是对人付酬还是对职位付酬。对人付酬就要对人的知识、技能与能力进行评价,而对职位付酬则应当进行职位评估。前者强调人的价值,衡量标准是员工个人能做什么;后者则关注职位本身,衡量标准是岗位对员工的要求。

可变薪酬一般是以绩效为付酬依据的,组织需要确定的是依据个人绩效支付奖金,还是依据团队绩效支付。一般说来,以个人绩效为基础的绩效工资方案在促进个人绩效方面比团队方案更有效。但个人绩效方案不利于员工间的合作,容易产生恶性竞争。

与此相关的薪酬策略还有基本薪酬与可变薪酬以及福利之间的比率。基本薪酬比重高,则薪酬稳定性强;可变薪酬比重高,则薪酬弹性强,激励作用明显。采用何种支付策略需要根据不同职位和不同的组织战略来确定。一般地,管理人员的基本薪酬比重低些,可变薪酬比重高些,而基层员工的基本薪酬比重高些,可变薪酬比重低些。

2. 薪酬的公开与保密

雇员薪酬保密制度主要是为了减轻一线管理人员的负担。很多组织因为担心薪酬公开会导致员工间相互攀比,给管理带来不必要的麻烦,坚持实行严格的薪酬保密制度。但是,在保密制度下,员工们无法判定组织是否真正实现了同工同酬,这无疑损害了员工的知情权,似乎与以人为本的理念背道而驰。近年来,已有越来越多的公司改变策略,实行薪酬公开制。①

3. 薪酬水平策略

薪酬水平策略是组织在薪酬管理中所需做的最重要的决策之一。尽管对于个人来说,薪酬是越高越好,但对组织而言,不管是将薪酬视为运行或生产成本,还是人力资本的投资,薪酬都不能无限上升,否则这个组织能否存续就会成为一个问题。但在市场经济的激烈竞争中,对人力资源尤其是高级人才的争夺日益激烈,组织间以高薪战略争夺人才的现象广泛存在。而组织为了留住人才,阻止过于频繁的人事流动,又不能不支付较高的人工成本,因而如何确立一个组织能够承受又具有竞争力的薪酬总额就成为一个重要问题。

企业在进行薪酬水平的决策时主要面临两方面的压力:一是产品市场竞争,一是劳动力市场竞争。产品市场竞争要求企业要尽可能地降低成本,而以薪酬为主要内容的劳动力成本是企业成本的重要部分,因而产品市场竞争决定了薪酬的上限;劳动力市场竞争则要求企业提供具有竞争力的薪酬水平,以便能够将劳动力从对手那里吸引过来并长期保留,从这个意义上讲,劳动力市场竞争决定了薪酬的下限。

除了受产品市场和劳动力市场竞争情况的影响外,企业薪酬水平决策还与组织发展的战略密切相关。不同的组织发展战略决定着不同的薪酬水平,表8-2-1列举了不同的组织发展战略对薪酬水平的影响。

表8-2-1 组织发展战略对薪酬水平的影响

发展战略	薪酬政策	薪酬水平
以投资促发展	刺激发展	高水平,贡献奖,中等福利
保持现有水平与规模	奖励内部管理改革	中等水平,标准福利,绩效工资
收获利润并向别处投资	着重成本控制,鼓励节约	低水平,标准工资,节约有奖

4. 薪酬结构策略

薪酬结构策略是指组织在薪酬设计时有关薪酬级差的决策,包括最高薪酬水平与最低薪酬水平之间的差距,以及相邻薪酬级别之间的差距。薪酬结构策

① 参见〔美〕雷蒙德·诺伊等:《人力资源管理基础》,刘昕译,中国人民大学出版社2005年版,第366页。

略与组织文化和经营理念密切相关。一般说来,美国企业的薪酬级差相对较大,强调各级各类不同工作之间工作内容、工作责任、所需技能、工作贡献等的差异,激励员工勇于承担重任。例如,有的公司认同重要员工管理理论,即组织中20%的员工创造了80%的利润,因而其薪酬策略的一项重要内容就是要偏重对重要员工的激励,它的具体薪酬制度就体现了这一原则,薪酬比较率(员工的平均薪酬水平/行业同层次员工的平均薪酬水平)明显地随级别升高而递增;而日本企业的薪酬级差相对较小,强调员工的平等,期待通过公平地对待员工,减小员工间收入差别,激发员工的团队意识和献身精神,从而促进整个组织的绩效提高。

任何组织的薪酬策略都不是一成不变的,它与组织内外的各种因素密切相关,并且必须随着这些因素的变化而变化。例如,企业的薪酬策略必须随着企业自身发展阶段的变化适当进行调整,因而薪酬策略的调整也是薪酬管理的一项重要工作。

(二) 薪酬制度的设计与实施

薪酬制度是指组织依据薪酬策略,对自身的薪酬结构、薪酬水平、薪酬形式、薪酬支付等相关内容所作规定的总称。薪酬结构指组织内部各个职位之间薪酬的相互关系。薪酬水平指组织内部各类职位以及整体平均薪酬的高低状况。薪酬形式则是指不同类型的薪酬的组合方式,如高基薪、低奖金或是中等基薪、高福利等。薪酬支付指组织将薪酬发放到每一位员工的时间、程序、方法等。例如,有的企业规定年终奖金于年终固定日期发放,而有的企业则规定年终奖金逢雇员入职纪念日发放。

薪酬制度一经制定,需要不折不扣地贯彻实施。在实施过程中,首先应当注意的是与员工的沟通,这是薪酬管理的一项重要内容。员工的理解与支持是组织中任何制度落实的基础和保障,特别是在薪酬制度做出重大调整时,沟通就更为必要,沟通不够往往会导致员工工作积极性的损害。其次,薪酬制度的制定与实施必然涉及权责分配、流程设计、违规处理等问题,因而将与之相关的运行规则制度化也是薪酬管理的重要内容。

(三) 薪酬预算与审计

在薪酬管理中,薪酬计划常以薪酬预算的形式出现,这是薪酬管理的重要环节。一般来说,薪酬预算不超过两年,包括当前财政年度和即将到来的下一个财政年度。超过两年的薪酬预算往往不够准确,很难付诸实施。

薪酬预算一般经过“三上二下”的过程。首先是自上而下地传达组织下一年度财务方针(一上),然后各级主管在这一方针的指导下完成一份本部门的预算建议(一下),报送组织最高管理层汇总调整(二上),调整统一后的方案再下发给所有相关部门,各部门对预算中分歧部分提出意见(二下),最后,预算方案再次上报最高管理层,形成最终方案(三上)。

薪酬审计是组织对薪酬预算执行情况进行的审查,通过分析薪酬计划支出及实际支出间的差异,适时控制薪酬总体支出。一般说来,劳动密集型企业,劳动力成本占生产成本比重较高,薪资支出是现金流动计划的重要组成部分,薪酬审计宜每月一次。而其他类型的组织,薪酬审计一个季度一次即可。

(四) 薪酬调整

员工的基本薪酬一般具有一定的稳定性,但这种稳定性是相对的。员工薪酬不可能一成不变,随着组织内外部环境的变化以及员工个人能力及工作情况的变化,员工的基本薪酬也需相应调整。否则,薪酬的激励作用就会大大降低,从而影响到员工的工作绩效。

薪酬调整一般分为两个层次:一是整体性调整,二是个体性的调整。

整体性调整是针对组织所有员工所进行的薪酬调整。调整的原因主要有以下几个方面:社会物价水平发生变化;基本生活费用发生变化;市场平均薪酬水平发生变化;组织薪酬策略发生变化;组织经济效益发生变化等。

整体性调整一般有三种方式:

(1) 等比式调整,即所有员工的基本薪酬都在原有基础上增加一个百分比。等比式调整保持了薪资结构内在的相对级差,但是工资偏高的调升绝对值幅度较大,很容易使薪酬偏低的员工产生“不公平”的怨言。

(2) 等额式调整,即全体员工不论原有薪酬的高低,一律给以等幅的调升。这样做会使得原有级差比缩小。

(3) 薪资指数化,即薪资与物价直接挂钩,员工薪资用指数表示,实际薪资收入等于薪资指数乘以最低生活费,最低生活费则依物价的变动而变动。薪资指数化的目的就是为了消除物价波动对员工薪资水平的影响。它与等比式调整的差别在于薪资指数化是不间断的动态调整。

个体性调整的对象是员工个体,它是个别性的薪酬调整,不是“普调”。个体性调整的原因主要有以下几个方面:职位等级或技能等级的变化;工作绩效;工作年限等。

三、薪酬管理的原则

组织在实行薪酬管理时,应当遵循公平性、竞争性、激励性、经济性、合法性等原则。

(一) 公平性

组织员工对薪酬分配的公平感,也就是对薪酬发放是否公正的判断与认识,是设计薪酬制度和进行薪酬管理时考虑的首要因素。在组织中,要根据员工贡献大小、工龄、职务的重要性等因素付给员工薪酬,使组织的员工有公平感,多劳多得,否则会挫伤员工的积极性,甚至导致员工流失。

薪酬的公平性可以分为三个层次:

(1) 外部公平性,指同一行业或同一地区或同等规模的不同组织中类似职务的薪酬应当基本相同。

(2) 内部公平性,指同一组织中不同职务所获薪酬应与其对组织的贡献度成正比。

(3) 个人公平性,指同一组织中占据相同或相似岗位的员工所获薪酬应当与其贡献度成正比。

为了保证组织薪酬制度的公平性,应当注意以下几点:

(1) 组织的薪酬制度要有明确一致的原则作指导,并有统一的、可以说明的规范作依据。

(2) 薪酬制度要有民主性与透明性。当员工能够了解和监督薪酬政策、制度的制定和管理过程,并能对政策有一定参与和发言权时,不公平感也会显著降低。

(3) 领导要为员工创造机会均等、公平竞争的条件,并引导员工把注意力从结果均等转到机会均等上来。

(二) 竞争性

竞争性是指在社会上和人才市场中,组织的薪酬水平要有吸引力,才能在人才竞争中胜出,招到所需要的优秀人才。组织要视自身的财力、所需人才可获得性程度等具体条件,具体设定其薪酬标准,但至少不应低于市场平均水平。

(三) 激励性

激励性是指要通过薪酬管理,对员工真正起到激励的作用,真正体现按贡献分配的原则,从而提高员工的工作热情,为组织做出更大的贡献。

(四) 经济性

薪酬既可以被视为成本,也可以被当作资本。是成本就要进行成本效益分析,是资本就要考虑其投资回报率。提高组织的薪酬水准,固然可提高其竞争性与激励性,但却不可避免地会导致人力成本的上升,所以薪酬管理必须考虑经济性问题，既要考虑组织的实际承受能力，也要考虑人力资源的投资是否能够得到回报。

（五）合法性

合法性是指组织的薪酬制度必须符合现行的国家政策和法律。

在薪酬管理的过程中，只有综合考虑以上要求，灵活地制定出最有效的薪酬方案，才能为组织的发展吸引到最优秀的人才，使组织在竞争中立于不败之地。

第三节 薪酬设计

在薪酬管理中，很重要的一项任务就是薪酬设计工作。在进行薪酬设计时，需要考虑的因素很多，一方面要关注组织外部环境，如国家的政策法规、地区经济的发展状况、行业的薪酬水平等。比如，组织的薪酬制度必须符合《劳动法》《劳动合同法》等相关法律的规定，组织必须根据每年公布的所在城市最低工资水平为员工调整工资，否则就是违法。再比如，薪酬设计还需要关注外部劳动力市场的薪酬水平，在设计前做薪酬调查，为薪酬水平决策提供依据。另一方面也要研究组织内部因素，如组织的战略、支付能力、岗位的差异及个人能力的不同等等。比如，薪酬制度是为组织战略服务的，不同的战略目标应当辅之以不同的薪酬制度。（参见表8-2-1）

应该说，薪酬设计是一项复杂的系统工程。在这一系统工程中，最为重要的几项工作就是薪酬调查、职位评价、薪酬结构的确定。薪酬调查帮助组织确定薪酬水平；职位评价明确组织的工作结构，为薪酬在组织内部的分配提供依据；而薪酬水平与工作结构则一起构成了薪酬结构。组织需要平衡内外部信息，并依据自身战略，制定出一套公平且具有激励作用的薪酬结构。

一、薪酬调查

薪酬调查是指收集相关组织各类人员的薪酬信息，从而确定市场薪酬水平的过程。薪酬调查主要包括下列步骤：

（一）确定要收集什么信息

在薪酬调查中，需要收集的最主要的信息是被调查职位的薪金数量，它包括：制度中的薪金范围（从最低到最高）、实际的薪金范围（当前所付的最低和最高薪金）、平均起薪、当前支付的平均薪金水平、中间值等。

薪酬调查也收集关于每个公司的总体薪酬的信息,如基本薪资、奖金、福利组合情况,奖金的形式(是当期现金发放,还是股票期权?),福利的提供项目,加班工资的发放,以及薪酬地区间差异,等等。

此外,薪酬调查还要收集与薪酬政策相关的所有信息,如了解组织收益与员工人数及劳动力成本间的比率,以便弄清企业如何通过投资劳动力而获取收益。

薪酬调查还应当注意数据的动态性,既收集当期的薪酬数据,也要掌握过去三年的数据资料,以便更好地确定市场薪酬水平。

(二)选择调查的岗位

组织在做一项薪酬调查时,通常不收集所有工作的信息,因为这样做成本太高而且浪费时间。调查者只能针对典型性、代表性的岗位进行调查,然后再将调查数据推广运用到其他岗位上。选择调查岗位时应当注意,所选岗位必须有清楚明确的工作说明书,组织之间的岗位情况应当具有相似性,且该项工作在本组织应包括相当数目的雇员。

(三)选择被调查的企业

调查对象一般包括企业在产品和劳动力市场上的主要竞争对手。对某些工作而言,如文员,本地区的劳动力市场完全可以提供;而对需求较高技能的职业来说,在本地区不太可能找到足够数量的求职者。当市场中相关的竞争对手数目非常少(例如,当数目少于20个),往往要对所有公司做调查;而当相关竞争对手较多时,往往选择一个有代表性的样本进行调查。

(四)调查结果的分析

薪酬调查的最后阶段是对调查结果进行分析。在分析中,应当注意剔除无效或错误信息,在确认数据全面、真实、准确的基础上,选择相关的统计方法对资料进行加工处理。

二、职位评价

职位评价是根据一定的评价方法,按每项工作对组织的贡献的大小,确定其具体价值的过程。如果说薪酬调查是确定组织中职位的绝对价值的话,职位评价则是对组织内部职位相对价值的确认,职位最终所得到的评价分数本身是不具有任何绝对意义的,但职位评价对薪酬方案的设计却具有极其重要的意义。

职位评价的方法主要有四种:简单排序法、分类套级法、因素比较法、因素计点法。其中应用最广的是因素计点法。

(一) 简单排序法

简单排序法是四种方法中最简单的一种。这种评价工作通常是由负责工作评价的人员根据其对组织中工作职位的经验认识和主观判断(他们对需要评价职位的内容非常熟悉),对工作职位在组织中的相对价值进行整体比较,并加以排序。在对工作职位进行比较排序时,一般要求评价人员综合考虑以下各项因素:工作职责、工作权限、岗位资格、工作条件、工作环境等。权衡组织中的工作职位在各项因素上的重要程度,并根据评价排列出职位的相对价值的次序,将其归入相应的等级中。

简单排序法最大的优点在于简单、快捷,无须复杂的量化技术,不必请专家参与,易与员工进行交流,主管者可以自行操作,成本比较低。但是,这种方法也存在很多问题:

(1) 缺少明确的职位评价标准。由于是从整体上对工作职位进行评价,因此不同工作背景的人在评价工作过程中易夹杂主观意志甚至偏见对工作职位进行不客观的排序。

(2) 缺乏精确的度量手段。这种方法只能找出工作职位之间的相对价值,并不能确定它们之间价值差异的具体大小,因而无法据此去确定某一工作职位的具体薪资。例如,出纳和会计这两项工作进行比较,根据排序法,我们只知道会计的价值比出纳的价值大,具体价值差异有多大,也就是它们之间的相对价值差距有多大就不得而知。

(3) 简单排序法只适用于那些规模较小、结构简单、职务类别较少并且评价人员对组织中的工作职位足够了解的小型组织。通常情况下,15 种职位可能是使用简单排序法的一个上限,对于大型组织则不适合采用此种方法。

(二) 分类套级法

分类套级法也属于一种简单易行的职位评价方法。它与简单排序法的不同之处主要在于,它需要预先制定一套供参照用的等级标准(即所谓“标尺”),再将各个职务与之比照(即所谓“套级”),从而确定该职务的相应级别。

分类套级法的操作步骤是:

(1) 确定职位等级结构。为了确保职位等级结构的准确性,必须掌握每一职位的详尽资料。不同性质的组织,通常情况下,影响组织职位重要程度的因素也不同。组织中的职位类型越多,职位差异越大,所要求的职位等级也就会越多。因此,准确地确定职位等级结构,需要详细对职位等级进行划分。例如,美联邦政府以八大因素对职位等级的重要程度进行评价:一是工作的难度与多样性;二是监督他人和被监督的程度;三是判断力的运用程度;四是需要创造力的程度;五是工作关系类型;六是职责;七是经验;八是所需知识。

(2) 编写职位等级说明。编写职位等级说明,需要对职位等级的概念性进行明确描述,指明本等级的职位所承担责任的性质、担任职责的难易程度及所需技能,包括工作的任务、类型及特点等应具备的特征。例如,直接监督之下从事办公室、经营或财务方面的简单例行工作。

(3) 划分职位等级。将职位等级说明编写完成后,应把组织内部所有的职位与所描述的工作职位等级定义加以对照,以确定哪一个职位进入到哪一个等级比较合适,再将其划分到一个适当的等级之中。另外,为了防止不公平现象的发生,可以专设委员会专门处理比较复杂的问题和划分过程中反映意见不一的问题。

分类套级法的优点是简单、易理解、执行快,对评价工作人员的培训要求少。通过事先规定好的职务标准及岗位描述,减少了评价人员的主观影响,很容易地将各种职位整理到一个系统下管理。其不足之处在于,此法在作关键职务分级及套级时,只作整体综合性评价,不做因素分解,难以进行精确评比,相应等级间难免有重叠之处,且评级者难免掺入较多的主观成分。因此,这种方法存在一定的局限性,仍只适用于小型的、结构简单的组织。此法也只能按各职务对组织的相对价值(或重要性)的大小,将它们的级别或顺序排出,不能指出各等级间差距的具体大小,更不能明确赋予它们对应的数值(分数),给具体薪资的确定带来困难。

(三) 因素比较法

因素比较法是一种量化的、综合性的职务评价方法,是在确定关键职位的付酬因素(即组织认为应当并愿意为之支付报酬的因素)的基础上,再运用关键职位和付酬因素制成关键职位排序表,然后将待评职位就付酬因素与关键职位进行比较,确定待评职位的工资率。简言之,就是利用付酬因素在职位与职位间作比较以确定职位的价值。

因素比较法舍弃了代表职位相对价值的抽象分数,而直接用相应的具体工资来标示各职位的价值,从而省略了“分值—工资”的转换过程。这当然简化了评价的操作过程,但由于这个因素赋值过程影响重大而且技术复杂,通常需由经验丰富的专家组成的工作小组和定薪委员会来进行。

用因素比较法作为职位评价的典型过程,通常包括八个步骤:

(1) 选择适当的付酬因素。最典型的是所需技能的高低、所费智力的强弱、所耗体力的大小、所担责任的轻重与工作条件的优劣五种因素。

（2）确定关键职位。选择在组织中涵盖面广、足以代表不同难度的同类型职位，一般选择15—30个，并对每个职位进行详细的职位职责说明和职位规格描述，找出它们的公用要素。

（3）排出因素序。即依次按所选各付酬因素，将各关键职位从相对价值最高到最低进行比较，并分别做出等级排列。不难看出，各职位在不同因素方面的排序是不同的。

（4）确定关键职位的正确工资率。

（5）赋予关键职位各付酬因素以工资额，并排出薪额序。这一步就是要决定按照关键职位的工资率从各职位月薪总值中分多少份额给各付酬因素。据此，可以排出各项职位在同一因素上的高低顺序。

（6）将因素序与薪额序进行比较，排序不一致时要进行调整，使之完全吻合。调整时有两种方法：一种是调整因素序，一种是调整关键职位各因素序的分配比重。如果不能通过调整达到完全一致，则该职位不能作为关键性职位，应放弃和更换。

（7）将待评职位就不同付酬因素与关键职位逐一进行比较，并参考关键职位各付酬因素的工资额，确定待评职位在各付酬因素上的工资额。

（8）将待评职位各付酬因素的工资额相加，得到待评职位整体工资率。

因素比较法是四种方法中最系统化且较完善的一种，不但可靠性高，而且可由职位内容直接求得具体的工资金额，又因每一因素并无赋值上、下限，故较灵活，可根据各组织的特点乃至具体待评职位的特殊情况做相应的处理，这是其他方法做不到的。不过，因素比较法开发初期很复杂而且难度大，只有专家才能胜任，故成本较高，而且由于员工不易理解它，对它的准确性与公平性易产生怀疑，它也确实还有主观成分，所以目前这种职位评价方法并不常用。

（四）因素计点法

因素计点法又称为评分法。它是目前薪酬设计中运用最普遍的一种职位评价法，也是一种比较复杂的定量化职位评价方法。此方法是事先开发出一套用作比较评价标准的标尺。它与分类套级法不同之处在于，不是对各待评职位做出总体评价，而是找出这些职位中共同包含有的“付酬因素”，即与履行指派的职责有关。同时，这些愿意为此职位支付报酬的因素反映了组织对职位担任者的要求。此方法与因素比较法的相同之处在于，两者均需要找出适当的付酬因素，而且这些因素的选择应根据本组织的特点和职位的特点进行；与因素比较法的不同之处在于，无须找出组织的关键职位作为职位评价的参照物，而是直接确定付酬因素,并赋予付酬因素以分值,从而增加了“分值—工资”的转换过程。

因素计点法的实施步骤通常包括以下几点:

(1) 确定待评职位的付酬因素。不同的职位有不同的付酬因素,一般来讲,付酬因素包括工作中所需要的技能、责任、环境等等。每一类付酬因素又包含不同的因素指标,其中,付酬因素所包含的工作中所需的知识具有多样化特点,付酬因素根据组织特点和职位类型来确定,付酬因素最少时仅两三种,最多时可达30余种。

(2) 划分等级和等级描述因素越重要,权重越大,等级越易界定,相互间越易区分,则级数越多。付酬因素的等级划分后,需要对每一因素的整体及各等级分别予以简要的描述和界定,作为每个职位在各因素等级评定时的依据。

(3) 赋予付酬因素以分值,即确定各付酬因素的总分以及这些分数在各付酬因素各等级之间的分值分配。

(4) 将待评职位逐一对照每一等级的说明,评出相应分数,并将各因素所评分数求和得到职位分值,此职位分值即为该职位对本组织的相对价值。

(5)工资转换。职位分值转换为工资有两种可以采用的方法:第一种,可设置工资转换表,根据工资转换表将职位分值直接转换为相应的工资金额。工资转换表不是给每一个职位都确定一个与其职位分值相对应的工资额,而是将所有的职位合理组合,划分成一些级别,给每一个级别指派与其价值相当的工资或工资范围,在同一级别中的诸职位按照同一工资付酬或在指定的工资范围内付酬。第二种,将组织各职位分值求和,得到组织所有职位的总分值,将组织工资总额除以组织的职位总分值,可得到每一分的工资含量,一般称为点数,用点数乘以每个职位的职位分值,就可得到每个职位的工资率或工资标准。

因素计点法的缺点是,由于要请专家利用定量技术来为每一因素划分等级和分配分数,因此成本较高,过程也较复杂,所以,采用此方法需要考虑方案的设计和可耗费的时间。此外,付酬因素、等级划分以及赋予付酬因素的分值等方面都存在一定的主观性。

三、确定薪酬结构

通过薪酬调查和职位评价,组织确定了各个职位的薪酬水平及相对价值,接下来的工作就是确定薪酬结构。一般说来,确定薪酬结构有两种方法:一是建立薪酬曲线,二是建立薪酬等级。

（一）建立薪酬曲线

薪酬曲线又称薪酬政策线，是所调查职位的市场薪酬水平和职位评价点数之间的关系曲线。

根据职位评价所得出的职位点数以及外部市场薪酬调查得到的相应职位的市场薪酬水平，我们可以画出类似图 8-3-1 的散点图，其中纵轴表示职位的市场薪酬水平，横轴表示职位的评价点数。根据图中代表目前薪酬的一系列散点，可以画出一条薪酬曲线。

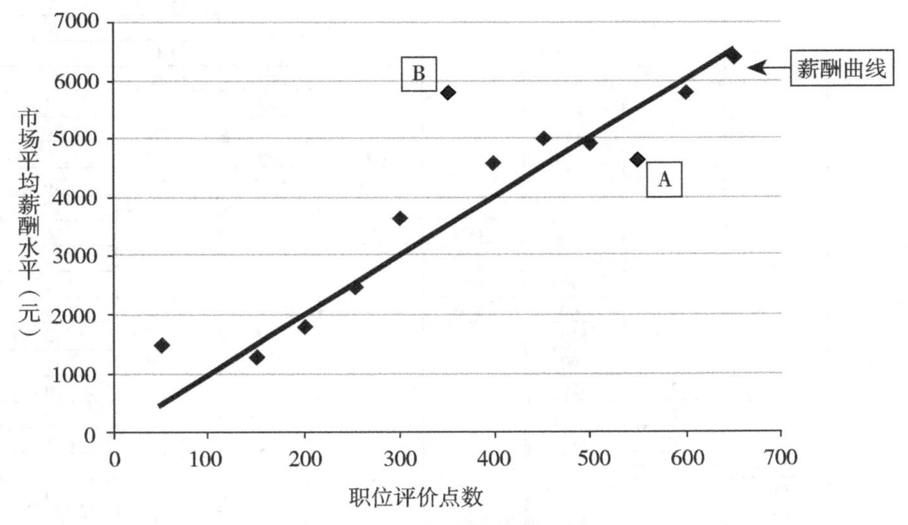

图 8-3-1 薪酬调查散点图

对于那些非调查职位来说，只要获知其职位点数，根据薪酬曲线就可以得出其薪酬金额来。

在建立薪酬曲线时，组织并非一定要用一条直线来适应职位评价和薪资调查所得到的数据。它可以根据自身的薪酬策略对薪酬曲线进行调整，曲线可以向上或向下平移，或是用曲线加以代替。

（二）建立薪酬等级

在薪酬曲线中，每一项工作根据其相对价值都有一个对应的薪酬值，但在实际生活中，给每一项工作都制定一个薪资水平过于复杂，成本过高，特别是对于那些有着成百上千个职位的大型组织来说。因而，人们常常把多种类型工作对应的薪酬值归并组合成若干等级，建立一个薪酬等级系列。

建立薪酬等级首先应当根据职位评价的结果，将工作价值及工作内容相似的职位组合在一起，形成不同的等级。处在同一等级的员工领取相同薪资。

薪酬等级的数量取决于多种因素，如组织的大小、职位的多少、职位特点及组织的薪酬政策等。

为了能在确定薪酬时具有更强的灵活性，组织通常都会为每一薪酬等级建立一个薪酬区间，也就是说，每一个薪酬等级所对应的不是一个固定的薪酬，而是设定一个空间，在最低和最高薪资之间浮动。参见图 8-3-2。

								等级
							1500	25
							1440	24
							1380	23
						1320	1320	22
						1260		21
						1210		20
					1160	1160		19
					1100			18
					1050			17
				1000	1000			16
				950				15
				900				14
			860	860				13
			810					12
			760					11
		720	720					10
		670						9
		620						8
	580	580						7
	530							6
	480							5
440	440							4
390								3
340								2
300								1
一职等	二职等	三职等	四职等	五职等	六职等	七职等	八职等	职等
1.00	1.05	1.10	1.20	1.30	1.40	1.55	1.60	薪酬调整系数

图 8-3-2 薪酬区间示意图

薪酬区间的建立方便了薪酬管理。如图 8-3-1 所示，图中大部分散点都分布在薪酬曲线周围，但也可能存在 A、B 点这样的情况。这说明 A 和 B 职位特殊，市场薪酬水平与组织内部职位评价结果不相匹配，这时就可以通过建立薪酬区间来解决问题，在决定具体薪资的问题上，通常应根据外部薪酬水平来进行调整。

目前流行的宽带薪酬制，就是改变以往僵硬的薪酬等级体系，将薪资等级融入工资变化范围更大、范围更宽的薪资带中，以增强薪资制度的灵活性、管理控制和责任制。这种制度赋予管理者更大的自主权,管理人员有权自行决定新雇员的起薪,也有权根据组织目标自行决定如何给雇员加薪。这样既简化了对薪资的管理,也有助于招募到优秀人才,并能有效地激励雇员。目前许多发达国家政府都在高级雇员的薪资中实行这种制度。

第四节 公共部门的薪酬管理

公共部门薪酬是对公共部门工作人员所付出劳动的物质和精神回报。不同的国家因为历史、文化传统不同,对于公共部门薪酬的认识也有所不同。例如,在法国人的观念中,传统的公务员报酬是为维持公务员与其职务相称的生活水准及社会地位,报酬与公务员本身所付出的劳动无关;在英国,从理论上说,一切权力都掌握在国王手中,公务员是国王的仆人,国王应当为仆人提供相应的生活条件和保护,因而薪酬是国王的恩赐;而在美国人的观念中,行政机构是一个"商业性组织",与其他企业没什么两样,因而公务员的报酬就是其劳动所得,是其享有的主要物质利益。① 在我国,公务员的报酬也被看作是公务员个人的劳动所得。

一、公共部门薪酬管理的特点

由于公共部门的特殊地位和作用,与企业薪酬制度相比,公共部门薪酬也具有一定的特殊性,比如,企业中常用的股票期权等薪酬形式,一般说来,在公共部门并不适用。总的来看,由于公职人员是执行国家公务,公职人员的薪酬来源主要是政府财政收入,因而其薪酬表现出更强的规范性和稳定性特征。具体说来,公共部门的薪酬制度具有如下特点:

(一) 政府决定薪酬

公共部门工作人员受雇于全体国民,服务于全体国民,承担社会职业分工体系中典型的公职。在此期间,从政府获得的薪酬来源于国民上缴的税赋,所以,政府掌握着雇佣与否的决定权,进而决定着公共部门工作人员的薪酬。而在私营企业,薪酬却有着本质区别,普通职员是为企业雇主服务的,职员雇佣与否的决定权掌握在雇主手中,相应地,私人雇主决定雇员的薪酬,具有更大的随意性和灵活性。

---

① 参见〔法〕夏尔·德巴什:《行政科学》,葛智强、施雪华译,上海译文出版社 2000 年版,第 459—464 页。

(二) 薪酬水平相对稳定

私营部门雇员的薪酬往往与经营业绩紧密相连,因而波动较大。而政府与私营组织的状况有所不同,一般说来,国家财力要比私营部门雄厚得多,并且收入来源稳定性强,因此,公共部门工作人员的薪酬水平可保持相对稳定,很少出现大起大落的情况。

(三) 薪酬制度规范性强、透明度高

公共部门的薪酬制度一般是国家依据有关法律制定的,等级、标准、发放规则等都相对固定,而且公开透明,任何单位和个人都无权任意改变,因而它具有很强的规范性和很高的透明度。这与私营部门经常使用的背对背发放工资的做法形成鲜明对照。

(四) 直接报酬相对较低,其他报酬相对较高

与私营部门相比,公共部门的直接报酬一般相对较低,这主要体现在公共雇员的基本薪酬水平一般低于私营组织,且往往差距较大。例如,美国在 20 世纪 70 年代联邦部门和私人部门之间的薪资差距达 30%①,此后虽经几次改革,该项差距似乎有所缩小,但仍然存在。

与私营部门相比,公共部门的其他报酬则要相对高些。尽管在近年来的政府改革中,公务员制度所一贯强调的永业制受到了挑战,但相比而言,公务员职位的稳定性与安全性还是相当高,各项福利也较有保障。更为重要的是,由于公务员是代表国家执行公务,个人因为工作常常可以获得很强的荣誉感、成就感等心理收益,因而较高的内在报酬常常是公共部门吸引人才的一个重要因素。

二、公共部门薪酬的设计原则及新趋向

(一) 公共部门薪酬设计的传统原则

良好的薪酬策略所设定的目标必须切合实际,为了保证公共部门薪酬的竞争性、公平性、灵活性,并易于管理和实施,在确定公共部门薪酬时,一般考虑以下几项原则。

1. 按劳付酬原则

按劳付酬原则,即按劳动量付酬,就是在确定公共部门工作人员薪酬时,应

---

① 参见〔美〕杰伊·M.谢夫利兹等:《政府人事管理》,彭和平等译,中央党校出版社 1997 年版,第 88 页。

以其工作职责和贡献大小为基本依据,并适当考虑积累贡献、受教育程度和地区环境等因素。《公务员法》第79条明确规定:“公务员工资制度贯彻按劳分配的原则,体现工作职责、工作能力、工作实绩、资历等因素,保持不同领导职务、职级、级别之间的合理工资差距。”

2. 效率优先、兼顾公平的原则

在确定公共部门工作人员薪酬时,应当坚持效率优先、兼顾公平的原则。也就是说,应当保证公共部门工作人员的薪酬与其所负责任相一致,真正做到责、权、利相结合,通过薪酬与贡献挂钩,保持一定的薪酬差距,激励公共部门工作人员积极进取;同时,要保证薪酬制度的公平性,对公共部门工作人员薪酬进行严格的宏观管理,增加薪酬的透明度,防止地区间、行业间、岗位间收入差距过大和两极分化。

3. 正常增薪原则

正常增薪,是指依据有关法律规定,根据社会经济发展水平和政府财政预算,由国家定期增加公共部门工作人员的薪酬。定期增薪被许多国家视为公务员薪资制度的主要原则。例如,美国规定,如果公务员绩效评定达到第三等级“良好”,则工资为一到三等的,每52周有资格升级一次;工资为四到六等的,每104周有资格升级一次;工资七到九等的,每156周有资格升级一次。日本则规定,一般职员工作良好,满12个月提薪一次,没有比例限制,成绩特别优秀的可提前增资或越级增资。

我国公务员法明确规定国家建立公务员工资的正常增长机制。国务院颁布了与之配套的《公务员工资制度改革方案》,于2006年7月正式实施。该方案规定:公务员年度考核称职及以上的,一般每五年可在所任职务对应的级别内晋升一个级别,一般每两年可在所任级别对应的工资标准内晋升一个工资档次。公务员的级别达到所任职务对应最高级别后,不再晋升级别,在最高级别工资标准内晋升级别工资档次。

4. 平衡比较原则

在确定公共部门工作人员薪酬时,应考虑平衡比较原则,即在确定公共部门工作人员工资时,应当以企业职工的薪酬水平作为参照系,力求使公共部门工作人员的薪酬水平与企业单位职工的薪酬水平大体平衡,使公务员的工资水平与社会经济发展水平相适应。

这一原则意在保持公共部门的吸引力和凝聚力,稳定公务员队伍,吸引优秀人才加盟。《中华人民共和国公务员法》第81条规定:“公务员的工资水平应当与国民经济发展相协调、与社会进步相适应。国家实行工资调查制度,定期进行公务员和企业相当人员工资水平的调查比较,并将工资调查比较结果作为调整公务员工资水平的依据。”

5. 法律保障原则

公共部门工作人员的薪酬都有明确的法律规定,强调依法管理。与公共部门工作人员享有的其他权利一样,领取薪酬的权利是基于公共部门工作人员的身份发生的,并受国家法律的保障。除国家法律、法规和政策规定外,国家行政机关不得以任何形式增加或者扣减公共部门工作人员的薪酬,也不得提高或者降低公共部门工作人员的保险和福利待遇。任何单位和个人超过国家法律、法规和政策的规定,随意扣减公务员的工资和保险福利待遇,公务员有权提出申诉,并追究法律责任。

(二) 公共部门薪酬设计原则的新趋向

近年来,随着各国政府改革的推进,组织的扁平化、团队运作模式、人力资本等新理念逐步被公共部门所接受,并在实践中得到了应用。这在某种程度上也影响了公共部门的薪酬管理,一些新的原则也开始为公共部门所重视。

1. 团队激励原则

传统的薪酬设计原则更多地关注对个人的激励作用。随着公共组织管理目标和策略的变革,传统的严格的等级官僚制遭到了更多的批判,而在组织中应用较为广泛的团队运作模式被引入到公共部门中来。团队模式更加强调合作及组织目标的达成,因而在薪酬设计上也强调进行团队激励,个人的薪酬取决于整个团队的绩效水平。尽管从激励的直接效果来看,团队激励的效果比个体激励的效果要弱,但团队激励能够鼓励团队成员间的精诚合作,减少相互间的摩擦与猜忌,避免因薪酬差距问题引发成员间的不满情绪,从而促进组织绩效的提高。目前这种激励方式已经被公共组织所接受,但在实践中更多地运用在绩效奖金的发放上,且应用范围有限。

2. 权力下放原则

传统的公共福利理论认为,公务员是为政府服务的,而政府代表全体国民,政府通过法律形式确定公务员的报酬,就代表了全体的意思,没有必要再与少数人(公务员)通过缔约协议确定报酬,否则就违背了公共福利原则。因而,从理论上说,政府(尤其是中央政府)是公务员薪酬的决策者,各政府部门乃至公务员本身并没有发言权。

近年来,随着政府改革的不断深入,传统政府观已受到了极大的冲击,政府组织不再是国家事务管理与社会事务管理的唯一权力中心。这意味着,非政府组织、非营利组织、社区组织等第三部门以及私营机构乃至公民个人,将与政府一起承担起管理公共事务、提供公共服务的责任。与此相联系,政府部门,特别是中央政府,行政管理权集中,集决策、管理与服务等多种责任于一身的局面也有所改变,政府管理职能和权限也不断向地方或部门政府转移。在薪酬制度方面,中央政府一般保有制定总体薪酬政策和准则的权力,而具体的薪酬管理权力则下放给部门和地方,在中央政策的框架下,这些下级机构有权自定薪酬政策。

三、我国公共部门薪酬制度的主要内容

我国公务员法规定,公务员薪酬制度包括工资、福利、保险三个基本部分。

(一) 工资

公务员法规定,我国公务员工资包括基本工资、津贴、补贴和奖金。公务员按照国家规定享受住房、医疗等补贴、补助。

1. 基本工资

我国目前实行的公务员基本工资制是职务工资和级别工资为主体的工资制度。职务工资主要体现公务员的工作职责大小。一个职务对应一个工资标准,领导职务和相当职务层次的非领导职务对应不同的工资标准;级别工资体现人员的资历和工作实绩。每一职务层次对应若干个级别,每一级别设若干个工资档次。公务员根据所任职务、德才表现、工作实绩和资历确定级别和级别工资档次,执行相应的级别工资标准。为了提高薪酬制度的激励效果,更好地体现按劳分配的原则,公务员法实施以后,公务员的级别由原有的15个调整为27个。基本工资是确定公务员退休金、抚恤金等项目的主要依据。

2. 津贴

公务员津贴是对公务员在特殊劳动条件下或工作环境下付出额外劳动消耗和生活费支出所给予的适当补偿。公务员津贴分为两大类:地区津贴和岗位津贴。

(1) 地区津贴。

地区津贴又分为两类:地区附加津贴和艰苦边远地区津贴。地区附加津贴主要反映地区经济发展水平、物价消费水平等方面的差异。实行地区附加津贴,可以使不同地区的公务员工资与经济发展联系起来。艰苦边远地区津贴主要是根据自然地理环境、社会发展等方面的差异,对在艰苦边远地区工作生活的工作人员给予适当的补偿。

通过实行地区津贴制度,国家可以有效控制地区间的公务员工资差距,防止差距过大,损害薪酬制度的公平性。目前,我国中央统一的地区津贴制度还

没有出台。很多地区实施了地方性的地区附加津贴制度,种类繁多,目前正在清理之中。

(2)岗位津贴。

岗位津贴是根据公务员的岗位性质及工作条件确定的,主要发给那些在苦、脏、累、险等特殊岗位上工作的公务员。公务员离开上述岗位时,相应的岗位津贴即行取消。国家对岗位津贴实行统一管理,由国务院和国务院授权的人事部门、财政部门负责。

3. 补贴

公务员的补贴,是为了保证公务员实际工资和生活水平不因外界因素的影响而下降,补偿其生活费用的额外开支,或者鼓励工作人员长期在本组织工作而设置的补助性工资。我国现行的补贴主要有住房补贴、医疗补贴等。目前,我国公务员的补贴制度还在改革中,有待将来的法规做出具体规定。

4. 奖金

公务员的奖金是对公务员工作表现和工作业绩的奖励。目前我国实行年终奖励制度,即根据公务员定期考核情况,对年度考核称职(合格)及以上的工作人员,发放年终一次性奖金,奖金标准为本人当年第 12 个月的基本工资。由于额度及金额较少,奖金的激励作用有限。

(二)福利

根据相关法律规定,我国公务员的福利主要有以下几项。

1. 休假制度

公务员现行的休假有法定节假日、年休假、探亲假、产假、婚假、丧假、病假、事假等。

其中,探亲假是为了解决公务员与分居两地的配偶、父母团聚问题而设立的。凡在公共部门工作满 1 年以上,与配偶不住在一起且不能在公休假日团聚的,可以享受探望配偶的待遇,与父母都不在一起且不能在公休假日团聚的,可享受探望父母的待遇。

年休假是国家为保护公务员身体健康,每年安排公务员集中一段时间轮休的制度。根据 2007 年 12 月 7 日国务院颁布的《职工带薪年休假条例》规定,公务员累计工作已满 1 年不满 10 年的,年休假 5 天;已满 10 年不满 20 年的,年休假 10 天;已满 20 年的,年休假 15 天。

2. 优抚制度

公务员因公致残的,享受国家规定的伤残待遇。公务员因公牺牲、因公死亡或者病故的,其亲属享受国家规定的抚恤和优待。这是公务员福利制度的重要组成部分。

3. 其他福利

目前,我国主要的公共部门工作人员福利设施有:

(1) 为满足公务员共同需要、减轻公务员的家务劳动、方便生活并使公务员获得优惠服务而建立的集体福利设施,如食堂、托儿所、幼儿园、浴室、理发室、疗养院等。

(2) 为满足公务员文化生活需要提高其身体、文化素质而建立的文体福利设施,如文化宫、俱乐部、图书馆、游艺厅、体育场、游泳池等。

(三) 保险

《公务员法》第83条规定:“公务员依法参加社会保险,按照国家规定享受保险待遇。”目前我国公务员的保险制度还处在初步建立阶段,其主要内容如下:

(1) 公务员因公负伤、致残、死亡的保险待遇;

(2) 公务员非因公负伤、致残、死亡的保险待遇;

(3) 公务员疾病的公费医疗和保险待遇;

(4) 公务员生育的保险待遇;

(5) 公务员退职退休的保险待遇;

(6) 公务员待业期间的保险待遇;

(7) 公务员供养直系亲属的保险待遇;

(8) 公务员集体保险待遇。

对上述公务员保险项目的实施范围、待遇标准、资金来源和管理办法,国家都要通过法律或法规的形式,予以具体明确的规定,以便使公务员保险制度的实施依法进行。具体内容请参考第十一章第二节的内容。

四、公共部门薪酬的确定程序

薪酬的确定程序是薪酬管理的一个重要环节。传统观点认为,公共部门薪酬应由政府全权决定,但随着现代社会对劳动者权利的重视,许多国家在薪酬的确定程序中都赋予公务员一定的发言权。下面介绍几个主要国家具体的薪酬确定程序。

英国公务员薪酬的决策职能由财政部履行。政府设有公务员工资研究小组,研究小组就公务员中某些代表性职位的工资加以调查,并调查工商界中相似职位的待遇及其工作状况,以相比较。研究小组提出一份陈述性的报告,不做任何建议,送达给财政部。之后,财政部与全国惠特利理事会协商,确定一定的原则后,再与公务员工会进行谈判。如果谈判无法达成协议,则提请劳资仲裁法院文官特别厅仲裁。政府根据仲裁结果做预算,经国会通过后公布实施。各部管理的公务员工资由各部根据文官部决定的原则,与该部公务员工会谈判确定。

在美国,根据国会的授权,劳工部每年 3 月对私营组织专业人员、行政人员、技术人员和办事人员的工资进行一次全国性调查,为联邦政府一般行政人员的工资比较提供数据;由劳工部长、管理与预算局长和人事管理署长 3 人组成的总统工资顾问委员会,同由联邦政府雇员工会和劳联、产联的 5 名工会代表组成的联邦政府雇员工资委员会就下列问题进行磋商:工资调查包括哪些行业和职业?使用什么方法和程序进行工资比较?为了缩小联邦政府同私营组织的工资差别,联邦政府一般行政人员的工资调整幅度应该有多大?总统顾问经过征求联邦政府雇员工资委员会的意见后,向总统提交一份关于调整工资的建议。如果在某些问题上双方不能达成一致意见,还要另附一份报告,说明各自的不同意见。由 3 名私营组织工资问题专家组成的独立于政府的工资咨询委员会,对总统工资顾问和联邦政府雇员工资委员会的意见做出分析后,直接向总统提出自己的关于调整工资标准的方案。此外,它还对前两者存在的意见分歧,建议总统采取某种仲裁。总统对上述两个方案进行分析后,做出决定,自当年的 10 月开始实施。如果总统认为两个方案都不可行,则需自己在 9 月 1 日前向国会另外提交方案;总统在向国会提交自己的方案后的 30 天内,如果参众两院不加反对,即可在 10 月自动生效。如果两院中有任何一方不同意总统自拟的方案,都可以简单多数予以否决。总统方案被否决后,他还有权实施前两者中的某一方案。

在法国,政府每年就公务员的工资问题与最具代表性的公务员工会进行谈判和协商,双方都要从国家的支付能力和私人组织职工工资水平出发,达成有关协议。协议经政府签字后,直接成为政府法令规章中的条文,无须国会核准,立即执行。

在日本,人事院负责《公务员工资法》的解释和实施,有权就工资问题进行调查研究,制定符合职阶制的报酬标准。人事院在 5 月对全国大约 7000 多个私人组织各种工作岗位的工资进行调查,获取平均工资水平的基本数据,并与公务员的工资相比较。如果需要调整,人事院一般要咨询官方、公务员工会和民间的三方代表组成的审议会意见,并于 8 月制定工资水平和津贴标准修正方案,必要时提出工资法修改方案,提交国会和内阁。内阁以此为基础制定工资修正草案并提交国会。国会在 12 月进行审议,人事院的建议通常都能原封不动地获得通过，并于次年4月实施。

五、绩效工资制在公共部门中的实施

（一）绩效工资制的含义

绩效工资制是根据工作人员个人的工作绩效来发放工资的一种工资制度，有效的绩效工资制能保证被奖励的绩效与组织使命的实现直接相关。而且，由于工资成本随绩效的变动而变动，因此能防止工资成本过分膨胀，直观透明。

绩效工资制的假设前提是人们可以被经济利益所激励，同时也反映了一种基本观念，即一个人的工资报酬应当真实反映他为组织所做的贡献。因而，绩效工资制普遍为各类组织所认可。

绩效工资制建立在对工作人员进行有效的绩效评估的基础上，以工作绩效为关注的焦点，它按工作人员绩效的高低划分出不同的工资级别档次。业绩出色，则工资高；业绩不佳，则工资低。绩效工资制激励性较强，能调动员工，特别是业绩突出者的工作积极性，从而有助于提高组织绩效，形成良性循环。

（二）绩效工资的影响因素

影响绩效工资的因素很多，一般认为，为了达到激励目的，实现最佳激励效果，良好的绩效工资体制必须考虑以下几个因素：

（1）工作人员必须了解本部门绩效工资制度的具体内容，例如，何种工作绩效将获回报，将获何种回报，等等；

（2）工作人员必须拥有实现预期绩效的机会，否则，不管绩效工资制度如何完美，也没有实际价值和意义；

（3）达到所要求的绩效目标，必须具备一定的知识、技术和技能，工作人员必须相信自己具有能够达到这些要求的素质；

（4）必须让工作人员相信，如果工作出色，组织将对他们进行金钱上的奖励，并且将会公平分配，而且应当让工作人员感受到这种公平性。

可见，对于任何组织来说，只有充分关注上述环节，并切实落实，绩效工资制才有可能成功实施，达到原有的设计目标。

（三）公共部门绩效工资制的实践及其问题

尽管绩效工资制的成功实施并非易事，但由于公共部门工作的性质一般要求工作人员运用较大的酌情权，监控比较困难，而绩效工资关注工作结果，能有效地奖励和激励表现优异的人员；也由于“绩效工资制已经在我们社会的宪政秩序中形成了某种根深蒂固的观念”，“它是整个用以保持政府体制合法性的仪式和神话的一部分,即政府是负责且有效率的"①,因此各国政府大都知难而进,在推行绩效工资制方面做着各种各样的尝试。

但是,由于公共部门的特殊性,各国政府绩效工资制的实践成果并非想象中的那么有效。例如,20 世纪七八十年代,美国政府解决公共问题的能力受到批评,这也导致了政府规模的缩减和政府行为模式的"企业化"。这也直接导致了公共部门尝试采用以绩效工资制为基础的工资制度。在美国,1978 年文官制度改革后,为高级雇员规定了绩效工资,但却未达到预期目标。

对于公共部门来说,实行绩效工资制要面对更为复杂的情况,比如:

(1) 绩效标准难以量化或确定,并且个人与集体工作难以区分,致使绩效工资的确定和施行困难重重。

(2) 工会介入、法律限制或政治力量的介入等特别情况,使本已十分复杂的绩效工资更加难以确定和施行。

(3) 在公共部门,很多工作的完成不是依靠个体的力量,而是很多人协作的结果。绩效工资通常授予个人,导致公务员之间的收入差距加大,影响公务员之间的和睦关系。因此,不管绩效工资如何分配,均可能损害团队精神。

(4) 由于公共部门工作的特殊性,许多工作的成果需要长时间来检验。绩效工资容易导致员工过分注重短期绩效而忽视长期绩效。

(5) 公共部门的绩效工资额度通常是固定的,而且是有限的,因而作为激励手段效果有限。

正因为这些因素的存在,绩效工资制在公共部门的实施很难达到预期效果。由于缺乏充足的财政支持,绩效工资无法确立一个有效的监控机制,绩效评估往往流于形式;工作人员对奖励的公正性表示怀疑,在某些国家,绩效工资制甚至遭到雇员的强烈反对,绩效工资制度的真正价值难以充分发挥。

为了更好地发挥绩效工资的作用,目前,在绩效工资制的具体设计方面,一些国家还尝试推行了个人表现花红、团队制绩效金等绩效薪酬措施,以弥补它在激励团队方面的不足。一些国家尝试加大绩效薪酬(属于可变薪酬)占薪酬总额的比重,以提升绩效工资的激励效果。比如,新加坡高级公务员的薪酬平均约有 40% 是绩效工资。这些尝试对于绩效工资制在公共部门的成功实行提供了很好的思路。

---

① 〔美〕罗纳德 · 克林格勒等:《公共部门人力资源管理》,中国人民大学出版社 2001 年版,第 189 页。

第五节　我国公共部门薪酬制度改革

一、我国公共部门薪酬制度改革与成绩

随着公务员法的颁布与实施，我国公共部门薪酬制度发生了较大变化。2006年以来，从中央到地方政府，吸取各地实施“阳光工资”经验，对公务员薪酬制度进行了改革，目前改革仍在进行之中。从目前情况看，改革取得了很大成绩，主要体现在以下方面：

（1）公务员薪酬体系得到优化。改革之前，很多地方和部门公务员薪酬总收入中，基本工资比重较小，其保障和激励作用发挥有限；而津贴、补贴、福利等所占比重较大，用去的资源往往占薪酬总额的一半左右，政府部门的负担沉重。改革之后，以职务工资和级别工资为主的基本工资，也即固定收入，在总收入中的比重大为提高，形成了一个以基本工资为基础、以津补贴为补充的薪酬体系，提高了公务员薪酬的稳定性，有利于激励公务员积极上进、努力工作。

（2）公务员的薪酬构成得到统一、简化。长期以来，虽然国家明文规定公务员工资有着统一的组成部分，但现实中，公务员的奖金、补助、津贴、补贴等名目繁多，且各地方各部门的公务员工资中项目不统一，发放中的平均主义和随意性大，造成了薪酬管理的混乱。改革之后，中央和地方政府整合了多种津贴、补贴、奖金项目，取消了不少地方或部门项目，明确了工资收入各个部分的项目与标准，为公务员工资实现阳光化管理打下了一个良好的基础。

（3）地区间、部门间公务员收入差距缩小。长期以来，不同部门、不同地区公务员之间的收入差距大的现象一直存在。“权力部门”较之“清水衙门”，发达地区较之欠发达地区，公务员的收入差距达两三倍甚至更高。通过改革，公务员薪酬体系在一定程度上得以优化统一，地区间、部门间公务员收入的非正常差距被大大缩小，基本上实现了同级同酬。

（4）“小金库”现象得到一定程度的解决。“小金库”的存在是公务员工资不够“阳光”和部门间收入不平衡的主要原因。改革后，过去的“小金库”被纳入财政部门统一管理、统一分配，有利于防止政府部门和个人寻租行为的发生。

二、我国公共部门薪酬管理中存在的问题

我国公共部门薪酬制度还在逐步完善的过程之中，目前仍然存在的问题主要有以下几个方面：

（1）薪酬的激励作用还有待进一步发挥。这主要表现在以下几个方面：一

是公务员工资难以体现绩效差异,激励作用弱化。改革后,一些地区的公务员工资中有绩效奖金一项,但在实际工作中,绩效奖金并非依照公务员的绩效评估结果发放,而是按照职务、资历等标准套发,没有起到奖勤罚懒的作用。二是年度奖金额度少,发放具有平均化倾向。目前我国实行年度奖金制度,对年度考核称职(合格)及以上的工作人员,一次性发放年终奖金,奖金为当年第12个月的基本工资,奖金额度小,激励效果有限。

(2) 薪酬制度的导向有一定偏颇。现行公务员薪酬制度中,级别差异成为决定工资水平的最重要依据,而且高级公务员与中下级公务员的工资差距加大,这在客观上容易导致一般公务员尤其是中下级公务员对权力的追逐,忽视工作实绩,从而有强化"官本位"的潜在风险。

(3) 监督和保障机制有待加强。在薪酬制度的执行过程中,一些地方仍然存在县级以下特别是乡一级拖欠公务员薪酬的现象。一些地方的薪酬管理仍然缺乏有效监督,"阳光工资"的公开透明程度仍然不够。

(4) 科学化管理的程度不够。尽管公共部门薪酬制度改革已初有成效,但是,在一定程度上,薪酬管理尚处于经验管理阶段,缺乏科学管理的基础,工作分析、职位评价制度还未实行,工资调查制度尚在建立之中,因此薪酬制度还不健全,管理体制尚需完善。

三、我国公共部门薪酬制度的发展方向

近年来,西方国家在政府改革中也不断加大薪酬改革的力度,有些国家(如新西兰)推行较激进的改革,有些国家(如加拿大)则推行渐进性的改革。总的说来,国外公共部门薪酬制度改革主要集中在以下几个方面:一是下放薪酬管理职能,让各部门按照自己的需要,根据财务负担能力,依据工作人员的表现,决定各个职级的薪酬水平和增幅;二是很多国家已减少对公务员薪酬与企业薪酬对比关系的注重,而转为以财务负担能力为主要的衡量准则;三是倾向采用弹性薪幅,采用较简化的薪酬及职级制度,以便提高部门的运作弹性;四是广泛采用绩效薪酬制。

中国公共部门薪酬制度改革需要借鉴国外经验,同时更要立足于本国的实际情况,制订详细的规划,认真部署,谨慎实施。

(1) 加快薪酬立法,确保薪酬管理工作有法可依。世界各国都很重视公共部门薪酬立法,不仅在公共部门工作人员总法中对薪酬问题做了具体规定,而且还制定了专门的薪酬法规。我国也应以法律法规的形式对公共部门工作人员的薪酬进行规范,克服传统薪酬管理中的人为因素,切实保障公共部门工作

人员的合法权益。

(2) 改革薪酬管理体制,给地方一定的自主权。首先,要建立健全有效的宏观调控体系,形成运用经济、法律手段和必要的行政手段进行调控的工资分配宏观调控体系,加强宏观管理。其次,在全国经济发展不平衡的情况下,要适当放权给地方。这样有利于解决高度统一的薪酬管理体制与地区间差异的矛盾,也有利于调动各地区发展经济的积极性。

(3) 改革薪酬制度,加大绩效工资比例。在传统人事制度下,同一级别的公共部门工作人员获得相同的报酬,尽管各国实行职位分类与品位分类的职级依据不同,但按级付酬都作为无一例外的原则。近几十年来,绩效原则已越来越受到人们的重视。参照私营部门标准,按照劳动市场工资价格确定公共部门工作人员的工资水平,根据工作结果确定奖励等做法,已被越来越多的国家所采用。

(4) 科学合理确定并调整公共部门工作人员的薪酬水平。公共部门工作人员薪酬水平的确定,要列入国家关于增加人民收入、启动消费、拉动经济增长的大背景中考虑。所以,应当加紧建立与企业同类人员的动态平衡比较机制。

(5) 改革保险福利制度。改革公共部门工作人员的保险与福利制度,是形势发展的客观要求。对于住房、医疗、养老等各项改革,应在福利上给予补偿,进一步改善和完善公共部门工作人员的保险福利制度,保证其生活水平和生活质量。

一般而言,薪酬改革的推行需时多年,必须按部就班,才能降低风险;同时,它的成功也有赖于其他领域的配套改革。例如,建立健全绩效考评和绩效管理机制,建立完善的公共部门人力资源规划及工作分析制度等,这些都是确保薪酬管理制度有效运作的基础性工作。从本质意义上讲,劳动报酬是对人工成本与员工需求之间进行权衡的结果。在制定和实施公共部门薪酬体系的过程中,及时的沟通、宣传和培训也是保证薪酬改革成功的因素之一。只有这样,才有可能逐步建立起与社会主义市场经济体制相适应的薪酬管理体制。

【本章小结】

薪酬管理作为人力资源管理的重要内容,越来越受到人们的重视。本章从薪酬的含义、形式与功能以及薪酬的基本构成入手回答了如何客观、公正、公平、合理地补偿为组织做出贡献的劳动者,从而既有利于组织的发展,又能保证员工获得经济上和心理上的满足。

薪酬是员工在组织中通过工作而获得的一切物质和非物质的回报，一般具有补偿、激励、调节三方面的功能。薪酬是影响人们工作选择的重要因素。为了能够雇用和留住有价值的员工，并使之以出色的绩效回报组织，雇主必须使其薪酬制度具有合理的竞争力。为了更好地体现按劳付酬原则，实现对工作人员的激励，薪酬的各个成分各有侧重地执行着不同的薪酬职能。狭义的薪酬主要由基本薪酬、可变薪酬（奖金）和福利三个部分组成。

薪酬管理是指组织根据自身的发展战略和目标，依据国家政策与法律，并综合各方面的因素，确定组织的薪酬策略、薪酬制度等并付诸实施的整个过程。薪酬管理的主要内容包括薪酬策略的制定、薪酬制度的设计与实施、薪酬预算审计、薪酬调整等。薪酬管理是一个复杂的过程，影响薪酬的因素很多，主要可以归纳为外在环境因素、组织内在因素和个人因素三类。

薪酬对组织而言是一种成本要素，对人力资源尤其是高级人才的争夺日益激烈，因而确立一个较为合理的薪酬水平就成为一个亟待解决的难题，为此，各类组织大多采用薪酬调查的方式来解决。职位评价对薪酬方案的设计具有极其重要的意义。职位评价是根据一定的评价方法，按每项工作对组织的贡献的大小，确定其相对价值的过程。职位评价的方法主要有四种：简单排序法、分类套级法、因素计点法、因素比较法。其中应用最广的是因素计点法。

公共部门薪酬是对公共部门工作人员所付出劳动的合法的物质和精神回报。由于公共部门的特殊地位和作用，与企业薪酬制度相比，公共部门薪酬也具有一定的特殊性。随着整个社会经济的发展和各项改革的深入，我国公共部门薪酬制度的改革已经取得了很大成绩，但是仍存在一些问题。公共部门薪酬制度改革关键之处就是下放公共部门的薪酬和职级管理职能，让各部门按照自己的需要，根据财务负担能力，依据工作人员的表现，决定各个职级的薪酬水平和增幅；同时简化职系和职级，实行更有弹性的绩效薪酬制度。

【复习思考题】

一、单选题

1. 薪酬能够全面满足员工多种需求，使员工产生安全感和对预期风险的心理保障意识，从而增加对组织的归属感，而且还可以满足员工对认同、名誉、成就等更高层次的需求，从而提高员工的劳动积极性。这表明是薪酬具有(　　)。

A. 补偿功能　　B. 激励功能　　C. 调节功能　　D. 政治功能

2. 给予在特殊环境下工作的员工的一种货币报酬，其目的是补偿员工在特殊环境下工作的健康和精神损失，保护员工的身心健康，稳定特殊岗位的员工队伍,并且充分发挥导向作用,吸引更多的人来从事该项工作,这种货币报酬是(　　)。

A. 休假　　B. 奖金　　C. 福利　　D. 津贴

3. 对劳动者超过定额劳动或做出显著成绩的物质鼓励,反映了劳动差别,更好地贯彻了按劳付酬的原则,有助于更好地调动组织工作人员的积极性,提高工作效率,更有效地实现组织目标,这种收入是(　　)。

A. 奖金　　B. 工资　　C. 福利　　D. 津贴

4. 近些年来福利在薪酬中所占的比重不断提升,关于其原因解释错误的是(　　)。

A. 相关法律的颁布与实施,要求雇主必须为员工提供社会保险等相关福利。

B. 多数福利是以非现金形式支付的,可以使员工既得到实惠,又不必交税。

C. 福利逐渐成为薪酬的核心部分。

D. 福利的激励作用越来越受重视。

5. 员工的薪酬不是事先固定的,而要根据其工作表现及预定绩效目标的完成状况来确定,因而能够激励员工改进绩效,促进组织目标的实现。但是,它容易导致员工之间的恶性竞争等问题。这种薪酬体系是(　　)。

A. 以技术或知识为基础的薪酬体系　　B. 以职位和责任为基础的薪酬体系

C. 以年资为基础的薪酬体系　　D. 以绩效为基础的薪酬体系

6. 以下关于薪酬策略的说法,正确的是(　　)。

A. 薪酬策略包括确定薪酬支付的依据、薪酬的公开与保密、薪酬水平策略、薪酬结构策略等。

B. 基本薪酬比重高,则薪酬稳定性弱;可变薪酬比重高,则薪酬弹性强,激励作用明显。

C. 倾向于以投资促发展的发展战略的薪酬策略是中等水平,标准福利,绩效工资。

D. 倾向于保持现有水平与规模的发展战略的薪酬策略是低水平,标准工资,节约有奖。

7. 薪酬整体性调整的主要原因有(　　)。

A. 工作绩效　　B. 基本生活费用发生变化

C. 工作年限　　D. 职位等级或技能等级的变化

8. 薪资与物价直接挂钩,员工薪资用指数表示,实际薪资收入等于薪资指数乘以最低生活费,最低生活费则依物价的变动而变动。薪资指数化的目的就是为了消除物价波动对员工薪资水平的影响。这种薪酬调整方式是(　　)。

A. 等比式调整　　B. 差异化调整　　C. 薪资指数化　　D. 等额式调整

9. 薪酬设计中,应用最广的职位评价方法是(　　)。

A. 简单排序法　　B. 分类套级法　　C. 因素比较法　　D. 因素计点法

10. 我国当前对于年度考核称职(合格)及以上的工作人员,发放年终一次性奖金,奖金标准为该员工当年第(　　)个月的基本工资。

A. 1　　B. 6　　C. 9　　D. 12

11. 根据我国当前的《公务员法》的规定,我国公务员的工资不包括(　　)。

A. 基本工资　　B. 福利　　C. 补贴　　D. 津贴

12. 根据工作人员个人的工作绩效来发放工资的一种工资制度,有效的工资制度能保证被奖励的绩效与组织使命的实现直接相关。而且,由于工资成本随绩效的变动而变动,因此能防止工资成本过分膨胀,直观透明。这种工资设计是(　　)。

A. 年资制　　B. 绩效工资制　　C. 职务工资制　　D. 技能工资制

13. 日本公共人事管理体系中,最重要的独立管理公务员队伍的机构是(　　)。

A. 文官委员会　　B. 国家行政学院

C. 劳务省　　D. 人事院

14. 关于职位评价各种方法的评论,错误的是(　　)。

A. 分类套级法不能指出各等级间差距的具体大小,更不能明确赋予它们对应的数值(分数),给具体薪资的确定带来困难。

B. 因素比较法不但可靠性高,而且可由职位内容直接求得具体的工资金额,又因每一因素并无赋值上、下限,故较灵活,可根据各组织的特点乃至具体待评职位的特殊情况做相应的处理。

C. 因素计点法简单、易理解、执行快,对评价工作人员的培训要求少。通过事先规定好的职务标准及岗位描述,减少了评价人员的主观影响,很容易地将各种职位整理到一个系统下管理。

D. 简单排序法只适用于那些规模较小、结构简单、职务类别较少并且评价人员对组织中的工作职位足够了解的小型组织。

15. 下列关于四种薪酬体系类型的评论,正确的是(　　)。

A. 技能工资型对工作本身关注不够,不易实现同工同酬。

B. 职务工资型鼓励员工为组织长期工作,操作简单。

C. 年功工资型有利于年轻有为的员工成长。

D. 绩效工资型较好地贯彻同工同酬原则，比较公正。

二、多选题

1. 狭义的薪酬主要包括(　　)。

A. 工资　　B. 奖金　　C. 福利　　D. 休假

2. 薪酬的功能主要有(　　)。

A. 补偿功能　　B. 激励功能　　C. 调节功能　　D. 政治功能

3. 一般而言，薪酬的组成部分包括(　　)。

A. 奖金　　B. 福利　　C. 成就感　　D. 基本薪酬

4. 关于福利的特点，下列说法正确的是(　　)。

A. 具有刚性的特点。　　B. 与个人能力与绩效相关。

C. 支付方式多种多样。　　D. 面向全体员工平均分配。

5. 薪酬体系的类型主要有(　　)。

A. 以技术或知识为基础的薪酬体系　　B. 以职位和责任为基础的薪酬体系

C. 以年资为基础的薪酬体系　　D. 以绩效为基础的薪酬体系

6. 薪酬管理的目标是(　　)。

A. 帮助组织吸引和留住组织需要的优秀员工

B. 鼓励员工提高工作所需要的素质和技能，并增进员工工作绩效

C. 协助组织完成整体人力资源管理的策略目标与组织整体战略目标

D. 控制组织成本

7. 下列关于组织发展战略与薪酬政策及薪酬水平的观点正确的是(　　)。

A. 以投资促发展的发展战略，薪酬水平是高水平，贡献奖，中等福利。

B. 收获利润并向别处投资的发展战略，薪酬政策是奖励内部管理改革。

C. 保持现有水平与规模的发展战略，薪酬政策是看重成本控制，鼓励节约。

D. 企业的薪酬策略必须随着企业自身发展阶段的变化适当进行调整。

8. 薪酬整体性调整的原因主要有(　　)。

A. 社会物价水平发生变化　　B. 市场平均薪酬水平发生变化

C. 组织薪酬策略发生变化　　D. 职位等级或技能等级的变化

9. 薪酬整体性调整的方式主要有(　　)。

A. 等比式调整　　B. 等额式调整

C. 循工龄而调整　　D. 薪资指数化

10. 薪酬管理的原则是(　　)。

A. 公平性　　B. 竞争性和经济性

C. 激励性　　D. 合法性

11. 薪酬调查的关键步骤主要包括(　　)。

A. 确定要收集什么信息　　B. 选择调查的岗位

C. 选择被调查的企业　　D. 调查结果的分析

12. 公共部门薪酬管理的特点包括(　　)。

A. 政府决定薪酬

B. 薪酬制度规范性强、透明度高

C. 薪酬水平相对稳定

D. 直接报酬相对较低,其他报酬相对较高

13. 绩效工资的影响因素主要有(　　)。

A. 工作人员必须了解本部门绩效工资制度的具体内容。

B. 工作人员必须拥有实现预期绩效的机会。

C. 达到所要求的绩效目标,必须具备一定的知识、技术和技能,工作人员必须相信自己具有能够达到这些要求的素质。

D. 必须让工作人员相信,如果工作出色,组织将对他们进行金钱上的奖励,并且将会公平分配,而且应当让工作人员感受到这种公平性。

14. 我国公共部门薪酬管理中存在的问题主要有(　　)。

A. 薪酬的激励作用还有待进一步发挥。

B. 保险制度改革滞后。

C. 监督和保障机制有待加强。

D. 科学化管理的程度不够。

15. 我国公共部门薪酬制度的发展方向主要包括(　　)。

A. 加快薪酬立法,确保薪酬管理工作有法可依。

B. 改革薪酬管理体制,给地方一定的自主权。

C. 科学合理确定并调整公共部门工作人员的薪酬水平。

D. 改革保险福利制度。

三、思考题

1. 薪酬是什么?它的功能有哪些?
2. 如何确保薪酬分配中的公平性问题?
3. 现代薪酬管理理念较之传统的区别之处?
4. 职位评价的方法主要有哪些?试比较各种方法的优缺点。
5. 试回答绩效工资制的含义以及影响因素。
6. 公共部门薪酬的主要特点有哪些?

【案例与讨论】

联想的薪酬为何神秘?①

在联想创业初期,柳传志就定下了工薪保密这一“天条”,至今它仍被列入联想人的“职业操守”清单。“工薪保密原则”并非联想独创,在中外许多知名企业里都能找到它的影子。但在执行力度上,似乎没有谁能像联想那样严厉:一旦犯规,就请君离开。

主管人力资源的联想副总裁在谈到这个问题时介绍了联想确保公平的三件利器:(1)先进的评估考核工具;(2)向下看两级的管理制度;(3)诚信公平的企业文化。有了三件利器护卫,联想薪酬体系的公正性似乎不容置疑。著名经济学家厉以宁曾指出,人们的公平感往往来自对规则的认同,那么普通的联想员工对此是否满意?他们是否从心里真正认同工薪保密原则?对于这个问题,这位副总没有正面回答,却透露了她在思考的一个问题,即做员工满意度调查究竟有多大意义。许多公司都把员工满意度视为人性化管理的重要指标之一,但最近一项全球薪酬满意度调查却引起了她的深思,调查结果表明,在薪酬满意度上,表现好的员工和表现不佳的员工、绩优企业和绩劣企业之间并没有本质上的差别。

“全球知名公司的薪酬满意度平均不到50%,而其他指标都可以达到80%—90%,可见绩效的高低和薪酬满意度的高低之间并不是正相关。”她表示,企业做任何统计分析都是为决策提供依据,而如果大家对工薪保密和薪酬不满意,并不意味着企业就必须放弃这个原则,就要给每位员工涨工资。“做这样的满意度调查对于企业管理来说就没有意义,所以我们即将要做的这个调查叫作员工敬业度分析,重点不是你对薪酬是否满意,而是看你是否敬业。”她解释说,其实只有对公司满意,对岗位职责明确,上级对员工有培训、有激励,人们才能做到真正敬业。

讨论题:

1. 试分析“工薪保密原则”的利弊。

2. 你同意“绩效的高低和薪酬满意度的高低之间并不是正相关”吗?为什么?

① 改编自刘金霞:《联想薪酬为何神秘,确保公平自有三件利器》,https://www.people.com./GB/jjinji/33/172/20021129/877734.html,2016年3月1日访问。

事业单位工资改革①

全国政协委员、云南省少数民族语文指导工作委员会研究员祁德川2009年初提出了一份《关于事业单位工资改革尽快落实的建议》的提案，对一线教师，县、乡卫生医疗人员，以及人民团体等事业单位同工不同酬的现象提请解决。

“公务员收入增加了，事业单位工资改革还没有落实。2006年，国家改革和规范了公务员和事业单位的基本工资制度，2007年改革和规范了公务员的津补贴，多数公务员都增加了收入，然而事业单位的这项改革，直到现在只走完了第一步。收入分配制度改革第一步，把事业单位的基本工资纳入了较低档，而第二步绩效工资和津补贴改革又迟迟没有出台，工作人员待遇处于偏低的状态。这一问题已成为事业单位职工谈论最多的话题，也引起了社会各界的广泛关注。”

据祁委员调查，目前，事业单位工作人员与公务员的收入水平已经存在较大差距。以云南省为例，云南省现有事业单位3万多个，从业人员约150多万人，其中95%以上集中在教育、卫生和科研等单位。2008年，省级单位在职公务员的津补贴人均标准接近30000元/年，退休公务员的生活补贴标准近21000元/年。而据不完全统计，省级在职事业人员津补贴人均只有19795元/年，退休事业人员津补贴人均只有9015元/年，仍维持在2005年前后的水平。两相比较，事业单位工作人员与公务员的收入水平已经存在较大的差距。

“事业单位现行的收入分配制度远不能反映事业单位人员所拥有的知识和能力的真正价值。这对于稳定事业单位工作人员的队伍是一个挑战。事业单位的工资水平背离其市场价位，不仅违反了按劳分配原则，也没有体现知识、技术等生产要素参与收益分配的原则，使职工没有得到与其付出相适应的报酬，实质也是一种分配不公。”

为此，祁德川委员建议，中央应尽快制定出台规范事业单位津补贴的统一政策，有关部委应尽快开展规范全国事业单位津补贴的政策调研，进一步摸清情况，制定方案并组织实施。由于各地经济社会发展不平衡，有的地方甚至还处在“保人员工资，保机构运转”阶段，即使有了好的津补贴政策，也难以兑现给职工。因此，一方面要尽快改革事业单位津补贴，另一方面要明确各级政府和公共财政责任，要对这些贫困地区，特别是西部边疆民族地区给予适当倾斜，确保事关国计民生的科教、卫生、文化等公共性事业单位津补贴的及时足额发放。

① 改编自许建龙：《委员祁德川：事业单位工资改革要与公务员同步》，http://www.xinhuanet.com/topic/2009-03/04/content_15857261.htm，2016年3月1日访问。

祁德川委员提出,中央将事业单位津补贴改革纳入事业单位整体改革中加以统筹规划,重新清理调整事业单位布局,确保从事义务教育的教师的收入水平不低于当地公务员的平均收入水平,事业单位退休人员待遇与公务员退休待遇大体相当。

据了解,目前事业单位收入分配中激励性部分比例较低,许多单位津贴和奖金部分往往采取按职工个人固定工资的对应比例发放,致使这部分活工资成为固定工资的补充或附加,没有发挥其应有的激励功能,单位内部各类人员工资收入差距过小,形成事实上的平均主义倾向,津补贴没有真正搞活,不能调动专业技术人员的工作积极性。为此,祁委员的建议是逐步建立符合各类事业单位特点、体现岗位绩效和分级分类管理的事业单位收入分配制度,形成完善的收入动态调整机制和有效激励机制。事业单位工资应由岗位工资、薪级工资、绩效工资和津贴补贴四部分组成,其中岗位工资和薪级工资为基本工资。

讨论题:

1. 事业单位工作人员工资应当向公务员看齐吗?
2. 你认为事业单位工资制度应当如何改革?

【建议阅读文献】

1. 〔美〕兰斯·伯杰等:《薪酬手册》,清华大学出版社 2006 年版。
2. 〔美〕约瑟夫·J. 马尔托奇奥:《战略薪酬管理》,杨东涛、钱峰译,中国人民大学出版社 2010 年版。
3. 董克用主编:《人力资源管理概论》,中国人民大学出版社 2003 年版。
4. 李宝元等编著:《绩效薪酬整合管理》,清华大学出版社 2014 年版。
5. 杨继东:《高管薪酬影响因素研究:理论与证据》,中国人民大学出版社 2013 年版。
6. 李永周主编:《薪酬管理:理论、制度与方法》,北京大学出版社 2013 年版。
7. 刘昕编著:《薪酬管理》,中国人民大学出版社 2014 年版。
8. 陈震:《我国企业内部员工间的薪酬差距研究》,经济科学出版社 2013 年版。
9. 李新建等编著:《企业薪酬管理概论》,中国人民大学出版社 2012 年版。
10. 孙玉斌:《薪酬设计与薪酬管理——激励与留才的核心》,电子工业出版社 2010 年版。
11. 〔美〕理查德·I. 亨德森:《知识型企业薪酬管理》,何训、张立富、安士辉译,中国人民大学出版社 2008 年版。
12. 刘戒骄:《国有企业高管薪酬制度改革分析》,《中共中央党校学报》2014 年第1期。
13. 王素娟:《中外企业高管薪酬模式差异与发展趋势》,《山东大学学报(哲学社会科学版)》2014年第1期。
14. 肖雄松:《人力资源薪酬激励策略优化研究》,《理论探讨》2013年第4期。
15. 石颖:《我国国有企业薪酬管理研究》,《贵州社会科学》2013年第8期。
16. 蒋建湘:《国企高管薪酬法律规制研究》,《中国法学》2012年第1期。
17. 李宝元:《现代组织薪酬管理演化的历史脉络及前沿走势——基于历史与逻辑相统一的文献梳理和理论透视》,《财政问题研究》2012年第7期。
18. 赵睿:《高管—员工薪酬差距与企业绩效——基于中国制造业上市公司面板数据的实证研究》,《经济管理》2012年第5期。
19. 华凌志:《国有企业腐败的原因、特性及其治理——以政府与市场的关系为分析视角》,《理论探讨》2015年第1期。
20. 张惠:《我国商业银行高管薪酬管理与改革问题研究》,《天津商业大学学报》2014年第1期。
21. Rothrauff-Laschober, Tanja C., Amanda J. Abraham, Brian E. Bride, and Paul M. Roman, "Incentive-Related Human Resource Practices for Substance Use Disorder Counselors: Salaries, Benefits, and Training", *Alcoholism Treatment Quarterly*, Vol. 29, No. 3, 2011.
22. Cortis, Natasha, and Christine Eastman, "Salary Sacrificing in Australia: Are Patterns of Uptake and Benefit Different in the Not-for-profit Sector?", *Asia Pacific Journal of Human Resources*, Vol. 53, No. 3, 2014.
23. Pierce-Brown, Rhoda, "An Application of Human Capital Theory to Salary Differentials in the Accounting Profession", *Women in Management Review*, Vol. 13, No. 15, 1998.
24. Gunn, Bruce, "Salary Administration in the Political Systems versus Management Systems of Higher Education", *International Journal of Educational Management*, Vol. 5, No. 2, 1991.
25. Zhu, Cherrie Jiuhua, *Human Resource Management in China: Past, Current and Future HR Practices in the Industrial Sector*, London: Routledge Press, 2005.
26. Briscoe, Dennis R., and Randall S. Schuler, *International Human Resource Management: Policy and Practice for the Global Enterprise*, London: Routledge Press, 2004.

第九章　人员激励

【教学目标与方法建议】

通过本章教学,应该掌握以下内容:

1. 激励的理论与方法
2. 激励机制的设计与内容
3. 公共部门人员激励的定义、现状与存在的问题
4. 公共部门人员激励的对策

教学方法建议:鉴于本章内容理论性比较强,建议采取课堂讲授、问题讨论和案例教学相结合的方式进行。

凡是有人群的地方就少不了激励。美国哈佛大学詹姆斯教授通过调查发现,在一般情况下人的主观能动性只能发挥20%—30%,如果受到充分激励,就能发挥80%—90%。[①] 在公共部门的人力资源管理中,除了前面介绍的人力资源流程中的招聘、考评、薪酬等关键环节之外,激励问题也日渐扮演着越来越重要的角色。本章从激励的基本原理、公共部门的激励现状及问题、公共部门人员激励的对策与方法三个方面进一步阐述。

第一节　激励理论概述

这一节将从激励的概念出发,系统地介绍国内外激励理论,并对国内外激励理论进行比较分析,以期使读者对激励理论有一个全面的了解。

一、激励的概念与意义

按中文词义来说,激励就是激发鼓励的意思,激发人的工作动机,鼓励人的工作干劲。“激励”一词在英语中是“motivate”,这是一个动词,意为“使人产生行动的动机”或“激发人的行为动机”。从字源学的角度去追溯,这个词源于拉

① 参见赵振宇:《激励论》,华夏出版社1995年版,第117页。

丁语“movere”，意为“使运动”或“使行动”。这都强调激励的根本是提供一种行为的动机，即诱导、驱使之意。通俗地说，激励就是通过精神或物质的某些刺激，促使人有一股内在工作动机和工作干劲，朝着所期望的目标前进的心理活动，也就是调动人的积极性。

激励实际上就是通过满足员工的需要而使其努力工作、实现组织目标的过程。具体地说，激励具有以下功能：(1)有利于激发和调动职工的积极性。(2)有助于将职工的个人目的和企业目标统一起来。(3)有助于增强组织的凝聚力，促进组织内部的协调和统一。

在组织中不同的人工作的努力程度不同，绩效也就不同。一个人对组织的价值并不完全取决于他的能力，而在很大程度上取决于他的工作动机，也就是工作的积极性。人的工作动机并不是天生就有的，人没有生来就懒惰的，也没有生来就勤快的，人的努力水平取决于目标对他的吸引力，取决于目标能够在多大程度上满足员工的需要。激励员工就是要设法使他们看到满足自己的需要与实现组织目标之间的关系，从而产生努力工作的内在动力，勤奋工作。

管理的目的是充分利用所拥有的资源，使组织高效能地运转，提高组织绩效，实现组织的既定目标。而组织的绩效是必须以其成员的个人绩效为基础的。个人的绩效取决于多种因素，可以用绩效函数来表示：

$$P = f(M, AB, E)$$

式中各个变量的含义是：

P(performance)——个人工作绩效

M(motivation)——工作积极性(激励水平)

AB(ability)——工作能力

E(environment)——工作条件(环境)

绩效函数中积极性、能力与条件三个自变量都十分重要，提高和保证它们是管理者的责任；其中积极性的提高与保持更重要，也更复杂。因为工作能力可以通过锻炼和培训提高；工作条件可以通过安排和支持来保证；而工作积极性却受制于个人的动机，以及组织的政策、制度等诸多因素。

总之，激励问题是组织必须面对的重要的管理问题，决定公共部门的工作效率，应该引起公共部门管理者的重视。激励是管理者需要掌握的最具有挑战性的技能，它既要基于高深的科学理论，又要具有艺术性。在现代公共管理中，激励是管理者应该具备的一项重要管理职能。通过激励可以使公职人员最充分地发挥其技术和才能，可以充分挖掘公职人员的内在潜力。激励能力应成为对管理者进行考评的极重要的维度。

二、西方激励理论

西方激励理论主要包括内容型激励、过程型激励、行为改造型激励与综合型激励等不同理论。

(一) 内容型激励理论

内容型激励理论,或称需要型激励理论,属认知派激励论。即从人的动机、行为之源头——人的需要出发,试图阐释引起、维持并指导某种行为去实现目标的人的种种内在因素,这是动态研究中的静态分析。内容型激励理论主要包括:马斯洛的需要层次理论、奥德费的 ERG 理论、赫茨伯格的双因素理论以及麦克利兰的成就需要理论。其中尤以马斯洛和赫茨伯格的理论为代表。它们是当今人力资源管理领域中运用最为广泛的激励理论,不仅指导着个人激励手段的创新和实践,同时也涉及组织激励的多个方面;不仅包括物质激励,也涵盖了精神激励的层面。

1. 马斯洛的需要层次理论

1943 年,美国著名行为学者马斯洛在《人类动机论》一文中首次提出了需要层次理论,并于 1954 年在其名著《动机与人格》中做了进一步阐述。

马斯洛把人类的多种需要归纳、划分为如下五个层次:

(1) 生理需要。这是人类维持自身生存的最基本要求,包括饥、渴、衣、住、性等方面的要求。从这个意义上说,生理需要是推动人们行动的最强大的动力。

(2) 安全需要。这是人类需求保障自身安全、摆脱失业丧失财产的威胁、避免职业病的侵袭、解除严酷的监督等方面的需要。

(3) 社交需要。这一层次的需要包括两个方面的内容:一是友爱的需要;二是归属的需要。

(4) 尊重需要。人人都希望自己有稳定的社会地位,要求个人的能力和成就得到社会的承认。尊重的需要又分为内部尊重和外部尊重。

(5) 自我实现的需要。这是最高层次的需要,它是指实现个人的理想、抱负,最大限度地发挥个人的能力,完成与自己能力相称的一切事情的需要。

马斯洛后来又在尊重需要与自我实现需要之间加了求知、审美两个需要层次,但是这个观点并未流行开来。

马斯洛的需要层次论归纳起来主要有以下观点:

(1) 五种需要像阶梯一样从低到高,按层次逐级递升,但这种次序不是完全固定的,也有例外的情况。

(2) 需要的发展遵循“满足/激活律”。一般来说,某一层次的需要相对满足了,就会向高一层次发展,追求更高一层次的需要就成为驱使行为的动力。相应地,获得基本满足的需要就不再是一股激励力量。

(3) 需要的强弱受“剥夺/主宰律”的影响。即某一需要被剥夺得越多,就越缺乏、越不足,这个需要就越突出、越强烈。也就是“物以稀为贵”,越缺少的东西就越想要,越匮乏就越重要。

(4) 五种需要可以分为高低两级,其中生理、安全和社交需要属于低一级的需要,这些需要通过外部条件就可以满足;而尊重需要和自我实现需要是高级需要,它们是通过内部因素才满足的,而且一个人对尊重和自我实现的需要是无止境的。

(5) 同一时期一个人可以同时存在几种需要,任何一种需要都不会因为更高层次需要的发展而消失。但每一时期总有一种需要占支配地位,对行为起决定作用。这种占支配地位的需要叫作优势需要,如图 9-1-1 所示。

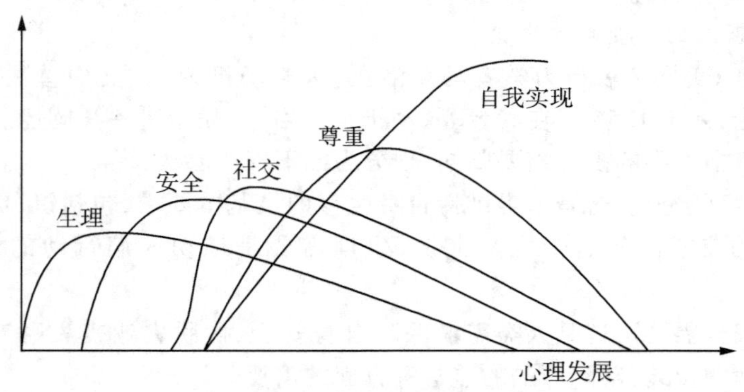

图 9-1-1　不同时期的主导需要

(6) 一个国家多数人的需要层次结构是同这个国家的经济发展水平、科学技术水平、民众受教育的程度直接相关的。在不发达国家,生理需要和安全需要占主导的人数比例较大,而高级需要占主导的人数比例较小;在发达国家,则刚好相反。在同一国家的不同时期,人们的需要层次会随着生产力水平的变化而变化。

2. 奥德费的 ERG 理论

奥德费(C. P. Alderfer)提出的 ERG 理论是一种与马斯洛需要层次理论密切相关但有些不同的理论。他把人的需要分为三类,即存在需要(existence)、关系需要(relatedness)和成长需要(growth)。他的理论在需要的分类上并不比马斯洛的理论更完善,对需要的解释也并未超出马斯洛需要理论的范围。如果认为马斯洛的需要层次理论是带有普通意义的一般规律，那么，ERG 理论则偏重于带有特殊性的个体差异，这表现在 ERG 理论对不同需要之间联系的限制较少。另外，马斯洛的需要层次理论提出在层级之间“满足上升”发展模式，而奥德费提出了“不满足倒退”逆向模式，对马斯洛的需要层次理论是一种补充。

3. 赫茨伯格的双因素理论

美国著名学者赫茨伯格（F. Herzberg）在 1959 年出版的专著《工作的激励因素》中提出了“激励因素－保健因素理论”，简称“双因素理论”。

20 世纪 50 年代后期，赫茨伯格在美国匹兹堡地区的 11 个工商业机构中，采用“关键事件法”对二百多名工程师和会计师做过一次大规模的调查和访谈。他设计了许多问题：什么时候你对工作特别满意？什么时候你对工作特别不满意？原因是什么？等等，以此征询工程师和会计师们的意见。然后，按照满意维度对调查资料进行了综合分析，得到如下结论：

（1）造成员工不满意的因素往往是由外界的工作环境产生的，主要是公司政策、行政管理、工资报酬、工作条件、与上下级的关系、地位、安全等方面的因素。这些因素即使改善了，也不能使员工变得非常满意，不能充分激发其积极性，只能消除员工的不满。赫茨伯格将这类因素称之为“保健因素”。

（2）使员工感到非常满意的因素主要是工作富有成就感。工作成绩能得到社会认可、工作本身具有挑战性、能发挥自己的聪明才智以及工作所赋予的发展机会和责任等。这类因素的改善，或者说这类需要的满足，往往能激发员工的责任感、荣誉感和自信心，增进员工的满意感，有助于充分、有效、持久地调动他们努力工作、勤奋上进的积极性。赫茨伯格把这类因素称为“激励因素”，激励因素是与工作内容联系在一起的因素。

赫茨伯格认为，与工作内容紧密联系在一起的激励因素如能得到改善，往往能给员工以很大程度的激励，使之产生持久的满意感和积极性。与工作环境或条件相关的保健因素如处理不当，或者说对这类需要做不到基本满足，会导致员工的不满，甚至严重挫伤员工的积极性；如果这一类因素处理得当，则能防止员工产生不满情绪而反被激励，起到保护员工的积极性、维持激励于“零状态”的作用。

保健因素和激励因素不是一成不变的，而是可以转化的。例如员工的工资、奖金，一旦减少或停发，会造成员工的不满。如果同其个人的工作绩效挂钩，就会产生激励作用，变为激励因素。若是两者没有联系，奖金发得再多，也不能构成激励。因此，有效的管理者既要注意保健因素，以消除员工的不满，又要善于把保健因素转变为激励因素。

赫茨伯格的双因素论由于调查对象类型单一，缺乏代表性，调查手段只是简单的问答，缺乏信度的可靠性，因而在西方管理界招致不少非议。但其在现代激励理论中仍占有重要的地位。特别是双因素论所提示的内在激励的规律，为许多管理者更好地激发员工的工作动机提供了新的思路，具有重要的指导和应用的价值。

双因素理论对我们分析高层管理人员和生产力较发达国家或地区企业雇员的需要，具有十分重要的参考价值。然而，在一些发展中国家，生产力还不够发达，社会产品还不够富足，因此，对保健因素和激励因素的划分，就与西方发达国家有所不同。即使是同一具体因素，在不同时期也有可能划归不同类别。在西方国家被认为是保健因素的，在发展中国家很可能是很重要的激励因素，如工资、奖金等。因此，对我国现阶段公共部门公职人员需要的分析，要从实际出发。

4. 麦克利兰的成就需要论

成就需要理论是哈佛大学的心理学家麦克利兰于 20 世纪 50 年代在一系列文章中提出的。麦克利兰把人的高层次需要归纳为权力需要、情谊需要和成就需要。他对这三种需要，特别是成就需要，做了深入的研究。

(1) 权力需要。这是一种想直接影响和控制别人的欲望。具有较高权力欲望的人对影响和控制别人表现出很大的兴趣，这种人总是追求领导者的地位。他们常常表现出喜欢争辩、健谈、直率和头脑冷静，善于提出问题和要求，喜欢教训别人，并乐于演讲。

(2) 情谊需要。这是指人们对良好人际关系与真挚深厚情感和友谊的追求。麦克利兰的情谊需要与马斯洛的社交需要基本相同。具有情谊需要的人，通常从友爱、情谊的社交中得到欢乐和满足。他们喜欢与别人保持一种融洽的关系，享受关系无间和相互谅解的乐趣，随时准备安慰和帮助危难中的伙伴。

(3) 成就需要。它是一种人们追求卓越、争取成功的内驱力。具有成就需要的人，经常考虑个人事业的前途、发展问题；对工作的胜任感和成功有强烈的要求；他们把做好工作、取得成就看作人生最大的乐趣。这类人一般不常休息，喜欢长时间、全身心地工作，并从工作的完成中得到很大的满足，即使真正出现失败也不会过分沮丧。一般来说，他们喜欢表现自己。

麦克利兰认为，这三种需要不仅可以并存，而且可以同时发挥激励作用。只不过在不同的人身上会有不同的强度组合，从而形成每个人独特的需要结构，影响人的追求与行为。麦克利兰对成就需要做过系统的研究，认为具有高度成就需要的人，不仅可以自我激励，而且对组织的发展有重要作用。他认为，自我激励的高成就需要者具有下述四个特征：

第一，乐于设置自己的目标，并承担责任。

第二，采取适中程度的风险措施。高成就需要者敢于冒风险，又能以现实的态度对待冒险。

第三，要求及时得到工作的反馈信息。高成就需要者喜欢那些在达到目标的过程中能得到及时的明确反馈信息的职业和工作。

第四，注重内在激励。具有高度成就需要的人会从工作的完成中得到很大的满足，而并不单纯追求物质报酬。

高成就需要者关心的是他们个人如何获得成功，而不是如何影响其他人、带领大家共同完成任务。高成就的需要不是生而俱有的，而是在人们的实践活动中培养起来的。因此，组织应为培养具有高成就需要的人创造有利的发展条件。

（二）过程型激励理论

过程型激励理论用动态的、系统的分析方法来研究激励机制。它着重研究从动机的产生到采取行动的心理过程，是一种以“外在的目标”去激励员工的理论。过程型激励理论主要包括：弗鲁姆的期望理论、洛克的目标理论和亚当斯的公平理论。

1. 弗鲁姆的期望理论

弗鲁姆在《工作与激励》一书中首先提出来的期望理论认为，人的固定要求决定了他的行为、行为方式。工人的劳动是建立在一定的期望基础上的，这样就可以在个人活动与其结果之间建立某种联系。期望理论可用下列公式表示：

$$激励力量 = \sum 效价 \times 期望$$

效价是指个人对他所从事的工作或所要达到的目标的估价。在现实生活中，对同一个目标，由于各人的需要不同，所处的环境不同，他们对该目标的效价也往往不同。比如，有个人希望通过努力工作得到升迁的机会，这就表明，他的升迁欲望高，于是升迁在他的心目中的效价就高；如果一个人对升迁漠不关心，毫无要求，那么，升迁对他来说效价等于零；如果一个人不但没有升迁的要求，甚至害怕升迁，那么，升迁对他来说效价为负值。

期望值是指个人对某项目标能够实现的概率的估计，也可理解为被激励对象对目标能够实现的可能性大小的估计。期望值也叫期望概率，在日常生活中，一个人往往根据过去的经验来判断一定行为能够导致某种结果或满足某种需要的概率。对某个目标,如果个体估计完全可能实现,那么概率为最大(P=1);反之,如果他估计完全不可能实现时,那么概率为最小(P=O)。由此可见,对于一个一心想升迁的人,升迁对他的效价很高,如果他同时觉得升迁的可能性也很大(即期望值很高),那么用升迁对他进行激励,便能收到较好的效果。

2. 洛克的目标理论

目标理论,准确地说是目标设置理论,最早由美国马里兰大学心理学教授洛克(E. A. Locke)于1968年提出。他通过大量的实验研究和现场试验,发现大多数激励因素,如奖励、工作评价与反馈、期望、压力等,都是通过目标来影响工作动机的,目标是引起行为的最直接动机。因此,重视并尽可能设置合适的目标是激励动机的重要过程。洛克提出的目标理论的基本模式,如图9-1-2所示:

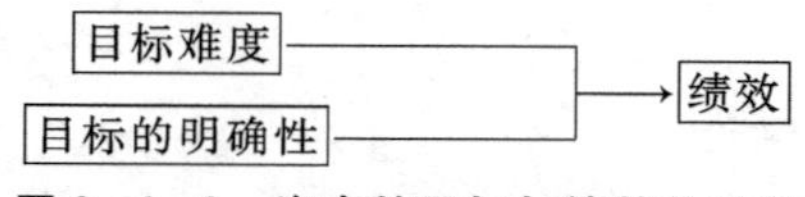

图9-1-2 洛克的目标与绩效关系图

这一模式表明,绩效即目标的效果,主要由目标的难度和目标的明确性组成。目标难度就是指目标要具有挑战性,必须经过努力才能实现。目标的明确性是指目标必须有明确的指向,即具体性,也即能精确观察和测量的程度。洛克等人经过大量的研究表明,从激励的效果或者工作行为的结果来看,有目标的任务比没有目标的任务要好;难度较大但又能经过努力达到、能被执行者接受的目标要比没有困难、能轻易达到的任务要好。也就是说,合适的目标,即具体的、难度较大的而又为员工所接受的目标所具有的激励作用最大。许多学者认为,遇到难度很高或者复杂庞大的目标,应把它分解为若干个阶段性的目标,即子目标。通过一个个子目标的实现,并在完成任务的过程中经过反馈、监督和完善,最后达到总目标,这是完成艰巨任务的有效方法。目标管理理论告诉我们,由于目标是人类行为最直接的调解或决定因素,管理者就要善于利用目标来调整和控制人的行为。但是,目标设置本身是一件复杂的工作,有时再仔细再认真斟酌的目标也难免有疏漏,会出现与实际不完全一致的情况,或者没有相应的配套措施与之衔接。例如,如果目标的设置不公平或难度过大而难以达到,就可能引起员工的不满和挫折感。如果设置的目标难度较高,但又没有相应的质量控制,会容易引起片面追求产量而不顾质量的情况。目标理论也有一定的局限性,并非适用于任何领域。

3. 亚当斯的公平理论

美国心理学家亚当斯(Adams)1963年发表了论文《对于公平的理解》,1965

年又发表了《在社会交换中的不公平》一文,提出了公平理论的观点。亚当斯的这一理论主要是用来解决工资报酬分配的合理性、公平性及其对员工生产积极性的影响。公平理论认为,人的工作态度和积极性不仅受其所得的绝对报酬的影响,而且还受其所得的相对报酬的影响。也就是说,人们不仅关心个人努力所得报酬量的绝对值,而且还关心自己的报酬量与别人报酬量之间的关系,即报酬的相对值。人们一方面把自己现在付出的劳动和所得的报酬进行历史的比较(纵向比较),另一方面,还把自己付出的劳动和所得的报酬与他人付出的劳动和所得的报酬进行社会比较(横向比较)。只有当发现比例相当时,才会认为公平,心情才会舒畅。如果发现比例不适当时,就会认为不公平,内心就会不满。可用下列公式表示:

横向比较:

$$\frac{\text{自己的所得}}{\text{自己的付出}} \Big/ \frac{\text{他人的所得}}{\text{他人的付出}} \quad \text{(公式 9-1-1)}$$

纵向比较:

$$\frac{\text{自己现在的所得}}{\text{自己现在的付出}} \Big/ \frac{\text{自己过去的所得}}{\text{自己过去的付出}} \quad \text{(公式 9-1-2)}$$

公平理论提出了社会生活和管理实践中的一个重要现象,即人们总是要把自己的努力与所得的报酬同别人进行比较,以求综合平衡。如果经过比较后认为不公平,自己付出的比他人多,而得到的报酬比他人少,内心就会产生不平衡、委屈,自尊心会受到挫伤,从而产生不满情绪,进而影响积极性的发挥。所以管理者就要重视研究公平问题,分析不公平产生的原因,有针对性地采取措施加以解决。

(三) 行为改造型激励理论

这一理论被认为是激励目的理论,激励的目的是要改造和修正人们的行为方式和状态。行为改造型激励理论主要包括强化理论和挫折理论。

1. 强化理论

强化理论是美国心理学家和行为科学家斯金纳(B. F. Skinner)、赫西、布兰查德等人于 1956 年提出的。他们提出了一种“操作条件反射”理论,认为人或动物为了达到某种目的,会采取一定的行为作用于环境。当这种行为的后果对自己有利时,这种行为就会在以后重复出现;不利时,这种行为就减弱或消失。人们可以用这种正强化或负强化的办法来影响行为的后果,从而修正其行为,这就是强化理论,也叫作行为修正理论。在管理上,正强化就是奖励那些组织上需要的行为,从而加强这种行为;负强化就是惩罚那些与组织不相容的行为,从而削弱这种行为。正强化的方法包括奖金、对成绩的认可、表扬、改善工作条件和人际关系、提升、安排担任挑战性的工作、给予学习和成长的机会等。负强化的方法包括批评、处分、降级等，有时不给予奖励或少给奖励也是一种负强化。强化理论和弗鲁姆的期望理论都强调行为同其后果之间关系的重要性，但弗鲁姆的期望理论较多地涉及主观判断等内部心理过程，而强化理论只讨论刺激和行为的关系。在运用强化理论进行激励时，要注意因人而异，依照强化对象的不同采用不同的强化措施；同时，要及时反馈信息，要想取得最好的激励效果，就应该在行为发生以后尽快采取适当的强化方法。此外，实践证明，正强化比负强化更有效，所以在强化手段的运用上，应以正强化为主；同时，必要时也要对坏的行为给予惩罚，做到奖惩结合。

2. 挫折理论

挫折是社会生活和工作中普遍存在的现象，但挫折后的心理和行为反应却有很大的不同。挫折理论就是研究挫折后的心理、行为反应的理论。造成挫折的原因有客观和主观两类。客观方面的原因，有自然环境的因素，也有社会环境的因素，还有个人条件的限制。主观方面的原因，有个人目标的适宜性、对工作环境的了解和适应程度、个人价值观念等。人们在遭受挫折之后，不管这种挫折是客观因素还是主观因素造成的，都会对个体产生重大影响。要帮助遭受挫折者战胜挫折，克服挫折带来的消极后果。

在管理过程中，可以采用以下方法：(1)提高员工个体的挫折容忍力。要提高挫折容忍力，关键在于提高员工的自信心。为此，管理者要倾听他们的意见，深入了解他们的情绪和需要，消除人际隔阂。同时，要适当分配给他们一定的工作任务，信任和鼓励他们，并帮助他们克服困难，完成任务。(2)帮助受挫折者分析挫折的原因。为此，要善于深入群众，了解员工个人、人际关系和工作环境等方面的情况。找到产生挫折的原因后，应采取针对性的措施，尽快消除消极影响。(3)采取宽容的态度，理解和关心受挫折的员工。一个人受挫折后，如果对其冷嘲热讽，采取冷淡和歧视的态度，就会激化矛盾，使其丧失前进的勇气。受挫后的人们最需要别人的宽容、关怀和帮助。要让他们感到集体的温暖，无形中给他们以力量，有利于他们克服挫折感，尽快重新振作起来，投身到新的工作和任务中。(4)采取心理咨询和心理疗法。对于受挫折的员工，可以请心理学家进行心理咨询和心理治疗。这种方法可以让受挫者把长期积郁于内心的烦恼倾诉出来，帮助他们树立正确的挫折观，更加全面地认识自己，修订不切实际的目标，等等。

（四）综合型激励模式理论

综合型激励模式理论是由罗伯特·豪斯（Robert House）提出的，主要是将上述几类激励理论综合起来，把内外激励因素都考虑进去。内在的激励因素包括对任务本身所提供的报酬效价、对任务能否完成的期望值以及对完成任务的效价。外在的激励因素包括完成任务所带来的外在报酬的效价，如加薪、提级的可能性。综合激励模式表明，激励力量的大小取决于诸多激励因素的共同作用。

三、中国管理思想史上的激励及其应用

（一）中国传统管理中的宏观激励观

中国古代伟大的思想家孔子早在两千多年前就提出了“义利”与“惠民”的激励观。

孔子的“义利”观首先肯定所有的人都有追求富贵的欲望。这就是说，追求富贵是人们的正当欲求，因此，施惠于人民，使人民的生活温饱以至富裕，应当成为统治者的基本国策。但另一方面，孔子更加强调以“礼义”制约“利”的重要性。当然，这种“礼义”必须符合封建统治者所规定的礼义精神。孔子把“见利思义”作为管理的最高原则，同时也要求不同阶层的人都把“义”作为自身行为的规范。“见利思义”的激励观还告诫人们，要注意激励的方向，不能见利忘义。由于经济的发展，人们对物质资料的需求在膨胀，而精神文明的需要可能就会有所减弱，出现见利忘义的腐败现象。“利”与“义”的关系处理得不好就会产生严重的社会问题。当然，孔子所讲的“义”有其历史和阶级的局限性，不同历史时期赋予“义”迥然各异的内涵，但先义后利、重义轻利、以义制约利的思想在当时的历史条件下的确起到了积极的作用。孔子的惠民观主张，为政首先应该考虑施惠于人民，使人民过上安逸富裕的生活。“君子喻于义，小人喻于利”，意思是治理国事者（国君、官吏）必须懂得什么是“义”，推恩施惠于民，而庶民百姓则只能明白如何产生“利”和分享“利”。为此，对于治国者来说，就是要实行惠民政策。孔子的惠民观基于这样的认识：治理国家的目标首先在于安民，民贫则怨，民富则安。根据这种观点，他要求统治者“使民以时”，不滥征民力，放手让人民从事生产，并要做到“薄税敛”“节用而爱人”，使人民得以“足食”和“济众”。惠民以富的政策得以贯彻，就会取得“近者悦，远者来”的最佳激励效果。孔子的宏观激励思想告诫统治者，要想调动人民群众的积极性，首先要有一个安定的社会环境，让人民安居乐业。要做到这一点，就要想方设法

满足人民群众的多层次需求，施行“惠民”政策。同样，在公共部门人力资源管理的大环境中，要想调动员工的积极性，首先也要做到满足员工的基本需求，这种思想在本质上与马斯洛的需求层次学说不谋而合。孔子的惠民激励思想在当时的历史条件下迎合了封建统治者的统治需求，在一定程度上激励了广大民众，从某种意义上说起到了安抚的作用。

另一位儒家思想家孟子提出的宏观管理目标是要施仁政。他把“仁”放在首位，主张先义后利，要讲国家的大利。孟子是一个“性善”论者，他认为，由于环境的作用，本性虽善的人可以为不善，所以对人民要“倾其本性而教育之”。孟子提出的爱民思想与现阶段管理中的“感情激励”虽属不同时代的产物，但提倡关心人、爱护人、尊重人的感情激励观点是相同的。人只有受到关心、爱护、尊重才能被激励，这在任何时代都是共同的。

与孔孟的“性善”论观点相反，思想家荀子认为“人性本恶”，并据此提出了他的激励思想。荀子是我国历史上首位提出惩戒是一种激励手段的人。他认为，由于人性恶的后果会产生“偏险而不正”“悖乱而不治”，故需要用礼义教化和法律强制手段来治理。“明礼义以化之，起法正以治之，重刑罚以禁之，使天下皆出于治，合于善也”（《荀子・性恶》）。这说明，不能放任这种本恶的天性自由发展，因为人性本恶，自由放任就是造成社会上你争我夺的根源。荀子道出了“人性恶”是礼治与法治的根源，“故必将有师法之化，礼义之道，然后出于辞让，合于文理，而归于治”（《荀子・性恶》）。就是要加强教化，用后天的善道去改造先天的恶性。因此，荀子认为，在管理中，只有通过教育，使人们改恶从善，才能调动起人们的积极性，才能起到真正的激励效果。

（二）中国传统管理中的微观激励观

管子是春秋时代著名的政治家，他提出了功利观。根据功利观，管子提出可以用利作为杠杆，来激励人的积极性。为此，作为管理者，必须善于给人以利益，满足人的物质需要。“仓廪实则知礼节，衣食足则知荣辱。”（《管子・牧民》）一旦人的利益或需要得到必要的满足，必将激发出更大的积极性，产生更大的效益。管子虽然非常重视研究人的需要，强调满足人的需要的重要性，但并不主张无限制地满足个人的私利，而是要使个人利益的欲望有所节制，否则国家就不好治理。同时，他还指出，如对个人私利无所限制，利益就会失去激励因素的作用，因为利益给多了，人们就不当回事儿。

管子的激励思想贯穿着两条原则：一是“舍己以上为心”。这就是说，背离了“以上为心”而谈激励，是绝对不容许的。调动人的积极性一定要保证与总体方向一致,为了维护这个最高原则,甚至可以舍弃人的才能。管子提出的另一重要激励原则为"和"。"上下不和,虽安必危。"(《管子·形势》)当然,这里所谈的"和"包含有人际关系和睦融洽的意思,但主要是指统一、同心。

在具体的激励措施方面,管子又提出了"同利、诚信、公平"六字原则。"同利"就是要使人们的个人利益与整体利益统一起来,使大家看到个人的目标和整体的目标是一致的。这样就能在激励人们实现个人目标的同时,完成整体的目标。"诚信"即"言必行,行必果",赏罚一定要兑现,也包含着关心人、与人在感情上沟通的意思。"公平"就是使人们得到的利益与做出的贡献直接挂钩,使人们明白,只有多做贡献才能得到更大的满足。只有真正做到同利、诚信、公平才能达到"和"的境界,从而取得好激励效果。

管子强调要有明确的赏罚激励观。赏和罚就是从正、反两方面强化人们的合理需要,限制人们的不合理需要。但是,为保证赏罚手段真正发挥应有的作用,首先要确保其切实兑现。其次,赏罚手段能否发挥应有的作用,还取决于行使得是否公平,"入则务本疾作以实仓廪;出则尽节死敌以安社稷。虽劳苦卑辱而不敢告也"(《管子·形势解》)。意即赏罚公平,有功劳的受赏,有过失的受罚,则人们无论是从事生产劳动,还是同敌人作战,都必然毫无怨言地尽最大努力。反之,如果徇私枉法、赏罚不公,"有无功而可以得富者""有犯禁而可以得免者",则不仅调动不起人们建功业、做贡献的积极性,还会引导人们投机取巧。运用赏罚手段还要注意掌握"度":一方面,在关键时刻要敢于重赏、重罚,"赏必足以使,威必足以胜"(《管子·正世》);另一方面,行使赏罚又不可过滥,如果行赏过滥,则"一为赏,再为常,三为固然。其小行之则俗也,久之则礼义"(《管子·侈靡》)。就是说,奖赏过频,就成了理所当然的事,也就失去了激励人努力的作用。此外,还要注意针对不同的人施以不同的赏罚手段。

管子也重视人有物质和精神两方面需求,因而给人奖励时,既要有物质方面的利禄,又要有精神方面的爵和名,这样才能真正获得两方面的满足。管子的激励理论贯穿着随机应变的权变思想。他认为具体的激励方法很多,在什么情况下应该采取哪种方法,并没有一定的模式可循,全靠领导者根据自己对情况的判断,相机行事。管子还强调,任何有效的激励手段久用不辍也会失效。这说明,绝对不要拘泥于古人的经验,不要守常不变,而要敢于突破创新,"与时变,与俗化"(《管子·正世》)。管子的激励观对今天公共部门的管理激励仍然有着非常现实的意义。

奖惩也是实施激励的一个重要方面,我国古代的《孙子兵法》《孙膑兵法》

等兵家著作系统而又全面地阐述了奖惩激励观。孙膑正确地阐明了物质奖励的功能及如何选择有效的激励方法。在施用奖励的方法上,孙子、孙膑提出了要及时、适宜以及结合受赏人的需要施赏等精辟见解。《司马法·天子之义》中说,“赏不逾时,欲民速得为善之利也”。意思是奖赏不要延迟过久,以便民众迅速得到奖赏的利益。这说明古代兵家也注重奖赏的时效性。另外,还提出要注意论功行赏,使奖励具有差别性。《孙子兵法·作战》中说,“得车十乘已上,赏其先得者”。所谓“先得”,即率先杀敌斩将,获得战利品的士兵。“赏其先得者”就是要与“后得者”有所差别,鼓励冒尖。奖励中的另一重要问题就是要做到公平合理。《孙膑兵法·行篡》中说:“称乡县衡,虽其宜也。”意即要像公正的天平那样,按照功劳的大小,给以犒赏,要做到十分恰当。“赏唯其宜”的思想有重要的价值。一方面,功必有大小,而相应的奖赏在量上也理当有所差别,这才能真正起到激励的作用;另一方面,可以避免因奖赏不公正而造成的人心不满,使奖励的负面作用趋向最小。孙膑还认为,奖励要与受奖人的需要相结合,奖励与受奖者的需要结合起来就会取得最佳的激励效果,所谓“予不期多寡,贵当其急”就是这个道理。

在怎样使士兵士气高涨的问题上,孙子、孙膑都有论述。一是人心和,二是爱护、尊重下属人员,这是内部和睦的基础。两位古代军事家都强调要将士卒看成是自己的亲骨肉,给以爱护和关怀,给以家庭般的温暖。《孙子兵法·地形》中说:“视卒如婴儿,故可与之赴深溪;视卒如爱子,故可与之俱死。”同样,《孙膑兵法·将德》中也强调要对下属“爱之若狡童,敬之若严师”。显然,这些都是士卒奋勇努力、视死如归的前提条件。只有通过情感的互相交流、亲密无间,才会带来组织内部的团结和睦。孙子与孙膑的激励观都强调通过领导者的精神激励形成高昂的团体士气的重要性。这样做既能产生加倍的工作效率,又能满足组织成员的社会性心理需求,从而激发出极大的激励力量和效果。

第二节　激励机制的设计与内容

为了对员工激励进行有效的管理,企业首先需对激励体系和相应的激励机制进行设计。在相应的体系和机制建立完成之后,则需要确定合适的激励方向、激励时机、激励程度和激励频率,从而确定激励计划,以便进行有效的实施。

一、激励机制的设计原则

激励机制的设计是指组织为实现其目标,根据其成员的个人需要,制定适当的行为规范和分配制度体系,以实现人力资源的最优配置,达到组织和个人利益的一致。激励机制的设计要求管理者抱着人性的观念,通过理性化的制度来规范员工的行为,调动员工的工作积极性,谋求管理的人性化与制度化的平衡,以实现有序的管理和有效的管理。在激励机制设计中,应包括组织目标体系、激励因素集合、个人因素集合、分配制度、行为规范以及信息沟通等方面的因素,其核心是保证激励机制的运行效率。

因此,激励机制应当包括以下几方面的内容:

(1) 激励机制设计的出发点。激励机制设计的出发点是员工个人需要。企业需要设计各种内在和外在激励措施,从而形成系统完整的激励因素集合,以全方位地满足员工个人的内在性和外在性需要。员工的各种内在性和外在性需要以及决定这些需要的员工的性格、能力、素质等因素构成了员工个人因素的集合。

(2) 激励机制设计的目的。激励机制设计的直接目的是为了调动员工的积极性;最终目的是为了实现组织目标,谋求组织与个人利益的一致,达到"双赢"。因此,需要有一个组织目标体系来引导个人的努力方向。

(3) 激励机制设计的核心。激励机制设计的核心是分配制度和行为规范。分配制度规定了员工获得各种奖励的绩效条件,因而将激励因素集合与企业目标体系联系起来,规定了个人必须以组织认可的方式来实现组织和个人目标。

(4) 激励机制设计的手段。激励机制的科学设计和有效运行依赖于充分的信息沟通,因此信息沟通必须贯穿于激励机制设计和运行的始末。特别是在构建激励因素集合的时候,管理者应对员工个人的真实需要有所了解,而且要根据组织内外环境的变化,及时更新和调整激励因素集合的内容和结构,真正地将员工个的人需要与激励因素集合联系起来。

(5) 激励机制设计的效果。激励机制运行的最佳效果是在最小的激励成本下达到激励相容,即同时实现员工的个人目标和组织目标,使员工的利益与组织利益相一致。激励机制的运行成本一方面取决于激励因素集合的成本,另一方面取决于运行过程中的信息成本。与外在性激励因素相比,很多内在性激励因素具有成本低、激励作用大等特点,因此值得管理者开发和使用。信息成本的大小一定程度上取决于员工对激励制度的信任度,因此加强组织成员之间的多方互信可以有效降低制度的运动成本。

二、激励设计的框架体系

(一) 激励方向设计

激励方向是指激励的针对性,即针对什么样的内容来实施激励。激励方向设计的要点就是发现员工不同阶段的优势需求,通常员工的需求并不是一成不变的,它有一个由低级向高级发展的过程,这一过程是一种连续的、波浪式的演进。不同层次的需求可以同时并存,但在不同时期,各种需求的作用是不一样的,总是存在一种起最大支配力量的优势需求。只有发现了员工的优势需求,才能确定员工的激励方向。

(二) 激励时机设计

激励时机是指为取得最佳的激励效果而进行激励的时间。激励时机是激励机制的一个重要因素,激励在不同时间进行,其作用与效果是有很大差别的。超前的激励可能会使工作人员感到无足轻重;迟来的激励可能会让工作人员觉得多此一举,使激励失去意义,发挥不了应该发挥的作用;激励时机适当,才能有效发挥激励的作用。激励时机的设计是随机制宜的,企业管理人员应根据具体客观条件,灵活地选择激励的时机,以有效地发挥激励的作用。

(三) 激励程度设计

激励程度是指激励量的大小,即奖赏或惩罚标准的高低。企业能否恰当地设计激励程度,直接影响激励作用的发挥。超量激励和不足量激励不但起不到激励的真正作用,有时甚至还会起反作用,造成对工作热情的严重挫伤。因此,企业需要从量上把握激励,一定要做到恰如其分,激励程度不能过高也不能过低。与此同时,企业在设计激励程度时需注意以下两点:(1)激励程度与员工的能力发挥之间不是简单的线性关系;(2)员工的能力发挥与员工获得激励的预期密切相关。

(四) 激励频率设计

激励频率是指在一定时间里进行激励的次数,它一般是以一个工作周期为时间单位。激励频率的设计主要是设计激励的次数。通常激励频率与激励效果之间并不完全是简单的正比关系。在某些特殊的条件下,二者成一定的反比关系。所以,企业管理者只有区别不同情况,设计相应的激励频率,才能有效地发挥激励的作用。企业管理人员在设计激励频率时,受多种客观因素的制约。这些客观因素包括工作内容和性质、任务目标的明确程度、激励对象的素质情况、劳动条件和人事环境等等。因此,企业管理人员只有对具体情况进行综合分析，才能确定恰当的激励频率。

（五）激励体系设计

激励体系是指综合运用各种手段对特定的目标对象给予刺激和鼓励，使其能够认同激励者的培养目标，并通过自己的不断努力达到该目标的一种过程。激励体系设计要从物质激励和精神激励两个方面进行，设计时要遵循因人而异、奖惩适度、公平性、奖励正确的事情的原则，并从以下三个方面去把握：

（1）战略明确化。战略明确化有利于企业为员工制订长期的激励计划，有利于增强员工对企业的认同，并且能够给员工长期的职业安全感。

（2）激励长期化。企业可针对员工实施员工持股和股票期权等长期激励计划。激励长期化有利于长期地稳定优秀员工，实现企业与员工的共赢，达到长期的激励效果。

（3）激励货币化、社会化。激励应逐渐走向社会化和货币化，从而使企业把主要的激励政策和企业绩效结合起来，提升企业的持续竞争优势。

企业管理人员在设计激励体系时可按既定的步骤进行：（1）根据公司发展战略确定激励导向、付薪理念；（2）根据岗位职责确定岗位价值体系；（3）根据外部市场薪酬水平确定薪酬竞争力；（4）根据绩效管理体系确定激励方式，建立整体激励体系。

（六）激励强化机制设计

激励强化机制是指企业以提高效率为中心，将提高效率放在第一位，充分有效地运用各种激励手段，对员工的行为实现有效激励的机制。通常企业在设计激励强化机制时，主要包含以下方面的内容：

（1）物质激励。物质激励是外在性激励的主要方法之一。它是通过评价鉴定员工的工作表现及其成果，给予相应的奖励或处罚来达到激励人的积极性的目的。物质激励主要表现为薪酬工资。企业在设计工资时不仅要体现职级高低，也要反映同一职级人员在工作责任、工作任务、工作成效上的差异。

（2）精神激励。物质激励与精神激励是相辅相成的。精神需要是人们的高层次需要，精神利益的满足是促使人们自身能力发展完善的重要动力。实行精神激励，能促使人们在愉悦的精神享受中陶冶思想情操，加强科学文化知识修养，使自己的各种能力不断发展、丰富。

（3）培训激励。员工培训是企业获得高素质员工、提高企业竞争力的重要途径。通过培训，员工不仅可以提高自己在企业内和劳动市场上的价值，而且可以尽快适应新的工作环境和工作要求，尝试不同工作带来的挑战。

(4) 舆论激励。企业设计舆论激励机制,是指通过通报、会议等形式,表扬先进事迹,批评不良行为,弘扬正气、抵制歪风,形成奋发向上、你追我赶的良好氛围。

(5) 民主激励。企业设计民主激励机制,主要是给予员工参与决策的机会,让员工感受信任,切身体会主人翁意识,不断增强企业凝聚力。

(6) 监督激励。企业设计民主监督激励机制,是指构建完善的权力约束监督机制和责任追究制度。

此外,企业要实现高盈利战略目标,就必须通过加强激励机制来调动员工的积极性。企业在激励强化机制设计时,还需要考虑以下要点:

(1) 企业组织目标和员工目标的结合和统一。组织目标只有与员工个人目标相一致或者被员工接受时,才能产生强大的激励力量。

(2) 企业只有根据员工的不同特点,制定和采取不同的激励措施,避免单一的激励措施,才能更好地达到激励效果。

(3) 要努力把握好激励的最佳时机。及时的奖励可以提高奖励的强化效果,又可以及早地对未受奖励者的行为产生积极的影响。

(4) 要注意激励效果的持续性,防止员工激励热情的消减,努力营造一个争先的工作环境。

(5) 建立以绩效为依据的分配制度,提高奖励在员工收入分配中的比重,以便更好地体现收入靠贡献和多劳多得的原则,从而调动员工的主动性和积极性。

(6) 要注意长期激励机制和短期激励机制的结合,强化激励的效果。

(七) 激励约束机制设计

激励约束机制是指企业依据组织的目标设定和员工的行为特性,通过采用各种方法与手段,激发员工的工作积极性、主动性和创造性,同时规范、约束员工的行为朝着激励主体所期望的目标发展的过程。激励约束是现代经济学和管理学的重要内容,它一般包括五个基本要素,即激励约束主体、客体、方法、目标和环境条件,是解决谁去激励约束、对谁激励约束、怎样激励约束、向什么方向激励约束以及在什么条件下进行激励约束的问题。正确把握激励约束的五个要素,对建立有效的激励约束机制至关重要。企业可通过正确设计激励约束的内容,建立有效的激励约束机制。

激励约束机制是在一定环境条件下形成、发挥作用的,这些环境条件主要包括企业的外部环境和企业的内部环境。企业的外部环境指的是企业所处的外部市场环境,通常包括声誉机制与外部经理市场、资本市场、产品市场、债权人、政府制定的与公司运作有关的法律和法规、一些组织制定的非强制性的公司治理准则等。企业的内部环境指企业内部的组织结构、各方面的制度、产品结构和财务政策、股权结构和人事安排等。

激励约束机制设计可划分为五个主要的发展阶段：

第一阶段，着重把惩罚与奖赏机制作为激励约束方法；

第二阶段，着重把工作设计和参与管理机制作为激励约束方法；

第三阶段，着重把人力资源管理机制作为激励约束方法；

第四阶段，着重把组织气氛和企业文化作为激励约束方法；

第五阶段，进入综合化、系统化的现代企业激励理论阶段。

激励约束机制是以员工目标责任制为前提、以绩效考核制度为手段、以激励约束制度为核心的一整套激励约束管理制度。在激励约束体系中，目标责任制是激励约束机制建立和实施的前提和依据。没有对目标责任的绩效考核，对员工的激励与约束就缺乏依据。绩效考核制度是联结目标责任制与激励约束机制的中间环节，是科学评价、认定目标责任完成情况的主要手段，也是激励约束机制正确实施的前提。绩效考核制度是否科学合理，直接关系到对目标责任完成情况的评价和认定，也关系到整个激励约束机制是否得以顺利贯彻执行及能否达到预期目的。激励约束是目标责任制和绩效考核所要达到的目的，恰如其分的激励约束机制的实施在提升企业员工的生产经营积极性的同时，还能够规范和约束员工的行为，从而促进企业经济效益的提高。相反，不恰当的激励约束在压制员工生产经营积极性的同时，还会助长员工的懒惰及其他不利于企业发展的行为，从而制约企业的进一步发展。

第三节　公共部门人员激励的客观需要分析

公共部门的人员激励是指公共组织根据激励原理依法对取得优异成绩或做出突出贡献的公共人员给予物质或者精神嘉奖，对没有达到工作目标或者行为失职的人员进行处罚、制裁的活动。公共部门的人员激励有助于建立公共部门发展和竞争机制，调动广大公共部门人员的工作潜力、工作积极性和创造性。

本节主要从公共部门人员激励问题的提出、现状和亟待解决的问题几个方面，分别阐述公共部门人员激励的客观需要分析。

一、公共部门人员激励问题的提出

公共部门的人员激励是人员激励理论在公共组织的特别应用。今天的公共部门在很大程度上继承并沿用了官僚制度,它给政府带来逻辑规范,但时代的发展使得这一制度的缺陷日益凸显出来。越是现代社会,人的差异性和多样性就越突出。如果说在官僚体制下的公务人员就像一架设计精密的机器中的一个齿轮,那么这种齿轮杠杆机械安排得越是完美,越是排除了竞争的必要与可能。机械的效率是有限的,而激励的效率则几乎是无限的,因为前者无主动灵活性可言,后者则可以激发出人的主观创造性和主动精神。公共部门的人力资源管理目标是紧紧围绕着政府组织社会服务与社会管理的目标,它的定位应是获取与开发政府行政管理工作需要的各类、各层次的人才,建立政府组织与公职人员之间的良好合作关系,从人力资源上满足社会经济发展对政府提出的要求,满足政府组织管理和发展的目标。同时,满足公职人员个人成长和发展的需求。这样,现代公共部门的人力资源管理与过去传统的人事管理的最大不同之处在于:它要满足的是两个目标,即满足政府需求的同时也满足公职人员个人的需求。而传统的人事管理只注重满足政府的需求,忽视或漠不关心个人的需求。为了更好地实现这两个目标,公共部门开始重视建立并完善人力资源管理的有效激励机制。

二、公共部门人力资源管理的内在运行机制

首先将现代人力资源管理理论应用于组织实践的是最为活跃的现代企业,而后推广至公共行政组织,成为我国正在进行的深刻变革——政府体制改革中的一部分,即从传统的人事管理制度转为现代的人力资源管理体制。目前,我国公共部门人力资源管理的内在运行机制主要表现在五个方面。

(一)竞争机制

为了促使公职系统获得优秀的人才,并激发现有公职人员的活力和进取精神,公共部门人力资源管理体系必然引入竞争的机制。竞争机制是市场主义法则在公共部门人力资源管理制度中的体现和应用,它促成了一个人才优胜劣汰、竞争发展的环境。竞争机制需要法制的规则。它有效运行的基础是:所有的公职人员和愿意成为公职人员的社会人才,在公职人员管理的法律规定面前人人平等;公共部门管理机构以客观、公正、公开的原则与程序从事管理活动。在国家公共部门人力资源管理制度的设计中,竞争机制已广泛地运用于人力资源的管理环节中,包括公开考试、择优录用、工作分析与职位分类、考绩考评、功绩晋升、人才流动、适才适用、劳酬相符等。

(二)保障机制

公职人员是执行国家公共部门管理职责的主体,他们为维护社会安全和发

展社会经济做着自己应有的贡献。国家公共部门要保证公职人员队伍的稳定性、连续性,并且能够吸引更多的优秀人才,就必须充分保障公职人员工作和生活的基本条件,满足他们生产、再生产以及自我发展的不同层次的需求。不能将公职人员只看成是完成工作的机器、实现组织绩效的工具或被管理控制的对象。现代公共部门人力资源管理制度保障机制的设计包含在以下措施中:公职人员的职业身份的保障、政治权利的保障、经济权利的保障、救济权利和其他法定权利的保障等。

(三) 激励机制

人才的竞争必然要求组织建立相应的激励机制作为配套措施,因为虽然竞争是激励机制建立的基础,但是只有组织同时制定了相关的激励政策与竞争的环境相结合才能得到根本的保证。如果没有激励,公职人员干得好,得不到组织的奖励、晋升;干得不好,得不到惩戒、辞退,那么,竞争的效用就无从谈起。对组织而言,竞争和激励是一个问题的两个方面,不可分割。在现代公共部门人力资源管理制度中,激励机制通过以下管理环节和措施得到保证:人事奖惩、考绩考评、职务升降、在职培训、工资晋级、辞退和奖金等。

(四) 更新机制

公务员的更新机制包括两层含义:(1)政府工作人员正常的新老交替,保持公职队伍的稳定性和年龄结构的合理性。(2)现有公职人员知识结构和技能手段的更新,以及公职人员根据适才适用的原则和职业生涯发展的条件,进行职位交流调配的人才流动活动。公共部门人力资源管理的更新机制是现代人力资源开发、发展观念的集中体现,是适应社会飞速发展的需要,保证公职人员队伍整体素质和活力的必然措施,也适应了公职人员个人职业生涯发展的需要。更新机制在公共部门人力资源管理制度中的应用包括退休退职、教育培训、交流调配、任职回避、辞职辞退、双向选择和人才市场完善等。

(五) 监控机制

监控机制也包括两层含义:(1)公共部门依据法定的公职人员义务和纪律,对公职人员的行政管理活动进行监督,依法追究其违法乱纪的行为。(2)政党、立法机关、司法机关、公众对公职人员和行政机关以及政府人事管理部门的工作进行监督。前者是要求公职人员忠于政府,恪尽职守、依法行政;后者是保证国家行政机关包括公务员管理机关在法律的范围内,依照法律程序行使人事管理权。监控机制的必要性来源于政府人事部门和公职人员本身的性质,即无论是公职人员的管理者(主管机构),还是被管理者(公务员),他们对社会和公众而言,都行使着国家赋予的行政管理和行政执法权。他们有可能超越或偏离法律的规则,不正确地使用权力。因此,监控机制是政府人力资源管理中不可缺少的制度设计。对公职人员而言,监控包括公职人员的纪律规章、行政惩戒、人事档案等。对公共部门而言,监控的主要内容是人事行政管理体制和机构设置、权力机关和司法机关的监督等。值得一提的是,公职人员作为管理机关的被管理者,也有权对管理机关管理行为的合法性与合理性进行监督,以维护自身的合法权益。这一点体现了现代公共部门人力资源管理制度中公职人员与其管理机关之间监督的双向性。

三、政府职能转换中的激励问题

我国自实行改革开放以来,逐步提出了较为完善的建立社会主义市场经济体制的理论体系,与此相适应,政府体制改革、职能转换等革新主张也被提上了议事日程,并成为改革过程中亟待解决的问题。体制改革、职能转换的最终目的,是为了使公共部门能够适应市场经济的发展,提高公共行政效率,建立高绩效的政府组织。

从市场的观点来看,传统官僚体制存在的主要问题在于它们无法提供充分的激励机制以鼓励其组织成员有效率地做好分内工作。由于缺乏积极性,组织成员通常会充分利用工作上的各种特性而造成不良影响。其中的一种特性可能是寻找“工作中的空闲时间”,而这很容易给人留下懒散、怠慢的官僚形象。同样的情形在我国公共部门的传统管理中长期存在。应用市场的方式来改革政府的基本理论依据是,相信市场机制在分配资源上的效率。事实上,也并不存在一个单一的市场模式,“它只是一种对自由竞争优越性以及对一个理想化的交换与激励模式的基本看法”①。市场模式的倡导者将其理念建立在新古典主义经济学的基础之上,他们认为,其他的分配形式,如通过官僚体制的分配形式或更常见的法律的分配形式,是对自由市场体系运作结果的歪曲。因此,如果能够应用市场或类似的竞争机制,那么社会的普遍情况将会变得更好(至少在经济方面是这样)。此外,即使当我们看到市场作为社会分配机制的缺陷时,市场模式的倡导者仍认为官僚体制和正式的法律手段都不一定是最好的、甚至是较好的政府干预的工具。他们倾向于认为,政府干预的手段越接近于市场模式,那么就越有可能得到更好的结果。正因为如此,政府部门所使用的传统的

① 〔美〕B. 盖伊·彼得斯:《政府未来的治理模式》,吴爱明、夏宏图译,中国人民大学出版社 2001 年版,第 26 页。

命令式干预机制便常常被描述为一种无效率的“工具”。相反，更多地以市场为基础的机制如激励等就成了更可取的手段。例如，在减少环境污染的问题上，许多政策分析人士就认为以市场为基础的激励机制比过去经常使用的命令——控制式机制更可取。在信息高速传播的现代社会，普通老百姓取得信息的速度几乎和他们的领导者一样快。我们生活在一个以知识为基础的经济时代中，受过教育的职工对命令指挥感到反感，要求有自主权。在这样一种环境中，要求各种体制机构提供高质量的商品与劳务，要求具有高水平的经济效益，要求各种体制机构对顾客做出反应，提供多种多样的服务供选择，不是靠下命令而是靠说服和奖励刺激来实现领导，给他们的员工以使命感和控制感，甚至所有者的主人翁感。同样，在公共服务方面，人们已不满足于政府的管理现状，他们对公共部门的诉求也已经提高到要求公共部门能够提供更多高质量的公共服务产品。因此，为了适应经济体制改革的需要，建立高绩效的政府已成为人们最为关注的问题。近年来，公众目睹了经济领域中许多企业成功地过渡到更大程度地以效果为基础的管理模式，许多组织用较少的成本取得了较大的收益。作为公共服务产品的消费者，公众要求公共部门既要重视其产品或服务的价值，又要重视其质量。因此，改革政府体制中的激励机制、鼓励公职人员在各自的岗位上提高生产率和质量的呼声也越来越高。要建立高绩效的政府组织，必须清楚地了解组织的目标是什么，以及高绩效组织具有怎样的特点，它与现有的政府组织存在哪些差异。通过分析诸多有助于组织提高效率、绩效以及适应性的策略因素，就会发现，高绩效组织与其他组织存在着以下差别：高绩效组织经常创建新的方法来激励人们成功。

四、当前公共部门人力资源管理的激励问题

从 1984 年开始，我国进入了全面改革国家干部人事管理制度的阶段。经过 30 年的探索和实践，逐步建立起了具有中国特色的公职人员管理制度。但是，对公职人员的激励仍存在着诸多方面的问题。

（一）约束不对称，重监督而轻激励

加强监督，对公职人员无疑是一种有效的、必要的约束。但由于监督通常只能是过程中监督和事后监督，因此所造成的损失通常是难以挽回的。可见，除了加强监督以外，还应该强化激励机制，从积极方面引导广大公职人员敬业务实、拒腐防贪，从源头上减少公务员的失职行为，并进一步提高行政效率。

(二) 考评激励的作用难以得到体现

目前,我国公职人员管理制度中的激励集中体现在考评制度中。现行的做法是:由国家行政机关按照管理权限,根据有关法规,按照一定的标准和程序对国家公职人员的思想品德、工作成绩、工作能力及工作态度进行全面考察,做出评价,并以此作为对公职人员进行奖惩、培训、辞退以及调整职务、级别和工资等的依据。考评激励的作用机制主要通过将考评结果与公职人员的奖惩、职务升降、级别和工资的调整等挂起钩来,促使公职人员积极工作,尽职尽责。把考评结果与公职人员实际的、切身的利益紧密挂钩,是公职人员考评制度激励功能的具体表现,能够激发公职人员的竞争意识,调动公职人员的积极性和主动性。激励功能的问题主要存在于考评结果及考评方法两个方面。公职人员考评制度的激励功能之一,在于对公职人员给予客观公正的评价。而公职人员考评是一项十分复杂的工作,稍不注意就易产生考评误差,影响对公职人员德才表现的准确评定,影响公职人员考评激励功能的发挥。考评者的主观倾向、逻辑和心理误差、平均主义和宽大化倾向等都是造成考评误差的原因。科学的考评方法是实现客观、全面、公正评价公职人员的重要手段,它直接关系到公务员考评激励功能的发挥。公职人员的考评应该建立在对考评对象量的分析与质的确定上,而目前对公职人员只进行定性考评,无疑有失全面和客观公正。所以,应把定性考评与定量考评相结合的方法写进有关法规中,作为公职人员考评的第三个基本方法。

(三) 干部选拔机制中缺少激励

我国实行中国共产党领导的多党合作制,中国共产党是社会主义事业的领导核心,行政机关自然也应接受党的领导。所以,与西方公务员保持政治中立的惯例不同,中国公职人员管理制度中对政治素质有明确的要求,即"拥护中国共产党的领导,热爱社会主义",具有鲜明的政治性。长期以来形成了一整套行之有效的干部选拔方法,这种传统干部选拔方法在过去几十年中曾发挥过重要作用。但是,应该看到随着社会主义市场经济的建立,我们的干部选拔机制也存在一些弊端,缺乏公平、竞争、择优,缺乏科学的具体的规范,从而在干部选拔机制中缺少激励,缺乏活力,进一步导致了行政效率的低下。行政管理效率低、缺少活力主要是因为应有的激励机制在实践过程中逐渐丧失。选拔干部上论资排辈,求全责备、封闭化、神秘化的僵化制度的长期存在,弱化了激励作用。缺少激励,必然导致利益分配激励功能减弱,公职人员为了获得平衡感而寻求增加自己收益和减少自己投入的行为,出现非正向激励变形。在这一变形中,一方面由于个人物质利益的要求,收益攀比得到推动并呈螺旋式上升趋势(想方设法增加自己利益);另一方面,由于工资基本固定形式,收入与努力无关,与组织目标完成情况无关,个人收益与投入之比并非呈正相关的关系,又由于在干部选拔上缺乏竞争激励机制,个人升迁与自己的努力也并非呈正相关关系。这些情况的存在,其结果是玩忽职守、无所作为、消极怠工等"搭便车"现象反复出现,从而导致行政组织实际绩效的降低。这从根本上说不是某个人的过失和责任,而是在组织制度中缺乏竞争激励机制所必然导致的结果。公职人员管理制度如果要比传统的干部人事制度有更高的办事效率,首先必须强化竞争激励机制,建立起使激励机制能充分发挥作用的干部选拔制度。

(四)激励内部出现不对称、不均衡的现象

1. 片面强调精神激励的作用

我国的公共部门以精神激励为主,忽略物质激励,工资制度缺乏弹性,没有同绩效挂钩。过去过分强调政府部门和公共部门的集体利益,忽视了公共部门人员的个人利益,道德激励的功能变弱。随着计划经济向市场经济的转变,仅仅从思想上来促使人们放弃最基本的物质和精神需求的现象是不合理的。面对市场经济,传统的道德激励受到了严峻的挑战,片面强调精神激励而忽略了公共部门人员的"经济人"特征,限制了公务员的自利动机,使得公共部门出现了大量的腐败现象。

2. 公共部门中的竞争激励的缺失

公共部门中论资排辈的现象严重,干部选拔封闭化、神秘化,缺乏公开、公正、平等的竞争机制。公共部门的职业稳定性很高,采用终身雇佣制,不存在外界劳动力市场的压力,人员得过且过,使得公共部门的效率低下,许多人才流失。鉴于公共部门的特殊性质,对公共部门人员的激励必须严格按照国家统一的法律条文规定执行,各具体单位不能各自为政,制定适合本部门实情的方法来对本单位的人员进行激励;而且激励的程序必须一丝不苟按部就班地操作,否则视为无效。公职人员的奖惩升降等各项措施都必须有法可依,确保各层次公务员一视同仁,不像企业员工的激励可以根据不同企业的具体情况和管理者的管理作风做灵活机动的制度构建,并无定式可循。

3. 公共部门的激励缺乏人本理念

在分配工作时没有考虑个人的兴趣和爱好,工作单调乏味,没有强调职员的自我实现,工作中没有采取人性化的管理;管理者习惯于在办公室内指挥决策,缺少与员工交流的习惯,只以行政命令、控制、监督手段强制管理,职员缺乏自主权。

第四节 公共部门人员激励对策

与时俱进、开拓创新,是新时代对社会经济发展提出的新要求。在当代公共部门人力资源管理中,要想对员工进行成功的激励,有效地提高公共部门工作效率,建立起高绩效的政府组织,一定不能脱离我国的社会历史条件和经济发展现状等客观环境因素,而要在继承历史上优秀思想遗产和借鉴西方先进理论的基础上,切合实际、因地制宜地建立起适合我国国情、适应社会主义发展需要的公共部门激励机制。

一、把激励理论应用于我国公共部门

西方的激励理论对于我国公共部门的人力资源管理有着重要的借鉴作用。我国企业管理中率先引入了西方先进的激励理念,并在一些组织中获得了极大的成功。目前,西方国家也开始探索将经济领域的成功经验应用于公共部门的人力资源管理过程中。因此,我们可以借鉴西方成功的经验,在公共部门管理过程中应用西方激励理论,以提高公共部门的产出效率。我们要针对不同的情况,采取不同的方法和措施:第一,完善奖励制度,打破平均主义、“大锅饭”的体制和思想框框。第二,提高领导者、管理者自身的管理水平,加强和完善各项人事管理制度。第三,领导者应该对全体员工一视同仁,公平合理地使用奖惩制度。第四,要进行细致的思想工作,帮助员工树立正确的公平观,引导他们客观地进行比较平衡。

但是由于各国的国情不同,因此要结合实际、因地制宜地对西方的激励理论加以应用。由于外部环境各异,个体之间也存在着差异,应用激励理论所产生的效果也不尽相同。以赫茨伯格的双因素理论为例进行分析,可以看出在我国公共部门人力资源管理中,由于历史文化背景的差异和管理体制的不同而产生的激励理论的不同作用效果。结合我国公共部门组织机构和人力资源管理的特点,分析被赫茨伯格列入保健因素的组织政策与行政管理,会发现激励效果由于公共部门中两种不同群体的差异而产生不同的作用。

众所周知,中国的人事管理已由传统的干部人事管理制度步入了公务员制度的轨道。国家每年面向社会公开招考科级以下公务员,并陆续出台了一系列公务员管理的规章或单行条例,如《国家公务员考评暂行规定》《国家公务员奖励暂行规定》等十几个配套的实施细则,保证公务员制度的顺利推行。在各级公共部门中,也都有着相应的组织管理规章和政策。对于数量众多的科级以下

公务员而言,公共部门内诸多的规章政策和行政管理程序的合理性无疑是其能够顺利完成工作的前提和保障。鉴于这类因素,对大部分从事程序性工作而缺少创新空间的科级以下公务员来说,制度政策和行政管理的合理性和规范性对人们在实际工作中所产生的作用,无疑应划归到保健因素的类别中去。如果此类因素处理不当,会造成制度僵化、公共部门内部行政管理体制不合理的局面,这势必会令人产生不满的情绪,从而影响工作的积极性,降低工作质量,不能为民众提供合格的公共服务产品。这时,决策者应及时地进行政策调整,使部门内部的个人消除不满情绪。正如前文所述,公共部门的制度权威性大大高于企业内部规章的强制程度。如果决策者未对此类保健因素加以改进,那么它对组织产生的负面影响也将远远超过同类情况在企业内部发生后造成的不良后果。因此,一旦在公共部门发现规章政策的不合理制定引发了人们的不满情绪,应当立即采取措施加以纠正。

与公共部门内部组织规章政策的执行者——科级以下的公务员有所不同,科级以上的公务员(即通常所说的科级以上领导干部)虽然作为组织成员也要遵守组织的规章政策,但同时作为公共部门的决策者,有时甚至是组织政策的制定者和管理的实施者,部门内部的政策、管理等对他们来说,已经不再发挥维护公平的作用,而是具有激励的作用。领导决策者手中拥有的权力,把他们与一般的公共部门内部成员区别开来。尽管彼此的利益和价值目标有重叠,但一定的职位和权力将人们划分为不同的利益群体。公共部门的领导干部对组织内部政策的原初状态是持认可和维护态度的,由他亲自执行的行政管理过程对他本人而言,更成为工作内容的重要部分,从而使他在从事管理和政策制定的过程中能够得到充分的满足和自我实现。这种激励的作用能够极大地激起他的工作热情。当一个公共部门组织处于领导者有效的管理与合理制度规范状态下时,它能够为公众产出更多高效的公共服务产品,由此带给领导者的成就感必将激励他更加高效地工作。权力给领导者提供了一定的创新可能性,因此政策制度和行政管理作为激励因素,也能起到鼓励创新的作用。在我国的公务员制度下,各级领导干部都是领导链条上的一环,既是下属的领导,又是上级的下属。因此,自己职权范围内的政策制定和行政管理工作,都要在上一级公共部门业已确立的政策制度和行政管理体制下进行,这种外部政策环境因素的优化给领导者带来的影响是积极的和鼓励性的。作为领导链条上的一个环节,他们也会乐于维护组织既定的政策和行政管理机制,并积极地协助公共部门组织内部政策的制定和实施。

根据赫茨伯格对双因素理论的解释,保健因素一旦被忽视,会对组织成员产生消极的作用，从而影响到组织整体的劳动产品的产出数量和质量。因此，应当给予作为保健因素的组织政策和行政管理足够的重视和关注。在公共部门中，应在首先满足科级以下公务员对此类因素需求的基础上，再谋求它作为激励因素的积极作用，并且在实际操作过程中，要充分考虑到不同层级的公务员不同的利益要求、价值取向和个体差异。

二、建立公共部门人力资源管理的激励机制

西方的激励理论和中国古代的激励思想与实践，都为我们进一步探索建立适应我国国情和发展需要的激励机制提供了有益的借鉴。但是，正如前文所述，无论是西方的系统理论，还是我国古代历史上的成功经验，都存在着一定的地域差异性和历史局限性，任何一种理论和方法都不能原封不动地照搬到实践中来。我国公共部门的人力资源管理，特别是公务员制度中的激励存在的诸多问题，使得我们必须在对当前公共部门人力资源管理的现状及其环境进行分析之后，在激励问题上进行机制创新。具体地说，可以从以下三个方面进行探讨：

（一）权力激励机制

国家公共部门的公职人员掌握着人民赋予的公共权力，在法律规定的范围内对社会公共资源进行管理和尽可能合理地配置，以实现公共资源的效益最大化。在公共部门这个庞大的机器不停地运转，源源不断地生产出公共服务产品的过程中，权力始终都在对支配和使用公共资源的公职人员起着不容忽视的激励作用。

在我国的公共部门人力资源管理制度中，为数众多的各级国家公职人员，在行使人民赋予的公共权力，生产出服务于公众的公共产品的同时，不仅满足了管理和支配社会公共资源的权力需要，而且在一定程度上满足了支配他人的需要。换句话说，公职人员不仅享有不同程度的物的支配权，还拥有一定范围内的人的支配权。相比较而言，后者对人所产生的激励效果更为明显。因为一般说来，人们都不同程度地存在支配他人的本能和意志。这种本能和意志的外化或对象化，便是对他人的权力欲望。从心理学角度讲，命令别人比被别人命令更为愉快，行使权力比接受权力支配更为愉快。如果可以自由选择，一般人宁愿选择“命令别人”，而不愿选择“服从别人”。从一定意义上说，大多数人都有一种权力欲望，只是渴望和追求的出发点和权力类型不同而已。在公共部门复杂的机构体系中，公职人员处于何种行政职位，就拥有相应的行政权限，职位越高，权力就越大。公职人员在行使权力，满足对物和人的支配欲望的同时，也在某种程度上达到了马斯洛需要层次理论中的最高层级——自我实现的需要，

使自己越来越成为受人瞩目和举足轻重的人物。因此,建立并完善公共部门人力资源管理中的权力激励机制,不仅是可行的,而且是必要的。

在我国的公务员制度中,不同层级公务员的工作职责和权限有着明确的规定,任何人不得越权。权力对于各级公务员的激励作用集中体现在,为了能够支配更多的人力和物力资源,必须在法律和制度规定的范围内勤奋工作,取得显著的成绩,得以提拔,从而能够行使更高职位上更大范围的权限。在建立权力激励机制过程中,必须在广大公职人员特别是领导干部中树立起正确的权力观,避免出现"为了掌权而掌权"的不良倾向。要明确公共权力是人民赋予的,是用来更好地合理配置社会资源,为社会提供更多更好的公共服务产品的。权力激励机制的制度如果不够健全,就会造成权力滥用的恶果。合理地运用权力激励,不仅能够激发公职人员的工作热情,进一步提高公共部门的行政效率,而且可以在某种程度上减少权力腐化和腐败现象的产生。

（二）竞争激励机制

竞争是现代人事行政对现代民主政治的有力响应和最佳配合,是现代政府建立高素质、高效率的公职人员系统并使其保持生机与活力的有效手段,在本质上是与现代商品经济基本准则一脉相承的,这也是其魅力和生命力之所在。竞争激励并不是完全孤立的,它与权力激励机制相互渗透,因为职务的升降主要应当通过竞争考评来实现。此外,竞争激励机制还应在竞争的基础上对优胜者进行精神和物质的双重奖励,包括荣誉、金钱、休假、进修机会等多种形式。公务员晋升级别分两种情况:一是随着晋升职务而晋级;二是在本职务所涵盖的级别内晋级。目前,在我国公共部门人力资源管理制度中,两种情形皆与公职人员考评密切相关。但是,如前所述,考评制度并不能真正有效地发挥其应有的激励作用。因此,将竞争激励机制引入到公共部门的人力资源管理中来,是社会经济发展的必然趋势。结合我国的实际情况,可以考虑建立以竞争上岗为主体的竞争激励机制。竞争与激励是一对孪生兄弟,具有相关性和互动性,所以竞争上岗是落实干部升降制度、强化竞争激励机制的重要手段。它将会在以下几个方面发挥积极的激励作用:

(1) 竞争上岗有利于广开才路,收罗人才,选贤任能。竞争上岗扩大了知人渠道和选人视野,促使一大批优秀人才脱颖而出。多中选好,好中选优,是竞争上岗中激励机制的重要功能。在公开、平等的竞争条件下,民主、公正的竞争规则将吸引更多的干部、群众参与竞争,这为广罗人才、多中选好创造了条件,而竞争上岗中制定的综合评价体系又为好中选优提供了基础。

(2) 竞争上岗为人尽其能提供了良好条件,实现了公职人员内部人才资源的合理配置和优化组合。国家公共部门是一个庞大的系统，其中不同层次和不同部门的职位要求的工作能力、知识水平、资历是不同的。在公职人员职务升降中实行竞争上岗能因事利人。竞争上岗一方面有利于不同才能的公务员进入不同的“能级”，合理使用，避免“高能低用”或“低能高用”的现象；另一方面，竞争中的人才流动使人才资源得到合理配置和优化组合。

（3）竞争上岗对公职人员具有激励和鞭策作用，有利于提高工作积极性。公职人员职务的升降表示着地位上升或降低，职权的加重或减轻和责任范围的扩大或缩小，同时也伴随着工资、福利等方面待遇的提高或减少。这些都对公职人员具有激励和鞭策作用。因此，通过竞争上岗可以激发公务员工作的积极性和创造性，激励公务员忠于职守，勤于工作，明确自己努力的方向，从而对工作长期保持不懈努力，使自身潜力得到最大限度的发挥。

（4）竞争上岗有利于提高工作绩效。工作绩效的高低取决于激励水平的高低，一个有效的激励手段必然是符合人的心理行为活动规律的；反之，不符合人的心理行为活动规律的激励措施就无法达到调动人的积极性的目的。职务升降制度中的竞争上岗举措是符合公职人员心理行为的；公共部门在公务员职位升降制度中实行竞争上岗方式给公职人员提供了公正、平等、竞争、激励的机制，对于逐步引导和激励公职人员多做实事，注重实效，提高工作绩效，把晋升希望寄托于自身努力上具有一定的作用。

（5）有利于提高公职人员整体的素质水平和公务员管理队伍的更新。现代行政管理是科学化、专业化的管理，要求国家公职人员必须成为掌握现代科学文化知识、熟悉业务的行政管理专家，能运用现代科学知识和管理手段高效率地从事行政管理。实行公职人员职位的竞争上岗，经过选拔担任领导职务的人员的政治素质、文化素质和工作能力能获得基本保证，也是提高行政效率、提高整个公职人员系统整体素质水平和实现现代化行政管理的必要条件。公职人员竞争上岗还能起到新陈代谢、形成组织机体的正常循环的作用，有利于公职人员队伍保持青春活力和蓬勃生机，任何时候都能保持老、中、青结合的梯队结构。

（6）竞争上岗有助于社会风气的好转，促进社会主义民主建设的发展。在凭借个人关系或利害关系任用政府官员的情况下，有才能而正直的人就会遭到冷落、轻视甚至排斥和压制，而大量投机钻营者就会以各种手段投掌权者所好，获得一官半职，谋取私利。因此，官场风气的败坏与社会风气不正联系在了一起。实行竞争上岗，在法律面前人人平等，没有亲疏远近之分，提高职务升降的客观性、准确性和公开性，有效地克服主观随意性，以公正客观的标准选拔干部,增加了晋升工作的透明度,在社会上培养起了爱才、用才的良好风气。特别是竞争上岗中的公开程度、民主程度和群众参与程度的提高,能够加快民主化的进程,促进我国社会主义民主政治的建设。

(三) 自为激励机制

黑格尔在表述绝对理念发展的两个不同阶段时,采用了“自在”和“自为”两个专门术语,可分别引申为“自发”与“自觉”。“自为”这一术语在这里用以表述个人由于自身具有的道德修养、政治觉悟等高尚品质而由内心产生的自我激励的自发过程。自为激励机制可以通过加强对公职人员的思想政治教育,提高其觉悟水平,树立正确的人生观和价值观,以及通过典型模范榜样,培养良好的社会公众价值评价体系等方法来逐步建立和完善。随着社会主义市场经济制度的确立和发展,人们的价值观等受到了来自多方面的冲击和影响。但是在经济大潮中,在我国的公务员队伍中,仍然涌现出大批像焦裕禄、孔繁森这样的人民公仆,他们之所以能够在物质激励匮乏的条件下克己奉公、鞠躬尽瘁,是因为当思想境界达到一定高度时,可以在没有任何外界激励的情况下进行自为激励。由于是从内心自发产生的对自我的激励,这种激励是最有效的,也是许多激励理论所无法解释的。同时,建立这样的自为激励机制也有着相当的难度,但是通过借鉴我国古代历史上的一些激励方法,在广大公职人员中实现自为激励也并非是遥不可及的。

正如前文所述,中国历来重视精神激励的层面,在国家公共部门的管理中更是如此。古代的书生才子十年寒窗,一旦取得功名,步入仕途,就可以衣锦还乡,光宗耀祖,虽然其中不乏消极因素,且当时的“入仕”与今天成为人民的“公仆”有着根本意义上的区别,但其激励效果可见一斑。成为公职人员所带来的荣誉感,一方面能够极大地激发人们供职于公共部门的兴趣和热情,从而为国家公共部门招录优秀人才提供了更多的选择可能性;另一方面,也对业已进入公共部门的公职人员起着积极的激励作用,促使其更加勤奋工作,提高效率。要想更好地做到这一点,必须提高公职人员的社会地位,在全社会范围内形成良好的氛围和共识。近些年来,我国在“尊师重教”方面取得了较好的成效,全社会逐步形成了尊重人才、尊重知识的良好局面,从而使个人产生成为人才的动机,自发地进行学习。这种自为激励的效果是非常明显的。

除此之外,培养公职人员个人正确的价值观也极为重要。这样,即使外界对其缺乏客观公正的价值评价,公职人员个人仍然能够从自身的价值判断出发,对自己产生积极的激励效果。一些优秀干部在缺乏理解和支持的情况下,仍然能够恪尽职守地履行职责,这与他们高度的政治思想觉悟和良好的个人道德修养是分不开的。

我们党历来十分重视思想教育工作，注重干部队伍的党性和革命性的培养和锻炼，对公务员提出了较高的政治素质要求。正因为如此，公务员队伍中才涌现出许多鼓舞人心、感人至深的典范和事迹。典型模范的作用也是不容忽视的。在许多管理领域，抓典型树模范都是一种常见的激励方法。通过典型的示范作用，激励人们以此为榜样和标准，不断提高和完善自己。一个典型就是一面旗帜，它凝聚着先进的理想信念，代表着高尚的人生境界和道德追求。树立积极的典范无疑也能够起到引导人们建立正确的世界观、人生观和价值观的作用，从而进一步强化其自为激励的效果。

三、建立物质激励与精神激励并举的双轨激励机制

众所周知，几千年的封建历史把中国塑造成一个典型的伦理型国家。被历代君王奉为治国之本的孔孟之道，强调人性本善，因此也不可避免地使得古代的统治者们极为重视管理中的精神激励层面，而较为忽视物质激励的作用。这一特点在公共部门管理中表现得尤为突出。而物质激励多应用于军事和经济管理领域内，所谓的"重赏之下，必有勇夫"也常常被赋予一种鄙视的意味。新中国成立以来，我国的政治经济发展经历了惊人的变革，取得了举世瞩目的成就。在很大程度上，公共部门独具的政治公共性，决定了其管理中的激励仍强调以精神激励为主，对公职人员的激励更多的是激发他们培养公仆精神和服务公众的意识。然而，在经济时代的今天，公共部门的管理者们越来越清楚地认识到，物质激励已不能再被搁置在次要的地位。因此，在当前我国的公共部门人力资源管理中，迫切需要建立起物质激励与精神激励并举、以物质激励为基础的双轨激励机制。

（一）采取绩效挂钩的薪酬制度和灵活的福利形式

薪酬在人力资源管理激励中是最重要的因素之一。一些学者也曾指出，金钱往往有比金钱本身更多的价值，它也可能意味着地位、权力和人自身的价值。在我国公共部门传统的人事管理中，公职人员的薪酬一直实行等级工资制，一般工资水平是社会平均工资；西方一些发达国家实行高薪金的公务员制度，一位高级行政官员的年俸可以与首相相比。鉴于我国的国情，目前不可能实行高薪金公务员制，但近年来公职人员待遇的提高体现了决策者们对薪酬因素的重视。目前，我国公职人员薪酬提高的趋势使得公共部门在与企业及其他行业争夺人才的竞争中增加了优势。但是，要使金钱成为一种真正有效的激励因素，必须保证在各种职位上的人们即使级别相当，给予他们的薪酬也必须能反映出

他们个人的工作业绩。也就是说,薪酬应当与绩效挂钩,才能真正起到激励的作用。

目前,在西方一些国家,以往刻板的工资报酬制度正逐渐被以工作成绩来确定工资级别的制度所取代。以工作成绩来确定工资级别的制度基于这样的论点:公职人员的工资收入应该符合经济市场的工资水平,并且不论公职人员之间可能存在何种差异,他们工资报酬的多少应该取决于其工作成绩的好坏,工作成绩越好,所得到的报酬就应该越多。这一论点意味着传统的、强调统一的公职人员制度应该被取代。尽管公职人员无疑也会受到经济利益的诱惑,但在以前,公职人员作为一个整体有着强烈的服务意识,并将为公众服务作为他们努力的目标。然而,金钱奖赏正逐渐取代这些无形的但却是真实的价值观和激励因素而成为招聘人员和提高其积极性的主要手段。[①] 对政府的高层管理人员而言,强调不同的工作成绩决定不同的报酬是特别重要的。美国高级行政官员服务处的成员奖金制度,可以说是最早推行的差别报酬制度。根据法律规定,高级行政官员服务处的成员每年可领取其年收入20%以上的奖金。高级行政官员服务处赖以成立的法律也要求将奖金和差别报酬等根据工作成绩决定报酬的制度的适用范围扩大到联邦政府的中层管理人员。[②] 1999年底,为配合我国事业单位人事制度改革,有关部门出台了事业单位工资分配的有关政策,主要是实行按岗定酬、按任务定酬、按业绩定酬的分配制度。

与绩效挂钩的差别薪酬的方案能否得以实施,取决于公共部门是否能够测量出公职人员及其组织的工作成绩。现有的研究证明,面对庞大而复杂的组织与政策传送系统,要想从中考评个人的贡献和工作成绩,操作起来有着相当大的难度。尤其是,如果根据工作的结果或产生的影响而不是根据所做的事情来考评工作成绩,那么考评工作就变得更难以进行。然而,这并非表明与绩效挂钩的薪酬制度无法实施,西方一些学者在这方面已经进行了有益的探索,确定了一系列方法来考评组织和个人的效率和绩效。因此,在我国公共部门越来越深入的行政体制改革中,将薪酬与绩效挂钩始终都是进一步激励公职人员的改革方向之一。

与以往相比,公共部门为公职人员提供的福利随着企业越来越丰富多样的职工福利政策而不再具有绝对的优势。企业这种灵活多变的福利制度可以为

---

① 参见常兴华:《收入分配政策:从平均走向公平》,载《中国公共政策分析(2001年)》,中国社会科学出版社2001年版,第211页。

② 参见〔美〕B. 盖伊・彼得斯:《政府未来的治理模式》,吴爱明、夏宏图译,中国人民大学出版社2001年版,第42页。

公共部门所借鉴。此外,也可以让公职人员参与到组织的制度制定和福利设计中来。实践证明,这种参与式激励能够产生极大的精神激励效果。

（二）采取有效的精神激励手段

重视物质激励,并不意味着忽视精神激励的作用。根据马斯洛的需求层次学说,人们在满足了基本的物质需求以后,精神上的需求就变得更为迫切,此时在精神方面的激励往往会取得意想不到的效果。公共部门雇用的公职人员一般都具有较高的政治思想品德与职业道德素养。正因如此,传统的人事管理极为重视精神激励因素。在新形势下,公共部门人力资源开发与管理不仅应该继续发挥这一优势,还可以借鉴企业中精神激励的成功经验,结合公共部门提供公共服务产品的特点,运用有效的精神激励手段来提高公共部门的产品质量和产出效率。

精神激励手段包括两个方面:个人激励和组织激励。个人激励是指从管理者的个人角度出发,对下属员工实施情感和精神上的激励;组织激励则是指在公共部门内部建立起从人的感情和心理需要方面出发的激励机制。前者较偏重于个人行为方面,如对员工的尊重、关爱、赞美、信任、批评等;而后者则注重组织的制度体系对员工产生的影响。二者都在现代公共部门人力资源管理中发挥着重要的激励作用,而组织激励更是我们要重点探讨的激励方式。个人激励更多地依赖于领导者的领导艺术与个人魅力。个人激励方式主要包括尊重式激励、关爱式激励、赞美式激励、批评式激励、宽容式激励、信任式激励等。我国历来十分重视精神激励的个人层面,在古代历史上的激励实践中,有许多值得借鉴的个人激励方式。例如,齐桓公不计前嫌,获得良才;刘备三顾茅庐,以情动人;诸葛亮七擒孟获,收服人心;等等。通过个人行为达到激励的目的,需要领导者能够因人而异地运用尊重、赞扬、宽容、关爱、信任、批评等不同的激励方式。目前在许多管理领域中,一个领导者成功与否,很大程度上取决于他能否有效地运用个人激励手段来鼓励员工们努力工作,激发他们的创造性、想象力和工作热情。

组织激励更注重组织的制度体系对员工产生的影响,因此是我们当前进行制度创新、在公共部门人力资源管理中探求有效的激励手段的重要方式。组织激励主要包括发展式激励、参与式激励、目标式激励、分享式激励等。

（1）发展式激励。如前所述,公共部门人力资源管理的目的是在满足政府组织管理和发展目标的同时,满足公职人员个人成长和发展的需求。因此,发展式的精神激励往往能够产生较好的激励效果。在传统的人事管理中,公共部门更注重的是组织目标的实现,通常较为忽视公职人员的个人发展需求,这也与传统人事管理中的干部选拔制度有关。因此,在公共部门的体制改革中,更应该强调建立起任人唯贤、唯才是用的竞争选拔机制,以往的一些不正确做法,如任人唯亲、论资排辈等,往往对员工的积极性造成伤害,不利于组织发展和激发员工的工作热情,这样的管理体制不能在提高公共部门的效率方面产生有效的激励作用。在这方面,许多企业做出了很好的表率。

(2) 参与式激励。让员工参与管理,是近年来企业管理激励中的一种新的有效方法,它可以极大地激发起员工的主人翁精神,从而起到激励的作用。由于公共部门管理体制的特殊性,相对于企业而言一定程度上缺乏制度上的灵活性,要想实施这种员工参与式的管理激励方法,在操作上有着相当大的难度。但是,“他山之石,可以攻玉”,公共部门的人力资源管理根据自身的管理特点,可以在一定范围内让公职人员参与到某些具体的政策制定、工作设计过程中来。如前文提到的福利设计,通过亲身参与,能够使员工深切感受到自己是组织中的一员,自己的一言一行都会影响到组织的管理效率。这种参与式激励在实践中被证实是最有效的激励方式之一。

(3) 目标式激励。洛克在目标理论中指出,重视并尽可能设置合适的目标是激励动机的重要过程。合适的目标,即具体的、难度较大的而又为员工所接受的目标,具有的激励作用最大。但是,目标设置本身是一件复杂的工作,有时再仔细再认真斟酌的目标也难免有疏漏,会出现与实际不完全一致的情况,或者没有相应的配套措施与之衔接。例如,如果目标的设置不公平或难度过大而难以达到,就可能引起员工的不满和挫折感。如果设置的目标难度较高,但又没有相应的质量控制,会容易导致片面追求产量而不顾质量的情况。与经济部门不同,公共部门产出的是公共服务产品,因此,在目标式激励中,公共部门的目标设置要更多地考虑环境和社会因素,一方面使阶段性目标和总体性目标更加切合实际和有可能实现,另一方面要符合大多数公众的需求,重视反馈信息的采集和分析,及时合理地调整目标设置。

(4) 分享式激励。中国的人文传统中历来崇尚集体主义,组织的兴衰荣辱与每一位成员息息相关,一些企业管理者充分认识到了这一点,并以此为契机注重企业文化的培养和发展,营造出以和谐、团结、进取、创新为不同特点的多种优秀企业文化,使员工在工作的过程中强烈地感受到组织内部积极的文化氛围,自己的职业生涯已不仅仅局限于在岗位上完成分内的工作,而上升到了陶冶个人情操、培养高尚品德的新境界。在这样一种环境中供职,必然能极大地激发起员工内心深处的工作热情和创新欲望。同时,作为一个拥有良好声誉、知名品牌的组织中的一员,员工所体会到的荣誉感与在组织外部得到的尊重和认同,也将产生不可低估的激励效果。目前,企业管理界成功运用的企业文化理论已经受到了极大的关注,如何合理借鉴这一成功经验,在公共管理领域培育出优秀的组织文化,发挥其强大的激励作用,已经成为一个崭新的课题。除了个人激励和组织激励之外,精神激励的道德层面也是十分重要的。我国历来重视个人的道德修养和操守气节,公务员作为我国公共部门的雇员,其政治性是区别于其他国家公职人员政治上中立的特性之一。正因为如此,长期以来,我国公共部门的公职人员时刻奉行为人民服务的奉献精神和工作原则,在艰苦的工作条件下敬业守则,涌现出了许多甘当公仆、舍己奉献的优秀公职人员。他们的确起到了相当程度的榜样和激励作用,因此,在新形势下,我们更要大力提倡公仆精神,鼓励奉献,发扬我国公共部门为人民服务的优良传统,努力提高公职人员的思想道德素养和政治品质,培养他们克己奉公、舍己奉献的崇高的社会主义道德情操。

（三）物质激励与精神激励的结合要适度

传统的人事管理重视精神激励是由于受到了政治因素、历史传统以及客观经济条件的影响和制约;在现阶段,我们提倡物质激励与精神激励并举,要注意把握两种激励手段的力度。物质激励与精神激励相结合,要以物质激励为基础、以精神激励为导向。通过上述分析可以看出,物质激励无论是在西方的激励理论还是在中国历史上的激励实践中,都被看作是发挥基本作用的激励手段。作为满足人类基础需求的物质资料,在当代社会被赋予了新的内涵,它在满足人们基本的生存和生活需要之外,也能够满足人的心理需求。不可否认,精神激励长期以来也发挥了不容忽视的作用,特别是目前我国处于社会主义建设初期、经济基础还较为薄弱的阶段,更应当注重激发公职人员的公仆意识和奉献精神,培养他们的社会主义品质和良好的职业道德。从众多人力资源管理过程中成功运用激励手段的案例中可以发现,激励手段千变万化、灵活多样,物质激励与精神激励也相互贯通、彼此渗透,能否取得预期的效果关键在于因地制宜、因人制宜。在公共部门的人力资源管理中运用激励手段,一定不能照搬其他部门的做法,而要结合实际情况和客观条件,运用有限的资源,使激励效果实现最大化。

【本章小结】

国内理论界在引入西方人力资源管理思想及发展我国人力资源管理理论方面做了大量的工作,在新公共管理主义的发展、强化公共部门服务职能以及建立完善的公务员制度等方面也做了有益的理论探索,但将企业人力资源管理思想应用于公共部门人力资源管理与开发的研究工作,尚停留在起步阶段。特别是在提倡管理要"以人为本"的今天,将企业人力资源管理中的激励运用于公共部门,不仅有利于完善我国的公务员制度,同时也将进一步推动政府体制改革,提高行政效率,使公共部门为社会提供更多优质的公共服务产品。但是,许多有关公共部门人力资源管理的著述中往往忽略了激励这一有效的管理手段。本章主要从以下几个方面对此问题进行了阐述。

首先,剖析了激励的概念和激励的意义,使读者对激励的作用有一个基本了解。在此基础上,分别详细系统地介绍了西方的激励理论,包括内容型、过程型、操作型和综合激励模式;介绍了中国管理历史上的激励思想,对西方的激励理论和中国管理历史上的激励思想进行了比较分析,并找出它们之间的共性与差异;对激励理论进行了综述分析,为在公共部门的应用奠定了理论基础。

其次,通过对企业激励机制设计原则与激励机制设计框架体系所做出的基本介绍,标注出包括目的、方法以及内容在内的激励机制设计中的关键要素;并进一步指出,在相应的体系和机制建立完成之后,需要确定合适的激励方向、激励时机、激励程度、激励频率、激励体系、激励强化和激励约束机制的设计,从而确定激励计划,以便进行有效的实施。

再次,在本章的第三节介绍了人员激励问题提出的背景;分析了当代中国公共部门人力资源的管理与开发环境,从政府在市场经济条件下转换职能的角度,评价了当前我国公共部门人力资源管理与开发的现状。在此基础上,进一步分析了我国公务员制度中的激励问题,指出目前激励的应用现状及存在的不足。

最后,在前面分析评价的基础上,结合我国目前公共部门人力资源管理的激励现状,提出了建立适应我国发展需要的公共部门激励机制的思路和具体方法,尝试在通过改革政府体制来提高行政效率这一方法之外,找到一条开发公共部门人力资源管理的有效途径。在对比企业与公共部门人力资源管理的差异的基础上,提出激励理论在公共部门人力资源管理实际应用中的可行性方案。在理论探讨的基础上,尝试进一步拓展激励理论的应用范围。

【复习思考题】

一、单选题

1. ERG 理论是由(　　)提出。

A. 洛克　　B. 赫茨伯格　　C. 奥德费　　D. 麦克利兰

2. 马斯洛的需要层次理论包含(　　)内容。

A. 生理需要、安全需要、社交需要、尊重需要、自我实现需要

B. 存在需要、关系需要、成长需要、发展需要、自我实现需要

C. 权力需要、情谊需要、成就需要、安全需要、自我实现需要

D. 生活需要、精神需要、社交需要、成长需要、自我实现需要

3. 赫茨伯格的双因素理论包括(　　)两个因素。

A. 激励因素和保健因素　　B. 绩效因素和权力因素

C. 生活因素和工作因素　　D. 物质因素和精神因素

4. 亚当斯的公平理论主要是用来解决(　　)。

A. 员工的行为、行为方式,引起行为的动机

B. 员工的责任感、荣誉感、自信心和满意感

C. 工资报酬分配的合理性、公平性及其对员工生产积极性的影响

D. 个人目标的适宜性、对工作环境的了解和适应程度、个人价值观念

5. 目标设置理论,最早是由(　　)提出的。

A. 斯金纳　　B. 洛克　　C. 马斯洛　　D. 亚当斯

6. 综合型激励模式理论是由(　　)提出的。

A. 亚当斯　　B. 洛克　　C. 罗伯特·豪斯　　D. 赫茨伯格

7. 斯金纳的强化理论强调行为同其后果之间关系的重要性,其理论主要涉及的是(　　)。

A. 主观判断　　B. 刺激和行为的关系

C. 个体差异性　　D. 挫折后的心理和行为反应

8. 激励机制设计的直接目的是(　　)。

A. 满足个人需求

B. 实现组织目标与个人利益的"双赢"

C. 完成组织目标

D. 提高工作绩效

9. 激励机制设计的核心是(　　)。

A. 分配制度和行为规范　　B. 组织目标和个人利益

C. 物质激励和精神激励　　D. 奖惩制度和信息沟通

10. 激励约束的基本要素是(　　)。

A. 权力、竞争、个人利益和薪酬

B. 激励约束主体、客体、方法、目标和环境条件

C. 价值取向和个体差异

D. 人事奖惩、考绩考评、职务升降、在职培训、工资晋级、辞退和奖金

11. 我国公职人员管理制度中的激励功能的问题主要体现在(　　)方面。

A. 公平竞争与市场模式　　B. 考评结果与考评方法

C. 奖惩措施与公共服务　　D. 行政管理与有效监督

12. 目前,我国公共部门人力资源管理的内在运行机制主要表现在(　　)五个方面。

A. 竞争机制、保障机制、激励机制、更新机制和监控机制

B. 激励机制、强化机制、约束机制、民主机制和保障机制

C. 奖惩机制、激励机制、竞争机制、保障机制和约束机制

D. 保障机制、更新机制、考评机制、激励机制和强化机制

13. 差别薪酬的方案能否得以实施,取决于能否测量出公职人员及其组织的(　　)。

A. 工作的结果　　B. 工作产生的影响

C. 工作的成绩　　D. 工作的效率

14. 当前我国的公共部门人力资源管理中,迫切需要建立起(　　)的激励机制。

A. 以物质激励为主　　B. 以精神激励为主

C. 以物质激励和精神激励并举　　D. 以自为激励机制为根本

15. 公职人员的奖惩升降等各项措施的实施,必须根据(　　)的原则。

A. 有法可依、一视同仁　　B. 分配制度和行为规范

C. 工作产生的影响　　D. 工作取得的成绩

二、多选题

1. 奥德费提出的ERG理论把人的需要分为三类,即(　　)。

A. 生理需要　　B. 存在需要　　C. 关系需要　　D. 成长需要。

2. 激励机制设计中,应包括的因素:(　　)。

A. 组织目标体系、激励因素集合　　B. 个人因素集合、分配制度

C. 行为规范、信息沟通　　D. 运行效率

3. 激励的功能是(　　)。

A. 有利于激发和调动职工的积极性

B. 有助于将职工的个人目的和企业目标统一起来

C. 有助于增强组织的凝聚力,促进组织内部的协调和统一

D. 有助于满足多层次的需求

4. 组织激励主要包括(　　)。

A. 发展式激励　　B. 参与式激励　　C. 目标式激励　　D. 分享式激励

5. 我国公共部门激励方法和措施包括(　　)。

A. 完善奖励制度,打破平均主义、"大锅饭"的体制和思想框框

B. 提高领导者、管理者自身的管理水平,加强和完善各项人事管理制度

C. 领导者应该对全体员工一视同仁,公平合理地使用奖惩制度

D. 要进行细致的思想工作,帮助员工树立正确的公平观,引导他们客观地进行比较平衡。

6. 监控机制包括两层含义:(　　)。

A. 公共部门依据法定的公职人员义务和纪律,对公职人员的行政管理活动进行监督,依法追究其违法乱纪的行为

B. 领导者应该对全体员工一视同仁,公平合理地使用奖惩制度

C. 保持公职队伍的稳定性和年龄结构的合理性

D. 政党、立法机关、司法机关、公众对公职人员和行政机关以及政府人事管理部门的工作进行监督

7. 麦克利兰认为,自我激励的高成就者通常具有(　　)特征。

A. 乐于设置自己的目标,并承担责任　　B. 采取适中程度的风险措施

C. 要求及时得到工作的反馈信息　　D. 注重内在激励

8. 过程型激励理论着重研究从动机的产生到采取行动的心理过程,是一种以"外在的目标"去激励员工的理论,主要包括:(　　)。

A. 弗鲁姆的期望理论　　B. 斯金纳的强化理论

C. 洛克的目标理论　　D. 亚当斯的公平理论

9. 激励体系设计遵循(　　)的基本原则。

A. 因人而异　　B. 奖惩适度

C. 公平性　　D. 奖励正确的事情

10. 当前公共部门人力资源管理的激励存在的问题有:(　　)。

A. 约束不对称,重监督而轻激励

B. 考评激励的作用难以得到体现

C. 干部选拔机制中缺少激励

D. 激励内部出现不对称、不均衡的现象

11. 精神激励手段包括:(　　)。

A. 培训激励　　B. 个人激励　　C. 舆论激励　　D. 组织激励

12. 中国历史上传统管理中提出宏观激励观的代表人物有:(　　)。

A. 孔子　　B. 孟子　　C. 荀子　　D. 管子

13. 建立物质激励与精神激励并举的双轨激励机制包括(　　)方面的内容。

A. 采取绩效挂钩的薪酬制度和灵活的福利形式

B. 采取有效的精神激励手段

C. 物质激励与精神激励的结合要适度

D. 采用舆论激励和民主激励的方式

14. 公共部门人力资源管理的竞争激励机制在(　　)方面发挥作用。

A. 竞争上岗有利于广开才路,收罗人才,选贤任能,提高公职人员整体的素质水平,保证公务员管理队伍的更新

B. 竞争上岗为人尽其能提供了良好条件,实现了公职人员内部人才资源的合理配置和优化组合

C. 竞争上岗对公职人员具有激励和鞭策作用,有利于提高工作积极性,提高工作绩效

D. 竞争上岗有助于社会风气的好转,促进社会主义民主建设的发展

15. 事业单位工资分配的有关政策,主要是实行(　　)的分配制度。

A. 按岗定酬　　B. 按任务定酬　　C. 按业绩定酬　　D. 按年限定酬

三、思考题

1. 什么是激励?激励的作用有哪些?
2. 试对内容型激励理论的四种理论进行比较。
3. 中西方的激励思想有何异同?
4. 激励设计的基本原则是什么?
5. 公共部门的人力资源激励是什么?
6. 结合实际谈谈我国公共部门人员激励的现状和亟待解决的问题。
7. 试述激励理论在公共部门人力资源管理中的应用。

【案例与讨论】

中国银行的激励机制[①]

国有商业银行如何建立起现代银行制度?笔者认为,国有商业银行首先必须建立健全有效的激励机制,并以此作为建立现代银行制度的基础和前提。本文试图就中国银行激励机制的建立与健全谈几点粗浅认识。

---

① 改编自陈晓光:《如何建立中国银行的激励机制》,http://www.cnpension,net/index_lm/2008-08-22/493076.html, 2016年3月1日访问。

一、激励机制建设存在的主要问题

激励机制的建立,其目的就是企业从不断满足员工各种不同层次需求的过程中逐步实现自己的经济增长和战略发展目标。但从中国银行激励机制的建设情况来看,一直存在以下几方面的问题:

(一)激励考评目标的多元化

激励考评目标的多元化,耗散了资源有效配置。我们先从总行确立的发展战略目标来看:一个目标是早些时候提出的,用3—5年时间,使中国银行发展成为在新体制下按照良好公司治理机制运作的、功能齐全、布局合理、有独到比较竞争优势的国际大银行;另一个目标是近几年提出的,用3—5年的时间,实现中国银行的整体上市,改革和发展成为国家控股的多元投资的股份制商业银行。两个"3—5年"的发展目标虽然并不矛盾,一个是公司治理机制建设目标,一个是管理体制改革目标,但这仍将意味着中国银行在今后3—5年的管理和发展过程中,既要落实公司治理机制建设目标,又要实现管理体制改革目标,实际上造成了战略目标的"二元化"。

下面我们再看看省分行(限于湖南省分行)对二级分行以下机构的激励考评目标:在2000年以前,省分行主要采用行长目标任务管理责任制考评办法,这一办法设置考评指标十多项,考评目标的多元化是显而易见的。从2000年开始,又全面推行了以目标责任制为主要内容的综合绩效考评。但从过去两年的绩效考评情况来看,省行制定的考评目标仍然指标繁杂,既要考评业务发展指标,又要考评内部管理指标;既要考虑现实的因素,又要考虑历史的因素。考评指标主要包括经营利润、存贷款余额、费用指标、中间业务,甚至还包括党风廉政、安全保卫、案件防范等方面。下级行既要完成利润指标,又要控制费用,一次考评检查既耗费大量人力物力,又难以突出重点,实难全方位兼顾。

(二)激励作用没有突显出来

第一是激励机制的执行力度不到位。首先,市场激励难以到位。从我行机构设置情况来看,多年来一直沿用过去计划经济的行政管理模式,目前从总行到基层网点,一直实行条条式的垂直管理,大多数二级分行以下各级机构对客户只能提供"单一"的服务,即客户到一个柜台或一个部门跑一次只能办一笔业务。对客户日益增长的"多元化"金融服务需求,不能建立有效灵活的市场激励、协调机制,单一部门或个人难以为客户提供"一揽子"服务。其次是内部激励乏力。中国银行提出了"四个留人",即用感情留人、用事业留人、用培训留人、用适当的待遇留人。"四个留人"本应对中行员工产生巨大的激励作用,但实际效果怎样？我们来看看感情留人：在员工中，我们经常可以听到这样的抱怨："银行付我多少钱，我不一定会很在乎，可是当我把工作做得很好时，希望领导能对我说一声谢谢或鼓励的话，让我知道他重视我的存在。"有的员工说："每当我把事情办砸了，我会立刻听到领导的声音，可是相反，如果我把事情做得很好，我就什么声音也听不到了。"可见，员工需要的是领导的重视和理解，"一句激励的话，可以激发员工的巨大潜能"。而现实的情况往往是：我行各级机构的各级领导自觉和不自觉地把自己与员工"隔离"开来，因而造成了员工的"不满"和"无奈"。我们再看用事业留人：一些调离中行的员工说："中国银行除了这块金字招牌还闪着耀眼的光环外，其他没有什么值得留恋的。"虽然这话说得有些过分，但至少我行对过去一段时间部分员工"跳槽"离行的问题未引起足够重视，主观片面地理解为他们嫌弃中行待遇低。殊不知，当一个员工在选择"跳槽"的时候，会在发展机会、福利待遇等方面付出极高的机会成本。他不是因为感到难以适应所在单位的用人机制、对单位的管理感到失望、自身积极性和创造性受到打击、工资收入相对较低，又怎么会"跳槽"呢？事业留人的问题还表现在用人机制上，这么多年来，一、二级分行的行长仍由上级任命，各二级分行的干部升迁尽管逐步实行了竞聘上岗，但仍然避免不了人为因素的干扰，员工的进出更不由企业自主，只要不犯错误，"干好干坏一个样"。可见，我行的激励机制建设还远远没有与市场经济所要求的现代企业制度相适应。

第二是激励机制与管理体制不匹配。在体制上，按照我国国有商业银行现行的管理体制，所有权与经营权是相互背离的，所有者不管经营，经营者没有所有权，这与市场经济的要求不相适应。市场经济要求作为市场经济主体的企业既是市场的经营者，又是经营成果的所有者，企业经营所创造的利润除全面完成国家各项纳税义务外，企业可以自主进行分配。但目前的状况是：各级中国银行所创造的利润必须全部上缴国家财政，员工的收入只能在年初由上而下逐级下达的费用指标内进行分配，在一定意义上讲，仍然存在着"平均主义""吃财政饭"，多年来员工工资有效增幅不大，员工的分配收入等实际利益并没有与其所创造的效益成正比增长。"干好干坏依然没有太大差别"，员工不能真实地完全参与企业成果的分享，挫伤了员工的积极性，削弱了激励的作用。在分配管理上，目前仍然残留着计划经济管理模式深深的印痕，在内部依然实行工资、费用总额计划管理。年初由上级行给下级行下达全年指令性工资、费用指标，不论业务怎样发展，利润增长的幅度有多大，年初下达的指令性工资、费用指标是不能突破的。在目前广大员工工资普遍不高的情况下，员工工资收入（含各类绩效奖励工资）增长，势必就要压缩其他方面的费用开支。这样造成的结果是：

若考虑给员工增加收入,就可能给业务发展带来影响;注重了业务发展的投入,又可能影响到对员工的激励。这也是基层行至今难以建立起员工分配收入的增长与利润增长按比例协调增长的激励机制的一个重要原因,激励的实效性难以充分体现出来。

二、中国银行激励机制的建立与健全

我国经济正大步走向市场化、商业化,它客观上要求作为“经济核心”的商业银行真正走向市场化、商业化,将市场竞争机制引入银行,推动商业银行各项实质性改革特别是产权制度的改革,当然,也包括中国银行激励机制的改革与创新。

(一)有效的激励机制框架构成

笔者认为,我行激励机制的建立健全至少应包括以下几方面内容:

(1)目标责任的激励:建立以目标责任制为特征的激励考评办法,是一种最基本、最明确的激励手段。它包括要求责任人完成目标任务而规定的奖惩手段和保障措施。用具体的目标责任鼓舞和激励员工采取积极行动。制定既振奋人心又切实可行的目标责任,运用各种手段广泛深入地进行宣传发动,使大家清楚了解自身的目标和任务,明确自己在实现目标任务的过程中应承担的责任,自觉地为实现目标而努力奋斗。

(2)业绩考评的激励:业绩考评的激励,是中国银行激励机制建设的一项最根本内容。金融企业实行自主经营、自担风险、自负盈亏、自我约束的经营机制,就是要获取经营利润的最大化。绩效考评激励机制的建立与健全,把金融企业向国家承当的责任与企业自身利益紧紧联系在一起,实现了责权利的有机结合,以此充分调动广大员工的积极性。

(3)思想工作的激励:在新的历史时期,像银行这样一个业务性强、以实现利润最大化为目标的金融机构,思想工作还要不要,还有用没用?答案是肯定的,我们仍然需要依靠强有力的思想政治工作教育员工、激励员工,为实现中行发展目标而奋斗。

(4)收入分配的激励:经济上的奖励与激励是一种最直接、最有效的激励手段。必须对现行“干好干坏、干多干少一个样”的收入分配办法进行彻底改革,真正建立起以业绩论“英雄”、以绩效论功“行赏”的收入分配机制,突出和充分发挥我行收入分配对绩效的激励作用。

(5)学习培训的激励:我们一方面必须给员工创造更多的学习培训机会,另一方面要在银行内部营造积极的学习氛围,把企业建设成学习型组织。从业务理论知识和实际操作技能两个方面,提高员工综合素质,达到学习培训的激励效果。

(6) 职务晋升的激励:职务晋升是一种长期性的奖励方法。我们可以用增加其工作责任和权限以及突显其工作的地位等相对容易实现的方法来激励员工。建立科学合理的用人机制,真正做到"干部能上能下""干与不干不一样""干好干坏不一样";以业绩、以能力、以工作质量论英雄,真正做到"能者上、庸者下",切实给员工创造一个公正、公平的用人环境。

(二) 建立健全激励机制,必须突出三个"紧紧围绕"

必须紧紧围绕我行管理体制的改革与发展。中国银行设置了用3—5年的时间实现整体上市的目标,改革和发展成为国家控股的多元投资的股份制商业银行。这是中国银行管理体制改革最为关键的一步,也是中国银行建立现代银行制度具有战略意义的根本性步骤。因此,我行激励机制的建设也必须适应这一根本性转变,要紧紧围绕我行管理体制的改革与发展,改革和创新激励机制,打好基础、做好准备。要随着我行管理体制的改革与发展,彻底废除过去计划经济管理模式下残留的行政管理方式和手段,建立健全灵活快速的市场反应机制和与之相适应的激励机制。

必须紧紧围绕良好公司治理机制建设目标。一是要以突出效益考评为原则,重新研究设定目标责任考评的具体内容;二是要不断改革和完善现行绩效考评办法,对利润指标实行单一目标考评,或对利润指标实行刚性考评,对业务、费用指标实行弹性考评,避免考评目标的多元化;三是要进一步加大对现行收入分配体制的改革力度,要根据业绩、能力进一步拉大收入差距,对各级行长实行年薪制,对一线员工实行柜员制,对营销人员实行客户经理制;四是要建立公正、公平、科学的用人机制和行之有效的监督制约机制。

必须紧紧围绕以经济效益为中心。建立健全激励机制,必须紧紧围绕突出效益这个中心,因为商业银行的最终目的就是"追求利润的最大化"。随着我行管理体制改革的不断深化,我行激励机制的建设要坚持"以产品为龙头,以市场为导向、以客户为中心",激励员工牢固树立市场营销意识,改善服务观念,激励部门科技创新、超常规发展业务,不断提高我行经营效益,确保我行竞争优势和可持续发展。

讨论题:

1. 你认为中国银行激励机制建设中存在的最大问题是什么?

2. 试运用所学的激励理论,评述该案例中中国银行激励机制的建立健全情况。

官员绩效单向奖励机制下的谬赏主义①

继广东省从2004年8月起,对县域经济发展快、财政任务完成好的县级领导班子实行最高可获奖励500万元的“激励型财政措施”后,近日,山西省拟对空气质量治理有功的各县“一把手”实施最高200万元的重奖,财政部门称细节尚未出台,但相关争议已沸沸扬扬。

从法理角度看,类似的重赏其实就是不折不扣的“谬赏”,其中的荒谬性是不言自明的。第一,做好工作是官员的本职,干不好的下台,干得好的留任或升官,应是基本的职业伦理。岂有为本职工作而得额外重赏之理?第二,如果环保、税收领域可以实行重奖,那么计划生育、公安、文化等各个领域也都可以实行重奖。这样一来,政府岂非可以巧立名目,以重奖之名大肆将政府财政“化公为私”?第三,如此一来,一些地方官可能为了重奖虚报政绩、搞短期行为甚至不惜竭泽而渔,甚至有可能搞得“苛税猛于虎”,反正地方官员的任期有限。第四,“行政谬赏主义”还揭示了一个深刻的时代痼疾,就是政府自身可以随意巧立名目挖公共财政的墙脚而不需纳税人同意,甚至连人大的象征性审批程序也不必。

事实上,类似的谬赏可谓俯拾皆是,比如辽宁、广西等地相继对公安、计生等方面工作突出的领导干部给予奖励。重奖涉及招商、税收等很多领域,只要一把手能完成年初制定的指标,年终就能兑现奖励。

行政谬赏主义盛行,暴露出我国当下公务员绩效考评机制的深刻危机。一是官员能上不能下,只要不贪污受贿,不发生重大责任事故,就可以高枕无忧。社会公众、法律和公务员制度对得过且过,甚至对环境治理、社会治安、公共教育、医疗、住房投入等方面都严重乏力的官员没有惩戒机制。这种“反向激励机制”的缺乏,导致对重赏这样一种“正向激励”的迷信和依赖。二是地方权力高度集中于所谓的“一把手”,所以各个领域、各个部门、各个行业的“成绩”、全部功劳都由“主要领导班子”甚至“一把手”独吞,进一步加剧了公务员之间的权力和酬劳分配不平等。这种不平等势必进一步加剧地方“一把手”的专横独断行为。所谓“一将功成万骨枯”,我们应该对类似的重赏主义保持足够的警惕,不能只看其在短期内能达成多大的立竿见影的效果。因为在这样一种机制和生态下,这样的效果纵然有,也是稍纵即逝的,甚至是通过透支未来、苛捐杂税而得的。

---

① 案例来源:《官员绩效单向奖励机制下的谬赏主义》,http://news.xinhuanet.com/comments/2007-05/23/content_6139198.htm,2016年1月6日访问。

毫无疑问,对地方官员的重奖崇拜,不仅助长官员的浮躁心态与短期行为,而且是对官员专横独断的暗中纵容与鼓励,同时还是对公共财政的极大破坏,不管其动机和目的有多么高尚和良好,我们都应该从其“程序不正义”中看到其危险的后果,并且理直气壮地反对这股不正之风。遏制行政谬赏主义,当从三个方面入手:第一,各级人大要扎紧公共财政的袋子,坚决控制住政府支出“自我扩张”的潮流。政府只是人民的管家,不能让管家拿着主人的钱乱花。第二,对基层政务官的评价权应该逐步还给民众,不能只由上级机关自上而下地根据各种分类标准进行评判。第三,将地方一把手从“集万千宠爱于一身”的评价体系中解放出来,将各个部门的功过还给各部门的公务员和部门主要负责人这些事务官,并用合理的绩效考评指标考评事务官的业绩,改变过去机关那种“说你行你就行,不行也行”的谬传。

讨论题:

1. 你怎么样看待对官员予以重赏的现象?结合案例,谈谈目前我国在公务员的激励机制方面存在哪些不足。

2. 你认为应该怎样合理、适度地对官员实施奖励?

【建议阅读文献】

1. 〔美〕拉奉特:《激励理论》,世界图书出版公司 2013 年影印版。
2. 〔美〕艾德里安·高斯蒂克、切斯特·埃尔顿:《胡萝卜原则:比薪酬更有效的激励方法(修订版)》,王成慧、林静译,电子工业出版社 2013 年版。
3. 〔美〕唐纳德·E. 坎贝尔:《激励理论:动机与信息经济学(第 2 版)》,王新荣译,中国人民大学出版社 2013 年版。
4. 〔英〕莫里斯:《福利、政府激励与税收》,王俊译,中国人民大学出版社 2013 年版。
5. 〔美〕博恩·崔西:《激励》,林治勋译,机械工业出版社 2014 年版。
6. 贺清君:《人力资源管理常见管理问题解决方案及风险防范》,中国法制出版社 2013 年版。
7. 徐鹿:《人力资本激励机制有效性研究》,科学出版社 2013 年版。
8. 吴思:《员工创新行为及其主体性激励研究》,经济科学出版社 2011 年版。
9. 〔美〕波特、比格利、斯蒂尔斯:《激励与工作行为(第 7 版)》,陈学军等译,机械工业出版社 2006 年版。
10. 钟美瑞:《行为激励合约理论及应用》,上海交通大学出版社 2014 年版。
11. 〔美〕詹姆斯·库泽斯、巴里·波斯纳:《激励人心:提升领导力的必要途径》,王莉译,电子工业出版社2010年版。

12. 〔美〕爱德华·劳勒三世:《组织中的激励》,陈剑芬译,中国人民大学出版社2011年版。
13. 〔美〕罗伯特·W.麦克米金:《教育发展的激励理论》,武向荣译,北京师范大学出版社2008年版。
14. 徐兆铭:《企业绩效与激励机制:战略的观点》,中国税务出版社2006年版。
15. 孙宗虎、李作学:《员工激励方法实例全案》,化学工业出版社2014年版。
16. 孙芬:《基于多任务分配的企业低碳研发人员激励机制设计》,《科技管理研究》2013年第2期。
17. 蔡树堂、吕自圆:《研发人员激励制度对企业技术创新能力影响程度的实证研究——以科技型中小企业为例》,《工业技术经济》2015年第5期。
18. 张体勤、利龑:《企业R&D人员激励的理论模型建构——基于人才资本产权实现感知的视角》,《自然辩证法研究》2015年第2期。
19. Silverstein, Barry, *Best Practices: Evaluating Performance: How to Appraise, Promote, and Fire*, London: Collins Business, 2007.
20. Garcia, Charles P., *Leadership Lessons of the White House Fellows: Learn How To Inspire Others, Achieve Greatness and Find Success in Any Organization*, New York: McGraw-Hill, 2009.
21. Hoch, Julia E., and James H. Dulebohn, "Shared Leadership in Enterprise Resource Planning and Human Resource Management System Implementation", *Human Resource Management Review*, Vol. 23, No. 1, 2013.
22. Cross, Jay, *Informal Learning: Rediscovering the Natural Pathways that Inspire Innovation and Performance*, John Wiley & Sons, 2011.
23. Tsui, Anne S., "Making Research Engaged: Implications for HRD Scholarship", *Human Resource Development Quarterly*, Vol. 24, No. 2, 2013.
24. Gilley, Jerry W., Paul M. Shelton, and Ann Gilley, "Developmental Leadership a New Perspective for Human Resource Development", *Advances in Developing Human Resources*, Vol. 13, No. 3, 2011.
25. Gibb, Stephen, *Human Resource Development: Foundations, Process, Context*, London: Palgrave Macmillan, 2011.

第十章　合同管理

【教学目标与方法建议】

通过本章教学,应该掌握以下内容:

1. 雇佣合同的含义
2. 雇佣合同管理的含义、作用与特点
3. 国外公共部门管理改革的实践及对我国的借鉴
4. 我国公共部门引入合同管理的做法与利弊

教学方法建议:建议采用课堂讲授、问题讨论与案例分析的方式进行。

我国已经实行改革开放三十多年,随着经济体制改革的逐步深入,引起了经济生活、政治生活、社会生活、工作方式、社会利益结构以及人们的思维方式、思想观念和精神状态等方面的一系列深刻变化,这些变化必然引起公共组织领域的深刻转变,越来越要求把竞争机制引入到公共部门中,引进企业先进的人事制度和管理经验。近年来,公共部门开始借鉴企业及其他营利组织的管理方式,在调整劳动关系方面,合同管理也成为公共部门人力资源开发与管理的一个重要部分。尤其是我国的事业单位改革已有三十年,急需一套强有力的人事管理制度来推进事业单位管理体制的全面改革。因此,本章就公共部门的合同管理内容做一些介绍与分析。

第一节　合同管理概述

在市场经济中,用人单位和受聘者之间的劳动关系一般是通过一种特殊的现代契约制度即雇佣合同的形式来加以确定的。

一、雇佣合同

合同管理的基础是雇佣合同,因此,我们首先介绍一下什么是雇佣合同。

雇佣合同,指雇佣人与受雇人约定,由受雇人为雇佣人提供劳务,雇佣人向受雇人给付报酬的合同。① 雇佣双方主体签订雇佣合同以及确认相应的合同管理内容,受雇人有着为雇佣人提供事先通过雇佣合同约定的劳务的义务,而雇佣人也应向受雇人支付劳动报酬,包括工资和保险福利待遇,并且向受雇人提供劳动保护和劳动条件。如果提供的劳动保护和劳动条件不符合雇佣合同的约定,雇佣人应当向受雇人承担违约责任,一旦出现纠纷,则依照雇佣合同的签订条款进行调整。雇佣合同从本质上来说是雇佣关系的法律表现形式。以前我国和其他一些社会主义国家认为“雇佣合同”是资本主义国家的叫法,社会主义国家应当称为劳动合同,实际上单单从雇佣和劳动关系来说,我国企业中实行的劳动合同以及目前在政府部门和事业单位等公共部门中推行的聘用合同(本章后面将加以介绍)与雇佣合同是属于同一范畴的。

我们应从以下几个方面去理解雇佣合同的概念:

(1) 雇佣合同的主体是受聘者与用人单位。雇佣合同的主体中受聘者一方指的是自然人,而另一方,根据法律规定,可以是自然人、法人、合伙人,但在本章的范畴内,主要探讨的还是目前我国境内的用人单位(企业、个体经济组织、国家机关、事业组织、社会团体等)。

(2) 雇佣合同的主要内容是规定受聘者与用人单位双方的责任、权利和义务。受聘者作为用人单位的一员,要承担特定岗位的工作,遵守用人单位的规章制度,完成一定的劳动任务;而用人单位要为受聘者提供一定的劳动条件,并按受聘者所提供的劳动量向其支付相应的报酬,保障受聘者享有法定的经济、政治权利。

(3) 订立雇佣合同的目的是为了确立受聘者与用人单位之间的劳动关系。“劳动关系,是指为了实现劳动过程而在受聘者与用人单位之间所发生的关系。”②雇佣合同是确立劳动关系的法律形式,受聘者和用人单位都必须按照雇佣合同的规定行使权利和履行义务,否则必须承担相应的法律责任。

二、雇佣合同管理

雇佣合同管理,简称合同管理,是指依据国家与地方的有关法规,主管部门、组织与个人各方对雇佣合同的订立、续订、履行、变更、终止和解除的各个环节,进行协商、履行、监督并依法追究雇佣合同当事人法律责任等的一系列管理活动。其目的是建立正常的雇佣合同运行秩序,建立和谐、顺畅的劳动关系,规

① 参见孙颖、郭才森:《劳动合同、雇佣合同与劳务合同浅析》,《理论学习》2004 年第 5 期。

② 董保华:《劳动关系调整的法律机制》,上海交通大学出版社 2000 年版,第 21 页。

范雇佣合同行为。

雇佣合同管理的体系包括劳动和社会保障行政部门管理、社会管理和用人单位内部管理。

劳动和社会保障行政部门是政府中专门对劳动工作实行统一管理和综合管理的部门。世界上许多国家的劳动法律只规定劳动与社会保障行政部门监督管理的对象是用人单位,即对用人单位订立、履行、变更、终止与解除合同进行管理,而没有规定在上述过程中对受聘者进行管理。这样的规定符合对受聘者这一相对弱势群体加强保护的立法目的。

雇佣合同的社会管理主要是指由劳动就业服务机构等社会机构和工会、行业协会、企业协会等社会团体,在各自的业务或者职责范围内,对雇佣合同运行的特定环节或特定方面进行管理。在社会管理中,应当强调的是用人单位工会的作用。

用人单位对雇佣合同的内部管理活动,是用人单位在雇佣合同的订立、续订、履行、变更、终止和解除过程中,自己检查自己是否存在违反雇佣合同的情况。用人单位的雇佣合同管理是组织劳动过程的必要手段。

三、雇佣合同管理的作用

在市场经济环境下,用人单位一般采用雇佣合同管理的用人形式。一方面,订立雇佣合同是用人单位完成一定的生产劳动过程所必需的条件;另一方面,订立雇佣合同是受聘者参与劳动过程、完成劳动任务并获得相应劳动报酬的保障。

雇佣合同管理的作用可以具体体现在以下五个方面:

(1) 保障受聘者实现劳动权利。雇佣合同管理的前提是用人单位与受聘者双方订立了法律文书形式的雇佣合同,因此在法律上对受聘者的劳动权利进行了有效的保障。在市场经济条件下,主要是通过受聘者与用人单位平等自愿协商订立雇佣合同的途径实现。

(2) 维护受聘者的合法权益。雇佣合同管理保证了雇佣合同签订的合法性和有效性,明确约定了受聘者与用人单位双方的权利义务。一旦用人单位违反雇佣合同,侵犯受聘者权益,受聘者可以以雇佣合同为据,通过法律途径获得救济,因此保护了弱势群体受聘者的权益。

(3) 用人单位择优录用其所需要的受聘者。通过雇佣合同管理,用人单位打破了职工在一个岗位上终身工作的现状,引入了竞争意识,加快了人员的流动。用人单位可以自由选择与谁订立雇佣合同,订立多长期限的雇佣合同,从而可以根据本单位的需要招收相应的受聘者。

（4）提高劳动生产率。实行雇佣合同制以后，受聘者会增强竞争意识，不断提高自身的综合素质，以获得更好的工作机会和劳动待遇；对于企业来说，也会努力创造良好的劳动条件，吸引更优秀的受聘者来服务。这无形中推动了劳动生产率的不断提高。

（5）预防和减少劳动争议的发生，降低用人单位的交易成本。雇佣合同管理一切依照法律、法规程序执行，时时对受聘者与用人单位之间的权、责、利进行约束，双方都会尽可能履行义务，以免承担责任，纠纷亦随之减少。

四、雇佣合同管理的特点

作为一种合同管理，雇佣合同管理具有一般合同管理的共同特征：合同管理的主体地位平等；雇佣合同是主体双方协商一致达成的法律结果，雇佣合同管理是一种合法的法律行为。

此外，雇佣合同管理还具有以下特点：

（1）雇佣合同管理的主体具有特定性，合同的一方当事人是受聘者，另一方是用人单位，用人单位与受聘者个人之间是契约关系，并以此来确认聘用双方的责任、义务和权利，不存在从属或依附关系。

（2）雇佣合同管理应该体现出对双方当事人权利和义务的管理。受聘者和用人单位双方都负有义务，且各方所负义务是各自所享受权利对应的代价；受聘者一方向用人单位提供劳务，而用人单位一方向受聘者支付劳动报酬，反映出一种交换关系。

（3）雇佣合同管理在一定条件下还要涉及与受聘者有关的第三人的物质利益关系。在一般条件下，用人单位有义务帮助受聘者解决子女的教育、住房等问题；在受聘者生病、年老、工伤等情况下，用人单位有义务负担其社会保险，给予其经济帮助。

（4）雇佣合同管理必须按法定程序执行。雇佣合同的正式签订，须经过用人单位公布招聘标准、受聘者报名、测评、录用等程序，涉及的内容十分复杂。雇佣合同的更改、终止等也必须依照相应的法定程序执行，否则任何环节产生纰漏和疏忽都有可能成为今后争议的来源。因此，按法定程序进行雇佣合同管理对于受聘者和用人单位来讲都具有重大意义。

（5）雇佣合同管理基于现代人力资源管理理论，是一种自由、平等的新型用人管理方法。它把受聘者当作一种资源，当作平等的另一方，为人本管理提供了法律保障。

第二节 国外公共部门的合同管理

通过对雇佣合同以及雇佣合同管理的一般性介绍,我们对雇佣合同管理有了一定的了解,在本节中主要探讨的是现行公共部门中运用合同管理的理念与实践。

一、公共部门传统的雇佣模式

现代公务员制度发源于英国,后来在经济和科学技术高度发达的美国得到了新的发展。其产生的历史背景是:恩赐官职制和政党分肥制。在英国,在两党制下,执政党的更迭和内阁的变动比较频繁,本着战利品归胜利者所有的观念,每当一个政党执政并组成内阁,便相应地任命大批本党成员担任政府公职,撤换一批官员,从而造成了政府行政人员中经常性的大换班,造成了肥缺分赃、营私舞弊的恶风,埋没了真正的人才,使政府管理效率低下。为了建立一个廉洁、稳定、高效的政府,保护整个资产阶级的利益并促进资本主义生产的发展,从 19 世纪 50 年代开始,首先在英国,随后在世界上许多国家形成了国家公务员制度。在实行公务员制度的各国中,一个突出的特点是任职的终身制,也称永业制。在公务员系统中,公务员采取一种"政治中立"的态度,公职人员一旦通过考试被录用并与有关机构建立了工作上的契约关系后,无论哪一政党上台执政,如果公职人员没有发生工作错误或事故并完成了组织规定的工作业绩标准的话,组织是不能以其他理由(包括政治原因)随意解雇或辞退公职人员的,所有被录用者一律实行职业保险即职务常任,公职人员可以一直工作到法定退休年龄或事先规定的工作年限为止,再与公共组织解除工作关系,这种方式被称为永业制的雇佣模式。这种模式的任职方式具有以下作用:

第一,稳定了公职人员的队伍,有利于队伍建设。公务员制度实质是近代资本主义生产方式、工业化以及城市化发展的产物,是资产阶级在反对封建君主制度的恩赐官职制和总结资产阶级早期的政党分肥制的经验教训基础上,在两党竞争条件下为寻求一个稳定的政府而逐步建立和发展起来的现代人事管理制度。在恩赐官职制下,政府组织里的职位是作为一种赏赐给予;而政党分肥制导致的最终结果是"一朝天子一朝臣",一旦某个政党下台,与它关联的一切公职人员纷纷被辞退,政府工作人员频繁的更换造成民众怨声载道,迫切希望政府能拿出切实可行的办法来解决当时政府人事工作与管理混乱的问题。永业制的实行使得公职人员(特别是业务类人员)"不与政党共进退",一定程度上保证了政府工作人员的稳定性,有利于工作的开展和队伍的建设。

第二,提高了公共部门的工作效率。在大部分国家中,采用永业制管理的公职人员多数都是公共部门中执行具体事务的人员,其中绝大部分还是掌握科学技术、实用技能的专业技术人员,对他们工作条件、工作职位的一系列保障措施,有助于他们安心工作,钻研学习,从而提高自身工作技能,最终达到提高整个公共部门组织工作效率的效果。

但是,任何事物的发展都必然受到周围环境和时代变化的影响。西方国家公务员制度最初在建立永业制雇佣模式时,目的是为了保证公职队伍的稳定性和系统性,同时发展公务员的职业能力,但是随着不断的推广,永业制也遇到了一些问题:

第一,永业制使得公务员变得保守,安于现状,不思进取,缺乏创新精神,对社会需要的反应能力降低,进而影响到组织效率的提高。

第二,永业制使公务员形成了某种特权,变成了一个封闭系统,它阻碍了组织的竞争机制、激励机制与新陈代谢机制的推行,不利于优秀人才的获取和引入。

第三,永业制过于稳定的形态使得组织的决策过程也变得僵化,造成组织机能失调,缺乏生机和活力。

第四,公务员作为既得利益者妨碍组织的变革,成为政府改革进程中的阻力。①

因此,各国政府在继续采纳这种受到各方弹劾和责难的雇佣模式的同时,也纷纷积极地探索更加适合目前政治、经济、文化发展改革的模式。理想的雇佣模式应该是这样的:它应该更加具有竞争力,更有弹性,它能改变目前公职人员中死气沉沉的局面,从而开创一个公平开放的、更具活力的公职人员管理的制度与手段。下面对世界各主要国家在公共部门人员管理改革方面的实践作一介绍。

二、国外公共部门引入合同管理理念的原因

雇佣合同或合同管理在企业或者说在营利组织中的应用已非常成熟,但在公共组织中,合同管理甚至是雇佣合同的概念本身尚没有被大量应用。近二三十年来,公共部门在推动公务员制度的改革过程中,将合同管理技术及合同管

① 参见孙柏瑛、祁光华编著:《公共部门人力资源开发与管理》,中国人民大学出版社 2004 年版,第 45 页。

理理念运用到公共部门中的实践活动得到了不断的加强。究其原因，有以下两点：

(一) 公共部门自身的需要

从20世纪80年代开始，尤其是进入90年代后，科技领域的发展引发了经济的快速增长，信息化、全球化的发展，使得公共部门的外部环境发生了巨变，对公共部门快速、灵活的反应提出了更高的要求。另外，公共部门特别是政府面临着从管理型政府向服务型政府转型的任务，因而要求政府在用人制度上要弹性化和专业化。以往政府用人制度比较僵硬，造成政府机构臃肿，官僚主义严重，而公务员常任制的实行使得许多公务员抱着“不求有功，但求无过”的态度工作，造成政府工作效率低下，政府在公众面前的形象大大受损。20世纪80年代以来，西方公务员制度借鉴现代企业对从业人员进行合同管理的经验，越来越多地采用聘任制任用公务员，出现了一种淡化职业化与终身制而强调专业化的发展趋向。

(二) 新公共管理理论的影响

新公共管理理论(NPM)的核心思想是提高政府的经济效益，主张将政府视为企业，将部门领导称为经理(manager)，将公务员视为聘任的雇员，将行政相对人视为客户或者雇主，将工商管理的效率法则应用到公共行政中来，将公共行政组织提供的服务视为公共产品进行归类分解，实行成本产出核算，对公共行政组织实行目标(功绩制)控制，同时下放权力，加大下级机构的权力和责任。人力资源管理作为新公共管理的一个重要方面就是强调人才录用和管理的多样化，而不局限于传统的官僚制理念。20世纪70年代末80年代初以来，伴随全球化、信息化、市场化与知识经济时代的到来，西方各国进入了公共部门管理尤其是政府管理改革的时代，作为这场改革运动的标志与口号，新公共管理迅速成为公共行政学研究领域的新动向。作为新公共管理理论推行的措施之一，政府雇员制度开始实施，政府被视为雇主，公务员被视为雇员，两方就特定的目标(经费和产出)签订1年至5年期的聘任协议。这样，传统公务员制度形成的稳固职业关系被打破，公职人员的压力明显增大，公共行政的总体效率有明显提高。

三、国外公共部门应用合同管理的情况

20世纪70年代以来，国外尤其是西方许多国家开始转变人事制度，视政府为雇主、公职人员为雇员；80年代，开始推进政府雇员改革，实行公务员聘任制；

90年代以来，西方国家对公务员制度进行了大范围改革，其中之一是推行以聘用合同制为核心的政府雇员制，实行合同化管理。

目前，对组织成员的合同管理已成为世界公共组织改革的未来趋势。国际劳工组织《关于经济结构调整对公职部门影响的报告》指出：以加强市场在经济管理中的作用为特征的结构调整，使越来越多的国家限制或放弃了“终身制”，签订短期或临时合同的公职人员日益增长。例如：韩国专门职公务员和雇员职公务员均实行聘任制，占公务员总数的3%。下面介绍一下西方一些国家的公共部门应用合同管理的实践情况。

（一）美国

早在美国《文官制度改革法》颁布之前，联邦政府有关人士就认为：“公务员的合同制是个方向。”1978年《文官制度改革法》出台之后，美国联邦政府在永业公务员之外临时录用的合同制雇员有所增加，美国实行考绩制的常任雇员的比例也不断降低，已由20世纪30年代的87.9%下降为55.5%。从20世纪70年代以后，体现劳动权利和义务的集体劳资谈判才开始在非营利组织中实行，如美国国家劳动关系理事会于70年代初将那些“对州际商务有重大影响的”非营利性组织列入其管理范围之内。1974年8月，议会对《劳资关系法》做出修正，将非营利性保健机构也纳入该法的管辖范围之内。联邦政府领域的劳动关系是根据1978年公布的《文官制度改革法》和1993年10月1日颁布的第12871号总统令管理的。《文官制度改革法》第七章的规定被人们称作《联邦服务劳资关系法规》，许多州都通过法律，给予州和地方政府中的雇员与其雇佣单位进行集体劳资谈判的权利。州政府通过了《公共雇员关系法》，对选择谈判代表的程序和工会保障机制做出了规定。1985年，美国政府扩大了政府部门雇用临时雇员的权力，合同期限增至4年。临时雇用价格便宜，解雇容易，有助于增加政府面对不确定环境时的灵活反应能力。①

（二）英国

在文官制度最早建立的英国，20世纪90年代以来进行了一场“静静悄悄的革命”——对传统文官制度进行大的改革，推行合同制特别是短期合同制。高级文官大量从企业界聘任，许多中下级文官管理直接采用企业管理办法，实行承包制。20世纪90年代中期，英国高级文官从企业直接聘任的人数约占5%，而且其比例还在逐年扩大。英国梅杰政府于1996年4月进行大幅度改革，所

① 参见肖帅：《从“三个机制”看当代西方公务员制度改革》，《学术论坛》2003年第4期。

有公务员都要与政府签订目标管理合同书,公务员不再是终身制。

(三)德国

20世纪50年代,联邦德国开始在公共行政组织中逐步引入政府雇员和工人制度,公务员、雇员和工人各占一定的比例,一般来说比例是2∶4∶2,具体的比例因不同地方和不同的行政职能而异。在公职人员的内部管理和劳动关系调整方面,这三种法律身份存在如下区别:

第一,性质不同。公务员关系的理论基础是国家忠诚理论和特别权力关系理论,公务员被视为国家在危难时最后一支可以依靠的力量,与国家之间是无条件的勤务关系;政府雇员与国家之间是聘任性质的劳动关系,工人与国家之间是一般的雇佣合同关系,其理论基础是民法上的雇佣关系理论。

第二,内容不同。公务员作为公民的基本权利受到许多限制,例如不享有罢工权、结社权等;政府雇员和工人享有罢工权、结社权,可以通过人事代表会议或者工会组织与政府展开谈判。

第三,执行职务的种类不同。公务员通常担任领导职务,而政府雇员通常担任专业性强的法律、技术职务,工人通常执行专业性不高的纯事务性工作。

第四,行政责任和救济途径不同。公务员如果违反纪律,按照专门的公务员纪律惩戒法处罚,公务员对此不服,应当向行政法院提起行政诉讼;雇员和工人违反纪律的,按照协议条款或者劳资合同有关条款处罚,因此与行政机关发生纠纷的,到劳动法院起诉。

第五,工资不同。公务员的工资按照公务员工资法拨付,雇员和工人的工资按照雇佣合同约定的标准支付。实际上,公务员的工资通常高于雇员,雇员的工资通常高于工人。

第六,职务关系的产生和解除形式不同。公务员职务关系以录用方式产生,以开除公职决定消灭;而雇员和工人以聘任合同和雇佣合同方式雇佣,按照合同约定的方式解雇。

第七,法律依据不同。公务员管理的法律依据是联邦公务员法,而雇员和工人的管理依据是联邦雇员劳资合同法。

德国实行政府雇员制度改革的做法使得公务员关系变得多样化和弹性化,虽然公务员、政府雇员和政府工人均属于“公职人员”,但是三类人员表现出勤务关系、聘任关系、劳动关系等多种多样的公职人员关系,德国政府对其进行分类管理,并且在法律条文上也分别有所体现。这一改革的措施提高了公职人员对政府的忠诚度,同时提高了公共行政的效率。

（四）澳大利亚①

澳大利亚公务员制度的最新改革是从20世纪80年代开始酝酿、90年代末最终完成立法程序从而开始正式实施的。澳大利亚公务员制度改革的核心内容是引入企业合同管理方式，废除公务员职务常任制。

1997年5月，澳大利亚公务员委员会颁布了合同协议的指导性政策，除15%的老公务员实行固定制，其他均实行合同制，一般公务员一年一签，至2004年全国已经全面实行聘用合同制。公务员队伍不再是一个独立封闭的系统，所有职位都向社会开放，公开竞争。虽然一个人在公务员职位工作一辈子的现象仍然比较普遍，但法律意义上常任制公务员不再存在。机关与拟聘人员签订聘用合同，同民间企业一样，都适用《劳资关系法》，公务员与机关之间在履行聘用合同中发生争议时，可以向联邦劳资关系法院起诉，按照《劳资关系法》处理。

（五）日本②

20世纪90年代以来，日本经济陷入持续低迷的状态，以往隐藏在台面下的公务员制度的负面影响、消极作用日显突出，其弊端不断受到社会的攻击。很多专家认为，由于现行的日本公务员制度无法适应新时期发展的需要，已经成为阻碍日本经济进一步发展的桎梏。为此，就连一贯强调终身制的日本也开始对过去的做法进行反思，提出要在部分人员中实行聘任制的设想。

1996年上台的桥本内阁提出要推动全面的行政改革，目的是削减臃肿、僵化的行政组织，建立精简、高效、透明的政府。1998年日本制定了中央省厅改革基本法，1999年制定了省厅改革关联法，2001年1月新的中央省厅开始运作。日本政府于2000年12月1日在内阁会议上确定并公布了《行政改革大纲》，并于2001年12月25日颁布了《公务员制度改革大纲》，系统地阐述了今后公务员制度改革的方向和内容，计划在2005年前逐步实施改革的具体措施。日本公务员制度改革的主要内容之一是建立开放型任用机制。开放型任用包括对外开放和对内开放两种形式。对外开放主要指官民交流制度。为了吸引政府所需的专业化人才，日本政府于1999年颁布了《官民人事交流法》，实施官民双向人事交流制度。新制度旨在按照适当的程序加强政府与私营企业之间的人才交流，培养能够更加灵活和充分完成任务的国家公职人员，并进一步将私营企业卓有成效的商业管理方法引入政府管理中。对内开放旨在通过引进政府

① 参见人事部赴澳大利亚、新西兰访问考察团：《澳大利亚公务员制度新改革》，《中国人才》2004年第5期。

② 参见车美玉：《日本公务员制度改革的最新动向》，《鲁行经院学报》2003年第5期。

部门内部公开竞争的机制，实现部门之间人事交流活性化和人事流动渠道的多样化，其核心是开放和竞争，通过开放和竞争谋求公务员队伍素质的不断提高。为了保证政府部门的正常业务不受影响，招聘部门的人事负责人应当与应聘人所属部门的负责人进行充分的协商，出现矛盾时要尊重应聘人的要求，不得使应聘人的正当利益受到损害。应聘人员在完成应聘岗位的工作任务后，原则上应回到原单位。

四、国外公共部门合同管理对我国的启示

就我国公务员制度的改革而言，国外合同管理制度改革的启示在于：

(1) 公务员人事关系的多样化和弹性化。就其实质而言，政府部门的公务员、政府雇员和政府工人都是“公务员”，值得我们借鉴的是公职人员关系可以有勤务关系、聘任关系、劳动关系等多种多样的表现形式，其核心目标都是提高公职人员对政府的忠诚度，提高公共行政的效率。

(2) 公务员、雇员、工人分别适合不同的工作岗位，应当以岗位的需要确定人事关系的类型。

(3) 公共行政的效率效益是引入政府合同管理改革的重要考虑因素。

(4) 政府合同管理的改革和推行必须有实践动因和理论基础。也就是说，必须与政府职能调整、政府自我管理方式的改革配套进行，并且必须有系统的立法支撑，否则，很有可能流于形式，甚至被扭曲。

第三节　我国公共部门的合同管理

在我国，公共部门的定义与国外不同，国外的公共部门所涵盖的范围要小得多，仅相当于我国所指的政府机关。一般意义上，我国的公共部门包括国家机关、国有事业单位、群众团体和国有企业单位以及其他部门。随着全球化进程的开展，公共部门人事改革的浪潮必将波及世界，中国自然也不会例外。作为一个发展中国家，尤其是我国目前正处于由传统的计划经济体制转向市场经济体制的阶段，经济、政治、文化各个领域发生的重大转型迫切需要公共部门能够迅速地转换角色，快速转型，以建立更加适应市场经济发展的人事管理制度。

一、我国公共部门进行合同管理的现状与趋势

我国曾长期处于计划经济时期，在这长达三十多年的时间里，全国实行生产资料公有制的经济制度，国家效仿苏联等社会主义国家实行“大一统”的计划

经济体制，在人事管理上实行的是干部人事管理制度。那时候，国有单位的职工是国家的“主人翁”，所有职工身份仅有“干部”和“工人”的区别，受聘者进入单位后，就成为永久受雇的职工，即一般意义上的“固定工”制度。所谓固定工系指由劳动人事部门分配、安排和批准招收录用，与用人单位保持长期劳动关系的职工，亦称为长期职工。无论国有事业单位还是国家机关职工均采用固定工的形式进行管理，职工与单位之间不存在用工关系或者说劳动关系，而只是受聘者与国家之间存在雇佣联系。当时仅在一些私营单位或国营单位的临时群体中签订雇佣合同，规范劳动用工。

20 世纪 80 年代以来，为了配合市场经济的发展，我国公共部门在人事制度上也进行了大刀阔斧的改革。

（一）公务员聘用制

中国过去也与其他社会主义国家一样，广泛使用过干部的概念。新中国成立若干年来，随着各项事业的不断发展，干部的含义愈加混乱，外延日益扩大，三千多万人的干部队伍包括各行各业的人员，管理越来越困难。对如此庞杂的管理对象，几乎无法进行有针对性的具体管理，只能采取粗放的、僵硬的管理方式。特别是把执行国家公务的人员与从事一般社会职业的人员混为一谈，这就难以根据前者的特殊工作性质，提出明确的任职要求，以保证国家行政机关的效率与活力。随着国家经济体制改革的不断深入，政治体制改革的任务也提上了议事日程，自党的十一届三中全会以来我国在干部人事制度改革方面进行了积极的探索。

可以说，公务员聘任制对中国来说本不是新鲜事物。20 世纪 80 年代初期，为了解决原干部人事制度不能从农村直接招收干部，以致乡镇干部来源不足的问题，很多地区开始在乡镇实行干部聘任制，通过契约合同来管理干部。甘肃省是先行者。甘肃省分别于 1984 年和 1987 年为乡镇党政机关补充了 4800 余名招聘干部，还有一些地、县自行招聘了一部分干部。虽然地方已经有“先行者”，国家层面真正出台法规是在 1993 年。1993 年，中华人民共和国国务院公布的《国家公务员暂行条例》中，明确规定了可对公务员部分职位实行聘任制。2002 年，中共中央下发的《党政领导干部选拔任用工作条例》也规定了党政机关部分专业性较强的领导职务实行聘任制。遗憾的是，这些规定都没有明确规定公务员聘任的适用范围和具体办法。这个“疏漏”直到 2006 年才补上。《公务员法》在第十六章中专门规定了公务员聘任的适用范围、聘任方式、管理方式以及纠纷解决机制，正式在法律上确认了公务员职位聘任制度。之后实行的《新录用公务员试用期管理办法（试行）》《公务员职务任免与职务升降规定（试行)》《公务员奖励规定(试行)》《公务员考核规定(试行)》《公务员录用体检通用标准(试行)》《行政机关公务员处分条例》《公务员申诉规定(试行)》等法律法规都对公务员制度进行了规定和完善。2011 年人社部印发的《聘任制公务员管理试点办法》规定,对聘任制公务员主要实行合同管理。《聘任制公务员管理试点办法》第一章第二条指出,聘任制公务员是指"机关在规定的编制限额和工资经费限额内,经中央或者省级公务员主管部门批准,以合同形式聘任、依法履行公职、由国家财政负担工资福利的工作人员"。也就是说,公务员聘任制是指机关根据工作需要,依照法律的规定,经省级以上公务员主管部门的批准,对专业性比较强的职位和辅助性职位,以聘任合同的方式与公务员建立起来的任用关系。

制度出台后,第一个"吃螃蟹"的是深圳。2007 年起,深圳开始试水公务员聘任制。2010 年深圳市全面启动公务员分类管理改革,所有公务员被分为综合管理、行政执法、专业技术三类,一类又分几个职级,委任制、聘任制公务员统一按职级升迁。所有新进公务员一律为聘任制公务员,签订劳动合同,购买社会养老保险。深圳还对养老金进行了调整。该市人力资源和社会保障局局长王敏曾对新华社表示,深圳针对聘任制公务员推出了政府年金制度,由财政划拨年金作为社会养老保险的补充。养老金"双轨制"以后将逐步变成"单轨制"。但深圳的改革模式尚未在其他试点地区推开。人社部部长尹蔚民曾在 2012 年、2013 年全国两会上两度表态:"深圳经验在全国能不能推行,是深圳试点需要进一步回答的问题。"全国会"有序地推进"聘任制公务员。如此大面积推行公务员聘任制,已经引发国内各地公务员制度改革的连锁反应。温州市在 2008 年 3 月就提出在市直有关部门,对部分高学历、紧缺的公务员岗位进行聘任制试点工作,但至今没有什么动静。温州市人社部门表示,温州一直在调研,非常慎重地对待这个问题。如此谨慎的原因之一,也许是想观察公务员聘任制到底有没有实效。2013 年,江苏、湖北、河南、北京等地均试点了聘任制公务员制度。四川达州宣汉县 2012 年试点招聘的首批 4 名聘任制公务员,在一年后的考核中均为优秀,并且实际工作业绩得到了肯定和赞赏。2014 年有更多地区加入实行聘用制的队伍中来,北京启动了第二批聘任制公务员招聘,3 名聘任制公务员岗位分布在环保、安监、地税领域,均为政府部门高级主管,年薪不低于 20 万。浙江首批 5 名聘任制公务员经过近 5 个月的资格审核、考试测评、考察和体检、公示,将于近期走马上任。引进人才试点的义乌市有关负责人表示,聘任制公务员没有行政级别,5 年聘期结束后,也有可能不再续签。在待遇方面,将按照合同实行协议工资,各岗位的指导年薪不低于 30 万元。

就目前的管理法规和实践情况来看,对聘用制公务员作以下几点总结①:

1. 公务员聘任制的范围

根据《公务员法》第100条,两类职位可以实行聘任制。一是专业性较强的职位,主要指的是在一些特定领域需要拥有专业性知识的岗位,比如在金融、法律、财务会计、信息科技等领域的金融咨询师、投资理财规划师、注册会计师、珠宝鉴定师以及法律咨询顾问等专业职位。专业性较强的职位包括领导职位和非领导职位。这些职位的所需资格条件较高,要求具备较高的学习能力和专业知识技能。二是辅助性职位,主要包括如普通文秘、法院书记员、档案管理、数据录入等职位。这些职位工作的通用性较强,不需要很强的专业技能以及很高的学历要求,对这些实行聘任制具有降低行政成本和提高工作效率的优点。但要注意的是,根据公务员法的有关规定,涉及国家秘密的专业性较强的职位和辅助性职位不实行聘任制。

2. 聘任制公务员的产生方式

聘任制公务员的产生方式一般有两种:一种是公开招聘,另一种是直接选聘。具体来说,面向社会的公开招聘,应当采取考试与考察相结合的方法进行。考试内容包括招聘职位上所必需的专业知识和工作技能等;考察内容则主要包括应聘人员的政治思想、道德品质、能力素质、学习和工作表现、工作业绩、遵纪守法情况、廉洁自律以及是否需要回避等方面的情况。另一方面,对于直接选聘这种方式,《聘任制公务员管理试点办法》中指出,对于采取公开招聘方式符合聘任职位条件的人选较少但专业性较强的职位,经省级以上公务员主管部门批准,可以从符合条件的人员中直接选聘,由此可以看出即便是直接选聘也要遵循一定的程序和原则。

3. 公务员聘任制的特点

(1) 合同管理。聘任关系确定以后,依合同进行管理。合同中对于合同期限、职位要求、工资福利、保险待遇以及违约责任等内容都有相关条款设定。合同示范文本由中央公务员主管部门制定。

(2) 公平协商。在聘用机关与应聘人员聘任关系的确定过程中,双方的地位是公平对等的。虽然二者从聘用关系变成了任用关系,但双方仍然可以通过协商的方式,对聘任合同进行变更、补充和解除。

(3) 任期规定明确。根据《公务员法》第103条,机关聘任公务员的合同期

---

① 《静安试行国家公职人员聘用制》,http://news.sina.com.cn/o/2004-09-20/10553716802s.shtml,2016年1月6日访问。

限一般为一年至五年。如果聘任期满,自然解除任用关系;如果聘用机关还需要该人员时,双方可以约定续聘。同时,《聘任制公务员管理试点办法》中也指出,聘任机关与应聘公务员双方是按照自愿协商的原则,签订书面的聘任合同,从而确定二者之间双方的权利和义务。

(4) 薪酬可协议。聘用制公务员的工资、奖金、保险和福利待遇,在聘用期间参照公务员(机关工作者)执行,按月支付。因工作需要聘用的特殊专业技术人才,报酬可参照市场同类岗位同期基本薪酬水平确定,一些省市甚至采用协议薪酬的方式。

(二) 事业单位、群众团体

事业单位是具有中国特色的法人社会组织,最早产生于新中国建立之初,我国宪法和民法都明确将其划归为社会组织。改革开放以来,随着社会主义市场经济体制的建立和各项公益事业的不断发展,事业单位的范围不断扩大,举办主体开始呈现多元化,与其他社会组织的界限也逐渐模糊。为了加强政府对事业单位的管理和监督,1998 年发布、2004 年修订的《事业单位登记管理暂行条例》,首次从法律上将事业单位定义为:“国家为了社会公益目的,由国家机关举办或者其他组织利用国有资产举办的,从事教育、科技、文化、卫生等活动的社会服务组织。”从这个定义可以看出,广义上一些群众团体也是可以划归在事业单位组织范围内的。国外是没有“事业单位”这一名词的,如果一定要参照国外的定义,那么国外公共部门里涵盖的“非营利组织”(NPO)应该与我国的“事业单位(群众团体)”的性质比较贴近。

改革开放以来,我国事业单位人事制度改革经历了初步探索、逐步深入、制度创新几个发展阶段,经历了由单项到综合、由点到面的逐步深化过程。①

(1) 初步探索阶段(1978—1987 年)。这一阶段主要是顺应教育、科技体制改革的要求,恢复职称评审,扩大事业单位人事管理自主权,对聘用制进行初步探索。为满足事业单位改革和发展的需要,一些事业单位开始探索聘用合同制,这在一定程度上缓解了事业单位急需人才的矛盾,调动了一部分优秀人才的积极性。

(2) 深入发展阶段(1988—1992 年)。这个阶段改革的主要内容是下放权力,扩大事业单位人事管理自主权,聘用制实施范围逐步扩大。实行聘用制的不单纯局限于新补充干部,而是扩大到事业单位的各类人员。事业单位行政领导人员、专业技术人员、管理人员等都试行了各种形式的聘用制度,一些改革力

---

① 参见陈慧:《浅议中国事业单位管理体制改革》,http://theory.people.com.cn/GB/15741456.html,2016 年 3 月 1 日访问。

度比较大的地区还对事业单位的全体人员进行了聘用合同制的尝试。

(3) 建立适应社会主义市场经济的人事管理体制阶段(1993—1998 年)。党的十四大明确提出,要按照机关、企业和事业单位的特点,建立分类管理的人事制度。1995 年国家人事部和中编办召开了新中国成立以来的第一次事业单位人事制度改革会议——郑州会议,启动事业单位人事制度改革试点工作。在总结前一阶段事业单位聘用制经验的基础上,把聘用制作为事业单位的一项基本用人制度,制定出台事业单位聘用制管理办法。到 1998 年底,全国已有上海、江苏、安徽、文化部、北京市科委系统和文化系统、中科院等十几个地方和部门出台聘用制管理规定,大部分地区的事业单位都不同程度实行聘用制度。

(4) 建立符合事业单位特点的人事管理制度的新阶段(1999 年至今)。这个阶段国家全面研究在机关、事业单位、企业建立分类管理的人事制度问题,全面推进事业单位人事制度改革。1999 年,国家人事部在天津召开事业单位人事制度改革会议,初步确定了改革的目标任务。2000 年《深化干部人事制度改革纲要》出台,明确以推行聘用制度和岗位管理为重点的事业单位人事制度改革方向和总体要求。随后,中组部、人事部下发《关于加快推进事业单位人事制度改革的意见》,对改革进行了具体部署。2002 年 7 月,国务院办公厅转发《关于在事业单位试行人员聘用制度的意见》,为事业单位试行聘用制度提供了政策依据。针对各地各部门在试行聘用制度改革中的实际问题,制定了试行聘用制度的政策解释和与之相配套的工资待遇处理意见。2003 年底,中央召开的全国人才工作会议进一步明确了事业单位人事制度改革的总体要求。2004 年 3 月,国家人事部选择确定了地域上各具代表性、行业上具有典型性、改革内容上各具特点的 15 个试点联系点。2006 年 10 月,国家人事部出台了《事业单位岗位设置管理试行办法》。2008 年 3 月,国务院印发《事业单位工作人员养老保险制度改革试点方案》,并在 5 个省市开展事业单位工作人员养老保险制度改革试点,事业单位人事制度改革进入攻坚阶段。2014 年 5 月中旬,国务院颁布《事业单位人事管理条例》,这是中国第一部系统规范事业单位人事管理的行政法规,2014 年 7 月 1 日正式施行。为适应事业单位改革需要,该条例的内容包括岗位设置、公开招聘、竞聘上岗、聘用合同、考核培训、奖励处分、工资福利、社会保险、人事争议处理及法律责任,确立了事业单位人事管理的基本制度。

最新实施的事业单位聘用制度有以下几个特点:

(1) 招聘。公开招聘,公布招聘岗位、资格条件等招聘信息,通过规范合法的考试、考察引进人才。一旦录用,所有事业单位人员订立聘用合同,办理聘用手续。此外,从 2015 年起,我国事业单位的老员工也全部实现聘用制合同管理。

（2）订立聘用合同。事业单位与工作人员订立的聘用合同，期限一般不低于3年。初次就业的工作人员与事业单位订立的聘用合同期限3年以上的，试用期为12个月。事业单位工作人员在本单位连续工作满10年且距法定退休年龄不足10年，提出订立聘用至退休的合同的，事业单位应当与其订立聘用至退休的合同。

（3）薪酬考核制度。事业单位工作人员工资包括基本工资、绩效工资和津贴补贴。工资分配应当结合不同行业事业单位的特点，体现岗位职责、工作业绩、实际贡献等因素。同时，其绩效工资占比有望越来越大，使得事业单位人员待遇差拉大，鼓励多劳多得与干好多得。此外，还将建立事业单位工作人员工资的正常增长机制。事业单位工作人员的工资水平应当与国民经济发展相协调，与社会进步相适应。

（4）退出机制。《事业单位人事管理条例》规定，事业单位与工作人员订立的聘用合同，期限一般不低于3年。事业单位工作人员连续旷工超过15个工作日，或者1年内累计旷工超过30个工作日的，事业单位可以解除聘用合同。事业单位工作人员年度考核不合格且不同意调整工作岗位，或者连续2年年度考核不合格的，事业单位提前30日书面通知，可以解除聘用合同。事业单位工作人员提前30日书面通知事业单位，可以解除聘用合同。但是，双方对解除聘用合同另有约定的除外。事业单位工作人员受到开除处分的，解除聘用合同。

（5）争议调解。《劳动争议调解仲裁法》第五十二条明确规定了事业单位实行聘用制的工作人员与本单位发生劳动争议的，应当依照《劳动争议调解仲裁法》执行。据悉，接下来人社部将研究制定《关于事业单位工作人员处分暂行规定实施若干问题的意见》《事业单位申诉办案规则》，研究完善事业单位工作人员奖励规定、考核规定、竞聘上岗规定，全面推行岗位管理制度。

二、我国公共部门进行合同管理的作用和意义

（一）满足公共部门的用人需求

在信息化、全球化和政府活动日益复杂化的形势下，现代社会对政府公共服务的要求越来越高，由于知识和视野的限制，公共部门现有人员无法满足需求，再加上公共部门人事制度比较僵化，激励不足造成队伍中具有专业技术的人才严重流失，如在中央国家机关，外语、国际经济、国际法、国际金融、国际贸易、涉外审计等涉外专业人才流失最严重，这两大因素导致公共部门的人才资源结构性矛盾比较突出。而推行聘任制能够弥补政府专业人才的不足，优化公共部门的人才结构，形成多层次的人才队伍。

（二）健全机关用人机制，促进公务员制度进一步改革

聘用制使机关单位的用人方式更加科学合理，更加人性化和弹性化。传统的公务员制度很难使机关单位面向社会，不能随时从社会上吸收更多的优秀人才和吸收多样的思维方式、专业技能，不能满足政府公共管理对专业人才的需求，导致公务员队伍人员结构的固化与僵化，造成公务员制度缺乏灵活性与新陈代谢机制不畅等诸多弊病。党的十六大报告中指出，要努力形成广纳群贤、人尽其才、能上能下、充满活力的用人机制。公务员聘任制打破了传统公务员制度用人“唯资历论”“唯亲疏论”的观念，将政府公务员职位的常任制与非常任制结合起来，使政府用人观念更加合理化、理性化。公务员聘任制拓宽了机关选人、用人的渠道，改善了机关的用人方式，解决了公务员能进不能出、能上不能下的人事制度上的弊端，使人才流动更加合理，健全了用人的机制，并且为我国公务员制度的未来改革指明了方向，将促进我国公务员制度的进一步改进。

（三）聘任制合同管理使公共部门人员的整体素质得到提升

聘任制合同管理可以提高公共部门人员整体的素质和业务水平，一是招聘单位都比较注重招聘的人员是否具有较高的文化知识结构和高超的专业技能，弥补以前相应工作岗位缺乏专业人才的局面。合同管理的背景使聘任制人员更有责任感，他们更为关注工作内容的实现程度，加上其具有较高的综合能力，能够解决公共部门中出现的种种问题，因此工作也更具有效率和质量。而合同到期后任职期满即离开，改变了以前那种只进不出、出口僵化、缺乏活力的状况，从而激活了公共部门人员队伍，有利于增强公务员整体的责任感和危机感，有利于公共部门人力资源的优化组合，减少行政成本，提高行政效率，更有利于政府公共服务的提供。二是引入聘任制公务员可以推进公务员的分类管理，部分省市在面向社会招考聘任制公务员时，需要的是特定专业、拥有特定技能的人员，所以在招考规定中已经明确了招考人员的岗位序列和工资等级，这样一来对所招聘的公务员就直接进行了分类，免去了在原来公务员制度下出现的晋升空间狭窄及由此带来的待遇等问题，这势必大大提升招聘公务员的素质，刺激其工作积极性，进而使整个公务员队伍的素质得到提升。

（四）适应社会主义市场经济体制改革

传统干部人事制度实行单一的委任制，是与计划经济体制相适应的。社会主义市场经济体制的建立，不仅要求在干部管理上打破“大一统”的管理模式，根据政企分开、政事分开的原则，实行分类管理，而且要求实现用人单位和个人

双向选择,以促进公开、平等、竞争的市场机制的形成。同时,由于社会发展和原来利益平衡格局的变化,机关、企业、事业之间的人才流动大量增加,仅靠组织调动来委任,已不适应需要,更多的是工作人员根据本人的意愿和市场规律,自主选择,因此聘任制是更为适应社会主义市场经济体制的人事制度。

目前企业普遍推行全员合同制,如果公共部门还继续实行行政手段进行委任,不利于改革的协调配套。

三、进行合同管理的步骤与内容

合同管理按阶段可以分为以下几方面内容。

(一) 合同订立前的审查

审查的基本内容可包括三个方面:

(1) 合同内容合法性的审查。雇佣合同的内容必须符合国家有关法律、法规和政策的规定,特别是合同中双方另行约定的有关内容,也同样必须是合法的,不能因为是双方的自愿行为,而侵犯国家利益或者受聘者的合法权益。

(2) 合同双方主体资格合法性的审查。如果主体双方不符合我国现行法律的规定,雇佣合同文本同样是无效的。

(3) 雇佣合同签订程序合法性的审查。签订雇佣合同应遵循平等自愿、协商一致的原则,不能采取欺骗、胁迫等手段。企业一般应提前七天将雇佣合同文本交给签合同的受聘者,必要时还应对其中有些条款加以说明解释,以免产生误解。如双方必须约定有关的内容,应该经过认真的商讨,在取得一致意见后方可写上。

(二) 合同的订立

雇佣合同的订立是指作为雇佣合同主体双方的受聘者和用人单位就各自的权利和义务进行协商谈判,使双方的意志协调一致,从而签订对双方具有约束力的雇佣合同。

雇佣合同的订立应遵循两点原则:一是遵守国家法律和法规,这是订立雇佣合同的基础,违反现行法律、法规的雇佣合同都是无效的;二是平等自愿、协商一致,这是订立雇佣合同的前提。

一般来说,一份具有法律意义的劳动契约内容必须包括明确规定受聘者和用人单位之间义务和利益的条款。一份合格的雇佣合同通常应包括以下内容:

(1) 合同期限:雇佣合同期限是雇佣合同开始和终止的时间界限,表明双方当事人相互享有权利、承担义务的时间。

（2）劳动内容：雇佣合同中确定的受聘者的工作岗位和工作内容的条款。

（3）劳动保护和劳动条件：指用人单位为受聘者提供的劳动安全、劳动卫生以及基本劳动条件等。

（4）工资和劳动报酬：合同中由用人单位和受聘者双方约定的支付给受聘者的劳动报酬，比如支付形式、条件、时间、数额等等。

（5）劳动纪律：是对受聘者工作过程中必须遵守的劳动规则和各种规章制度的限定。

（6）雇佣合同终止条件：除了法律规定雇佣合同终止的条件外，雇佣合同签订双方还可以在合同中约定终止合同的条件，一旦约定的条件出现，双方的权利和义务立即终止。

（7）违反雇佣合同的责任：规定当事人由于过错造成雇佣合同不履行或不适当履行而应当承担的法律责任。

除了以上的条款内容外，雇佣合同还可以包括经过双方当事人自愿协商而形成的条款内容。比如受聘者与用人单位协商将解决受聘者的住房问题、子女入托和上学问题等。

（三）合同的履行①

合同的履行，是指合同的双方当事人按照法律的规定或者合同的约定，在劳动过程中行使各自的权利、承担各自的义务的行为。合同在履行过程中应遵循的原则是亲自履行原则、全面履行原则和合作履行原则。

（四）合同的变更

合同依法签订后，订立合同的双方必须全面履行合同规定的各项义务，任何一方不得擅自变更合同内容。受聘人员年度考核或者聘期考核不合格的，聘用单位可以调整该受聘人员的岗位或者安排其离岗接受必要的培训后调整岗位。同时，对雇佣合同内容做出相应的修改。当然，这些做法也是必须建立在平等自愿、协商一致的原则上的。

（五）合同的解除与终止②

在雇佣合同终止之前，受聘者与用人单位经过双方协商一致可以解除雇佣合同，此时雇佣合同即时失效。但是如果一方不同意，双方经协商未达成一致时，则不能解除雇佣合同。如果一方擅自解除雇佣合同，其解除劳动合同无效，

① 参见杜波：《劳动合同研究与实践》，煤炭工业出版社 2003 年版，第 124—125 页。

② 参见程延园主编：《劳动法学》，中国劳动出版 1998 年版，第 157 页。

不受法律保护。用人单位对被解除雇佣合同的受聘者应依照国家有关法律、法规的规定给予一定的经济补偿。

雇佣合同的终止,指雇佣合同双方当事人在雇佣合同中约定的期限届满或当事人约定的合同终止条件出现,合同立即停止履行。合同期满后,受聘者可以根据自己的个人意愿决定是否继续留任,用人单位也可以根据受聘者过去几年的工作表现,决定是否继续聘用该受聘者,这涉及合同续聘的问题。

以上只是根据合同订立与终止的流程划分的阶段内容,实际上,在日常的管理中,合同管理还有许多工作要做。如一些单位会建立受聘者合同的台账管理,日常的申报、审批、更改等,一些单位甚至将合同管理实行信息化管理,使得效率和效果大大提高。此外,雇佣合同是确定双方主体劳动关系的法律形式,在合同执行的过程中,出现任何人事争议、人事纠纷都需要严格按照订立的雇佣合同内容与国家的相关法律、法规进行处理。此外,平时对合同执行的监督管理问题,还有一旦出现争议解决善后问题的工作,这些都是包括在合同管理的范畴之内的。

四、公共部门合同管理应注意的问题

我国公共部门引入合同管理方式应注意以下问题:

(1) 打破了公职人员的稳定性和连续性。公务员是指国家公职人员,是代表国家从事社会公共事务管理、行使职权、履行国家公务的人员。这就意味着公务员的行为是代表国家的行为。从世界其他国家来看,公务员具有工作稳定性的特点,这是保障公共政策的稳定性、连续性以及提高政府效率的客观要求。聘用制的执行在一定程度上破坏了这种稳定性和连续性。

(2) 观念陈旧,根深蒂固的旧思想仍然存在。我国传统的干部人事制度严重缺乏优胜劣汰的竞争机制,人人都稳稳地端着铁饭碗,安于现状、不思进取的现象严重存在。突然打破了稳定的常规,职位和工作均变得具有不确定性,公职人员难免在心理上、思想上存在接受上的困难。

(3) 配套制度不完善。聘用合同的推行依赖于聘用单位建立和完善相关的考核、薪酬、奖惩制度等。公务员奖惩机制不完善,干好干坏差别不大,使得那些不尽职尽责工作、完不成本职任务的公务员仍然被继续留用,对公务员身份没有影响,造成合同管理的执行流于形式。深圳公务员聘任制改革被认为是打破了“铁饭碗”。然而实行 3 年多来,3200 多名公务员竟无一人解聘,并全部进入续聘期。因此,一些人担心聘任制改革成了换了外套的“铁饭碗”。针对“聘任制公务员只进不出”的怪相,针对“年薪 30 万聘请公务员”,一些人提出疑

问，打破“铁饭碗”的聘任制，能否真正实现高薪引才、有进有出？

（4）缺乏相应的法律法规的保障。实行聘用合同管理基本上能解决公职人员“出口”的问题，但涉及公职人员未聘、解聘或者未续聘后的其他相关问题，如再就业时工作年限计算问题、档案及党（团）组织关系管理问题、失业保险及人事争议发生的费用问题等缺乏相应的制度规定，应尽快拟定和建立公共部门人事制度改革适用的法律和法规，在法律法规的规范下进行改革操作，以保障受聘人员的基本权益。

（5）并行双轨制度的管理问题。我国正处于经济转轨时期，公共部门目前的用工制度存在双轨的制度，一个是公务员制度，一个是正在推行的聘用制度，两套制度并存，需要处理好两种制度交叉管理的问题，特别是分别适用于两种制度下的人员管理的问题。

（6）推行应慎重。我国公务员制度实施时间较短，还不够系统、完善。聘用制的改革一定要在明确政府行政管理出现问题，迫切需要改变的基础上推行，而不能把它作为一种吸引眼球、博取政绩的作秀工具，应该抱着慎重行事的态度积极地探索改革的方向和措施。

雇佣合同在公共组织的应用随着公共组织改革的推进将逐步深化，当然，受中国传统文化和体制的影响，中国公共组织人事制度的改革必须是渐进式的，还有很长的路要走。因此，研究公共组织的合同管理问题不仅具有重要的理论意义，而且也是一个需要逐步付诸实践的问题。

【本章小结】

本章主要介绍了合同管理在国内外公共部门中应用的基本情况，包括雇佣合同的含义，雇佣合同管理的含义、作用和特点，以及公共部门推行合同管理的具体实践内容。

在市场经济中，用人单位和受聘者之间的劳动关系一般是通过一种特殊的现代契约制度——雇佣合同的形式来加以确定和形成的。在不同的组织形态里，针对不同的受聘者，雇佣合同表现出不同的形式，如企业组织与受聘者签订的劳动合同、政府部门推行的聘用合同等，其实都是在雇佣合同的范畴中的。

本书讨论的雇佣合同管理实际上指的是人事管理范畴中的雇佣合同管理，即指以组织中的人事部门为主要管理部门，通过对雇佣合同内容的设计、组织订立、合同变更、合同终止等项目的管理，来进一步地支持和辅助人员选拔、考核、培训、薪酬、福利等人事管理各模块功能的开展。

国外公共部门的雇佣模式在不断创新和发展中逐渐借鉴企业组织中实行合同管理的理念和方法。目前,西方许多国家纷纷转变人事制度,视政府为雇主、公职人员为雇员,实行合同制管理。这对于正在转型中的我国公共部门具有很大的启发和影响。

我国从前长期处于计划经济体制下,在用工制度方面一直实行的是国家“统分统配”的“大一统”模式,伴随着市场经济体制的改革步伐,对公共部门自身发展和用人制度方面也提出了新的要求。自 2006 年《公务员法》出台后,一些地区开始聘用制公务员试点。我国的事业单位数量众多,经过三十多年一步步的改革,2014 年来全国事业单位全面施行聘用合同管理。

合同管理按阶段可以分为合同订立前的审查、合同的订立、合同的履行、合同的变更、合同的解除与终止,要始终在遵守国家法律和法规的前提下坚持平等自愿、协商一致的原则。合同订立前要对合同内容的合法性、合同双方主体资格的合法性以及雇佣合同签订程序的合法性进行审查。对合同的内容进行条款上的约定,合同的变更以及合同的解除与终止均应依照法律的程序依法办理。

雇佣合同管理在公共组织的应用伴随着公共组织改革的步伐将逐步深化,但在推行的过程中有许多应注意的问题。虽然推行起来困难重重,但对公共部门实行合同管理模式的研究是很有意义和作用的。

【复习思考题】

一、单选题

1.《中华人民共和国公务员法》由中华人民共和国第十届全国人民代表大会常务委员会第十五次会议于 2005 年(　　)通过。

A. 4 月 27 日　　B. 5 月 26 日　　C. 4 月 28 日　　D. 1 月 3 日

2.《中华人民共和国公务员法》自(　　)起施行。

A. 2005 年 4 月 27 日　　B. 2005 年 7 月 1 日

C. 2006 年 1 月 1 日　　D. 2006 年 7 月 1 日

3. 全世界最早建立文官制度的国家是(　　)。

A. 英国　　B. 美国　　C. 德国　　D. 日本

4. 最初公务员施行的人事制度是(　　)。

A. 永业制　　B. 政党分肥制　　C. 聘用制　　D. 考任制

5. 国内率先对所有公务员施行聘用制的城市是(　　)。

A. 苏州　　B. 温州　　C. 北京　　D. 深圳

6. 第一次明确规定了可对公务员部分职位实行聘任制的法规是(　　)。

A.《中华人民共和国公务员法》

B.《党政领导干部选拔任用工作条例》

C.《国家公务员暂行条例》

D.《聘任制公务员管理试点办法》

7."一朝天子一朝臣"是用来形容(　　)。

A. 恩赐官职制　　B. 永业制　　C. 聘用制　　D. 政党分肥制

8. 2007 年深圳市实行聘用制公务员,将公务员分为(　　)。

A. 一类　　B. 二类　　C. 三类　　D. 四类

9. 订立雇佣合同的目的是为了确立受聘者与用人单位之间的(　　)。

A. 人事关系　　B. 行政关系　　C. 民事关系　　D. 劳动关系

10. 根据《中华人民共和国公务员法》的规定,可以招收聘用制公务员的辅助性职位有(　　)。

A. 环境监察员　　B. 普通文秘

C. 税务员　　D. 投资理财规划师

11. 根据《中华人民共和国公务员法》的规定,可以招收聘用制公务员的专业性职位有(　　)。

A. 资料管理员　　B. 环境监察员

C. 文件分发员　　D. 城市总规划师

12. 在公务员系统中,公务员采取"政治中立"的态度,这属于(　　)。

A. 政党分肥制　　B. 恩赐官职制　　C. 永业制　　D. 官僚制

13. 对雇佣合同管理描述错误的是(　　)。

A. 合同的一方当事人是受聘者　　B. 另一方是用人单位

C. 两主体之间是契约关系　　D. 两主体之间是依附关系

14. 中国第一部系统规范事业单位人事管理的行政法规是(　　)。

A.《关于在事业单位试行人员聘用制度的意见》

B.《事业单位岗位设置管理试行办法》

C.《事业单位人事管理条例》

D.《事业单位工作人员养老保险制度改革试点方案》

15.《事业单位人事管理条例》于(　　)正式施行。

A. 2004 年 3 月 1 日　　B. 2006 年 10 月 1 日

C. 2014 年 5 月 15 日　　D. 2014 年 7 月 1 日

二、多选题

1. 公务员的产生方式有(　　)。

A. 选任制　　B. 委任制　　C. 聘任制　　D. 考任制

2. 雇佣合同的主体是(　　)。

A. 受聘者　　B. 企业　　C. 国家机关　　D. 个体经济组织

3. 2007 年深圳市实行聘用制公务员,将公务员分为(　　)。

A. 综合管理类　　B. 行政执法类

C. 专业技术类　　D. 后勤保障类

4. 雇佣合同的主要内容是规定(　　)。

A. 受聘者的权利　　B. 受聘者的义务

C. 用人单位的权利　　D. 用人单位的义务

5. 根据《中华人民共和国公务员法》的规定,可以招收聘用制公务员的职位有(　　)。

A. 金融咨询师　　B. 注册会计师

C. 法院书记员　　D. 法官

6. 根据《中华人民共和国公务员法》的规定,可以招收聘用制公务员的专业性职位有(　　)。

A. 珠宝鉴定师　　B. 法律咨询顾问

C. 法院书记员　　D. 法官

7. 根据《中华人民共和国公务员法》的规定,可以招收聘用制公务员的辅助性职位有(　　)。

A. 环境监察员　　B. 普通文秘　　C. 税务员　　D. 数据录入

8. 聘用制公务员管理的特征有(　　)。

A. 公开招聘　　B. 薪酬可协议　　C. 定期考核　　D. 终身雇佣

9. 公务员永业制的特点有(　　)。

A. 政治中立　　B. 政党分肥　　C. 恩赐官职　　D. 终身雇佣

10. 用人单位作为雇佣合同的主体一方,可以是(　　)。

A. 企业　　B. 个体经济组织　　C. 事业组织　　D. 国家机关

11. 对于我国事业单位聘用制合同管理描述正确的是(　　)。

A. 聘用合同期限一般不低于 3 年。

B. 聘用合同期限 3 年以上的,试用期为 6 个月。

C. 事业单位工作人员连续旷工超过 15 个工作日,解除聘用合同。

D. 事业单位工作人员受到开除处分的,解除聘用合同。

12. 根据《事业单位人事管理条例》,事业单位可以直接解除聘用合同的情况有(　　)。

A. 连续旷工超过15个工作日　　B. 一年内累计旷工超过30个工作日

C. 连续两年年度考核不合格　　D. 受到开除处分

13. 雇佣合同通常应包括(　　)。

A. 合同期限　　B. 劳动内容

C. 工资和劳动报酬　　D. 劳动保护和劳动条件

14. 雇佣合同在履行过程中应遵循的原则是(　　)。

A. 亲自原则　　B. 全面原则　　C. 合作原则　　D. 自愿原则

15. 事业单位工作人员的工资包括(　　)。

A. 基本工资　　B. 绩效工资　　C. 津贴　　D. 补贴

三、思考题

1. 合同制与我国以前的用工制度相比有何优势和劣势?

2. 从国外公共部门合同管理改革的实践中,我国能得到什么启示?

3. 我国公共部门引入合同管理的作用有哪些?

4. 我国目前若推行公共部门合同管理改革,应该注意哪些问题?有何解决的对策?

5. 今后我国公共部门合同管理的发展趋势是怎样的?

【案例与讨论】

四川公务员聘任制改革①

2012年刘文宣、张文茜等四人以"四川省首批聘任制公务员"的身份到四川省达州宣汉县开始了新的工作。

41岁的刘文宣当年本科毕业后被分配到宣汉县住建局测绘队,已工作近20年,其间他评上了高级职称,并成为宣汉县唯一拥有注册规划师资质的人。此前,他是单位"规划股股长",因身份是事业编制,他的职务始终得不到组织部的认可,只能称其为"规划股负责人"。2011年,宣汉县发布公告,住建局招一名聘任制公务员任总规划师。刘文宣悄悄报了名,但他一听到"必须完全辞掉事业编制工作"的规定后就有些犹豫。"他有'铁饭碗'情结,我多次找他谈话,直到最后他都不是很愿意放弃事业编制。"宣汉县委组织部部务委员、干部股股

① 案例来源:《四川省首批试点聘任制公务员 工资比县长高》,http://news.xinhuanet.com/local/2013-07/16/c_125016181_2.htm,2016年1月6日访问。

长黄橹洁说，他给刘文宣算了一笔账：当聘任制公务员的总规划师，享受副科级待遇，跃升为住建局领导层级，干得好年薪能拿17万元，相当于他以前收入的6倍，比县长的工资还高。如果干完一届3年，收入相当于在以前的职位上干了18年。假设续聘3年，就相当于干了36年。算完账后，刘文宣痛下决心辞职。

担任总规划师后，工资翻了近6倍，年薪高达12万，还有5万奖金。除了收入猛增外，刘文宣跃升为住建局领导层级，供他发挥的空间和平台也更大了。不过，刘文宣感觉如履薄冰。“领导期望高，收入高，同事们都盯着。”为了适应新岗位，他将家里的书抱到了办公室，堆得到处都是，没事就翻看。有时，为了拿出一个方案，会加班至凌晨两三点。“单位中，难免会有人对刘文宣的高薪羡慕甚至嫉妒。”接替刘文宣当规划股股长的武学平说，拿10多万年薪，肩上的责任也更重大，能够激发员工的创造力和活力，“这种压担子的方式应该进一步扩大”。

试点一年，刘文宣干了不少以前他想干却干不了的活，也不再纠结于“铁饭碗”。刘文宣说，即使自己哪一天被解聘了，凭自己的履历，找一份高薪工作不难。“在一些企业里，能挣到的钱还不止这么多。”

和刘文宣一样在单位上挑大梁的，还有宣汉县档案局的“85后”姑娘张文茜。不同的是，张文茜的岗位定位于辅助性岗位。张文茜是本地人，大学时就读广西民族大学档案管理专业。毕业后，她考过一次大竹县档案局的公招，但失败了。2011年，她从27名竞争者中杀出重围，成功应聘宣汉县档案局的聘任制公务员。

宣汉县档案局全局有13名工作人员，平均年龄40岁以上，只有3人是科班出身。档案局的人才青黄不接，她来得正是时候，她成了宣汉县档案局里科班出身的公务员中学历最高的。很快，张文茜的工作就上了手。省档案局要求各地将所有民国档案进行电子档案注录，宣汉的民国档案数量位居全省第二，工作量相当大，为了完成任务，她下班后经常带着档案回家注录。她还撰写了3篇调研文章，在达州市档案学会的征文比赛中获得了一等奖。档案局局长张庆国评价她：“工作认真踏实，不求回报。”

“领导和同事们的高度认可，并不意味着这份工作就很安稳。”张文茜很关心自己在公务员队伍中是否有上升的空间。张文茜所在股的股长明年即将退休，能不能提拔她，成了档案局最头痛的问题。人社局的领导明确回复“不可以”。“根据聘任制公务员的相关规定，聘的是哪个岗位就只能是哪个岗位。”这让张庆国担心能否将她留下来，如果她最终选择离开，单位对她的大力培养是否会“竹篮打水一场空”？

讨论题：

1. 结合案例，请分析一下我国政府机关实行公务员聘用制的好处有哪些。

2. 结合案例，请分析一下我国政府机关实行公务员聘用制遇到的问题有哪些。如何解决？

【建议阅读文献】

1.《中华人民共和国公务员法》。
2.《深圳市行政机关聘任制公务员管理试行办法》。
3. 李和中：《国家公务员制度导论》，中国人民大学出版社 2011 年版。
4. 杨士秋主编：《治国之举——建设中国特色公务员制度》，中国人力资源和社会保障出版集团 2011 年版。
5. 董保华主编：《劳动合同研究——劳动法/社会保障法前沿专题研究系列》，中国劳动社会保障出版社 2005 年版。
6. 何奇恩：《我在美国当公务员》，中国人事出版社 2011 年版。
7. 张骏生：《中外公务员制度比较》，中国劳动社会保障出版社 2008 年版。
8. 应松年主编：《公务员法》，法律出版社 2010 年版。
9. 徐银华、石佑启、杨勇萍：《公务员法新论》，北京大学出版社 2010 年版。
10. 全国人大常委会法制工作委员会行政法室编著、童卫兵主编：《最新〈中华人民共和国劳动合同法〉解读与案例》，人民出版社 2013 年版。
11. 程延园主编：《劳动合同法及实施条例之 HR 应对》，中国人民大学出版社 2008 年版。
12. 孙林编著：《劳动合同范本与签订指南》，法律出版社 2008 年版。
13. 汤云周：《劳动合同条款设计及违法成本计算》，中国法制出版社 2008 年版。
14. 翟继满：《劳动合同法再入门——人力资源管理挑战·误区·对策》，中国法制出版社 2008 年版。
15. 人事部赴澳大利亚、新西兰访问考察团：《澳大利亚公务员制度新改革》，《中国人才》2004 年第 5 期。
16. 车美玉：《日本公务员制度改革的最新动向》，《鲁行经院学报》2003 年第 5 期。
17. 张洋：《公务员法中公务员聘任制度研究》，《理论月刊》2009 年第 12 期。
18. 胡仙芝、余茜：《公共部门人力资源管理的制度完善与创新》，《江苏行政学院学报》2009 年第 5 期。
19. 王桢桢：《公务员聘任制改革的问题及出路》，《国家行政学院学报》2013 年第 2 期。

20. 唐晓阳、陈家刚:《广东试行公务员聘任制的经验与问题》,《广东行政学院学报》2012 年第 5 期。
21. 蒋硕亮:《美国公务员制度改革中的弹性政策及其启示》,《中国行政管理》2009 年第 9 期。
22. 赵丽江:《美国联邦政府与联邦雇员关系的调适——公共部门人力资源方式的悄然变革》,《中国行政管理》2009 年第 5 期。
23. 赵玎:《公务员聘任制度边界研究》,《中国人力资源开发》2013 年第 5 期。
24. Romzek, Barbara S. , and Jocelyn M. Johnston, "Effective Contract Implementation and Management: A Preliminary Model", *Journal of Public Administration Research and Theory*, Vol. 12, No. 3, 2002.
25. Shapiro, Jacqueline A. M. Coyle, and Ian Kessler, "The Employment Relationship in the U. K. Public Sector: A Psychological Contract Perspective", *Journal of Public Administration Research and Theory*, Vol. 13, No. 2, 2003.
26. Storey, John, *New Perspectives on Human Resource Management*, New York: Routledge, 2014.
27. Debroux, Philippe, "Human Resource Management in Foreign Companies in Japan", *Okayama Economics Review*, No. 24, 1992.
28. Keltner, Brent, and David Finegold, "Adding Value in Banking: Human Resource Innovations for Service Firms", *Sloan Management Review*, Vol. 38, No. 1, 1996.

第十一章　社会保障

【教学目标与方法建议】

通过本章教学，应该掌握以下内容：

1. 社会保障的内涵、外延和特点；
2. 现行公共组织社会保障制度的主要内容及目前存在的主要问题；
3. 公共组织社会保障制度改革的必要性、可行性及社会保障制度一体化；
4. 公共组织社会保障管理的内容与方法；
5. 通过案例分析的课后训练方式，发现与思考改革过程中的现实问题。

教学方法建议：建议采用课堂讲授、问题讨论与案例教学的方式。

社会保障是现代人力资源管理的重要内容，也是人本管理思想的具体体现。因此，这一章我们将具体介绍社会保障的概念、内容与方法，分析公共组织中社会保障制度改革的必要性、可行性和一体化的方法，以及公共部门社会保障管理的内容与方法。

第一节　社会保障概述

现代社会保障制度是工业化的产物，较为普遍的观点认为，它以19世纪80年代德国制定并实施有关社会保险的法令为起始标志。经过20世纪的发展，现代社会保障制度作为一个由多个子系统构成并同时得到发展的体系，随着社会经济等诸多影响因素的发展变化，在各国先后步入改革、发展与完善阶段。为了更好地考察我国的社会保障制度，我们先引入有关社会保障制度的基本概念与内容。

一、社会保障的基本概念、特点和功能

（一）基本概念

“社会保障”（social security）一词最初是1935年在美国的《社会保障法》

(Social Security Act)中使用的,该法仅仅涉及老年、死亡、残病和失业等内容。虽然早期“社会保障”一词涵盖的内容范围较小,但它提出了人们深切而广泛的愿望,从而迅速获得世界范围内的重视。1948年,《人权共同宣言》第二十二条规定:“作为社会的一员,根据各国的组织和资源,在国家努力与国际协助下,有权享有社会保障,从而获得经济、社会及文化权利,以保证其尊严与个性自由发展。”

此后,“社会保障”一词被相关国际组织及多数国家接受,用以表述由政府机构或社会组织实施的社会福利计划。国际劳工组织(ILO)给“社会保障”一词的定义是:“社会通过一系列公共设施,为其成员提供保护,以防止因疾病、产期、工伤、失业、年老和死亡致使停止工作或大量减少收入造成的经济和社会困难;提供医疗;为有子女的家庭提供补助金。”①由于各国不同的政治、经济、文化背景的影响,社会保障制度的设计不尽相同,研究者的研究视角与价值观选择也存在差异,因此国际上对社会保障概念的界定没有形成统一的认识。

综合考察各国社会保障的发展实践以及各种有关概念界定,可以归纳出社会保障含义的主要层面:

(1) 社会保障的实施主体是国家或社会。

(2) 社会保障是现代社会应对不确定风险的模式。

(3) 社会保障的目标是防止因疾病等风险导致的工作停止或收入的大量减少造成的经济和社会困难,为社会成员的基本生活权利提供保障,从而稳定社会。

(4) 社会保障必须通过一系列公共设施来实现,国家财政是其基本的经济后盾。

(5) 社会保障是通过国民收入再分配的形式实现的。

(6) 社会保障制度的具体设计受各国的经济社会环境影响,其项目设计、给付水平存在差异。

我国的制度设计与研究偏向于“大社会保障”概念,认为社会保障由社会救济、社会保险、社会福利和优抚安置四个部分组成,是国家通过立法并依法采取强制手段对国民收入进行再分配,对暂时或永久失去劳动能力及因各种原因造成生活困难的社会成员提供基本生活保障,以保证劳动力再生产、社会安定、经济有序进行的措施、制度和事业的总称。

---

① 国际劳工组织编:《社会保障(职工教育读本)》,中国劳动出版社1995年版,第3页。

（二）特点

社会保障的内涵决定了它具有强制性、基本保障性、互助互济性及社会性。

强制性是指社会保障制度由政府通过立法形式强行建立和实行。一旦国家立法确定各项社会保障计划的范围，其范围内所有的企业和劳动者必须参加该计划。

基本保障性是指社会保障制度是用来满足劳动者基本生活的，它既要保证劳动者不因为遭遇风险而陷入贫困，又要确定适当的水平，防止劳动者对社会保障制度形成依赖，削弱其劳动积极性。基本的生活需要受历史和道德的因素的影响，必须根据不同国家和地区的实际情况来确定其给付范围。而且基本生活需要的标准不是固定不变的，它将随着生活内容的变化而变化，因此给付标准也应加以适时调整。

互助互济性是指通过社会保障制度分散风险，使人们在社会生活中相互帮助。互助互济性贯穿社会保障计划的全过程，表现为在保障计划范围内进行地区间、企业间或者各收入阶层、各年龄阶层之间的调剂与收入再分配。

社会性是指社会保障制度的实施范围广泛，可以涵盖劳动者普遍面对的风险。社会保障制度的目标是在全社会范围内普遍实施，保证所有社会成员都能得到保障。但由于资金等方面的限制，保障一般以工薪劳动者为主，兼顾其他阶层的社会成员。

（三）功能

社会保障制度的建立与完善，无论是对劳动者个人，还是对经济和社会的发展，都有重要而积极的作用。

第一，各项社会保障计划保证了劳动者的基本生活。风险具有突发性、破坏性等特性，对人类正常生活有很大威胁。在没有建立社会保障制度前，由于风险的分散发生，个人一旦遭遇收入中断，若无足够的积蓄，生活就会陷入贫困状态。而建立了社会保障制度后，劳动者、雇主平时按照各项社会保障计划的要求缴费，与政府的资助共同组成社会保障基金，在劳动者遭遇风险时，依靠良好的社会共济的模式，给予个人一定的保险津贴，保证其基本生活。

第二，统一的社会保障制度促进了劳动力市场的合理流动。如果在分散的企业自保的情况下，劳动者离开原来的工作企业，就必须考虑改变保险条件带来的损失，劳动者难以流动；而建立了统一的社会保障制度，就有利于不同企业乃至不同地区间的劳动力流动，从而支持经济的发展。

第三，社会保障是社会运行的“安全网”和“减震器”。社会保障通过收入再分配技术,可以有效地缩小贫富差距,缓和社会矛盾,消除社会不稳定因素,促进社会的安定。第二次世界大战后,经济危机此起彼伏,失业率一直保持在较高水平,但社会一直比较稳定,其中社会保障起了积极重要的作用。实践证明,社会保障能够维护社会的稳定,从而为社会运行创造良好的环境。

第四,社会保障计划特别是社会保险所积累的基金可以对经济发展起到一定的支撑作用。社会保险具有储蓄性的特点,规模巨大的社会保险基金收入成为影响一国经济运行不可忽略的力量。社会保险制度的运行对储蓄、投资、财政金融状况以至国际经济活动均会产生重要的影响。强化社会保险基金的管理,提高其投资经营效果,注重投资方向与结构的调整,将有利于促进经济发展,促进国家基础产业的成长,促进金融市场的发展与完善。

第五,在我国特定的制度背景下,人们对消除后顾之忧具有特殊的心理情结。社会保障制度这种互助互济的模式促进了在公共道德标准上集体主义的演进,同时相互依赖的经济现实无疑又将促进人类自身的社会化程度和群体内的和谐相处。

二、社会保障制度体系

社会保障是一项公共福利计划,是由国家通过立法和行政措施设立的保证社会成员尤其是那些丧失劳动能力以及需要特殊帮助者基本经济生活安全的项目的总称。作为各个既相互独立又相互联系的社会保障项目构成的总体,社会保障体系有以下特征。

第一,各国社会保障体系中的一些基本项目是相同的。为了应对社会生活中普遍存在的老龄、疾病、残疾、工伤、失业、死亡等风险,各国社会保障体系都设立了相应的退休养老、医疗保健、残疾补贴、工伤补偿、失业保障、遗属抚恤等项目。这些项目都是一个社会保障体系中所必需的,其中最主要的是社会保险、社会救济和社会福利三大项。

第二,由于各国社会保障模式选择上的不同,在应对相同风险时,社会保障项目也可能不尽相同。

例如,美国是"自保公助型"社会保险模式,各种社会保险项目突出了履行缴费义务的工作者优先被保障的权利,其社会保障体系包括以下保障项目:退休保险;遗嘱保险;残疾保险;失业保险;老年、残疾者住院与医疗保险;硅肺病津贴;社会安全生活补助金(SSI);儿童及家庭管理;医疗补贴;食物券供给;强制子女赡养及父子关系确立;母子健康服务及儿童福利;工伤事故赔偿;铁路工人退休、疾病与失业保险;退伍军人津贴;联邦政府和地方政府文职人员退休制度。

而法国的社会保障模式结合了德国“社会保险”模式与英国“福利国家”模式的特点，由社会保险、社会补贴及公务员福利待遇三大部分构成，其具体项目包括：养老保险；疾病与工伤保险；失业保险；住房补贴；家庭补贴；失业补贴；特别补贴；公务员福利待遇：退休金待遇，休假待遇，工伤假待遇，病假待遇，产假、哺育假待遇，受教育假待遇。

美国与法国的社会保障体系中都有社会保险、需经家庭经济情况调查的津贴以及对特定行业的特殊保障等项目，但具体设置各不相同，这就体现了各国在应对相同风险建立社会保障项目方面的自主选择，使得社会保障体系呈现出多样性的特点。

第三，随着经济的发展与社会的进步，各国社会保障体系的项目会不断变化、整合，逐步完善。如我国最初的社会保障包括社会保险、社会救济、社会福利、公共医疗卫生事业和对残疾人实行社会保障等多个项目。1993 年 11 月中国共产党十四届三中全会通过的《关于建立社会主义市场经济体制若干问题的决定》第二十六条中又指出：社会保障体系包括社会保险、社会救济、社会福利、优抚安置和社会互助、个人储蓄积累保障。随着近年来社会保障制度的改革与完善，我国的社会保障体系整合为包括社会保险、社会救助、优抚保障、社会福利四大项目近二十个子项目的基本体系。

三、社会保障法制化

现代意义的法制是指，在一个政治国家中，把国家的事务制度化、法律化，严格依法办事的一种原则。在法制的原则下，要求国家立法机关制定较为完备的法律，做到有法可依、有法必依、执法必严、违法必究。

社会保障要实现法制化首先必须做到有法可依，立法是法制化的最坚实基础。法律的稳定性有利于明确社会保障主体的权利、义务和职责；法律的正义性有利于实现社会保障公平合理的目标；法律的明确性有利于增强社会保障项目的可操作性及提高操作的规范程度。新中国的社会保障法制建设走过了半个多世纪的历程，并制定过多部社会保障方面的法规和少数法律，它们对于维系以往社会保障制度的运行起到了不可或缺的作用，并为以后的社会保障法制建设奠定了一定的基础。特别是 2010 年 10 月《社会保险法》的出台，标志着我国首次以法律形式对作为社会保障制度主体的社会保险进行规范，是我国社会保障法制化建设中的重大突破。随后，2014 年 5 月又由国务院公布实施了《社会救助暂行办法》，弥补了我国在社会救助事务方面缺乏统一法规指导的缺陷，为完善社会救助体系提供了相对完整的制度框架。

但是,从法规制度的完善性及实施过程中的情况来看,我国社会保障的法制建设还存在着一些问题。

第一,社会保障立法严重滞后,仍存在较多空白。到目前为止,我国仍没有由全国人民代表大会制定通过的社会保障基本法,导致现行的社保领域相关法律法规缺乏统一性和稳定性,甚至出现相互矛盾的情况,损害了法律的权威性。另外,除了缺乏综合性的总法规,我国在社会保障单行法律中也存在较多空白,社会福利、社会优抚等制度至今未有法律保障。总之,立法行动总是滞后于制度建设,处于一种被动状态,严重制约着我国社会保障制度的发展。

第二,现有的社会保障法律法规立法层次低,缺乏较高的法律效力和必要的法律责任制度。社会保障工作在许多方面只能靠政策规定和行政手段推行,没有法律责任和制裁措施的法律规范是有严重缺陷的,因而无法发挥法律规范的强制性功能。

第三,社会保障法规存在局限性,缺少与 WTO 的社会保险规则相适应的法律规范。

第四,《社会保险法》存在一些不足。现行的《社会保险法》对社会保险制度及其运行做出了明确的规定,规范了社会保险关系,维护了公民的社会保险权益,促进了社会保障法制化。但美中有憾,《社会保险法》仍存在一些不足,例如:制度安排仍遵循城乡分割的现状,影响社会保险制度的公平性;授权条款较多,在新农合管理办法等有较大争议事项上采取回避态度,损害法律的效力;原则性条款过多,大大降低了可操作性,导致依法实施和监管困难。

社会保障的立法是通过制度的具体实施来发挥作用的,在加大立法工作力度的同时,必须重视执法问题。而目前我国社会保障法规的实施机制和监督机制较为薄弱,特别是社会保障的管理主要由政府行政部门来承担,社会保障监督机构没有与管理机构严格划分开来,有的甚至由一个部门兼任双重职能。因此,常常出现以行政条例和处理方式代替社会保障法规或不认真履行监督职能、掩盖矛盾和问题的现象,严重阻碍了我国社会保障的法制化进程。

四、社会保障管理

社会保障管理属于社会政策管理,作为国家上层建筑的组成部分,它既是社会保障法制的自然延伸,也是对社会保障法制的强化。它能够将社会保障法律制度细化并促使其得到贯彻落实,能够通过社会保障计划或方案的制订来主导社会保障制度的长期发展,能够监控和纠察社会保障的具体实践以保证其健康有序地运行。

社会保障的管理内容分为以下三大类：

（1）立法管理：包括社会保障法律、体系的建立、修改及调整；

（2）行政管理：包括社会保障法的实施、监督、检查、组织机构的设置、管理人员的选拔使用、行政纠纷的调解与仲裁等内容；

（3）业务管理：主要包括社会保险资格条件的登记，如工龄或就业年限、缴费金额和年限，保险基金的征缴与运用，保险待遇的计算、审核及给付，以及相关的各项社会服务等。

世界各国的社会保障管理体制由于政治、经济、文化、历史背景和民族传统不同有很大差异，但总的说来，主要有以下三种：

（1）集中管理模式：是把养老保险、失业保险、医疗保险、工伤保险以及其他社会保障项目全部统一在一个管理体系内，建立统一的社会保障管理机构，集中对社会保障各项基金营运、监督等实施统一的管理。

（2）分散管理模式：是不同的社会保障项目由不同的政府部门管理，各自建立一套保障执行机构、资金营运机构及监督机构，各个保障项目之间相互独立，资金不能相互融通使用。

（3）集散结合管理模式：是指将社会保障共性较强的项目集中起来，实行统一管理，而将特殊性较强的项目单列，由统一的社会部门分散管理。最普遍的是将养老保险、工伤保险交由地方劳动部门管理。

第二节　我国公共部门社会保障的主要内容

由于计划经济体制下“单位办社会”的格局，在社会保障制度设计方面，我国的机关事业单位与企业之间存在很大差异。

一、公共部门社会保障的特点

我国的公共部门一般包括四种法人形态①中的政府机构和事业单位，通常称为“机关事业单位”。“政府机构”（即通常所说的“机关”）这一概念的内涵和外延都相对明确，各国的具体情况也大都相似，政府机构的工作人员即通常所说的公务员。我国公务员包括：(1)中央国家行政机关中除工勤以外的各级别工作人员。(2)地方各级国家行政机关中除工勤以外的各级别工作人员。(3)上

① 这四种法人形态分别为企业单位、事业单位、政府机构和社会团体。

述单位中党、团、工会、妇联等组织中除工勤以外的各级别工作人员。

中国目前的政府机构和事业单位的社会保障制度明显不同于企业。这一方面是考虑“干部”①和“工人”的不同情况，自 1978 年起，我国干部和工人退休、退职分开实行两种办法；另一方面由于公共部门和企业的机构性质不同决定了资金来源方式的不同，公共部门的社保经费是由国家各级财政负担的，而未改革前的企业必须承担工人的福利费用，随着养老保险制度改革的深入，城镇职工的养老保险费用由企业和个人共同负担。

公共部门的社会保障与企业相比主要有以下几个特点：

第一，公共部门社会保障制度尚未走向规范化和法律化，制度不规范，缺乏明确的标准和依据。目前，尚未出台公共部门社会保障的统一办法，在具体执行过程中，由于没有明确的依据和标准，容易造成混乱，影响保险制度的执行效果，并阻碍了其功能的有效发挥。

第二，在具体实施过程中，管理较为混乱。公共部门社保项目的实施涉及多个部门，出现政出多门、多头管理的现象，如公务员的养老保险是由人事部门管理，医疗保险由劳动部门和卫生部门共同管理等，这导致保险待遇等标准不一，各部门互相推诿，严重影响了工作效率。

第三，公共部门的保障水平明显高于企业。无论是在养老保险替代率、医疗保障水平，还是工伤保险待遇方面，公共部门的保障水平都明显高于企业。以养老保险为例，公共部门退休人员平均养老金水平约为企业的两倍。这样的制度设计不尽合理，容易引起企业人员的不满，不利于社会稳定。

第四，公共部门的保障项目不健全。公共部门人员尤其是公务员未被纳入失业保险范畴，不利于劳动力的自由流动。

第五，公共部门的社会保障改革严重滞后。考虑到公共部门的相对稳定有助于保障国家管理的有序和高效、经济发展的持续和平稳、社会的稳定和协调等，公共部门与企业社会保障制度改革采取区别考虑、分步推进的思路。公共部门社会保障改革严重滞后，与企业形成的差异，突出体现在养老保险计划上：

(1) 待遇确定模式不同。中国目前公共部门的养老保险制度是一种待遇确定型体系，待遇标准一般以个人退休前最后一个月的工资（其中不包括奖金或者其他形式的“内部补贴”）作为基数，根据工龄长短折算确定。企业职工养老金的计算由两部分构成：一是基础养老金，是按照当地上一年度职工月平均

① “正如‘干部’这一名词的原始含义，这一群体是我国精英荟萃、掌管相当权力和资源的骨干成分。”参见葛延风等：《中国机关事业单位养老金制度改革研究》，外文出版社 2003 年版，第 11 页。

工资确定的，这部分基金属于待遇标准确定型；二是个人账户养老金，是根据职工本人个人账户的积累额确定的，这部分基金属于缴费金额确定型。因此，企业职工的养老金标准属于两种类型的混合。

（2）养老保险缺乏社会统筹，各地财政负担畸轻畸重。公共部门人员的养老金大多依靠国家和各级财政，资金现收现付，没能形成科学的基金统筹。“分灶吃饭”的财政体制使一些贫穷地区的负担难以忍受。而城镇企业职工的养老保险已实现社会统筹与个人账户相结合的模式，统筹规模也由地级向省级逐步提升。

（3）养老保险的管理模式较为落后，缺乏统一的社会化管理。公共机构人员退休后的管理及服务现仍由原单位负担，社会化程度很低。而现行企业退休职工的管理已全面走向社会化，养老金的收缴和发放均由社会保险经办机构负责，退休职工的管理由社会机构承担，社会化程度已经非常高。

二、公共部门的养老保险制度

养老保险是国家和社会根据一定的法律和法规，为解决和保障劳动者在达到国家规定的解除劳动义务的劳动年龄界限或因年老丧失劳动能力退出劳动岗位后的基本生活而建立的一种社会保险制度。它是社会保障制度的重要组成部分，是社会保险五大险种之一。

在我国，公共部门的人事管理、社会保障、薪酬和激励等基础制度基本相近，但国家机构公务员与事业单位人员的养老保险计划仍有差异。

（一）现行公务员养老保险制度

我国公务员的养老保险制度，从总体上看，除少数地区进行了改革试点外，目前执行的是《公务员法》与2006年人事部和财政部联合下发的《关于机关事业单位离退休人员计发离退休费等问题的实施办法》的规定。

公务员退休是指公务员达到一定的年龄和工龄或因丧失工作能力而根据国家规定办理手续，离开工作岗位，享受国家规定的退休金和其他待遇的一种制度安排。在《公务员法》和《关于机关事业单位离退休人员计发离退休费等问题的实施办法》等相关文件中，对公务员退休条件和退休待遇都做了明确规定。

1. 退休条件

公务员的退休条件分为年龄、工作年限和身体条件三方面。退休年龄条件是根据国家社会经济发展需要、人口状况、平均寿命以及生产力供求情况等因素综合确定的。公务员达到法定的退休年龄办理退休手续后，国家就支付退休金。工作年限条件是指公务员只有为国家提供一定的服务年限才能享受退休待遇。身体条件,是指公务员因公(工)或因病致残确实丧失了工作能力,也可享受法定的退休待遇。

公务员的退休方式有两种:一种是法定退休,即达到法定的退休年龄,由任免机关命令其退休;一种是自愿退休,即具备了法定的最低退休条件之后,可自愿申请退休。

《公务员法》规定的法定退休条件为:

(1) 达到国家规定的退休年龄;

(2) 完全丧失工作能力的。

公务员自愿退休是指符合下列条件之一的,本人提出要求,经任免机关批准,可以提前退休,其具体条件为:

(1) 距国家规定的退休年龄不足五年,且工作年限满 20 年的;

(2) 工作年限满 30 年的。

(3) 符合国家规定的可以提前退休的其他情形的。

自愿退休可以使部分服务年限较长而又未到法定退休年龄的公务员根据自己的意愿,提前退休。

2. 退休待遇

公务员退休待遇主要包括政治待遇、生活待遇以及其他福利待遇。

政治待遇是指公务员退休后应享有的政治权利。公务员退休后,其基本政治待遇保持不变。

生活待遇,包括退休费待遇与地区津贴。

(1) 退休费待遇。2006 年出台的《公务员工资制度改革方案》规定,公务员基本工资构成由 1993 年改革后形成的职务工资、级别工资、基础工资和工龄工资四项调整为职务工资和级别工资两项,取消基础工资和工龄工资。在 2006 年 7 月 1 日后退休的公务员,其退休金按本人退休前职务工资(post wage)和级别工资(scale wage)之和的一定比例计发,具体计发比例见表 11-2-1。

表 11-2-1 公务员退休职位工资、级别工资计发比例

公务员退休费计发(职务工资、级别工资计发的比例)	
工作年限	计发比例
满 35 年	90%
满 30 年不满 35 年	85%
满 20 年不满 30 年	80%

此外,还有一种较高的退休待遇——离休,主要适用于中华人民共和国成立以前参加过新政权筹建工作的人员。离休人员的离休费,按本人离休前职务工资和级别工资之和或岗位工资和薪级工资之和全额计发。

为了适应社会经济的发展和人民生活水平的变化,离退休费也建立了相应的调整机制:在职人员调整工资标准时,离休人员相应增加离休费,退休人员适当增加退休费。

(2) 地区津贴。2006 年工资制度改革方案实施后,各地将建立新的地区津贴制度。公务员退休后,可享受原单位所在地同职级在职人员的地区津贴。

(3) 其他福利待遇,主要包括国家规定的医疗、住房待遇和丧葬待遇等。

3. 退休安置与管理

退休安置是指对公务员退休后生活、休息地点的安排。公务员凡退休后在其工作地点市县级行政区域内居住的,一般可就地安置。对少数退休公务员就地安置确有困难的,可以在本人或配偶原籍安置,如身边无子女,也可以安置在子女所在地。对在边远、高原、沙漠等特别艰苦地区工作的公务员,其退休安置地点,可区别不同情况予以照顾。就地安置的退休公务员由原单位管理;异地安置的由安置地区的人事、民政部门管理,由接收地区有关机构按规定给付各项退休待遇。

4. 经费来源

公务员养老金的经费均由国家财政负担。

通过以上的规定可以看出,现行的公务员养老制度仍采用由国家财政出资的待遇确定型计划,尚未建立起劳资分责的社会养老保险制度。

(二) 现行事业单位工作人员退休制度

为全面贯彻落实党的十七大精神,推动公益事业更好更快发展,2011 年 3 月中共中央下发了《分类推进事业单位改革的指导意见》,其中按照社会功能将现有事业单位划分为承担行政职能、从事公益服务和从事生产经营活动三个类别。目前,前两类事业单位仍施行原有的退休制度,而从事生产经营活动的事业单位通过转企改制,开始按照企业办法参加社会保险。

1. 关于退休条件

在 1978 年颁发的《国务院关于安置老弱病残干部的暂行办法》中,对群众团体、事业单位的干部退休条件是这样规定的:

(1) 男年满 60 周岁,女年满 55 周岁,参加革命工作年限满 10 年的;

(2) 男年满 50 周岁,女年满 45 周岁,参加革命工作年限满 10 年,经过医院证明完全丧失工作能力的；

(3) 因公致残，经过医院证明完全丧失工作能力的。

2. 关于退休待遇

按照2006年6月国人部印发的《关于机关事业单位离退休人员计发离退休费等问题的实施办法》，2006年7月1日后离退休的人员，在事业单位新的养老保险制度建立前，退休费按本人退休前岗位工资和薪级工资之和的一定比例计发（如表11－2－2）。

表11－2－2 事业单位退休人员岗位工资、薪级工资计发比例

事业单位退休人员退休费计发（岗位工资、薪级工资计发的比例）	
工作年限	计发比例
满35年	90%
满30年不满35年	85%
满20年不满30年	80%

（三）改制为企业的事业单位的养老保险问题

随着我国事业单位改革的深入，同时根据党中央、国务院关于深化科技体制改革的决定，已经先后有三批科研院所和勘察设计单位转为企业。第一批为1999年初国家经贸委归口管理的10个国家局所属的242家科研机构；第二批为1999年底建设部所属的178家工程勘察设计单位；第三批为2000年建设部等11个部门（单位）所属的134家科研机构。此外，原国土资源部所属的地质勘查事业单位和国家经贸委国内贸易局所属的设备成套局系统也改革了管理体制，实行属地化、企业化管理。国务院连同有关部门陆续发布了通知和办法，对转制单位的养老保险问题做出了具体规定。

1. 基本养老保险费的缴纳

转制科研机构和工程勘察设计单位，从国家规定的参加地方养老保险社会统筹时间起，单位和个人根据当地人民政府规定的比例，分别以工资总额和个人缴费工资为基数缴纳基本养老保险费，建立基本养老保险个人账户。其中，第一批转制单位参加地方养老保险统筹时间为1999年7月1日；第二批、第三批转制单位参加地方养老保险统筹时间为2000年10月1日。转制前的连续工龄视同缴费年限，不再补缴养老保险费。

2. 养老保险待遇

(1) 转制前已经离退休的人员，原离退休待遇标准不变。对有事业费的单位,社会保险经办机构按转制单位参加地方养老保险统筹时所在城市企业养老金人均标准支付离退休费,与原待遇标准的差额部分由原单位用事业费或自有资金支付;没有事业费的单位,由社会保险经办机构按国家规定的事业单位离退休费标准支付养老金。转制后,离退休人员的基本养老金调整按企业的办法执行,所需费用从基本养老保险统筹基金中支付。

(2) 转制前参加工作、转制后退休的人员,基本养老金计发办法按照企业的办法执行。为保证离退休人员待遇水平平稳衔接,借鉴行业统筹企业移交地方管理的经验,设置了5年的过渡期。在过渡期内退休的人员,如果养老金低于按原事业单位退休金计发的金额,采用加发补贴的办法解决,所需费用从基本养老保险统筹基金中支付。

补贴基数为转制单位参加地方养老保险统筹时当地企业基本养老金平均标准与本人按事业单位办法计算的退休金的差额。补贴基数一经核定后不再变动。5年过渡期后不再发放该项补贴。补贴计发标准见表11-2-3:

表11-2-3　改制为企业的事业单位退休人员退休金过渡期补贴计发标准

补贴计发标准	
年份	计发比例
第一年	90%
第二年	70%
第三年	50%
第四年	30%
第五年	10%

(3) 转制后参加工作的人员退休,按照规定执行当地企业职工基本养老保险制度。

上述具体实施办法有助于实现事业单位转制后养老保险制度的平稳过渡,而养老保险的平稳过渡对于事业单位改革的深入和完善有着积极的推动作用。

(四) 公共部门养老保险制度改革的基本思路①

随着20世纪90年代以后,我国企业职工养老保险制度改革全面推行,建立起了统筹结合的社会养老保险制度,公共部门的养老保险制革改革也被提上

① 参见郭磊:《我国机关事业单位养老保险制度:破除路径依赖的"魔咒"》,《贵州社会科学》2013年第11期,第165—168页。

了日程,并先后经历了部委主管、地方探索阶段(1992—1999 年)和中央主导、试点改革阶段(2000 年至今)。

1. 部委主管、地方探索阶段(1992—1999 年)

1992 年,原人事部发布《关于机关事业单位养老保险制度改革有关问题的通知》,提出要建立统一的机关事业单位社会养老保险制度。同年,辽宁、山东、湖北、杭州等地市人事部门相继下发有关机关事业单位社会保险改革问题的文件,着手开展此项工作。

(1) 改革内容。

在此阶段,改革试点多数由地市级政府或县市级政府组织开展,大致包括以下几方面的探索:部分地区对机关事业单位养老金费用进行统筹,形成了一定数量的养老金积累;部分地区效仿企业职工养老保险,将个人缴费引入机关事业单位养老保险,但是缴费比例的区间差别较大,且普遍低于企业职工的个人缴费水平;机关事业单位养老保险一般由原单位负责退休人员的管理和养老金的发放,但也有部分地区实现了养老金的社会化发放。

(2) 改革效果。

截至 1999 年底,全国 28 个省、自治区和直辖市对机关事业单位养老保险进行了试点改革(吉林、宁夏、西藏除外),覆盖了 37% 的机关和事业单位员工,总人数约为 1400 多万人。

(3) 存在的缺陷。

虽然各地尝试进行了一些有益的探索,取得一些经验,但是这一阶段的改革也存在一些缺陷:各地区改革内容不统一,方案差别较大;改革中出现多头管理,造成责权不清;地方的制度设计缺乏全盘考虑,一些变化造成后续与企业养老保险制度难以衔接;已经形成的地方制度慢慢固化下来,成为日后统一规范的阻力;等等。

总之,这段时期我国社会保障的基本格局已经基本形成,城镇企业职工养老保险改革也开始掀起高潮。但由于多方面的原因,机关事业单位职工的养老保险制度改革并未真正拉开序幕。

2. 中央主导、试点改革阶段(2000 年至今)

国务院于 2000 年发布了《关于印发完善城镇社会保障体系试点方案的通知》,其中提出了机关事业单位职工养老保险分类改革的办法。之后,党的第十六届三中全会议通过的《中共中央关于完善社会主义市场经济体制若干问题的决定》指出,要“加快建设与经济发展水平相适应的社会保障体系”,要“积极探索机关和事业单位社会保障制度改革”,为我国公共部门养老保险制度的进一步改革吹响了号角。

（1）改革目标。

公共部门养老保险制度改革的目标是：按照党中央、国务院关于建立多层次社会保障体系的要求，逐步建立健全与市场经济体制相配套、与社会生产力发展水平相适应、既体现公共部门特点和规律又与企业相衔接的养老保险制度。

（2）改革原则。

按照一体化原则，基本养老保险实行与企业相同的制度，补充养老保险体现公共部门的特点，建立统一的城镇企业、国家机关和事业单位职工养老保险制度；实行费用共担原则，即养老保险基金由国家和个人共同合理承担，为公共部门人员建立个人账户；按照社会化原则，实行基本养老金社会化发放，退休人员逐步实现社区管理，建立独立于国家机关事业单位之外的养老保险制度。

（3）改革内容。

第一，建立费用社会统筹机制。实行社会统筹与个人账户相结合的模式，强调个人的缴费义务，并制定缴费基数，实现与企业养老保险个人账户的统一。

第二，基本养老金的计发。在结构水平上与企业职工保持基本一致。改革后参加工作的退休人员（新人），基本养老金包括基础养老金和个人账户养老金，两项合计替代率约为58.5%，与企业持平；改革前参加工作，改革后退休的人员（中人），在上述两项养老金的基础上，增加过渡性养老金；改革实施前已经离退休的人员（老人），仍按国家原规定发放养老金。

第三，建立基本养老金调节机制：建立体现公共部门人员特点的基本养老金正常调节机制，并保持与企业退休人员基本养老金调整水平大体相当。

第四，建立公务员退休津贴（职业年金）：在公务员实行与企业职工大体相同的基本养老保险制度后，由于企业还可以按规定为职工建立补充保险，拟考虑单独建立公务员退休津贴（年金）制度，作为公务员基本养老保险制度的补充。

第五，养老保险管理体制：对事业单位退休人员实行社区管理，退休人员的基本养老金实行社会化发放。地方国家机关公务员养老保险制度实行分级管理，由各省、自治区和直辖市研究制定具体实施办法。中央国家机关公务员养老保险实行统一管理，具体办法另行规定。

（4）改革难点。

这一阶段的探索反映出，在机关事业单位养老保险制度改革的过程中，存在以下几个方面的难点：最大的阻力是养老待遇下降，有可能使改革措施无法落到实处;从2008年事业单位养老保险制度的改革实践来看,事业单位的改革先于公务员的步伐,二者分步改革还是同时改革,各方还存在不同的意见;20世纪90年代各地政府进行探索实践的弊端未彻底根除一定程度上阻碍了全国统一的改革。

三、公共部门的医疗保险制度

医疗保险是国家负责建立的,为解决全体公民或所有社会劳动者因为疾病和非因工负伤而丧失劳动能力后的治疗和生活问题,给予物质帮助的一种社会保险制度。我国传统的职工医疗保险制度是20世纪50年代初建立起来的,主要由公费医疗和劳保医疗两部分构成。

(一)我国医疗保险制度的历史与现状

公费医疗是指在公共部门(国家机关、事业单位)实行医疗费用由国家财政按规定的年人均定额拨款支付,各地区负责统一管理的制度。劳保医疗在企业实行,医疗费用是用根据国家政策规定的工资总额的一定比例提取的职工福利费支付的。这两项制度符合计划经济体制的要求,曾对保护城镇职工健康起到积极而重要的作用。

随着改革开放后中国经济和社会的迅速变革,公费医疗、劳保医疗制度面临医药费用激增的挑战,传统医疗保障制度的弊病日益暴露。针对传统医疗保障制度的弊端,自20世纪80年代初,各地先后开始了初步改革,尝试公费及劳保医疗费用和个人负担相挂钩、对医药费用实行定额管理以及大病医疗费用社会统筹等新办法,且都取得了一定的成效。但是由于缺乏统一的政策规定以及改革上的不配套,这些尝试没能触及传统医疗保障制度的根本性缺陷,医疗费用增长过快的势头仍未被有效遏制。

在认真总结各地改革经验的基础上,1993年,中国共产党第十四届三中全会通过了《关于建立社会主义市场经济体制若干问题的决定》,提出:“城镇职工养老和医疗保险金由单位和个人共同负担,实行社会统筹和个人账户相结合”,逐步开始探索建立统筹医疗基金和个人医疗账户相结合,简称“统账结合”的新模式。为了推动职工医疗保障制度改革的深入,1994年初国务院决定选择江苏省的镇江市和江西省的九江市进行试点。1996年,在总结这两个中等城市的医疗保险制度改革经验的基础上,国务院又在全国范围内选择了50多个城市进行医疗保险制度改革扩大试点。

“统账结合”试点城市的工作为进一步改革积累了丰富的经验,从1997年下半年开始,国务院就组织有关部门在总结经验的基础上,着手制定适用于全国的职工医疗保险制度，经过多次调研及反复修改讨论，1998 年底，颁布了《国务院关于建立城镇职工基本医疗保险制度的决定》，其主要内容包括以下七个方面：一是明确了改革的任务和原则；二是确定了覆盖范围、统筹层次和缴费的控制比例；三是制定了医疗保险统筹基金和个人账户相结合的主要政策；四是规范了基本医疗保险基金的管理和监督机制；五是提出了配套推进医疗机构改革和加强医疗服务管理的要求；六是规定了有关人员的医疗待遇；七是提出了对改革工作组织领导者的具体要求。该决定旨在建立统一的城镇职工医疗保险制度，并代替传统的公费医疗和劳保医疗。

（二）我国现行公共部门医疗保险制度的体系构架

目前，我国现行的医疗保障体系的主体层次为“三险一助”，即城镇职工基本医疗保险、城镇居民基本医疗保险、新型农村合作医疗及医疗救助，再加上各种形式的补充医疗保险、商业医疗保险。公共部门医疗保险体系的主体层次包括城镇职工基本医疗保险和补充保险，商业医疗保险尚未进入公共部门范畴。此外，在一定时期，国家还对特殊人群实施辅助性医疗保障制度。

1. 城镇职工基本医疗保险

城镇职工医疗保险是我国医疗保障体系的核心层次，它是按照“基本保障、广泛覆盖、费用共担、统账结合”的原则建立起来的。

现行制度的基本内容主要包括：

（1）扩大了覆盖面，所有的城镇企业（包括国有企业、集体所有制企业、外资企业及私营企业等）、国家机关、事业单位、协会、非企业私营单位及其工作人员都必须参与医疗保险计划。乡镇企业及个体从业人员是否参与，由省、自治区和直辖市政府自行决定。

（2）原则上，医疗经费在地级水平统筹。经济发展程度及医疗费用支出程度差异大的地区，可以酌情在市（县）一级水平上统筹。隶属于国家或省一级政府的企业原则上参与所属地区的医疗保险计划，执行统一政策，实行基本医疗保险基金统一筹集、使用和管理。铁路、电力、远洋运输等跨地区、生产流动性较大的企业及其职工，可以以相对集中的方式参加统筹地区的基本医疗保险。

（3）医疗费用由用人单位及个人共同负担，形成新的筹资机制。用人单位交纳相当于其工资总额 6% 的费用，个人交纳其缴费工资的 2%。

（4）完善社会统筹与个人账户相结合的制度。个人缴费 30% 的用人单位缴费划入个人账户中，用人单位缴费的其余部分计入社会统筹基金。个人账户资金为个人所有，可用于支付其医药费用，可以转移或依法继承，但不能提取现金或挪作他用。

(5) 社会统筹基金的支付项目应与个人账户相区别，实行分开核算，避免相互挤占。个人账户金额用于支付参保者门诊及小病医疗费用，而社会统筹基金用于支付其住院及大病医疗费用。社会统筹基金支付医疗费用的起付线为当地职工年均工资的10%，封顶线为当地职工年均工资的4倍。起付线以下的医疗费用由个人账户自行支出，起付线与封顶线之间的医疗费用主要由社会统筹基金支付，同时个人必须按照各省政府的规定，并根据就诊医院的定级，支付相应比例。封顶线以上的医药费用可以通过商业保险的途径来解决。

(6) 加快医疗机构改革，提高医疗服务的质量和水平。第一，确定基本医疗服务的范围和标准。制定基本医疗保险药品目录、诊疗项目和医疗服务设施标准及相应的管理办法。第二，对提供基本医疗服务的医疗机构和药店实行定点管理；引进竞争机制，职工可以在定点医院就医、购药，也可以在定点药店购药。第三，对医疗机构进行调整、改革，分流富余人员，并在经济运行分析和成本核算的基础上，合理提高医疗技术的收费价格，体现劳务技术价值。第四，实行医药分开核算、分别管理。第五，积极发展社区卫生服务，将社区卫生服务中的一些项目纳入基本医疗保险的范围。

此外，对特殊人员的医疗待遇与基本医疗保险制度的衔接也做出了相应的过渡性安排。离休人员、老红军、二等乙级以上革命伤残军人的医疗待遇不变，医疗费用由原渠道解决；退休人员个人不缴纳基本医疗保险费，对退休人员个人账户的计入金额和个人负担医疗费的比例给予适当的照顾；公务员享受医疗补助政策。

2. 公务员医疗补助

2000年5月，国务院办公厅转发了劳动保障部财政部《关于实行国家公务员医疗补助意见的通知》，决定对国家公务员实行医疗补助以保证其医疗水平不降低。补助实施的范围包括：符合《国家公务员暂行条例》和《国家公务员制度实施方案》规定的国家行政机关工作人员和退休人员；经人事部或省、自治区、直辖市人民政府批准列入依照公务员制度管理的事业单位的工作人员和退休人员；经中共中央组织部或省、自治区、直辖市党委批准列入参照公务员制度管理的党群机关，人大、政协机关，各民主党派和工商联机关，以及列入参照公务员管理的其他单位机关工作人员和退休人员；审判机关、检察机关的工作人员和退休人员。

同时，该通知对公务员补充医疗补助的实施办法做出了相应的规定：

(1) 医疗补助的原则。补助水平要与当地经济发展水平和财政负担能力相适应，保证公务员原有医疗待遇水平不降低，并随经济发展有所提高。

(2) 医疗补助的经费来源。按现行财政管理体制,医疗补助经费由同级财政列入当年财政预算,具体筹资标准应根据原公费医疗的实际支出、基本医疗保险的筹资水平和财政承受能力等情况合理确定。医疗补助经费要专款专用、单独建账、单独管理,与基本医疗保险基金分开核算。

(3) 医疗补助经费的使用。医疗补助经费主要用于在基本医疗保险统筹基金最高支付限额之上的,符合基本医疗保险用药、诊疗范围和医疗服务设施标准的医疗费用补助;在基本医疗保险支付范围内,个人自付超过一定数额的医疗费用补助;中央和省级人民政府规定享受医疗照顾的人员,在就诊、住院时按规定补助的医疗费用。补助经费的具体使用办法和补助标准,由各地按照收支平衡的原则做出规定。

(4) 公务员医疗补助的管理办法。社会保险经办机构负责医疗补助的经办工作,要严格执行有关规章制度并建立健全各项内部管理制度和审计制度。劳动保障部门要加强对社会保险经办机构的考核与监督管理;财政部门要制定医疗补助经费的财务和会计管理制度,并加强财政专户管理,监督检查补助经费的分配和使用;审计部门要加强医疗补助经费的审计。

此外,原享受公费医疗待遇的事业单位工作人员、退休人员,可参照公务员医疗补助办法,实行医疗补助,具体单位和人员由各地劳动保障和财政部门共同审核,并报同级人民政府批准。原享受公费医疗经费补助的事业单位所需的医疗补助资金,仍按原资金来源渠道筹措,需要财政补助的由同级财政在核定事业单位财政拨款时给予安排;对少数资金确有困难的事业单位,由同级财政区别不同情况给予适当补助。

国家对公务员实行医疗补助的思路是:保证待遇、体现差别、相互衔接、统一管理。保证待遇是为了体现公务员参加基本医疗保险后,原有的医疗待遇不下降,体现政府给予公务员较高的医疗福利待遇。统一管理是考虑到医疗消费和医疗结算的连续性,为了方便就医和简便费用结算。其主要内容包括:

(1) 补助经费的拨付标准可按照改革前后公务员医疗费支出不减少的原则,考虑财政实际承受能力,按改革前公务员实际医疗费支出,减去基本医疗保险单位缴费水平后的实际余额合理核定。公务员医疗补助经费按现行财政管理体制列入当年财政预算。

(2) 补助经费的给付范围主要包括:基本医疗保险统筹基金最高支付限额以上的费用;在最高支付限额以下个人自付超过一定数额的医疗费用和按政策规定享受医疗照顾的医疗费用。

(3) 补助经费由社会保险经办机构集中统一管理,单独建账,专款专用,统一结算。

考虑到我国实行的公务员医疗补助是在参加基本医疗保险基础上的福利性医疗待遇,同时,考虑到我国基本医疗保险制度尚未建立全国统一的办法、标准和具体政策,各地医疗消费水平和经济发展水平差异较大,具体补助办法由各地人民政府按照有关精神制定具体方案。

(三)现行医疗保险制度的成效

现行医疗保险制度取得了以下成效。第一,保障医疗。现行医疗保障制度尽管收缩了政府责任范围,加大了个人负担的比例,但它符合市场经济体制与社会发展的要求,通过分层次的制度安排,扩大了医疗保障制度的覆盖面,保障了与经济发展水平相适应的医疗保健水平。第二,合理分配和使用医疗资源(降低不合理的医疗费用)。实现社会统筹与个人账户相结合的新型管理模式,通过要求个人缴纳一部分保费来强调个人责任,通过个人账户制度来体现公平与效率的再分配原则,通过制约被保人的行为来控制医疗费用的过快增长,实现医疗资源的有效合理配置。第三,为建立统一的医疗保障制度奠定体系框架。费用分担和统账结合的原则基本上制度化了,社会化目标在不同程度上得到了体现。同时,逐步确立了新型的个人医疗保障观念,使新制度的确立具备了广泛的群众基础或社会基础。多层次医疗保障体系的确立,为实现统一的医疗保障制度奠定了基础。

当然,医疗保险制度的改革任务并未全部完成,新制度在实践中仍然存在着不足。第一,多层次的医疗保障体系未能确立,各层次医保制度目标和定位不清,商业医疗保险发展严重滞后。第二,基本医疗保险城乡分割的制度安排,损害了制度的公平性和可持续性。第三,通过费用统筹,可以在一定程度上缓解不同企业(单位)间医疗费用负担的不均衡问题。通过个人医疗账户制度也可以在一定程度上对患者形成制约。但是,迄今仍未找到公认的合理有效的医药费用控制机制。第四,"基本医疗"的"度"不能很好地把握。此外,配套的医疗改革等严重滞后。

医疗涉及多方面的关系,并且面临着许多非可控因素的影响,这使它成为各种社会保险改革中最复杂的一种。在今后改革和发展实践中,应继续探索适合我国的有效措施完善现行的医疗保障制度。

四、公共部门的失业保险制度

失业保险是指通过国家立法手段,强制建立保险基金,对有劳动能力并有就业愿望的人员,在其因各种非自愿原因失去就业机会而无法获得必要生活来源时，给予基本的物质帮助的社会保险制度。我国的失业保险制度初创于1986年，以当年7月12日国务院颁布的《国营企业职工待业保险暂行规定》为标志；1993年4月12日国务院发布了《国有企业职工待业保险规定》，进一步完善了失业保险制度；1999年1月22日国务院发布并实施《失业保险条例》，将失业保险范围由原来的国有企业职工扩大到城镇各类企业、事业单位职工。

我国公共部门的失业保险制度出现了分割状态。事业单位拥有较完整的失业保险体系，制度设计与企业相一致，而公务员却没有失业保障。新中国成立以来，我国传统社会保障制度对国家机关工作人员无偿提供充分、完善的国家保险和就业保障，国家机关工作人员长期处于只进不出的状态。我国的失业保险制度至今没有将公务员的失业纳入其范围。

（一）事业单位的失业保险制度

《失业保险条例》将事业单位纳入了失业保险的范畴，为了解决事业单位参加保险的具体问题，1999年8月30日，劳动和社会保障部、财政部和人事部联合颁发了《关于事业单位参加失业保险有关问题的通知》，对条例做了补充性规定。事业单位的失业保险制度正式确立，其主要内容包括以下几个方面。

1. 准入

事业单位在单位所在地进行社会保险登记，按时申报并足额缴纳失业保险费。各主管部门应当督促所属事业单位做好相关工作。

2. 筹资模式

城镇企业、事业单位按照本单位工资总额的2%缴纳失业保险费。事业单位缴纳失业保险费所需资金在其支出预算中列支。此项基金收支要在失业保险基金收支中单独反映，并在保证事业单位失业人员失业保险待遇的前提下统筹使用。城镇企业、事业单位职工按照本人工资的1%缴纳失业保险费。

3. 保险基金

失业保险基金的构成包括：城镇企业、事业单位及其职工缴纳的保险费；失业保险基金的利息；财政补贴；依法纳入失业保险基金的其他基金。失业保险基金在直辖市和设区的市实行全市统筹；其他地区的统筹层次由省、自治区人民政府规定。

省、自治区可以建立失业保险调剂金。失业保险调剂金以统筹地区依法应当征收的失业保险费为基数，按照省、自治区人民政府规定的比例筹集。统筹地区的失业保险基金不敷使用时，由失业保险调剂金调剂、地方财政补贴。

4. 保险待遇

(1) 资格限定。

事业单位职工失业后，应到当地经办失业保险业务的社会保险经办机构办理失业登记，对符合享受失业保险待遇条件的，由经办机构按规定支付失业保险待遇。

具备下列条件的失业人员可以领取失业保险金：按照规定参加失业保险，所在单位和本人已按照规定履行缴费义务满 1 年的；非因本人意愿中断就业的；已办理失业登记，并有求职要求的。

失业人员在领取失业保险金期间有下列情形之一的，停止领取失业保险金，并同时停止享受其他失业保险待遇：重新就业的；应征服兵役的；移居境外的；享受基本养老保险待遇的；被判刑收监执行或者被劳动教养的；无正当理由，拒不接受当地人民政府指定的部门或者机构介绍的工作的；有法律、行政法规规定的其他情形的。

(2) 待遇水平。

失业保险金的标准，按照低于当地最低工资标准、高于城市居民最低生活保障标准的水平，由省、自治区、直辖市人民政府确定。

(3) 领取时间。

失业人员失业前所在单位和本人按照规定累计缴费时间满 1 年不足 5 年的，领取失业保险金的期限最长为 12 个月；累计缴费时间满 5 年不足 10 年的，领取失业保险金的期限最长为 18 个月；累计缴费时间 10 年以上的，领取失业保险金的期限最长为 24 个月。重新就业后，再次失业的，缴费时间重新计算。再次失业领取失业保险金的期限可以与前次失业应领取而尚未领取的失业保险金的期限合并计算，但是最长不得超过 24 个月。

(4) 其他待遇。

失业人员在领取失业保险金期间患病就医的，可以按照规定向社会保险经办机构申请领取医疗补助金。医疗补助金的标准由省、自治区、直辖市人民政府规定。

失业人员在领取失业保险金期间死亡的，参照当地对在职职工的规定，对其家属一次性发给丧葬补助金和抚恤金。

失业人员符合城市居民最低生活保障条件的，按照规定享受城市居民最低生活保障待遇。

5. 保险关系转移

城镇企业事业单位成建制跨统筹地区转移、失业人员跨统筹地区流动的，失业保险关系随之转迁。

6. 管理

劳动保障行政部门管理失业保险工作;社会保险经办机构具体承办失业保险工作;财政部门和审计部门依法对失业保险基金的收支、管理情况进行监督。

事业单位的失业保险制度设计较为完整,与企业的失业保险制度相一致,便利了劳动力在企业与事业单位之间的流动。失业保险的制度框架基本建立,便于与公务员失业保险制度相衔接。

（二）公务员失业保障问题

我国公务员的保险制度中,亟待建立的就是失业保险制度。随着政府机构的改革和公务员聘任制度的推行,公务员失业的情况难以避免,建立和完善我国公务员失业保险制度已势在必行。为了与企事业单位职工的失业保险制度衔接,公务员失业保险制度与企事业单位职工的失业保险基本一致。

1. 基本内容

建立公务员失业保险基金,基金有两部分内容:一是单位缴纳的失业保险金,二是个人缴纳的失业保险金。这两部分基金均为强制性缴纳。建立公务员个人缴费记录制度,以记录公务员履行缴费义务的情况。

2. 筹资方式

参考我国企事业单位现行的标准,单位缴费按照公务员工资总额的2%缴纳,个人按照公务员工资总额的1%缴纳,缴纳费率的确定要根据失业人员数量和失业保险基金数额等因素经过精算来确定。

3. 享受条件及待遇水平

公务员失业保险金的享受条件与企事业单位相同,以实现相对公平,均为在劳动年龄内、单位和个人已按照规定履行缴费义务满1年、非因本人意愿中断就业以及已办理失业登记并有求职要求的公务员。

公务员失业保险金的待遇水平的确定,应同国家社会生产力发展的真实情况和经济发展的水平有直接关系。考虑到公务员职业的特殊性,失业保险待遇水平应按照低于公务员最低工资、略高于社会救济金发放标准的原则确定。由于公务员与其他行业之间存在社会保障水平的差异以及公务员自身职业的封闭性较强,公务员再就业培训需要的经费较高,所以应使公务员的失业保险待遇水平略高于其他行业人员,以利于吸引社会上真正优秀的人才,稳定和优化公务员队伍。

公务员失业保险待遇由两部分组成:一部分按失业公务员失业前1年本人工资的一定比例计算,另一部分按照统筹地区最低工资的一定比例发放。具体比例的确定需要根据失业保险金的数额和失业人员的年龄、公务员工龄等因素考虑,公务员工龄越长,比例越高。失业保险金由社会保险经办机构按月发放。

4. 统筹层次

由于各地经济发展水平相差较大,并且为了与公务员养老保险制度衔接,公务员失业保险金也采取各省统筹的方式进行,待公务员养老保险制度转轨时一并进行。

5. 政府责任

在公务员失业保险中,政府的责任是制定政策,建立制度,提供税收优惠和财政担保。

在保证制度衔接的前提下,公务员的失业保险待遇可以略高于企业事业单位。公务员失业保险待遇较高,符合改革的原则和公务员的职业特点。

五、公共部门的工伤保险制度

机关事业单位工伤保险制度指:国家通过法律、法规和政策规定,对机关事业单位工作人员工伤保险方面相关原则、条件、标准、对策、办法、范围、资金来源及管理等一系列问题做出的具体规定。这些规定是国家或原单位在机关事业单位工作人员因公负伤、致残、死亡情况下实施物质帮助时的法律和政策依据。

我国机关事业单位的工伤保险制度,长期以来一直是与高度集中的计划经济体制相适应的。国家机关、事业单位的"公伤"与企业的"工伤"仅一字之差,但实行不同的管理办法。新中国成立后,由政务院批准,内务部于 1950 年 12 月 11 日公布了《革命残废军人优待抚恤暂行条例》,1988 年 6 月 28 日又经国务院第十一次常务会议通过并发布了《军人抚恤优待条例》,1989 年 4 月 15 日民政部公布的《革命伤残军人评定伤残等级的条件》再次明确其优抚对象待遇。国家机关工作人员、人民警察、民兵民工均参照上述条例执行。2003 年由国务院出台了《工伤保险条例》,标志着我国以法律形式确立了企业职工享有劳动保护的权益。直到 2005 年,我国开始对事业单位的工伤制度进行改革,逐步建立起工伤保险制度。然而,公务员的工伤保障仍是一个"参照性"制度,难以达到公务员职业保护的目的。

(一)事业单位的工伤保险制度

事业单位参加工伤保险起步于 2005 年。当年 12 月,劳动保障部、人事部、民政部、财政部四部门联合发出了《关于事业单位、民间非营利组织工作人员工伤有关问题的通知》。此后,许多省市都先后出台了事业单位参加工伤保险的办法。在2010年经过修改并于2011年正式施行的《工伤保险条例》中，明确将事业单位纳入为工伤保险参保对象，事业单位应按规定为本单位全部职工缴纳工伤保险费，其职工有依照工伤保险条例的规定享受工伤保险待遇的权利。

1. 筹资模式

工伤保险费根据以支定收、收支平衡的原则，确定费率。国家根据不同行业的工伤风险程度确定行业的差别费率，并根据工伤保险费使用、工伤发生率等情况在每个行业内确定若干费率档次。行业差别费率及行业内费率档次由国务院社会保险行政部门制定，报国务院批准后公布施行。用人单位应当按时缴纳工伤保险费，职工个人不缴纳工伤保险费。用人单位缴纳工伤保险费的数额为本单位职工工资总额乘以单位缴费费率之积。

2. 认定条件

（1）职工有下列情形之一的，应当认定为工伤：在工作时间和工作场所内，因工作原因受到事故伤害的；工作时间前后在工作场所内，从事与工作有关的预备性或者收尾性工作受到事故伤害的；在工作时间和工作场所内，因履行工作职责受到暴力等意外伤害的；患职业病的；因工外出期间，由于工作原因受到伤害或者发生事故下落不明的；在上下班途中，受到非本人主要责任的交通事故或者城市轨道交通、客运轮渡、火车事故伤害的；法律、行政法规规定应当认定为工伤的其他情形。

（2）职工有下列情形之一的，视同工伤：在工作时间和工作岗位，突发疾病死亡或者在48小时之内经抢救无效死亡的；在抢险救灾等维护国家利益、公共利益活动中受到伤害的；职工原在军队服役，因战、因公负伤致残，已取得革命伤残军人证，到用人单位后旧伤复发的。

（3）职工符合上述（1）、（2）规定，但是有下列情形之一的，不得认定为工伤或者视同工伤：故意犯罪的；醉酒或者吸毒的；自残或者自杀的。

3. 保险待遇

工伤保险待遇包括医疗康复待遇、伤残待遇、死亡待遇。职工因工作遭受事故伤害或患职业病进行治疗，可享受工伤医疗康复待遇，包含医疗费、伙食补助费、辅助器具费等并从工伤保险基金支付，若需暂停工作接受工伤医疗的，在停工留薪期内，原工资福利待遇不变，由所在单位按月支付，停工留薪期一般不超过12个月。工伤职工已经评定伤残等级的，可按照不同等级标准享受伤残待遇，主要包括一次性伤残补助、伤残津贴和生活护理费。职工因工死亡，其近亲属按照规定从工伤保险基金领取丧葬补助金、供养亲属抚恤金和一次性工亡补助金。

经过多年的改革和推进，截至2012年4月底，我国事业单位参加工伤保险的人数已达1717万余人。

(二) 公务员的工伤保障制度

公务员因公牺牲或者病故的，其亲属享受国家规定的抚恤和优待。可见实行的依旧是单独的“公伤”保障福利制度。具体规定仍沿用1989年出台的《军人抚恤优待条例》(第8号令，以下简称《条例》)执行。

1. 认定条件

(1) 因公致残。该《条例》所称“因公致残”是指在执行公务中致残，经医疗终结，符合评残条件的。其具体范围：一是在从事军事训练、施工、生产等任务和上下班途中，遭到非本人责任和无法抗拒的意外致残；二是在执行任务中被犯罪分子致残的；三是在维护社会治安，抢救保护人民生命、国家和集体财产，被犯罪分子致伤或遭意外伤害致残的；四是因患职业病致残的；五是因医疗事故致残的，也按因公致残对待。

(2) 因公牺牲。该《条例》所称“因公牺牲”是指：一是在执行任务或上下班途中，遇到非本人或无法抗拒的意外事故死亡的；二是因战致残，医疗终结，评残发证一年后因伤口复发死亡的；三是因公残疾医疗终结评残发证后因伤口复发死亡的；四是因患职业病死亡的；五是在执行公务中因病猝死的；六是因医疗事故死亡的，也按因公牺牲对待。

2. 伤残等级

现役军人因战、因公负伤致残，依其丧失劳动能力及影响生活能力的程度评定伤残等级。伤残等级共分为四等六级，即特等、一等、二等甲级、二等乙级、三等甲级、三等乙级。每一等级都有若干条相应的条件。

3. 抚恤待遇

伤残保障待遇分两大类：

(1) 国家抚恤，包括伤残抚恤金和伤残保健金两种。伤残抚恤金属于特殊的社会补偿性质(含生活、营养保健)，伤残保健金属于营养保健性质。伤残抚恤金和伤残保健金的标准根据伤残性质和伤残等级、参照全国一般职工的工资标准、按照一定比例确定，从评残发证之日起计发。退出现役没有参加工作的革命伤残军人，由民政部门发给伤残抚恤金；退出现役后参加工作，或享受离休、退休待遇的革命伤残军人，由其户口所在地的民政部门发给伤残保健金。

(2) 社会、团体和群众优待，即依据国家有关法规，通过各种途径帮助解决某些生活需要。如，退伍后未参加工作的二等乙级以上(含二等乙级)革命伤残军人，享受公费医疗待遇；三等伤残军人不享受公费医疗待遇的，伤口复发所需医疗费由当地政府解决。

关于事业单位人员因公负伤致残抚恤问题,1989年8月9日财政部、民政部发文规定了评残条件、程序和抚恤标准,基本上参照《革命伤残军人评定伤残等级的条件》执行。

关于事业单位人员因公死亡的待遇,国家规定,享受定期抚恤金的人员死亡之时,加发半年的定期抚恤金,作为丧葬补助费。其他人员的标准由各省、自治区、直辖市规定。因公死亡一次性抚恤金为本人20个月基本工资。遗属享受定期抚恤标准,其标准按照遗属居住地划分为农村、小城市、大中城市三类。

(三)现行公务员工伤保障存在的不足

目前,我国的企事业职工和公务员,都有各自的工伤保障政策规定,但是缺乏统一的制度安排。而独立运行的公务员工伤保险制度在实践中也暴露出诸多问题,既无法满足社会主义市场经济体制建设的要求,也难以达到公务员职业保护的目的。

首先,公务员作为一种职业,在工作性质、工作内容、工作任务、工作职责、所需资格条件、技术和环境等诸多方面都与军人有着本质区别,由此产生的职业风险在类型和补偿需求等方面同样有很大差异,因而参照军人抚恤优待来实施公务员工伤保险不合理。

其次,现行的公务员工伤伤残保险在大多数省份是由县民政部门负责具体待遇发放工作,统筹层次低,风险分散范围窄,互济性不强,社会化程度不足,阻碍了劳动力市场的合理流动。

再次,我国现行公务员工伤伤残保险的管理体制呈现分散管理的格局,而且工伤处理程序复杂,处于不同系统、不同部门,其处理程序、依据及结果不一样,增加了执行成本。例如,工伤认定没有专业化的统一标准;认定主体混乱,国家公务员的工伤认定由人事部门、组织部门、民政部门批准、评定,公安、法院、人民检察院、司法行政系统的人民警察则分别由公安、法院、人民检察院、司法行政协同民政部门和人民政府审批、认定;工伤认定的程序混乱,既有由省级政府直接审批的,也有逐级审批的,还有由主管部门批准的。再如,劳动能力鉴定评残程序也很不统一:有的是由劳动保障部门认定工伤及鉴定伤残等级,有的是由人事部门认定工伤、民政部门鉴定伤残等级,等等。

最后,没有专门的基金作为资金保障。具体来说,有的地方是由人社部门审批待遇,财政支付待遇;有的地方是人社部门审批待遇,单位支付待遇;等等。参照伤残军人抚恤的标准领取伤残抚恤金。伤残医疗待遇由卫生部门负责,资金来源按公费医疗处理。[1]

（四）公务员工伤保障制度改革思路

鉴于现行公务员工伤保障制度存在许多不足，且与企事业单位制度分割，缺乏统一性，亟须大力推动公务员按照《工伤保险条例》参加工伤保险，使工伤保险制度实现职业人群全覆盖。改革思路大致如下：

第一，严格、科学确定工伤保险范围，这是及时、准确、公正实施工伤保险的前提。借鉴国内外有关经验，可以从以下三个方面考虑工伤保险范围的界定问题：一是意外事故，包括机关事业单位工作人员从事本职工作、领导交办的其他工作、上下班途中、生病治疗期间等遭受的非本人所能抗拒或非本人负主要责任的灾害；二是职业病，指由于工作关系长期接触有害物质而导致的疾病，职业病种类限于国家有关法律规定所列范围；三是紧急情况下因从事对单位和社会有益工作如抢险救灾等而受到的伤害。

第二，建立起工伤保险基金，这是保证各项工伤保险待遇的重要条件。基金筹集应按照“以支定收，专项储备，略有积累”的原则进行。公务员工伤保险原则上可实行统一缴费比率，但考虑到机关部门在职业病分布上存在不平衡性，因而在职业病发生概率及实际发生比例上也不完全一致，在工伤保险基金筹集上选择差别缴费比率是必要的。工伤保险基金筹集比例还应根据情况定期或不定期进行适当调整，这样才能为合理支付各项待遇提供充足的经费来源，也才能更好地保证其作用有效发挥。

第三，合理确定工伤保险待遇项目及水平，这是对工伤者实施适当援助的重要步骤。机关事业单位工伤保险待遇一般应由以下几部分构成：工伤医疗与护理待遇；工资福利待遇；伤残等级评定后待遇；死亡丧葬及遗属抚恤待遇等。此外，对因公致残已失去劳动能力的人员，可考虑根据国家有关规定办理退休手续并享受相应待遇；对虽因公致残但仍具有工作能力的人员，应根据具体情况，在调整安排工作上予以适当照顾。

第四，建立职能明确、分工合理、精干高效、运转协调的机构，这是做好公务员工伤保险工作的重要组织保证。为了把公务员工伤保险制度建立好、推行好，必须从深化各级政府机构改革的角度考虑如何建立起职能明确、合理分工、精干高效、运转协调的工作机构的问题。按照国务院关于人事部负责机关事业单位工伤保险工作的分工，各级政府人事部门应尽快建立起相应的机构，并将工伤认定、审批、评残、待遇给付、争议仲裁等方面工作扎扎实实地抓起来。

---

① 参见孙树菡：《“差别化待遇”不可取》，《中国人力资源社会保障》2013 年第 8 期。

我国改革不合时宜的公务员工伤保险制度，建立起新型的、与发展社会主义市场经济相协调、与公务员职业特点相符合的工伤保险制度，是一项长期艰巨的任务。应在积极试点的基础上，将成功的经验加以规范，更好地指导这项工作在正确的轨道上健康发展。

六、公共部门的补充保险制度

我国力求建立统一的社会保障制度，其统一性主要体现在基本社会保障方面。由于公共部门岗位的特殊性，同时也为了吸引、留住优秀人才在公共部门服务，必须为公共部门的工作人员建立补充保险制度。

（一）补充养老保险制度

公务员养老保险制度改革目标包括三个层次的内容：一是基本养老金；二是补充养老金；三是个人储蓄养老金。

基本养老金由单位和个人共同缴纳，个人缴纳部分全部计入个人账户；单位缴纳的一部分要计入个人账户，其余的则进入社会统筹。补充养老金的费用由单位负责缴纳，个人不用负担，因为国家行政机关的费用是由国家财政全额拨付的，所以单位缴纳的费用实质上是由国家承担的。个人储蓄养老金则完全由公务员个人负担，单位不再承担任何责任，但国家要通过政策优惠予以鼓励。在这三个层次中，基本养老金和补充养老金是强制性的，单位必须要建立；而个人储蓄养老金则是非强制性的，完全根据个人的意愿来决定是否要建立。

但是，出于和企业养老保险制度相衔接这一考虑，提高公务员基本养老金水平的做法是不可取的。可以设计强制性的补充养老金，即在基本养老金之外，由单位（实质是国家）为公务员另外再建立一份补充养老金，这样公务员退休后的法定养老金就会高于社会平均水平，这是通过多领取养老金来体现待遇的优厚。

为了体现这一部分的设计初衷，建议将公务员的补充养老保险设计为积累式的 DC 体系。这样，一方面由于个人中途退出公务员队伍会有损失，可以发挥制度吸纳和稳定人才的作用；另一方面，由于是基金积累式，比现收现付式造成的财政负担要轻。需要研究的是公务员补充养老保险的水平问题。从目前的统计资料看，退休的公务员的养老金水平远高于事业单位和企业，其原因很复杂，但这并不意味着实行新的养老保险制度后公务员退休金仍能保持高水平。同时，由于公务员的平均素质较高，所以其比较对象也应当是企业和事业单位中同类人员。

(二) 补充医疗保险

为了确保基本医疗保险制度的统一性,我国公共部门参加了基本医疗保险制度。为了保证公共部门人员的利益,2000 年 5 月,国务院办公厅转发了劳动保障部、财政部《关于实行国家公务员医疗补助意见的通知》,决定对公务员实行医疗补助,事业单位人员比照该通知实施补充医疗保险,以保证其医疗水平不降低。具体情况在此前已做详细介绍。

第三节 公共部门社会保障的管理

公共部门社会保障的管理与一般意义中的社会保障管理在方法与步骤上基本一致。

一、社会保障管理的目标

法制化是社会保障管理的目标与准则,同时,社会保障管理也是对社会保障法制的强化,在实践中要受到社会生产力和社会经济制度及现代各国行政架构的制约。“执法必严”是法制的中心环节,因此,社会保障管理对社会保障的法制化具有尤为重要的意义。

二、社会保障管理的体制、原则与内容

(一) 管理体制

社会保障管理体制是指国家为实施社会保障事业而规定的从中央到地方的各种社会保障管理机构、管理原则和管理机制的总和。我国属于社会保障管理模式中的集散结合的管理模式,将社会保障共性较强的项目集中起来,实行统一管理,而将特殊性较强的项目单列,由统一的社会部门分散管理。最普遍的是将养老保险、工伤保险交由地方劳动部门管理。其显著特征是根据社会保障项目的不同,把集中统一管理和分散自主管理有机地结合起来。

它的主要优势在于:一是既能体现社会保障社会化、一体化的要求,又能兼顾个别项目的特殊要求;二是有利于调动各方面的积极性,提高工作效率,降低管理成本,更好地促进社会经济发展。但必须注意的是,这种模式的顺利实施需要有较为有利的内外部条件和管理环境。我国目前还不能充分发挥这种模式优势的原因,就在于我国社会保障的内外部条件还存在欠缺。因此,提升社会保障管理是一项相互关联的、整体性的措施,需要各环节的互相配合与支撑。

（二）基本原则

1. 依法管理原则

社会保障所具有的强制性和法制化，决定了社会保障制度在各个环节均须严格按照现行法律、法规与政策的“肯定的、明确的、普遍的”规范运行，并接受社会公开监督。依法管理作为对社会保障管理的一项基本要求，既是为了避免因管理职责紊乱致使社会保障制度在运行中出现非正常状态，也是为了确保社会保障管理的权威性。

2. 公开、公正与效率原则

现代社会保障是公共事务，它关系到全体社会成员的切身利益，而支撑社会保障制度运行的财政基础（无论是财政拨款形成的基金还是通过向企业和劳动者征缴社会保险费而形成的基金）亦是社会公共基金，它实质上属于全体社会成员共有。因此，社会保障制度的运行应当是透明的，社会保障管理亦必然要遵循公开、公正与效率的原则。

3. 属地管理原则

社会保障制度追求的社会目标是社会稳定与社会公平，在运行中是一个开放的社会化系统，它通过在一定区域内设置实施机构来完成项目实施任务，实现的也主要是一定区域范围内社会成员之间的共济或互济互助，因此，除新加坡等少数城市国家或小国家外，各国的社会保障事务通常都是在国家法律、法规的统一规范下，由各地区组织实施并由各地区的社会保障管理机构负责管理与监督的。因此，社会保障管理应当奉行属地管理原则，即同一地区的社会保障事务适宜由该地区的管理机构统一管理，这是维护社会保障制度的公平性、互济性和社会性的内在要求。

4. 与相关系统协调一致原则

虽然社会保障是一个独立运行的系统，但它与其他社会系统和经济系统却存在着不可分割的联系，从而在运行中需要与其他系统保持协调一致。

（三）管理内容

社会保障管理的内容包括三个方面：

1. 社会保障的立法与行政管理

社会保障管理的第一个环节是制定社会保障法律，拟定基本法规。在社会保障立法和司法的框架之下，相关行政部门再依法实施社会保障政策，依法筹集资金、管理资金、对受益人发放给付，使得社会保障制度得以行之有效。

2. 社会保障的基金管理

社会保障的基金管理包括：筹集社会保障基金，基金来源一般为国家、单位、个人按一定比例缴纳，私人和社会团体捐助等；支付社会保障待遇，即对享受者支付养老保险金、医疗补助、工伤保险金、失业期间社会保险补助、各种救济金、困难补助金等；管理、运用社会保障基金，即妥善地保管社会保障基金，安全可靠地运用这笔基金，使其保值增值。

社会保障基金一般由专门的社会保障管理机构进行管理。社会保障基金管理机构应由国家、单位、享受者的代表组成。理由是：(1)社会保障基金一般由国家、单位、享受者承担，作为基金所有权的自然延伸，三方均拥有当然的管理权。(2)社会保障作为现代文明国家的一项社会政策，各国政府具有无可推卸的管理责任和义务；享受者所在单位是社会保障管理过程中的重要环节，把各单位的积极性调动起来，有利于细致地甄别享受者的条件、控制社会保障基金的发放；享受者不仅拥有享受社会保障的权利，而且有缴纳社会保障基金的义务和管理基金的责任，社会保障基金距离享受者越近，越有利于建立公民的社会保障意识，越有利于社会保障基金的管理。因此，社会保障基金管理组织应区别于政府行政机构和以营利为目的的企业或商业组织，成为一个由三方代表共同组成的事业性的公共机构。

3. 社会保障对象的管理

社会保障对象管理是为社会保障的享受对象提供一系列必要的服务。

社会保障对象的管理工作，从总体上说，属于群众性服务工作。由于它涉及各个方面，所以需要由政府协调和制定政策；另一方面，由于它所涉及的工作繁琐复杂，具体问题需要发动社会力量解决，应特别注意发挥工会、社会组织的作用，使专业人员和群众相结合。对社会保障对象的服务不仅要设立专门的机构和配备专职人员，还要有更多身体健康、热心工作、有一定工作能力的社会保障对象来做这项工作。即使设立了专职机构，也应只聘用少量专职工作人员，多数工作人员则应根据前述条件从社会保障对象中聘请，让他们自己管理自己、自己服务自己、自己教育自己。

社会保障管理的上述三个方面是紧密相连、不可分割的。行政指挥系统履行立法职能，并对业务管理机构实施监督；事业管理机构形成社会保障管理的执行系统；对社会保障对象的管理，则形成与社会保障管理不可分割的服务系统。三个方面有机结合，形成了完备的社会保障管理体系。

三、社会保险业务管理环节

社会保障管理流程中最有代表性的是社会保险金的管理流程。因此，下面我们会以此为例进行介绍。这一管理程序适用于社会保险基金经办机构所承办的职工养老保险、医疗保险、工伤保险和生育保险的业务管理。

《劳动法》规定“社会保险基金经办机构依照法律规定收支、管理和运营社会保险基金,并负有使社会保险基金保值增值的责任”,因而社会保险基金管理是社会保险业务管理的重要内容。依据社会保险基金的来源与流向,社会保险业务管理分为缴费核定、费用征集、费用记录处理、待遇核定、待遇支付、基金会计核算与财务管理等六个基本环节。社会保险基金从筹集到支付的这六个环节,形成了社会保险业务管理的程序。各级社会保险基金经办机构应按业务管理的基本环节设置相应的管理岗位。

(一)缴费核定

第一,及时建立和调整所辖地区单位和职工的基础档案资料。为保证社会保险费收支的准确性,单位和职工基础资料应全面、翔实。

单位基础档案资料主要由以下项目组成:单位名称;单位编码;单位注册地址;单位现所在地地址;单位邮政编码;单位上级主管部门;单位隶属关系;单位所有制性质;单位所属行业;单位主管社会保险各个项目负责人及联系电话;单位具体经办社会保险各个项目业务人员名单;单位业务经办人员联系电话;单位的开户银行、账号、账户名称;单位实行基本养老保险基础情况;单位实行企业补充养老保险基础情况;单位实行个人储蓄养老保险基础情况;单位实行医疗保险基础情况;单位实行工伤保险基础情况;单位实行生育保险基础情况;事业单位经费来源及其他。

职工基础档案资料主要由以下项目组成:姓名;性别;出生年月日;社会保障号码;所在单位代码;参加工作时间;用工形式;供养直系亲属情况;参加基本养老保险个人缴费情况;参加医疗保险个人缴费情况;女职工生育情况;参加企业补充养老保险个人缴费情况;参加个人储蓄养老保险缴费情况;异地转移情况及其他。

第二,于本缴费年度初根据上年度各单位各项社会保险的缴费、支付情况,制定本年度的各项社会保险费征集计划;并依据情况变化,适时提出调整缴费比例的建议。

单位和职工缴纳各项社会保险费比例按当地政府批准的缴费比例执行;其中,单位工伤保险缴费比例应根据上一缴费年度各单位工伤保险费缴纳情况及单位工伤事故发生率,按国家及当地有关浮动费率的规定相应调整。经国务院批准实行养老保险行业统筹的部门,单位和职工基本养老保险费的缴纳,按财政部批准的比例执行。

第三,根据社会保险业务开展情况,参照单位和职工基础档案资料制定相关报表(劳动部统一规定的报表除外,下同),在审核单位报送的各项社会保险情况表时,应确认其在开户银行账号上结存的资金,足够缴纳当月各项社会保险费。

第四,对各单位上报的各类报表,应重点审核单位及职工缴费工资基数、缴费金额以及其他变动项目。

第五,对新建单位及应参加而未参加社会保险的单位和职工,业务人员应及时向其发出《办理社会保险手续通知单》,督促其尽快参加社会保险。

第六,单位补缴单位和职工以往欠缴月份的社会保险费时,应审核是否填报参加社会保险人员社会保险费补缴核定单,《核定单》由各地区社会保险基金经办机构制定。业务人员应根据补缴办法,核定单位和职工补缴各月的本金、利息及滞纳金。补缴本金、利息及滞纳金的办法,按国家统一规定执行;没有统一规定的,暂按各地区、各部门现行办法执行。

第七,职工在同一统筹范围内流动,业务人员应按规定审核转移其社会保险关系;职工跨统筹范围流动时,业务人员除按规定办理社会保险关系的转移外,还应同时审核转移其养老及医疗保险费,并填写《参加养老保险、医疗保险人员转移情况表》。基本养老保险转移办法按《职工基本养老保险个人账户管理暂行办法》执行;其他社会保险项目的转移暂按各地区现行规定办理。

(二) 费用征集

第一,根据缴费核定环节提供的单位和职工的基础档案资料,整理、掌握单位开户银行、账号、账户名称、联系人、负责人姓名及联系电话等有关情况,并与单位建立业务联系。

第二,依据缴费核定环节提供的社会保险费征集数据,开具委托收款及其他结算凭证,通过银行或直接征集社会保险费;必要时,也可直接到单位征集。

第三,采用支票或现金结算方式征集社会保险费时,在收妥款项的同时必须开具“社会保险费收款收据”,并妥善保存收妥的款项、结算凭证及“社会保险费收款收据”存根,按要求办理款项和收据的交接手续。

第四,及时了解社会保险费征集落实情况,对因单位名称、账号变更或账户存款不足等原因造成的社会保险费欠缴,及时填发《社会保险费催缴通知书》,督促其尽快缴齐欠缴的社会保险费,并办理征集手续。

第五,对于符合缓缴条件的单位,按规定办理缓缴手续,并要求缓缴单位制定出补缴计划。在缓缴期内,随时了解该单位生产经营效益情况;缓缴期满,及时办理欠缴费用的补缴手续。

第六,通知费用记录处理环节,对欠缴及经批准缓缴养老、医疗保险费的单位在其欠缴及缓缴期内暂停记载职工个人账户，也不计算职工缴费年限，待其补齐缴费本金和利息后，及时通知下一环节补记职工个人账户。

第七，向本部门和有关领导报告社会保险费征集情况，提出加强社会保险费征集工作的意见和建议。

（三）费用记录处理

第一，根据缴费核定环节提供的单位和职工基础档案资料，业务人员应及时在计算机中为每个单位和职工建立基础档案库。

第二，根据基础档案库资料及单位和职工缴费情况，及时建立职工参加养老、医疗保险个人账户。

第三，根据其他各业务管理环节提供的统计资料，随时调整单位和职工各项社会保险基础数据，并确保数据记录的真实准确和安全。

第四，根据费用征集环节提供的数据，将实际征集到的社会保险费按规定分配到各项目下。根据待遇支付环节提供的数据，记载职工养老、医疗保险个人账户的实际支出情况，并按有关规定计算和登记职工养老保险、医疗保险个人账户的本息和职工缴费年限。

第五，对流动职工，随时向缴费核定环节提供职工社会保险基础资料和个人账户有关情况。

第六，整理、汇总、分析社会保险各类统计数据，按要求上报各类统计报表及相关报告。

第七，接待和办理单位及职工财务缴费情况及个人账户记录情况的查询。对缴费记录中出现的差错，经与相关业务管理环节核对后，及时予以调整。

第八，每一缴费年度初向单位和职工公布上一缴费年度单位缴费情况表和职工个人账户情况表，并发放对账单，以接受单位和职工的监督。

（四）待遇审核

第一，制定各项《社会保险待遇审批表》，单位在申报职工享受养老、医疗、工伤、生育保险待遇时，业务人员应指导单位按要求填写《社会保险待遇审批表》并要求提供相关的证明。

第二，根据单位填报的《社会保险待遇审批表》及有关证明，结合缴费记录处理环节所提供的单位和职工基础档案资料，依据社会保险有关法规、政策，逐项予以审查、核准。

第三，对申请享受医疗保险待遇人员，需审核其出具的医院有关证明和费用结算手续；对申请享受工伤保险待遇的人员，需审核其出具的当地劳动行政部门认定的工伤通知书及劳动鉴定机构提供的伤残鉴定结论证明;对申请享受生育保险待遇人员,需审核其出具的生育指标证明及医院证明;对申请享受养老保险待遇人员的审核办法,按国家有关规定执行。

第四,对需一次性支付待遇的人员,需审核单位及职工填写的《社会保险待遇一次性支付审批表》。

第五,根据有关政策,对享受社会保险待遇人员待遇标准的调整予以审核认定。

第六,为确保职工应享受的社会保险待遇准确无误,设专人对审查核准的《社会保险待遇审批表》及相关证明进行复核,认定无误后,方可转入下一个环节办理。

第七,根据各单位所报材料,结合单位和职工基础资料,业务人员应随时建立离退休(职)人员档案、职工医疗保险档案、工伤职工档案、死亡离退休(职)人员及工伤人员遗属档案,并定期调查离退休(职)人员及享受遗属津贴人员现状,定期审核、调整其应享受的待遇标准。

第八,对取得医疗保险定点服务资格的医院、药店等医疗服务机构执行医疗保险政策的有关情况进行监督检查,适时提出改进管理及调整医疗服务机构的意见。

第九,负责接待和办理单位及有关人员关于享受社会保险待遇问题的来信、来访与咨询事宜。

(五) 待遇支付

第一,对待遇审核环节提供的单位及其职工享受社会保险待遇的有关资料予以确认,编制享受社会保险待遇人员名册与台账。

第二,根据有关规定,确定享受社会保险待遇人员社会保险待遇的具体支付方式和时间。

第三,及时填制社会保险待遇拨付通知单,按确定的时间办理支付手续,通过银行或其他方式,将应支付的社会保险待遇发放给享受对象。

第四,对各项社会保险待遇的支付情况,及时登记并妥善保管有关凭证和资料。

第五,与银行、代办所、社区或单位等承担待遇支付的部门建立并保持经常性的业务联系,适时协调相互间的工作关系,保证社会保险待遇支付渠道的畅通。

第六,对各项社会保险待遇落实情况进行跟踪调查,发现不落实问题,配合有关部门及时查明原因予以纠正,并对纠正情况实施监督。

（六）基金会计核算与财务管理

第一，按照会计制度认真审核整理原始凭证，并依据审核后的原始凭证及时编制社会保险费收入和支出记账凭证，同时按规定对各项社会保险费的实际收支进行审核。

第二，定期汇总记账凭证，填制记账凭证科目汇总表，试算平衡后登记总账，并将明细账金额分别与总账进行核对，无误后进行结账。

第三，每月与开户银行对账并编制银行存款余额调节表，及时调整未达账项；对因银行退票等原因造成的社会保险费歉收，及时通知费用征集环节，查明原因，采取措施使社会保险费收缴到位。

第四，根据有关规定按期计算、提取各项费用，并编制凭证。

第五，根据基金实际结存情况，在满足周转需要的前提下，按规定和要求及时办理购买国债或基金存储手续；建立银行定期存款和各种有价证券备查账，掌握银行存款及有价证券的存储时间与金额，按时办理银行存款及有价证券的转存、兑付及保管工作。

第六，定期清理基金应收暂付款和基金应付暂收款，及时收回和偿付。

第七，按照《会计法》的要求妥善保管、发放、收回、销毁各种结算凭证、账簿以及其他有关财务管理资料。

第八，按上级主管部门的规定和要求，定期编制报送各种会计报表，正确反映基金的收支结存情况，并适时做出基金筹集、使用、管理等情况的分析报告，提出加强基金会计核算与财务管理的建议。

第九，年终，根据上年预算执行情况和本年度收支预测，分别编制年度预算草案和决算草案，报有关部门审核备案。遇有特殊情况需调整预算时，按要求编制调整方案，并报有关部门核准后执行。

第十，以《会计法》为依据，结合本单位实际制定内部基金财务管理制度，充分发挥会计的反映、监督职能。

【本章小结】

通过本章，我们可以看到公共部门的社会保障设计有其独特性，这既是历史因素影响的结果，也是改革滞后导致的问题。公共部门的社会保障改革势在必行，这是我国建立统一社会保障制度的必然要求。

今天我们所面临的一个重要问题是，我们要找到一种合适的方式来改革公共部门的各项社会保险，使之与我国企业的社会保险相衔接、相统一。我们面对改革时，决策必须是科学的、客观的，因此，本章旨在介绍并剖析现状，同时提供现有的构想与试点经验,帮助大家更好地熟悉并思考公共部门社会保障制度改革的一系列问题。

首先,本章从一般的角度介绍了社会保障的概念、内容与方法。社会保障含义的主要层面包括六个方面:

(1) 社会保障的实施主体是国家或社会。

(2) 社会保障是现代社会应对不确定风险的模式。

(3) 社会保障的目标是防止因疾病等风险导致的工作停止或收入的大量减少造成的经济和社会困难,为社会成员的基本生活权利提供保障,从而稳定社会。

(4) 社会保障必须通过一系列公共设施来实现,国家财政是其基本的经济后盾。

(5) 社会保障是通过国民收入再分配的形式实现的。

(6) 社会保障制度的具体设计受各国的经济社会环境影响,其项目设计、给付水平有很大差异。

其次,本章以公共部门为例,具体介绍了社会保障的内容,包括养老保险、医疗保险、失业保险、工伤保险、补充保险等不同制度及其改革的情况。

最后,本章以保险金的管理为例,具体而系统地介绍了公共部门保障管理的目标、体制、原则、内容与步骤。社会保障管理在运行中需要遵循管理的一般原则,同时还应当考虑社会保障制度的特殊性而遵循某些特定的规则。这些原则主要包括依法管理原则,公开、公正与效率原则,集中管理与分类管理相结合原则,属地管理原则,以及与相关系统协调一致的原则等。

【复习思考题】

一、单选题

1. 一般认为,社会保障制度最早起源于(　　)。

A. 美国　　B. 英国　　C. 瑞典　　D. 德国

2. 我国的社会保障制度设计和研究认为,社会保障的组成部分包括社会福利、社会保险、优抚安置和(　　)。

A. 社会慈善　　B. 医疗保险　　C. 养老保险　　D. 社会救济

3. 英国的社会保险模式是(　　)。

A. 自保公助型　　B. 福利国家型　　C. 政社合作型　　D. 社会保险型

4. 美国的社会保险模式是(　　)。

A. 自保公助型　　B. 福利国家型　　C. 政社合作型　　D. 社会保险型

5. 德国的社会保险模式是(　　)。

A. 自保公助型　B. 福利国家型　C. 政社合作型　D. 社会保险型

6. 我国首次以法律形式对作为社会保障制度主体的社会保险进行规范的法律文件是(　　)。

A.《社会保障法》　B.《工伤保险条例》

C.《社会救助暂行办法》　D.《社会保险法》

7. 我国以法律形式确立企业职工劳动保护权的时间是(　　)

A. 1986 年　B. 1988 年　C. 2003 年　D. 2005 年

8. 现行的公务员养老经费由(　　)承担。

A. 国家　B. 单位

C. 国家和单位共同承担　D. 国家、单位和个人共同承担

9. 老王为某事业单位的处长,1970 年 2 月参加工作,于 2007 年 8 月退休。根据 2006 年出台的《关于机关事业单位离退休人员计发离退休费等问题的实施办法》,它的退休费计发比例为(　　)。

A. 70%　B. 80%　C. 90%　D. 100%

10. 我国的失业保险制度创始于(　　)。

A. 1950 年　B. 1956 年　C. 1986 年　D. 1992 年

11. (　　)的出台,弥补了我国在社会救助事务方面缺乏统一法规指导的缺陷,为完善社会救助体系提供了相对完整的制度框架。

A.《社会救助暂行办法》　B.《社会保险法》

C.《工伤保险条例》　D.《社会保障法》

12. 所谓"机关事业单位",主要是指(　　)。

A. 国企和事业单位　B. 政府和事业单位

C. 政府、事业单位和国企　D. 政府、事业单位和社会团体

13. 我国公共部门养老保险制度改革起步于(　　)。

A. 1982 年　B. 1992 年　C. 1994 年　D. 1995 年

14. 失业人员失业前所在单位和本人按照规定累计缴费时间满 1 年不足 5 年的,领取失业保险金的期限最长为(　　)个月。

A. 6　B. 8　C. 12　D. 24

15. 离休人员的退休待遇比较特殊,离休费计发比例是(　　)。

A. 70%　B. 80%　C. 90%　D. 100%

二、多选题

1. 社会保障的特点包括(　　)。

A. 强制性　　B. 福利性　　C. 互助互济性　　D. 社会性

2. 我国的制度设计与研究偏向于“大社会保障”概念，认为社会保障由(　　)组成。

A. 社会救济　　B. 社会保险　　C. 社会福利　　D. 优抚安置

3. 世界各国的社会保障管理体制，总的说来，主要有(　　)。

A. 集中管理模式　　B. 分散管理模式

C. 市场化模式　　D. 集散结合管理模式

4. 社会保障管理的内容包括(　　)。

A. 立法管理　　B. 行政管理　　C. 业务管理　　D. 流程管理

5. 公务员资源退休的条件只要有(　　)。

A. 男年满 60 岁，女年满 50 岁

B. 距离国家规定的退休年龄不足 5 年，且工作年限满 20 年

C. 工作年限满 30 年

D. 因公致残，完全丧失工作能力

6. 根据 2006 年出台的《公务员工资制度改革方案》，我国公务员的基本工资由(　　)构成。

A. 职务工资　　B. 级别工资　　C. 基础工资　　D. 工龄工资

7. 根据 2011 年的《分类推进事业单位改革的指导意见》，现有事业单位可以划分为(　　)。

A. 行政职能型　　B. 综合管理型　　C. 公益服务型　　D. 生产经营型

8. 我国传统的职工医疗保险制度主要由(　　)构成。

A. 公费医疗　　B. 工伤保险　　C. 社会保险　　D. 劳保医疗

9. 我国现行的医疗保障体系的主体层次主要是(　　)。

A. 新型农村合作医疗　　B. 城镇职工基本医疗保险

C. 城镇居民基本医疗保险　　D. 医疗救助

10. 我国城镇职工基本医疗保险的原则是(　　)。

A. 费用共担　　B. 统账结合　　C. 基本保障　　D. 广泛覆盖

11. 根据各种保障项目的特殊性和共性，社会保障管理的实践往往是将(　　)交由地方劳动部门管理。

A. 医疗保险　　B. 养老保险　　C. 工伤保险　　D. 生育保险

12. 社会保障管理的原则包括(　　)。

A. 依法管理　　B. 公开、公正和效率

C. 属地管理　　D. 与相关系统协调一致

13. 我国医疗保险制度存在的问题主要是(　　)。

A. 多层次的医疗保障体系未能确立

B. 基本医疗保险城乡分割的制度安排

C. 迄今仍未找到公认的合理有效的医药费用控制机制

D. "基本医疗"的"度"不能很好地把握

14. 公共部门社会保障的特点主要是(　　)。

A. 公共部门社会保障制度市场化程度高

B. 公共部门的保障水平明显低于企业

C. 公共部门的保障项目不健全

D. 公共部门的社会保障改革严重滞后

15. 我国社会保障法制建设存在的问题主要有(　　)。

A. 社会保障立法严重滞后,仍存在较多空白

B. 立法层次低,缺乏较高的法律效力和必要的法律责任制度

C. 缺少与 WTO 的社会保险规则相适应的法律规范

D.《社会保险法》存在诸多缺陷

三、思考题

1. 与城镇企业社会保障制度相比,公共部门社会保障制度有何特点?是否合理,原因何在?

2. 公共部门养老保险制度改革中存在的问题有哪些?

3. 社会保险管理主要包括哪几个环节?

【案例与讨论】

美国的养老保障体制①

美国养老保障体制的历史发展

1974 年《雇员退休收入保障法案》(ERISA)的实施对美国养老退休制度产生了深远的影响。其重点是:(1)保护养老金计划参加者和受益人的权益,要求养老金计划的发起人向参加者和受益人提供所有与计划相关的正确信息;(2)要

① 改编自《美国养老金体制与管理概况》,http://www.lm.gov.cn/gb/employment/2004-05/24/content_31592.htm,2016 年 1 月 6 日访问。

求所有管理计划的机构/人(包括所有中介受托机构/人)必须符合实施计划的标准和法律条款;(3)负责向社会披露和向有关部门报告 ERISA 法案中颁布的各项条款细则和执行情况;(4)对参加合格退休计划的人给予种种税收优惠;(5)设立民事法执行程序来保护参加者及其受益人权益,并使其获得应有的福利。

ERISA 法案在 1984 年还做了重大修正:降低了计划参加者的最大年龄设限;对参加者由于离职太久可能失去信用(积分)的时间段进行了延长;通过了《合格家庭关系法令》,使配偶离婚后仍享有养老金的权利;终止了养老计划中雇主限制雇员在接近退休年龄时参加计划的权利和冻结 65 岁年龄以上参加者的福利。同时,在 ERISA 法案精神的指导下,1985 年的 COBRA 法案在原有的基础上加进了新的部分:要求对雇员及其受益人做持续的医疗保健计划,以及覆盖面对雇员应更具有可携性和安全保障性等。

美国的养老金体制基本分成两大部分:由政府直接参与管理、适用于政府雇员和社会基本保障系统的限定型计划(DB 计划)与由私人管理、政府监督、适用于一般企业和个人的缴费型计划(DC 计划)。1974 年 ERISA 法案实施之前,企业多采用 DB 计划,采取统一设置、融资、管理、投资、支付的形式。雇主按雇员工作年限、收入情况为其缴费,确定其支付水平,并以此水平支付雇员到死亡为止。DC 计划又称私人养老金计划,是组成美国养老金体系的另一个重要支柱。它基本采取个人账户的形式,由专业的中介公司来管理。DC 计划分成团体和个人两部分。团体计划一般由保险公司(或银行)以年金或保险金的形式设置、经营和管理。团体计划中的私人部分则由雇主和雇员共同设置计划。著名的 401(k)、403(b)和 PSP 等计划都属于私人计划中的 DC 部分。以 ERISA 法案为实施标准,符合其条款的被确定为"合格计划",不符合的则以"不合格计划"对待。这类计划的特点是:雇主和雇员依照税务标准,以雇员(和雇主)收入的一定比例或固定数额定期向计划缴费,雇员可在退休时分次或一次性支取个人账户里的资金。同时,依计划的不同,雇员(和雇主)从计划中可享受不同程度和形式的税收优惠。

美国养老保障体制的现状及改革

从目前全球范围看,许多国家仍采用较单一的社会保障体制。长期融资不足、积累不平衡、投资回报低、支付困难、人口老龄化的压力等都给这种体制带来很大挑战。各国政府采取了积极的态度来尽量调整、改革现有的体制以缓解压力。美国养老体制是社会基本保障和私人投资、储蓄积累两种形式的结合,但也面临着同样的压力。历任政府在此问题上都有新的改革或修正方案提出或实施。但中心点基本一致:除保留现有的强制性养老保障体系外,大力发展建立自愿性的各类退休或退休补充体系,进一步降低替代率,形成更多层面的社会养老保障体制。在1986年的《税法改革修正案》中,政府加大了鼓励和引导自愿性企业退休和个人退休投资计划的力度,其目标之一在于缩小国家强制性计划的规模。同对,在细则方面也不断地进行修正,比如:提高退休年龄,延长缴费和推迟享受待遇的周期;加大自愿性企业退休计划在整个养老保障体制中的比重;改变养老资金的投资方式和渠道,扩大其投资范围和种类并给予更多的自主权,如增加在股票/共同基金中的投资比例;设计、利用更多的税收优惠政策鼓励各种类型的投资计划,如采用抵税、缓税和免税的优惠方法等。这些都有利于使社会原有的体制逐渐向更多层次、更多元化的体制转化和发展。

目前,我国的养老保障体系也强调"三支柱"原则("三支柱"即公共养老金、补充养老金、个人储蓄),因为层次化是目前我国的现实选择。我国如何整合这三个支柱,形成互相衔接而又互相支撑的整体,美国的经验无疑是很有参考价值的。在强调政府责任的同时,强调个人责任的回归,是我国目前的经济情况下建立体系完整而水平适中的社会保障体系的必然要求。

讨论题:

1. 美国社会保障制度的发展可以划分为哪几个阶段?其发展历史对于我们有哪些启示?

2. 美国的养老保障制度存在什么问题与不足?具有哪些经验?对于我国养老保障制度的改革有何借鉴意义?

互有约定,用人单位就可以不为职工办理社会保险吗?[①]

1998年4月,刘某等四人到某公司应聘,公司在待遇方面提出,如果职工坚持要求办理社会保险的话,从职工工资中每月扣除300元。刘某等觉得还是多拿点工资好,至于办不办社会保险,没什么关系。于是双方签订了三年的劳动合同,在合同中规定每月工资2000元,社会保险事宜公司不予负责。

1999年12月,劳动保障部门在检查中发现该单位没有依法为签订劳动合同的职工办理社会保险,遂对其下达限期整改指令书,要求该公司为刘某等办理参加社会保险的手续。该公司认为,公司不负责办理社会保险是经双方协商同意,在劳动合同中已明确约定的。后经劳动保障部门工作人员对其宣讲国家有关社会保险的法律法规和政策规定,双方依法修改了合同内容,公司为刘某

① 案例来源:《互有约定用人单位就可以不为职工办理社会保险吗?》,http://class.chinalawedu.com/news/1900/23/2003/11/li0027315634182113022311 32_75816.html,2016年1月6日访问。

等办理了参加社会保险手续。

该案中双方虽然在自愿、协商一致的基础上签订了劳动合同，但是由于合同中有关社会保险约定的内容违反了国家现行法律、行政法规的规定，双方合同中约定的部分条款无效，应当依法予以纠正。

国家制定了一系列法律法规保障职工依法参加社会保险。《劳动法》明确规定："用人单位和劳动者必须依法参加社会保险，缴纳社会保险费。"《社会保险费征缴暂行条例》第四条规定："缴费单位、缴费个人应当按时足额缴纳社会保险费。"并且明确规定了缴费单位的义务：向当地社会保险经办机构办理社会保险登记，参加社会保险；按月向社会保险经办机构申报应缴纳的社会保险费数额并在规定的期限内缴纳，履行代扣代缴义务等。根据国家法律法规的规定，社会保险是国家强制保险，为职工办理社会保险是用人单位的法定义务，因此，刘某所在单位有义务为其办理社会保险。至于双方约定公司不负责为刘某等办理社会保险，虽然是双方在自愿基础上的约定，但是约定内容与法律法规的规定相抵触，自愿签订并不能改变其违法性质，因此该条款是无效条款，对合同双方没有法律约束力，应当依法予以纠正。

这个案例给我们以下几点启示：

一是用人单位和劳动者在建立劳动关系时应当依法签订劳动合同。合同的依法订立，要遵循平等自愿、协商一致的原则；合同的内容要合法，不能与国家法律、行政法规的规定相抵触。

二是要加强社会保险有关法律法规政策的宣传，提高用人单位和职工依法参加社会保险的自觉意识。

三是劳动保障行政部门要进一步加强劳动合同鉴证工作，加强劳动合同管理，促进用人单位和职工之间签订合法有效的劳动合同，维护劳动合同双方当事人的合法权益。

讨论题：

1. 上述案例反映出我国现行社会保障制度的何种特点与原则？
2. 在实践中，如何保证社会保障制度真正得到贯彻落实？

【建议阅读文献】

1. 林闽钢主编：《现代社会保障通论》，中国社会科学出版社 2014 年版。
2. 王显勇等：《社会保障法》，北京大学出版社 2014 年版。
3. 穆怀中主编：《社会保障理国际比较》，中国劳动社会保障出版社 2014 年版。
4. 郑功成主编：《东亚地区社会保障论》，人民出版社 2014 年版。

5. 丁建定:《中国社会保障制度体系完善研究》,人民出版社2013年版。
6. 剧宇宏:《中国社会转型时期社会保障法律制度研究》,复旦大学出版社2013年版。
7. 郑功成主编:《社会保障概论》,复旦大学出版社2005年版。
8. 张海川:《现代社会保障的由来与走向:基于家庭文化的视角》,《宁夏社会科学》2007年第6期。
9. 尹蔚民:《统筹推进城乡社会保障体系建设》,《求是》2013年第3期。
10. 郑功成:《中国社会福利的现状与发展取向》,《中国人民大学学报》2013年第2期。
11. 郑功成:《让社会保障步入城乡一体化发展轨道》,《中国社会保障》2014年第3期。
12. 刘波:《英国社会保障制度的经济学分析》,《江西社会科学》2007年第11期。
13. 景天魁:《社会福利发展路径》,《探索与争鸣》2013年第2期。
14. 席恒、翟绍果:《更加公平可持续的养老保险制度的实现路径探析》,《中国行政管理》2014年第3期。
15. 黄丙志:《我国城市化进程中的社会保障供给与劳动力比较优势》,《经济经纬》2007年第6期。
16. 杨赋臻:《三国公务员工伤保险制度概要》,《中国人力资源社会保障》2013年第8期。
17. 刘姝、孙晶映:《我国社会保险基金监管主体法律设置的弊端与矫正》,《辽宁行政学院学报》2014年第1期。
18. 张玲玲:《城镇化背景下农民工社会保障问题研究》,《人力资源管理》2015年第1期。
19. Williamson, John B., and Catherine Deitelbaum, "Social Security Reform: Does Partial Privatization Make Sense for China?" *Journal of Aging Studies*, Vol. 19, Issue 2, 2005.
20. Szreter, Simon, "The Right of Registration: Development, Identity Registration, and Social Security—A Historical Perspective", *World Development*, Vol. 35, Issue 1, 2007.
21. Wang, Bing, and Jun Zhang, "Economic Analysis of Social Security System in Today's China's Countryside", *China Population, Resources and Environment*, Vol. 17, Issue 1, 2007.

22. Cerda, Rodrigo A. ,"Social Security and Wealth Accumulation in Developing Economies: Evidence from the 1981 Chilean Reform", *World Development*, Vol. 36, Issue 10, 2008.
23. Saaritsa, Sakari,"Informal Transfers, Men, Women and Children: Family Economy and Informal Social Security in Early 20th Century Finnish Households", *The History of the Family*, Vol. 13, Issue 3, 2008.
24. Filho, De Carvalho Irineu Evangelista,"Household Income as a Determinant of Child Labor and School Enrollment in Brazil: Evidence from a Social Security Reform", *Economic Development and Cultural Change*, Vol. 62, No. 2, 2012.
25. Levy, Santiago, and Norbert Schady,"Latin America's Social Policy Challenge: Education, Social Insurance, Redistribution", *The Journal of Economic Perspectives*, Vol. 27, No. 2, 2013.
26. Barnett, Jon, and W. Neil Adger,"Climate Change, Human Security and Violent Conflict", *Political Geography*, Vol. 6, No. 6. 2007.

第三部分　研究发展

第十二章　公共部门人力资源管理研究与发展

【教学目标与方法建议】

通过本章教学，应该掌握以下内容：

1．当前公共部门人力资源管理研究的内容

2．当前公共部门人力资源管理研究的主要方向

3．当前公共部门人力资源管理研究的发展趋势

教学方法建议：本章内容多为介绍性的，建议课堂教学以引导式阅读为主，并指导学生搜集相关较新、较权威的文献作为补充。

公共部门人力资源管理在学术研究中一直是一个重要领域，本章主要通过几位学者的研究成果，梳理并讨论公共部门人力资源管理的研究与发展情况，主要包括我国公共部门人力资源管理研究的主要内容、存在的问题，西方公共部门人力资源管理的研究变革，以及公共部门人力资源管理的理论与实践前沿，并探讨了我国公共部门人力资源管理研究的发展趋势。

第一节　公共部门人力资源管理研究概况

一、我国公共部门人力资源管理研究的内容

（一）我国公共部门人力资源管理研究的学科基础

公共部门人力资源管理具有综合性、现实性和应用性的特点，自身并不构成一个独立学科。从公共部门人力资源管理的现有学科基础和理论来源看，主要相关学科为管理学、政治学、行政学、法学和经济学。

1．管理学

管理学以社会实体单位（国家、组织）为对象，以决策、组织、领导、协调、控制等职能模块为主要内容，现代管理学科是以企业组织活动为主要研究内容，以系统论、信息论和控制论等现代科学理论与方法形成的横断学科。公共部门人力资源管理是公共组织中人的活动，离不开对组织管理一般理论和方法的研

究和运用，人力资源管理中有关工作分析、人员测评、绩效评估、培训开发等技术性较强的内容，很容易引用管理学理论和方法进行研究分析。比如，近年来对于政府绩效评估采取绿色 GDP 假设模型，构建多元加权指标体系，其中管理学的作用就明显凸现出来。相对说来，我国改革开放以来的公共部门人力资源管理的研究，带有较强的现实性、主观性和描述性，运用管理学进行理论模型设计、定量化的实证研究还不多见。相比较而言，管理学中的行为科学导向的研究因其生动、形象和心理分析功能而更加普遍。

2. 政治学

政治学以政治组织、政治行为、政治关系及其功能为主要研究对象，国家与社会、政治与行政是传统政治学的基本分析视角。从政治学的学科角度研究公共部门人力资源管理问题，既要强调不同国家公共部门人力资源管理的政治背景和政治倾向，也要注意公共部门人力资源管理的社会公共性和公益性，特别是中国公共部门人力资源管理强调符合执政党的人才政策，坚持党管干部的原则，坚持干部的“四化标准”，有着鲜明的政治属性和政治内容，对于防止一般抽象地研究公共部门人力资源管理问题，撇开我国的社会主义制度性质和中国共产党的执政党地位而侈谈自由民主、公平效率等问题，是十分重要的。

3. 行政学

行政学可以看作是政治学的分支，也可以看作是管理学在公共行政领域的应用，所以，兼有政治学和管理学的学科渊源。与公共部门人力资源管理最为接近的是人事行政，作为行政学的理论范畴和应用领域之一，国内行政学的教材凡采用功能模块写法的，几乎都将人事行政作专章论述，由于篇幅所限，一般只是将人事行政的基本概念和主要内容加以简要阐述，对于有关的理论来源、各国经验以及具体的操作规程方法是无法展开论述的，所以，人事行政学又成为行政学的一个分支，与国家公务员制度一起，成为公共部门人力资源管理知识的重要来源。

4. 法学

现代公共部门的人力资源管理必须在宪政和法制的框架中进行。依法治国是基本国策，也是公共人力资源管理的根本原则。可以说，公共部门人力资源管理的规范系统主要是由法律规范和道德规范组成的，法律规范以其权威性、强制性、规范性、严谨性和可操作性在公共人力资源规范系统中起着主导作用，公共人力资源管理的具体组织规章制度依照宪法和法律的基本原则和强制性规定制定和执行。相对说来，公务员的职务行为主要受公务员法的约束和调整（在我国，经选任制产生的属于领导序列的公务员，还受到人大选举法和政府组织法等的约束),所受到的法律约束更为严格和全面,而其他非政府公共部门人力资源更多受到行业管理法规的约束,行业法规带有专业技术性和自律性,但是作为法规,首先受到法律的指导和约束,同样具有法律约束力。公共人力资源管理的各个具体职能都与相关法律关系密切,相对更为密切的是公职人员的任职管理、薪酬保险福利、权利义务及权益保护等。

5. 经济学

现代人力资源管理的发展受人力资本理论、公共选择理论、新制度经济学等经济学理论的影响很大。近年来,企业界越来越重视人力资源开发,将人力资源作为重要的生产要素,探索人力资源资本化、股权化等长期激励模式。经济学研究资源开发和配置效益的基本逻辑,经济学变量和分析模型对于人力资源管理研究的意义十分重要。相比之下,企业人力资源管理更加注重经济学分析,在人力资源会计、薪酬福利管理等方面更显突出。其实,由于公共部门人力资源开发和管理使用的是公共财政资源,公共人力资源成本预算管理非常重要,公共人力资源的薪酬福利应当与工商企业相关人员保持对应关系,以保证公共人力资源的素质和绩效,无论在宏观领域还是微观环境中,确定公共人力资源的成本预算,实现激励效用,经济学都是经世致用之学。

由于上述学科对于公共部门人力资源管理的发展都有着十分重要的基础性作用,不能简单随意地厚此薄彼,褒贬毁誉,同时,由于研究者的专业学科背景不一,选择从某个学科入手,形成独辟蹊径的研究风格和独树一帜的研究成果,是非常正常的,也是可行的。但是,在此基础上,寻求和开辟共同关心的研究领域,构建可以平等对话的交流平台,形成相互理解的话语体系,是更加重要的。

(二) 我国公共部门人力资源管理研究的内容框架

学科研究的成熟标志,从理论上说,是学科理论体系的形成和完善,从应用上说,是学科理论在社会实践中的总结和应用。改革开放初期至 20 世纪 90 年代中期,我国的公共部门人力资源管理研究基本上属于行政学的一个分支,在理论上属于人事行政学,在应用上属于国家公务员制度,无论在研究对象、理论范畴还是在价值导向上,与公共部门人力资源管理研究的内容差异还是比较大的。在研究对象上,仅限于国家行政机关的人事管理,尚不包括全部国家机关,不能涵盖更为广泛的公共部门人力资源管理的内容;在价值导向上,基本局限于对现行的公务员效能管理的描述,对于市场经济条件下的公共部门人力资源战略、职业化社会化管理等重大主题尚未深入探讨。90 年代中期以后,随着国际上人力资源管理的理论和方法较为广泛、全面地传入中国,公共部门人力资源管理研究逐步深入开展,其内容框架也逐渐形成且越来越明晰。

从目前公共部门人力资源管理的著作和教材来看,主要的研究内容框架可以称为总分结构:在总论部分,一般涉及公共部门的概念、范围与类型,人力资源管理的基本理论,公共部门人力资源的概念与特征、义务与权利,公共部门人力资源管理的体制、机构和规范,以及公共部门人力资源管理发展的历史源流;在分论部分,基本按照人力资源管理的职能和业务流程展开,一般涉及人力资源战略、人员规划、职位分类、工作分析、招考录用、绩效评估、薪酬管理、培训开发、奖惩纪律、权益保障、职业发展等方面。一方面套用现代人力资源管理的基本理论框架和功能模块,另一方面尽量与现行公务员制度的有关内容衔接,而且还要将公共部门和公共人力资源这两个基本范畴搭建起来,使得有关内容可以同在一个"屋檐"下。目前按照教科书体例、概论写法的教材出版速度较快,版本也很多,正好反映了公共部门人力资源管理的理论研究正处在归纳、整理的层次。除了上述概论通论之类的教材以外,中外比较的著作也多见。这一潮流可以追溯到 20 世纪 80 年代。当时,行政管理学的理论和应用研究刚刚起步,介绍国外行政管理的理论和经验,了解西方国家有代表性的行政管理体制模式,特别是进行国家公务员制度的比较研究,对于坚持党管干部原则、探索和坚持公共部门人才标准、探索中国特色的公务员制度建设是十分有益的。

公共部门人力资源管理方面的论文主要集中于介绍国外公共部门人力资源制度和实践,探讨外部环境变化对公共部门人力资源管理的挑战,引进私人部门先进的人力资源管理理论,分析公共部门人力资源管理和私人部门人力资源管理的区别及公共部门人力资源管理的发展趋势,以及 MPA 教育中的公共人力资源管理学科建设等几个方面。

(三)我国公共部门人力资源管理的研究方法和路径

从研究方法来看,公共部门人力资源管理的主要研究模式一般从下列角度构建。

1. 比较研究

比较研究是通过确定相关的研究对象,确定一定的比较角度和标准,通过异中求同和同中求异,进行异同比较,得出共同规律或显著差异。目前,国内相关研究主要是中外特别是中西的公共人力资源比较。从研究的特点来看,注意选择适当的比较角度和比较标准,注意比较对象的时代背景、经济发展、宪政法制、民族文化等宏观因素的差别,注意选择公共人力资源管理的结构或职能,建立相互比较或者多元比较的框架。比较方法的科学性和结论的可靠性,要求比较的对象必须具有可比性,就是说,应当确定同一的标准。比如,有的研究在比较中外公务员队伍和行政效率时,仅仅比较公务员绝对数量,而没有考虑中国的人口规模巨大,与世界各国都没有可比性;为了说明我国公务员队伍膨胀,增长迅速,将西方国家每万人中公务员的数量与中国每万人中财政供养的人员数量做比较。由于世界各国的公务员或者公职人员的范围口径很不一致,在与我国进行比较时,特别应当说明比较的标准,在标准难以同一,特别是统计口径不一致时,格外需要强调,如果回避或者忽视这一问题,比较的结论就很难站得住脚。比较还要注意透过表面现象和外部特征,在本质属性上进行比较。比如,比较公共部门人力资源的任职管理程序和形式、薪酬保险福利的种类和水平是必要的,但这属于表面现象的比较;通过比较认识到世界各国的公共部门人力资源管理都有社会公共性和公益性这一共同属性,进而认识到我国公共部门人力资源管理的立党为公、执政为民的特殊本质特征,这样的研究就更加深刻了。

2. 历史研究

历史研究是将研究对象放在发展变化的动态模式中,了解和分析它的发生、发展、演化的过程,运用趋势外推的方法,预测其未来发展的走向、速度和进程。历史研究应当尊重历史事实,遵循历史规律,不能超越历史提出假设和想象,或者对过去提出不切实际的苛求和斥责。我国改革开放以来,公共部门人力资源管理的发展变化很大,党和政府关于公共人力资源的政策性文件很多,变动和调整也很频繁、迅速,需要认真梳理。公共部门人力资源管理的发展,如同任何历史现象一样,有着发生、发展和变化的过程,带有曲折、反复和螺旋前进的特点,透过暂时、零星、分散的变化现象,从中判断基本发展趋势,是非常必要的。比如,自 20 世纪 80 年代以来,关于公务员的反腐倡廉的规定,有的反复强调重申以致重复,有的不断增补追加和强化,如果不从长期的历史走向上看,很难感受到我国反腐败斗争的长期性、艰巨性和取得的巨大成就,对于反腐败斗争就容易产生消极情绪或者是盲目乐观。

3. 理论研究

理论研究方法的特点是确定基本的理论范畴和逻辑起点,运用逻辑推导的方法,阐明有关范畴之间的逻辑关系,理论方法带有抽象性、概括性和演绎性。根据理论研究的目的与功能,可以分为理论检验和理论构建。前者是对传统和现成理论的检验和证明,理论检验不能只证明其正确性、合理性和适用性,更需要通过证伪的方法予以质疑和反驳,进而确定该理论的相对真理性,界定理论的有限而有效的边界,在此范围内,理论解释是有效的。后者是通过构建假设命题,进行逻辑证明,特别是通过对实践经验的总结、提炼和升华,进行理论创新。公共部门人力资源管理的理论创新,既要对现成的人事行政、公务员制度等理论的价值和功效进行检验论证,还要借鉴和吸收有关学科关于企业人力资源管理的研究模式和成果,更要探索适合公共部门人力资源管理现状和发展要求的新的理论研究模式。

4. 经验研究

经验研究是将公共部门人力资源管理的具体活动及其结果作为研究对象,具体的做法主要有问卷调查、访谈、文献研究、统计分析和试点实验等。经验研究可以采取定量研究和定性研究的方式,前者需要有一定的样本规模和统计数据为基础,后者更加倾向于实地调查、行为观察和心理分析。经验研究的显著特点是实证研究,必须建立在真实可靠的事实基础上,通过观察、归纳和抽象,得到研究成果。因此,应当保持客观公正的立场,防止先入为主、主观片面的倾向,排除来自自身、对象以及环境的干扰。我国在改革开放时期,受执政党的党风建设、行政体制改革、人才市场发展等宏观因素的影响,公共部门人力资源管理处在积极探索、大胆改革、不断创新、急剧演变的过程之中,特别是地方政府、行业主管部门的中观微观层面上的试点改革经验层出不穷,这既给经验研究提供了丰富的事实素材,又对经验研究提出很高的质量要求,仅仅停留在介绍和描述层次的经验研究,是不能适应理论发展和体制创新的要求的。

上述方法并非截然分开和对立的。比如,在运用比较方法进行国际比较的同时,研究不同国家现代公共人力资源管理的起源、发展的历史进程,能看到我国公共部门人力资源管理与他国的历史性差距和较快的相对发展速度,以便更加清晰、准确地借鉴他国经验。同样,通过经验研究,在实证的基础上进行理论检验和理论创新,对于公共部门人力资源管理的理论发展是不可缺少的;反过来,运用理论指导经验研究,构建基本假设和研究模式,可以避免盲目性和随意性。

二、我国公共部门人力资源管理研究存在的问题

我国公共部门人力资源管理研究存在以下几个问题:

(1) 学科研究的理论基础相对薄弱。我国公共部门人力资源管理研究所基于的理论基础基本上来源于其他学科相对成熟的理论,包括经济学中的人力资本理论、成本效益分析理论,管理学中的激励理论、绩效评估理论,心理学中的人格情绪理论、心理测评理论,社会学中的冲突沟通理论、组织变革理论,组织行为学的组织行为理论、组织文化理论,政治学中的领导理论、权力分配和使用理论,等等。上述理论构成了我国公共部门人力资源管理研究的重要理论依据,但这些理论基本上都是从国外借用过来的;符合我国国情、反映中国文化特

征的公共部门人力资源管理的理论体系尚未真正建立起来,这是制约学科进一步发展的重要障碍。

(2) 学科定位面临着两难选择的困境。我国公共部门人力资源管理研究从诞生之初就打上了应用研究的烙印,但重视本学科基础理论研究,是本学科立足于学科"丛林"的客观要求。现阶段,我国公共部门人力资源管理研究到底是侧重于应用研究还是侧重于理论研究,并不是一个很容易回答的问题。侧重于理论研究,可以在一定程度上夯实学科理论基础,保证本学科立足于学科之林;侧重于应用研究,可以进一步促进我国公共部门人力资源管理实践向科学化、规范化、法治化、高效化方向发展。显然,这就形成了学科定位上的两难选择的困境。

(3) 学科建设呈现较多借用国外成果的倾向。西方公共部门人力资源管理的理论研究开展得相对较早,我国公共部门人力资源管理无论是实践还是理论研究都需要向西方国家学习。我国公共部门人力资源管理的现有研究在一定程度上呈现较多借用西方国家现有成果的倾向。我国公共部门人力资源管理毕竟是深深扎根于中国社会经济发展的现实国情中,政治倾向、文化特色以及民族个性特征和传统习惯的差异,决定了在借鉴西方国家的实践经验和理论成果时可能会出现"水土不服"。这就需要我们在充分研究中国国情的基础上,有选择地借鉴别人的东西。

(4) 研究内容有重点不突出的缺陷。公共部门人力资源管理既具有一般人力资源管理的性质,又具有公共部门组织形态的特殊管理性质,存在人事权划分和人事管理部门构成的复杂性、人力资源管理行为的法治化和公职人员的政治性要求等特点。因此,公共部门人力资源管理既要研究一般人力资源管理研究所必须研究的所有涉及"人"的问题,又要将公共部门的特殊性质嵌入到各项研究的具体内容中,这就决定了本学科研究的重点不是十分突出,难以抓住问题的要害,更难以达到深化研究的目的。

(5) 研究方法存在量化研究不足的局限性。总的来说,现有研究一般只是停留在理性思考和实践反思的层面上,很少有实证研究的介入,更是难以见到量化研究方法的应用。实际上,在公共部门人力资源管理中,有很多具体的研究内容要涉及诸多量化研究方法。比如,在人力资源成本核算中,需要使用成本效益分析方法;在人力资源测评应用中,需要使用有关测评量表和测评软件等。量化研究方法的缺失,使得现有研究深度不够,在解释一些重要问题时显得苍白无力。

三、西方公共部门人力资源管理变革研究

西方公共部门人力资源管理变革研究的核心词汇是分权化(decentralization)改革,它的价值观与思想几乎贯穿了关于人力资源管理改革所有重要的方面。如果用一个词来概括总的人力资源改革日程,那就是分权化。这体现在人力资源管理中的招聘、薪酬福利管理、人力资源开发等实施权都开始逐渐下放到下级政府或各机构。但与此同时,由于人力资源管理各个模块有其自身的独特性,学者们在研究时也常常聚焦于各模块本身的特点,使研究的维度具有多样性。

(一) 招聘

1. 招聘过程是否应该分权化

对公共部门人员招聘进行讨论的中心议题是招聘过程是否应该分权化,即招聘权力应该保留在人力资源管理部门还是下放到一线部门。政府人力资源管理的总趋势是分权化,但它却绝不是一种范式。尽管一些研究认为分权化有利于一线经理更好地选拔符合他们要求的人员①,但分权化招聘政策却会增加违背功绩制的可能性(如政治性雇佣),并且导致招聘实践中不合理的多样性(如不同的筛选标准)。招聘权力集中化的优势包括规模经济、减少行政成本以及强化在推动招聘统一性和遵循功绩制方面的程序控制;它的劣势包括过多的规章程序及缺乏一线经理对人员配置决策的参与。集权化招聘最适合数量巨大而技能要求较普通的工作如记事员职位。② 总的来说,学者们目前的研究对于招聘分权化的恰当性并没有形成结论。

在西方公共行政的实践中,招聘方式的改革中最大的创新就是放松对考试方式的管制以及将权力下放给一线机构。这种方法显然可以大大增加一线人力资源经理对雇用的影响,比如科本通过研究发现美国拥有较高人力资源管理自主权的州往往会雇用更多的兼职或临时雇员。③ 但放松管制在实证方面的总

---

① 参见 C. Ban, "How Do Public Managers Manage? Bureaucratic Constraints, Organizational Culture, and the Potential for Reform", *Public Productivity and Management Review*, Vol. 15, No. 2, 1995, pp. 435-438。

② 参见 G. E. Roberts, "Issues, Challenges, and Changes in Recruitment and Selection", in S. W. Hays and R. C. Kearney, eds., *Public Personnel Administration: Problems and Prospects*, 4th ed., 北京大学出版社 2006 年影印版。

③ 参见 J. D. Coggburn, "The Benefits of Human Resource Centralization: Insights from a Survey of Human Resource Directors in a Decentralized State", *Public Administration Review*, Vol. 65, No. 4, 2000, pp. 424-425。

体有效性仍是模糊的①,它对州人力资源管理行政的经济性或效率并没有直接的影响②。另外,在实践中,政府的人力资源管理大多没有走向极端的分权化,谢尔登和雅克布森收集了美国政府绩效项目(Government Performance Program,GPP)1998年和2000年的数据,发现招聘潜在雇员的责任常常是由中央人力资源管理办公室和各机构共同分担。③ 实行集权化招聘方式(包括组织考试的权力)的州已由1998年的9个下降到2000年的3个。这种转变趋向于中央机构和下面的各个部门共同分担职责而非完全地下放权力。在这种新的合作模式中,中央人力资源管理办公室通过提供专业咨询和指导来扮演合作者和支持者的角色,提高了各机构管理者的各种能力,而且可以同时发挥集权化和分权化的优势。除招聘过程是否应该分权化这个核心议题外,学者们还探索了其他一些主题,比如公平性雇用和具体的招聘技术方法的创新等。下面分别予以简单介绍。

2. 公平性雇用

西方学者十分关注作为最大劳动力雇用者的政府对弱势群体的公平性雇用问题。许多研究关注了“机会均等行动计划”(Affirmative Action)对反对歧视性雇用以及保护女性、黑人和其他少数人群体的工作权利的作用和影响。④ 而由于美国联邦政府在实施机会均等行动计划上已越来越少向地方政府施压,因此城市经理对保证公平雇用的态度和行动越来越重要。史莱克研究了城市经理在将妇女招聘到管理层职位上的态度问题,发现城市经理虽然支持机会均等行动计划的原则,但却可能在实践中反对有利于该计划实行的一些具体机制,如设定雇用妇女的定量指标及有利于该类指标执行的时间表等。那些较早的、比较保守的并已长时间实行机会均等行动计划的城市经理趋向于反对继续实行该计划,而那些认为该计划很重要、很有意义的城市经理则比较支持这些具体机制的落实。史莱克认为,相对于公职人员结构、地方政治等因素而言,城市

① 参见 D. F. Kettl,“The Myths, Realities, and Challenges of Privatization”, in F. J. Thompson, ed., *Revitalizing State and Local Public Service: Strengthening Performance, Accountability, and Citizen Confidence*, San Francisco: Jossey-Bass, 1993, pp. 246-275。

② 参见 J. D. Coggburn,“The Benefits of Human Resource Centralization: Insights from a Survey of Human Resource Directors in a Decentralized State”, *Public Administration Review*, Vol. 65, No. 4, 2000, pp. 424-425。

③ 参见 S. Seldenand and W. Jacobson,“Trends in Human Resource Management: Lessons from the States”, *A Report of the Government Performance Project*, 2001。

④ 参见 J. D. Slack,“Affirmative Action and City Managers: Attitudes toward Recruitment of Women”, *Public Administration Review*, Vol. 47, No. 2, 1987, pp. 199-206。

经理的态度对于公平雇用的实现具有更重要的作用。①

3. 具体的招聘技术

在过去30年中,西方公共行政学术界有很多文献对于政府传统的招聘方法提出了批评,一些新的招聘技术纷纷涌现。在这些新技术中,影响力较大的主要有三种。一是扩大候选人范围,摒弃三人法则。它解决了传统文官制实践(如公务员考试分数或培训评分)缺乏弹性的问题,后者将最后入选的求职者数量限制在分数最高的3个或5个。这种趋势反映了学者们对传统选拔工具认识的局限性,如公务员测验难以全面鉴别申请者的各种资格条件。二是快速雇用(accelerated hiring)。它的动因在于减少优秀人才的流失。它对于一些劳动力供给较为紧缺的领域如信息技术和工程职业十分重要,对其他领域的人才选拔也具有价值。三是网上招聘。海斯和科尔尼认为,政府招聘和选拔的未来是和以计算机为载体的技术相联系的,包括基于网络的招聘和选拔。理想地说,它是和一个总的人力资源管理信息系统连接起来的,而后者是制定雇员个人发展计划和薪酬体系、评估培训需求等的基础。② 此外,还有自动化或电话交谈式工作分析(automated or call-in job analysis)、一站式雇用区(one-stop employment shop)等方法。

(二) 薪酬福利管理

薪酬福利管理(Salary and Benefit Management)是西方公共部门人力资源管理实践和学术研究的重要领域,因为薪酬福利支出通常是政府最大的预算开支项目。

分权化管理的趋势也渗透到薪酬福利管理领域。格里姆肖等人对法国、德国等5个欧洲国家和地区公共医疗系统的雇用制度的调查发现,工资设置的决定权基本上都呈现出一种分散化和重构的趋势以及不同程度的权力下放趋势。③ 刘易斯通过相关分析认为,用地点差价薪资(Locality Pay)④来取代全国统一的薪酬体系的做法,虽然在理论上有重要的意义——保持公职职位的竞争

① 参见 J. D. Slack,"Affirmative Action and City Managers: Attitudes toward Recruitment of Women", *Public Administration Review*, Vol. 47, No. 2, 1987, pp. 199-206。

② 参见 S. W. Hays and R. C. Kearney,"Anticipated Changes in Human Resource Management: Views from the Field", *Public Administration Review*, Vol. 61, No. 5, 2001, pp, 585-597。

③ 参见 D. P. Grimshaw, et al.,"Convergent and Divergent Country Trends in Coordinated Wage Setting and Collective Bargaining in the Public Hospitals Sector", *Industrial Relations Journal*, Vol. 38, No. 6, 2007, pp. 591-613。

④ 即根据不同地方劳动力市场竞争的激烈程度来调整当地公务员的工资水平。

力和对公务员工作的激励性,但在实践中对联邦政府吸引人才、减少人员流失等问题的作用是十分有限的。① 而且,由于财政约束和公众压力等因素的存在,阿罗斯密斯和西森认为薪酬管理的分权化程度也是有限的。②

除了分权化薪酬管理外,西方学者还提出了一些新的薪酬制度来改进公共部门的薪酬福利管理。这些革新制度在很大程度上受到了企业管理方法和新公共管理价值观及思想的影响。他们倾向于认为,私人部门的各种管理方法很容易转移到公共部门,如果政府采用更多的企业运作方法,生产力将会自动增加。③ 宽带薪酬(Broad-banding Compensation)和绩效工资制便是这些革新的薪酬管理方法的典型代表。

1. 宽带薪酬

根据美国薪酬管理学会的定义,宽带薪酬就是将多个薪酬级别及其相对较窄的薪酬浮动范围重新加以组合,以形成数量薪酬级别相对较少但是每一薪酬级别的浮动范围却相对较宽的新型薪酬决定格局。它的最大特点就是压缩级别,将原来十几个甚至二十或三十几个薪酬级别压缩成几个级别,并将每个薪酬级别所对应的薪酬变动范围拉大,从而形成一个新的薪酬管理系统及操作流程。④ 当然,它的前提是必须具有总的预算开支约束。⑤ "宽带薪酬"的概念对于管理者和员工来说有着多重好处。因为它简化了复杂、过时的职位分类制,在不需经过正式的职位重新分类程序的情况下,允许管理者将员工从一个职位晋升到另一职位。通过弱化职衔和职级,宽带薪酬制增加了工作弹性,有利于组织再造和工作流动性的增加,消除了处于不同薪酬等级的团队成员间的地位差别,并且创造了一种新的绩效导向的组织——薪酬基于绩效而非资历或等级。⑥ 然而,随着政府改革实践的日益普遍,宽带薪酬制在实施过程中的问题也日益暴露出来,理论与现实之间存在着较大的差异。有学者认为,它允许管理

① 参见 G. B. Lewis,"Progress Toward Racial and Sexual Equality in the Federal Civil Service?", *Public Administration Review*, Vol. 48, No. 3, 1988, pp. 700-707。

② 参见 J. Arrow Smith and K. Sisson,"Decentralization in the Public Sector: The Case of the U. K. National Health Service", *Industrial Relations*, Vol. 57, No. 2, 2002, pp. 354-380。

③ 参见 S. Z. Mann,"The Politics of Productivity", *Public Productivity Review*, No. 4, 1980, pp. 352-367。

④ 参见刘昕:《美国联邦政府的宽带薪资试验及其启示》,《公共管理学报》2004 年第 1 期。

⑤ 参见 J. E. Kellough and S. C. Selden,"The Reinvention of Public Personnel Administration: An Analysis of the Diffusion of Personnel Management Reforms in the States", *Public Administration Review*, Vol. 62, No. 2, 2003, pp. 165-176。

⑥ 参见 C. Whalen and M. E. Guy,"Broadbanding Trends in the States", *Review of Public Personnel Administration*, Vol. 28, No. 4, 2008, pp. 349-366。

者拥有过多的管理自主权,从而导致了偏私和报酬不平等;它增加了雇员可能需要完成的任务范围,从而会导致工作不满意、糟糕的绩效和压力增加;它可以被当作一个减少雇员数量的借口。在美国那些实行宽带薪酬制的州里,它并没有为管理者带来更大的弹性。宽带薪酬制在实践中并没有在报酬与绩效之间建立显著的联系;除了减少过去职员重新分类时需要的一些文书工作外,并没有为管理者提供实质上的便利。他们发现,没有配套的行政改革——特别是预算和管理自主权改革,是宽带薪酬制没有实现预期目标的原因。①

2. 绩效工资制

绩效工资制的设计包括若干关于薪酬系统和更宽泛的组织议题的战略选择,劳勒将其概念化。② 他对结构和过程议题进行了区分。结构议题指那些关于如何设计绩效工资制的决策,这些决策对系统的激励潜力具有重要影响。劳勒确认了6个结构议题:(1)绩效工资制测量的层次(个人、项目或机构层级);(2)不同计划的数量(这是因为绩效工资计划必须根据雇员工作的不同性质、组织不同层级的成员等而有所区别,如政府对高级主管会有一套不同的绩效管理系统);(3)是给予薪酬还是红利——决定绩效工资制的具体报酬形式,后者有着越来越流行的趋势;(4)绩效工资所占的比重,这是决定绩效工资是否能对员工产生显著激励效应的关键;(5)如何对绩效进行测量,这关系到绩效工资制的公正性;(6)绩效工资支出的频率,这也关系到能否对员工产生激励效应。过程议题是指建立、实施和管理绩效工资制的那些程序性议题。劳勒确认了3个过程议题:对设计绩效工资制的参与;对管理绩效工资制的参与;取得法律对绩效工资制目标的认同。绩效工资的哲学根基是同工同酬。绩效工资包含了科学主义的要素,即强调将工人安置在恰当位置上时的客观性和准确性,以及为他们提供合理的报酬。绩效工资是一种鼓励更高生产力和改进绩效的货币刺激系统。③

学术界广泛而全面地讨论了在公共部门建立绩效工资制所带来的许多问题。学者们发现由于缺乏充足的财政预算,绩效工资制至今无法确立一个有效的监控机制;工作绩效评估由于浮夸而流于形式;雇员则对金钱奖励分配的公

① 参见 C. Whalen and M. E. Guy, "Broadbanding Trends in the States", *Review of Public Personnel Administration*, Vol. 28, No. 4, 2008, pp. 349-366。

② 参见 E. E. Lawler, "Strategic Pay: Aligning Organizational Strategies and Pay Systems", *Industrial and Labor Relations Review*, 1991, Vol. 45, No. 1, pp. 129-156。

③ 参见 E. E. Lawler, *Pay and Organization Development*, Addison-Wesley Publishing Company, Inc., 1981。

正性表示怀疑。[①] 塞耶也质疑主管进行的绩效评估的准确性和可靠性,而这却是绩效工资系统的基础。他认为,如果将不准确和不可靠的评估作为绩效工资的基础,将会产生不可预见的灾难性后果,包括员工的恐惧和质疑以及组织中低落的士气。[②] 与此相对应的是,戴利也发现,(以组织的角度来看)绩效工资对于提高工作激励、雇员有效性和回应性并没有任何显著的作用。[③] 谢伍德和韦克斯勒的研究显示,绩效工资充其量是应付人力资源管理中各种不同的问题中最弱的激励因素,而不是治疗人力资源管理中各种不同的疾病的万能药。[④]

也有很多学者对改良绩效工资制提出了一些建议,比如绩效工资制最适合于那些具有支持性文化的组织。[⑤] 绩效工资制的设计必须与组织情境保持一致,雇员必须参与设计和管理的过程;实行过程必须是循序渐进的,而且应该特别重视绩效测量;组织必须设计一系列有意义的奖赏机制。[⑥]

当然,认识到绩效工资系统只对员工激励和提高生产力产生有限的影响,也有一些研究者另辟蹊径,提出了其他的替代性激励方法。洛夫里奇认为员工参与和工作丰富化对员工激励的影响大于绩效工资。心理诱因在激励员工使其更具效率方面比金钱诱因要更加有效。[⑦] 而弗洛科乌斯基和利夫顿认为收益分享方法比绩效工资制更有利于各方利用准确的成本投入和产出信息来决定激励收益和生产力增长情况。[⑧]

在福利方面,学者们同样认为,公共部门的福利管理水平并不能随着时代环境的变化而适时做出调整,已经滞后于私人部门。根据调查,60%的雇员认

---

① 参见 D. E. Klingner and J. Nalbandian, et al., *Public Personnel Management: Contexts and Strategies*, Prentice Hall, 2003。

② 参见 F. C. Thayer,"Performance Appraisal and Merit Pay Systems: The Disasters Multiply", *Review of Public Personnel Administration*, Vol. 7, No. 2, 1987, pp. 36-53。

③ 参见 D. Daley,"Merit Pay Enters with a Whimper: The Initial Federal Civil Service Reform Experience", *Review of Public Personnel Administration*, Vol. 7, No. 2, 1987, pp. 72-79。

④ 参见 F. Sherwood and B. Wechsler,"'Hadacol' of the Eighties: Paying Senior Public Managers for Performance", *Review of Public Personnel Administration*, Vol. 7, No. 1, 1986, pp. 27-41。

⑤ 参见 G. T. Gabris and D. M. Ihrke,"Improving Employee Acceptance toward Performance Appraisal and Merit Pay System: The Role of Leadership Credibility", *Review of Public personnel Administration*, Vol. 20, No. 1, 2000, pp. 41-53。

⑥ 参见 S. W. Hays and R. C. Kearney,"Anticipated Changes in Human Resource Management: Views from the Field", *Public Administration Review*, Vol. 61, No. 5, 2001, pp. 585-597。

⑦ 参见 N. Lovrich,"Merit Pay Motivation in the Public Workforce: Beyond Technical Concerns to More Basic Consideration", *Review of Public Personnel Administration*, Vol. 7, No. 2, 1987, pp. 54-71。

⑧ 参见 G. W. Florkowski and D. E. Lifton,"Assessing Public-Sector Productivity Incentives: A Review", *Public Productivity Review*, Vol. 11, No. 1, 1987, pp. 53-70。

为平衡工作和家庭的能力对于工作选择来说是非常重要的，但大多数政府却无法像私人部门那样为雇员推出有弹性的工作—生活（儿童和老人照料、弹性工作地点等）福利。① 政府部门提供工作—生活福利的障碍包括成本、专业知识的缺乏、人们认为没有必要以及公众的抵触。② 为此，学者们建议的解决方法包括：通过服务区域化来减少提供这种福利的成本，通过知识传播项目来增加人们对工作—生活福利项目的认识，以及在实施福利项目过程中的技术支持和从事需求评估等。③ 公共部门的福利方式必须根据工作变化的情况而更具多样性。④ 考虑到更高的工作流动率和非传统的雇佣关系（如合同工），公共部门报酬系统的设计必须增强福利可携性（benefits portability），特别是养老保险和医疗保险的可携性。⑤ 养老金和福利的可携性可以减少劳动力流动的阻碍，从而提高政府职位申请者的数量和质量。也有人认为，福利应以满足雇员需要的方式进行管理，这要求雇员在其福利种类与水平的选择上应有一定的参与。⑥

（三）人力资源开发

1. 概念定义

公共服务供给的人力资源能力建设是在新公共管理（New Public Management，NPM）或公共部门改革（Public Sector Reform，PSR）的背景下提出来的，但至今西方学术界仍很难给出一个一致和准确的“人力资源开发”（Human Resource Development）的定义。总的来说，它是由“培训和开发”（T&D）发展来的。许多学者认可这个措辞上的变化，认为它鼓励将雇员看成“资产”和“资源”而不仅仅是成本。然而，在实践层面上，政府人员对于这个名词的认同度并不高。奥拉克通过对英国文官系统的实证资料的分析发现，“培训/培训和开发”将继续成为人力资源开发/培训工作最常使用的标签，而且很多参与焦点小组访谈

---

① 参见 N. Tratt, “Winning the Employee Recruitment and Retention Challenge”, *Compensation and Benefits Management*, Vol. 16, No. 2, 2000, p. 50。

② 参见 G. E. Roberts, “Municipal Government Benefits Practices and Personnel Outcomes: Results from a National Survey”, paper delivered to the American society of public administration annual conference, San Diego, California, 2000。

③ Ibid.

④ 参见 H. Risher and C. H. Fay, *New Strategies for Public Pay*, San Francisco: Jossey-Bass。

⑤ 参见 P. W. Ingraham, et al., “People and Performance: Challenges for the Future”, *Public Administration Review*, Vol. 60, No. 1, 2000, pp. 54-60。

⑥ 参见 T. M. A. Bergman and J. L. Grahn, “How Important Are Employee Benefits to Public Sector Employees?”, *Public Personnel Management*, No. 23, 1994, pp. 397-406。

的人认为,人力资源开发缺乏一个清晰的界定。①

2. 对公共部门人力资源开发的讨论

人力资源开发能力关系到分权化管理战略实施的成败。② 在人力资源管理分权化改革的大背景下,许多研究认为,人力资源开发、培训功能从角色、地位和结构方面也在经历着变化③,部分是由于功能外包的出现④和将雇员开发的职责下放给一线主管这种现象的增加⑤。而且,这种功能被视为从“被日常培训项目所淹没”转变为更明显的战略导向⑥,并被认为将对组织绩效和竞争力产生显著影响⑦。

将雇员开发的责任更多地授予一线主管是一个趋势。吉布分析了让一线主管更多地参与人力资源开发活动的优点和缺点:优点是参与开发的人员范围更广泛,更好地迎合知识管理时代的要求,组织和个人人力资源开发的质量会更好,这也会导致管理者自身的转变,如提高他们的管理能力,导致更大的组织变化和人员关系的转变。缺点是它可能会在事实上导致许多人员的能力缺少开发(因为基层的许多事务或紧急任务往往会占有更大的优先权重),基层管理人员缺少开发的能力,专家在组织人力资源开发中扮演的角色可能会被边缘化;而且一线经理和员工的关系在引导员工开发的过程中不一定是最关键的,因为这可能会由于他们之间的利益冲突而影响对员工能力的开发,因此,员工的开发应该部分让位于一个中立的第三方。⑧ 雷德和巴林顿还对不同管理层应承担的培训和开发的责任提供了有益的划分,认为人力资源开发责任的这种分

---

① 参见 R. K. Auluck,“The Human Resource Development Function: the Ambiguity of Its Status with in the UK Public Service”, *International Review of Administrative Sciences*, Vol. 72, No. 1, 2006, pp. 27-41。

② 参见 C. Pollit, et al., *Decentralizing Public Sector Management*. London: Macmillan, 1998。

③ 参见 A. Carter, et al., *Resourcing the Training and Development Function*. Brighton: IES, 2002。

④ 参见 S. Richbell,“Trends and Emerging Values in Human Resource Management: The UK Scene”, *International Journal of Manpower*, Vol. 22, No. 3, 2001, pp. 261-268。

⑤ 参见 S. Gibb,“Line Manager Involvement in Learning and Development: Small Beer or Big Deal?”, *Employee Relations*, Vol. 25, No. 3, 2003, pp. 281-293。

⑥ 参见 T. N. Garavan,“HRD Stakeholders: Their Philosophies, Values, Expectations and Evaluation Criteria”, *Journal of European Industrial Training*, Vol. 19, No. 10, 1995, pp. 17-30。

⑦ 参见 L. Dyer and T. Reeves,“Human Resource Strategies and Firm Performance: What Do We Know and Where Do We Need to Go?”, *International Journal of Human Resource Management*, Vol. 6, No. 3, 1995, pp. 656-670。

⑧ 参见 S. Gibb,“Line Manager Involvement in Learning and Development: Small Beer or Big Deal?”, *Employee Relations*, Vol. 25, No. 3, 2003, pp. 281-293。

散化创造了一个及时的机会以使人力资源开发功能“更具战略性地运营”。①

许多学者表达了对人力资源开发和培训功能实际作用的关注。总的来说，情况并不理想。一些学者认为其原因在于管理层的重视度不够。雷德和巴林顿认为，人力资源开发/培训的实际作用有时候非常小，这是由于它很少被整合进组织的主流运作，被赋予很低的运营权重，并不经常出现在战略计划中，因而对于大多数一线主管而言它是一项边缘工作，并被视为一项开支而不是一项投资。② 因此，尽管越来越多的人力资源开发活动被授权给一线主管，他们却可能没有足够的技能或时间来承担该角色的职责。③ 这种情况使得人力资源开发功能的实践证据不足，降低了人力资源开发功能的可信度，并进一步使其被排除在重要的组织改革议程之外而无法为组织改革提供支持。④ 雷德和巴林顿认为，为了在组织里为人力资源开发获得一个安全的地位，应该做到以下两点：一是为人力资源开发找到一个合适的位置——与边界管理（boundary management）、组织文化、运作战略等相似的位置；二是必须有专业培训人员——受过训练的以及清晰界定的角色。⑤

虽然目前关于公共部门人力资源开发的理论与实践的讨论已经很多，但仍然有一些问题没有得到很好的回答：首先，虽然对人的投资、与承包商合作以及电子学习等一直是公共部门人力资源开发文献中的一个主题，但身居人力资源开发职位的实践者们却认为它们扮演着一个不起眼的角色。是什么原因导致了这种理论与实际的不一致性？其次，职能的分散是关于人力资源开发/培训功能的文献中的一个重要主题。如果内部的人力资源开发/培训功能正在持续地通过外包和下放职权给一线主管而不断地分散化，那么中央或组织高层扮演的角色和应承担的职能是什么呢？许多文献⑥指出，人力资源开发“必须具有

---

① 参见 M. A. Reid and H. A. Barrington, *Training Interventions: Promoting Learning Opportunities*. London: CIPD, 2001。

② Ibid.

③ 参见 S. Gibb,“Line Manager Involvement in Learning and Development: Small Beer or Big Deal?”, *Employee Relations*, Vol. 25, No. 3, 2003, pp. 281-293。

④ 参见 B. Hamlin,“Towards Evidence-based HRD Practice”, in J. McGoldrick, J. Stewart, and S. Watson, eds., *Understanding Human Resource Development: A Research-based Approach*, London: Routledge, 2002。

⑤ 转引自 S. Gibb,“Line Manager Involvement in Learning and Development: Small Beer or Big Deal?”, *Employee Relations*, Vol. 25, No. 3, 2003, pp. 281-293。

⑥ 参见 B. Kaufman,“The Theory and Practice of Strategic HRM and Participative Management Antecedents in Early Industrial Relations”, *Human Resource Managements Review*, Vol. 11, No. 4, 2001, pp. 505-533; P. Wright and S. Snell,“Towards An Integrative View of Strategic Human Resource Management”, *Human Resource Management Review*, Vol. 1, No. 3, 1991, pp. 203-225。

战略性”,但除了更战略性地思考、支持或参与人力资源开发战略外,它又有哪些更具体的内涵呢?这些都是需要学术界在日后的研究中进一步拓展深化的问题。

（四）绩效评估

关于绩效评估的大量研究文献证明了该主题在公共部门组织管理中的重要性。研究的内容包括分权化改革对绩效评估的影响及绩效评估实施过程中碰到的问题、各种可能的改进方案以及对政府绩效评估实践的分析等。

1. 分权化改革对绩效评估的影响及绩效评估的问题

雷丁认为,整个美国联邦政府的分权化改革(如人力资源管理职能从中央办公室下移到运作或项目层)使得设计跨部门单位统一的绩效测量体系变得困难,而要发挥政府各部门的整合功能,就必须让高层部门或机构对它们的子单位或下级单位的绩效负责任,绩效评估指标在设计过程中也必须详细分析那些交叉或重叠的职责。① 谢尔登和雅克布森对美国政府绩效项目 1998 年和 2000 年的数据分析发现,分权化改革中下放的仅是绩效评估的具体实施权,而不是绩效评估体系的制定权,后者仍由中央机构掌握。②

相比于私人部门来说,公共部门绩效评估实施的难度要大得多,问题也逐渐暴露出来。比如,与私人部门的工业或商业活动不同,大多数政府活动是服务导向而不是物质导向的。这些活动也常常和其他政府机构的活动相互依赖,从而使政府雇员的生产力评估过程高度复杂,其评估的准确性和可靠性也受到质疑。③ 雷丁同样认为,虽然《政府绩效与结果法案》(The Government Performance and Results Act,GPRA)提出绩效测量的三个维度是投入、产出和结果,但实际上“结果”(outcome)浮现的时间超出了绩效评估的时限,而且很难分清“结果”是由实施的项目(即评估的对象)引起的还是由于其他外因的作用,这些使得政府的绩效评估很难获得理想中的成效,而只能说取得了一定进步。④ 海因里希认为绩效评估在实施中还可能会遇到绩效标准设计不合理、绩效指标与组

① 参见 B. A. Radin,“The Government Performance and Results Act(GPRA): Hydra-Head Monster or Flexible Management Tool”, *Public Administration Review*, Vol. 58, No. 4, 1998, pp. 307-316。

② 参见 S. Selden and W. Jacobson,“Trends in Human Resource Management: Lessons from the States”, *A Report of the Government Performance Project*, 2001。

③ 参见 J. T. Kim,“Current Issues in Public Personnel Administration: the Merit Pay System, Performance Appraisal, and Professionalization”, *Public Productivity Review*, Vol. 11, No. 4, 1988, pp. 109-114。

④ 参见 B. A. Radin,“The Government Performance and Results Act (GPRA): Hydra-Head Monster or Flexible Management Tool”, *Public Administration Review*, Vol. 58, No. 4, 1998, pp. 307-316。

织或项目目标联系不紧密等问题,从而降低了它的激励性。[①] 而且,在缺乏衡量工作价值的绝对标准时,雇员们可能会制定比较各自工作的自我标准,以减少报酬对他们的激励效用。[②]

2. 绩效评估的改进方案

在改进生产力评估的努力中,不但现有评估技术的各种成分被学者们更仔细地审视,而且可能的改进和修正方案也被他们所关注。赫拉基米和霍尔泽建议在建立关于生产力改进的数据库时,应该使用制定绩效目标而不是绩效评估的方法。这是因为它可以促进参与者间的合作,更好地鼓励员工对工作规划的参与和防止激励不足。文献还对绩效评估的维度和内容提出了一些创新性的视角,比较有影响的如团队维度和关系绩效维度。[③] 托尤斯沃德认为组织生产力依赖于成功的团队合作的程度,而团队合作取决于管理能力。管理者必须能够促进团队合作精神,这实际上提出了对于管理者绩效评估内容的重要维度。[④] 而关于关系绩效的研究文献更是丰富。关系绩效是指那些职务说明书中没有规定但是却对组织绩效产生了重要作用的员工心理和社会关系的人际和意志行为。主张重视关系绩效理论的学者们认为,应该把它和任务绩效一起作为职务绩效的主要内容,只有这样的绩效评估才是有效而合理的。[⑤] 关于关系绩效的实证研究主要集中在关系绩效的内容构成及影响方面,并构建了一些比较有影响力的绩效评估因果模型(如大五模型)。

3. 实践中的政府绩效评估

现实中的政府绩效评估是怎样的呢?阿蒙斯和罗德里格斯通过调查发现,绩效评估的实践与学术所倡导和宣传的相距甚远,它们更普通、更自然,而不像通常所声称的观察到的趋势——改变过去那种"基于个人"或"基于特质"的评估系统,将绩效评估和报酬更多地与可测量的绩效联系起来,在设立绩效目标

---

① 参见 C. J. Heinrich, "Do Government Bureaucrats Make Effective Use of Performance Management Information?", *Journal of Public Administration Research and Theory*, Vol. 9, No. 3, 1999, pp. 363-393。

② 参见 J. Tomkins, "Comparable Worth in Job Evaluation Validity", *Public Administration Review*, Vol. 47, No. 3, 1987, pp. 254-258。

③ 参见 A. Halachmi and M. Holzer, "Merit Pay, Performance Targeting, and Productivity", *Review of Public Personnel Administration*, Vol. 7, No. 2, 1987, pp. 80-91。

④ 参见 D. Tjosvold, "Working Together to Get Things Done: Managing for Organizational Productivity", *Industrial and Labor Relations Review*, Vol. 42, No. 3, 1989。

⑤ 参见 W. C. Borman and S. Motowidlo, "Expanding the Criterion Domainto Include Elements of Contextual Performance", in N. Schmitt and W. C. Borman, eds., *Personal Selection in Organizations*, SanFrancisco: Jossey-Bass, 1993, pp. 71-89。

的过程中强调更多的合作性和雇员参与。虽然在那些具有正式的文本规定的评估系统的城市中,目标管理作为一种单独系统或和其他系统一起使用具有普遍性,但实际上并没有一种单一的绩效评估实践形式。① 关于目前的评估实践的看法普遍是满意和乐观的,但它仍被认为有一些严重的缺陷:一是很多城市报告对管理助理和较大部门的首脑并没有一种正式的基于文本规定的评估;二是大多数机构认为,特定的绩效评估技术的使用并没有足够的信度;三是主管和员工对于绩效评估过程所投入的时间非常有限,这使其有效性受到质疑。

（五）人力资源管理职能外包

从20世纪90年代以来,西方学术界对于政府业务外包的研究焦点从设备和物质外包转移到将服务合同外包(Human Resources Outsourcing)给其他组织来节省支出②,其中,人力资源职能外包是新近出现的一个研究热点。政府职能外包一开始是由新公共管理学派提出的,随着它在西方公共行政实践中的逐渐普及,学者们开始更多地从实证的角度来分析。③ 人力资源服务的供给,包括一些人力资源管理职能和支持活动,常被人们认为是一个充满外包机会的政府活动领域。④

政府的人力资源管理职能外包和分权化改革没有直接的联系,但它实行的初衷仍是为了革除传统文官制度的弊端。对传统政府人力资源管理模式的批评认为,许多事务性的人力资源管理活动(比如工资单管理)分散了政府的精力,降低了政府的绩效水平,并且无助于政府战略目标的实现。而这些行政性和事务性职能在本质上是可以交易的,更何况庞大的工作量和复杂性使得政府的人力资源管理专家很少有时间投入到实现组织目标和使命的重要活动中,比如人力资源规划、绩效管理系统等。⑤ 在学者们看来,人力资源外包的优点是:

---

① 参见 D. N. Ammons and A. Rodriguez,"Performance Appraisal Practices for Upper Management in City Governments", *Public Administration Review*, Vol. 46, No. 5, 1986, pp. 460-467。

② 参见 D. F. Kettl,"The Myths, Realities, and Challenges of Privatization", in F. J. Thompson, eds., *Revitalizing State and Local Public Service: Strengthening Performance, Accountability, andCitizenConfidence*, SanFrancisco: Jossey-Bass, 1993, pp. 246-275。

③ 参见 D. A. Auger,"Privatization, Contracting, and the States: Lessons from State Government Experience", *Public Productivity and Management Review*, Vol. 22, No. 4, 1999, pp. 435-454。

④ 参见 G. B. Siegel,"Outsourcing Personnel Functions", *Public Personnel Management*, Vol. 29, No. 2, 2000, pp. 225-236。

⑤ 参见 J. D. Coggburn,"Outsourcing Human Resources: The Case of the Texas Health and Human Services Commission", *Review of Public Personnel Administration*, Vol. 27, No. 4, pp. 315-336。

首先,减少成本——这被认为是最重要的优点。① 只要供给来源的服务符合政府部门的要求,被授权的政府部门便可从任何一个来源购买服务。其次,它可以避免政府部门对新技术的投资。② 最后,将人力资源服务供给交给其他供应商可以在很大程度上解决西方政府人力资源领域招聘的人员数量减少而人员职责增加的问题。③ 从公共选择理论的观点来看,政府人力资源职能外包还有其他好处,如责任转移到服务供应者身上。由于服务购买者(政府部门)可以和其他供应组织进行交易,因此,服务能更好地迎合购买者的需要,因为后者并不是服务的被动接受者。④ 而且服务供给的成本减少了,购买者必须对他们使用的资源进行承诺,不能将服务看成是“免费”的。

人力资源职能外包的缺点在于:由于政府部门要将部分预算留给市场,因此对于那些先前由一个垄断性中央人力资源管理机构提供服务的部门来说,这可能会因为收益减少而导致核心员工的流失;一线主管和员工可能会失去一些以前可以满足的服务;中央机构可能无法在组织的文化转变中生存。有人还认为将薪酬管理和人力资源信息系统职能外包会使“顾客”(政府部门)失去对这些职能的控制和责任,可能不得不接受缺乏弹性的管理系统,供应商也可能不会使用最新的设备和软件。⑤

目前西方学术界尚缺乏对于政府人力资源管理职能外包的满意度和有效性的充足的评估信息。有一些研究分析了影响人力资源职能外包成功与否的条件或因素。比如西格尔认为,在以下情况下,政府将人力资源职能外包比较有利:不断增加的任务数量和同时减少的预算供给,政府缺乏能力去招聘和保留专业员工;组织增长或裁员;劳动力减少;无法升级人力资源管理的基础设施。⑥ 比较有代表性和全面的研究来自科本设计的一个用于评估公共部门人力资源职能外包合适程度的概念框架。该概念框架实际上是对以前许多学者的

---

① 参见 R. J. Dilger, et al. ,“Privatization of Municipal Services in America's Largest Cities”, *Public Administration Review*, Vol. 57, No. 1, 1997, pp. 21-26。

② 参见 J. C. Spee,“Addition by Subtraction: Outsourcing Strengthens Business Focus”, *Human Resources Magazine*, Vol. 40. No. 3, 1995, pp. 38-43。

③ 参见 International Personnel Management Association,“Personnel Program Inventory (PPI)”, *The Center for Personnel Management*, Alexandria: IPMA, 1996/1997。

④ 参见 J. E. Chubb and T. M. Moe, *Politics, Markets and America's Schools*, Washington, D. C. : The Brookings Institution, 1990。

⑤ 参见 D. Baker,“Are You Throwing Money Away by Outsourcing?”, *Personnel Journal*, Vol. 75, No. 11, 1996, pp. 105-107。

⑥ 参见 G. B. Siegel,“Outsourcing Personnel Functions”, *Public Personnel Management*, Vol. 29, No. 2, 2000, pp. 225-236。

相关研究进行总结归纳，提出政府管理者决定人力资源职能是否适合外包要考虑8个维度：人力资源活动对公共价值的贡献；外包是否会损害公共利益；是否违背人力资源管理的价值观（包括公平性、功绩等）；成本效益；外包活动的性质（如薪酬福利管理等适合外包，而劳动关系、绩效管理等不适合）；职能的独特性（普通、例行的职能活动可以使其标准化，交由外部的企业来有效率地完成，而那些对组织来说具有独特性或需要运用丰富的行政管理经验才能处理的活动则不适宜让市场介入）；职能的特性（是否具体，其外包的绩效是否可以被准确测量）；服务供应商的数量（如果数量不足，则无法发挥市场竞争的优势）。① 尽管如此，关于不同影响因素或维度的权重，以及这些因素的影响会不会因时间或部门文化、地方特点等而有所不同，相关研究尚未做出解答。

（六）其他研究议题

西方学术界对公共部门人力资源管理变革的研究除了上述几个主要领域外，还探讨了公共部门人力资源管理应该如何应对政府的专业化和信息化趋势、不同地区人力资源管理改革差异性、人力资源管理未来的发展趋势预测等问题。这里将就应对专业化、信息化的研究做简单介绍。

1. 专业化

在西方，学者们呼吁应该对文官制度进行改革以满足专业化的重要需要，这是因为缺乏对专业化的强调、岗位轮换和转移以及更频繁的政治干预所带来的更多压迫性，阻碍了文官系统的高层官员对变化中的环境的适应。② 由于学术界的积极推动以及政府本身为适应环境变化所不断进行的改革、发展，公共雇员的专业化已在西方公共行政领域中呈现出增长的趋势。③ 西方学术界因此引发了关于政府人力资源管理应如何应对专业化趋势的讨论与争议。

本维尼斯特认为一个组织的专业化为管理带来了不同的挑战和问题，包括：专业人员和管理者之间可能的冲突；采用治理、权力关系和参与的新模式的必要性；制定新的激励系统。④

---

① 参见 J. D. Coggburn，“Outsourcing Human Resources：The Case of the Texas Health and Human Services Commission”，*Review of Public Personnel Administration*，Vol. 27，No. 4，pp. 315-336。

② 参见 U. Desai and J. A. Hamman，“Images and Reality in Local Government Personnel Practices：Investigating the ‘Quiet Crisis’ among Illinois City Officials”，*Public Administration Review*，No. 54，1994，pp. 391-397。

③ 参见 J. T. Kim，“Current Issues in Public Personnel Administration：the Merit Pay System，Performance Appraisal，and Professionalization”，*Public Productivity Review*，Vol. 11，No. 4，1988，pp. 109-114。

④ 参见 G. Benveniste，*Professionalizing the Organization：Reducing Bureaucracy to Enhance Effectiveness*，San Francisco：Jossey-Bass，1987。

而争议主要集中在专业主义和官僚回应性(Bureaucratic Responsiveness)之间的关系,主要有以下两种观点:一种观点观察到专业雇员的行为倾向于受专业协会制定的伦理准则和服务标准的引导,而非组织的规章制度,从而提出雇员应主要关注官僚机构服务于公共利益的责任,而非狭隘定义的职业利己主义。① 另一种观点是考虑到专业雇员对创造力和自主权的需求,建议专业化应该通过减少官僚制的束缚来实现。② 与上述争论维护专业主义或者人力资源管理不同,卡尼和辛哈认为专业主义和官僚回应性并不必然是冲突的,而且专业行政人员作用的扩大可能会鼓励官僚回应性。他们强烈提倡为那些有志成为"专业"管理者的管理人员提供行政方面的专业教育,来使官僚机构专业化。因此,未来的管理者们有可能在他们有责任予以协调的各种专业领域拥有工作知识。③

2. 信息化

针对学者们的调查研究发现,人力资源管理与公共行政的其他职能领域一样,深受信息技术革命的影响,而且这种影响在未来将更加显著。为了应对信息技术革命的挑战,许多研究认为政府需要重塑人力资源管理系统,这包括调整工作设计、职位分类和考试方式以及对分权化改革的呼吁等。

随着公共部门的工作性质变得越来越专业化,需要完成例行公事的工作数量在减少,计算机和自动化促进了西方政府传统例行工作的重新设计,并且被认为在未来将是生产力提高的主要原因。④ 例如,在文员领域,这些技能包括对更多信息的管理。速记才能现在已经不像问题解决、决策制定和批判性思考那样与工作具有更多的相关性。⑤ 而有研究者注意到随着工作要求的增加,工作任务常常变得不那么明确。在这些情况下,职位要求就变得更具有弹性和重叠性,这可能需要对职位分类进行更灵活的界定。⑥ 同时,信息技术在政府工作中

① 参见 J. T. Kim, "Current Issues in Public Personnel Administration: the Merit Pay System, Performance Appraisal, and Professionalization", *Public Productivity Review*, Vol. 11, No. 4, 1988, pp. 109-114。

② 参见 G. Benveniste, *Professionalizing the Organization: Reducing Bureaucracy to Enhance Effectiveness*, San Francisco: Jossey-Bass, 1987。

③ 参见 R. C. Kearney and C. Sinha, "Professionalism and Bureaucratic Responsiveness: Conflict or Compatibility?", *Public Administration Review*, Vol. 48, No. 1, 1988, pp. 571-579。

④ 参见 W. B. Johnston, "Civil Service 2000", Report Prepared for the Office of Personnel Management, Career Entry Group, Washington, D. C.: Hudson Institute, 1988。

⑤ 参见 S. S. McIntosh, "Clerical Jobs in Transition", *Human Resources Magazine*, No. 35, 1990, pp. 70-72。

⑥ 参见 A. P. Carnevale and D. G. Carnevale, "Public Administration and the Evolving World of Work", *Public Productivity and Management Review*, Vol. 17, No. 1, 1993, pp. 1-14。

应用的日益深化使得标准化考试方式的开发更加困难。比如,研究者为系统程序员职位开发出有效的和合法的选拔测试,然而这种测试考察的是宽泛的胜任力而不是重点关注具体的职责。工作地点的变化和系统程序员职位技术要求的迅速变化,还有其他职位的性质变化,都使得标准化考试的实行变得越来越困难。学者们通过观察提出解决这些难题的一个重要方法就是使选拔和晋升程序分权化,而这特别适用于为那些技术要求迅速变化的职位设计选拔方式。最好的方式是由人力资源部门、机构经理和主管共同开发出基于功绩的选拔系统,它可以根据各个机构的需要来调整考试的内容和类型。①

第二节 公共部门人力资源管理研究发展

一、公共部门人力资源管理的理论与实践前沿问题

(一)公共人力资源管理的理论前沿问题

1. 公共行政伦理嬗变及其对公务员行政伦理的影响

公共行政伦理历来被认为是"公共行政领域中的伦理"或"政府职能过程中的伦理"。公共行政静态上就是国家公务人员对国家公共事务的管理。因此,相应地,公共行政伦理就是指"国家公务人员在权力运用和行使过程中的道德规范、道德意识和道德行为的总称"。

社会主义市场经济及其内在的作用机制是我国公共行政伦理发生嬗变的主要促进因素之一,其间接地也使广大行政人员的道德风貌随之发生了嬗变。市场经济使个人利益得以凸显,个人主体意识增强和追求自我价值的实现,造成了公共利益与个人利益领域的分离,对公共人力资源的行政伦理起到了一定的积极作用,但也夹杂着一定的负面作用。在这种嬗变的过程中,不可避免地产生了一些道德观薄弱的公务员,成为腐败现象屡禁不止的根源之一。在此种情境下,公共部门乃至整个社会面临着一系列的伦理道德价值缺失。因此,新时期行政体制改革对公共行政伦理的重塑提出了新的要求,这也使得近几年来荣辱观、公平、正义、公共利益等概念重新引起了全社会的关注,公共伦理与公共道德的重要性得以彰显。也就是说,新时期公共行政伦理的嬗变必然要以协调利益分化与冲突所引起的各种利益关系的紧张状态、维护社会和谐有序为价

---

① 参见 J. E. Pynes and L. K. Bartels, "The Times They Are A Changing: Implications of Workplace Changes for the Development of Selection Examinations", *Public Productivity and Management Review*, Vol. 20, No. 2, 1996, pp. 121-128。

值取向,相应地,公共行政伦理的嬗变也对我国公务员群体的道德素质提出了新的要求。

面对公共行政伦理失范问题,许多专家及实践者曾试图利用伦理体制的设计来解决,但无论体制设计得多完美,在实际运行过程中,总不可避免地给行政人员留下许多道德空场,使公共权力的行使过程实际上演变成了部分国家公务人员“公”与“私”的一场博弈。因此,在公共行政伦理的嬗变过程中,强化和解决公务人员的伦理道德问题,成为未来公共部门人力资源管理的一个重要方向。

2. 以价值观为基础的雇佣及其对公职人员选拔中素质结构模型的影响

价值观是一个人意识的核心,是推动和指引其进行决策和采取行动的原则和标准。从社会学意义上来讲,当某种价值观被广泛认可时,就会演变成为社会的规范并进一步规范和引导着其成员的思想和行为,因此,价值观是影响个体人格和组织运行健康发展的前提和基础,而且在评价、解释、预测个体和组织的行为以及整个社会未来发展的方向方面起着非常重要的作用。伴随着中国社会转型环境下的公共部门职能的转变,公共管理领域的价值观问题正逐步成为管理学领域的研究重点与热点之一。

公共部门人才选拔时一个突出的问题就是考核人员的素质结构,素质结构的优劣不是简单地由一个因素来决定的,而是受多种主客观因素的影响。为此,不同的学者提出了形式不同的人员素质结构模型,但不过是在自变量的数目和分类方法上有所区别,其内涵没有本质的区别,人员素质结构模型的基本观点是:员工的素质是员工自身的能力水平、所处的环境条件和受到的激励作用三者相互作用的结果。而实际上,价值导向的动机往往比实际的导向动机更强、更广泛、更持久,能够更加有效地推动未来组织绩效的提高。公共行政价值观理应作为公共部门人员选拔最重要的考量要素,因此,既然人的行为受其价值观的支配,那么开展以价值观为基础的人员选拔和雇用就成为一个合理的选择。因为公务员的选拔与晋升的目的就是保证员工未来的行为和结果能够符合公共部门的目标。因此,开展基于价值观的公共部门人员选拔和管理,为解决公共部门人力资源管理中的许多难题提供了思路和突破口。

3. 人力资本及其对公务员价值提升机制的影响

公共部门人力资本可以定义为体现在公务员身上的通过人力资本投资所开发形成的各种能力的总和,主要包括“体能”“智能”“德行”。一名公务员表现在这三方面的素质越高,其人力资本的含量就越高。公共部门人力资本的形成实际上来源于公共部门对其进行的投资。通常来说,公共部门人力资本投资包括三种形式:第一,保健投资。公务员的健康作为公共部门人力资本的载体,是人力资本得以发挥作用的基础。第二,教育投资,主要是指公务员因接受学校教育而花费的一切有形成本以及机会成本。第三,职业培训投资,是指国家公共部门为提高公务员的素质能力,满足公务员岗位的需求,对公务员所进行的非学历特殊培训。

我国公共部门的人力资本投资在借鉴其他国家公务员培训的先进做法的基础上逐步形成了比较完整的、网络化、规范化的公务员人力资本投资体系。但是,也存在着许多问题,特别是对投资理念的认识还处于初级阶段,因此,在实际的操作过程中就产生了一些误区和一系列的问题,如培训教育观念与社会发展环境不匹配、培训成本与收益结构不合理、课程体系不健全、培训质量评估体系不健全等。因此,在信息化时代,国内外社会的政治和经济形势都在发生着深刻的变革,加大对公务员人力资本投资的管理和实践方法的探索,对公务人员更好地适应新时期社会体制变革和公共部门职能转变十分迫切和必要。

4. 社会资本及其对公务员价值提升机制的影响

社会资本是在特定社会结构中的资源,是个体获取和占有社会稀缺资源的能力,体现为成员身份、社会网络和个人关系,它可以促进成员间的合作,促进物质资源和人力资源的增值。

公务员群体是社会中不同人际网络的交叉主体,除了与同事、家庭、朋友形成的社会资本外,也可以与工作业务有关联的交易对象、合作伙伴、竞争对手以及各种机构建立人际情报网络。这部分资本对于公务员群体的影响是非常重要的,其有无和多少会直接影响到公务员个体工作的开展和职位的晋升。原因有三:首先,社会资本的构建有利于公务员在其所在行业和工作领域内获得认可和肯定。因为公务员个体可以通过人际网络中的各种联系,获取有价值的信息,在交易双方之间减少怀疑、增加信任,提高办事的成功率和经济效益。其次,社会资本对公务员个体协调和完成相关部门工作具有重要的促进作用。这是因为具有较高社会资本的公务员群体同时也是各个社会网络的"连接点",其具有协调和沟通各种信息的功能,对于维护各利益群体之间的平衡具有重要的作用。最后,社会资本对公务员获得其工作对象的认可和肯定具有重要作用。因为公务员群体与其服务对象总是存在于共同的社会网络中,而网络总是要涉及参与者之间的相互义务即互惠关系。如此,社会网络中的个体便将互惠规范内在化,由此互惠规范成了社会资本的内在属性,将互惠规范内在化的社会网络群体会有一个整体的信任感。由此,身在某一社会网络中的公务员群体容易获得该网络其他成员的认可。

因此，正确运用公务员群体的社会资本，对于通过其在社会网络中获取稀缺资源、保持公务员个人和组织整体的高绩效具有不可估量的作用，理应成为未来公共人力资源管理研究的重要方向之一。

（二）公共人力资源管理的实践前沿问题

1. 信息技术的发展与公共人力资源管理

信息技术的进步促进了生产方式的变化、经济的发展，推动了社会的变迁，改变了人们的工作、学习和生活方式及价值观念，同时也对传统公共人力资源管理从工具、内容、价值等方面都提出了挑战。在以信息技术为主要特征的时代，公共人力资源管理也被赋予了知识和信息的内容和意义。公共人力资源管理只有具备与信息技术进步的趋同能力，才能实现其价值的最大化。信息技术进步催生了现代信息社会，信息社会是高速度、高效率、高竞争的社会，对信息的收集、整理、加工、运用将成为管理的主要内容。随着信息技术催生的电子政务的不断发展，公共人力资源管理信息化、电子化成为未来发展的趋势。社交网络的出现加快了知识内容和知识结构的更新，使得内部之间及对外的知识的分享更趋易、更透明。云计算的出现对传统的公共人力资源管理信息提出了新挑战。人们参与管理、监督管理的渠道及信息获取和分享越来越便利，公共人力资源管理对公开、公平、公正的追求更加凸显，对公共人力资源管理的程序化和科学化要求将更高。这样的发展趋势表明，传统公共人力资源管理对知识和能力管理的方式已不能适应不断变化的形势，公共人力资源管理将不再是纯粹的对人的管理，而将人的管理和信息的管理充分融合，充分体现人与知识结合的价值的管理。另外，信息技术的进步改变了公共人力资源管理的空间，由于通信技术及相关领域的技术进步，各国经济之间的相互依赖日益增强，全球经济系统逐渐形成“国际受雇”和“家庭工作模式”的假设已经不再停留在假象阶段，经济和信息全球化让现代公共人力资源管理不再局限于传统的本土化观念和地域观念。总之，科学技术进步推动现代公共人力资源管理驶向信息化、知识化、全球化的轨道。

2. 公共职能流变与公共部门人力资源管理

公共职能是政府存在和运作的前提和基础，是政府在国家和社会生活中所承担的职责和功能，界定了特定时期政府从事管理活动的基本领域和实现途径。公共职能的概念产生于公共管理学兴起之后，但其内涵的确定却与国家的产生同步，即国家的产生使公共职能具有了现实的意义，因此随着社会的进步和国家的发展，公共职能也应随之做出相应的改变和调整。事实证明，一国社会的发展水平很大一部分是由该国的公共职能水平来体现的。从公共职能产生之日起至今，它经历了从亚当·斯密的自由经济时代到凯恩斯的国家干预时代再到公共管理部门改革时期的转变，经历了从“守夜者”到“积极的干预者”再到“市场调节与政府干预相结合”的转变，公共职能的每一次改革都会带来公共人力资源管理的变革，并且决定了其价值、内容、目标的调整方向。

由于公共人力资源管理是政府实现公共职能的重要内容，它与公共职能一样也有一个长期的变革过程，并且必须充分考虑与公共职能管理的匹配问题。基于公共职能的动态变革，公共人力资源的改革趋向于对环境导向型、任务导向型的人力资源培养机制体制的研究，这也成为近年乃至今后一段时间里我国公共人力资源改革与发展的重要指导思想。

伴随着社会的发展进步，公共职能随之转变，公共人力资源管理因此不断调整，以更好地为公众提供公共管理服务，最终实现社会的进一步发展。从当前社会的实际情况出发，由于传统的公共职能日益民营化、市场化和社会化，一方面要求公共人力资源管理向精简、高效、高能的模式转变，平衡公共管理的广泛性与有限性，既要保证公共部门的协调干预功能，又要限制公共部门的滥权行为，最终实现公共管理的理性化、有效化和法制化；另一方面公共人力资源管理也应逐步实现民营化、市场化和社会化，例如可以将非核心人力资源任务外包，实现市场化，还可以通过将公共人力资源的培训交由专门的培训机构代理这样的方式扩大其民营化水平。此外，由于市场经济的深入发展及机制的不健全，我国的主流价值观遭到前所未有的冲击，社会信用体系日趋脆弱，公共职能在这一时期势必要承担重塑公共形象和增强社会信用体系的职责，相应地，道德管理成为此种形势下公共人力资源管理的重要内容，通过对人力资源价值理念、道德观念的纠正、维护乃至重塑来适应公共职能转变的要求，辅助公共部门更好地发挥各种职能。

3. 公企人力资源管理趋同下的公共部门战略人力资源管理

在新公共管理运动下，公共部门的人力资源管理开始“师法”企业，公共部门和企业在人力资源管理过程中的差异性愈发不明显。在公共部门人力资源管理的实践中，我们发现，同企业人力资源管理相似，人才资源是公共组织中最具战略性的优势资源。自此战略人力资源管理的思想渐渐被引入到公共部门的人力资源管理当中。战略人力资源的概念实际上来源于经济全球化发展下的企业人力资源管理，主要是指企业为实现组织目标而进行的一系列有预期的、具有战略性意义的人力资源部署和管理行为。它主要有四个方面的含义：(1)人才资源是组织获得竞争优势的最重要的稀缺资源；(2)人力资源的配置纵向上要与组织的整体发展战略相匹配，横向上要与组织内部活动开展相匹配;(3)通过合理的人力资源规划和配置,可以获得和充分利用人才这一稀缺资源;(4)所有人力资源管理环节要为实现组织目标而服务。事实上,对于公共部门来说,战略性人力资源管理是以提高组织绩效为导向,以充分合理利用人才资源为手段,对行政性事务和人员配置制订短、中、长期计划的一种管理模式,强调将组织目标与个人目标的实现相统一,放开对员工的管制,鼓励其参与组织决策,将人力资源管理提升为一种具有战略高度的管理模式,相比于传统的人事管理更加注重"以人为本"的思想。

公共部门的人才资源不仅仅是公共服务的提供者,更是战略性人才管理宏图的绘制者,这也对公共部门的人力资源管理提出了更高层次的要求,除了事务性的管理以外,更重要的是将人才资源利用上升到组织战略的高度上,加强对人力资源管理的创新。而且从新时期的公共部门改革方向来看,公共部门社会管理与社会服务水平日益加强的需要与建设节约型政府和控制政府的支出成本的趋势形成一种矛盾。如何合理利用有限的资源服务好大众是公共管理面临的一大难题。战略性人力资源管理为解决这一难题提供了思路,公共部门的人力资源管理必须树立与市场经济相匹配的管理思想,建立科学规范、发展创新的战略人力资源管理体系,利用竞争优势的人才资源配置来达到公共服务的目的。

4. 功绩制导向及其对公务员绩效考核的影响

世界银行发展报告将功绩制解释为"建立基于才干而不是上级恩赐的录用制度"和"建立基于才干和业绩的内部晋升制度"。功绩制以结果为导向,指的是公共部门通过考试和考核的方法达到量才任职、优胜劣汰的人事行政制度。我国在建立公务员制度的初期就明确提出在国家公务人员的制度中实行功绩制原则,并将功绩制的指导思想贯穿于整个公务员的考核、录用和提拔的过程中,足见我国对功绩制原则效用的认可。实际上,功绩制代表了一种公务员的激励机制,也是公务员群体职业生涯前进的基本立足点。

从总体上来说,功绩制的实行有利于公共部门吸引拔尖人才,促进公共部门整体绩效的提高,从而有利于国家行政工作的高效运行。然而,我国受封建专制、人治思想、官本思想、机会主义思想、平均主义思想影响严重,功绩制导向的公务员绩效考核在实践过程中也碰到了一些问题。长久以来,功绩制的绩效考核方式受到的挑战主要来自两个方面:评价方法欠缺客观性和以年资为主要晋升模式。这导致了公务员功绩制导向的绩效考核缺乏客观性。此外,现阶段我国公务员绩效考核的激励作用不明显,最终的公务员奖惩制度与其功绩挂钩并不显著,人事部门对于公务员的考核和晋升的重要指标仍旧是年龄和资历,严重挫伤了公务员的工作积极性。

总之,对我国的公共部门来说,功绩制导向的公务员绩效考核体系基本上还停留在理论的层次,如何深刻地理解功绩制并提供切实可行的可操作化方法,是未来公共部门人力资源管理研究的重要内容之一。

5. 职业生涯管理的兴起及其对公职人员职业发展与管理的影响

职业生涯教育源于西方的职业指导实践,产生于20世纪70年代。近年来,职业生涯教育在国内逐步得到了接纳和普及,相关的职业生涯课程也逐步从人力资源管理专业的课程变成了大学生和研究生基本素质培训的必修课程。同时,对于公共部门人力资源管理来说,职业生涯教育也作为一种新鲜事物逐渐得到关注和认可。作为公务员,每个人的人生观、价值观和世界观以及对自己事业的期望值都对个人职业生涯发展起着极为关键的作用。从政府角度来说,政府为公务员的职业生涯发展提供了必要的机遇和发展平台;通过对公务员职业生涯发展状况进行有效管理和有利引导,有利于及时发现和满足基层公务员的兴趣和需求,以实现个人价值与组织目标的统一。此外,公平、公正、竞争的职业生涯实现平台对于激发公务员自身工作的热情和工作潜能具有重要意义,可以使得公务员个体在实现自己职业生涯理想的同时,更好地实现自己服务于公众的社会价值。

对公务员进行职业生涯管理是以人为本思想在人力资源管理中的集中体现,合理的职业生涯引导可以使广大公务员正确认识自身的个体特征,发掘现有与潜在优势,合理定位自己的职业道路,实现自己的职业理想;同时,易于公共部门吸引真正高素质的人才。目前,除了少数几个地方政府以外,我国在公共部门人力资源管理中尚未开始大规模、有计划地推行公务员职业生涯管理,但随着职业生涯理论的深入人心,未来公务员的职业生涯管理将是公共部门人力资源管理的重点方向之一。如何科学合理地设计公务员的职业生涯发展阶梯、开展生涯发展评估、实现公务员自身价值与公共价值及自身发展目标与组织和社会目标的整合一致等将成为实践中必须面对和解决的问题。

二、我国公共部门人力资源管理研究的发展趋势

我国公共部门人力资源管理研究将在实践不断推进的基础上走向深入,也将在指导实践和接受实践检验的互动中不断得到完善。

(一)深入的理论研究将会不断出现

我国公共部门人力资源管理理论研究的不断深入,表现在对其他学科相关理论借用的不断深化以及本学科理论体系的重新构建上,也表现在对适合中国

国情和文化特点的具有中国特色的理论框架的构建上。特别是随着高校公共管理专业教育和MPA项目的进一步开展,作为其重要核心课程之一的公共部门人力资源管理,将进一步暴露出理论基础欠缺的局限性而成为专业教育的羁绊,这也为公共部门人力资源管理理论研究的不断深入开展提供了很好的平台和机遇。

(二)跨学科联合攻关的局面将会形成

公共部门人力资源管理研究的综合性特点,决定了学科建设需要来自不同领域、不同学科的各类专家集体攻关、群策群力、相互合作。公共部门人力资源管理研究所涉及的管理学、政治学、经济学、心理学、人口学、社会学等学科专家将在发挥本学科优势的基础上,为公共部门人力资源管理研究的发展做出贡献。实际上,这既是公共部门人力资源管理研究自身发展的需要,也是各相关学科拓展学术研究领域的需要。

(三)夯实学科基础的研究将成为重点

公共部门人力资源管理研究夯实学科基础的工作,应该成为重中之重。人力资源管理的基础工作有两项:人力资源测评和岗位分析。公共部门人力资源测评研究将主要关注公职人员的选拔测评、晋升测评、匹配测评以及一些基本的测评量表的构建等;公共部门岗位分析研究将主要侧重于公共部门的职位评价、职位分类以及由此引申出的公职人员的职业生涯发展等。此外,公职人员的考核评价研究也将成为公共部门人力资源管理研究的重点,成为夯实学科基础的重要研究,这是由考核评价本身在公共部门人力资源管理中的重要地位决定的,也是我国公共部门的管理现状所要求的。

(四)与企业人力资源管理研究将逐步趋同

企业人力资源管理由于其发展的超前性以及其在提升企业效益方面所创造的一系列奇迹,不能不成为正在不断变革之中的公共部门学习的榜样,公共部门人力资源管理研究也不能不汲取企业人力资源管理研究的基本思路和重要内容。作为行政改革和"新公共管理"施行先锋之一的英国,一些政府部门的人力资源主管就直接来自企业,比如伦敦西敏寺市政府(Westminster City Council)、南安普敦市政府(Southampton City Council)的人力资源主管在企业工作多年后或退休后进入政府部门或跳槽至政府部门,他们不仅带来了企业人力资源管理的基本理念,而且还直接促成了一些政府人力资源管理项目的企业式外包。可见西方国家公共部门人力资源管理与企业的趋同是全方位的,不仅在实践层面如此,而且在研究层面也是如此。毋庸置疑,这也是我国未来的发展方向。

（五）跨文化管理研究将被提上日程

经济全球化的发展也引发了公共管理的跨国性质以及公共部门员工的文化多样性。就拿上海市来说，2004年提出“引进千名港才工程”，当年引进了1385名港才，这些香港人才不仅进入上海的各类企业中，而且也有部分进入上海的各类公共组织中，他们在各类组织中面临的跨文化问题是显而易见的，各类组织加强跨文化管理也是责无旁贷的。实践给我们的研究提出了迫切的需要，我国公共部门人力资源管理不能不研究跨文化管理，以便为公共组织寻找消除文化差异所可能引发的文化隔阂、文化冲突的途径，从而在东西方之间、发达国家与发展中国家之间、不同民族之间、不同组织之间甚至不同成长和教育背景的人员之间架起文化认同、文化融合甚至文化趋同的桥梁，最终服务于公共组织跨文化管理的实践。

【本章小结】

本章主要以近年来几位学者对国内外公共部门人力资源管理研究的综述、分析为基础，介绍了公共部门人力资源管理的研究与发展。

首先，公共部门人力资源管理具有综合性、现实性和应用性的特点，自身并不构成一个独立学科，而是以多个学科为基础。从公共部门人力资源管理的现有学科基础和理论来源看，主要相关学科为管理学、政治学、行政学、法学和经济学。从内容来看，一方面包括总体上的公共部门的概念、范围与类型，人力资源管理的基本理论，公共部门人力资源的概念与特征、义务与权利，公共部门人力资源管理的体制、机构和规范，以及公共部门人力资源管理发展的历史源流；另一方面包括具体的按照人力资源管理的职能和业务流程展开，一般涉及人力资源战略、人员规划、职位分类、工作分析、招考录用、绩效评估、薪酬管理、培训开发、奖惩纪律、权益保障、职业发展等方面。

其次，公共部门人力资源管理的研究方法主要有比较研究、历史研究、理论研究和经验研究等。比较研究是通过确定相关的研究对象，确定一定的比较角度和标准，通过异中求同和同中求异，进行异同比较，得出共同规律或显著差异；历史研究是将研究对象放在发展变化的动态模式中，了解和分析它的发生、发展、演化的过程，运用趋势外推的方法，预测其未来发展的走向、速度和进程；理论研究方法的特点是确定基本的理论范畴和逻辑起点，运用逻辑推导的方法，阐明有关范畴之间的逻辑关系，带有抽象性、概括性和演绎性；经验研究是将公共部门人力资源管理的具体活动及其结果作为研究对象，其具体的做法主要有问卷调查、访谈、文献研究、统计分析和试点实验等。目前我国的公共部门人力资源管理研究存在学科研究的理论基础相对薄弱、学科定位面临着两难选择的困境、学科建设呈现较多借用国外成果的倾向、研究内容有重点不突出的缺陷以及研究方法存在量化研究不足的局限性等问题。西方公共部门人力资源管理变革研究以分权化为核心词,体现在人力资源管理中的招聘、薪酬福利管理、人力资源开发等实施权都开始逐渐下放到下级政府或各机构。

再次,介绍了公共部门人力资源管理的理论和实践的前沿问题。具体来说,理论前沿问题包括:公共行政伦理嬗变及其对公务员行政伦理的影响;以价值观为基础的雇佣及其对公职人员选拔中素质结构模型的影响;人力资本及其对公务员价值提升机制的影响;社会资本及其对公务员价值提升机制的影响。公共人力资源管理的实践前沿问题则有:信息技术的发展与公共人力资源管理,公共职能流变与公共部门人力资源管理;政企人力资源管理趋同下的公共部门战略人力资源管理;功绩制导向及其对公务员绩效考核的影响;职业生涯管理的兴起及其对公职人员职业发展与管理的影响。

最后,指出了我国公共部门人力资源管理的发展趋势:深入的理论研究将会不断出现;跨学科联合攻关的局面将会形成;夯实学科基础的研究将成为重点;与企业人力资源管理研究将逐步趋同;跨文化管理研究将被提上日程等方向。

【复习思考题】

一、单选题

1. 公共部门人力资源管理研究的主要学科基础不包括(   )。

A. 管理学　　B. 政治学　　C. 系统科学　　D. 行政学

2. 公共部门人力资源管理是公共组织中(   )的活动,离不开对组织管理一般理论和方法的研究和运用。

A. 财务　　B. 权力　　C. 人　　D. 事物

3. 由于公共部门人力资源开发和管理使用的是(   ),有关公共人力资源成本的预算管理非常重要。

A. 企业财政资源　　B. 企业人力资源

C. 公共自然资源　　D. 公共财政资源

4. 人事行政学与(   )一起,成为公共部门人力资源管理知识的重要来源。

A. 国家公务员制度　　B. 普通心理学

C. 制度经济学　　　　　　　　　D. 财务管理

5. 雇员开发的责任更多地授予(　　)是一个趋势。

A. 基层员工　　B. 一线主管　　C. 高层主管　　D. 专家

6. 西方学术界引发了关于政府人力资源管理应如何应对专业化趋势的讨论与争议,争议主要集中在专业主义和(　　)之间的关系。

A. 官僚集权性　　　　　　　　　B. 官僚分权性

C. 官僚回应性　　　　　　　　　D. 官僚沉默性

7. 比较方法的科学性和结论的可靠性,要求比较的对象必须具有(　　)。

A. 差异性　　B. 同质性　　C. 可比性　　D. 异质性

8. 历史研究是将研究对象放在发展变化的(　　)模式中的研究形式。

A. 静态　　B. 动态　　C. 稳态　　D. 常态

9. 根据理论研究的目的与功能,可以分为理论检验和理论(　　)。

A. 构建　　B. 猜想　　C. 建设　　D. 验证

10. 经验研究的显著特点是(　　)研究,必须建立在真实可靠的事实基础上,通过观察、归纳和抽象,得到研究成果。

A. 实证　　B. 规范　　C. 质性　　D. 调查

11. 西方公共部门人力资源管理变革研究的核心词汇是(　　)。

A. 官僚化　　B. 本位化　　C. 集权化　　D. 分权化

12. 根据美国薪酬管理学会的定义,宽带薪酬就是将较(　　)薪酬级别及其相对较(　　)的薪酬浮动范围重新加以组合,以形成数量薪酬级别相对较(　　)但是每一薪酬级别的浮动范围却相对较(　　)的新型薪酬决定格局。

A. 少;宽;多;窄　　　　　　　　B. 多;窄;少;宽

C. 多;宽;少;窄　　　　　　　　D. 少;窄;多;宽

13. 认识到绩效工资系统只对员工激励和提高生产力产生有限的影响,有一些研究者另辟蹊径,提出了其他的(　　)激励方法。

A. 替代性　　B. 交互性　　C. 重复性　　D. 强化性

14. 社会主义(　　)及其内在的作用机制是我国公共行政伦理发生嬗变的主要促进因素之一。

A. 技术发展　　B. 文化基础　　C. 政治制度　　D. 市场经济

15. 西方国家公共部门人力资源管理与企业的(　　)是全方位的,不仅在于实践层面如此,而且在研究层面也是如此。

A. 趋同化　　B. 差异化　　C. 针对化　　D. 交叉化

二、多选题

1. 现代人力资源管理的发展受(　　)等经济学理论的影响很大。

A. 人力资本理论　　B. 公共选择理论

C. 新制度经济学　　D. 市场失灵理论

2. 现代管理学科是以企业组织活动为主要研究内容,以(　　)等现代科学理论与方法形成的横断学科。

A. 价值论　　B. 系统论　　C. 信息论　　D. 控制论

3. 公共部门人力资源管理的主要研究方法包括(　　)。

A. 比较研究　　B. 历史研究　　C. 经验研究　　D. 理论研究

4. 理论研究方法运用逻辑推导的方法,阐明有关范畴之间的逻辑关系,理论方法带有(　　)。

A. 实践性　　B. 抽象性　　C. 概括性　　D. 演绎性

5. 西方公共行政学界对政府传统招聘方法提出了批评,并采取了一些新的招聘技术,其中影响力较大的包括(　　)。

A. 三人法则　　B. 扩大候选人范围

C. 快速雇用　　D. 网上招聘

6. 关于目前的评估实践的看法普遍是满意和乐观的,但它仍被认为有以下严重的缺陷:(　　)。

A. 没有正式的评估　　B. 缺乏足够的信度

C. 缺少主体支持　　D. 投入时间有限

7. 我国公共部门人力资源管理研究所基于的理论基础基本上来源于(　　)等学科。

A. 经济学　　B. 管理学　　C. 心理学　　D. 政治学

8. 侧重于应用研究,可以进一步促进我国公共部门人力资源管理实践向(　　)方向发展。

A. 科学化　　B. 规范化　　C. 法治化　　D. 高效化

9. 过程议题是指建立、实施和管理绩效工资制的那些程序性议题。劳勒确认了3个过程议题:(　　)。

A. 对设计绩效工资制的参与

B. 对管理绩效工资制的参与

C. 取得法律对绩效工资制目标的认同

D. 绩效工资支出的频率

10. 人力资源职能外包的缺点在于(　　)。

A. 可能会因为收益减少而导致核心员工的流失

B. 一线主管和员工可能会失去一些以前可以满足的服务

C. 中央机构可能无法在组织的文化转变中生存

D. 不能将服务看成是“免费”的

11. 价值观在(　　)个体和组织的行为以及整个社会未来发展的方向方面起着非常重要的作用。

A. 评价　　B. 规划　　C. 预测　　D. 统计

12. 我国受(　　)影响严重,功绩制导向的公务员绩效考核的实践过程中也碰到了一些问题。

A. 封建专制　　B. 人治思想

C. 机会主义思想　　D. 平均主义思想

13. 公共人力资源管理也应逐步实现(　　),例如可以将非核心人力资源任务外包,还可以将公共人力资源的培训交由专门的培训机构代理。

A. 民营化　　B. 系统化　　C. 市场化　　D. 社会化

14. (　　)的职业生涯实现平台对于激发公务员自身工作的热情和工作潜能具有重要意义。

A. 公开　　B. 公平　　C. 公正　　D. 竞争

15. 我国公共部门人力资源管理研究的发展趋势有(　　)。

A. 深入的理论研究将会不断出现

B. 夯实学科基础的研究将成为重点

C. 与企业人力资源管理研究将逐步差异化

D. 跨文化管理研究将被提上日程

三、思考题

1. 我国公共部门人力资源管理的研究主要关注哪些内容?

2. 我国公共部门人力资源管理研究与哪些学科有关?有何特点?

3. 我国公共部门人力资源管理的研究方法有哪些?有何适用性?

4. 当前我国公共部门人力资源管理研究存在哪些问题?

5. 西方公共部门人力资源管理变革的内容有哪些?

6. 公共部门人力资源管理研究有哪些前沿和趋势?

【案例与讨论】

比利时、德国公共部门人力资源管理经验与启迪①

一

比利时和德国在创建服务型政府方面具有共同的特点。

为了把比利时建设成为欧洲的模范国家,改变公民围绕政府转的状况,比利时政府机构于1999年进行了一场“以公民为中心”的革命,提出了“做最好的雇主,提供最好的服务”的口号,突出了公共部门为公民服务的功能,将过去的民众围绕权力部门转改变为为民众服务。经过这次改革,比利时各大区、省、市政府在思想和职能上都发生了巨大改变,建立高效的政府服务体系成为政府最为努力的方向之一。

20世纪90年代初,德国经济高速发展,整个经济和社会对公共服务的需求日益增大,但由于财政能力有限,公共服务供给缺口很大,无法满足公民对公共服务的要求。为了扭转这一局面,德国政府适时推出了公共管理改革,将个人、营利部门、非营利部门等纳入公共事务管理部门的范畴,通过削减公共服务人员、压缩公共人事开支、转变公共组织结构等措施,将政府的控制者角色调整到协调者和服务者的层面上来,让政府能够站在另一个角度关注企业和个人的发展,把公民当作顾客,根据公民的需求以及相关的支付能力来提供服务。

虽然这两个国家的政治经济情况有所不同,但彼此间存在共同点,即创建服务型政府成为推进政府职能转变、强化政府公共服务、加快经济社会发展的迫切需要。政府官员需要由传统的“行政”向“管理”和“治理”转变,从“管”老百姓转变为通过“管”好社会事务来为老百姓服务,提倡公民导向,满足公众的要求和愿望。通过这种路径,政府公共部门才能不断满足未来社会的需求,有效改善政府与公众的关系,为公务员制度的不断进步奠定基础。

我国的公共部门在很多情况下还存在权利本位、官本位的观念,习惯的是控制而不是服务。因此,我们的公共部门应重新认识和评价自身职能,将公民的需要和价值放在决策和行动的首要位置上,以更有回应性、更负责任、更有服务品质的管理意识和作为不断适应社会的革新。

二

比利时和德国在公共部门用人制度上都引入了合同制。其中,德国从20

① 改编自孙晓艳:《比利时、德国公共部门人力资源管理经验与启迪》,《中国人力资源开发》2010年第5期。

世纪50年代开始就在公共行政组织中逐步推行政府雇员(职员)和工人制度，原来由公务员负责的技术性工作和事务性任务的岗位分别改由职员和工人来替代。在权利义务上，公务员对国家确立效忠关系，代表国家行使公共权力，而职员和工人以合同或协议的形式确定服务期限、工作职责、薪酬等权利和义务，有罢工的权利。在工资发放上，德国公务员工资按照公务员工资法确定的标准发放，职员和工人按照合同约定的标准支付。在用人方式上，公务员关系通过录用的方式形成，其公职身份只有在触犯法律的情况下才能以开除的方式解除；而职员和工人以聘用合同和劳动合同方式形成雇佣关系，要按照合同约定的方式解除。这种制度实行到现在，公务员、职员和工人在德国公共行政组织中的比例已达到4：4：2。在比利时，合同制公务员也占到了公务员队伍的25%。合同制公务员的加入，不仅增强了政府活力，同时也为政府解决了许多专业性很强、时效要求很高的工作任务，为比利时公共部门的用人制度拓展了空间和灵活性。

应当说，在国家公共行政组织中引入合同制是对传统公务员制度的发展。这种做法使得公共部门工作人员与国家的关系呈现出多样化的特点。勤务关系、聘任关系、劳动关系并存的公务员制度不仅有利于克服稳固的公务员身份消极的一面，提高公共行政效率和服务质量，降低行政成本，还可以依据工作岗位的任务性质的不同，选用和确定公职关系的类型，推动公务员队伍的专业化趋势。现阶段，我国公共部门也存在增强公务员队伍的活力、吸引专门人才的需求。因此，保持行政职位和行政岗位的公共性、开放性和流动性，留出一定比例的高级职位实行聘用合同制，定期聘任专家、学者或者企业经理任职是有现实意义的。政府雇员不具有行政职务，不行使行政权力，不占用政府行政编制，仅服务于政府某项工作或某一政府工作部门，可以大大提高公共管理的效率效能，提升公民的满意度。

讨论题：

1. 本案例中主要介绍了比利时、德国公共部门人力资源管理的哪两个方面？

2. 这些经验对于我国公共部门人力资源管理的发展有何价值？

【建议阅读文献】

1. 郭庆松主编:《公共部门人力资源管理研究》，上海：上海人民出版社2007年版。

2. 胡象明:《关于公共部门的界定与公共管理学的研究范围——兼谈公共管理

学与行政管理学的关系》,《武汉大学学报(社会科学版)》2001 年第 5 期。

3. 王荣科、王辉:《论公共人力资源管理的八大关系》,《中国行政管理》2003 年第 9 期。
4. 屠念念:《公共部门人力资源管理特点及激励模式探讨》,《商业时代》2011 年第 5 期。
5. 高玉贵:《知识经济时代公共部门人力资源管理研究——从心理契约视角》,《中国劳动关系学院学报》2015 年第 2 期。
6. 张再生、刘明瑶:《基于资源基础理论的公共部门人力资源管理变革研究》,《行政论坛》2015 年第 2 期。
7. 葛露:《我国公共部门培训方式的前沿探索——体验式培训在我国公共部门的可行性》,《中国行政管理》2003 年第 12 期。
8. 高小平:《科学化:公共部门人力资源管理创新》,《中国行政管理》2004 年第 2 期。
9. 段华洽、徐俊峰:《关于我国公共部门人力资源管理研究的几个问题》,《中国人力资源开发》2005 年第 11 期。
10. 段华洽、苏立宁:《论公共部门人力资源管理与企业人力资源管理的区别与互动》,《中国行政管理》2006 年第 6 期。
11. 赵辉、武振业、黄晓:《论完善公共部门人力资源管理》,《经济体制改革》2006 年第 3 期。
12. 郭庆松:《公共部门人力资源管理研究存在的问题和发展趋势》,《中国行政管理》2007 年第 5 期。
13. 张再生、李祥飞:《公共部门人力资源管理的理论与实践前沿问题探讨》,《中国行政管理》2012 年第 9 期。
14. 吴丽娟:《我国公共部门人力资源管理研究述评——基于对 2001—2011 年期刊论文的计量性评估》,《中共宁波市委党校学报》2013 年第 1 期。
15. 王从:《我国公共部门人力资源管理的研究现状分析》,《西南石油大学学报(社会科学版)》2014 年第 3 期。
16. Bratton, J., and J. Gold, *Human Resource Management: Theory and Practice*, London: Palgrave Macmillan, 2012.
17. Berman, E. M., et al., *Human Resource Management in Public Service: Paradoxes, Processes, and Problems*, New York: Sage Publications, 2015.
18. Storey, J., *New Perspectives on Human Resource Management* (Routledge Revivals), New York: Routledge, 2014.

19. Guest, D. E. ,"Human Resource Management and Performance: Still Searching for Some Answers", *Human Resource Management Journal*, Vol. 21, No. 1, 2011.

20. Aswathappa, K. , *Human Resource Management: Text and Cases*, New York: Tata McGraw-Hill Education, 2013.

21. Buller, P. F. , and G. M. McEvoy, "Strategy, Human Resource Management and Performance: Sharpening Line of Sight", *Human resource management review*, Vol. 22, No. 1, 2012.

22. Renwick, D. W. S. , T. Redman, and S. Maguire, "Green Human Resource Management: A Review and Research Agenda", *International Journal of Management Reviews*, Vol. 25, No. 1, 2013.

23. Hendry, Chris, *Human Resource Management*, New York: Routledge, 2012.

部分习题参考答案

第一章

一、单选题

1. A　2. A　3. B　4. C　5. D　6. C　7. C　8. D　9. D　10. C

二、多选题

1. ABCD　2. ACD　3. AC　4. ABCD　5. ABD　6. ABCD　7. ABC　8. ACD　9. BCD　10. ABCD

第二章

一、单选题

1. A　2. C　3. B　4. A　5. C　6. B　7. A　8. A　9. C　10. C　11. D　12. D　13. B　14. C　15. C

二、多选题

1. ABC　2. ABC　3. ABD　4. ABC　5. ACD　6. ABCD　7. ABCD　8. AD　9. ABCD　10. ABCD　11. ABCD　12. ABCD　13. ABCD　14. ABC　15. AD

第三章

一、单选题

1. B　2. B　3. A　4. A　5. D　6. B　7. B　8. A　9. D　10. D　11. A　12. C　13. C　14. C　15. D

二、多选题

1. CD　2. ABCDE　3. ACD　4. BCD　5. ABCDE　6. ACDE　7. ABCE　8. AE　9. AC　10. BE　11. ACDE　12. ABCDE　13. ABCDE　14. ACD　15. ABCD

第四章

一、单选题

1. B　2. A　3. C　4. A　5. B　6. B　7. A　8. D　9. C　10. B　11. B　12. A　13. C　14. A　15. C

二、多选题

1. ABCD　2. ABCD　3. BD　4. ABCD　5. ACD　6. ABCD　7. BCD　8. ABD　9. ABCD　10. ABCD　11. ABCD　12. ABC　13. AB　14. ABCD　15. ACD

第五章

一、单选题

1. A　2. D　3. B　4. C　5. A　6. B　7. C　8. C　9. A　10. A　11. A　12. D　13. B　14. D　15. C

二、多选题

1. ABCD　2. ABCD　3. ABCDEF　4. BD　5. ABCD　6. ACD　7. ABCD　8. ABCD　9. ABCD　10. BD　11. ABCDEFG　12. ABCD　13. ABCD　14. AC　15. ACD

第六章

一、单选题

1. D　2. A　3. B　4. A　5. C　6. D　7. D　8. B　9. C　10. C　11. B　12. D　13. A　14. C　15. D

二、多选题

1. ABCD　2. ABD　3. ABCD　4. ABCD　5. ABC　6. ABCD　7. ABCD　8. ABCD　9. ABCD　10. ABCD　11. ABCD　12. ABC　13. ABCD　14. ABCD　15. ABCD

第七章

一、单选题

1. D　2. B　3. A　4. D　5. B　6. C　7. D　8. C　9. D　10. D　11. B　12. A　13. D　14. B　15. A

二、多选题

1. ACD 2. ABCD 3. ABC 4. ABCD 5. BCD 6. ABCD 7. ABCD 8. ABD 9. ABCD 10. ACD 11. BCD 12. ABCD 13. ABC 14. BD 15. ABCD

第八章

一、单选题

1. B 2. D 3. A 4. C 5. D 6. A 7. B 8. C 9. D 10. D 11. B 12. B 13. D 14. C 15. A

二、多选题

1. ABCD 2. ABCD 3. ABD 4. ACD 5. ABCD 6. ABCD 7. AD 8. ABC 9. ABD 10. ABCD 11. ABCD 12. ABCD 13. ABCD 14. ABCD 15. ABCD

第九章

一、单选题

1. C 2. A 3. A 4. C 5. B 6. C 7. B 8. B 9. A 10. B 11. A 12. A 13. C 14. C 15. A

二、多选题

1. BCD 2. ABCD 3. ABC 4. ABCD 5. ABCD 6. AD 7. ABCD 8. ACD 9. ABCD 10. ABCD 11. BD 12. ABC 13. ABC 14. ABCD 15. ABC

第十章

一、单选题

1. A 2. C 3. A 4. B 5. D 6. C 7. D 8. C 9. D 10. B 11. D 12. C 13. D 14. C 15. D

二、多选题

1. ABCD 2. ABCD 3. ABC 4. ABCD 5. ABC 6. AB 7. BD 8. ABC 9. AD 10. ABCD 11. ACD 12. ABD 13. ABCD 14. ABC 15. ABCD

第十一章

一、单选题

1. D　2. D　3. B　4. A　5. D　6. D　7. B　8. A　9. C　10. C　11. A　12. B　13. B　14. C　15. D

二、多选题

1. ACD　2. ABCD　3. ABD　4. ABC　5. BC　6. AB　7. ACD　8. AD　9. ABCD　10. ABCD　11. BC　12. ABCD　13. ABCD　14. CD　15. ABCD

第十二章

一、单选题

1. C　2. C　3. D　4. A　5. B　6. C　7. C　8. B　9. A　10. A　11. D　12. B　13. A　14. D　15. A

二、多选题

1. ABC　2. BCD　3. ABCD　4. BCD　5. BCD　6. ABD　7. ABCD　8. ABCD　9. ABC　10. ABC　11. AC　12. ABCD　13. ACD　14. BCD　15. ABD

教师反馈及教辅申请表

北京大学出版社本着“教材优先、学术为本”的出版宗旨，竭诚为广大高等院校师生服务。为更有针对性地提供服务，请您认真填写以下表格并经系主任签字盖章后寄回，我们将按照您填写的联系方式免费向您提供相应教辅资料，以及在本书内容更新后及时与您联系邮寄样书等事宜。

书名		书号	978-7-301-	作者	
您的姓名				职称职务	
校/院/系					
您所讲授的课程名称					
每学期学生人数	________人________年级			学时	
您准备何时用此书授课					
您的联系地址					
联系电话（必填）		邮编			
E-mail（必填）		QQ			
您对本书的建议：				系主任签字： 盖章	

我们的联系方式：

北京大学出版社社会科学编辑部

北京市海淀区成府路 205 号，100871

联系人：徐少燕

电话：010-62753121/62765016

传真：010-62556201

E-mail：ss@pup.pku.edu.cn

新浪微博：@未名社科-北大图书

网址：http://www.pup.cn